新 수학의 바이블

BOB

유형

중학 2-2

新 수학의 바이블 BOB만의 탁월한 구성과 특징

01

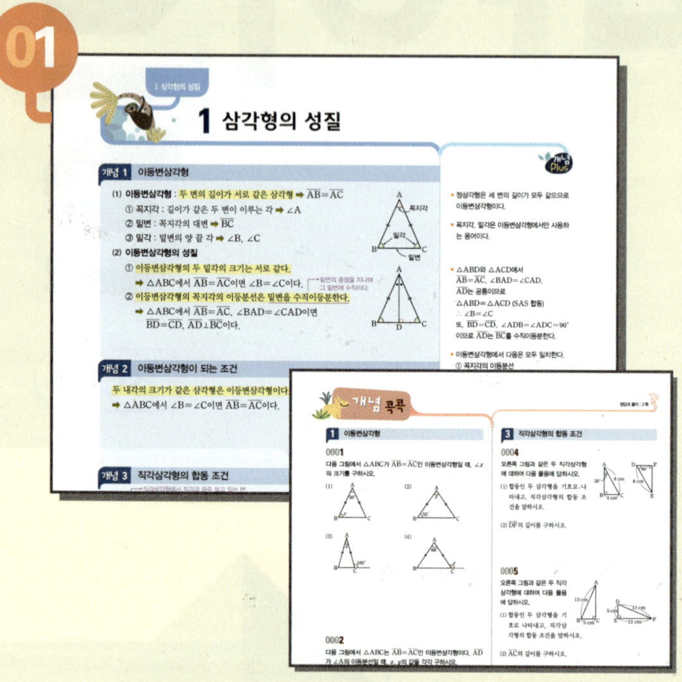

개념 & 개념 콕콕

- 꼭 알아야 하는 핵심 개념만을 모아 한눈에 알아볼 수 있도록 정리하였습니다.

- **개념 Plus** : 개념에서 부족한 설명을 좀 더 자세하게 보충하였습니다.

- 개념을 익힐 수 있는 간단하고 쉬운 문제를 수록하였습니다.

- 간단한 계산력 문제 또는 개념 익힘 문제로 구성되어 있어 개념을 좀 더 쉽게 이해할 수 있도록 하였습니다.

02

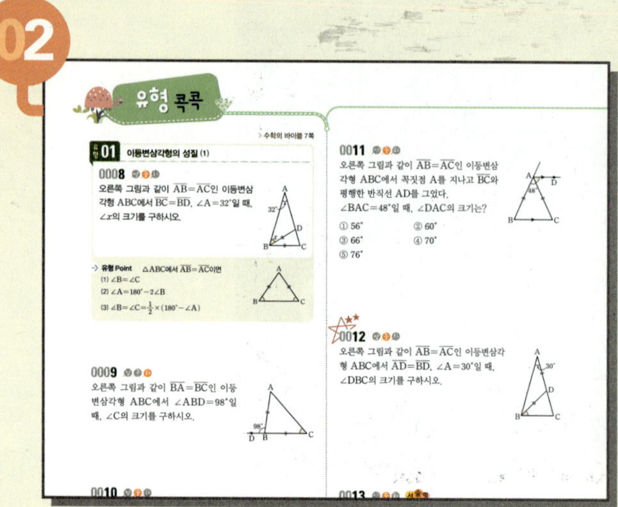

유형 콕콕

- 시험에 나오는 유형을 분석하여 문제 해결에 필요한 개념 및 해결 방법에 따라 유형을 세분화하였습니다.

- 대표 유형에 대한 핵심 개념인 → **유형 Point** 를 제시하여 문제 적용력을 스스로 향상시킬 수 있도록 하였습니다.

- 난이도를 상·중·하 3단계로 표시하여 각 문항의 난이도를 한눈에 알 수 있도록 하였습니다.

- 중요한 유형에 대해서는 별 표시를 하여 학습에 좀 더 집중할 수 있도록 하였습니다.

- 서술형 문제에는 **서술형** 표시를 하여 학교 시험의 서술형 문제에 대비할 수 있도록 하였습니다.

- 교과서에 나오는 문제 중 문제 해결력, 의사소통 능력, 추론 능력의 향상을 위한 문제에 **사고력 쑥쑥**을 표시하여 사고력을 강화할 수 있도록 하였습니다.

03

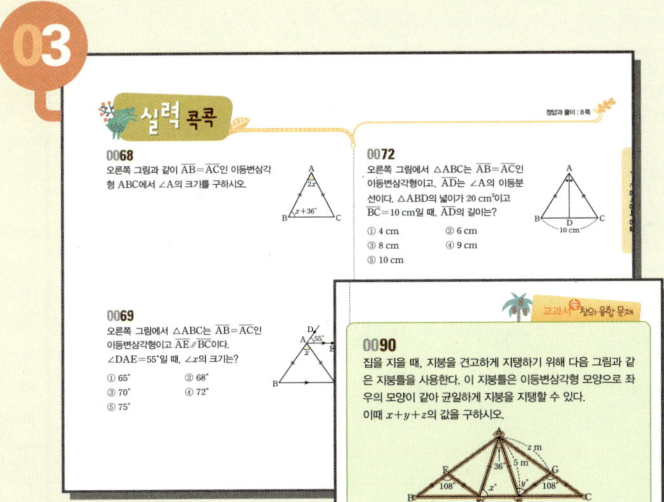

실력 콕콕

- 앞에서 학습한 개념과 유형을 토대로 실력을 다질 수 있도록 중단원 종합 문제를 수록하였습니다.
- 중요한 유형에 대해서는 ★ 표시를 하여 학습에 좀 더 집중할 수 있도록 하였습니다.
- 교과서에 나오는 문제 중 문제 해결력, 의사소통 능력, 추론 능력의 향상을 위한 문제에 사고력 쑥쑥을 표시하여 사고력을 강화할 수 있도록 하였습니다.
- 여러 가지 개념을 활용하여 해결해야 하는 심화 문제에 생각이 쑥쑥을 표시하여 융합 사고력을 강화할 수 있도록 하였습니다.
- 교과서에 있는 스토리텔링 문제인 교과서 창의·융합 문제를 수록하여 창의 사고력을 강화할 수 있도록 하였습니다.

04

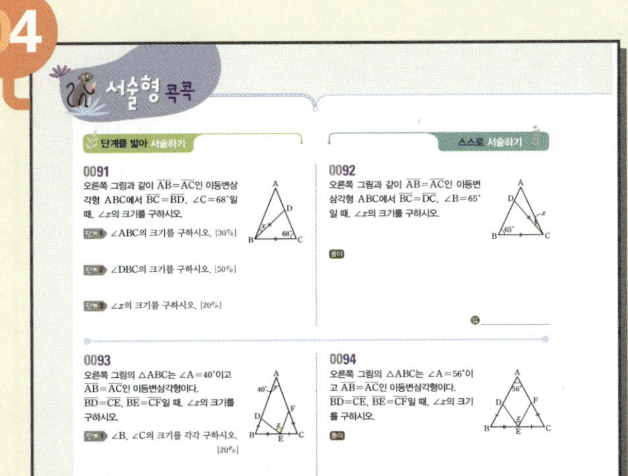

서술형 콕콕

- 학교 시험에 자주 나오는 서술형 문제를 수록하여 학교 시험을 완벽하게 대비할 수 있도록 하였습니다.
- 한 문제에 대하여 해결 방법을 단계별로 제시하여 쓰기 연습을 한 후 유사 문제를 스스로 서술해 보는 훈련을 통하여 서술력을 강화할 수 있도록 하였습니다.

05

스스로 점검하기

단원의 내용을 학습한 후 마인드맵의 빈칸 채우기를 통하여 개념을 정리할 수 있도록 하였습니다.

이 책의 차례

Ⅰ. 삼각형의 성질

🍃 이해가 부족한 유형은 □ 안에 ✓를 표시하고 다시 풀어 봅시다.

1 삼각형의 성질

개념 1 이등변삼각형

(1) **이등변삼각형** : 두 변의 길이가 서로 같은 삼각형 ➡ $\overline{AB}=\overline{AC}$

① 꼭지각 : 길이가 같은 두 변이 이루는 각 ➡ ∠A

② 밑변 : 꼭지각의 대변 ➡ $\overline{BC}$

③ 밑각 : 밑변의 양 끝 각 ➡ ∠B, ∠C

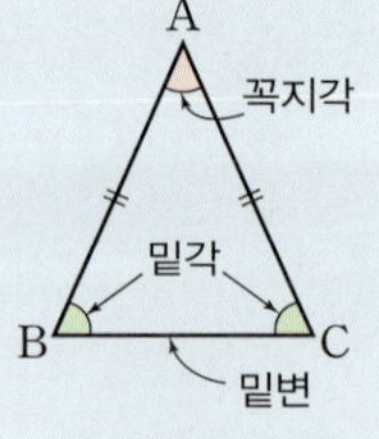

(2) **이등변삼각형의 성질**

① 이등변삼각형의 두 밑각의 크기는 서로 같다.

➡ △ABC에서 $\overline{AB}=\overline{AC}$이면 ∠B=∠C이다.

② 이등변삼각형의 꼭지각의 이등분선은 밑변을 수직이등분한다.

➡ △ABC에서 $\overline{AB}=\overline{AC}$, ∠BAD=∠CAD이면 $\overline{BD}=\overline{CD}$, $\overline{AD}\perp\overline{BC}$이다.

> 밑변의 중점을 지나며 그 밑변에 수직이다.

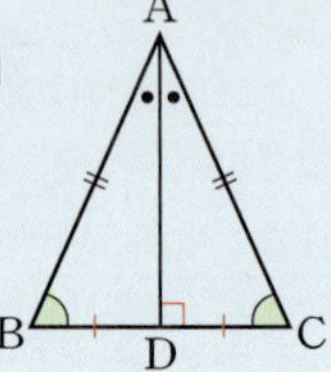

개념 2 이등변삼각형이 되는 조건

두 내각의 크기가 같은 삼각형은 이등변삼각형이다.

➡ △ABC에서 ∠B=∠C이면 $\overline{AB}=\overline{AC}$이다.

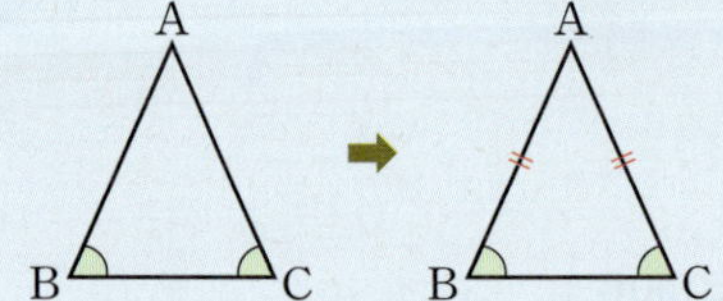

개념 3 직각삼각형의 합동 조건

> 직각삼각형에서 직각과 마주 보고 있는 변

(1) 빗변의 길이와 한 예각의 크기가 각각 같은 두 직각삼각형은 서로 합동이다. (RHA 합동)

➡ ∠C=∠F=90°, $\overline{AB}=\overline{DE}$, ∠B=∠E이면 △ABC≡△DEF이다.

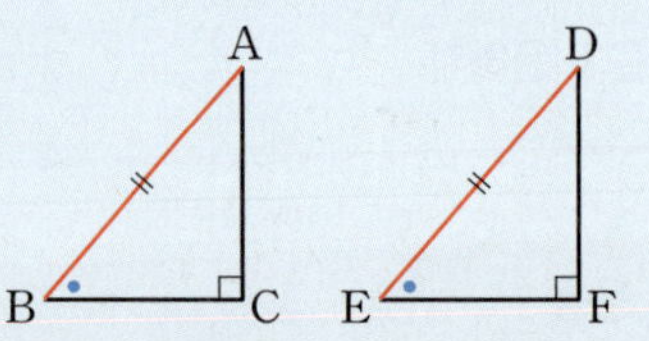

(2) 빗변의 길이와 다른 한 변의 길이가 각각 같은 두 직각삼각형은 서로 합동이다. (RHS 합동)

➡ ∠C=∠F=90°, $\overline{AB}=\overline{DE}$, $\overline{AC}=\overline{DF}$이면 △ABC≡△DEF이다.

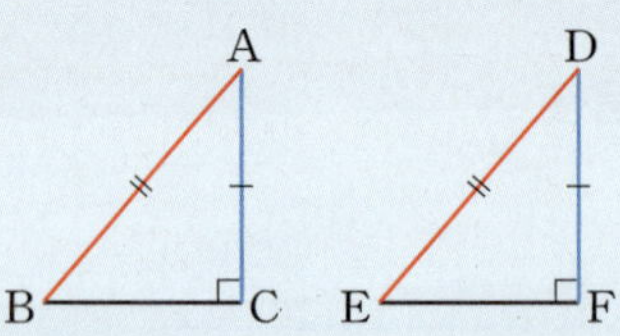

개념 4 각의 이등분선의 성질

(1) 각의 이등분선 위의 한 점에서 그 각의 두 변에 이르는 거리는 같다.

➡ ∠XOP=∠YOP이면 $\overline{PA}=\overline{PB}$이다.

(2) 각의 두 변에서 같은 거리에 있는 점은 그 각의 이등분선 위에 있다.

➡ $\overline{PA}=\overline{PB}$이면 ∠XOP=∠YOP이다.

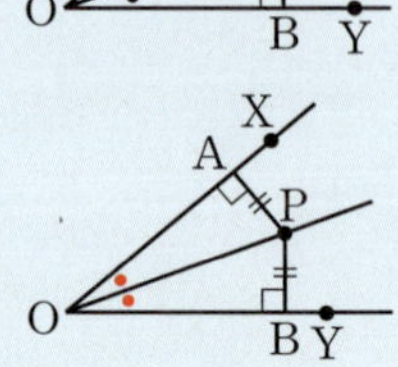

개념 Plus

- 정삼각형은 세 변의 길이가 모두 같으므로 이등변삼각형이다.

- 꼭지각, 밑각은 이등변삼각형에서만 사용하는 용어이다.

- △ABD와 △ACD에서 $\overline{AB}=\overline{AC}$, ∠BAD=∠CAD, $\overline{AD}$는 공통이므로 △ABD≡△ACD (SAS 합동) ∴ ∠B=∠C 또, $\overline{BD}=\overline{CD}$, ∠ADB=∠ADC=90° 이므로 $\overline{AD}$는 $\overline{BC}$를 수직이등분한다.

- 이등변삼각형에서 다음은 모두 일치한다.
  ① 꼭지각의 이등분선
  ② 밑변의 수직이등분선
  ③ 꼭지각의 꼭짓점에서 밑변에 내린 수선
  ④ 꼭지각의 꼭짓점과 밑변의 중점을 지나는 직선

- R : Right Angle (직각)
  H : Hypotenuse (빗변)
  A : Angle (각)
  S : Side (변)

- 직각삼각형의 합동 조건을 이용할 때에는 반드시 길이가 같은 변이 빗변인지 확인해야 한다.

- 각의 이등분선의 성질은 직각삼각형의 합동 조건을 이용하여 설명할 수 있다.

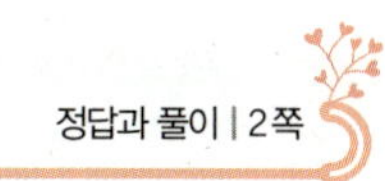

개념 콕콕

1 이등변삼각형

0001

다음 그림에서 △ABC가 $\overline{AB}=\overline{AC}$인 이등변삼각형일 때, $\angle x$의 크기를 구하시오.

(1) 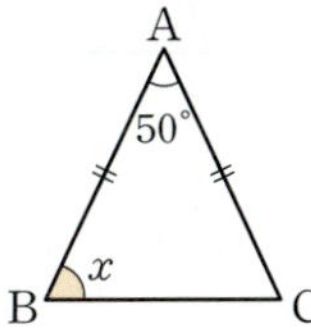

(2) 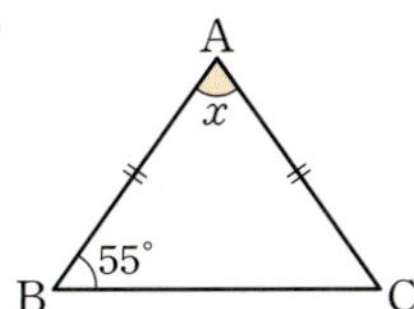

(3) 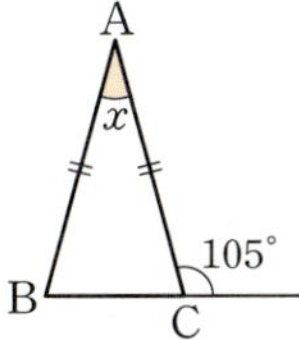

(4) 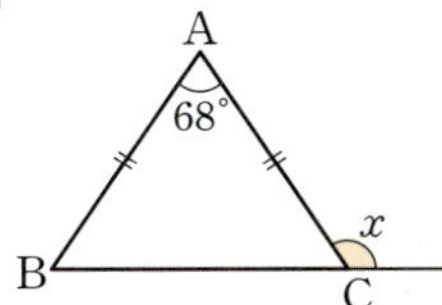

0002

다음 그림에서 △ABC는 $\overline{AB}=\overline{AC}$인 이등변삼각형이다. $\overline{AD}$가 $\angle A$의 이등분선일 때, x, y의 값을 각각 구하시오.

(1) 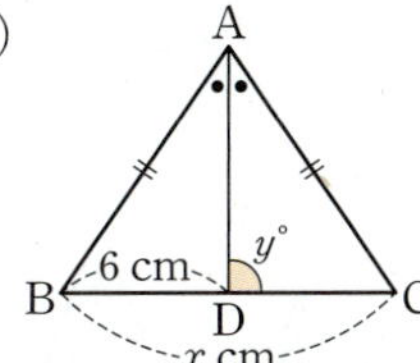

(2) 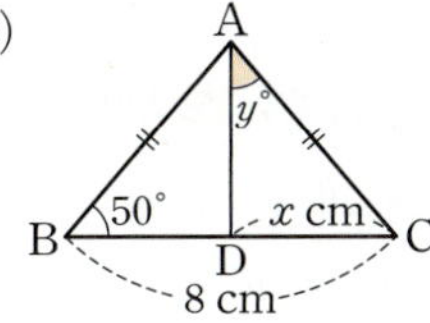

2 이등변삼각형이 되는 조건

0003

다음 그림과 같은 △ABC에서 x의 값을 구하시오.

(1) 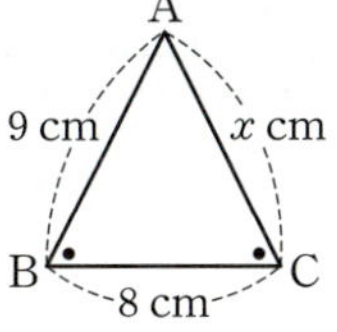

(2) 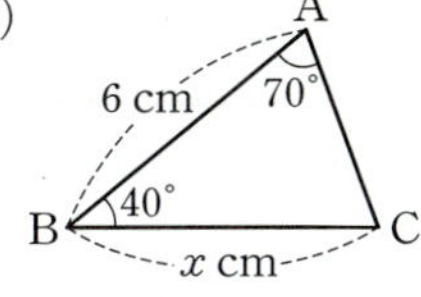

3 직각삼각형의 합동 조건

0004

오른쪽 그림과 같은 두 직각삼각형에 대하여 다음 물음에 답하시오.

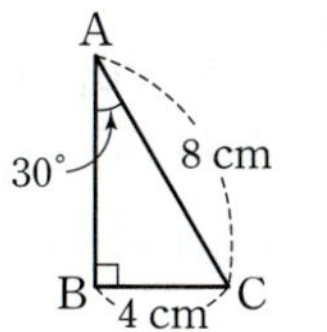

(1) 합동인 두 삼각형을 기호로 나타내고, 직각삼각형의 합동 조건을 말하시오.

(2) $\overline{DF}$의 길이를 구하시오.

0005

오른쪽 그림과 같은 두 직각삼각형에 대하여 다음 물음에 답하시오.

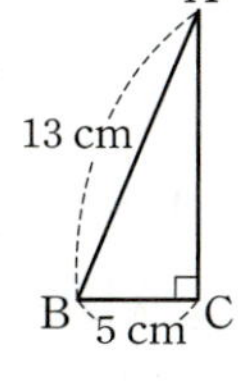
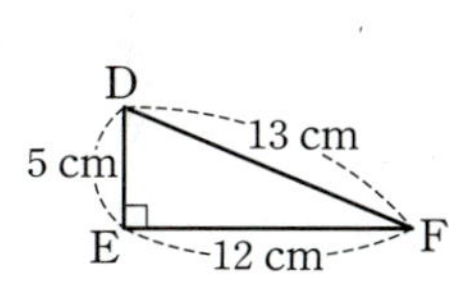

(1) 합동인 두 삼각형을 기호로 나타내고, 직각삼각형의 합동 조건을 말하시오.

(2) $\overline{AC}$의 길이를 구하시오.

4 각의 이등분선의 성질

0006

오른쪽 그림에서 $\angle AOP = \angle BOP$일 때, x, y의 값을 각각 구하시오.

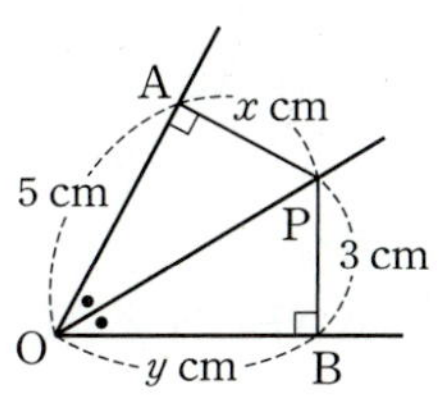

0007

오른쪽 그림에서 $\overrightarrow{OX} \perp \overline{PA}$, $\overrightarrow{OY} \perp \overline{PB}$이고 $\overline{PA}=\overline{PB}$일 때, $\angle x$의 크기를 구하시오.

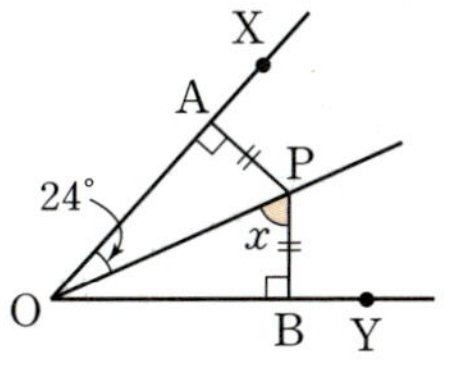

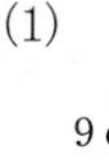

유형 01 이등변삼각형의 성질 (1)

0008 상중하

오른쪽 그림과 같이 $\overline{AB}=\overline{AC}$인 이등변삼각형 ABC에서 $\overline{BC}=\overline{BD}$, $\angle A=32°$일 때, $\angle x$의 크기를 구하시오.

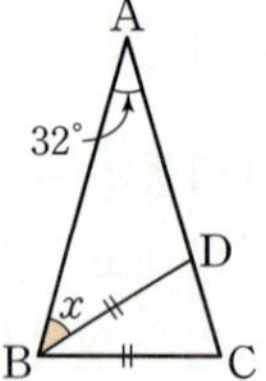

→ 유형 Point △ABC에서 $\overline{AB}=\overline{AC}$이면

(1) $\angle B=\angle C$

(2) $\angle A=180°-2\angle B$

(3) $\angle B=\angle C=\dfrac{1}{2}\times(180°-\angle A)$

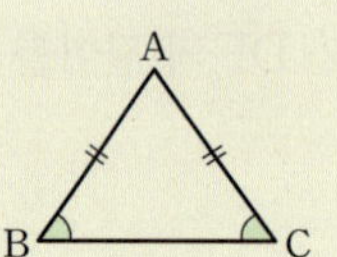

0009 상중하

오른쪽 그림과 같이 $\overline{BA}=\overline{BC}$인 이등변삼각형 ABC에서 $\angle ABD=98°$일 때, $\angle C$의 크기를 구하시오.

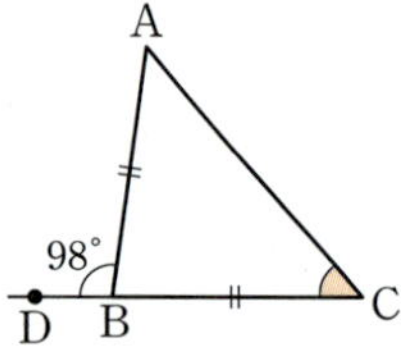

0010 상중하

다음은 '이등변삼각형의 두 밑각의 크기는 서로 같다.'를 설명하는 과정이다. ①~⑤에 알맞은 것으로 옳지 <u>않은</u> 것을 모두 고르면? (정답 2개)

$\overline{AB}=\overline{AC}$인 이등변삼각형 ABC에서 $\angle A$의 이등분선과 $\overline{BC}$의 교점을 D라고 하자.

△ABD와 △ACD에서

$\overline{AB}=$ ①

$\angle BAD=$ ②

③ 는 공통

따라서 △ABD≡△ACD (④ 합동)이므로

$\angle B=$ ⑤

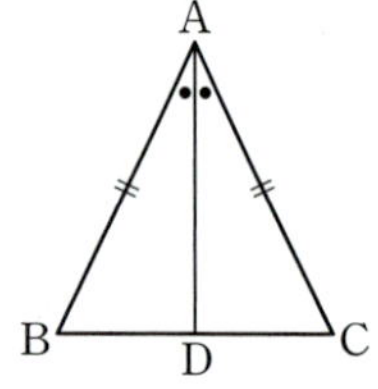

① $\overline{BC}$ ② $\angle CAD$ ③ $\overline{AD}$

④ ASA   ⑤ $\angle C$

0011 상중하

오른쪽 그림과 같이 $\overline{AB}=\overline{AC}$인 이등변삼각형 ABC에서 꼭짓점 A를 지나고 $\overline{BC}$와 평행한 반직선 AD를 그었다.

$\angle BAC=48°$일 때, $\angle DAC$의 크기는?

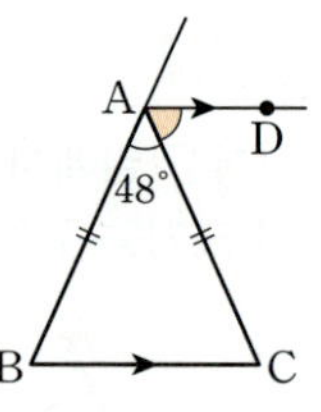

① $56°$ ② $60°$

③ $66°$ ④ $70°$

⑤ $76°$

★★ 0012 상중하

오른쪽 그림과 같이 $\overline{AB}=\overline{AC}$인 이등변삼각형 ABC에서 $\overline{AD}=\overline{BD}$, $\angle A=30°$일 때, $\angle DBC$의 크기를 구하시오.

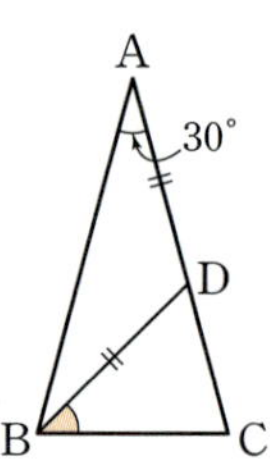

0013 상중하 서술형

오른쪽 그림과 같이 세 점 B, C, E가 한 직선 위에 있고, 두 이등변삼각형 ABC와 DCE에서 $\angle A=54°$, $\angle D=42°$일 때, $\angle ACD$의 크기를 구하시오.

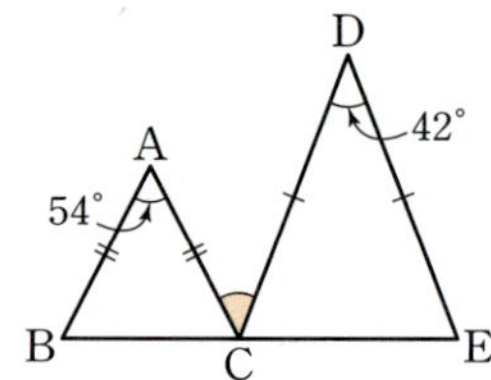

0014 상중하

오른쪽 그림과 같이 $\overline{AB}=\overline{AC}$인 이등변삼각형 ABC에서 $\overline{BD}=\overline{BE}$, $\overline{CE}=\overline{CF}$이고, $\angle A=112°$일 때, $\angle x$의 크기를 구하시오.

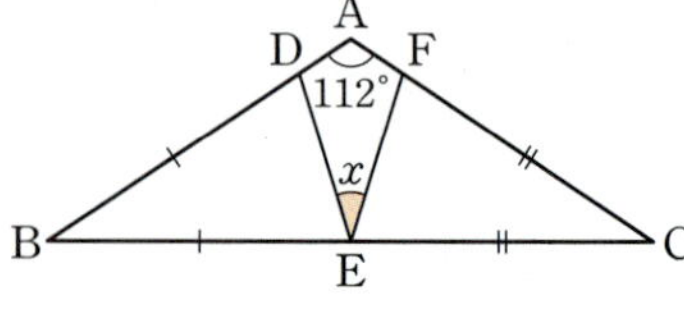

> **수학의 바이블** 7쪽

유형 02 이등변삼각형의 성질 (2)

0015 상 중 하

오른쪽 그림과 같이 $\overline{AB}=\overline{AC}$인 이등변삼각형 ABC에서 ∠A의 이등분선과 $\overline{BC}$의 교점을 D라고 하자. $\overline{BD}=4$ cm, ∠BAC=72°일 때, $x+y$의 값은?

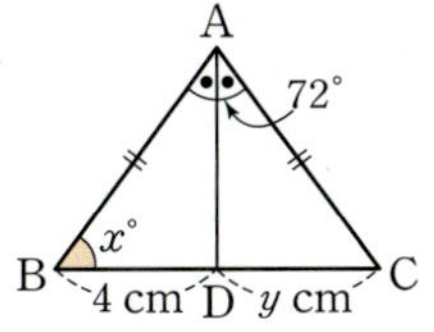

① 58　　　　② 60　　　　③ 62

④ 64　　　　⑤ 66

→ **유형 Point**　△ABC에서 $\overline{AB}=\overline{AC}$, ∠BAD=∠CAD이면

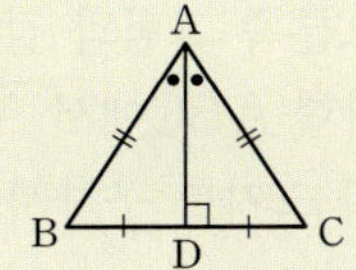

(1) $\overline{BD}=\overline{CD}=\dfrac{1}{2}\overline{BC}$

(2) $\overline{AD}\perp\overline{BC}$

0016 상 중 하

오른쪽 그림과 같이 $\overline{AB}=\overline{AC}$인 이등변삼각형 ABC에서 점 D는 $\overline{BC}$의 중점이다. ∠C=52°일 때, 다음 중 옳지 않은 것은?

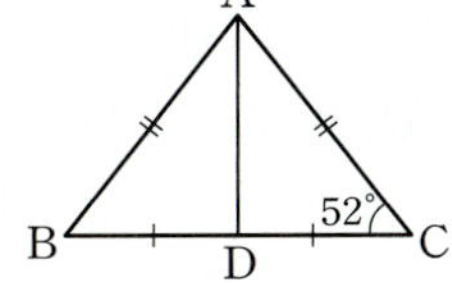

① ∠B=52°　　　② ∠BAD=38°　　　③ ∠ADB=90°

④ $\overline{AD}=\overline{BD}$　　　⑤ $\overline{BD}=\dfrac{1}{2}\overline{BC}$

0017 상 중 하

오른쪽 그림과 같이 $\overline{AB}=\overline{AC}$인 이등변삼각형 ABC에서 $\overline{AD}$는 ∠A의 이등분선이다. $\overline{AD}=8$ cm, $\overline{BC}=15$ cm일 때, △ABC의 넓이를 구하시오.

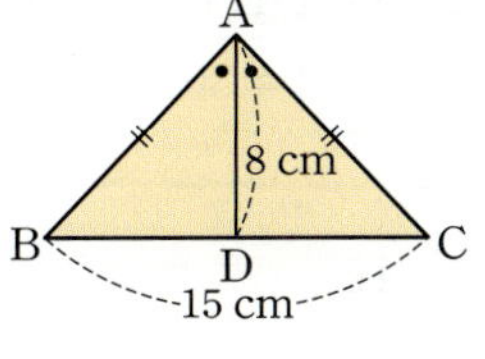

0018 상 중 하

다음은 '이등변삼각형의 꼭지각의 이등분선은 밑변을 수직이등분한다.'를 설명하는 과정이다. ㈎~㈏에 알맞은 것을 구하시오.

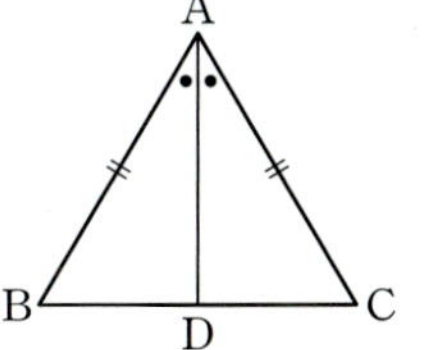

$\overline{AB}=\overline{AC}$인 이등변삼각형 ABC에서 ∠A의 이등분선과 $\overline{BC}$의 교점을 D라고 하자.

△ABD와 △ACD에서

$\overline{AB}=\overline{AC}$

∠BAD= [㈎]

[㈏] 는 공통

따라서 △ABD≡△ACD ([㈐] 합동)이므로

$\overline{BD}=\overline{CD}$　　…… ㉠

그런데 ∠ADB= [㈑] 이고, ∠ADB+∠ADC=180°이므로 ∠ADB=∠ADC= [㈒] °

∴ $\overline{AD}\perp\overline{BC}$　　…… ㉡

㉠, ㉡에 의하여 $\overline{AD}$는 $\overline{BC}$를 수직이등분한다.

★★ 0019 상 중 하

오른쪽 그림과 같이 $\overline{AB}=\overline{AC}$인 이등변삼각형 ABC에서 ∠A의 이등분선과 $\overline{BC}$의 교점을 D라고 하자. ∠BAC=84°, $\overline{BC}=16$ cm일 때, 다음 중 옳지 않은 것을 모두 고르면?

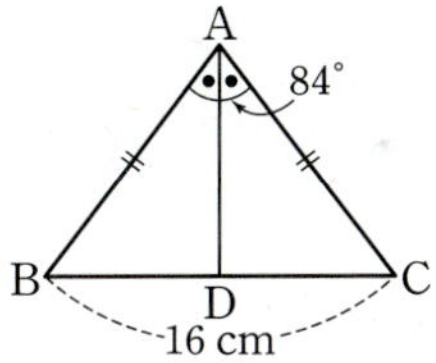

(정답 2개)

① ∠B=48°　　　② ∠C=50°　　　③ ∠ADC=90°

④ $\overline{BD}=8$ cm　　　⑤ $\overline{AD}=8$ cm

0020 상 중 하

오른쪽 그림과 같이 $\overline{AB}=\overline{AC}$인 이등변삼각형 ABC에서 ∠A의 이등분선과 $\overline{BC}$의 교점을 D라고 하자. ∠BPC=90°, $\overline{PD}=7$ cm일 때, $\overline{BC}$의 길이를 구하시오.

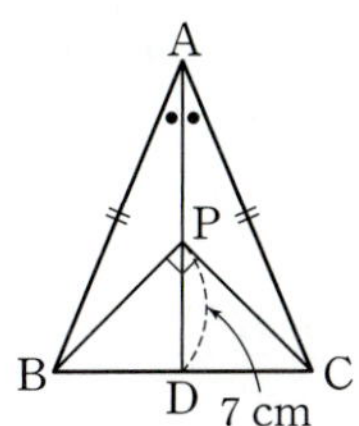

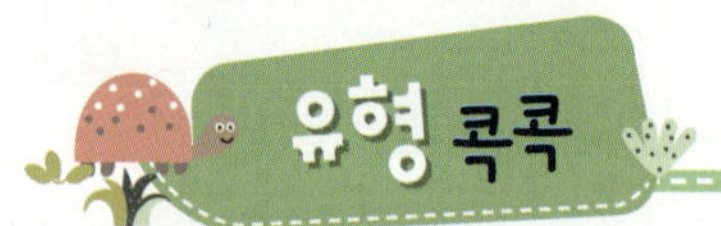

유형 03 · 이등변삼각형의 성질을 이용하여 각의 크기 구하기 (1)

0021 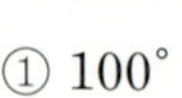 상 중 하

오른쪽 그림에서 $\overline{AB}=\overline{AC}=\overline{CD}$
이고 $\angle BAC=100°$일 때, $\angle DCE$
의 크기는?

① $100°$ ② $105°$
③ $110°$ ④ $115°$
⑤ $120°$

> **유형 Point** 오른쪽 그림과 같이 이등
> 변삼각형이 이웃한 경우, 삼각형의 한
> 외각의 크기는 그와 이웃하지 않는 두
> 내각의 크기의 합과 같음을 이용한다.
> 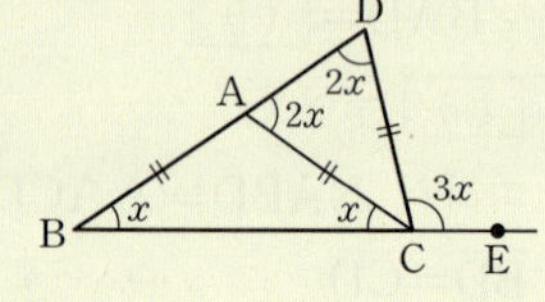
> (1) △ABC에서
> $\angle DAC=\angle x+\angle x=2\angle x$
> (2) △DBC에서 $\angle DCE=\angle x+2\angle x=3\angle x$

0022 상 중 하

오른쪽 그림과 같은 △ABC에서
$\overline{AD}=\overline{BD}=\overline{CD}$이고 $\angle C=52°$일 때,
$\angle x$의 크기는?

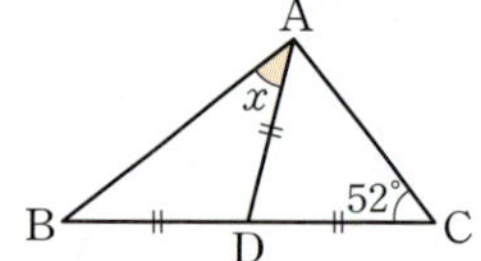

① $32°$ ② $34°$
③ $36°$ ④ $38°$
⑤ $40°$

0023 상 중 하

오른쪽 그림에서 $\overline{AB}=\overline{AC}=\overline{CD}$
이고 $\angle B=32°$일 때, $\angle DCE$의 크
기는?

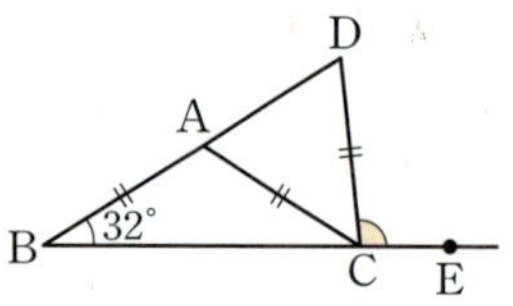

① $95°$ ② $96°$
③ $97°$ ④ $98°$
⑤ $99°$

0024 상 중 하 서술형

오른쪽 그림에서 $\overline{AB}=\overline{AC}=\overline{CD}$
이고 $\angle DCE=105°$일 때, $\angle BAC$
의 크기를 구하시오.

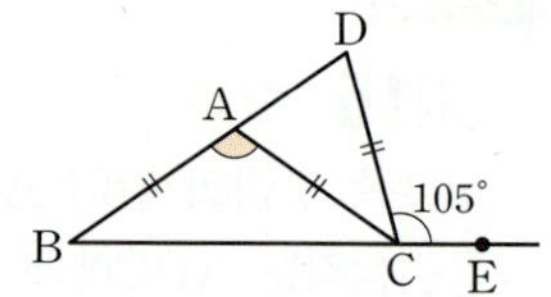

0025 상 중 하

오른쪽 그림과 같이 $\overline{AB}=\overline{AC}$인 이등변삼
각형 ABC에서 $\overline{AD}=\overline{BD}=\overline{BC}$일 때, $\angle A$
의 크기를 구하시오.

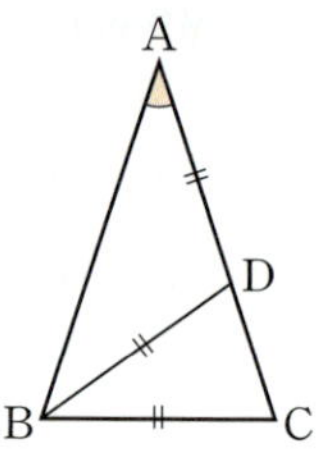

★★ 0026 상 중 하

오른쪽 그림에서
$\overline{AB}=\overline{BC}=\overline{CD}=\overline{DE}$이고
$\angle A=20°$일 때, $\angle FDE$의 크기
는?

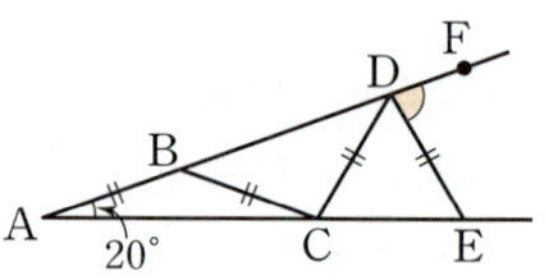

① $65°$ ② $70°$ ③ $75°$
④ $80°$ ⑤ $85°$

0027 상 중 하

오른쪽 그림과 같은 △ABC에서
$\overline{AD}=\overline{DE}=\overline{EC}=\overline{CB}$이고
$\angle ECB=30°$일 때, $\angle A$의 크기
는?

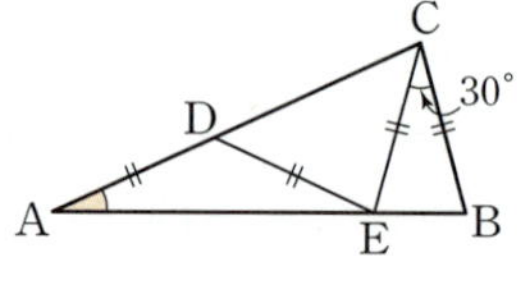

① $15°$ ② $18°$ ③ $20°$
④ $22°$ ⑤ $25°$

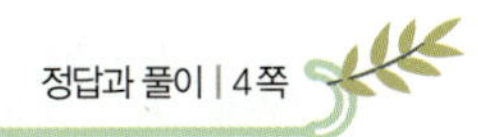

↗ 수학의 바이블 7쪽

유형 04 이등변삼각형의 성질을 이용하여 각의 크기 구하기 (2)

0028 상 중 하

오른쪽 그림과 같이 $\overline{AB}=\overline{AC}$인 이등변삼각형 ABC에서 ∠B의 이등분선과 ∠C의 외각의 이등분선의 교점을 D라고 하자. ∠A=40°일 때, ∠x의 크기는?

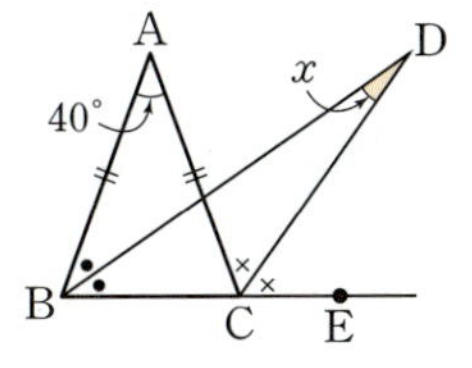

① 18°　　② 20°　　③ 22°
④ 24°　　⑤ 26°

→ **유형 Point** $\overline{AB}=\overline{AC}$인 이등변삼각형 ABC에서 $\overline{BD}$는 ∠B의 이등분선이고 $\overline{CD}$는 ∠ACE의 이등분선일 때

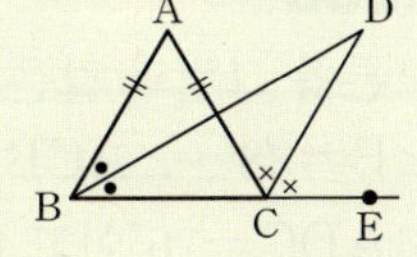

(1) ∠B=∠C=$\dfrac{1}{2}$×(180°−∠A)

(2) ∠DBC=$\dfrac{1}{2}$∠B=$\dfrac{1}{4}$×(180°−∠A)

(3) ∠DCE=$\dfrac{1}{2}$∠ACE=$\dfrac{1}{2}$×(180°−∠C)

0029 상 중 하　서술형

오른쪽 그림에서 △ABC와 △BCD는 각각 $\overline{AB}=\overline{AC}$, $\overline{CB}=\overline{CD}$인 이등변삼각형이다. ∠A=52°, ∠ACD=∠DCE일 때, ∠x의 크기를 구하시오.

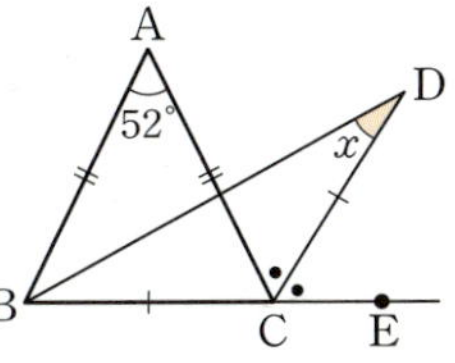

0030 상 중 하

오른쪽 그림에서 △ABC는 $\overline{AB}=\overline{AC}$인 이등변삼각형이다. ∠A=48°이고 ∠ABD=∠DBC, ∠ACD=$\dfrac{1}{2}$∠DCE일 때, ∠x의 크기를 구하시오.

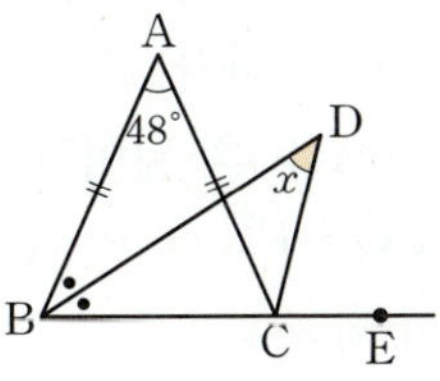

유형 05 이등변삼각형이 되는 조건

0031 상 중 하

다음은 '두 내각의 크기가 같은 삼각형은 이등변삼각형이다.'를 설명하는 과정이다. ⑺~⑽에 알맞은 것을 구하시오.

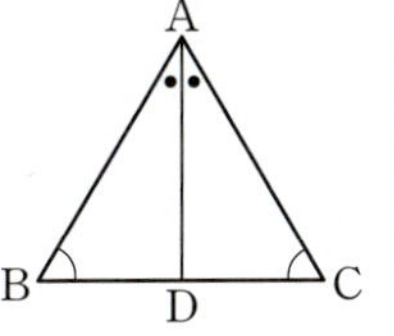

∠B=∠C인 △ABC에서 ∠A의 이등분선과 $\overline{BC}$의 교점을 D라고 하면

△ABD와 ⑺ 에서

∠BAD= ⑻

∠B=∠C이므로 ⑼ =∠ADC

$\overline{AD}$는 공통

따라서 △ABD≡ ⑺ (⑽ 합동)이므로

$\overline{AB}=$ ⑾

따라서 △ABC는 이등변삼각형이다.

→ **유형 Point** 두 내각의 크기가 같은 삼각형은 이등변삼각형이다.

➡ △ABC에서 ∠B=∠C이면 $\overline{AB}=\overline{AC}$이다.

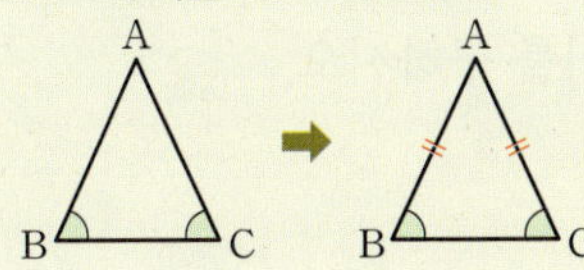

0032 상 중 하

다음은 오른쪽 그림과 같이 $\overline{AB}=\overline{AC}$인 이등변삼각형 ABC에서 ∠B와 ∠C의 이등분선의 교점을 P라고 할 때, $\overline{PB}=\overline{PC}$임을 설명하는 과정이다. ①~⑤에 알맞은 것으로 옳지 않은 것은?

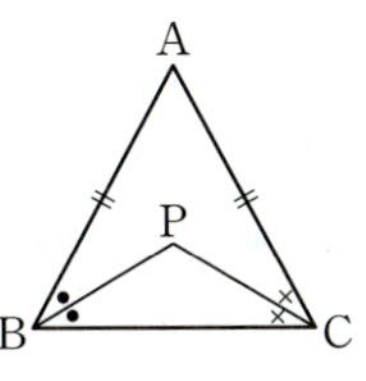

△ABC에서 $\overline{AB}=\overline{AC}$이므로

∠ABC= ①

∠PBC=$\dfrac{1}{2}$ ② , ∠PCB=$\dfrac{1}{2}$∠ACB이므로

∠PBC= ③

따라서 △PBC는 두 내각의 크기가 같으므로 ④ 삼각형이다.

∴ $\overline{PB}=$ ⑤

① ∠ACB　　② ∠BAC　　③ ∠PCB
④ 이등변　　⑤ $\overline{PC}$

▶ 수학의 바이블 9쪽

유형 06 이등변삼각형이 되는 조건을 이용하기

0033 상중하
오른쪽 그림과 같이 $\overline{AB}=\overline{AC}$인 이등변
삼각형 ABC에서 ∠C의 이등분선이 $\overline{AB}$
와 만나는 점을 D라고 하자. ∠A=36°일
때, $\overline{AD}$의 길이를 구하시오.

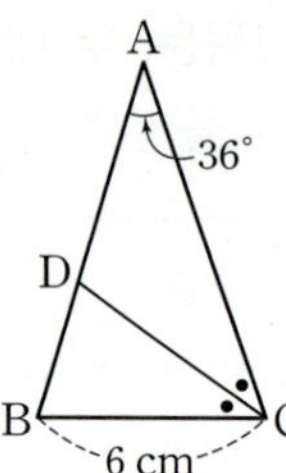

➡ **유형 Point** 두 내각의 크기가 같은 삼각형은 이등변삼각형이므로 두 내
각의 크기가 같은 삼각형을 찾아 두 변의 길이가 같음을 이용한다.

0034 상중하
오른쪽 그림과 같은 △ABC에서
∠A=63°, ∠B=54°이고 $\overline{AB}=15$ cm
일 때, $\overline{BC}$의 길이를 구하시오.

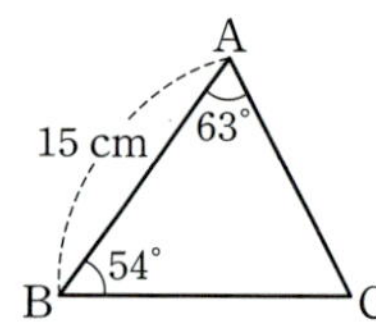

0035 상중하
오른쪽 그림과 같은 △ABC에서
∠B=∠C, $\overline{BC}=7$ cm이고 △ABC의
둘레의 길이가 23 cm일 때, $\overline{AB}$의 길이를
구하시오.

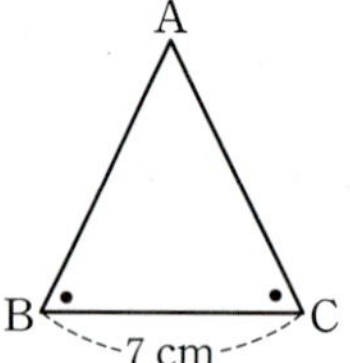

0036 상중하
오른쪽 그림과 같이 $\overline{AB}=\overline{AC}$인
이등변삼각형 ABC에서 ∠B, ∠C
의 이등분선의 교점을 D라고 하자.
∠A=80°, $\overline{CD}=6$ cm일 때, $\overline{BD}$
의 길이를 구하시오.

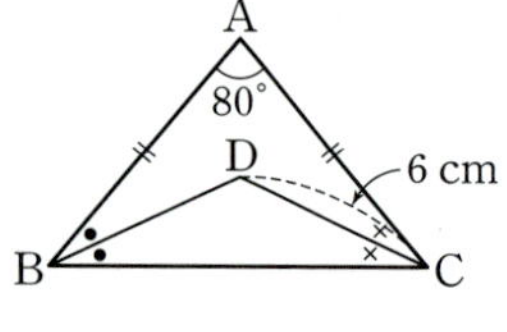

0037 상중하
오른쪽 그림과 같이 ∠A=90°이고
$\overline{AB}=\overline{AC}$인 직각이등변삼각형
ABC에서 $\overline{BC}=16$ cm일 때,
△ABC의 넓이를 구하시오.

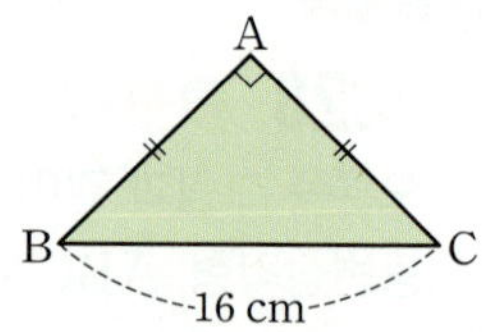

0038 상중하
오른쪽 그림과 같은 △ABC에서
∠B=38°, ∠ACB=66°,
∠ADC=76°이고 $\overline{BD}=5$ cm일
때, $\overline{AC}$의 길이를 구하시오.

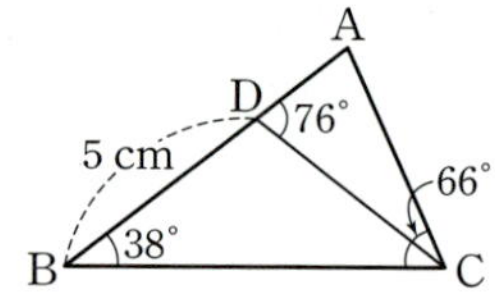

0039 상중하 서술형
오른쪽 그림과 같이 ∠B=90°인 직각삼각형
ABC에서 $\overline{DB}=\overline{DC}$이고 ∠A=30°,
$\overline{BC}=10$ cm일 때, $\overline{AC}$의 길이를 구하시오.

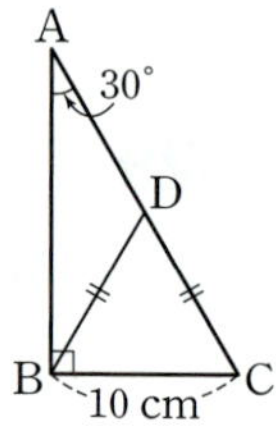

0040 상중하
오른쪽 그림과 같이 ∠B=∠C인
△ABC의 $\overline{BC}$ 위의 점 P에서 $\overline{AB}$,
$\overline{AC}$에 내린 수선의 발을 각각 Q,
R라고 하자. $\overline{AB}=12$ cm이고
△ABC의 넓이가 60 cm²일 때,
$\overline{PQ}+\overline{PR}$의 길이는?

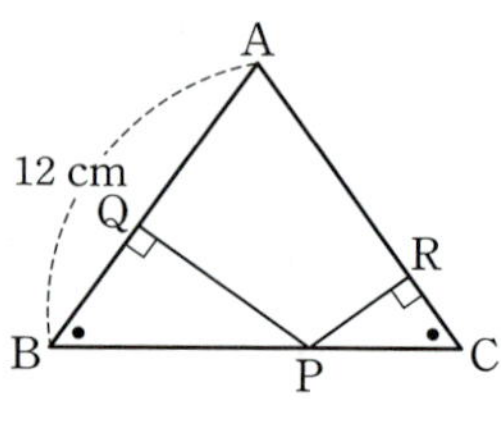

① 9 cm 　② 10 cm 　③ 11 cm
④ 12 cm 　⑤ 13 cm

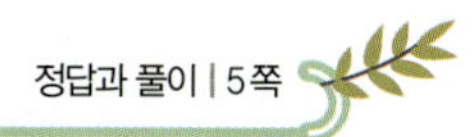

➤ 수학의 바이블 9쪽

유형 07 종이접기

0041 상 중 하

직사각형 모양의 종이를 오른쪽 그림과 같이 접었다. $\overline{EF}=8$ cm, $\overline{FG}=6$ cm일 때, $\triangle EFG$의 둘레의 길이를 구하시오.

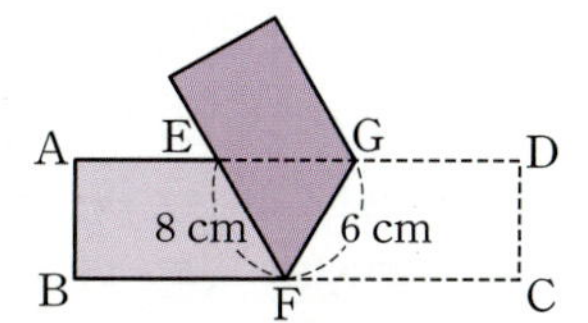

➜ **유형 Point** 직사각형 모양의 종이를 접었을 때

(1) $\angle GFC=\angle EFG$ (접은 각)

(2) $\overline{AD} /\!/ \overline{BC}$이므로

$\quad \angle GFC=\angle EGF$ (엇각)

➡ $\angle EFG=\angle EGF$이므로 $\triangle EFG$는 $\overline{EF}=\overline{EG}$인 이등변삼각형이다.

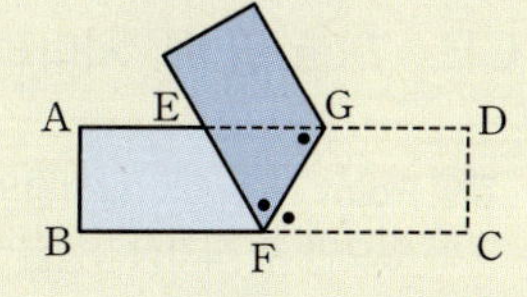

0042 상 중 하

직사각형 모양의 종이를 오른쪽 그림과 같이 접었을 때, 다음 중 옳지 <u>않은</u> 것은?

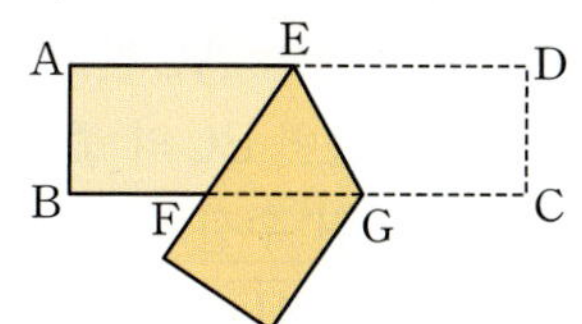

① $\angle DEG=\angle FGE$
② $\angle DEG=\angle FEG$
③ $\angle FEG=\angle FGE$
④ $\overline{EF}=\overline{EG}$
⑤ $\overline{EF}=\overline{FG}$

★★ 0043 상 중 하

직사각형 모양의 종이를 오른쪽 그림과 같이 접었다. $\angle EFG=64°$일 때, $\angle x$의 크기를 구하시오.

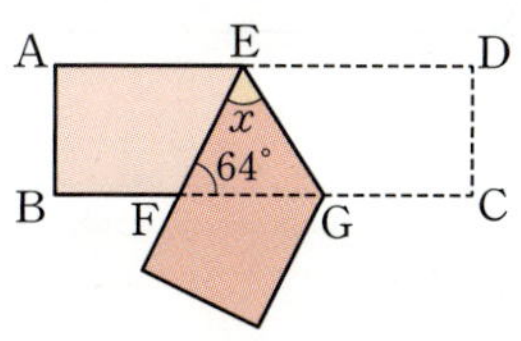

0044 상 중 하 서술형

폭이 일정한 종이를 오른쪽 그림과 같이 접었다. $\overline{AC}=10$ cm, $\angle CBD=70°$일 때, $x+y$의 값을 구하시오.

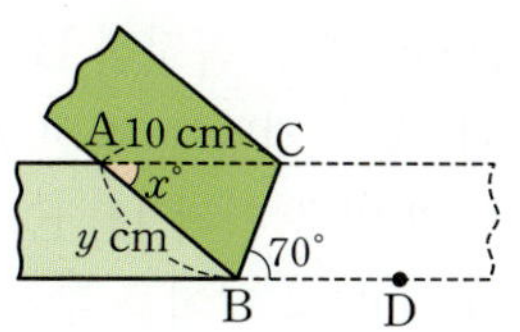

➤ 수학의 바이블 12쪽

유형 08 직각삼각형의 합동 조건

0045 상 중 하

다음 보기에서 합동인 직각삼각형끼리 짝 지으시오.

보기

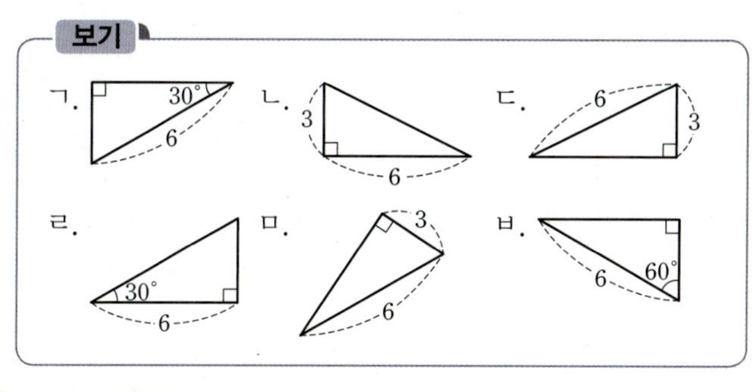

➜ **유형 Point** 두 직각삼각형에서

(1) 빗변의 길이와 한 예각의 크기가 각각 같을 때 ➡ RHA 합동

(2) 빗변의 길이와 다른 한 변의 길이가 각각 같을 때 ➡ RHS 합동

0046 상 중 하

다음은 '빗변의 길이와 한 예각의 크기가 각각 같은 두 직각삼각형은 합동이다.'를 설명하는 과정이다. ㉮~㉣에 알맞은 것을 구하시오.

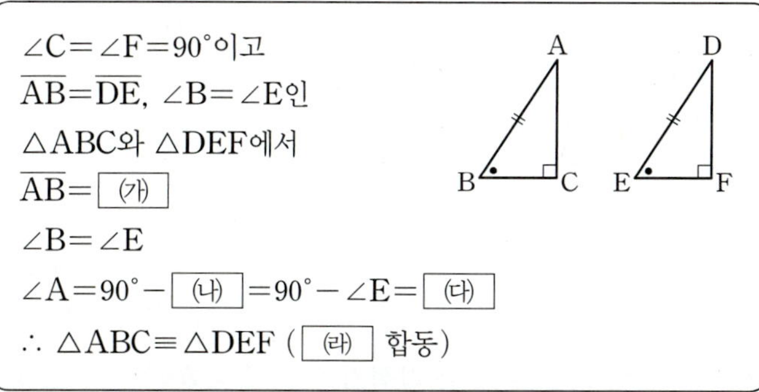

$\angle C=\angle F=90°$이고 $\overline{AB}=\overline{DE}$, $\angle B=\angle E$인 $\triangle ABC$와 $\triangle DEF$에서

$\overline{AB}=$ ㉮

$\angle B=\angle E$

$\angle A=90°-$ ㉯ $=90°-\angle E=$ ㉰

$\therefore \triangle ABC \equiv \triangle DEF$ (㉱ 합동)

★★ 0047 상 중 하

다음 중 오른쪽 그림과 같은 두 직각삼각형 ABC와 DEF가 합동이 되는 경우가 <u>아닌</u> 것은?

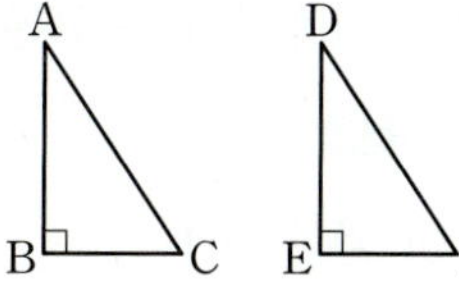

① $\overline{AB}=\overline{DE}$, $\overline{BC}=\overline{EF}$
② $\overline{AC}=\overline{DF}$, $\overline{BC}=\overline{EF}$
③ $\angle A=\angle D$, $\overline{AB}=\overline{DE}$
④ $\overline{AC}=\overline{DF}$, $\angle C=\angle F$
⑤ $\angle A=\angle D$, $\angle C=\angle F$

0048 상중하

다음은 '빗변의 길이와 다른 한 변의 길이가 각각 같은 두 직각삼각형은 합동이다.'를 설명하는 과정이다. ①~⑤에 알맞은 것으로 옳지 <u>않은</u> 것은?

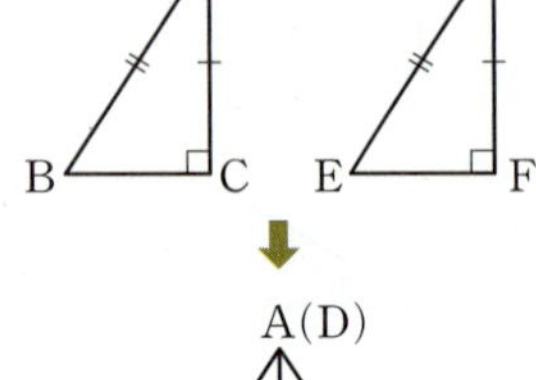

∠C=∠F=90°이고
$\overline{AB}=\overline{DE}$, $\overline{AC}=\overline{DF}$인
△ABC와 △DEF에서 길이가
같은 두 변 AC와 DF를 겹치도
록 놓으면
∠ACB+∠ACE= ① °
이므로 세 점 B, C, E는 한 직선
위에 있게 된다.
이때 △ABE에서
$\overline{AB}=$ ② 이므로 △ABE는
이등변삼각형이다.
∴ ∠B= ③
따라서 △ABC와 △DEF에서
$\overline{AB}=\overline{DE}$, $\overline{AC}=\overline{DF}$
∠BAC=90°-∠B=90°- ③ = ④
∴ △ABC≡△DEF (⑤ 합동)

① 180 ② $\overline{AE}$ ③ ∠E
④ ∠DEF ⑤ SAS

★★★ 0049 상중하

오른쪽 그림과 같은 두 직각삼각
형 ABC와 DEF에서
$\overline{AC}=\overline{DF}$일 때, 다음 중 두 직각
삼각형이 합동이 되기 위한 조건
을 보기에서 모두 고른 것은?

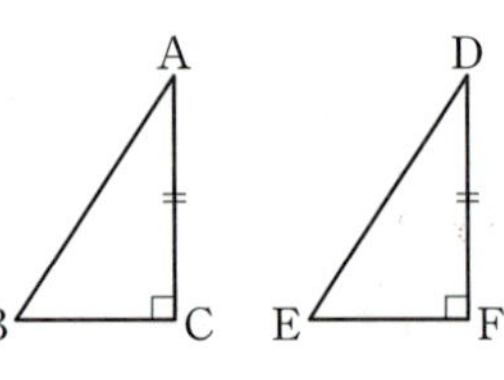

보기
ㄱ. $\overline{AB}=\overline{DE}$ ㄴ. $\overline{AB}=\overline{DF}$ ㄷ. $\overline{BC}=\overline{EF}$
ㄹ. ∠A=∠D ㅁ. ∠B=∠D ㅂ. ∠B=∠E

① ㄱ, ㄴ ② ㄱ, ㄷ
③ ㄷ, ㄹ ④ ㄱ, ㄴ, ㄷ, ㄹ
⑤ ㄱ, ㄷ, ㄹ, ㅂ

유형 09 직각삼각형의 합동 조건의 응용 − RHA 합동

0050 상중하

오른쪽 그림과 같이 ∠A=90°
이고 $\overline{AB}=\overline{AC}$인 직각이등변
삼각형 ABC의 두 꼭짓점 B,
C에서 꼭짓점 A를 지나는 직
선 l에 내린 수선의 발을 각각 D, E라고 하자. $\overline{BD}=5$ cm,
$\overline{CE}=7$ cm일 때, 사다리꼴 DBCE의 넓이를 구하시오.

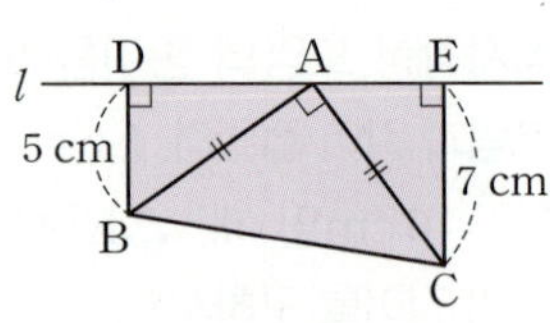

→ **유형 Point** 두 직각삼각형의 빗변의 길이가 같을 때, 크기가 같은 한 예각이 있으면 두 직각삼각형은 합동이다. (RHA 합동)

0051 상중하

다음은 '$\overline{AB}=\overline{AC}$인 이등변삼각형
ABC의 밑변 BC의 중점 M에서 $\overline{AB}$,
$\overline{AC}$에 내린 수선의 발을 각각 D, E라
고 할 때, $\overline{MD}=\overline{ME}$이다.'를 설명하
는 과정이다. (가)~(라)에 알맞은 것을 구하시오.

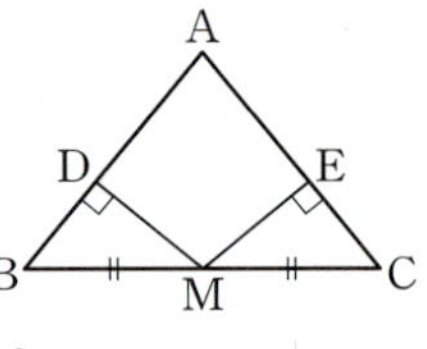

△BMD와 △CME에서
∠BDM=∠CEM= (가) °
$\overline{BM}=$ (나)
(다) =∠C
따라서 △BMD≡△CME ((라) 합동)이므로
$\overline{MD}=\overline{ME}$

0052 상중하 서술형

오른쪽 그림과 같이 ∠A=90°이
고 $\overline{AB}=\overline{AC}$인 직각이등변삼각형
ABC의 두 꼭짓점 B, C에서 꼭짓
점 A를 지나는 직선 l에 내린 수
선의 발을 각각 D, E라고 하자. $\overline{BD}=6$ cm, $\overline{CE}=3$ cm일
때, $\overline{DE}$의 길이를 구하시오.

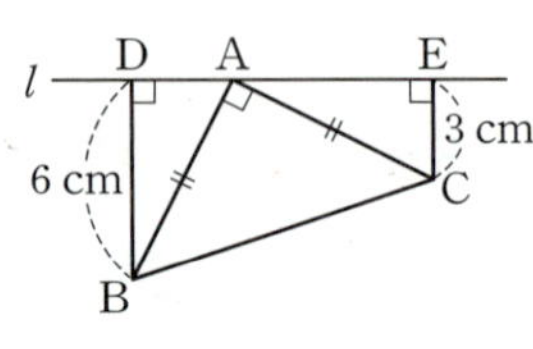

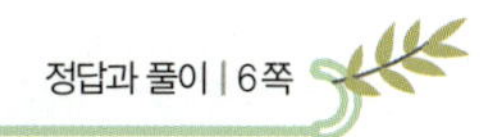

0053 상 중 하

오른쪽 그림과 같이 $\angle A = 90°$이고 $\overline{AB} = \overline{AC}$인 직각이등변삼각형 ABC의 두 꼭짓점 B, C에서 꼭짓점 A를 지나는 직선 l에 내린 수선의 발을 각각 D, E라고 하자. $\overline{BD} = 3$ cm, $\overline{CE} = 7$ cm일 때, $\overline{DE}$의 길이를 구하시오.

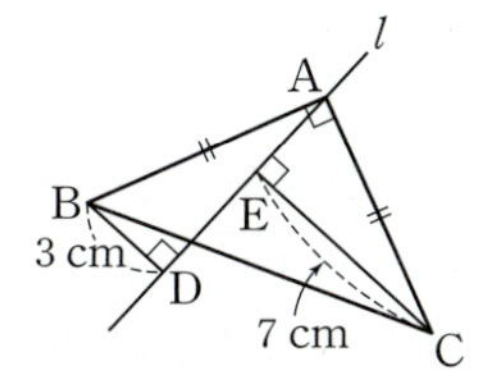

0054 상 중 하

오른쪽 그림과 같이 $\angle B = 90°$이고 $\overline{BA} = \overline{BC}$인 직각이등변삼각형 ABC의 두 꼭짓점 A, C에서 꼭짓점 B를 지나는 직선 l에 내린 수선의 발을 각각 D, E라고 하자. $\overline{AD} = 6$ cm, $\overline{DE} = 16$ cm일 때, $\triangle ABC$의 넓이를 구하시오.

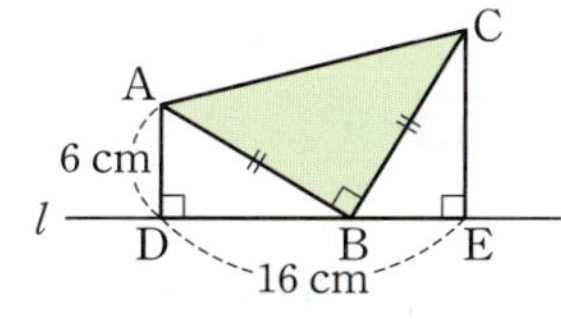

0055 상 중 하

오른쪽 그림과 같이 $\angle A = 90°$이고 $\overline{AB} = \overline{AC}$인 직각이등변삼각형 ABC의 두 꼭짓점 B, C에서 꼭짓점 A를 지나는 직선 l에 내린 수선의 발을 각각 D, E라고 하자. $\overline{BD} = 5$, $\overline{CE} = 3$일 때, 다음 중 옳지 <u>않은</u> 것은?

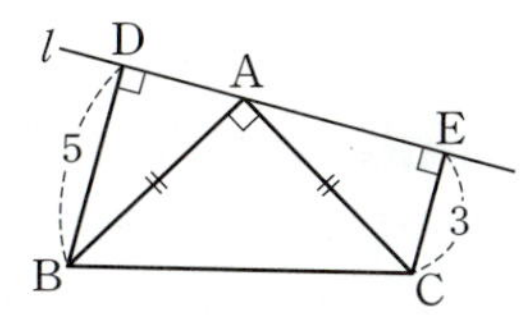

① $\angle DAB = \angle ECA$
② $\angle DBA + \angle EAC = 90°$
③ $\triangle ABD \equiv \triangle CAE$
④ $\overline{DE} = 8$
⑤ (사다리꼴 DBCE의 넓이)$= 32$

0056 상 중 하

오른쪽 그림의 $\triangle ABC$에서 점 M은 $\overline{BC}$의 중점이고 두 점 D, E는 각각 두 꼭짓점 B, C에서 $\overline{AM}$의 연장선과 $\overline{AM}$에 내린 수선의 발이다. $\overline{AM} = 8$ cm, $\overline{CE} = 5$ cm, $\overline{EM} = 3$ cm일 때, $\triangle ABC$의 넓이를 구하시오.

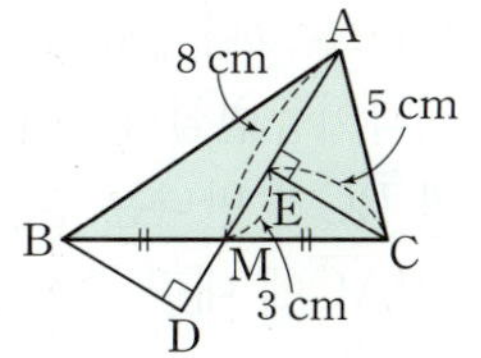

수학의 바이블 12쪽

유형 10 직각삼각형의 합동 조건의 응용 — RHS 합동

0057 상 중 하

오른쪽 그림과 같이 $\angle B = 90°$인 직각삼각형 ABC에서 $\overline{AB} = \overline{AE}$이고 $\overline{AC} \perp \overline{DE}$이다. $\angle BAD = 28°$일 때, $\angle x$의 크기를 구하시오.

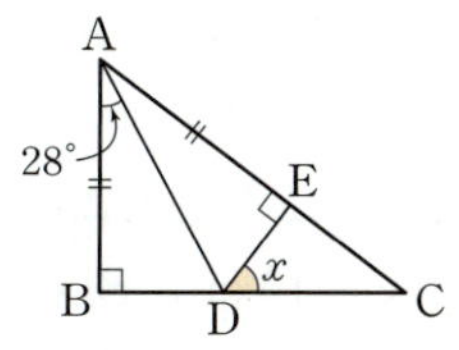

→ 유형 Point 　두 직각삼각형의 빗변의 길이가 같을 때, 빗변을 제외한 나머지 변 중에서 길이가 같은 한 변이 있으면 두 직각삼각형은 합동이다.
(RHS 합동)

0058 상 중 하

오른쪽 그림과 같이 $\angle C = 90°$인 직각삼각형 ABC에서 $\overline{BC} = \overline{BD}$이고 $\overline{AB} \perp \overline{ED}$일 때, 다음 중 옳지 <u>않은</u> 것은?

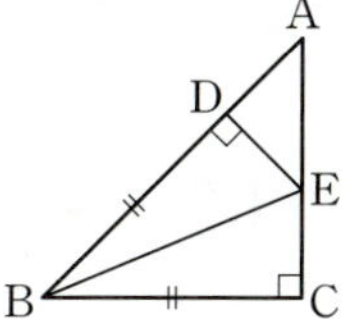

① $\angle CBE = \angle DBE$
② $\angle CEB = \angle DEB$
③ $\triangle BCE \equiv \triangle BDE$
④ $\overline{AD} = \overline{DE}$
⑤ $\overline{DE} = \overline{CE}$

0059 상 중 하

오른쪽 그림과 같이 $\angle A = 54°$인 $\triangle ABC$에서 $\overline{BC}$의 중점을 M이라 하고, 점 M에서 $\overline{AB}$, $\overline{AC}$에 내린 수선의 발을 각각 D, E라고 하자. $\overline{MD} = \overline{ME}$일 때, $\angle B$의 크기를 구하시오.

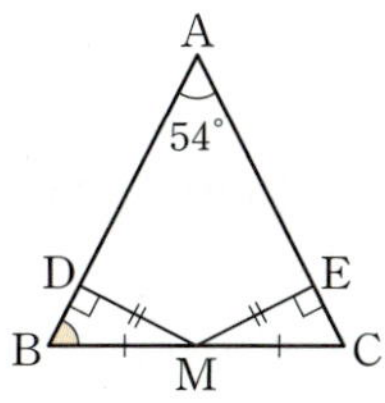

0060 상 중 하 서술형

오른쪽 그림과 같이 $\angle C = 90°$인 직각삼각형 ABC에서 $\overline{AC} = \overline{AE}$이고 $\overline{AB} \perp \overline{DE}$이다. $\overline{AB} = 20$ cm, $\overline{BC} = 16$ cm, $\overline{CA} = 12$ cm일 때, $\triangle BDE$의 둘레의 길이를 구하시오.

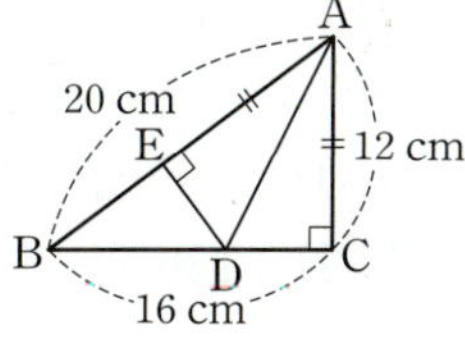

▸ 수학의 바이블 14쪽

유형 11 각의 이등분선의 성질

0061 (상 중 하)

오른쪽 그림과 같이 ∠B=90°인 직각삼각형 ABC에서 ∠A의 이등분선과 $\overline{BC}$의 교점을 D라고 하자. $\overline{AC}$=10 cm, $\overline{BD}$=3 cm일 때, △ADC의 넓이는?

① 10 cm² ② 15 cm² ③ 20 cm²
④ 25 cm² ⑤ 30 cm²

▸ **유형 Point** (1) 각의 이등분선 위의 한 점에서 그 각의 두 변에 이르는 거리는 같다.
(2) 각의 두 변에서 같은 거리에 있는 점은 그 각의 이등분선 위에 있다.

0062 (상 중 하)

다음은 '각의 두 변에서 같은 거리에 있는 점은 그 각의 이등분선 위에 있다.'를 설명하는 과정이다. ①~⑤에 알맞은 것으로 옳지 <u>않은</u> 것은?

두 반직선 OA, OB에서 같은 거리에 있는 점을 P라고 하자.
△POC와 [①]에서
∠PCO= [②] =90°
[③] 는 공통
$\overline{PC}$= [④]
따라서 △POC≡ [①] ([⑤] 합동)이므로
∠COP=∠DOP

① △POD ② ∠PDO ③ $\overline{OP}$
④ $\overline{PD}$ ⑤ RHA

0063 (상 중 하)

오른쪽 그림에서 $\overline{AP}=\overline{BP}$, ∠OAP=∠OBP=90°이고 ∠APB=130°일 때, ∠POB의 크기를 구하시오.

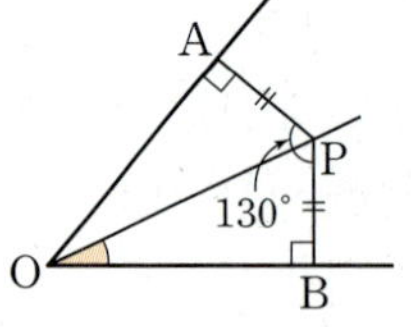

0064 (상 중 하)

오른쪽 그림과 같이 ∠B=90°인 직각삼각형 ABC에서 ∠A의 이등분선과 $\overline{BC}$가 만나는 점을 D, 점 D에서 $\overline{AC}$에 내린 수선의 발을 E라고 하자. $\overline{AB}$=4 cm, $\overline{AC}$=7 cm일 때, $\overline{EC}$의 길이를 구하시오.

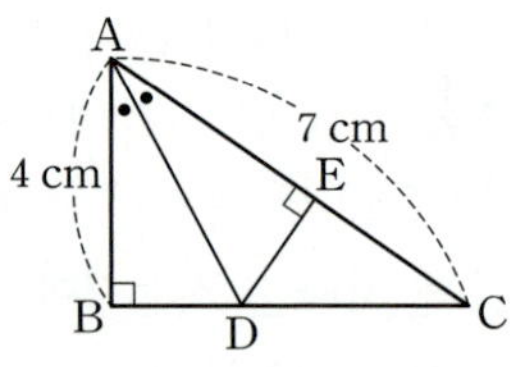

★★ 0065 (상 중 하)

오른쪽 그림과 같이 ∠C=90°인 직각삼각형 ABC에서 점 D는 $\overline{AB}$의 중점이다. $\overline{CE}=\overline{DE}$, $\overline{AB}\perp\overline{ED}$일 때, ∠B의 크기를 구하시오.

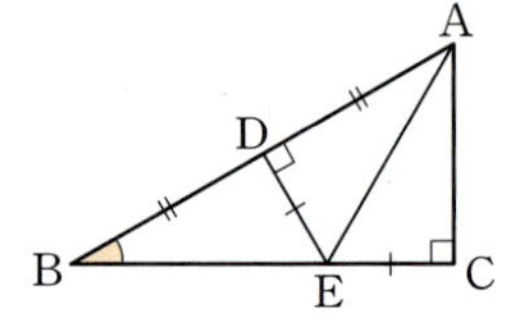

0066 (상 중 하) 서술형

오른쪽 그림과 같이 ∠C=90°인 직각삼각형 ABC에서 ∠A의 이등분선과 $\overline{BC}$가 만나는 점을 D라고 하자. $\overline{AB}$=18 cm이고 △ABD의 넓이가 45 cm²일 때, $\overline{CD}$의 길이를 구하시오.

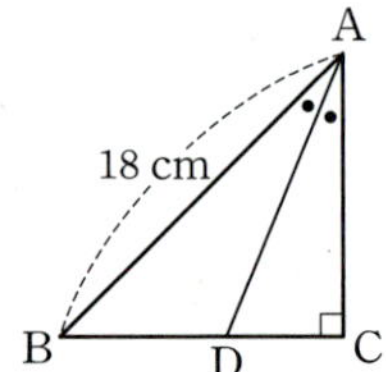

0067 (상 중 하)

오른쪽 그림에서 △ABC는 $\overline{AB}=\overline{BC}$인 직각이등변삼각형이다. ∠A의 이등분선과 $\overline{BC}$가 만나는 점을 D라 하고, 점 D에서 $\overline{AC}$에 내린 수선의 발을 E라고 하자. $\overline{BD}$=10 cm일 때, △EDC의 넓이를 구하시오.

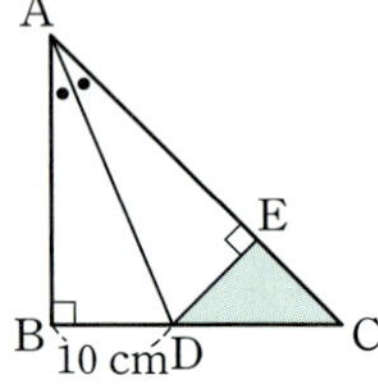

0068

오른쪽 그림과 같이 $\overline{AB}=\overline{AC}$인 이등변삼각형 ABC에서 ∠A의 크기를 구하시오.

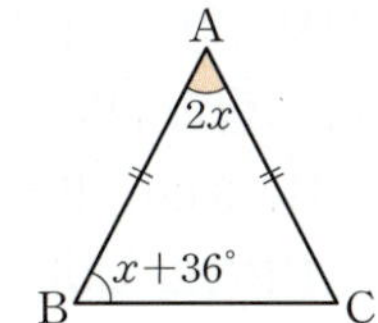

0069

오른쪽 그림에서 △ABC는 $\overline{AB}=\overline{AC}$인 이등변삼각형이고 $\overline{AE}/\!/\overline{BC}$이다. ∠DAE=55°일 때, ∠$x$의 크기는?

① 65° ② 68°
③ 70° ④ 72°
⑤ 75°

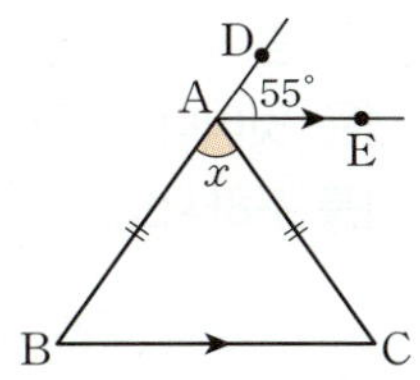

0070

오른쪽 그림과 같은 직사각형 ABCD에서 $\overline{BE}=\overline{DE}$, ∠BDE=∠CDE일 때, ∠DEC의 크기는?

① 50° ② 55°
③ 60° ④ 65°
⑤ 70°

★★ 0071

오른쪽 그림과 같이 $\overline{AB}=\overline{AC}$인 이등변삼각형 ABC의 변 BC 위에 ∠BAC=3∠BAD가 되도록 점 D를 잡았다. $\overline{AD}\perp\overline{CE}$이고 ∠DCE=17°일 때, ∠BAC의 크기를 구하시오.

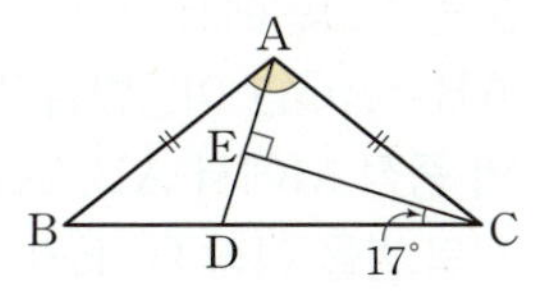

0072

오른쪽 그림에서 △ABC는 $\overline{AB}=\overline{AC}$인 이등변삼각형이고, $\overline{AD}$는 ∠A의 이등분선이다. △ABD의 넓이가 20 cm²이고 $\overline{BC}=10$ cm일 때, $\overline{AD}$의 길이는?

① 4 cm ② 6 cm
③ 8 cm ④ 9 cm
⑤ 10 cm

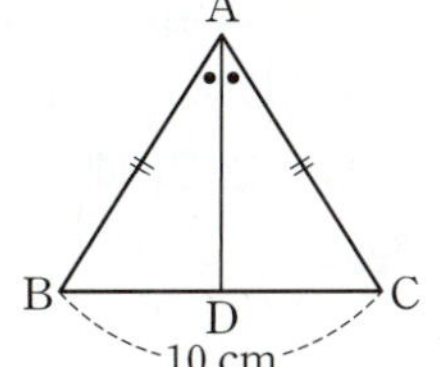

0073 생각이 쑥쑥

오른쪽 그림과 같이 $\overline{AB}=\overline{AC}$인 이등변삼각형 ABC에서 ∠A의 이등분선과 $\overline{BC}$의 교점을 D라 하고, 점 D에서 $\overline{AC}$에 내린 수선의 발을 E라고 하자. $\overline{AB}=25$ cm, $\overline{AD}=20$ cm, $\overline{DE}=12$ cm일 때, $\overline{BC}$의 길이를 구하시오.

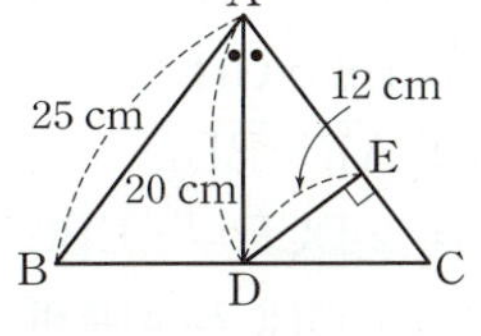

★★ 0074

오른쪽 그림에서 $\overline{AB}=\overline{BC}=\overline{CD}=\overline{DE}$이고 ∠FDE=100°일 때, ∠A의 크기를 구하시오.

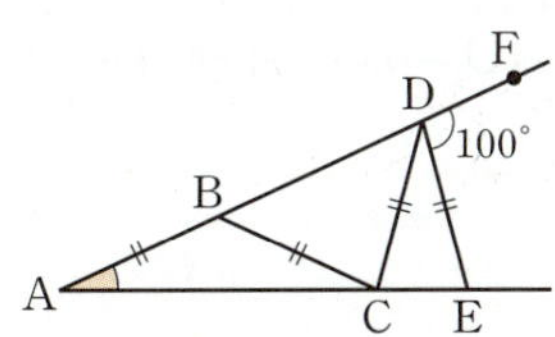

0075

오른쪽 그림과 같이 $\overline{AB}=\overline{AC}$인 이등변삼각형 ABC에서 ∠A=40°, ∠ABD=∠DBC일 때, ∠x의 크기를 구하시오.

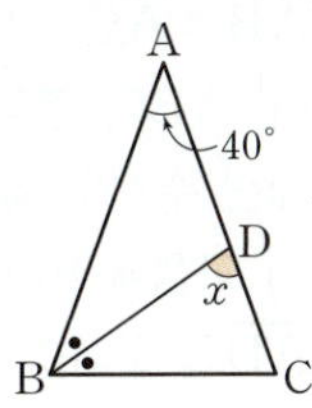

0076

오른쪽 그림의 △ABC에서
∠ACD=∠BCD, $\overline{AC}=\overline{DC}$이고
∠B=33°일 때, ∠A의 크기를 구하시
오.

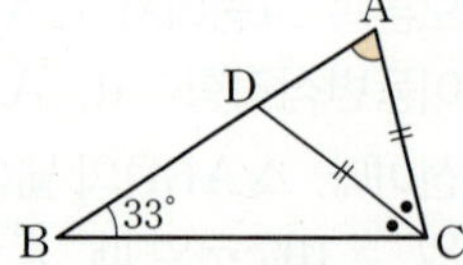

0077

오른쪽 그림과 같이 $\overline{AB}=\overline{AC}$인 이등변삼각
형 ABC에서 $\overline{AB}$, $\overline{AC}$의 중점을 각각 D,
E라고 하자. $\overline{BE}$와 $\overline{CD}$의 교점을 O라고 할
때, 다음 중 옳지 <u>않은</u> 것은?

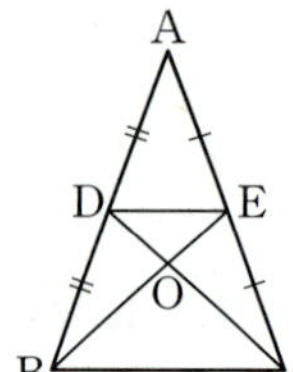

① $\overline{AD}=\overline{AE}$
② $\overline{BE}=\overline{CD}$
③ $\overline{AE}=\overline{BE}$
④ ∠DCB=∠EBC
⑤ △OBC는 이등변삼각형이다.

0078

오른쪽 그림과 같이 ∠B=90°인 직각삼각형
ABC에서 ∠DAB=∠DBA=28°,
$\overline{AD}=6$ cm일 때, $\overline{DC}$의 길이를 구하시오.

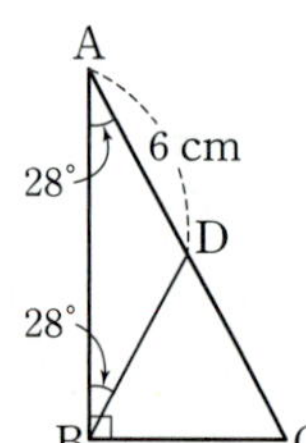

0079 생각이 쑥쑥

오른쪽 그림에서 △ABC는
$\overline{AB}=\overline{AC}=10$ cm인 이등변삼각형이
다. $\overline{AB}$의 연장선 위의 점 D에서 $\overline{BC}$에
내린 수선의 발을 E라 하고, $\overline{AC}$와 $\overline{DE}$
의 교점을 F라고 하자. $\overline{AF}=\overline{CF}$일 때,
$\overline{AD}$의 길이를 구하시오.

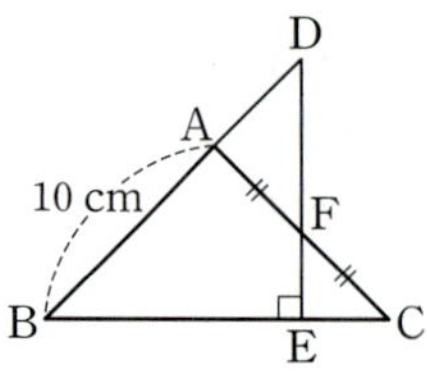

0080

직사각형 모양의 종이를 오른
쪽 그림과 같이 접었다.
$\overline{AB}=3$ cm, $\overline{EF}=6$ cm일 때,
△EFG의 넓이를 구하시오.

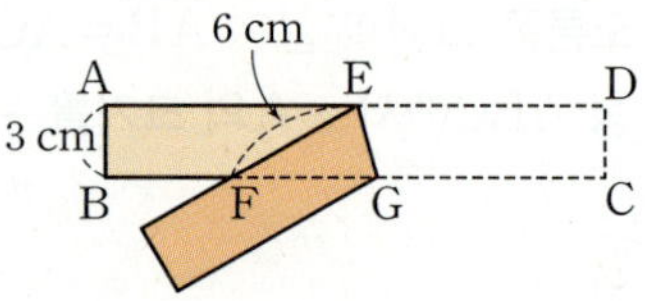

0081

오른쪽 그림은 $\overline{AB}=\overline{AC}$인 이등변삼각형 모
양의 종이를 꼭짓점 A가 꼭짓점 C에 오도록
접은 것이다. ∠DCB=24°일 때, ∠A의 크
기를 구하시오.

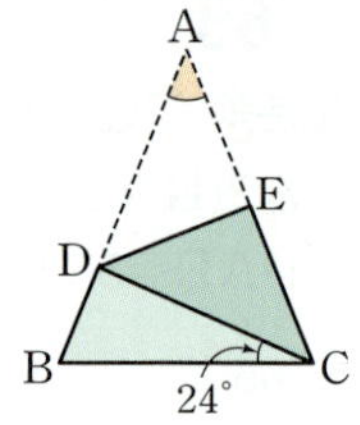

0082

다음 중 오른쪽 그림과 같이
∠C=∠F=90°인 두 직각삼각형
ABC와 DEF가 합동이 되는 경우
가 <u>아닌</u> 것은?

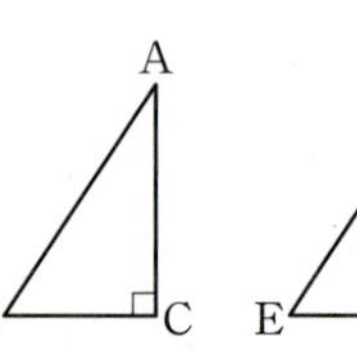

① $\overline{AB}=\overline{DE}=10$ cm, $\overline{AC}=\overline{DF}=7$ cm
② $\overline{BC}=\overline{EF}=4$ cm, $\overline{AC}=\overline{DF}=8$ cm
③ $\overline{AB}=\overline{DE}=5$ cm, ∠B=∠E=50°
④ $\overline{AC}=\overline{DF}=6$ cm, ∠A=∠D=40°
⑤ ∠A=∠D=25°, ∠B=∠E=65°

0083

오른쪽 그림에서 △ABC는
$\overline{AB}=\overline{AC}$인 이등변삼각형이다. $\overline{BC}$
의 중점 M에서 $\overline{AB}$, $\overline{AC}$에 내린 수
선의 발을 각각 D, E라고 하자.
$\overline{BD}=3$ cm, $\overline{DM}=2$ cm일 때, $\overline{EM}$의 길이를 구하시오.

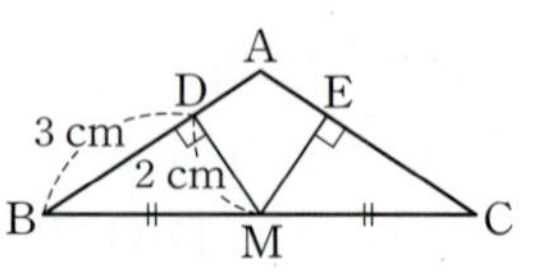

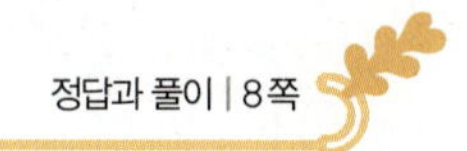

I－1. 삼각형의 성질

0084

오른쪽 그림과 같이 $\angle A = 90°$이고 $\overline{AB} = \overline{AC}$인 직각이등변삼각형 ABC의 두 꼭짓점 B, C에서 꼭짓점 A를 지나는 직선 l에 내린 수선의 발을 각각 D, E라고 하자. $\overline{BD} = 5\,\text{cm}$, $\overline{CE} = 9\,\text{cm}$일 때, $\triangle ABC$의 넓이를 구하시오.

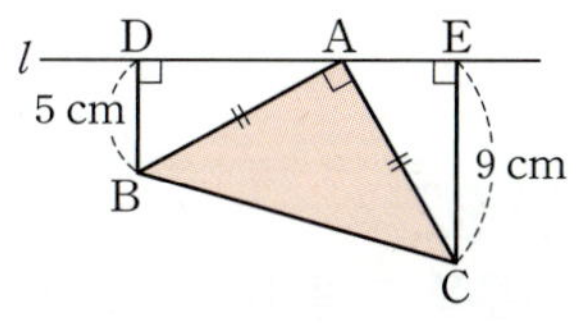

0085

오른쪽 그림과 같이 정사각형 ABCD의 꼭짓점 B를 지나는 직선이 $\overline{CD}$와 만나는 점을 E라 하고, 두 꼭짓점 A, C에서 $\overline{BE}$에 내린 수선의 발을 각각 F, G라고 하자. $\overline{AF} = 6\,\text{cm}$, $\overline{CG} = 4\,\text{cm}$일 때, $\triangle AFG$의 넓이를 구하시오.

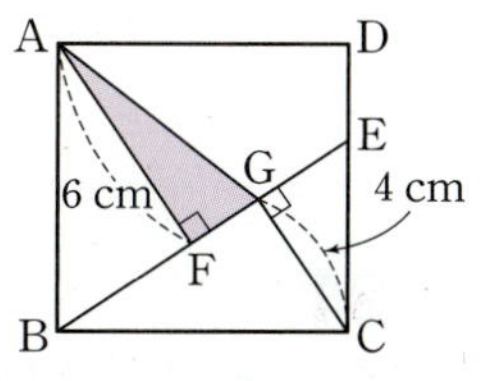

0086

오른쪽 그림과 같이 $\angle C = 90°$인 직각삼각형 ABC에서 $\overline{AC} = \overline{AE}$이고 $\overline{AB} \perp \overline{DE}$이다. $\angle DAC = 26°$일 때, $\angle B$의 크기는?

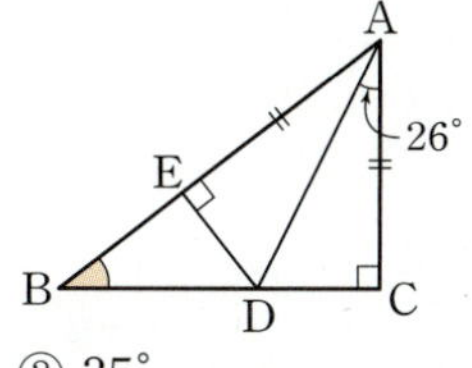

① $30°$ ② $32°$ ③ $35°$
④ $38°$ ⑤ $40°$

0087

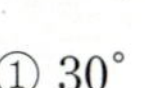

오른쪽 그림과 같이 $\angle C = 90°$이고 $\overline{AC} = \overline{BC}$인 직각이등변삼각형 ABC에서 $\overline{AC} = \overline{AD}$, $\overline{AB} \perp \overline{ED}$이다. $\overline{EC} = 4\,\text{cm}$일 때, $\triangle BED$의 넓이를 구하시오.

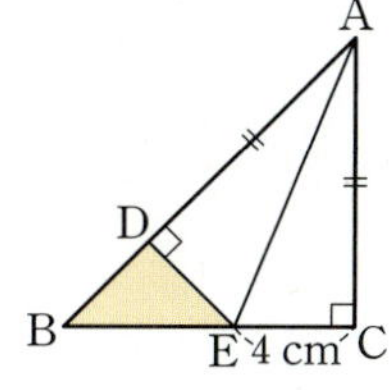

0088

오른쪽 그림은 '$\angle XOY$의 내부의 한 점 P에서 각을 이루는 두 변 OX, OY에 내린 수선의 발을 각각 A, B라고 할 때, $\overline{PA} = \overline{PB}$이면 $\overrightarrow{OP}$는 $\angle XOY$의 이등분선이다.'를 설명하기 위하여 그린 것이다. 다음 중 이 설명 과정에서 필요한 조건이 아닌 것은?

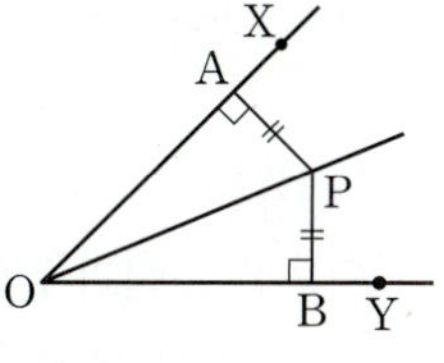

① $\angle APO = \angle BPO$ ② $\overline{OP}$는 공통
③ $\triangle POA \equiv \triangle POB$ ④ $\overline{PA} = \overline{PB}$
⑤ $\angle PAO = \angle PBO = 90°$

0089

오른쪽 그림과 같이 $\angle C = 90°$인 직각삼각형 ABC에서 $\angle A$의 이등분선이 $\overline{BC}$와 만나는 점을 D라 하고, 점 D에서 $\overline{AB}$에 내린 수선의 발을 E라고 하자. $\overline{AB} = 10\,\text{cm}$, $\overline{BC} = 8\,\text{cm}$, $\overline{CA} = 6\,\text{cm}$일 때, $\triangle BDE$의 둘레의 길이를 구하시오.

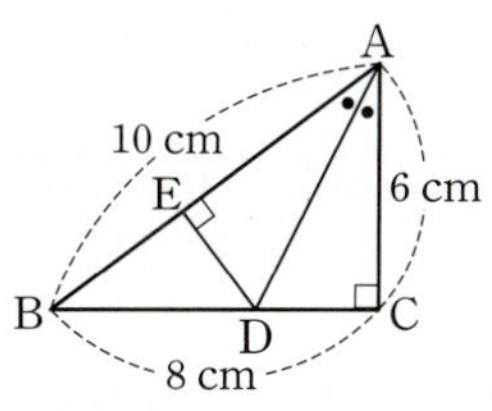

교과서 속 창의·융합 문제

0090

집을 지을 때, 지붕을 견고하게 지탱하기 위해 다음 그림과 같은 지붕틀을 사용한다. 이 지붕틀은 이등변삼각형 모양으로 좌우의 모양이 같아 균일하게 지붕을 지탱할 수 있다. 이때 $x + y + z$의 값을 구하시오.

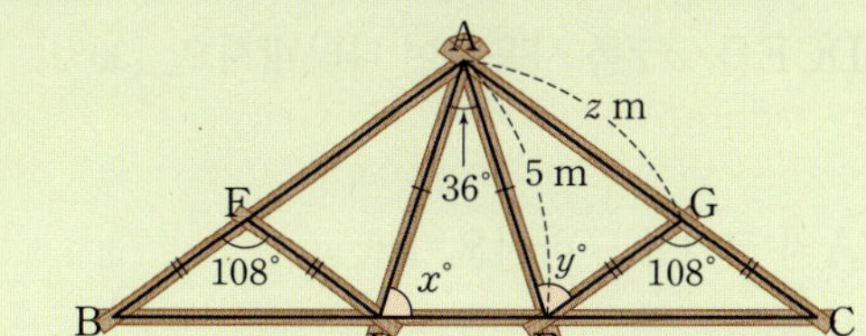

0091

오른쪽 그림과 같이 $\overline{AB}=\overline{AC}$인 이등변삼각형 ABC에서 $\overline{BC}=\overline{BD}$, $\angle C=68°$일 때, $\angle x$의 크기를 구하시오.

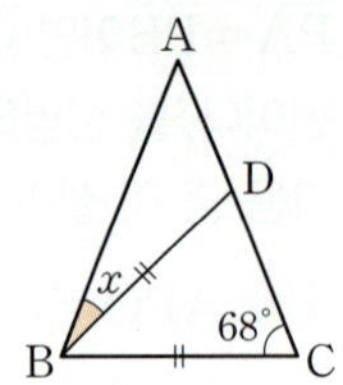

단계 1 $\angle ABC$의 크기를 구하시오. [30%]

단계 2 $\angle DBC$의 크기를 구하시오. [50%]

단계 3 $\angle x$의 크기를 구하시오. [20%]

0092

오른쪽 그림과 같이 $\overline{AB}=\overline{AC}$인 이등변삼각형 ABC에서 $\overline{BC}=\overline{DC}$, $\angle B=65°$일 때, $\angle x$의 크기를 구하시오.

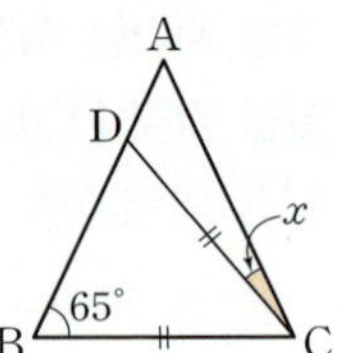

풀이

답 ______________

0093

오른쪽 그림의 $\triangle ABC$는 $\angle A=40°$이고 $\overline{AB}=\overline{AC}$인 이등변삼각형이다. $\overline{BD}=\overline{CE}$, $\overline{BE}=\overline{CF}$일 때, $\angle x$의 크기를 구하시오.

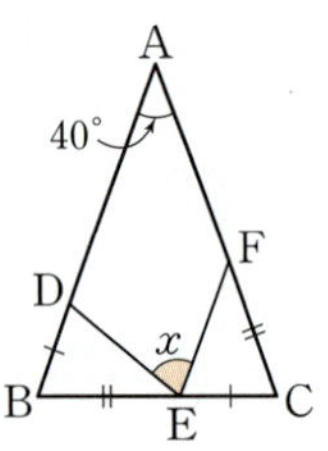

단계 1 $\angle B$, $\angle C$의 크기를 각각 구하시오. [20%]

단계 2 $\triangle BED \equiv \triangle CFE$임을 설명하시오. [40%]

단계 3 $\angle x$의 크기를 구하시오. [40%]

0094

오른쪽 그림의 $\triangle ABC$는 $\angle A=56°$이고 $\overline{AB}=\overline{AC}$인 이등변삼각형이다. $\overline{BD}=\overline{CE}$, $\overline{BE}=\overline{CF}$일 때, $\angle x$의 크기를 구하시오.

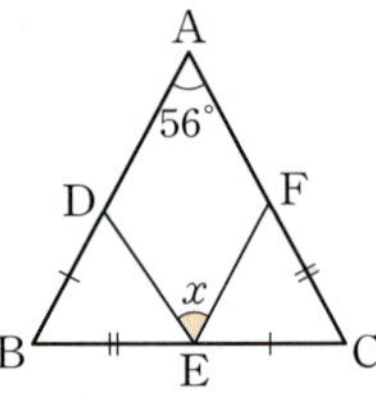

풀이

답 ______________

0095

오른쪽 그림에서 $\overline{AB}=\overline{BC}=\overline{CD}=\overline{DE}$이고 $\angle DEC=54°$일 때, $\angle A$의 크기를 구하시오.

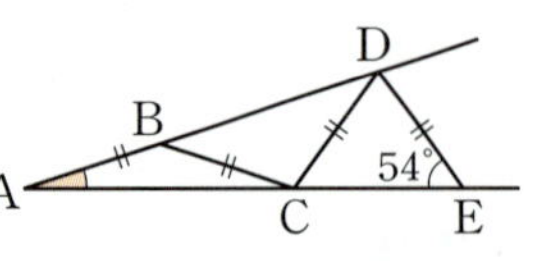

단계 1 $\angle A=\angle x$라고 할 때, $\angle CBD$를 $\angle x$를 사용하여 나타내시오. [30%]

단계 2 $\angle DCE$를 $\angle x$를 사용하여 나타내시오. [30%]

단계 3 $\angle A$의 크기를 구하시오. [40%]

0096

오른쪽 그림에서 $\overline{AB}=\overline{BC}=\overline{CD}=\overline{DE}$이고 $\angle DEC=45°$일 때, $\angle A$의 크기를 구하시오.

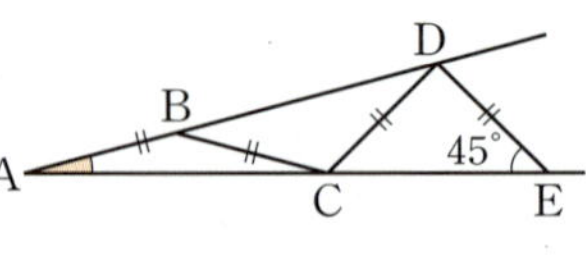

풀이

답 ______________

단계를 밟아 서술하기

0097

직사각형 모양의 종이를 오른쪽 그림과 같이 접었다. $\overline{EF}=5$ cm, $\overline{EG}=8$ cm일 때, $\triangle EFG$의 둘레의 길이를 구하시오.

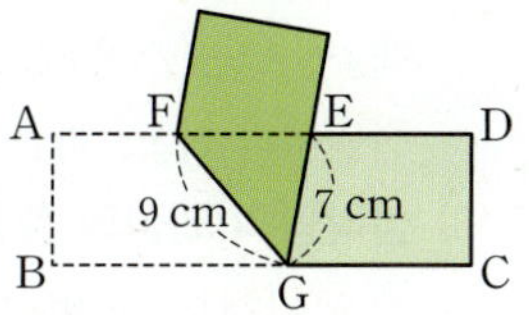

단계 1 $\overline{FG}$의 길이를 구하시오. [80%]

단계 2 $\triangle EFG$의 둘레의 길이를 구하시오. [20%]

0098

직사각형 모양의 종이를 오른쪽 그림과 같이 접었다. $\overline{EG}=7$ cm, $\overline{FG}=9$ cm일 때, $\triangle EFG$의 둘레의 길이를 구하시오.

풀이

답 ______________

0099

오른쪽 그림과 같이 $\angle A=90°$이고 $\overline{AB}=\overline{AC}$인 직각이등변삼각형 ABC의 두 꼭짓점 B, C에서 꼭짓점 A를 지나는 직선 l에 내린 수선의 발을 각각 D, E라고 하자.
$\overline{BD}=10$ cm, $\overline{CE}=4$ cm일 때, $\overline{DE}$의 길이를 구하시오.

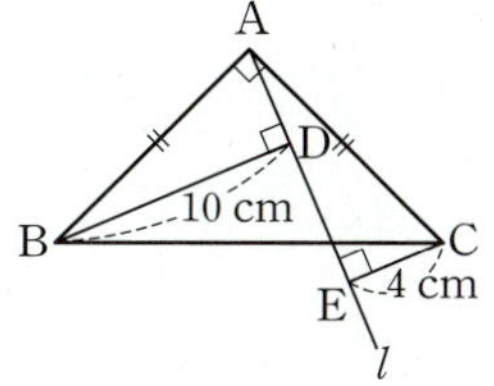

단계 1 $\triangle ABD \equiv \triangle CAE$임을 설명하시오. [40%]

단계 2 $\overline{AD}$, $\overline{AE}$의 길이를 각각 구하시오. [40%]

단계 3 $\overline{DE}$의 길이를 구하시오. [20%]

0100

오른쪽 그림과 같이 $\angle B=90°$이고 $\overline{AB}=\overline{BC}$인 직각이등변삼각형 ABC의 두 꼭짓점 A, C에서 꼭짓점 B를 지나는 직선 l에 내린 수선의 발을 각각 D, E라고 하자. $\overline{AD}=13$ cm, $\overline{CE}=5$ cm일 때, $\overline{DE}$의 길이를 구하시오.

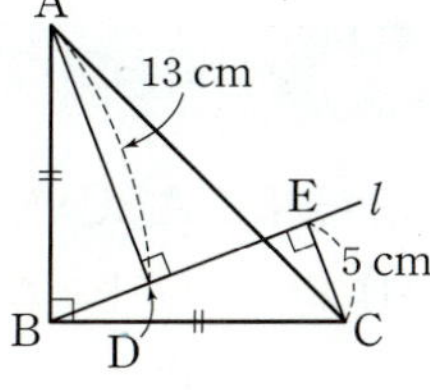

풀이

답 ______________

0101

오른쪽 그림과 같이 $\angle C=90°$인 직각삼각형 ABC에서 $\angle A$의 이등분선과 $\overline{BC}$가 만나는 점을 D라고 하자.
$\overline{AB}=12$ cm, $\overline{CD}=4$ cm일 때, $\triangle ABD$의 넓이를 구하시오.

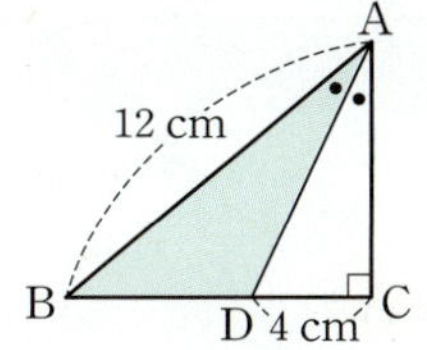

단계 1 점 D에서 $\overline{AB}$에 내린 수선의 발을 E라 하고, 합동인 두 삼각형을 찾으시오. [60%]

단계 2 $\triangle ABD$의 넓이를 구하시오. [40%]

0102

오른쪽 그림과 같이 $\angle A=90°$인 직각삼각형 ABC에서 $\angle B$의 이등분선과 $\overline{AC}$가 만나는 점을 D라고 하자. $\overline{AD}=6$ cm, $\overline{BC}=15$ cm일 때, $\triangle BCD$의 넓이를 구하시오.

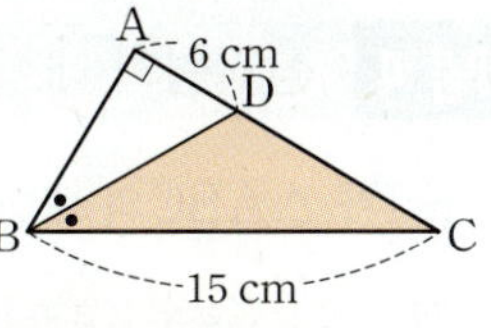

풀이

답 ______________

스스로 서술하기

2 삼각형의 외심과 내심

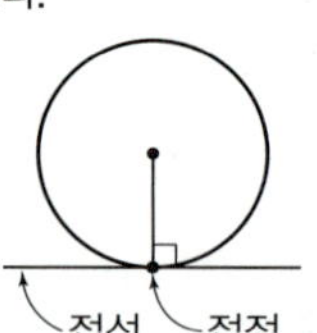

개념 1 삼각형의 외심

(1) **삼각형의 외접원과 외심** : $\triangle ABC$의 세 꼭짓점이 원 O 위에 있을 때, 원 O는 $\triangle ABC$에 **외접**한다고 한다. 이때 원 O를 $\triangle ABC$의 **외접원**이라 하고, 외접원의 중심 O를 $\triangle ABC$의 **외심**이라고 한다.

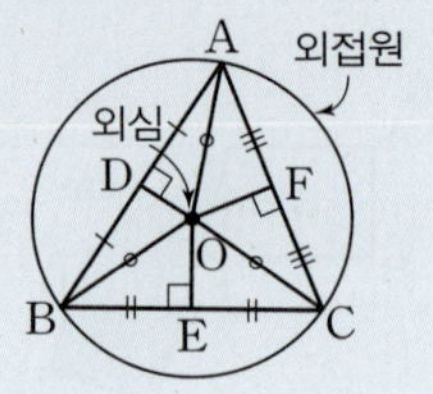

(2) **삼각형의 외심의 성질**
  ① 삼각형의 세 변의 수직이등분선은 한 점(외심)에서 만난다.
  ② 삼각형의 외심에서 세 꼭짓점에 이르는 거리는 같다.
  ➡ $\overline{OA}=\overline{OB}=\overline{OC}=$ (외접원 O의 반지름의 길이)

(3) **삼각형의 외심의 위치** ── 삼각형의 모양에 따라 외심의 위치가 다르다.

① 예각삼각형	② 직각삼각형	③ 둔각삼각형
➡ 삼각형의 내부	➡ 빗변의 중점	➡ 삼각형의 외부

- $\triangle OAD \equiv \triangle OBD$ (SAS 합동)
  $\triangle OBE \equiv \triangle OCE$ (SAS 합동)
  $\triangle OAF \equiv \triangle OCF$ (SAS 합동)

- 직각삼각형의 외심은 빗변의 중점이다.
  ➡ (직각삼각형의 외접원의 반지름의 길이)
  $=\dfrac{1}{2} \times$ (빗변의 길이)

개념 2 삼각형의 외심의 응용

점 O가 $\triangle ABC$의 외심일 때

(1) $\angle x + \angle y + \angle z = 90°$

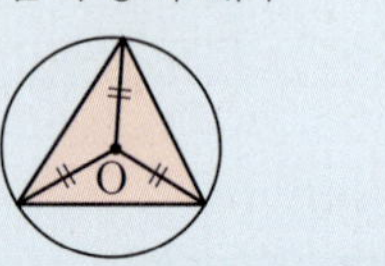 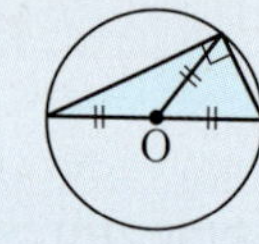

(2) $\angle BOC = 2\angle A$

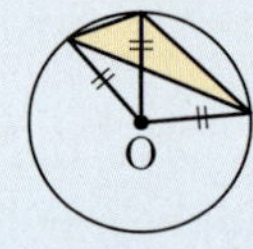

- 점 O가 $\triangle ABC$의 외심이므로
  $\overline{OA}=\overline{OB}=\overline{OC}$
  즉, $\triangle OAB$, $\triangle OBC$, $\triangle OCA$는 모두 이등변삼각형이다.

개념 3 삼각형의 내심 ── 모든 삼각형의 내심은 삼각형의 내부에 있다.

(1) **삼각형의 내접원과 내심** : $\triangle ABC$의 세 변이 원 I에 접할 때, 원 I는 $\triangle ABC$에 **내접**한다고 한다. 이때 원 I를 $\triangle ABC$의 **내접원**이라 하고, 내접원의 중심 I를 $\triangle ABC$의 **내심**이라고 한다.

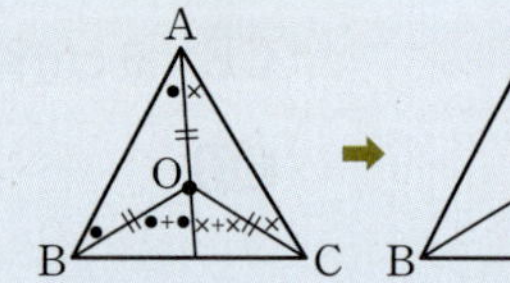

(2) **삼각형의 내심의 성질**
  ① 삼각형의 세 내각의 이등분선은 한 점(내심)에서 만난다.
  ② 삼각형의 내심에서 세 변에 이르는 거리는 같다.
  ➡ $\overline{ID}=\overline{IE}=\overline{IF}=$ (내접원 I의 반지름의 길이)

- 원과 직선이 한 점에서 만날 때, 이 직선은 원에 접한다고 한다. 이때 이 직선을 원의 접선이라 하고, 접선이 원과 만나는 점을 접점이라 한다.

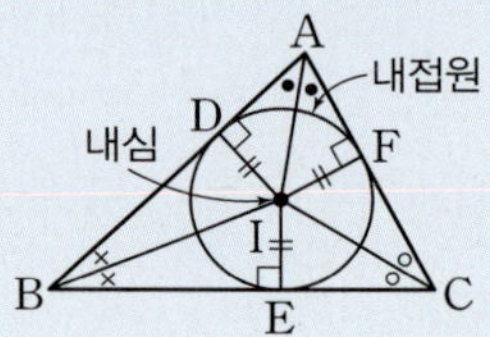

  ➡ 원의 접선은 그 접점을 지나는 반지름과 수직이다.

개념 4 삼각형의 내심의 응용

점 I가 $\triangle ABC$의 내심일 때

(1) $\angle x + \angle y + \angle z = 90°$

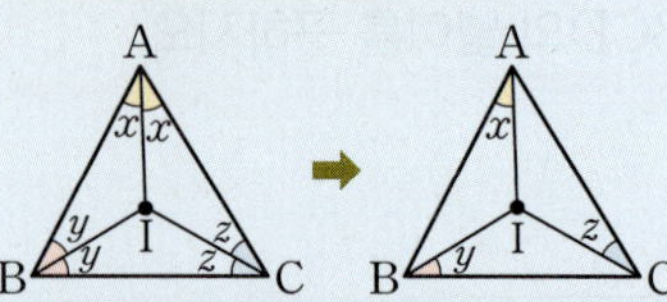

(2) $\angle BIC = 90° + \dfrac{1}{2}\angle A$

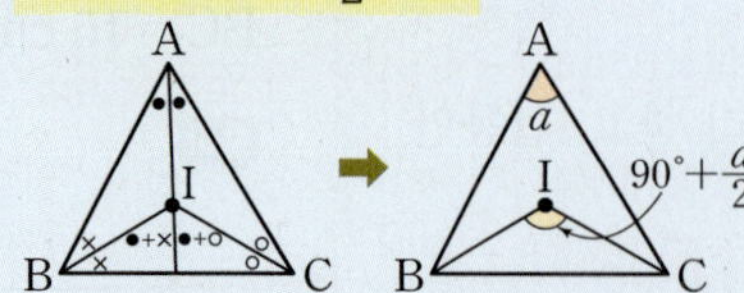

- 이등변삼각형의 외심과 내심은 꼭지각의 이등분선 위에 있고, 정삼각형의 외심과 내심은 일치한다.

(3) $\triangle ABC$의 내접원의 반지름의 길이를 r라고 하면

$$\triangle ABC = \dfrac{1}{2}r(\overline{AB}+\overline{BC}+\overline{CA})$$

── $\triangle ABC = \triangle ABI + \triangle BCI + \triangle CAI$
$= \dfrac{1}{2}r\,\overline{AB} + \dfrac{1}{2}r\,\overline{BC} + \dfrac{1}{2}r\,\overline{CA}$

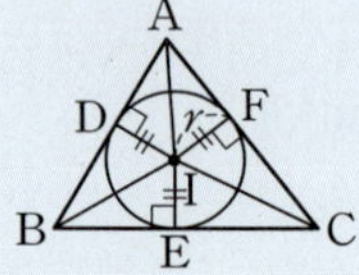

- $\triangle IAD \equiv \triangle IAF$ (RHA 합동)
  $\triangle IBD \equiv \triangle IBE$ (RHA 합동)
  $\triangle ICE \equiv \triangle ICF$ (RHA 합동)

1 삼각형의 외심

0103

오른쪽 그림에서 점 O가 △ABC의 외심일 때, 다음 중 옳은 것에는 ○표, 옳지 않은 것에는 ×표를 (   ) 안에 써넣으시오.

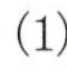

(1) $\overline{OA}=\overline{OC}$　　　　（　　）

(2) $\overline{BD}=\overline{BE}$　　　　（　　）

(3) $\angle OCE=\angle OCF$　　　（　　）

(4) $\triangle OBE \equiv \triangle OCE$　　（　　）

0104

다음 그림에서 점 O가 △ABC의 외심일 때, x의 값을 구하시오.

(1) 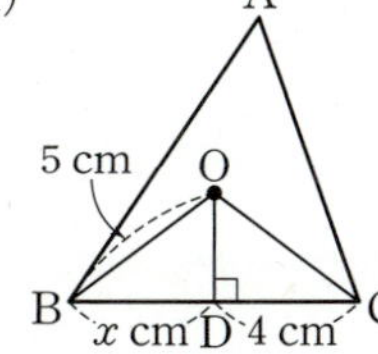

(2) 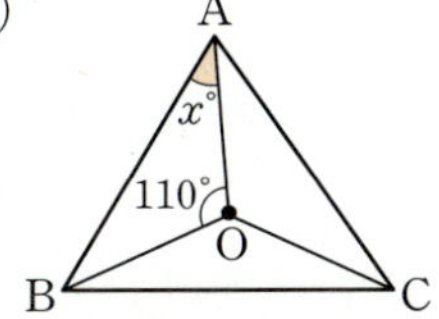

2 삼각형의 외심의 응용

0105

다음 그림에서 점 O가 △ABC의 외심일 때, $\angle x$의 크기를 구하시오.

(1) 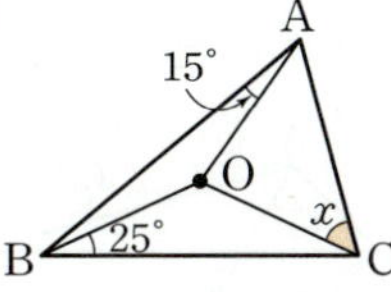

(2) 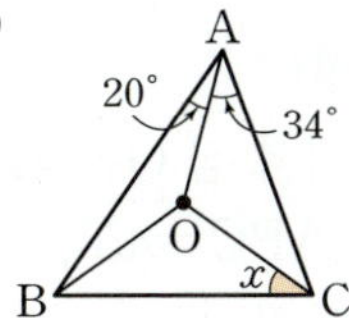

(3) 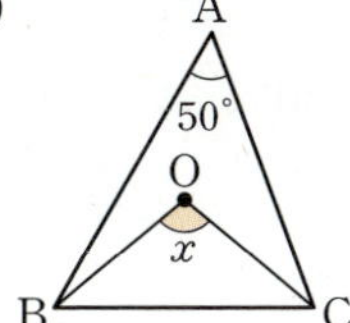

(4) 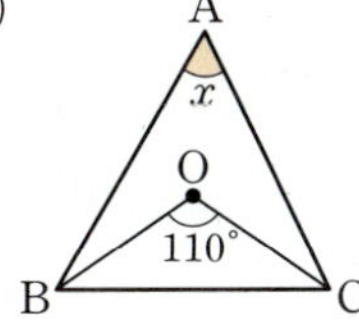

3 삼각형의 내심

0106

오른쪽 그림에서 점 I가 △ABC의 내심일 때, 다음 중 옳은 것에는 ○표, 옳지 않은 것에는 ×표를 (   ) 안에 써넣으시오.

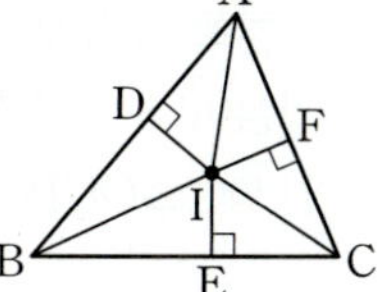

(1) $\overline{IA}=\overline{IB}$　　　　（　　）

(2) $\overline{ID}=\overline{IF}$　　　　（　　）

(3) $\angle IBE=\angle ICE$　　　（　　）

(4) $\triangle IAD \equiv \triangle IAF$　　（　　）

0107

다음 그림에서 점 I가 △ABC의 내심일 때, x의 값을 구하시오.

(1) 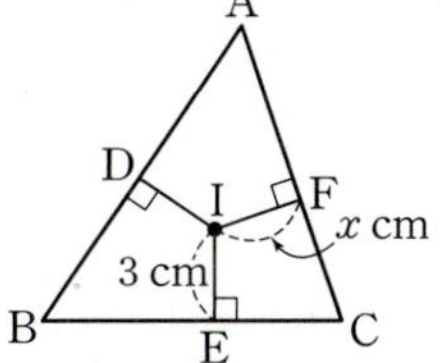 

(2) 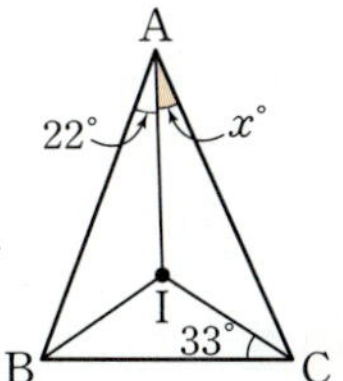

4 삼각형의 내심의 응용

0108

다음 그림에서 점 I가 △ABC의 내심일 때, $\angle x$의 크기를 구하시오.

(1) (2) 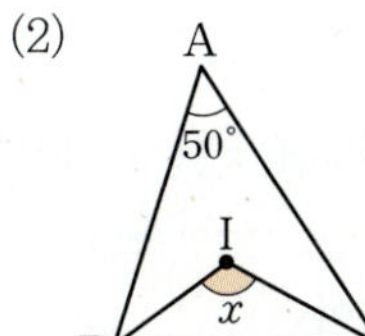

0109

다음 그림에서 점 I가 △ABC의 내심일 때, x의 값을 구하시오.

(1) 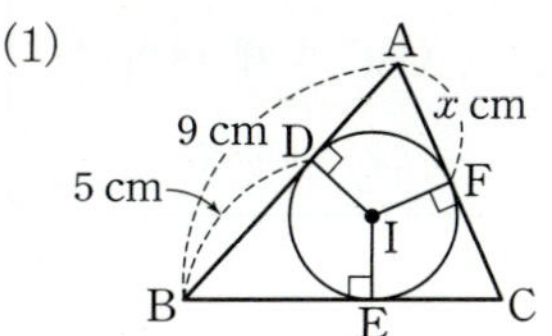

(2) 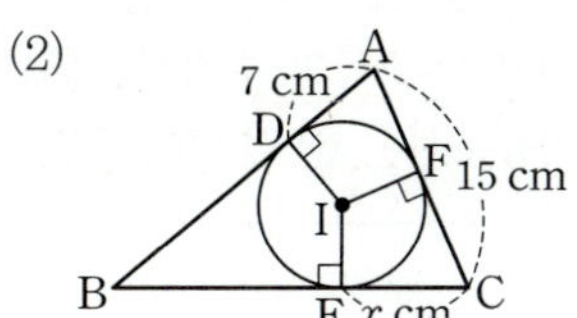

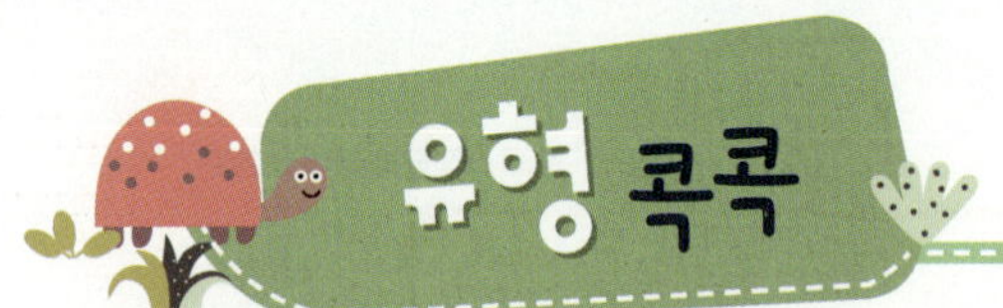

> 수학의 바이블 17쪽

유형 01 삼각형의 외심의 뜻과 성질

0110 

오른쪽 그림에서 점 O는 △ABC의
외심이다. ∠OAB=45°, ∠B=70°
일 때, ∠OCB의 크기는?

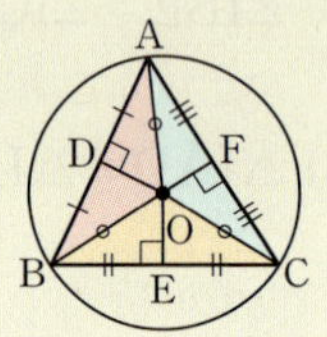

① 15°　　　② 20°

③ 25°　　　④ 30°

⑤ 35°

유형 Point　　점 O가 △ABC의 외심일 때
(1) 점 O는 세 변의 수직이등분선의 교점이다.
(2) $\overline{OA}=\overline{OB}=\overline{OC}$(외접원 O의 반지름의 길이)
(3) △OAD≡△OBD, △OBE≡△OCE,
　　△OAF≡△OCF

0111 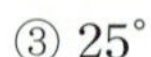

다음은 '삼각형의 세 변의 수직이등분선은 한 점에서 만난
다.'를 설명하는 과정이다. (가)~(마)에 알맞은 것을 구하시오.

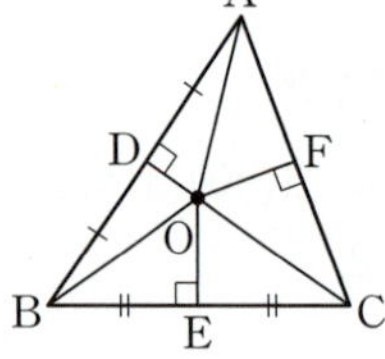

△ABC에서 $\overline{AB}$와 $\overline{BC}$의 수직이등분
선의 교점을 O라 하고, 점 O에서 $\overline{AC}$에
내린 수선의 발을 F라고 하자.
점 O는 $\overline{AB}$의 수직이등분선 위에 있으
므로
$\overline{OA}=$ (가)　　…… ㉠
또, 점 O는 $\overline{BC}$의 수직이등분선 위에 있으므로
$\overline{OB}=$ (나)　　…… ㉡
㉠, ㉡에 의하여
$\overline{OA}=$ (나)
△OAF와 △OCF에서
∠OFA= (다) =90°, $\overline{OA}=$ (나) , $\overline{OF}$는 공통
따라서 △OAF≡△OCF ((라) 합동)이므로
$\overline{AF}=$ (마)
즉, $\overline{OF}$는 $\overline{AC}$의 수직이등분선이므로 △ABC의 세 변의 수
직이등분선은 한 점 O에서 만난다.

0112 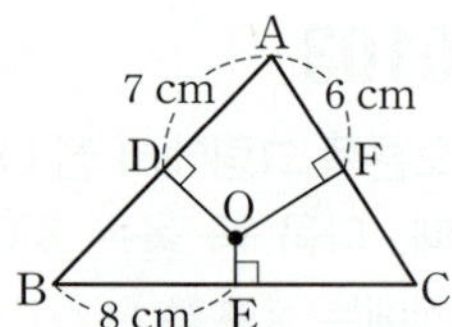

오른쪽 그림에서 점 O는 △ABC의
외심이다. $\overline{AD}=7$ cm, $\overline{BE}=8$ cm,
$\overline{AF}=6$ cm일 때, △ABC의 둘레의
길이를 구하시오.

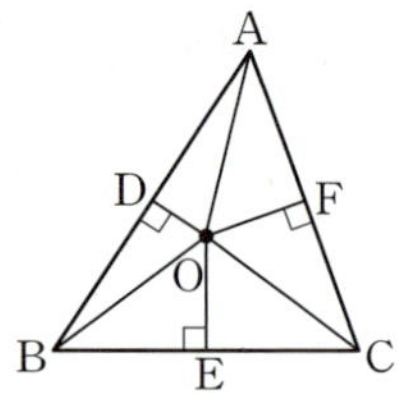

0113

오른쪽 그림에서 점 O가 △ABC의 외심
일 때, 다음 중 옳지 <u>않은</u> 것은?

① $\overline{OA}=\overline{OB}=\overline{OC}$

② $\overline{AD}=\overline{BD}$

③ $\overline{OE}=\overline{OF}$

④ ∠OAF=∠OCF

⑤ △OAD≡△OBD

0114　서술형

오른쪽 그림에서 점 O는 △ABC의 외
심이다. $\overline{BC}=8$ cm이고, △OBC의
둘레의 길이가 20 cm일 때, △ABC의
외접원의 넓이를 구하시오.

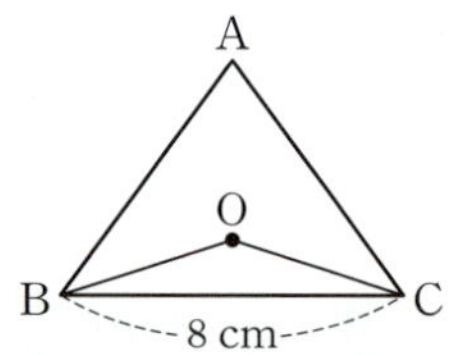

0115 

오른쪽 그림에서 점 O는 △ABC의
외심이다. ∠ABC=45°,
∠ACB=15°일 때, ∠OBC의 크
기는?

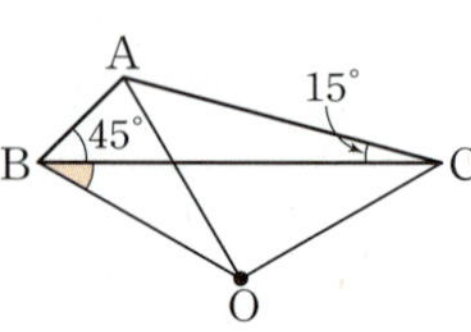

① 20°　　　② 25°　　　③ 30°

④ 35°　　　⑤ 40°

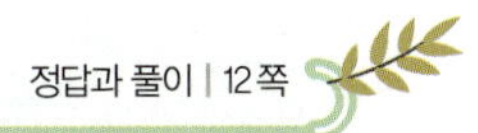

수학의 바이블 17쪽

유형 02 직각삼각형의 외심

0116 상 중 하

오른쪽 그림과 같이 ∠C=90°인 직각삼각형 ABC에서 $\overline{AB}=10$ cm, $\overline{BC}=8$ cm, $\overline{CA}=6$ cm일 때, △ABC의 외접원의 둘레의 길이를 구하시오.

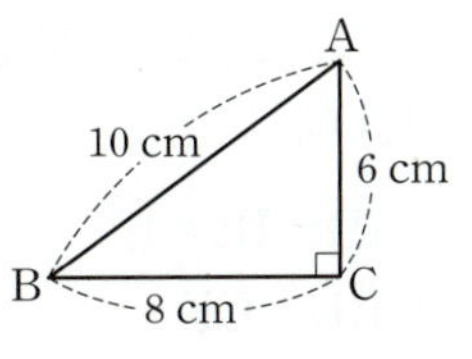

→ **유형 Point** 직각삼각형 ABC의 외심 O는 빗변 AB의 중점이므로
(△ABC의 외접원의 반지름의 길이)
$=\overline{OA}=\overline{OB}=\overline{OC}$
$=\dfrac{1}{2}\overline{AB}$

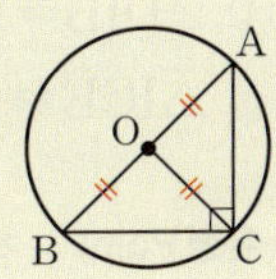

0117 상 중 하

오른쪽 그림에서 점 O는 ∠A=90°인 직각삼각형 ABC의 외심이다. $\overline{BC}=8$ cm일 때, $\overline{OA}$의 길이는?

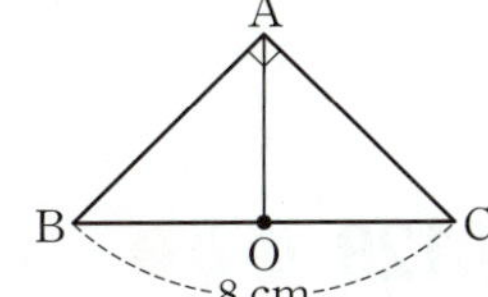

① 2 cm　　② 3 cm
③ 4 cm　　④ 5 cm
⑤ 6 cm

0118 상 중 하 서술형

오른쪽 그림에서 점 O는 ∠C=90°인 직각삼각형 ABC의 외심이다. $\overline{AB}=13$ cm, $\overline{BC}=12$ cm, $\overline{CA}=5$ cm일 때, △OBC의 넓이를 구하시오.

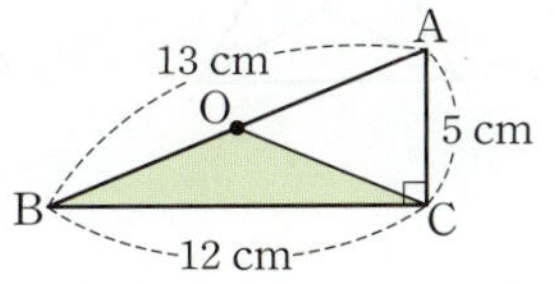

0119 상 중 하

오른쪽 그림과 같이 ∠B=90°인 직각삼각형 ABC에서 $\overline{AB}=6$ cm, ∠C=30°일 때, $\overline{AC}$의 길이를 구하시오.

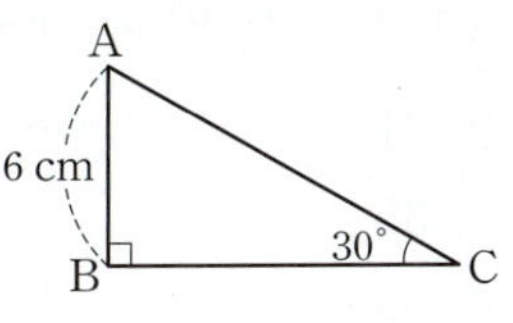

수학의 바이블 19쪽

유형 03 삼각형의 외심의 응용 (1)

0120 상 중 하

오른쪽 그림에서 점 O는 △ABC의 외심이다. ∠OBA=30°, ∠OAC=35°일 때, ∠BOC의 크기를 구하시오.

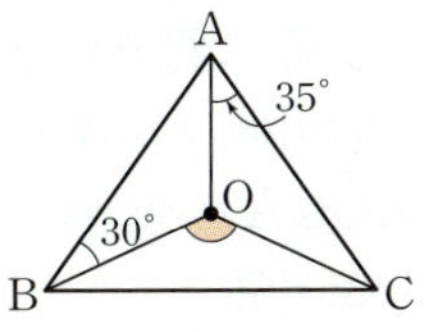

→ **유형 Point** 점 O가 △ABC의 외심일 때,
$∠x+∠y+∠z=90°$

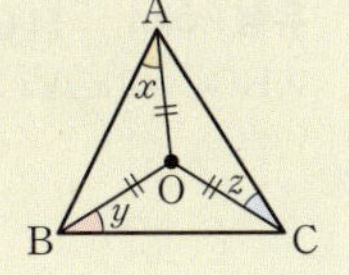

0121 상 중 하

오른쪽 그림에서 점 O는 △ABC의 외심이다. ∠OAB=32°, ∠OCA=27°일 때, $∠x$의 크기를 구하시오.

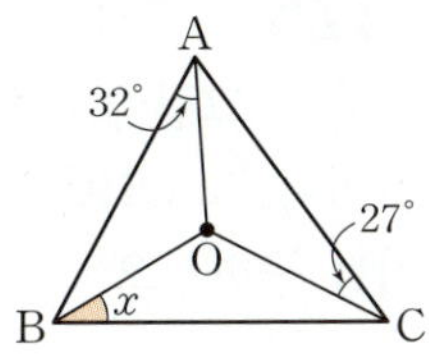

0122 상 중 하

오른쪽 그림에서 점 O는 △ABC의 외심이고 $\overline{OD}⊥\overline{BC}$이다. ∠OBA=33°, ∠OAC=25°일 때, $∠x$의 크기는?

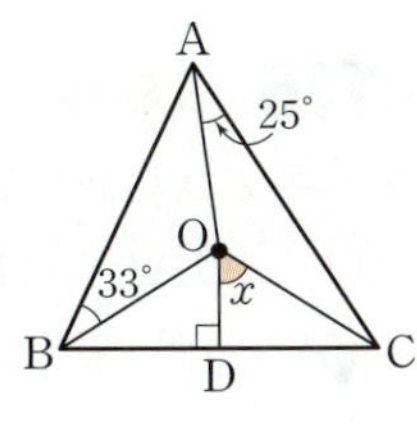

① 48°　　② 53°
③ 58°　　④ 63°
⑤ 68°

★★ 0123 상 중 하

오른쪽 그림에서 점 O는 △ABC의 외심이다. ∠OAB=28°, ∠OAC=26°일 때, ∠B의 크기를 구하시오.

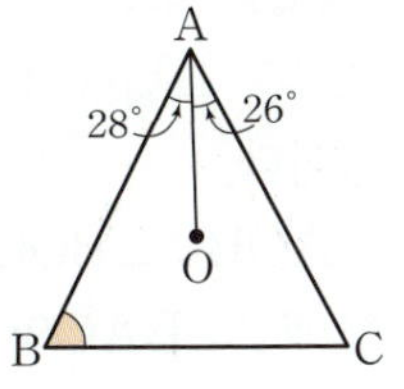

I－2. 삼각형의 외심과 내심

➤ 수학의 바이블 19쪽

유형 04 삼각형의 외심의 응용 (2)

0124 상 중 하

오른쪽 그림에서 점 O는 △ABC의 외심이다. ∠OAB=30°, ∠OCA=36°일 때, ∠x의 크기를 구하시오.

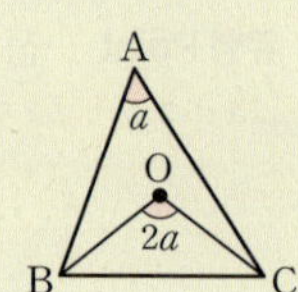

➤ **유형 Point** 점 O가 △ABC의 외심일 때, ∠BOC=2∠A

0125 상 중 하

오른쪽 그림에서 점 O는 △ABC의 외심이다. ∠OBC=33°일 때, ∠A의 크기를 구하시오.

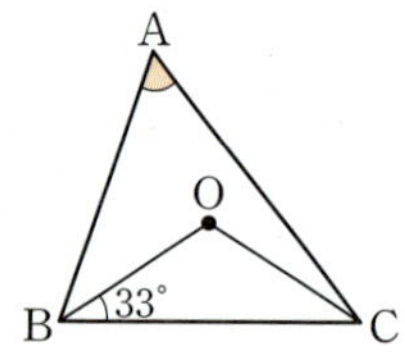

★★ 0126 상 중 하

오른쪽 그림에서 점 O는 △ABC의 외심이다. ∠OAB=24°, ∠OCB=40°일 때, ∠x+∠y의 크기를 구하시오.

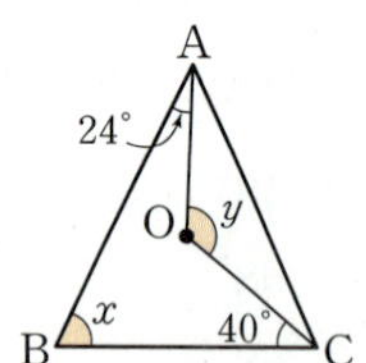

0127 상 중 하 서술형

오른쪽 그림에서 점 O는 △ABC의 외심이다.
∠AOB : ∠BOC : ∠COA=5 : 4 : 3
일 때, ∠BAC의 크기를 구하시오.

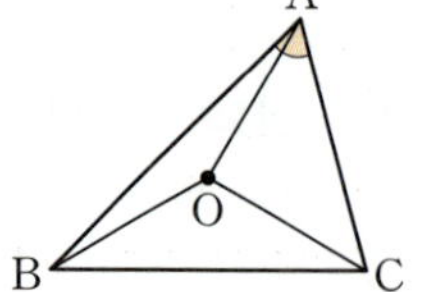

➤ 수학의 바이블 20쪽

유형 05 삼각형의 내심의 뜻과 성질

0128 상 중 하

오른쪽 그림에서 점 I가 △ABC의 내심일 때, 다음 중 옳지 <u>않은</u> 것은?

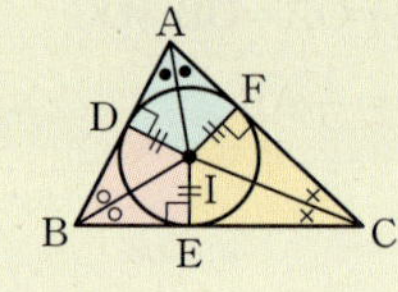

① $\overline{ID}=\overline{IE}=\overline{IF}$
② $\overline{BE}=\overline{CE}$
③ ∠IAD=∠IAF
④ ∠DIB=∠EIB
⑤ △ICE≡△ICF

➤ **유형 Point** 점 I가 △ABC의 내심일 때
(1) 점 I는 세 내각의 이등분선의 교점이다.
(2) $\overline{ID}=\overline{IE}=\overline{IF}$=(내접원 I의 반지름의 길이)
(3) △IAD≡△IAF, △IBD≡△IBE, △ICE≡△ICF

0129 상 중 하

다음 중 점 I가 삼각형의 내심을 나타내는 것은?

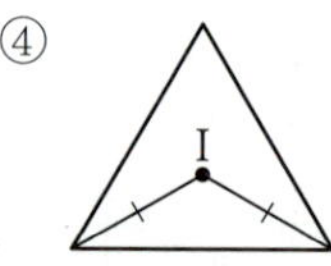 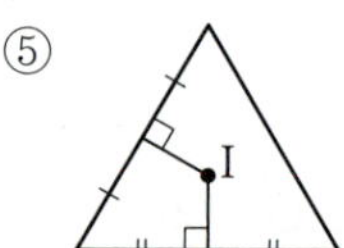 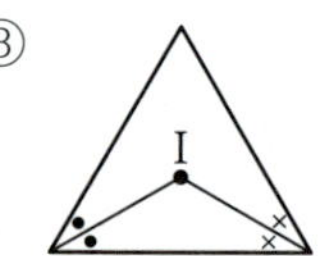

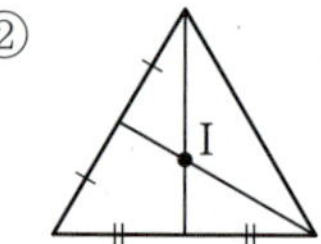

0130 상 중 하

오른쪽 그림에서 점 I는 △ABC의 내심이다. $\overline{ID}=3$ cm, ∠IBE=32°, ∠ICF=28°일 때, $x+y$의 값은?

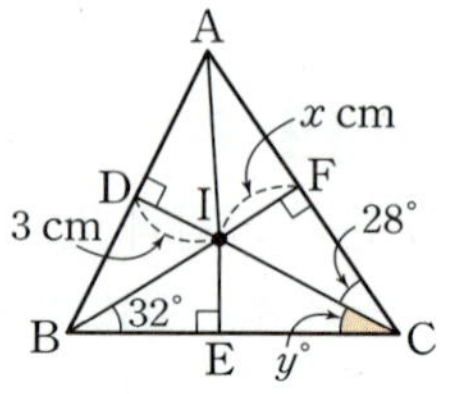

① 31   ② 33
③ 35   ④ 37
⑤ 39

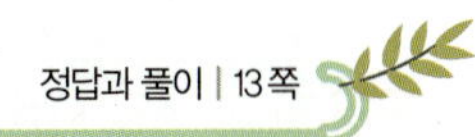

0131 상 중 하

다음은 '삼각형의 세 내각의 이등분선은 한 점에서 만난다.'를 설명하는 과정이다. ①~⑤에 알맞은 것으로 옳지 <u>않은</u> 것은?

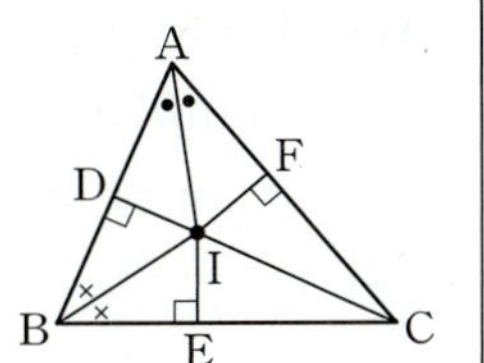

$\triangle$ABC에서 $\angle$A, $\angle$B의 이등분선의 교점을 I라 하고, 점 I에서 $\overline{AB}$, $\overline{BC}$, $\overline{CA}$에 내린 수선의 발을 각각 D, E, F라고 하자.

각의 이등분선 위에 있는 한 점에서 그 각의 두 변에 이르는 거리는 같으므로

$\overline{ID}=$ ① , $\overline{ID}=\overline{IE}$

$\therefore$ ① $=\overline{IE}$

$\triangle$ICE와 $\triangle$ICF에서

$\angle$IEC$=\angle$IFC$=$ ② °, ③ 는 공통, $\overline{IE}=$ ①

따라서 $\triangle$ICE$\equiv\triangle$ICF (④ 합동)이므로

⑤ $=\angle$ICF

즉, 점 I는 $\angle$C의 이등분선 위에 있으므로 $\triangle$ABC의 세 내각의 이등분선은 한 점 I에서 만난다.

① $\overline{IF}$ ② 90   ③ $\overline{IC}$
④ RHA   ⑤ $\angle$ICE

★★ 0132 상 중 하

오른쪽 그림에서 점 I는 $\triangle$ABC의 내심이다. $\angle$AIB$=125°$, $\angle$IBC$=30°$일 때, $\angle x$의 크기를 구하시오.

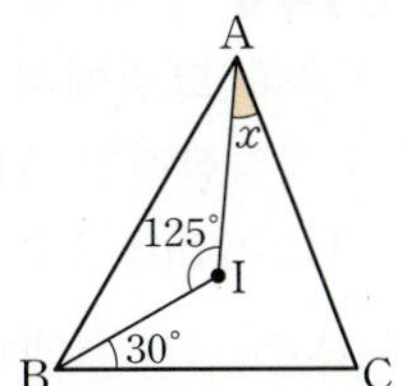

0133 상 중 하

오른쪽 그림에서 점 I는 $\triangle$ABC의 내심이다. $\angle$IBC$=28°$, $\angle$ICA$=30°$일 때, $\angle$A의 크기를 구하시오.

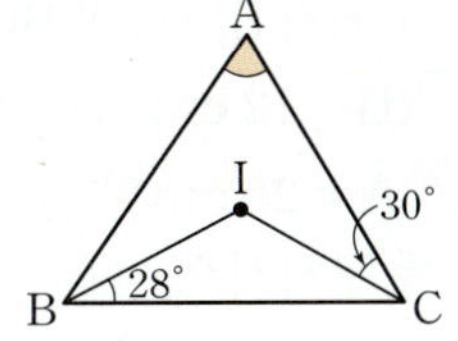

유형 06 삼각형의 내심의 응용 (1)

0134 상 중 하

오른쪽 그림에서 점 I는 $\triangle$ABC의 내심이다. $\angle$A$=68°$, $\angle$ICA$=32°$일 때, $\angle x$의 크기를 구하시오.

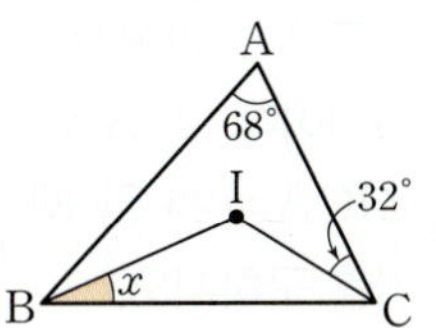

→ **유형 Point**   점 I가 $\triangle$ABC의 내심일 때, $\angle x+\angle y+\angle z=90°$

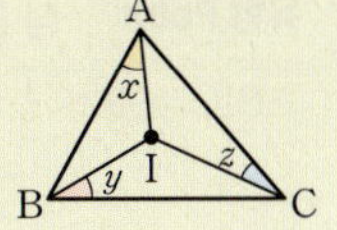

0135 상 중 하

오른쪽 그림에서 점 I는 $\triangle$ABC의 내심이다. $\angle$IAC$=28°$, $\angle$ICB$=33°$일 때, $\angle$ABC의 크기를 구하시오.

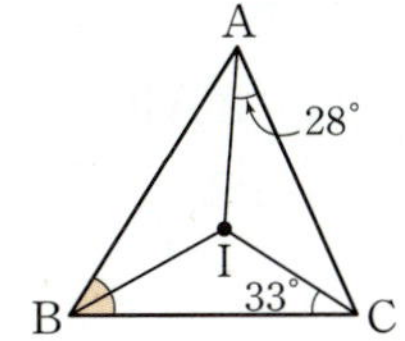

0136 상 중 하 서술형

오른쪽 그림에서 점 I는 $\triangle$ABC의 내심이다. $\angle$IAC$=26°$, $\angle$ICA$=31°$일 때, $\angle y-\angle x$의 크기를 구하시오.

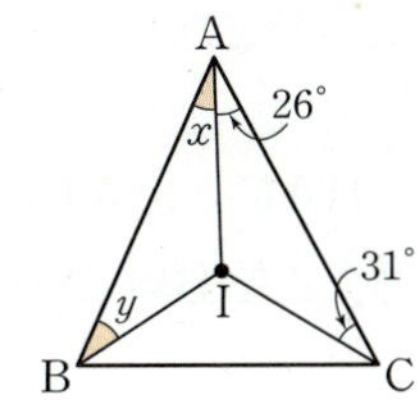

0137 상 중 하

오른쪽 그림에서 점 I는 $\triangle$ABC의 내심이다. 꼭짓점 A에서 $\overline{BC}$에 내린 수선의 발을 D라 하고 $\angle$IBA$=20°$, $\angle$ICA$=32°$일 때, $\angle$IAD의 크기를 구하시오.

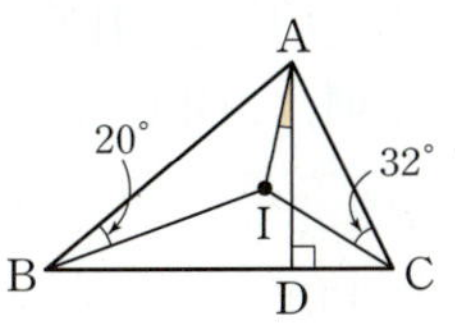

▶수학의 바이블 24쪽

유형 07 삼각형의 내심의 응용 (2)

0138 상 중 하

오른쪽 그림에서 점 I는 △ABC의 내심이다. ∠IBA=32°, ∠ICA=23°일 때, ∠x+∠y의 크기를 구하시오.

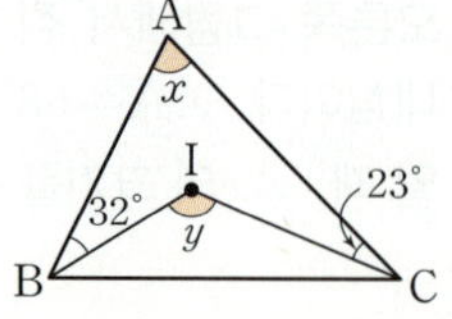

→ **유형 Point** 점 I가 △ABC의 내심일 때,
$$\angle \text{BIC}=90°+\frac{1}{2}\angle \text{A}$$

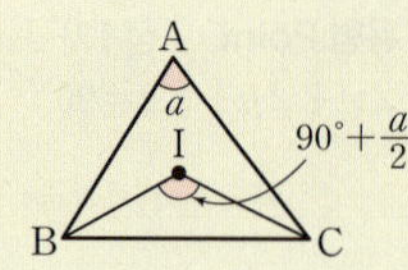

0139 상 중 하

오른쪽 그림에서 점 I는 △ABC의 내심이다. ∠AIC=128°일 때, ∠x의 크기를 구하시오.

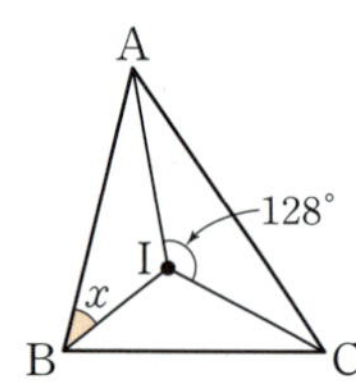

0140 상 중 하

오른쪽 그림에서 점 I는 △ABC의 내심이다.
∠BAC : ∠ABC : ∠C = 3 : 2 : 4일 때, ∠AIB의 크기를 구하시오.

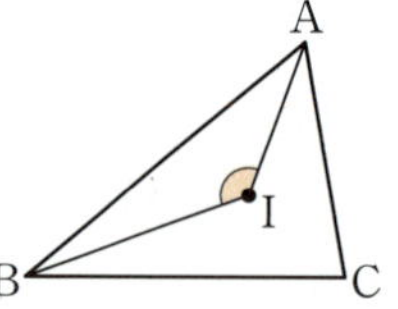

0141 상 중 하

오른쪽 그림에서 점 I는 △ABC의 내심이고, 점 I'은 △IBC의 내심이다. ∠A=40°일 때, ∠BI'C의 크기는?

① 135°   ② 140°
③ 145°   ④ 150°
⑤ 155°

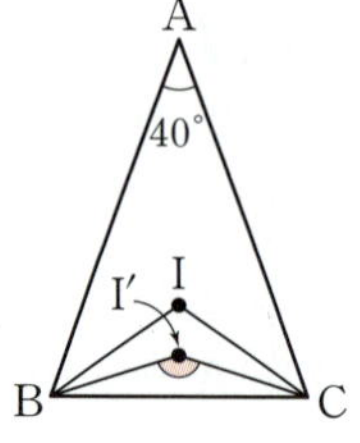

▶수학의 바이블 26쪽

유형 08 삼각형의 넓이와 내접원의 반지름의 길이

0142 상 중 하

오른쪽 그림에서 점 I는 △ABC의 내심이다. $\overline{AB}=12$ cm, $\overline{BC}=13$ cm, $\overline{CA}=5$ cm이고, △ABC의 넓이가 30 cm²일 때, △ABC의 내접원의 반지름의 길이를 구하시오.

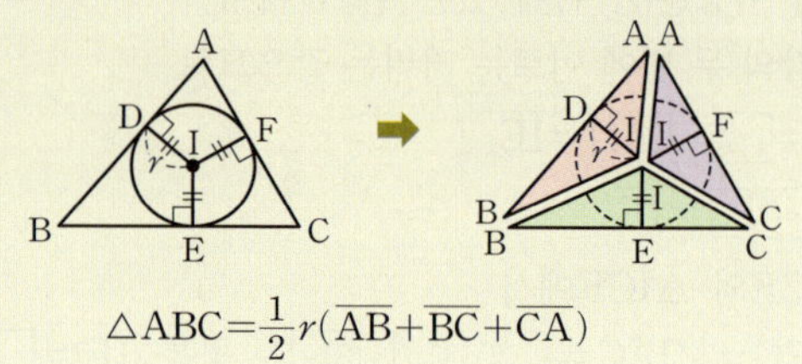

→ **유형 Point**

$$\triangle \text{ABC}=\frac{1}{2}r(\overline{AB}+\overline{BC}+\overline{CA})$$

0143 상 중 하

오른쪽 그림에서 점 I는 △ABC의 내심이다. 내접원의 반지름의 길이가 3 cm이고 △ABC의 넓이가 54 cm²일 때, △ABC의 둘레의 길이를 구하시오.

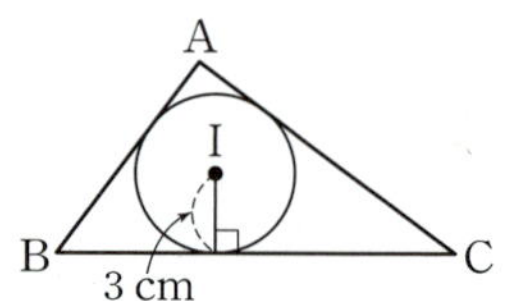

0144 상 중 하

오른쪽 그림에서 점 I는 ∠C=90°인 직각삼각형 ABC의 내심이다. $\overline{AB}=5$ cm, $\overline{BC}=4$ cm, $\overline{CA}=3$ cm일 때, △ABC의 내접원의 반지름의 길이를 구하시오.

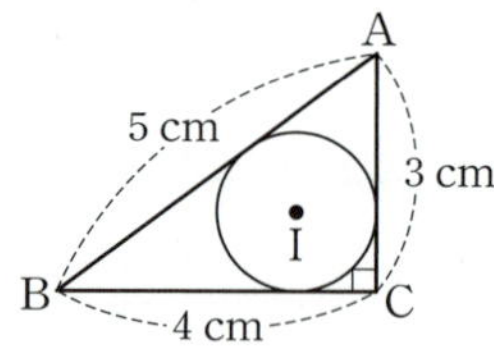

0145 상 중 하 서술형

오른쪽 그림에서 점 I는 ∠B=90°인 직각삼각형 ABC의 내심이다. $\overline{AB}=12$ cm, $\overline{BC}=16$ cm, $\overline{CA}=20$ cm일 때, △IAB의 넓이를 구하시오.

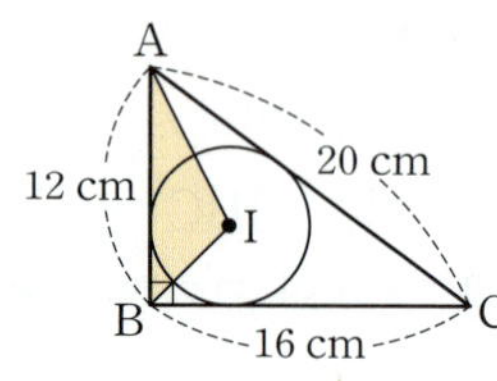

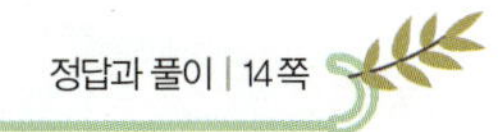

▶수학의 바이블 26쪽

유형 09 삼각형의 내접원과 접선의 길이

0146 상 중 하

오른쪽 그림에서 점 I는 △ABC의
내심이고, 세 점 D, E, F는 접점이
다. $\overline{AB}=9$ cm, $\overline{BC}=11$ cm,
$\overline{CA}=10$ cm일 때, $\overline{BD}$의 길이를
구하시오.

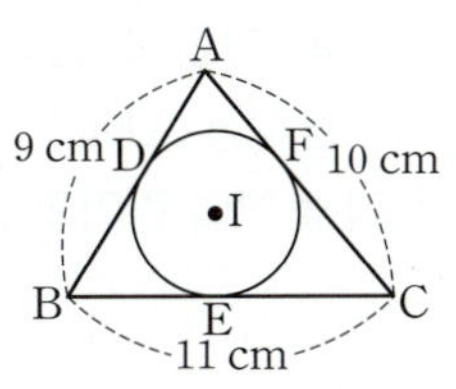

> **유형 Point** 점 I가 △ABC의 내심이고 세 점
> D, E, F는 접점일 때,
> $\overline{AD}=\overline{AF}$, $\overline{BD}=\overline{BE}$, $\overline{CE}=\overline{CF}$

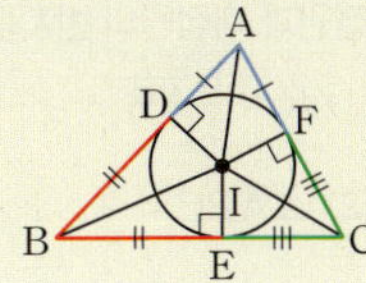

0147 상 중 하

오른쪽 그림에서 점 I는 △ABC의
내심이고, 세 점 D, E, F는 접점이
다. $\overline{BE}=6$ cm, $\overline{EC}=9$ cm,
$\overline{AC}=12$ cm일 때, △ABC의 둘레
의 길이를 구하시오.

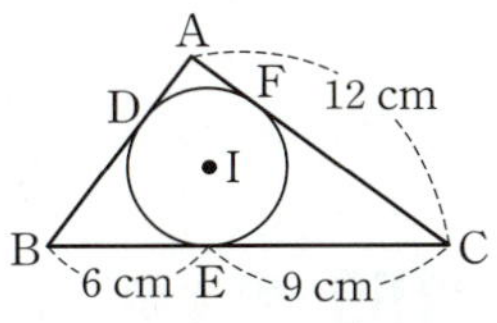

0148 상 중 하 서술형

오른쪽 그림에서 점 I는 ∠C=90°
인 직각삼각형 ABC의 내심이다.
$\overline{AB}=10$ cm, $\overline{AC}=6$ cm이고
△ABC의 내접원의 반지름의 길
이가 2 cm일 때, $\overline{BC}$의 길이를 구
하시오.

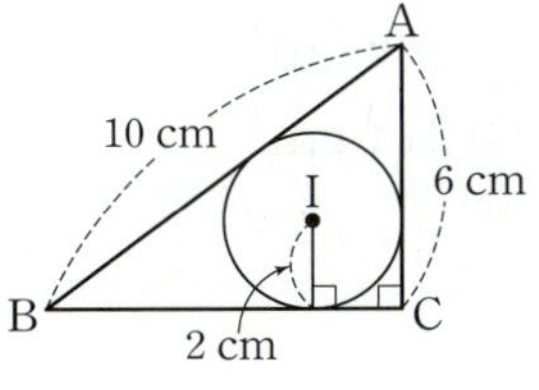

0149 상 중 하

오른쪽 그림에서 점 I는 △ABC의
내심이고, 세 점 D, E, F는 접점이
다. △ABC의 둘레의 길이가
40 cm이고 $\overline{CF}=9$ cm일 때, $\overline{AB}$
의 길이를 구하시오.

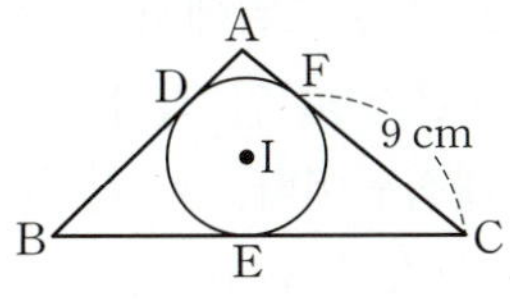

▶수학의 바이블 22쪽

유형 10 삼각형의 내심과 평행선

0150 상 중 하

오른쪽 그림에서 점 I는 △ABC의
내심이다. $\overline{DE}/\!/\overline{BC}$이고
$\overline{AB}=13$ cm, $\overline{BC}=15$ cm,
$\overline{CA}=10$ cm일 때, △ADE의 둘
레의 길이를 구하시오.

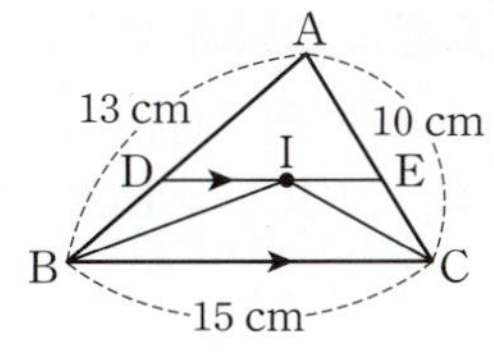

> **유형 Point** 점 I가 △ABC의 내심이고
> $\overline{DE}/\!/\overline{BC}$일 때
> (1) $\overline{DI}=\overline{DB}$, $\overline{EI}=\overline{EC}$
> (2) (△ADE의 둘레의 길이)$=\overline{AB}+\overline{AC}$

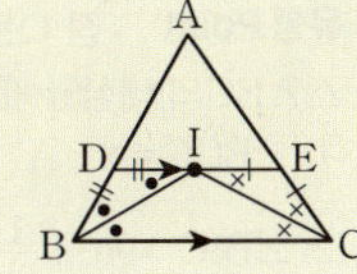

0151 상 중 하

오른쪽 그림에서 점 I는 △ABC
의 내심이다. $\overline{DE}/\!/\overline{BC}$이고
$\overline{AB}=8$ cm, $\overline{AD}=6$ cm,
$\overline{AE}=9$ cm, $\overline{EC}=3$ cm일 때,
$\overline{DE}$의 길이를 구하시오.

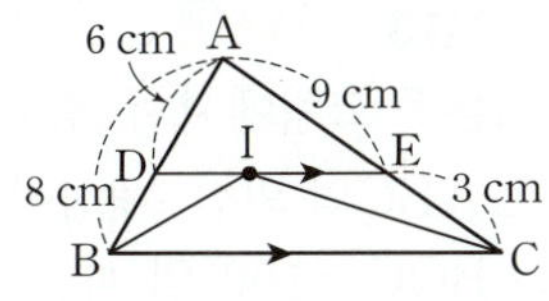

★★ 0152 상 중 하

오른쪽 그림에서 점 I는 $\overline{AB}=\overline{AC}$인 이
등변삼각형 ABC의 내심이다.
$\overline{DE}/\!/\overline{BC}$이고 △ADE의 둘레의 길이
가 24 cm일 때, $\overline{AC}$의 길이를 구하시
오.

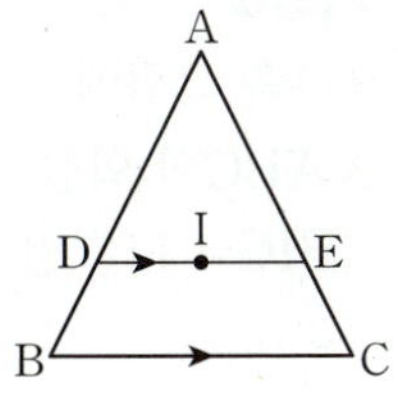

0153 상 중 하

오른쪽 그림에서 점 I는 △ABC의 내심
이다. $\overline{DE}/\!/\overline{BC}$이고 △ADE의 둘레의
길이가 18 cm, $\overline{BC}=7$ cm일 때, △ABC
의 둘레의 길이를 구하시오.

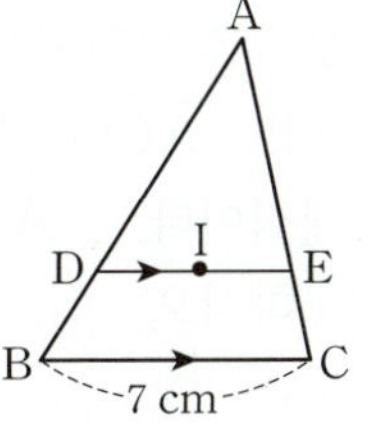

유형 11 삼각형의 외심과 내심

0154 상중하
오른쪽 그림에서 두 점 O, I는 각각
△ABC의 외심, 내심이다. ∠A=42°일
때, ∠BIC−∠BOC의 크기를 구하시오.

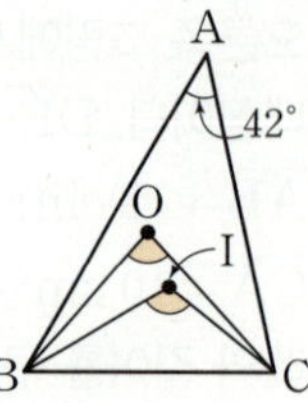

→ **유형 Point** 점 O는 △ABC의 외심이고, 점 I는
△ABC의 내심일 때
(1) ∠BOC=2∠A
(2) ∠BIC=90°+$\frac{1}{2}$∠A

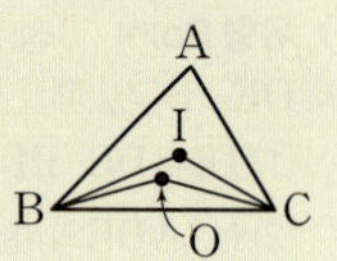

0155 상중하
오른쪽 그림에서 두 점 O, I는 각각
△ABC의 외심, 내심이다.
∠BOC=100°일 때, ∠BIC의 크기를
구하시오.

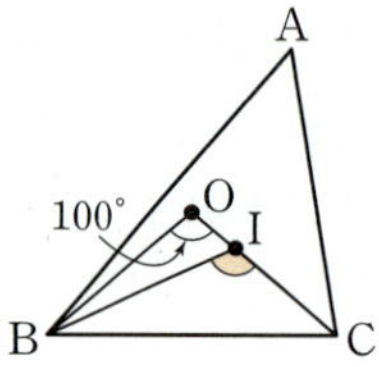

0156 상중하 서술형
오른쪽 그림에서 두 점 O, I는 각각
△ABC의 외심, 내심이다.
∠BIC=117°일 때, ∠OBC의 크기를
구하시오.

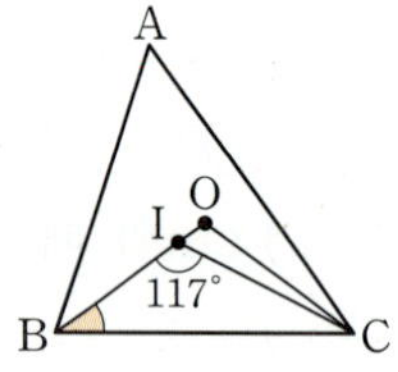

★★ 0157 상중하
오른쪽 그림에서 두 점 O, I는 각각
$\overline{AB}=\overline{AC}$인 이등변삼각형 ABC의 외심,
내심이다. ∠A=40°일 때, ∠x의 크기를
구하시오.

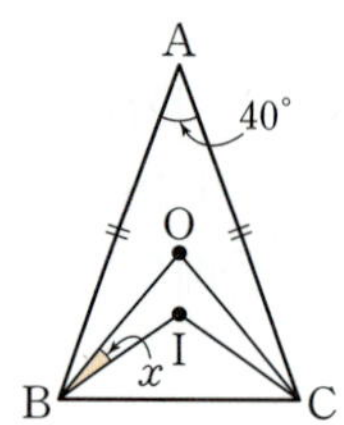

유형 12 직각삼각형의 외접원과 내접원

0158 상중하
오른쪽 그림과 같이 ∠B=90°인
직각삼각형 ABC의 외접원과 내접
원의 둘레의 길이의 합을 구하시오.

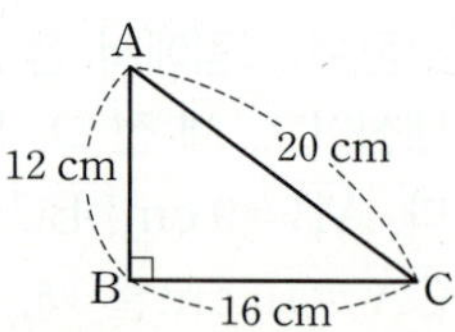

→ **유형 Point** ∠C=90°인 직각삼각형 ABC에서 외
접원과 내접원의 반지름의 길이를 각각 R, r라고 할 때
(1) $R=\frac{1}{2}\overline{AB}$
(2) △ABC=$\frac{1}{2}$×r×(△ABC의 둘레의 길이)
➡ $\frac{1}{2}$×$\overline{BC}$×$\overline{AC}$=$\frac{1}{2}$×r×($\overline{AB}$+$\overline{BC}$+$\overline{CA}$)

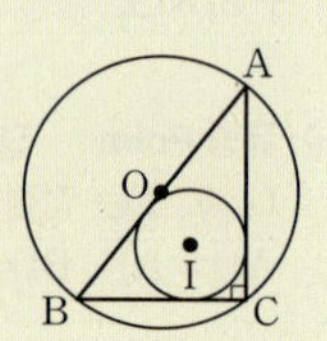

0159 상중하
오른쪽 그림에서 두 원 O, I는 각각
∠A=90°인 직각삼각형 ABC의 외접
원, 내접원이다. $\overline{AB}$=8 cm,
$\overline{BC}$=10 cm, $\overline{CA}$=6 cm일 때, 색칠
한 부분의 넓이는?

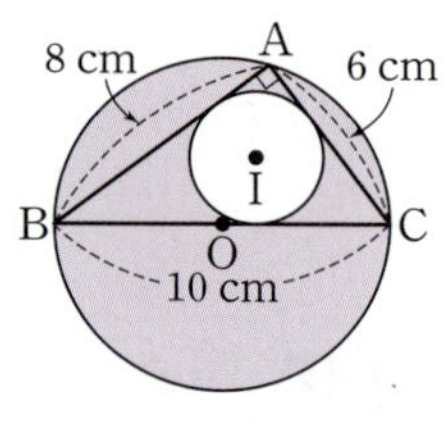

① 18π cm² ② 19π cm² ③ 20π cm²
④ 21π cm² ⑤ 22π cm²

0160 상중하
오른쪽 그림에서 두 원 O, I는 각각
∠C=90°인 직각삼각형 ABC의 외접원,
내접원이다. 두 원 O, I의 반지름의 길이
가 각각 5 cm, 2 cm일 때, △ABC의 넓
이를 구하시오.

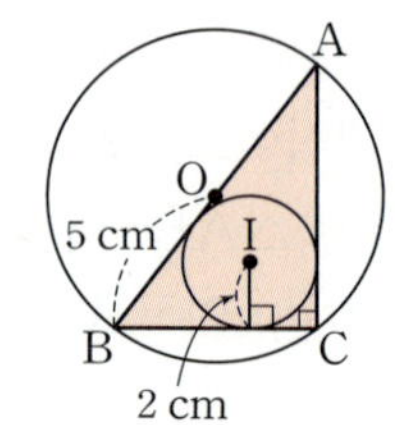

실력 콕콕

0161

오른쪽 그림에서 점 O가 △ABC의 외심일 때, 다음 보기에서 옳지 <u>않은</u> 것을 모두 고르시오.

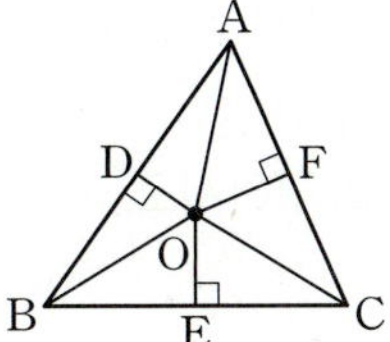

보기

ㄱ. $\overline{OD}=\overline{OE}=\overline{OF}$
ㄴ. $\overline{AF}=\overline{CF}$
ㄷ. $\angle OBD=\angle OAD$
ㄹ. $\angle OCE=\angle OCF$
ㅁ. $\triangle OBE\equiv\triangle OCE$

0162

오른쪽 그림에서 점 O는 △ABC의 외심이다. △ABC의 외접원의 둘레의 길이가 10π cm이고, △OBC의 둘레의 길이가 18 cm일 때, $\overline{BC}$의 길이를 구하시오.

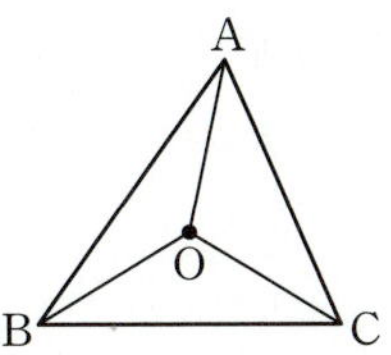

★★ 0163

오른쪽 그림에서 점 O는 △ABC의 외심이다. $\angle ABC=35°$, $\angle OBC=10°$일 때, $\angle BAC$의 크기를 구하시오.

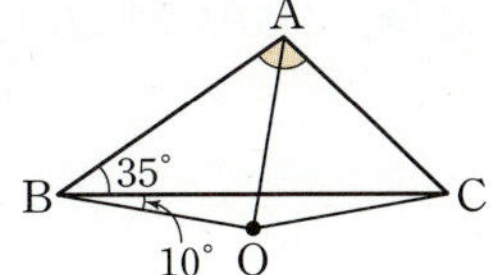

0164

오른쪽 그림과 같이 $\angle C=90°$인 직각삼각형 ABC에서 점 M은 빗변 AB의 중점이다. $\angle BMC=116°$일 때, $\angle A$의 크기를 구하시오.

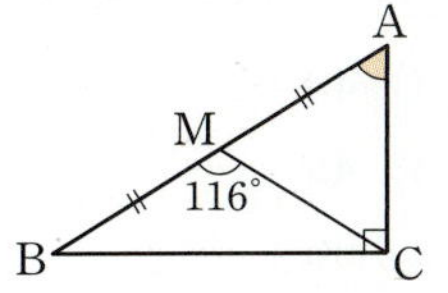

0165 생각이 쑥쑥

오른쪽 그림과 같이 $\angle A=90°$인 직각삼각형 ABC에서 $\overline{BC}$의 중점을 M, 꼭짓점 A에서 $\overline{BC}$에 내린 수선의 발을 H라고 하자. $\angle C=36°$일 때, $\angle x$의 크기를 구하시오.

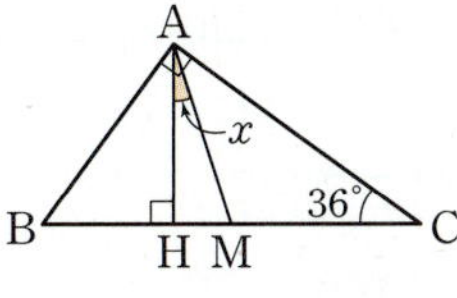

0166

오른쪽 그림에서 점 O는 △ABC의 외심이다. $\angle OBA=33°$, $\angle BOC=106°$일 때, $\angle x$의 크기를 구하시오.

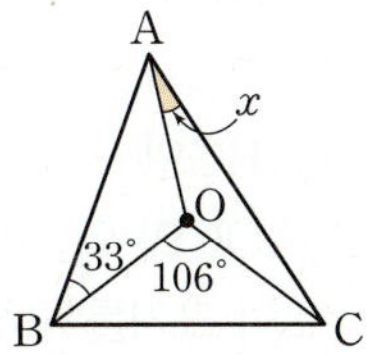

0167

오른쪽 그림에서 점 O는 △ABC의 외심이다.
$\angle OAB : \angle OBC : \angle OCA=4 : 3 : 2$일 때, $\angle ABC$의 크기를 구하시오.

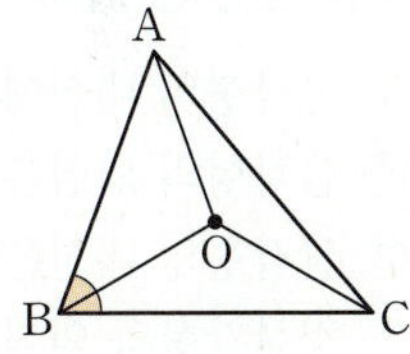

0168

오른쪽 그림에서 점 O는 △ABC의 외심이다. $\angle A=60°$이고 $\overline{OB}=9$ cm일 때, 부채꼴 BOC의 넓이를 구하시오.

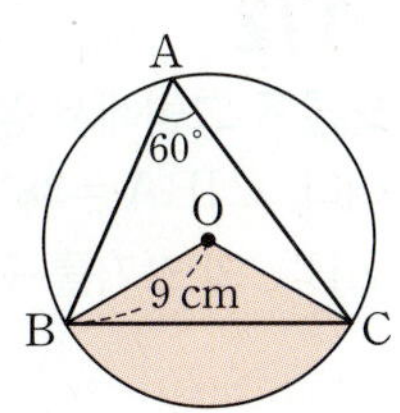

0169

오른쪽 그림에서 점 O는 △ABC의 외심이다. ∠OAB=12°, ∠OBC=40°일 때, ∠x의 크기는?

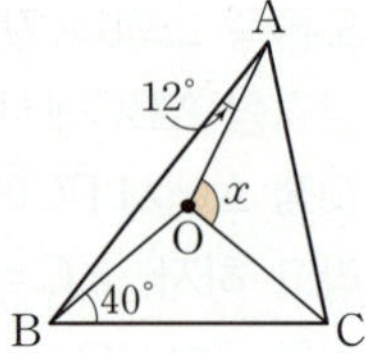

① 100°   ② 102°
③ 104°   ④ 106°
⑤ 108°

0170

오른쪽 그림에서 $\overline{BC}$의 중점 O는 △ABC의 외심이고, 점 O′은 △AOC의 외심이다. ∠B=40°일 때, ∠x의 크기를 구하시오.

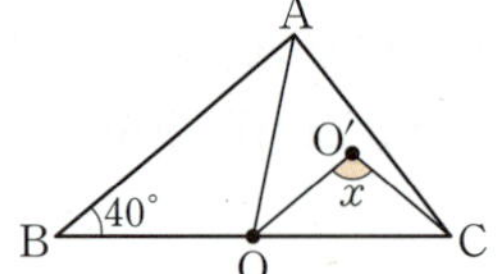

0171

다음 설명 중 옳지 <u>않은</u> 것은?

① 삼각형의 내심에서 세 변에 이르는 거리는 같다.
② 삼각형의 외심은 삼각형의 내부에 있다.
③ 삼각형의 내심은 삼각형의 내부에 있다.
④ 정삼각형의 외심과 내심은 일치한다.
⑤ 삼각형의 내심은 세 내각의 이등분선의 교점이다.

0172

오른쪽 그림에서 점 I는 △ABC의 내심이다. ∠IBA=38°, ∠ICA=20°일 때, ∠BIC의 크기를 구하시오.

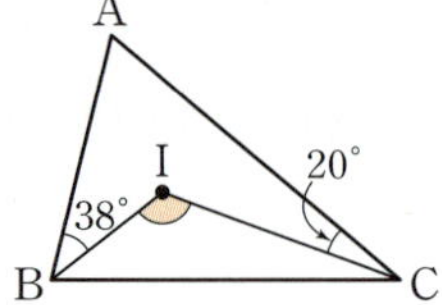

0173 생각이 쑥쑥

오른쪽 그림에서 점 I는 △ABC의 내심이다. ∠C=68°일 때, ∠x+∠y의 크기를 구하시오.

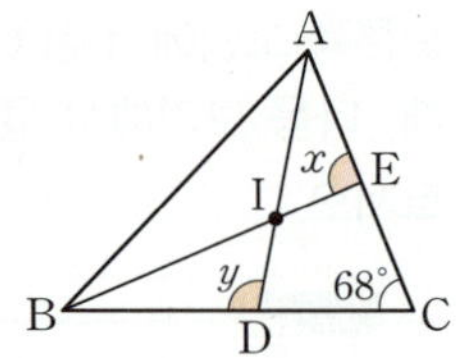

★★ 0174

오른쪽 그림의 △ABC에서 점 I는 ∠A와 ∠C의 이등분선의 교점이다. ∠IBC=20°일 때, ∠x의 크기는?

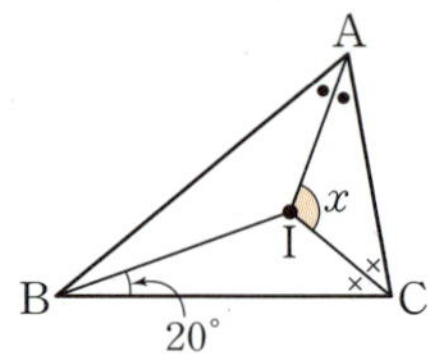

① 100°   ② 105°
③ 110°   ④ 115°
⑤ 120°

0175

오른쪽 그림에서 점 I는 △ABC의 내심이다.
∠AIB : ∠BIC : ∠AIC=9 : 11 : 10
일 때, ∠BAC의 크기를 구하시오.

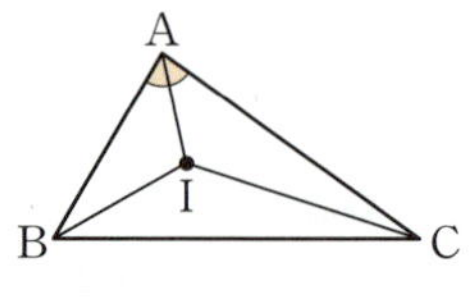

0176

오른쪽 그림에서 점 I는 △ABC의 내심이고, 점 I′은 △IBC의 내심이다. ∠BI′C=148°일 때, ∠x의 크기는?

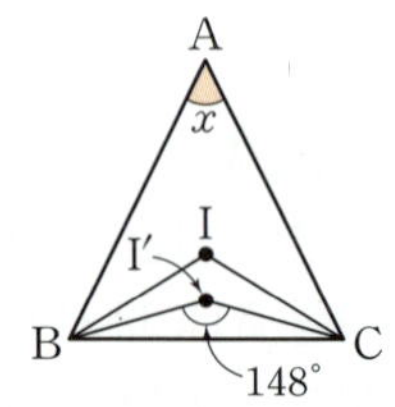

① 40°   ② 44°
③ 48°   ④ 52°
⑤ 56°

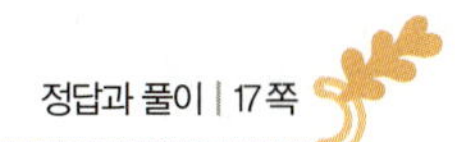

0177

오른쪽 그림에서 점 I는 △ABC의 내심이다. △ABC의 둘레의 길이가 40 cm이고, △ABC의 넓이가 60 cm^{2}일 때, 내접원의 넓이를 구하시오.

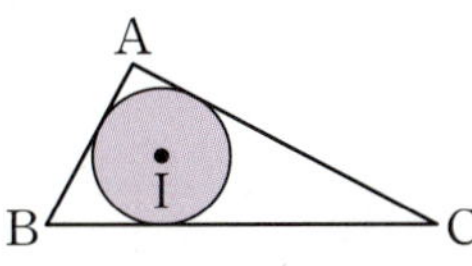

★★ 0178

오른쪽 그림에서 점 I는 $\angle C=90°$인 직각삼각형 ABC의 내심이고, 세 점 D, E, F는 접점이다. $\overline{AB}=10$ cm, $\overline{BC}=6$ cm, $\overline{CA}=8$ cm일 때, 색칠한 부분의 넓이를 구하시오.

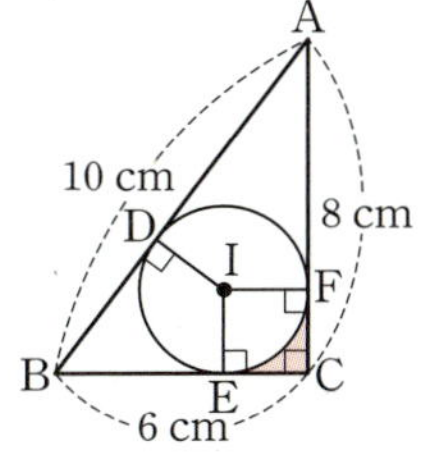

0179

오른쪽 그림에서 점 I는 △ABC의 내심이고, 세 점 D, E, F는 접점이다. $\overline{AB}=9$ cm, $\overline{BC}=11$ cm, $\overline{CA}=8$ cm일 때, $\overline{AF}$의 길이를 구하시오.

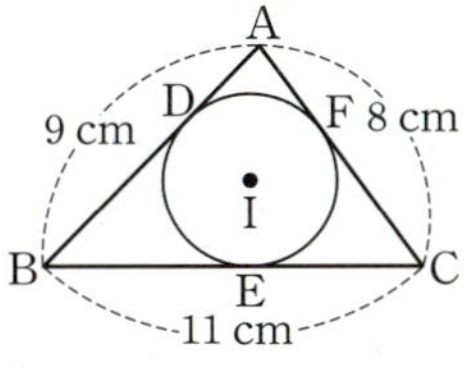

0180

오른쪽 그림에서 점 I는 △ABC의 내심이다. $\overline{DE}\parallel\overline{BC}$일 때, 다음 중 옳지 <u>않은</u> 것은?

① $\overline{DB}=\overline{DI}$
② $\overline{EI}=\overline{EC}$
③ $\angle IBC=\angle ICB$
④ $\angle ECI=\angle ICB$
⑤ $\angle ECI=\angle EIC$

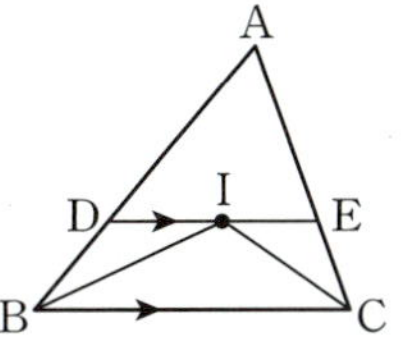

0181 생각이 쑥쑥

오른쪽 그림에서 점 I는 $\overline{AB}=\overline{AC}$인 이등변삼각형 ABC의 내심이다. $\overline{DE}\parallel\overline{BC}$이고 $\overline{AD}=6$ cm, $\overline{AC}=8$ cm일 때, $\overline{DE}$의 길이를 구하시오.

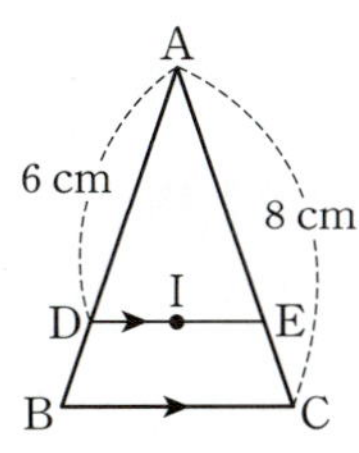

0182

오른쪽 그림에서 두 점 O, I는 각각 △ABC의 외심, 내심이다. $\angle OCB=38°$일 때, $\angle BIC$의 크기를 구하시오.

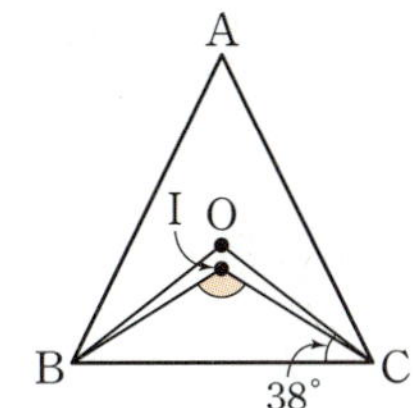

0183

오른쪽 그림과 같이 $\angle C=90°$인 직각삼각형 ABC에서 $\overline{AB}=20$ cm, $\overline{BC}=12$ cm, $\overline{CA}=16$ cm일 때, △ABC의 외접원과 내접원의 넓이의 합을 구하시오.

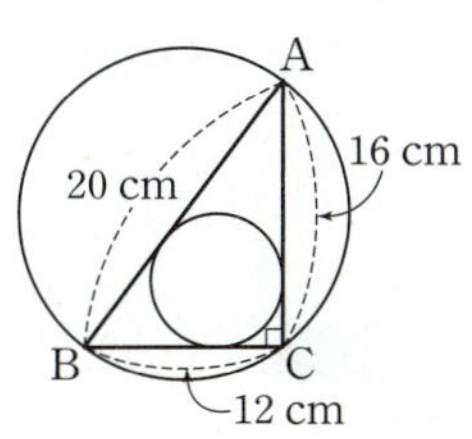

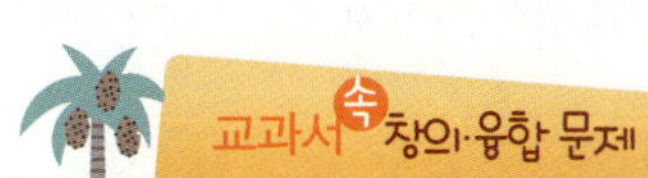

0184

오른쪽 그림의 유물은 신라 시대의 얼굴무늬 수막새이다. 이 유물을 원래 모양인 원으로 복원하려고 한다. 다음 중 원의 중심을 찾는 방법으로 옳은 것은?

① 삼각형의 세 내각의 이등분선의 교점을 찾는다.
② 삼각형의 세 변의 수직이등분선의 교점을 찾는다.
③ 삼각형의 세 꼭짓점에서 각 대변에 내린 수선의 교점을 찾는다.
④ 삼각형의 세 꼭짓점과 각 대변의 중점을 이은 선분의 교점을 찾는다.
⑤ 삼각형의 한 내각의 이등분선과 그와 이웃하지 않는 두 외각의 이등분선의 교점을 찾는다.

0185

오른쪽 그림과 같이 ∠A=90°인 직각삼각형 ABC에서 점 M은 빗변 BC의 중점이다.
∠BAM : ∠CAM=5 : 4일 때, ∠AMB의 크기를 구하시오.

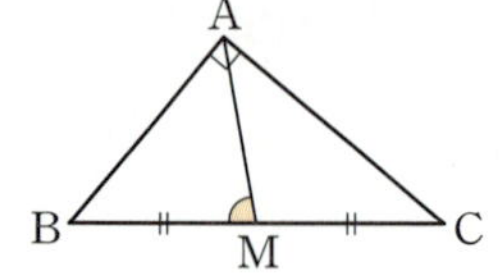

단계 1 ∠BAM의 크기를 구하시오. [30%]

단계 2 ∠ABM의 크기를 구하시오. [40%]

단계 3 ∠AMB의 크기를 구하시오. [30%]

0186

오른쪽 그림과 같이 ∠C=90°인 직각삼각형 ABC에서 점 M은 빗변 AB의 중점이다. ∠MCA : ∠MCB=3 : 2일 때, ∠AMC의 크기를 구하시오.

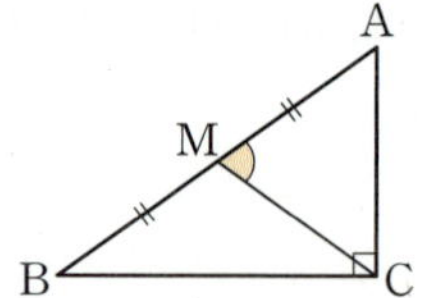

풀이

답 ______________

0187

오른쪽 그림에서 점 O는 △ABC의 외심이다. ∠OCB=32°, ∠OCA=16°일 때, ∠BAC의 크기를 구하시오.

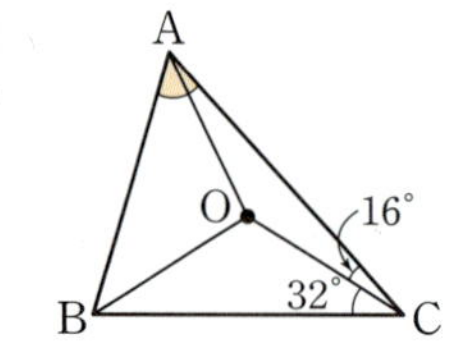

단계 1 ∠OAB의 크기를 구하시오. [40%]

단계 2 ∠OAC의 크기를 구하시오. [30%]

단계 3 ∠BAC의 크기를 구하시오. [30%]

0188

오른쪽 그림에서 점 O는 △ABC의 외심이다. ∠OAB=40°, ∠OAC=22°일 때, ∠ACB의 크기를 구하시오.

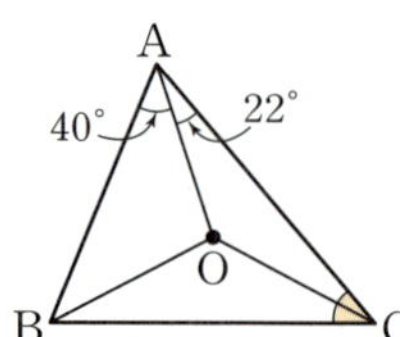

풀이

답 ______________

0189

오른쪽 그림에서 점 I는 △ABC의 내심이다. ∠IBA=24°, ∠ICB=26°일 때, ∠x+∠y의 크기를 구하시오.

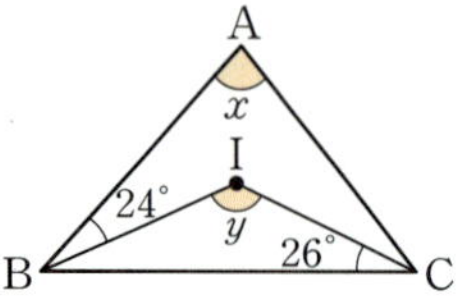

단계 1 ∠y의 크기를 구하시오. [40%]

단계 2 ∠x의 크기를 구하시오. [40%]

단계 3 ∠x+∠y의 크기를 구하시오. [20%]

0190

오른쪽 그림에서 점 I는 △ABC의 내심이다. ∠IAB=20°, ∠IBC=28°일 때, ∠x+∠y의 크기를 구하시오.

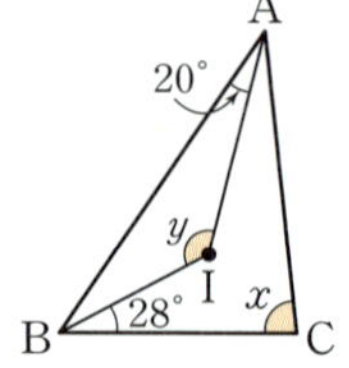

풀이

답 ______________

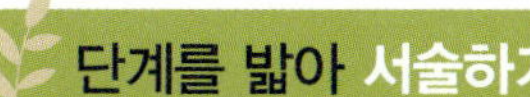
단계를 밟아 서술하기

0191

오른쪽 그림에서 점 I는 △ABC의 내심이고, 세 점 D, E, F는 접점이다. $\overline{AB}=13$ cm, $\overline{BC}=9$ cm, $\overline{BD}=7$ cm일 때, $\overline{AC}$의 길이를 구하시오.

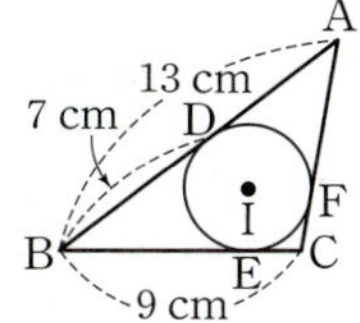

단계 1 $\overline{AF}$의 길이를 구하시오. [40%]

단계 2 $\overline{CF}$의 길이를 구하시오. [40%]

단계 3 $\overline{AC}$의 길이를 구하시오. [20%]

스스로 서술하기

0192

오른쪽 그림에서 점 I는 △ABC의 내심이고, 세 점 D, E, F는 접점이다. $\overline{AB}=8$ cm, $\overline{AC}=10$ cm, $\overline{AF}=4$ cm일 때, $\overline{BC}$의 길이를 구하시오.

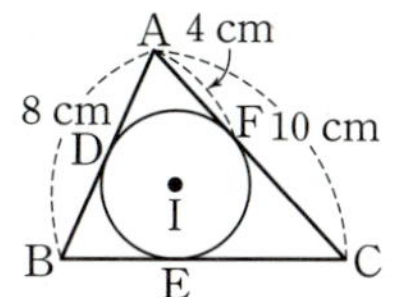

풀이

답 ______________

0193

오른쪽 그림에서 점 I는 $\angle C=90°$인 직각삼각형 ABC의 내심이고, 세 점 D, E, F는 접점이다. $\overline{AB}=13$ cm, $\overline{AC}=5$ cm이고 △ABC의 내접원의 반지름의 길이가 2 cm일 때, $\overline{BC}$의 길이를 구하시오.

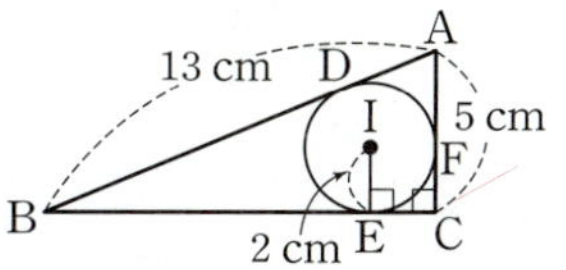

단계 1 $\overline{CE}$의 길이를 구하시오. [40%]

단계 2 $\overline{BE}$의 길이를 구하시오. [40%]

단계 3 $\overline{BC}$의 길이를 구하시오. [20%]

0194

오른쪽 그림에서 점 I는 $\angle A=90°$인 직각삼각형 ABC의 내심이고, 세 점 D, E, F는 접점이다. $\overline{BC}=17$ cm, $\overline{AC}=15$ cm이고 △ABC의 내접원의 반지름의 길이가 3 cm일 때, $\overline{AB}$의 길이를 구하시오.

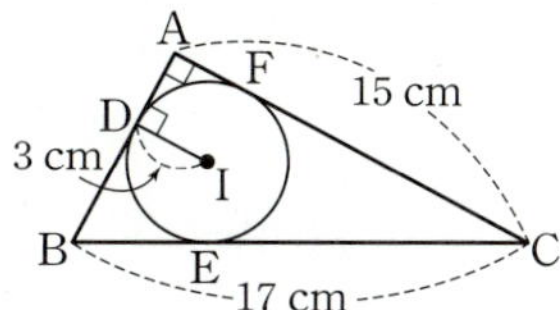

풀이

답 ______________

0195

오른쪽 그림에서 두 점 O, I는 각각 $\angle B=90°$인 직각삼각형 ABC의 외심, 내심이다. $\overline{OB}$, $\overline{IC}$의 교점을 P라 하고 $\angle A=70°$일 때, $\angle BPC$의 크기를 구하시오.

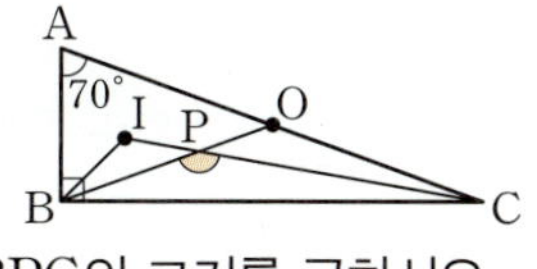

단계 1 $\angle ICB$의 크기를 구하시오. [40%]

단계 2 $\angle OBC$의 크기를 구하시오. [40%]

단계 3 $\angle BPC$의 크기를 구하시오. [20%]

0196

오른쪽 그림에서 두 점 O, I는 각각 $\angle C=90°$인 직각삼각형 ABC의 외심, 내심이다. $\overline{OC}$, $\overline{IB}$의 교점을 P라 하고 $\angle A=50°$일 때, $\angle BPC$의 크기를 구하시오.

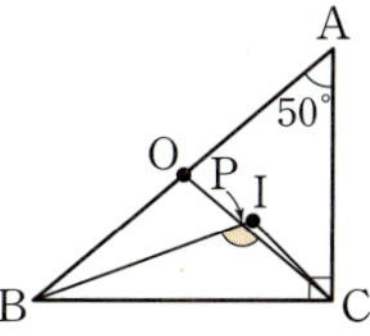

풀이

답 ______________

스스로 점검하기

 아래의 마인드맵에서 빈칸을 채우면서 학습한 내용을 확인해 봅시다.

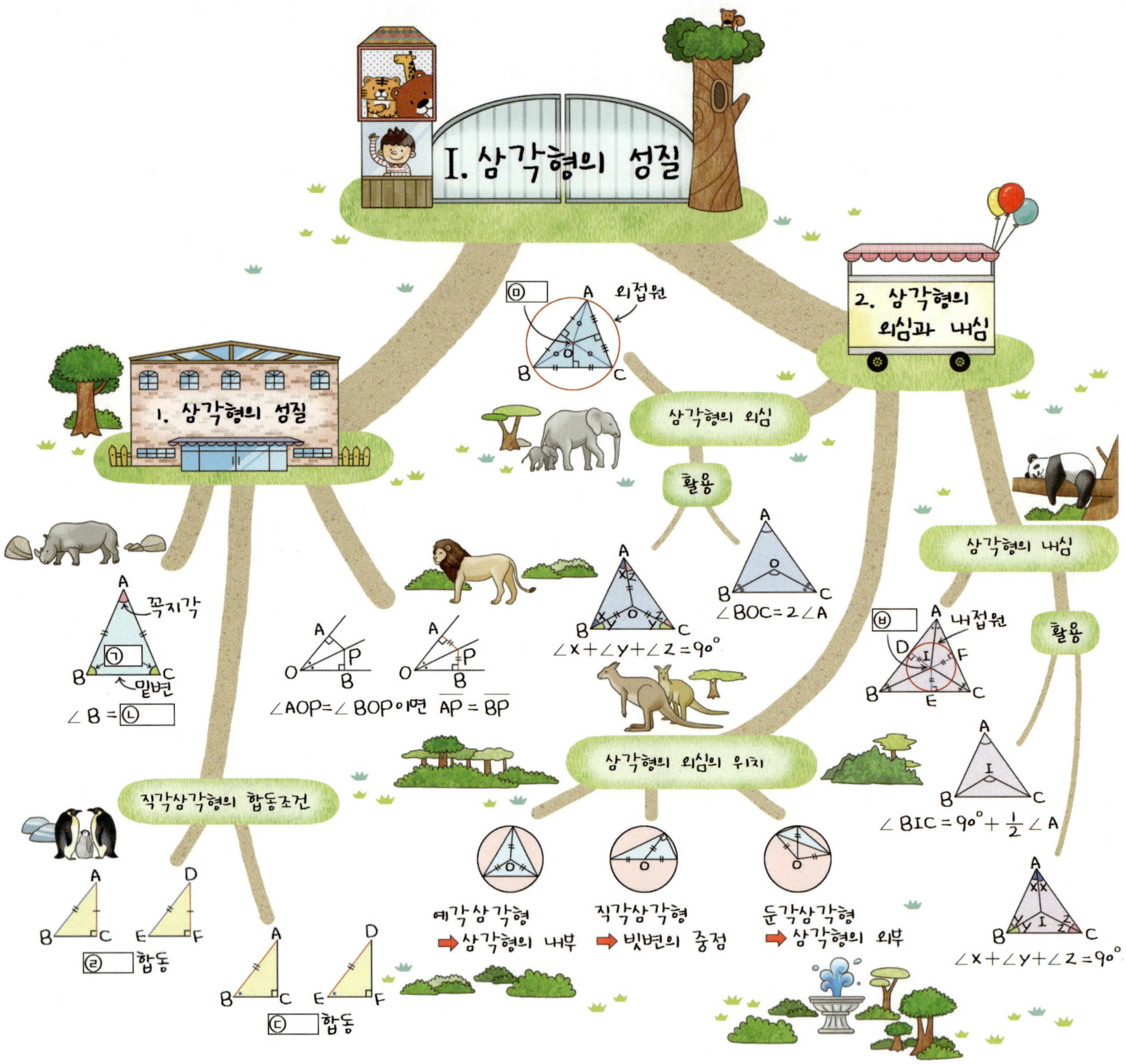

㉠ 이등변삼각형에서 밑변의 양 끝 각

㉡ 이등변삼각형의 성질에서 두 밑각의 크기는 서로 같다.

㉢ 빗변의 길이와 한 예각의 크기가 각각 같은 두 직각삼각형은 서로 합동이다.

㉣ 빗변의 길이와 다른 한 변의 길이가 각각 같은 두 직각삼각형은 서로 합동이다.

㉤ 점 O는 외접원의 중심이다.

㉥ 점 I는 내접원의 중심이다.

답 | ㉠ 밑각 ㉡ ∠C ㉢ RHA ㉣ RHS ㉤ 외심 ㉥ 내심

Ⅱ. 사각형의 성질

이해가 부족한 유형은 □ 안에 ✔를 표시하고 다시 풀어 봅시다.

1 사각형의 성질

개념 1　평행사변형의 뜻과 성질

(1) **평행사변형** : 두 쌍의 대변이 각각 평행한 사각형
➡ □ABCD에서 $\overline{AB} /\!/ \overline{DC}$, $\overline{AD} /\!/ \overline{BC}$

(2) **평행사변형의 성질**
　　──사각형에서 서로 마주 보는 변
① 두 쌍의 대변의 길이가 각각 같다.
➡ $\overline{AB} = \overline{DC}$, $\overline{AD} = \overline{BC}$

　　──사각형에서 서로 마주 보는 각
② 두 쌍의 대각의 크기가 각각 같다.
➡ $\angle A = \angle C$, $\angle B = \angle D$

③ 두 대각선은 서로 다른 것을 이등분한다.
➡ $\overline{OA} = \overline{OC}$, $\overline{OB} = \overline{OD}$
　　──평행사변형의 두 대각선은 각각의 중점에서 만난다.

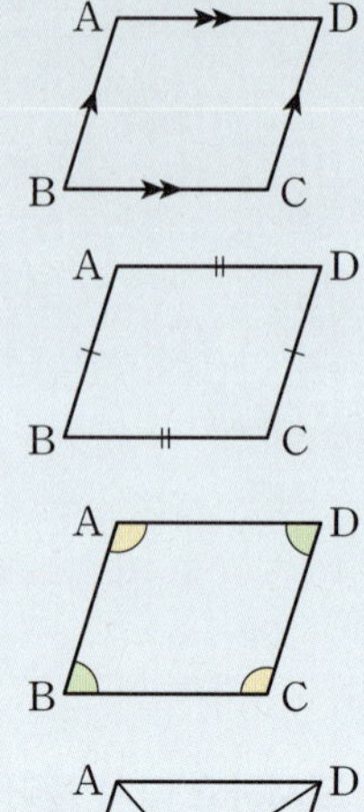

• 사각형 ABCD를 기호 □ABCD로 나타낸다.

• 평행사변형에서 두 쌍의 대변이 각각 평행하므로 이웃하는 두 내각의 크기의 합은 $180°$이다.
➡ $\angle A + \angle B = 180°$
　 $\angle B + \angle C = 180°$

개념 2　평행사변형이 되는 조건

다음의 어느 한 조건을 만족시키는 사각형은 평행사변형이다.
(1) 두 쌍의 대변이 각각 평행하다. ➡ $\overline{AB} /\!/ \overline{DC}$, $\overline{AD} /\!/ \overline{BC}$
(2) 두 쌍의 대변의 길이가 각각 같다. ➡ $\overline{AB} = \overline{DC}$, $\overline{AD} = \overline{BC}$
(3) 두 쌍의 대각의 크기가 각각 같다. ➡ $\angle A = \angle C$, $\angle B = \angle D$
(4) 두 대각선이 서로 다른 것을 이등분한다. ➡ $\overline{OA} = \overline{OC}$, $\overline{OB} = \overline{OD}$
(5) 한 쌍의 대변이 평행하고 그 길이가 같다. ➡ $\overline{AD} /\!/ \overline{BC}$, $\overline{AD} = \overline{BC}$

참고 □ABCD가 평행사변형일 때, □EBFD도 평행사변형이다.

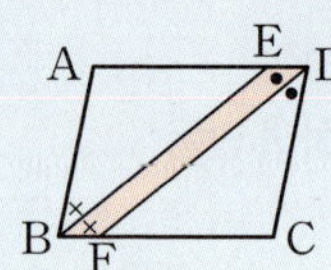 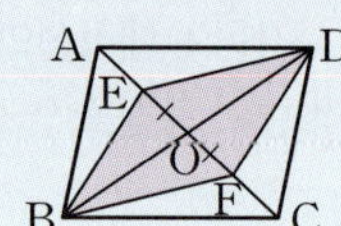 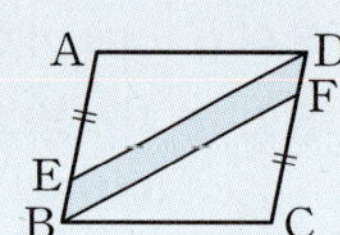 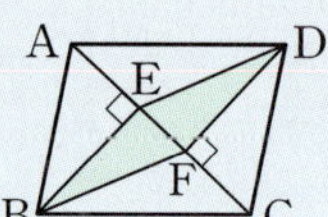 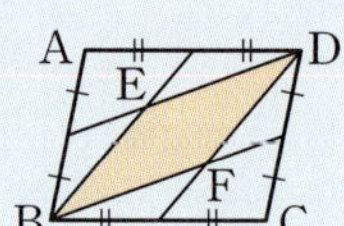

• **평행사변형이 되는 조건**

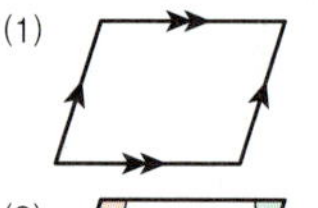 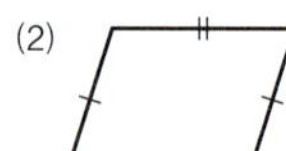
 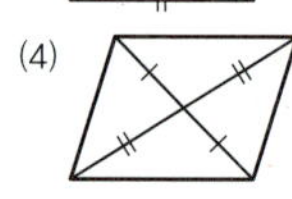
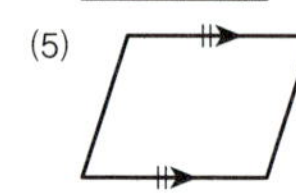

개념 3　평행사변형과 넓이

(1) 평행사변형의 넓이는 한 대각선에 의하여 이등분된다.
➡ $\triangle ABC = \triangle BCD = \triangle CDA = \triangle DAB = \dfrac{1}{2} \square ABCD$

(2) 평행사변형의 넓이는 두 대각선에 의하여 사등분된다.
➡ $\triangle ABO = \triangle BCO = \triangle CDO = \triangle DAO = \dfrac{1}{4} \square ABCD$

(3) 평행사변형의 내부의 한 점 P에 대하여
➡ $\triangle PAB + \triangle PCD = \triangle PDA + \triangle PBC = \dfrac{1}{2} \square ABCD$

• 평행사변형 ABCD에서 점 P를 지나고 $\overline{AB}$, $\overline{BC}$에 각각 평행한 선분을 그으면

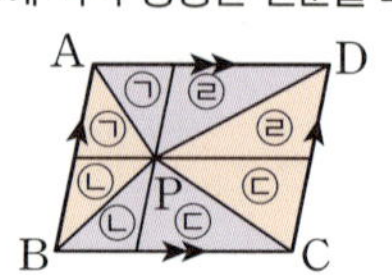

$\triangle PAB + \triangle PCD$
$= (㉠ + ㉡) + (㉢ + ㉣)$
$= (㉠ + ㉣) + (㉡ + ㉢)$
$= \triangle PDA + \triangle PBC$
$= \dfrac{1}{2} \square ABCD$

개념 콕콕

1 평행사변형의 뜻과 성질

0197

다음 그림의 평행사변형 ABCD에서 $\angle x$, $\angle y$의 크기를 각각 구하시오. (단, 점 O는 두 대각선의 교점이다.)

(1) 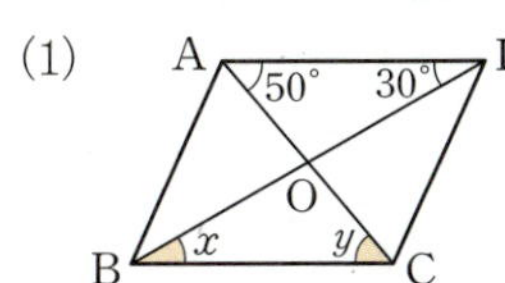　(2) 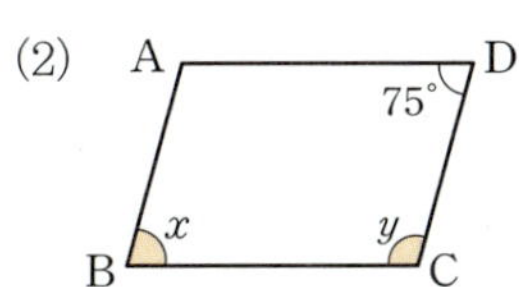

(3) 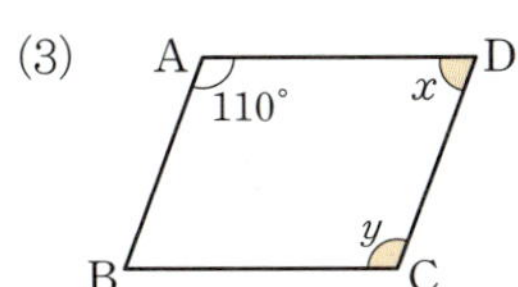　(4) 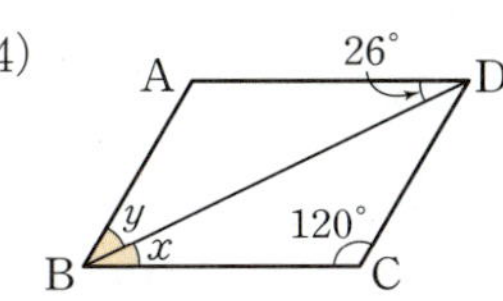

0198

다음 그림의 평행사변형 ABCD에서 x, y의 값을 각각 구하시오. (단, 점 O는 두 대각선의 교점이다.)

(1) 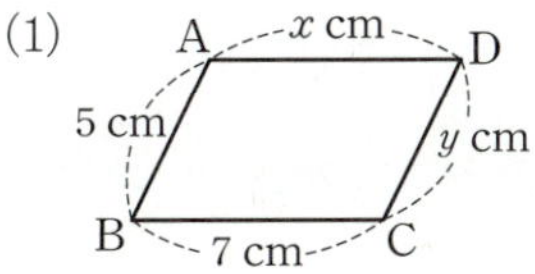　(2) 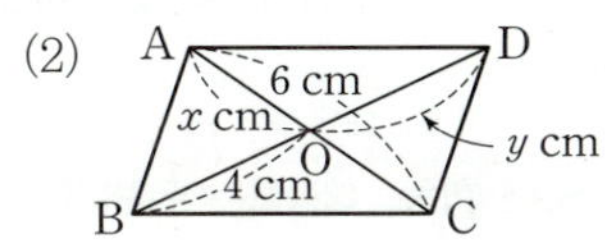

0199

오른쪽 그림과 같은 평행사변형 ABCD에 대하여 다음 중 옳은 것에는 ○표, 옳지 않은 것에는 ×표를 ( ) 안에 써넣으시오.

(단, 점 O는 두 대각선의 교점이다.)

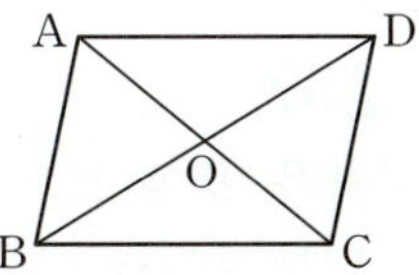

(1) $\overline{OA} = \overline{OB}$　　　　　　　　(　)

(2) $\overline{AB} = \overline{DC}$　　　　　　　　(　)

(3) $\angle ABD = \angle ADB$　　　　(　)

(4) $\angle BAD = \angle BCD$　　　　(　)

(5) $\triangle OAB \equiv \triangle OCD$　　　(　)

2 평행사변형이 되는 조건

0200

다음은 오른쪽 그림과 같은 □ABCD가 평행사변형이 되는 조건이다. □ 안에 알맞은 것을 써넣으시오.

(단, 점 O는 두 대각선의 교점이다.)

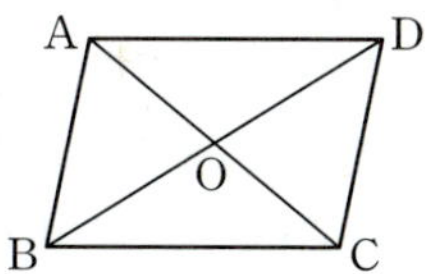

(1) $\overline{AB}$ // ☐ , $\overline{AD}$ // ☐

(2) $\overline{AB} = $ ☐ , $\overline{AD} = $ ☐

(3) ☐ $= \angle BCD$, ☐ $= \angle ADC$

(4) $\overline{OA} = $ ☐ , $\overline{OB} = $ ☐

(5) ☐ // $\overline{DC}$, ☐ $= \overline{DC}$

(6) ☐ // $\overline{BC}$, ☐ $= \overline{BC}$

3 평행사변형과 넓이

0201

다음 그림의 평행사변형 ABCD의 넓이가 $8 \ cm^2$일 때, 색칠한 부분의 넓이를 구하시오. (단, 점 O는 두 대각선의 교점이다.)

(1) 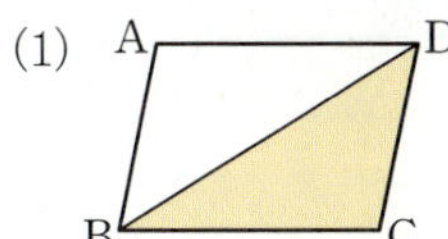　(2) 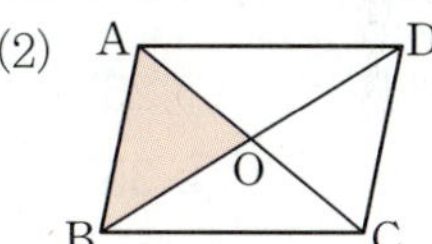

(3) 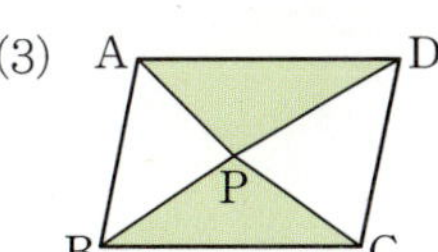　(4) 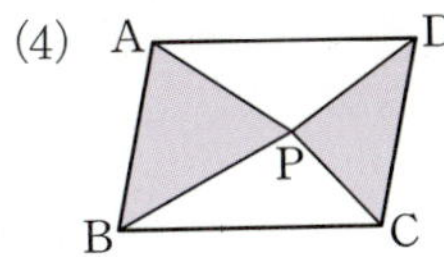

0202

오른쪽 그림과 같은 평행사변형 ABCD에서 $\triangle AOD$의 넓이가 $3 \ cm^2$일 때, 다음을 구하시오.

(단, 점 O는 두 대각선의 교점이다.)

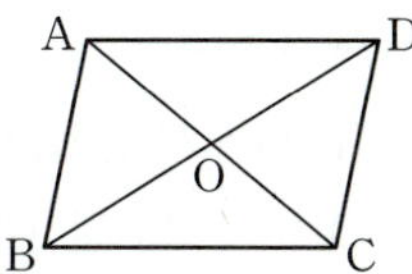

(1) $\triangle ABO$의 넓이

(2) $\triangle BCD$의 넓이

(3) $\square ABCD$의 넓이

유형 01 평행사변형의 뜻

0203 상 중 하

오른쪽 그림과 같은 평행사변형 ABCD에서 $\angle BAC=65°$, $\angle BDC=28°$일 때, $\angle x$의 크기는? (단, 점 O는 두 대각선의 교점이다.)

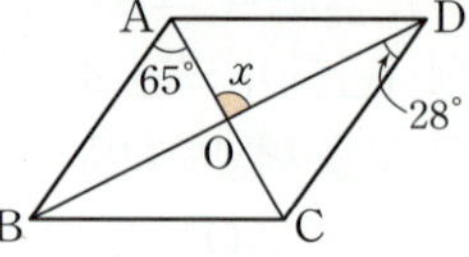

① 90° ② 91° ③ 92°
④ 93° ⑤ 94°

→ **유형 Point** 평행사변형은 두 쌍의 대변이 각각 평행한 사각형이므로 평행선의 성질을 이용한다.
(1) 평행한 두 직선이 다른 한 직선과 만날 때, 엇각의 크기는 같다.
(2) 평행사변형에서 이웃하는 두 내각의 크기의 합은 180°이다.

0204 상 중 하

오른쪽 그림과 같은 평행사변형 ABCD에서 $\angle B=55°$, $\angle ADE=25°$일 때, $\angle x$의 크기는?

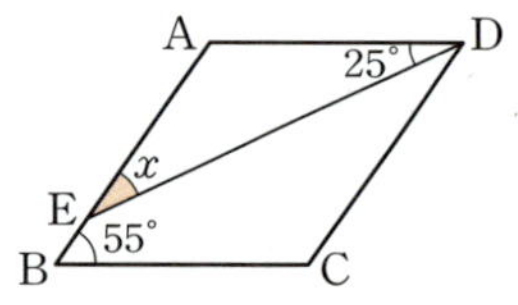

① 20° ② 25°
③ 30° ④ 35°
⑤ 40°

★ 0205 상 중 하

오른쪽 그림과 같은 평행사변형 ABCD에서 $\angle BDC=46°$, $\angle DBC=28°$일 때, $\angle x+\angle y$의 크기는? (단, 점 O는 두 대각선의 교점이다.)

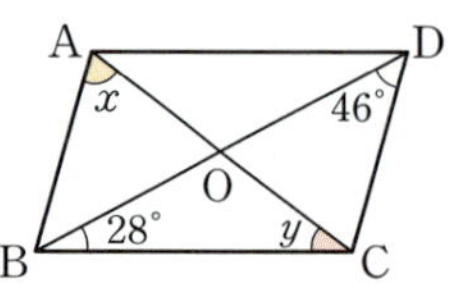

① 100° ② 102° ③ 104°
④ 106° ⑤ 108°

유형 02 평행사변형의 성질 설명하기

0206 상 중 하

다음은 '평행사변형의 두 쌍의 대변의 길이는 각각 같다.'를 설명하는 과정이다. ①~⑤에 알맞은 것으로 옳지 <u>않은</u> 것은?

평행사변형 ABCD에서 대각선 AC를 그으면
△ABC와 △CDA에서
$\overline{AB} /\!/ \overline{DC}$이므로
$\angle BAC=$ ⓵ (엇각)
$\overline{AD} /\!/ \overline{BC}$이므로 $\angle BCA=$ ⓶ (엇각)
⓷ 는 공통
따라서 △ABC≡△CDA (⓸ 합동)이므로
$\overline{AB}=\overline{DC}$, ⓹ $=\overline{AD}$

① $\angle DCA$ ② $\angle BAC$ ③ $\overline{AC}$
④ ASA ⑤ $\overline{BC}$

→ **유형 Point** 평행사변형의 성질을 설명할 때에는 삼각형의 합동 조건을 이용한다.
(1) SSS 합동 : 대응하는 세 변의 길이가 각각 같다.
(2) SAS 합동 : 대응하는 두 변의 길이가 각각 같고 그 끼인각의 크기가 같다.
(3) ASA 합동 : 대응하는 한 변의 길이가 같고 그 양 끝 각의 크기가 각각 같다.

0207 상 중 하

다음은 '평행사변형의 두 쌍의 대각의 크기는 각각 같다.'를 설명하는 과정이다. ㈎~㈐에 알맞은 것을 구하시오.

평행사변형 ABCD에서
$\overline{AD} /\!/ \overline{BC}$이므로 $\angle A+\angle B=180°$
$\overline{AB} /\!/ \overline{DC}$이므로 $\angle A+$ ㈎ $=180°$
∴ ㈏ $=\angle D$
$\overline{AD} /\!/ \overline{BC}$이므로 $\angle A+\angle B=180°$
$\overline{AB} /\!/ \overline{DC}$이므로 $\angle B+$ ㈐ $=180°$
∴ $\angle A=\angle C$

▶수학의 바이블 33쪽

유형 03 평행사변형의 성질

0208 상 중 하

오른쪽 그림과 같은 평행사변형
ABCD에서 $\overline{BD}=12$ cm,
$\overline{CD}=7$ cm, $\angle BCD=120°$일 때,
다음 중 옳지 않은 것을 모두 고르
면? (단, 점 O는 두 대각선의 교점이다.) (정답 2개)

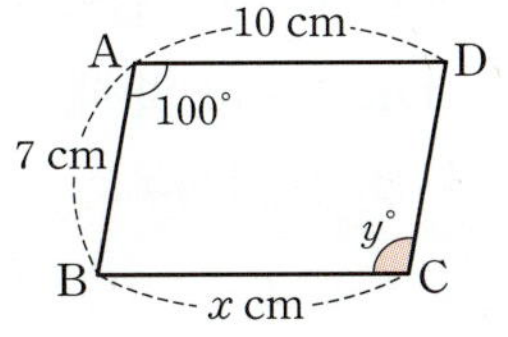

① $\overline{AB}=7$ cm ② $\overline{OB}=6$ cm
③ $\angle BAD=120°$ ④ $\angle ABC=50°$
⑤ $\triangle ABO \equiv \triangle BCO$

→ **유형 Point** 평행사변형에서
(1) 두 쌍의 대변의 길이가 각각 같다.
(2) 두 쌍의 대각의 크기가 각각 같다.
(3) 두 대각선은 서로 다른 것을 이등분한다.

0209 상 중 하

오른쪽 그림과 같은 평행사변형
ABCD에서 $\overline{AB}=7$ cm,
$\overline{AD}=10$ cm, $\angle A=100°$일 때,
x, y의 값을 각각 구하시오.

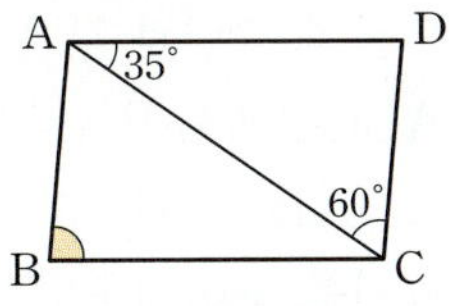

0210 상 중 하

오른쪽 그림과 같은 평행사변형
ABCD에서 $\angle DAC=35°$,
$\angle ACD=60°$일 때, $\angle B$의 크기를
구하시오.

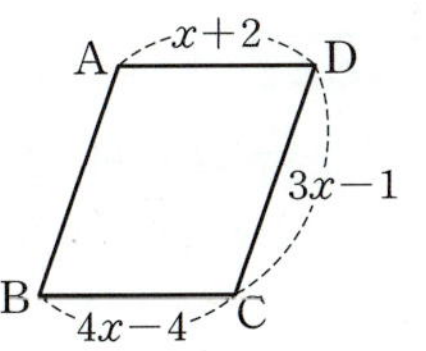

★★☆ 0211 상 중 하

오른쪽 그림과 같은 평행사변형
ABCD에서 $\overline{AB}$의 길이는?

① 3 ② 4
③ 5 ④ 6
⑤ 7

0212 상 중 하 서술형

오른쪽 그림과 같은 평행사변형
ABCD에서 점 O가 두 대각선의
교점일 때, $\overline{AC}$의 길이를 구하시
오.

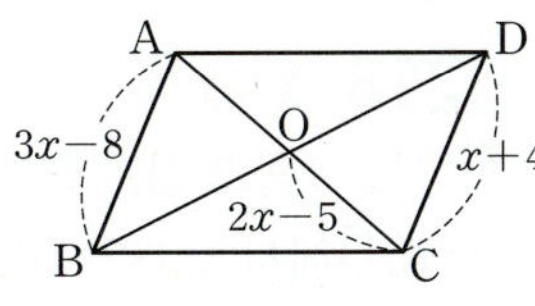

0213 상 중 하

오른쪽 그림과 같은 평행사변형
ABCD의 둘레의 길이가 24 cm이고
$\overline{AB}=5$ cm일 때, $\overline{AD}$의 길이는?

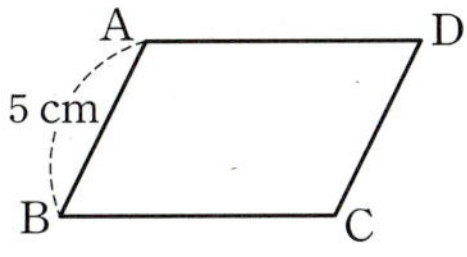

① 6 cm ② 7 cm ③ 8 cm
④ 9 cm ⑤ 10 cm

0214 상 중 하

오른쪽 그림과 같은 평행사변형
ABCD에서 다음 중 옳지 <u>않은</u> 것은?
(단, 점 O는 두 대각선의 교점이다.)

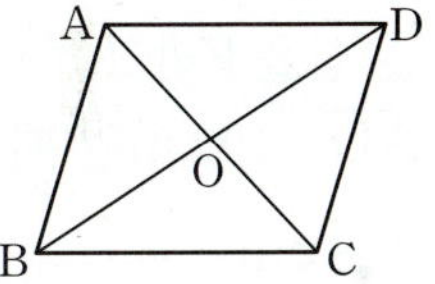

① $\overline{AB}/\!/\overline{DC}$, $\overline{AD}/\!/\overline{BC}$
② $\overline{AB}=\overline{DC}$, $\overline{AD}=\overline{BC}$
③ $\overline{OA}=\overline{OC}$, $\overline{OB}=\overline{OD}$
④ $\angle BAD + \angle ABC = 180°$
⑤ $\angle BAD = \angle ABC = \angle BCD = \angle ADC$

0215 상 중 하

오른쪽 그림과 같은 평행사변형
ABCD에서 점 O가 두 대각선의 교
점일 때, $x+y$의 값을 구하시오.

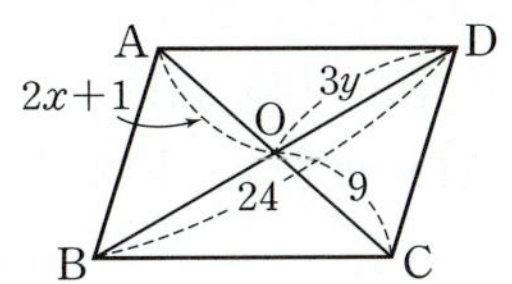

▶수학의 바이블 33쪽

유형 04 평행사변형의 성질의 활용 — 대변

0216 상 중 하

오른쪽 그림과 같은 평행사변형 ABCD에서 ∠B의 이등분선과 $\overline{CD}$의 연장선이 만나는 점을 E라고 하자. $\overline{AB}=4$ cm, $\overline{BC}=6$ cm일 때, $\overline{DE}$의 길이를 구하시오.

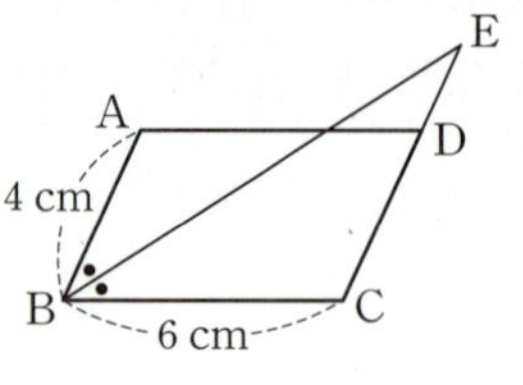

→ **유형 Point** 다음과 같은 순서로 문제를 해결한다.
❶ 평행사변형의 두 쌍의 대변은 각각 평행함을 이용하여 크기가 같은 엇각을 찾는다.
❷ 평행사변형의 두 쌍의 대변의 길이는 각각 같음을 이용한다.

0217 상 중 하

오른쪽 그림과 같은 평행사변형 ABCD에서 $\overline{BC}$의 중점을 E라 하고 $\overline{AE}$의 연장선이 $\overline{DC}$의 연장선과 만나는 점을 F라고 하자. $\overline{AB}=6$ cm, $\overline{AD}=10$ cm일 때, $\overline{DF}$의 길이는?

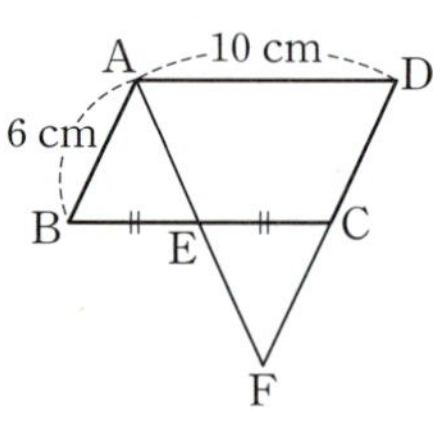

① 8 cm ② 9 cm ③ 10 cm
④ 11 cm ⑤ 12 cm

0218 상 중 하

오른쪽 그림과 같은 평행사변형 ABCD에서 ∠A, ∠B의 이등분선이 $\overline{CD}$의 연장선과 만나는 점을 각각 E, F라고 하자. $\overline{AB}=8$ cm, $\overline{AD}=14$ cm일 때, $\overline{EF}$의 길이를 구하시오.

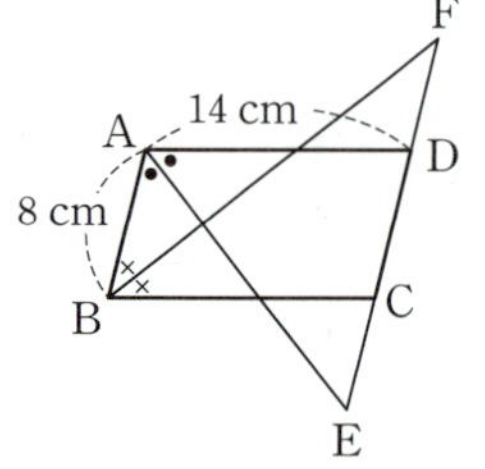

▶수학의 바이블 34쪽

유형 05 평행사변형의 성질의 활용 — 대각

0219 상 중 하

오른쪽 그림과 같은 평행사변형 ABCD에서 ∠A : ∠B=7 : 5일 때, ∠D의 크기는?

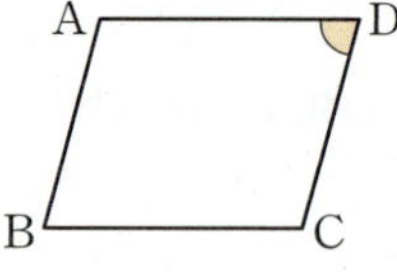

① 60° ② 65°
③ 70° ④ 75°
⑤ 80°

→ **유형 Point** (1) 평행사변형에서 두 쌍의 대각의 크기는 각각 같다.
(2) 평행사변형에서 이웃하는 두 내각의 크기의 합은 180°이다.
(3) 평행한 두 직선이 다른 한 직선과 만날 때, 엇각의 크기는 같다.

0220 상 중 하

오른쪽 그림과 같은 평행사변형 ABCD에서 ∠B=65°, ∠DEC=40°일 때, ∠x-∠y의 크기를 구하시오.

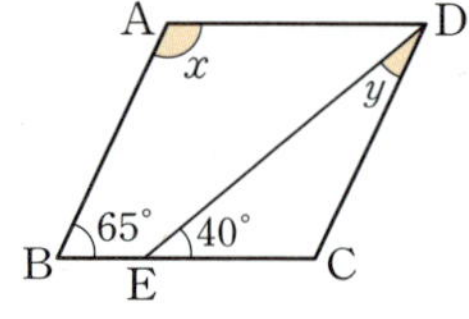

0221 상 중 하 서술형

오른쪽 그림과 같은 평행사변형 ABCD에서 $\overline{BA}=\overline{BE}$이고 ∠DAB : ∠B=5 : 4일 때, ∠AEC의 크기를 구하시오.

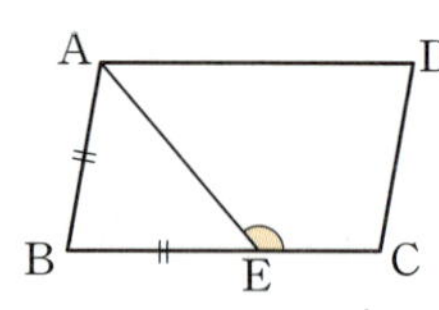

0222 상 중 하

오른쪽 그림과 같은 평행사변형 ABCD에서 ∠A의 이등분선이 $\overline{BC}$와 만나는 점을 E라고 하자. ∠C=110°일 때, ∠AEC의 크기를 구하시오.

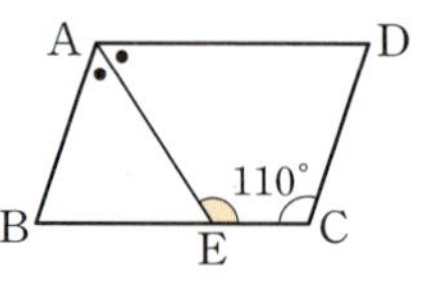

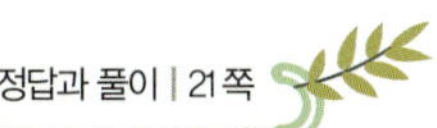

0223 상 **중** 하

오른쪽 그림과 같은 평행사변형
ABCD에서 ∠B=54°,
∠AED=70°이고
∠ADE : ∠EDC=2 : 1일 때,
∠AEB의 크기는?

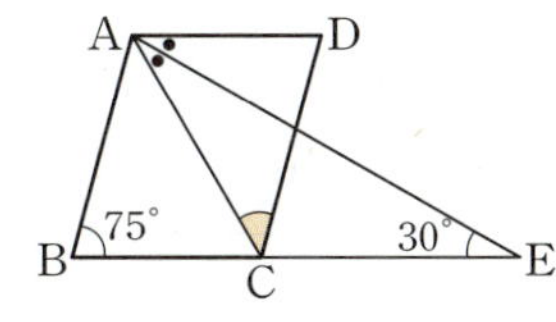

① 70° ② 72° ③ 74°
④ 76° ⑤ 78°

0224 상 **중** 하 　서술형

오른쪽 그림과 같은 평행사변형
ABCD에서 ∠DAC의 이등분선
과 $\overline{BC}$의 연장선이 만나는 점을
E라고 하자. ∠B=75°,
∠E=30°일 때, ∠ACD의 크기를 구하시오.

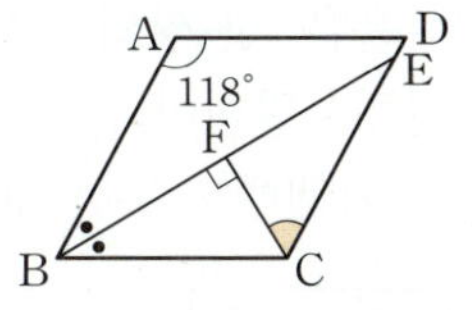

0225 상 **중** 하

오른쪽 그림과 같은 평행사변형
ABCD에서 ∠B의 이등분선이 $\overline{CD}$와
만나는 점을 E라 하고 꼭짓점 C에서
$\overline{BE}$에 내린 수선의 발을 F라고 하자.
∠A=118°일 때, ∠FCE의 크기는?

① 58° ② 59° ③ 60°
④ 61° ⑤ 62°

0226 상 **중** 하

오른쪽 그림과 같은 평행사변형
ABCD에서 $\overline{AE}$는 ∠A의 이등분
선이고 $\overline{BF}$는 ∠B의 이등분선이
다. ∠BFD=150°일 때, ∠AEC의
크기를 구하시오.

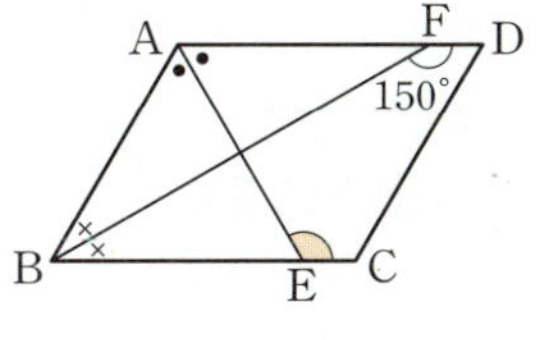

수학의 바이블 34쪽

유형 06 평행사변형의 성질의 활용 — 대각선

0227 상 **중** 하

오른쪽 그림과 같은 평행사변형
ABCD에서 두 대각선의 교점을
O라고 하자. $\overline{AC}=22$ cm,
$\overline{BC}=18$ cm, $\overline{BD}=20$ cm일 때,
△OBC의 둘레의 길이는?

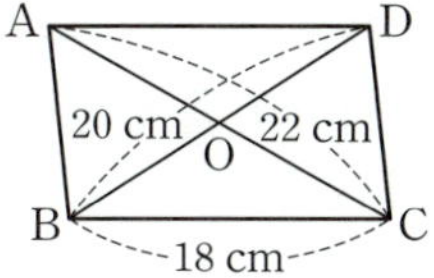

① 30 cm ② 33 cm ③ 36 cm
④ 39 cm ⑤ 42 cm

→ **유형 Point**　평행사변형의 두 대각선은 서로 다른 것을 이등분한다.

0228 상 **중** 하

오른쪽 그림과 같은 평행사변형
ABCD에서 두 대각선의 교점 O를 지
나는 직선이 $\overline{AD}$, $\overline{BC}$와 만나는 점을
각각 P, Q라고 할 때, 다음 중 옳지
않은 것은?

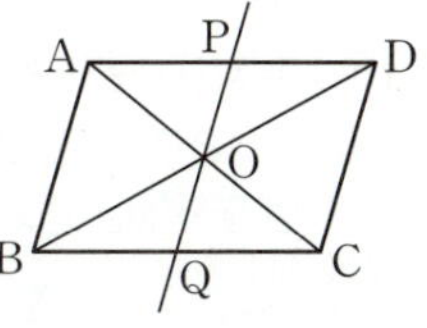

① $\overline{OA}=\overline{OC}$ ② ∠APO=∠BQO
③ $\overline{OP}=\overline{OQ}$ ④ △AOP≡△COQ
⑤ $\overline{AP}=\overline{CQ}$

0229 상 **중** 하

오른쪽 그림과 같은 평행사변형
ABCD에서 두 대각선의 교점 O를 지
나는 직선이 $\overline{AD}$, $\overline{BC}$와 만나는 점을
각각 E, F라고 할 때, △ODE의 둘레
의 길이는?

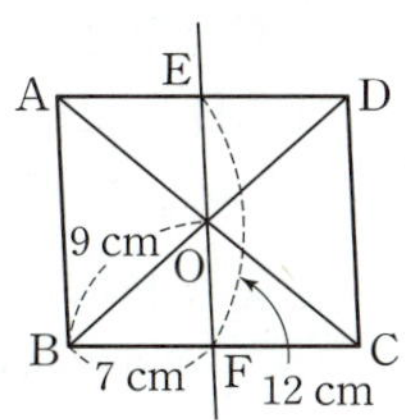

① 18 cm ② 19 cm ③ 20 cm
④ 21 cm ⑤ 22 cm

유형 07 평행사변형이 되는 조건 설명하기

0230 상중하

다음은 '두 쌍의 대변의 길이가 각각 같은 사각형은 평행사변형이다.'를 설명하는 과정이다. ㈎~㈐에 알맞은 것을 구하시오.

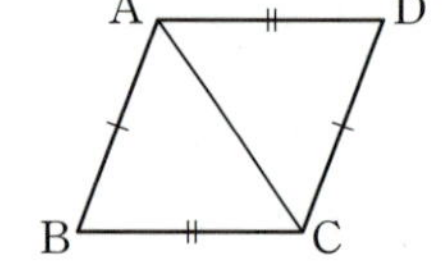

□ABCD에서 $\overline{AB}=\overline{DC}$, $\overline{AD}=\overline{BC}$라고 하자.
대각선 AC를 그으면
△ABC와 △CDA에서
$\overline{AB}=$ ㈎ , $\overline{BC}=\overline{DA}$, ㈏ 는 공통
∴ △ABC≡△CDA (㈐ 합동)
∠BAC= ㈑ (엇각)이므로 $\overline{AB}$∥ ㈒ ······ ㉠
∠BCA=∠DAC (엇각)이므로 $\overline{AD}$∥$\overline{BC}$ ······ ㉡
따라서 ㉠, ㉡에 의하여 □ABCD는 두 쌍의 대변이 각각 평행하므로 평행사변형이다.

→ **유형 Point** 사각형이 평행사변형이 되는 조건을 설명할 때에는 다음을 이용한다.
(1) 두 쌍의 대변이 각각 평행한 사각형은 평행사변형이다.
(2) 두 직선이 다른 한 직선과 만날 때, 엇각 (또는 동위각)의 크기가 같으면 두 직선은 평행하다.

0231 상중하

다음은 '두 쌍의 대각의 크기가 각각 같은 사각형은 평행사변형이다.'를 설명하는 과정이다. ㈎~㈑에 알맞은 것을 구하시오.

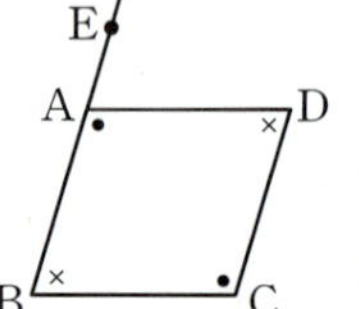

□ABCD에서 ∠A=∠C, ∠B=∠D라고 하자.
∠A+∠B+∠C+∠D= ㈎ °
이므로 ∠A+∠B= ㈏ ° ······ ㉠
$\overline{BA}$의 연장선 위에 점 E를 잡으면
∠EAD+∠DAB=180° ······ ㉡
㉠, ㉡에 의하여 ∠EAD= ㈐
즉, 동위각의 크기가 같으므로 ㈑ ∥$\overline{BC}$ ······ ㉢
같은 방법으로 $\overline{AB}$∥$\overline{DC}$ ······ ㉣
따라서 ㉢, ㉣에 의하여 □ABCD는 두 쌍의 대변이 각각 평행하므로 평행사변형이다.

0232 상중하 ★★

다음은 '두 대각선이 서로 다른 것을 이등분하는 사각형은 평행사변형이다.'를 설명하는 과정이다. ①~⑤에 알맞은 것으로 옳지 <u>않은</u> 것은?

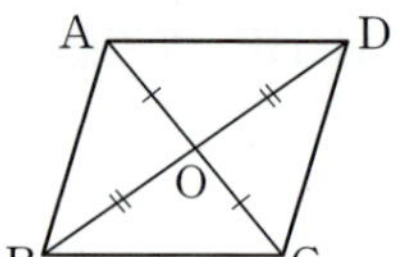

□ABCD에서 두 대각선의 교점을 O라 하고 $\overline{OA}=\overline{OC}$, $\overline{OB}=\overline{OD}$라고 하자.
△OAB와 △OCD에서
$\overline{OA}=\overline{OC}$, $\overline{OB}=\overline{OD}$,
∠AOB= ① (맞꼭지각)
∴ △OAB≡△OCD (② 합동)
즉, ∠OAB= ③ (엇각)이므로 ④ ∥$\overline{DC}$ ······ ㉠
같은 방법으로 △OAD≡△OCB (SAS 합동)
즉, ∠OAD=∠OCB (엇각)이므로 $\overline{AD}$∥ ⑤ ······ ㉡
따라서 ㉠, ㉡에 의하여 □ABCD는 두 쌍의 대변이 각각 평행하므로 평행사변형이다.

① ∠COD 　② SAS 　③ ∠ODC
④ $\overline{AB}$ 　⑤ $\overline{BC}$

0233 상중하

다음은 '한 쌍의 대변이 평행하고 그 길이가 같은 사각형은 평행사변형이다.'를 설명하는 과정이다. ㈎, ㈏에 알맞은 것을 차례대로 구한 것은?

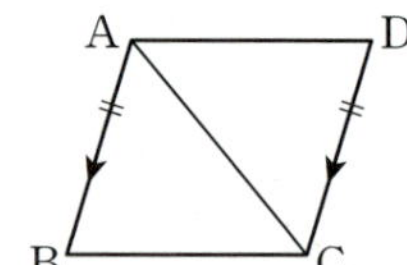

□ABCD에서 $\overline{AB}$∥$\overline{DC}$, $\overline{AB}=\overline{DC}$라고 하자.
대각선 AC를 그으면
△ABC와 △CDA에서
$\overline{AB}=\overline{CD}$, $\overline{AC}$는 공통
$\overline{AB}$∥$\overline{DC}$이므로 ∠BAC=∠DCA (엇각)
∴ △ABC≡△CDA (SAS 합동)
즉, ∠BCA= ㈎ (엇각)이므로 $\overline{AD}$∥ ㈏
따라서 □ABCD는 두 쌍의 대변이 각각 평행하므로 평행사변형이다.

① ∠BAC, $\overline{DC}$ 　　② ∠DAC, $\overline{AC}$
③ ∠DAC, $\overline{BC}$ 　　④ ∠DCA, $\overline{BC}$
⑤ ∠DCA, $\overline{DC}$

▸수학의 바이블 37쪽

유형 08 평행사변형이 되는 조건 찾기

0234 상중하

다음 중 □ABCD가 평행사변형이 **아닌** 것은?

(단, 점 O는 두 대각선의 교점이다.)

① $\angle BAD=125°$, $\angle ABC=55°$, $\angle BCD=125°$
② $\overline{OA}=6$, $\overline{OB}=4$, $\overline{OC}=6$, $\overline{OD}=4$
③ $\overline{AB}/\!/\overline{DC}$, $\angle BAD=50°$, $\angle ABC=130°$
④ $\overline{AB}/\!/\overline{DC}$, $\overline{AB}=8$, $\overline{DC}=8$
⑤ $\overline{OA}=\overline{OB}=10$, $\overline{OC}=\overline{OD}=8$

▸ **유형 Point** 사각형이 다음의 어느 한 조건을 만족시키면 그 사각형은 평행사변형이다.
(1) 두 쌍의 대변이 각각 평행하다.
(2) 두 쌍의 대변의 길이가 각각 같다.
(3) 두 쌍의 대각의 크기가 각각 같다.
(4) 두 대각선이 서로 다른 것을 이등분한다.
(5) 한 쌍의 대변이 평행하고 그 길이가 같다.

0235 상중하

다음 중 □ABCD가 평행사변형이 **아닌** 것은?

(단, 점 O는 두 대각선의 교점이다.)

① 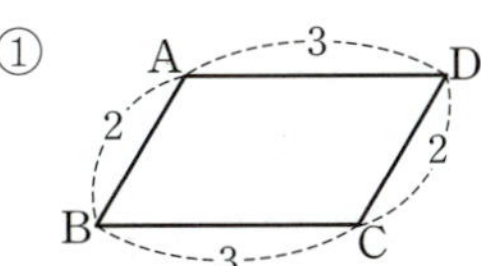
② 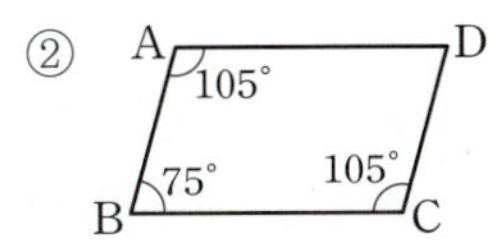
③ 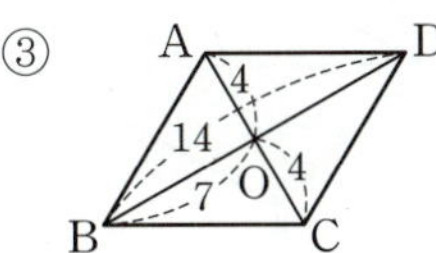
④ 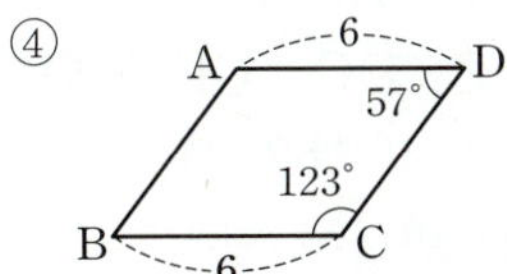
⑤ 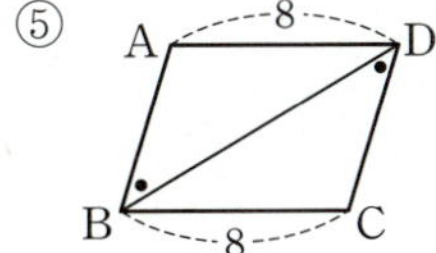

0236 상중하

오른쪽 그림과 같은 □ABCD가 평행사변형이 되도록 하는 x, y에 대하여 $x+y$의 값을 구하시오.

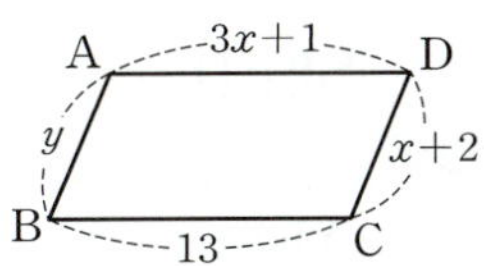

0237 상중하

오른쪽 그림과 같은 □ABCD가 평행사변형이 되도록 하는 $\angle x$, $\angle y$의 크기를 각각 구하시오.

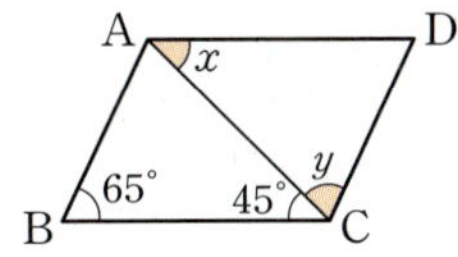

0238 상중하 서술형

오른쪽 그림과 같은 □ABCD가 평행사변형이 되도록 하는 x, y에 대하여 $2x-y$의 값을 구하시오.

(단, 점 O는 두 대각선의 교점이다.)

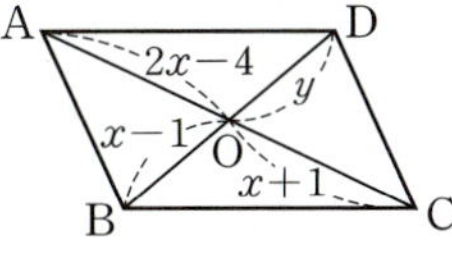

0239 상중하

오른쪽 그림의 □ABCD에서 $\overline{AB}=9$ cm, $\overline{AD}=12$ cm, $\angle DAC=40°$일 때, 다음 중 □ABCD가 평행사변형이 되는 조건은?

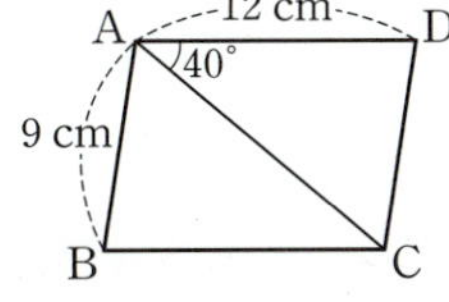

① $\overline{BC}=9$ cm, $\overline{CD}=12$ cm
② $\overline{BC}=12$ cm, $\angle ACB=40°$
③ $\overline{BC}=12$ cm, $\angle ACD=40°$
④ $\overline{CD}=12$ cm, $\angle ACD=40°$
⑤ $\overline{CD}=9$ cm, $\angle ACB=40°$

★★ 0240 상중하

다음 중 □ABCD가 평행사변형인 것은?

(단, 점 O는 두 대각선의 교점이다.)

① $\overline{AD}=\overline{BC}$, $\overline{AC}=\overline{BD}$
② $\overline{AB}/\!/\overline{DC}$, $\overline{AD}=\overline{BC}$
③ $\overline{AB}=\overline{DC}$, $\overline{OA}=\overline{OB}$
④ $\overline{OB}=\overline{OC}$, $\overline{AD}/\!/\overline{BC}$
⑤ $\angle OBA=\angle ODC$, $\angle OAD=\angle OCB$

유형 09 평행사변형이 되는 조건의 활용 (1)

0241 상중하

다음은 오른쪽 그림과 같은 평행사변형 ABCD에서 $\overline{AB}$, $\overline{DC}$ 위에 $\overline{AE}=\overline{CF}$가 되도록 두 점 E, F를 잡을 때, □EBFD가 평행사변형임을 설명하는 과정이다. (개)~(대)에 알맞은 것을 구하시오.

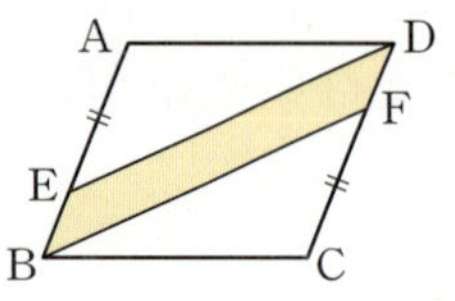

$\overline{AB}/\!/\overline{DC}$이므로 $\overline{EB}/\!/$ (개) …… ㉠

(나) $=\overline{DC}$이고 $\overline{AE}=\overline{CF}$이므로

$\overline{EB}=\overline{AB}-\overline{AE}$

$\quad\ = $ (대) $-\overline{CF}$

$\quad\ = $ (개) …… ㉡

따라서 ㉠, ㉡에 의하여 □EBFD는 한 쌍의 대변이 평행하고 그 길이가 같으므로 평행사변형이다.

→ **유형 Point**　어떤 사각형이 평행사변형임을 설명하기 위해서는 평행사변형이 되는 조건 5가지 중 하나가 성립함을 보이면 된다.

0242 상중하

오른쪽 그림과 같은 평행사변형 ABCD에서 두 대각선의 교점을 O라 하고 대각선 BD 위에 $\overline{BE}=\overline{DF}$가 되도록 두 점 E, F를 잡았다. 다음 중 □AECF가 평행사변형임을 설명할 때, 사용되는 조건으로 가장 알맞은 것은?

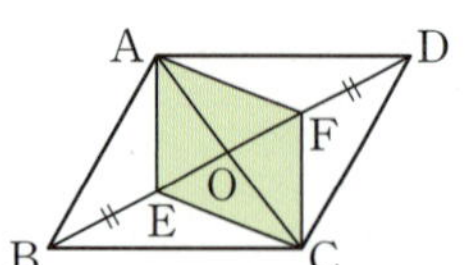

① $\overline{AE}/\!/\overline{FC}$, $\overline{AF}/\!/\overline{EC}$
② $\overline{AE}=\overline{FC}$, $\overline{AF}=\overline{EC}$
③ $\overline{OA}=\overline{OC}$, $\overline{OE}=\overline{OF}$
④ $\overline{AE}/\!/\overline{FC}$, $\overline{AE}=\overline{FC}$
⑤ $\angle EAF=\angle ECF$, $\angle AEC=\angle AFC$

0243 상중하

다음은 오른쪽 그림과 같은 평행사변형 ABCD에서 각 변의 중점을 각각 E, F, G, H라 하고 $\overline{AG}$, $\overline{EC}$, $\overline{HB}$, $\overline{DF}$의 교점을 각각 P, Q, S, R라고 할 때, □PQRS는 평행사변형임을 설명하는 과정이다. ①~⑤에 알맞은 것으로 옳지 않은 것은?

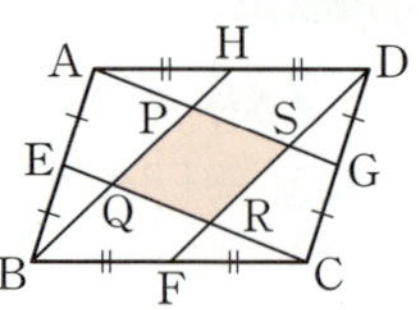

□AECG에서 $\overline{AE}/\!/$ ① , $\overline{AE}=$ ① 이므로

□AECG는 ② 이다.

∴ $\overline{PS}/\!/$ ③ …… ㉠

또, □HBFD에서 $\overline{HD}/\!/$ ④ , $\overline{HD}=$ ④ 이므로

□HBFD는 ② 이다.

∴ $\overline{PQ}/\!/$ ⑤ …… ㉡

따라서 ㉠, ㉡에 의하여 □PQRS는 두 쌍의 대변이 각각 평행하므로 평행사변형이다.

① $\overline{GC}$　　　② 평행사변형　　　③ $\overline{QR}$
④ $\overline{FC}$　　　⑤ $\overline{SR}$

0244 상중하

오른쪽 그림과 같은 평행사변형 ABCD에서 $\overline{BC}$, $\overline{DC}$의 연장선 위에 $\overline{BC}=\overline{CE}$, $\overline{DC}=\overline{CF}$가 되도록 점 E, F를 각각 잡을 때, 다음 사각형이 평행사변형이 되는 조건으로 가장 알맞은 것을 보기에서 고르시오.

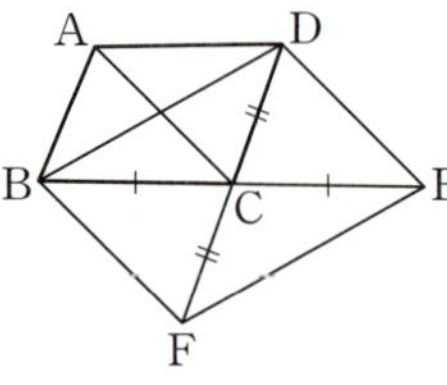

보기

ㄱ. 두 쌍의 대변이 각각 평행하다.
ㄴ. 두 쌍의 대변의 길이가 각각 같다.
ㄷ. 두 쌍의 대각의 크기가 각각 같다.
ㄹ. 두 대각선이 서로 다른 것을 이등분한다.
ㅁ. 한 쌍의 대변이 평행하고 그 길이가 같다.

(1) □BFED
(2) □ACED
(3) □ABFC

▶수학의 바이블 37쪽

유형 10 평행사변형이 되는 조건의 활용 (2)

0245 상 중 하

오른쪽 그림과 같은 평행사변형 ABCD에서 ∠B, ∠D의 이등분선이 $\overline{AD}$, $\overline{BC}$와 만나는 점을 각각 E, F라고 할 때, 다음 중 옳지 <u>않은</u> 것은?

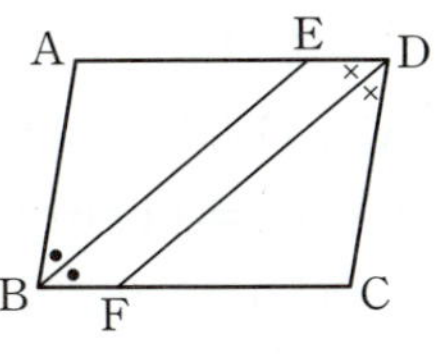

① $\overline{AB}=\overline{AE}$　　　② $\overline{BE}=\overline{DC}$
③ $\overline{BF}=\overline{ED}$　　　④ ∠EBF=∠EDF
⑤ ∠AEB=∠DFC

→ **유형 Point** □ABCD가 평행사변형일 때, 색칠한 사각형은 모두 평행사변형이다.

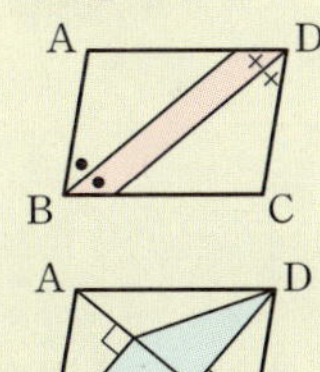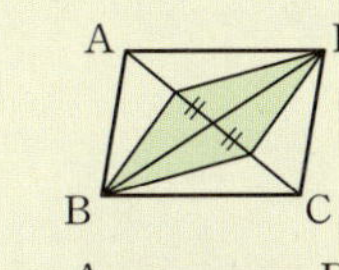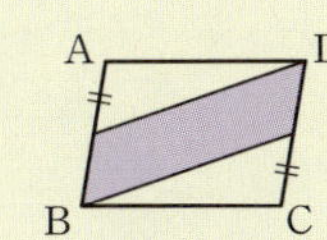
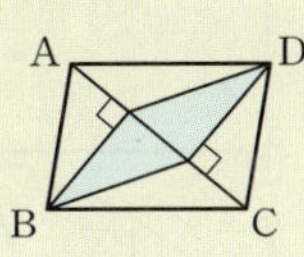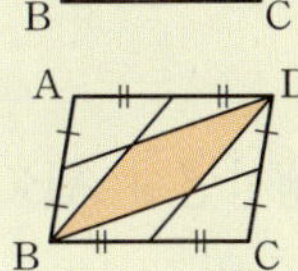

0246 상 중 하

오른쪽 그림과 같은 평행사변형 ABCD에서 두 대각선의 교점을 O라 하고 $\overline{OA}$, $\overline{OC}$의 중점을 각각 E, F라고 할 때, 다음 보기 중 옳은 것을 모두 고른 것은?

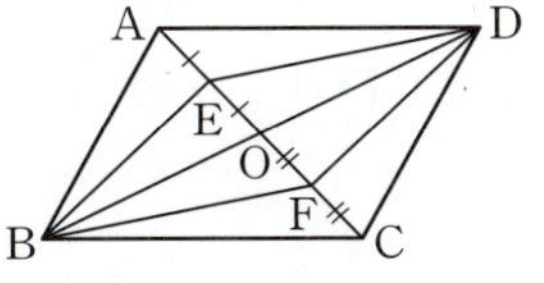

보기
ㄱ. $\overline{OE}=\overline{OF}$　　　ㄴ. $\overline{BE}=\overline{ED}$ ㄷ. ∠OBE=∠ODF　　　ㄹ. ∠ODE=∠OBF

① ㄱ, ㄴ　　② ㄴ, ㄷ　　③ ㄷ, ㄹ
④ ㄱ, ㄷ, ㄹ　　⑤ ㄴ, ㄷ, ㄹ

0247 상 중 하 서술형

오른쪽 그림과 같은 평행사변형 ABCD에서 ∠A, ∠C의 이등분선이 $\overline{BC}$, $\overline{AD}$와 만나는 점을 각각 E, F라고 하자. $\overline{AB}=11$ cm, $\overline{AD}=14$ cm, ∠B=60°일 때, □AECF의 둘레의 길이를 구하시오.

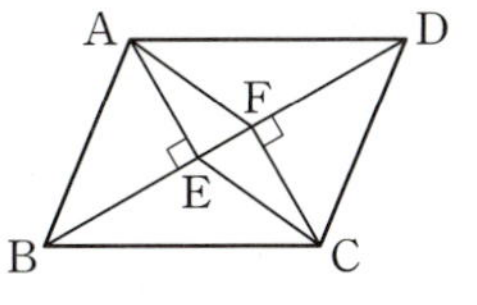

0248 상 중 하

오른쪽 그림과 같이 평행사변형 ABCD의 두 꼭짓점 A, C에서 대각선 BD에 내린 수선의 발을 각각 E, F라고 할 때, 다음 중 옳지 <u>않은</u> 것은?

① $\overline{AE}=\overline{CF}$　　　② $\overline{AF}=\overline{CF}$
③ $\overline{BE}=\overline{DF}$　　　④ ∠EAF=∠FCE
⑤ △ABE≡△CDF

0249 상 중 하

오른쪽 그림과 같은 평행사변형 ABCD에서 점 O는 두 대각선의 교점이고 $\overline{AB}=12$ cm, $\overline{BC}=14$ cm, $\overline{AC}=16$ cm이다. □OCDE가 평행사변형일 때, △AOF의 둘레의 길이를 구하시오.

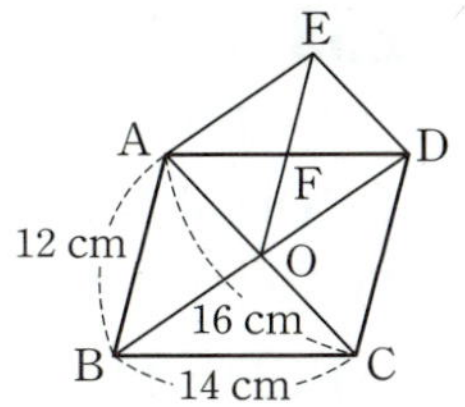

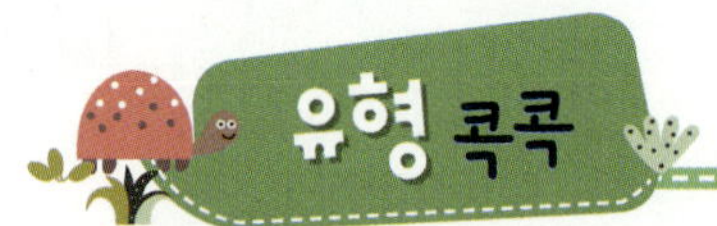

▶수학의 바이블 39쪽

유형 11 평행사변형과 넓이 (1)

0250 상 중 하
오른쪽 그림과 같은 평행사변형
ABCD의 넓이가 36 cm²일 때,
△ABO의 넓이를 구하시오.
(단, 점 O는 두 대각선의 교점이다.)

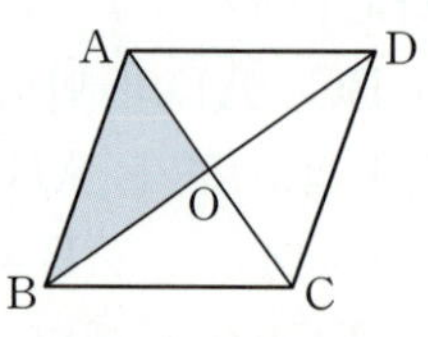

→ **유형 Point** (1) 평행사변형의 넓이는 한 대각선에 의하여 이등분된다.
(2) 평행사변형의 넓이는 두 대각선에 의하여 사등분된다.

0251 상 중 하
오른쪽 그림과 같은 평행사변형
ABCD에서 △DOC=5 cm²일 때,
□ABCD의 넓이를 구하시오.
(단, 점 O는 두 대각선의 교점이다.)

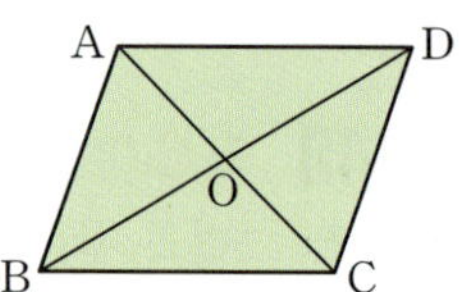

0252 상 중 하 서술형
오른쪽 그림과 같이 평행사변형
ABCD의 두 대각선의 교점 O를 지나
는 직선이 $\overline{AD}$, $\overline{BC}$와 만나는 점을 각
각 P, Q라고 하자. △POD와
△OQC의 넓이의 합이 13 cm²일 때,
□ABCD의 넓이를 구하시오.

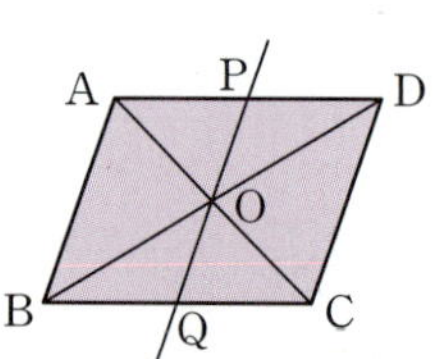

0253 상 중 하
오른쪽 그림과 같은 평행사변형
ABCD에서 두 점 M, N은 각각
$\overline{AD}$, $\overline{BC}$의 중점이다.
□ABCD=48 cm²일 때,
□MPNQ의 넓이를 구하시오.

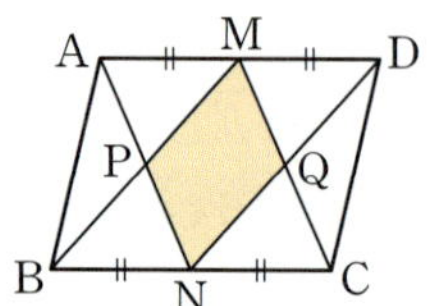

유형 12 평행사변형과 넓이 (2)

▶수학의 바이블 39쪽

0254 상 중 하
오른쪽 그림과 같이 평행사변형
ABCD의 내부의 한 점 P에 대하여
△PAB=14 cm²,
△PCD=8 cm²일 때, □ABCD의
넓이를 구하시오.

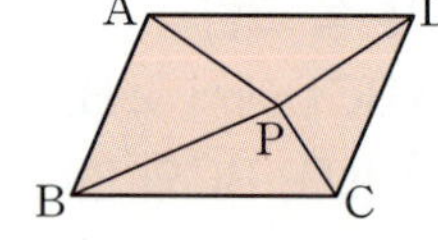

→ **유형 Point** 평행사변형 ABCD의 내부의 한
점 P에 대하여
$$\triangle PAB + \triangle PCD = \triangle PDA + \triangle PBC$$
$$= \frac{1}{2}\square ABCD$$

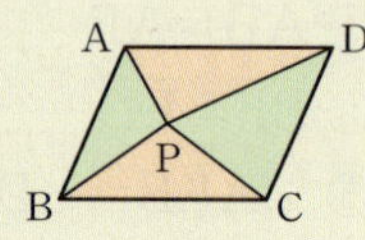

0255 상 중 하
오른쪽 그림과 같이 평행사변형 ABCD
의 내부의 한 점 P에 대하여
△PBC=9 cm², △PCD=6 cm²,
△PDA=4 cm²일 때, △PAB의 넓
이를 구하시오.

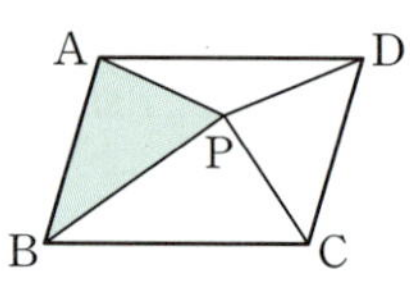

0256 상 중 하
오른쪽 그림과 같이 평행사변형
ABCD의 내부의 한 점 P에 대하여
△PAB=12 cm²이다.
$\overline{BC}$=8 cm, $\overline{DH}$=5 cm일 때,
△PCD의 넓이를 구하시오.

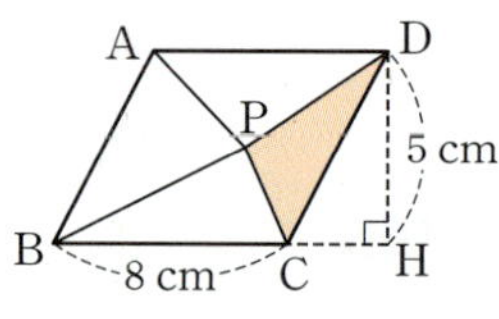

0257 상 중 하
오른쪽 그림과 같이 평행사변형
ABCD의 내부의 한 점 P에 대하여
△PDA : △PBC=5 : 2이고
□ABCD=56 cm²일 때, △PBC의
넓이를 구하시오.

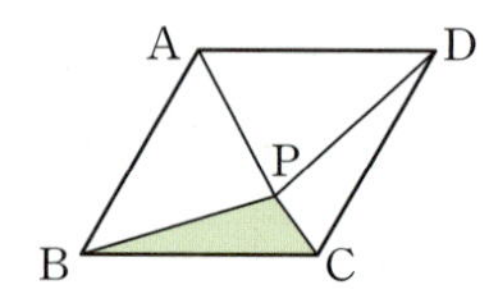

0258

오른쪽 그림과 같은 평행사변형 ABCD
에서 ∠DAC=33°, ∠DBC=27°일
때, ∠x의 크기를 구하시오.
　　　(단, 점 O는 두 대각선의 교점이다.)

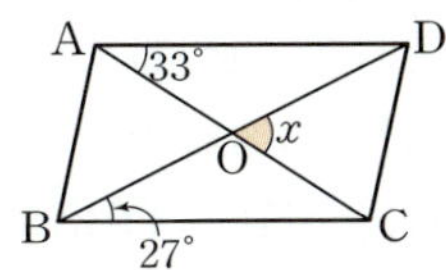

0259

오른쪽 그림과 같이 평행사변형 ABCD를
대각선 BD를 따라 점 C가 점 E에 오도록
접었을 때, $\overline{BA}$, $\overline{DE}$의 연장선의 교점을
F라고 하자. ∠BDC=42°일 때, ∠AFE
의 크기를 구하시오.

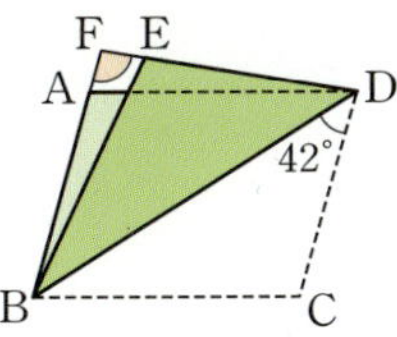

0260

다음은 '평행사변형의 두 대각선은 서로 다른 것을 이등분한다.'
를 설명하는 과정이다. ①~⑤에 알맞은 것으로 옳지 <u>않은</u> 것은?

평행사변형 ABCD에서 두 대각선 AC,
BD의 교점을 O라고 하면

△ABO와 △CDO에서

$\overline{AB}$∥$\overline{DC}$이므로

　∠BAO= ① 　(엇각)

　∠ABO= ② 　(엇각)

□ABCD는 평행사변형이므로

　 ③ =$\overline{CD}$

따라서 △ABO≡△CDO (④ 　합동)이므로

$\overline{OA}$= ⑤ , $\overline{OB}$=$\overline{OD}$

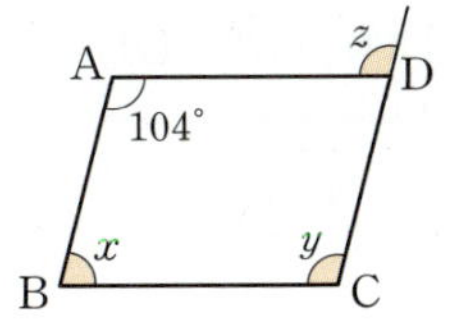

---

① ∠DCO　　　② ∠CBO　　　③ $\overline{AB}$

④ ASA　　　　⑤ $\overline{OC}$

0261

오른쪽 그림과 같은 평행사변형 ABCD
에서 ∠x+∠y+∠z의 크기를 구하시오.

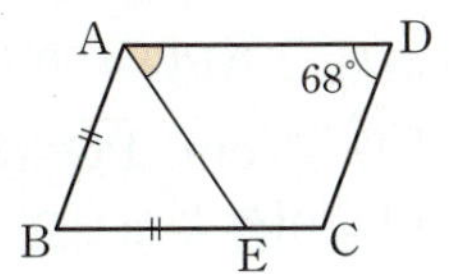

0262

오른쪽 그림과 같은 평행사변형
ABCD에서 ∠A의 이등분선이 $\overline{BC}$와
만나는 점을 E라고 하자. $\overline{AB}$=12,
$\overline{EC}$=6일 때, $\overline{AD}$의 길이를 구하시오.

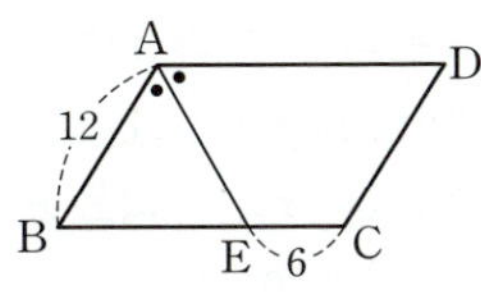

0263

오른쪽 그림과 같은 평행사변형
ABCD에서 $\overline{AD}$의 중점을 E라 하고
$\overline{BE}$의 연장선이 $\overline{CD}$의 연장선과 만
나는 점을 F라고 하자. $\overline{AB}$=8 cm,
$\overline{BC}$=15 cm일 때, $\overline{CF}$의 길이는?

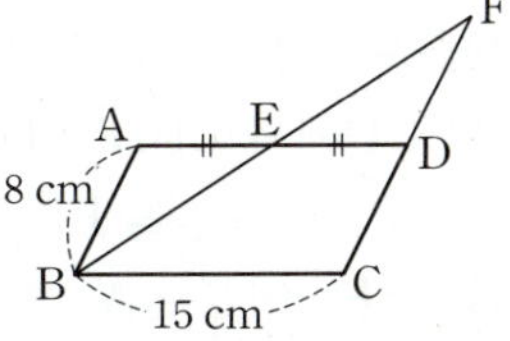

① 14 cm　　　　② 15 cm　　　　③ 16 cm

④ 17 cm　　　　⑤ 18 cm

0264 생각이 쑥쑥

오른쪽 그림에서 △ABC는
$\overline{AB}$=$\overline{AC}$=10 cm인 이등변삼각형이고
$\overline{AB}$∥$\overline{RP}$, $\overline{AC}$∥$\overline{QP}$일 때, □AQPR의
둘레의 길이는?

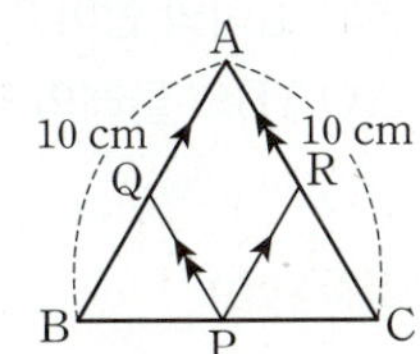

① 18 cm　　　　② 20 cm

③ 22 cm　　　　④ 24 cm

⑤ 26 cm

0265

오른쪽 그림과 같은 평행사변형 ABCD
에서 $\overline{AB}$=$\overline{BE}$이고 ∠D=68°일 때,
∠DAE의 크기를 구하시오.

0266

오른쪽 그림과 같은 평행사변형 ABCD에서 ∠B의 이등분선이 $\overline{AD}$와 만나는 점을 E라고 하자. ∠A=130°, ∠ECD=30°일 때, ∠x의 크기를 구하시오.

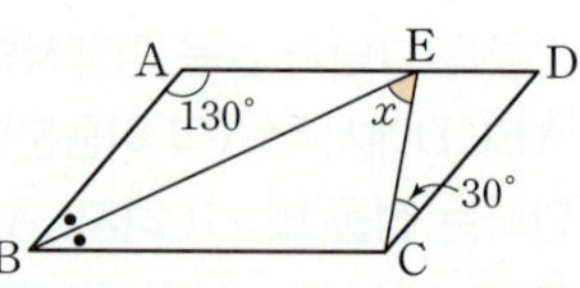

★★ 0267

오른쪽 그림과 같은 평행사변형 ABCD에서 ∠BDC의 이등분선이 $\overline{BC}$와 만나는 점을 E라고 하자. $\overline{BE}=\overline{ED}$이고 ∠A=105°일 때, ∠$x$의 크기를 구하시오.

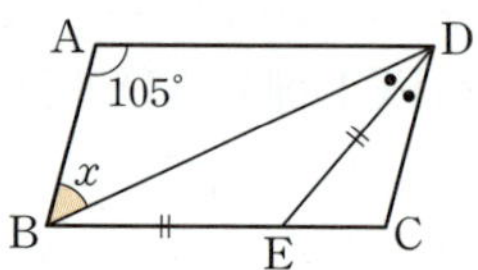

0268

오른쪽 그림과 같은 평행사변형 ABCD에서 $\overline{AB}$=9 cm이고 두 대각선의 길이의 합이 32 cm일 때, △OAB의 둘레의 길이는?

(단, 점 O는 두 대각선의 교점이다.)

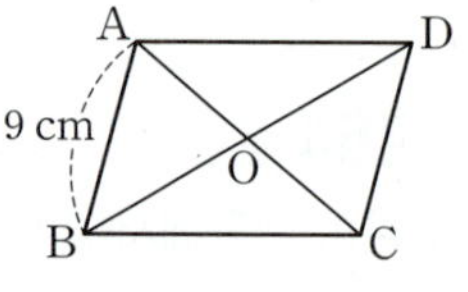

① 25 cm ② 26 cm ③ 27 cm
④ 28 cm ⑤ 29 cm

0269

오른쪽 그림과 같은 평행사변형 ABCD의 두 대각선의 교점 O를 지나는 직선이 $\overline{AD}$, $\overline{BC}$와 만나는 점을 각각 P, Q라고 하자. ∠APO=90°이고 $\overline{BC}$=9 cm, $\overline{PD}$=5 cm, $\overline{PO}$=3 cm일 때, △OQC의 넓이를 구하시오.

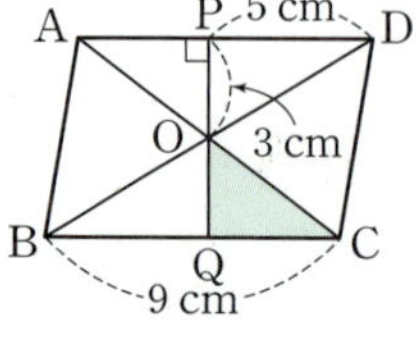

0270

오른쪽 그림과 같은 평행사변형 ABCD에서 두 대각선의 교점을 O라 하고 ∠DBC의 이등분선과 $\overline{AD}$의 연장선의 교점을 E라고 하자. $\overline{OA}$=4, $\overline{OB}$=5일 때, $\overline{DE}$의 길이는?

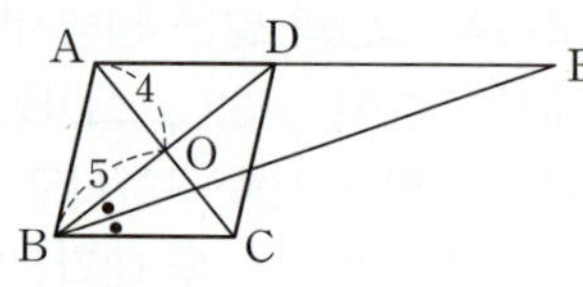

① 8 ② 9 ③ 10
④ 11 ⑤ 12

0271

다음 중 □ABCD가 평행사변형이 <u>아닌</u> 것은?

① 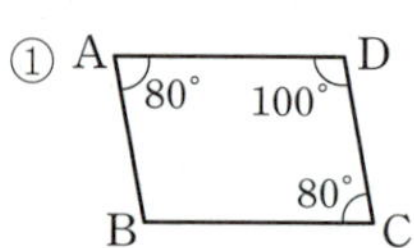 ② 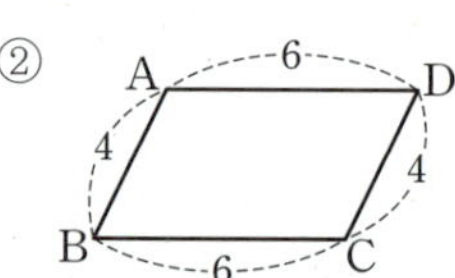

③ 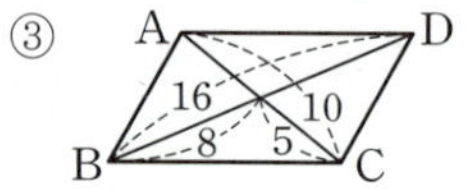 ④ 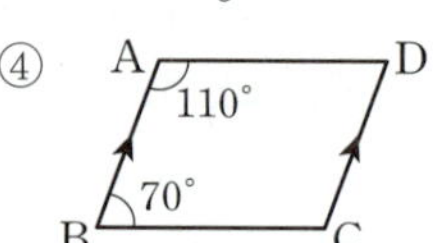

⑤ 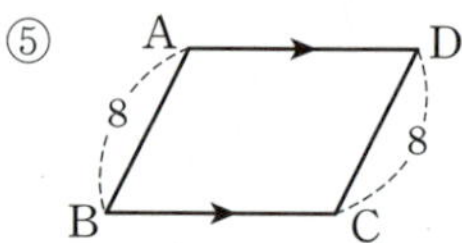

0272

다음 보기 중 □ABCD가 평행사변형이 <u>아닌</u> 것을 모두 고른 것은? (단, 점 O는 두 대각선의 교점이다.)

ㄱ. $\overline{AB}=\overline{DC}$=8 cm, $\overline{AD}=\overline{BC}$=5 cm
ㄴ. ∠BAD=120°, ∠ABC=60°, ∠BCD=100°
ㄷ. $\overline{AB}$∥$\overline{DC}$, $\overline{AB}=\overline{DC}$=7 cm
ㄹ. $\overline{AB}$∥$\overline{DC}$, $\overline{AD}$∥$\overline{BC}$
ㅁ. $\overline{OA}=\overline{OB}$=3 cm, $\overline{OC}=\overline{OD}$=5 cm

① ㄱ, ㄴ ② ㄱ, ㅁ ③ ㄴ, ㄷ
④ ㄴ, ㅁ ⑤ ㄹ, ㅁ

0273

다음은 오른쪽 그림과 같은 평행사변형 ABCD의 두 꼭짓점 A, C에서 대각선 BD에 내린 수선의 발을 각각 E, F라고 할 때, □AECF가 평행사변형임을 설명하는 과정이다. ①~⑤에 알맞은 것으로 옳지 <u>않은</u> 것은?

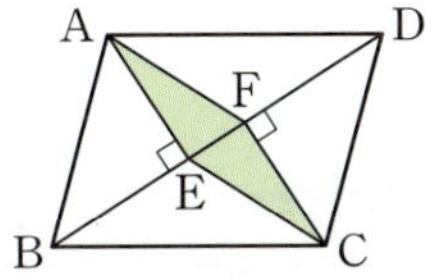

△ABE와 △CDF에서
∠AEB=∠CFD=90°, $\overline{AB}$= ①
$\overline{AB}$∥$\overline{DC}$이므로 ∠ABE= ② (엇각)
따라서 △ABE≡△CDF (③ 합동)이므로
$\overline{AE}$= ④　　　 …… ㉠
또, □AECF에서 ∠AEF= ⑤ (엇각)이므로
$\overline{AE}$∥$\overline{CF}$　　　 …… ㉡
따라서 ㉠, ㉡에 의하여 □AECF는 한 쌍의 대변이 평행하고 그 길이가 같으므로 평행사변형이다.

① $\overline{CD}$
② ∠CDF
③ RHA
④ $\overline{CE}$
⑤ ∠CFE

0274

오른쪽 그림과 같은 평행사변형 ABCD의 두 꼭짓점 B, D에서 대각선 AC에 내린 수선의 발을 각각 E, F라고 하자. ∠DEF=55°일 때, ∠EBF의 크기를 구하시오.

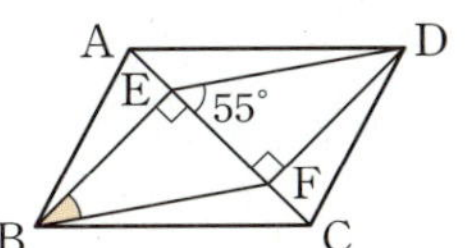

0275 생각이 쑥쑥

오른쪽 그림과 같이 $\overline{AB}$=80 cm인 평행사변형 ABCD에서 점 P는 꼭짓점 A에서 출발하여 꼭짓점 B를 향해 매초 6 cm씩, 점 Q는 꼭짓점 D에서 출발하여 꼭짓점 C를 향해 매초 10 cm씩 움직이고 있다. 두 점 P, Q가 동시에 출발한다면 □APCQ가 평행사변형이 되는 것은 두 점 P, Q가 출발한 지 몇 초 후인지 구하시오.

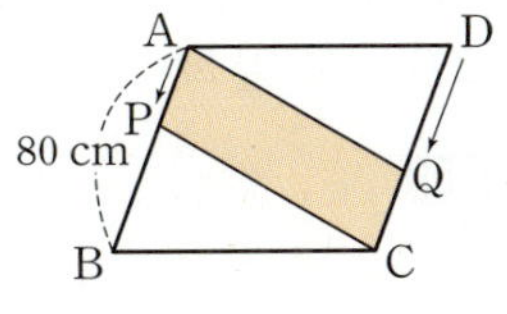

0276 생각이 쑥쑥

오른쪽 그림은 △ABC의 세 변 AB, BC, CA를 각각 한 변으로 하는 정삼각형 DBA, EBC, FAC를 그린 것이다. 다음 중 옳지 <u>않은</u> 것은?

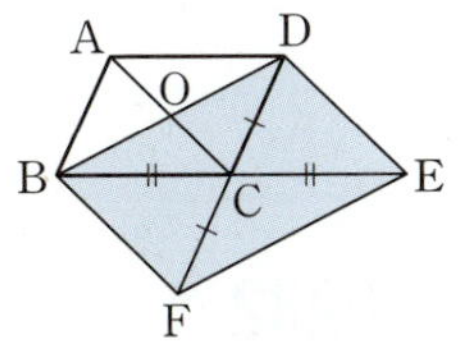

① $\overline{AB}$=$\overline{FE}$
② ∠ACB=∠DBE
③ ∠EDA=∠EFA
④ △DBE≡△FEC
⑤ □DAFE는 평행사변형이다.

★★ 0277

오른쪽 그림과 같은 평행사변형 ABCD에서 두 대각선의 교점을 O라 하고 $\overline{BC}$와 $\overline{DC}$의 연장선 위에 각각 $\overline{BC}$=$\overline{CE}$, $\overline{DC}$=$\overline{CF}$가 되도록 두 점 E, F를 잡았다. △AOD=5 cm²일 때, □BFED의 넓이를 구하시오.

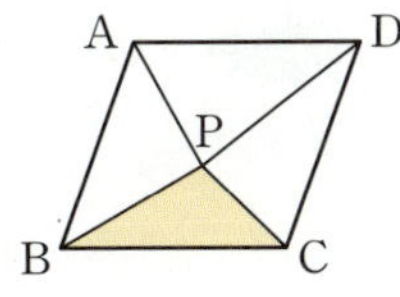

0278

오른쪽 그림과 같은 평행사변형 ABCD의 넓이가 90 cm²이고 △PDA와 △PBC의 넓이의 비가 3 : 2일 때, △PBC의 넓이를 구하시오.

0279

교과서 속 창의·융합 문제

오른쪽 그림과 같이 좌표평면 위에 세 점 A, B, C가 있다. 한 점을 추가하여 네 점을 꼭짓점으로 하는 평행사변형을 그릴 때, 나머지 한 점의 좌표를 모두 구하시오.

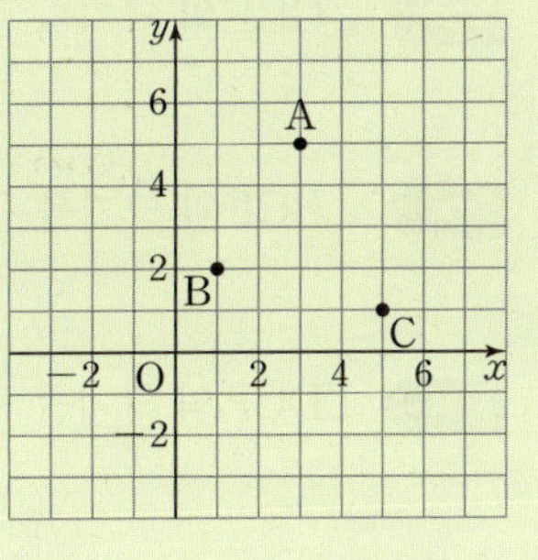

0280

오른쪽 그림과 같은 평행사변형 ABCD에서 ∠A, ∠D의 이등분선이 $\overline{BC}$와 만나는 점을 각각 E, F라고 하자. $\overline{AB}=9$ cm, $\overline{AD}=14$ cm일 때, $\overline{EF}$의 길이를 구하시오.

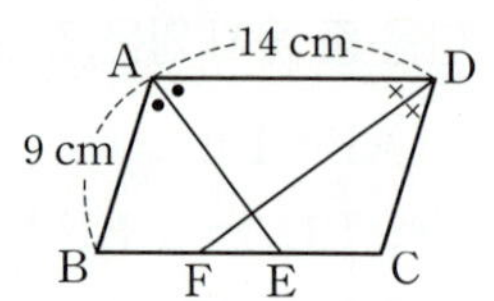

단계 1 $\overline{BE}$의 길이를 구하시오. [40%]

단계 2 $\overline{CF}$의 길이를 구하시오. [40%]

단계 3 $\overline{EF}$의 길이를 구하시오. [20%]

0281

오른쪽 그림과 같은 평행사변형 ABCD에서 ∠A, ∠D의 이등분선이 $\overline{BC}$와 만나는 점을 각각 E, F라고 하자. $\overline{AB}=12$ cm, $\overline{AD}=15$ cm일 때, $\overline{EF}$의 길이를 구하시오.

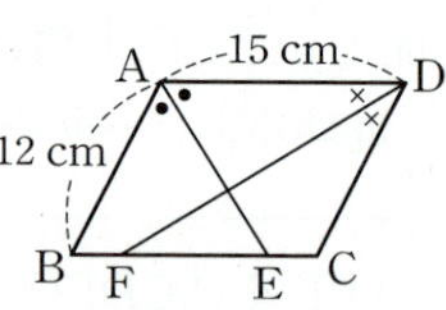

풀이

답 ___________

0282

오른쪽 그림과 같은 평행사변형 ABCD에서 ∠A : ∠B=3 : 2일 때, ∠C−∠D의 크기를 구하시오.

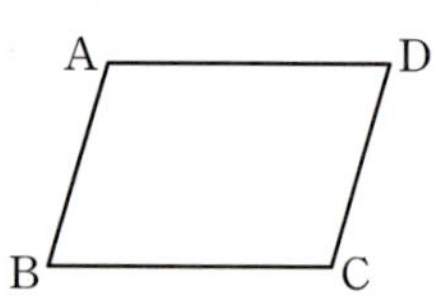

단계 1 ∠A, ∠B의 크기를 각각 구하시오. [50%]

단계 2 ∠C, ∠D의 크기를 각각 구하시오. [30%]

단계 3 ∠C−∠D의 크기를 구하시오. [20%]

0283

오른쪽 그림과 같은 평행사변형 ABCD에서 ∠B : ∠C=1 : 3일 때, ∠A−∠D의 크기를 구하시오.

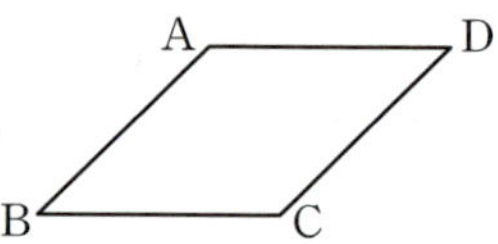

풀이

답 ___________

0284

오른쪽 그림과 같은 평행사변형 ABCD에서 ∠B의 이등분선이 $\overline{AD}$와 만나는 점을 E라 하고 꼭짓점 C에서 $\overline{BE}$에 내린 수선의 발을 F라고 하자. ∠D=70°일 때, ∠DCF의 크기를 구하시오.

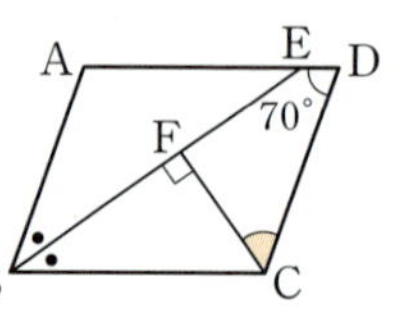

단계 1 ∠CBE의 크기를 구하시오. [30%]

단계 2 ∠BCF의 크기를 구하시오. [30%]

단계 3 ∠DCF의 크기를 구하시오. [40%]

0285

오른쪽 그림과 같은 평행사변형 ABCD에서 ∠D의 이등분선이 $\overline{BC}$와 만나는 점을 E라 하고 꼭짓점 A에서 $\overline{DE}$에 내린 수선의 발을 F라고 하자. ∠B=80°일 때, ∠BAF의 크기를 구하시오.

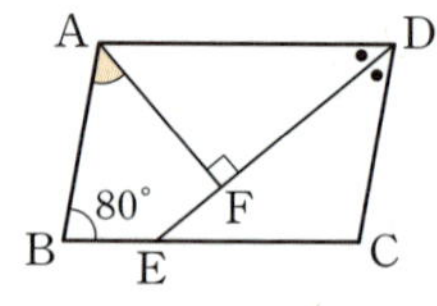

풀이

답 ___________

0286

오른쪽 그림과 같은 □ABCD가 평행사변형이 되도록 하는 x, y에 대하여 $x+y$의 값을 구하시오.

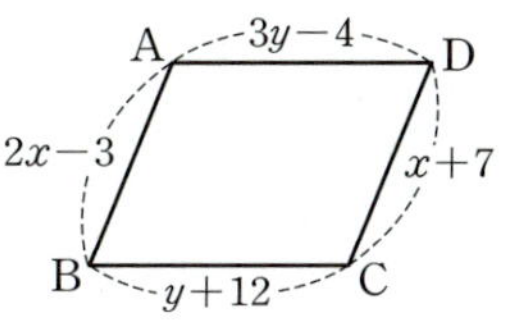

단계 1 x의 값을 구하시오. [40%]

단계 2 y의 값을 구하시오. [40%]

단계 3 $x+y$의 값을 구하시오. [20%]

0287

오른쪽 그림과 같은 □ABCD가 평행사변형이 되도록 하는 x, y에 대하여 $x+y$의 값을 구하시오.

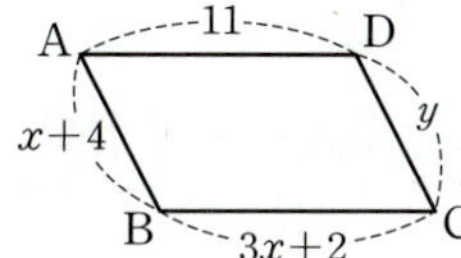

풀이

답 ____________

0288

오른쪽 그림과 같이 평행사변형 ABCD에서 두 대각선의 교점 O를 지나는 직선이 $\overline{\text{AD}}$, $\overline{\text{BC}}$와 만나는 점을 각각 E, F라고 하자.

□ABCD$=64$ cm^{2}일 때, △AOE와 △BFO의 넓이의 합을 구하시오.

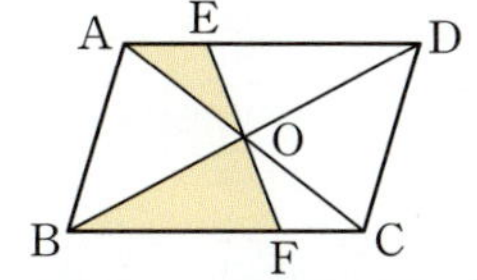

단계 1 △AOE≡△COF임을 설명하시오. [50%]

단계 2 △AOE와 △BFO의 넓이의 합을 구하시오. [50%]

0289

오른쪽 그림과 같이 평행사변형 ABCD에서 두 대각선의 교점 O를 지나는 직선이 $\overline{\text{AB}}$, $\overline{\text{DC}}$와 만나는 점을 각각 E, F라고 하자.

□ABCD$=80$ cm^{2}일 때, △EBO와 △CFO의 넓이의 합을 구하시오.

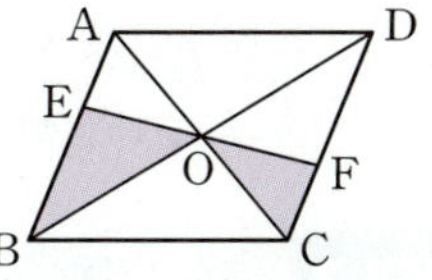

풀이

답 ____________

0290

오른쪽 그림과 같이 평행사변형 ABCD의 내부의 한 점 P에 대하여 △PAB$=8$ cm^2, □ABCD$=34$ cm^{2}일 때, △PCD의 넓이를 구하시오.

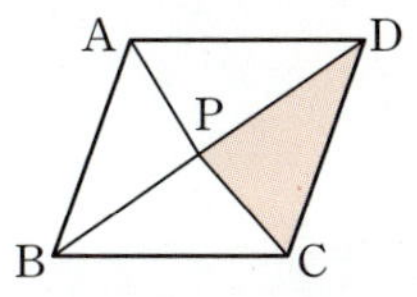

단계 1 △PAB와 △PCD의 넓이의 합을 구하시오. [50%]

단계 2 △PCD의 넓이를 구하시오. [50%]

0291

오른쪽 그림과 같이 평행사변형 ABCD의 내부의 한 점 P에 대하여 △PDA$=10$ cm^2, □ABCD$=46$ cm^{2}일 때, △PBC의 넓이를 구하시오.

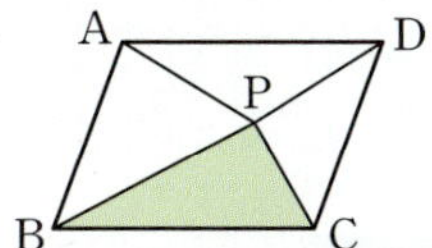

풀이

답 ____________

2 여러 가지 사각형

개념 1 직사각형

(1) **직사각형** : 네 내각의 크기가 모두 같은 사각형

→ $\angle A = \angle B = \angle C = \angle D$

(2) **직사각형의 성질** : 두 대각선은 길이가 같고 서로 다른 것을 이등분한다.

→ $\overline{AC} = \overline{BD}$, $\overline{OA} = \overline{OB} = \overline{OC} = \overline{OD}$

(3) **평행사변형이 직사각형이 되는 조건**

→ 평행사변형의 네 내각 중 어느 한 각의 크기만 90°임을 알면 된다.

① 한 내각의 크기가 90°이다. → $\angle A = 90°$

② 두 대각선의 길이가 같다. → $\overline{AC} = \overline{BD}$

• 직사각형은 두 쌍의 대각의 크기가 각각 같으므로 평행사변형이다. 따라서 직사각형은 평행사변형의 성질을 모두 만족시킨다.

개념 2 마름모

(1) **마름모** : 네 변의 길이가 모두 같은 사각형

→ $\overline{AB} = \overline{BC} = \overline{CD} = \overline{DA}$

(2) **마름모의 성질** : 두 대각선은 서로 다른 것을 수직이등분한다.

→ $\overline{AC} \perp \overline{BD}$, $\overline{OA} = \overline{OC}$, $\overline{OB} = \overline{OD}$

(3) **평행사변형이 마름모가 되는 조건**

→ 평행사변형의 네 변 중 어느 이웃하는 두 변의 길이만 같음을 알면 된다.

① 이웃하는 두 변의 길이가 같다. → $\overline{AB} = \overline{BC}$

② 두 대각선이 서로 수직이다. → $\overline{AC} \perp \overline{BD}$

• 마름모는 두 쌍의 대변의 길이가 각각 같으므로 평행사변형이다. 따라서 마름모는 평행사변형의 성질을 모두 만족시킨다.

• 마름모의 두 대각선에 의하여 생기는 4개의 삼각형은 모두 합동이다.

개념 3 정사각형

(1) **정사각형** : 네 내각의 크기가 모두 같고 네 변의 길이가 모두 같은 사각형

→ $\angle A = \angle B = \angle C = \angle D$, $\overline{AB} = \overline{BC} = \overline{CD} = \overline{DA}$

(2) **정사각형의 성질** : 두 대각선은 길이가 같고 서로 다른 것을 수직이등분한다.

→ $\overline{AC} = \overline{BD}$, $\overline{AC} \perp \overline{BD}$, $\overline{OA} = \overline{OB} = \overline{OC} = \overline{OD}$

(3) **직사각형이 정사각형이 되는 조건**

① 이웃하는 두 변의 길이가 같다. → $\overline{AB} = \overline{BC}$

② 두 대각선이 서로 수직이다. → $\overline{AC} \perp \overline{BD}$

(4) **마름모가 정사각형이 되는 조건**

① 한 내각의 크기가 90°이다. → $\angle A = 90°$

② 두 대각선의 길이가 같다. → $\overline{AC} = \overline{BD}$

→ 직사각형, 정사각형은 모두 등변사다리꼴이지만 마름모는 등변사다리꼴이 아니다.

• 정사각형은 네 내각의 크기가 모두 같으므로 직사각형이고, 네 변의 길이가 모두 같으므로 마름모이다. 따라서 정사각형은 직사각형과 마름모의 성질을 동시에 만족시킨다.

개념 4 등변사다리꼴

(1) **등변사다리꼴** : 아랫변의 양 끝 각의 크기가 같은 사다리꼴

→ 한 쌍의 대변이 평행한 사각형

→ $\overline{AD} /\!/ \overline{BC}$, $\angle B = \angle C$

(2) **등변사다리꼴의 성질**

→ $\overline{AD} /\!/ \overline{BC}$인 등변사다리꼴 ABCD에서 $\angle B = \angle C$이므로 $\angle A = \angle D$이다.

① 평행하지 않은 한 쌍의 대변의 길이가 같다. → $\overline{AB} = \overline{DC}$

② 두 대각선의 길이가 같다. → $\overline{AC} = \overline{BD}$

• $\overline{AD} /\!/ \overline{BC}$인 등변사다리꼴 ABCD에서

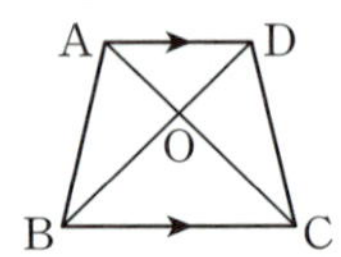

(1) $\angle A = \angle D$, $\angle B = \angle C$

(2) $\angle A + \angle B = 180°$, $\angle C + \angle D = 180°$

(3) $\overline{AB} = \overline{DC}$, $\overline{AC} = \overline{BD}$

(4) $\overline{OA} = \overline{OD}$, $\overline{OB} = \overline{OC}$

1 직사각형

0292

다음 그림의 직사각형 ABCD에서 x, y의 값을 각각 구하시오.
(단, 점 O는 두 대각선의 교점이다.)

(1) 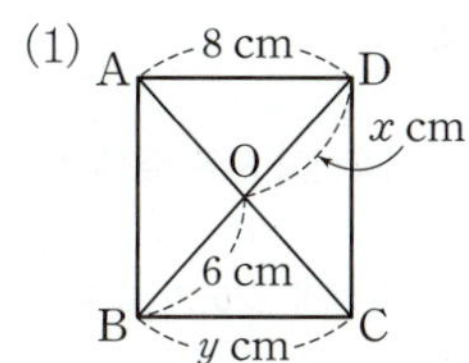

(2) 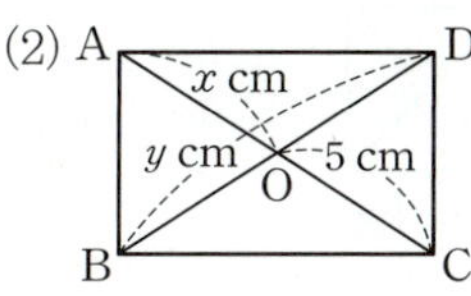

0293

다음 그림의 직사각형 ABCD에서 $\angle x$, $\angle y$의 크기를 각각 구하시오. (단, 점 O는 두 대각선의 교점이다.)

(1) 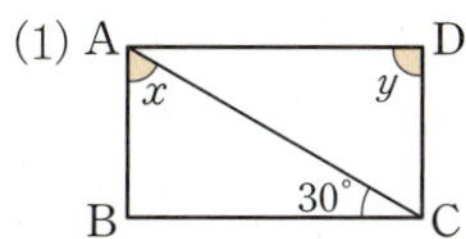

(2) 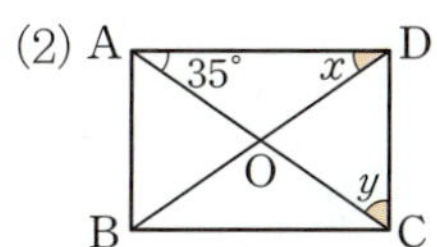

2 마름모

0294

다음 그림의 마름모 ABCD에서 x, y의 값을 각각 구하시오.
(단, 점 O는 두 대각선의 교점이다.)

(1) 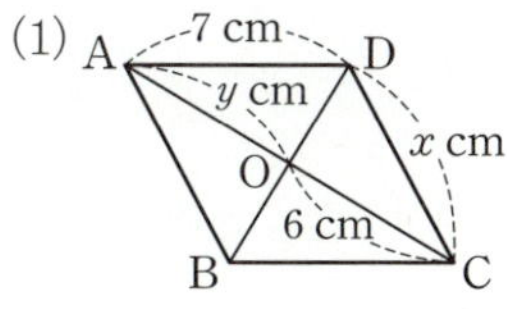

(2) 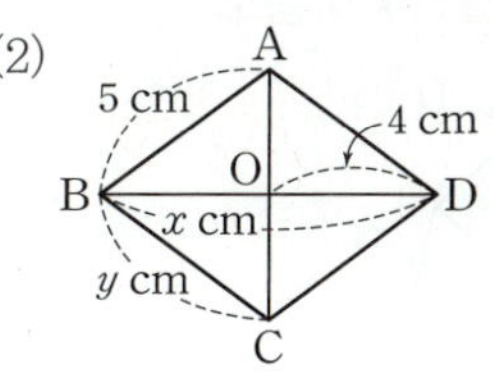

0295

다음 그림의 마름모 ABCD에서 $\angle x$, $\angle y$의 크기를 각각 구하시오. (단, 점 O는 두 대각선의 교점이다.)

(1) 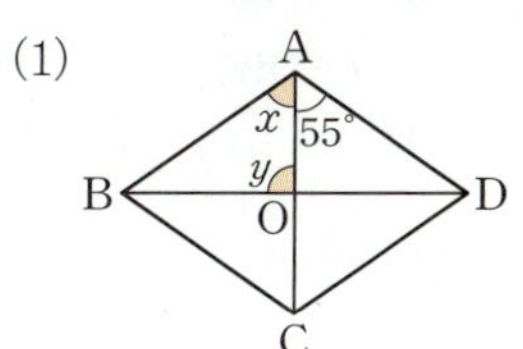

(2) 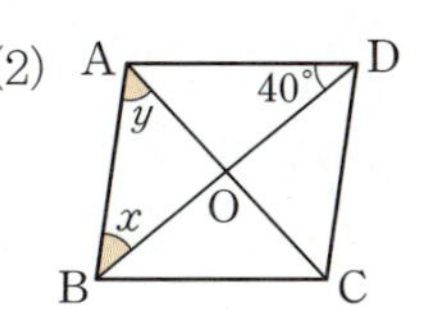

3 정사각형

0296

다음 그림의 정사각형 ABCD에서 x의 값을 구하시오.
(단, 점 O는 두 대각선의 교점이다.)

(1) 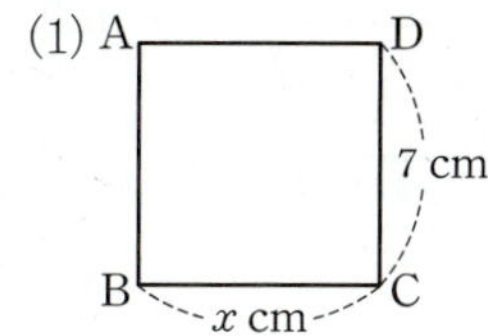

(2) 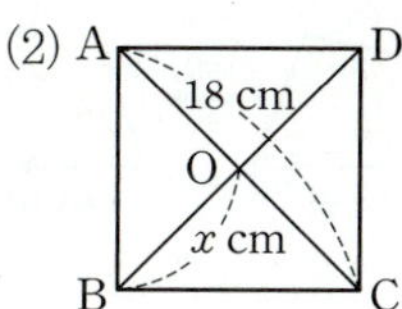

0297

오른쪽 그림과 같은 정사각형 ABCD에서 다음을 구하시오.
(단, 점 O는 두 대각선의 교점이다.)

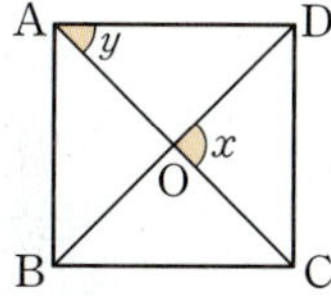

(1) $\angle x$의 크기

(2) $\angle y$의 크기

4 등변사다리꼴

0298

다음 그림에서 □ABCD는 $\overline{AD} /\!/ \overline{BC}$인 등변사다리꼴일 때, x의 값을 구하시오.

(1) 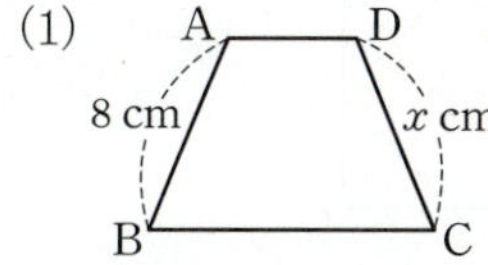

(2) 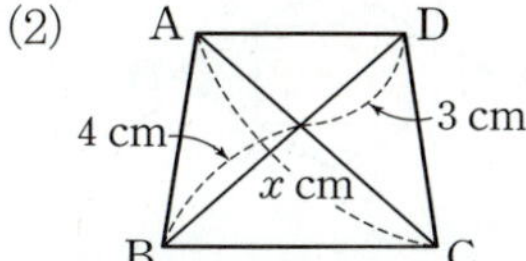

0299

다음 그림에서 □ABCD는 $\overline{AD} /\!/ \overline{BC}$인 등변사다리꼴일 때, $\angle x$의 크기를 구하시오.

(1) 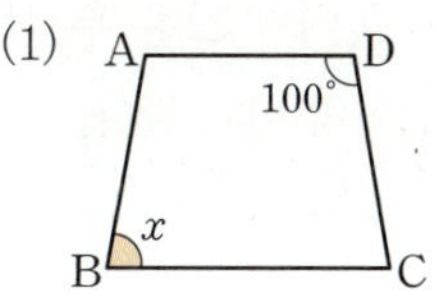

(2) 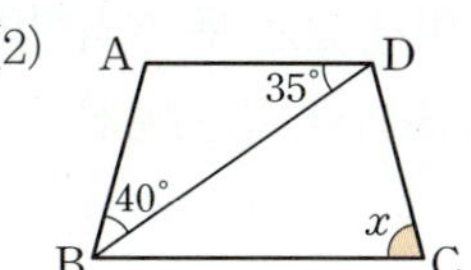

2 여러 가지 사각형

(1) 여러 가지 사각형 사이의 관계

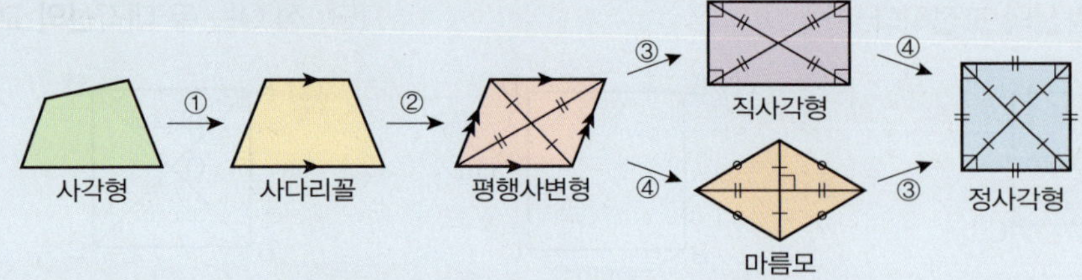

① 한 쌍의 대변이 평행하다.
② 다른 한 쌍의 대변이 평행하다.
③ 한 내각의 크기가 90°이거나 두 대각선의 길이가 같다.
④ 이웃하는 두 변의 길이가 같거나 두 대각선이 서로 수직이다.

(2) 여러 가지 사각형의 대각선의 성질

① 평행사변형 : 두 대각선은 서로 다른 것을 이등분한다.
② 직사각형 : 두 대각선은 길이가 같고 서로 다른 것을 이등분한다.
③ 마름모 : 두 대각선은 서로 다른 것을 수직이등분한다.
④ 정사각형 : 두 대각선은 길이가 같고 서로 다른 것을 수직이등분한다.
⑤ 등변사다리꼴 : 두 대각선의 길이가 같다.

개념 6   **사각형의 각 변의 중점을 연결하여 만든 사각형**

(1) 사각형 ➡ 평행사변형   **(2)** 평행사변형 ➡ 평행사변형   **(3)** 직사각형 ➡ 마름모

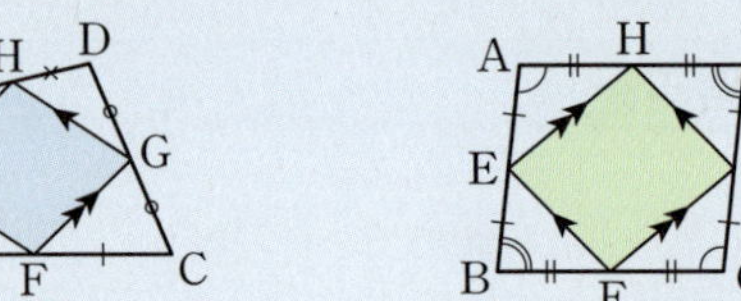 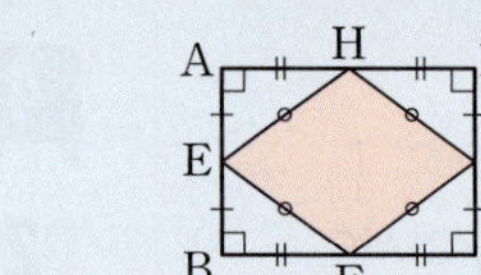

(4) 마름모 ➡ 직사각형   **(5)** 정사각형 ➡ 정사각형   **(6)** 등변사다리꼴 ➡ 마름모

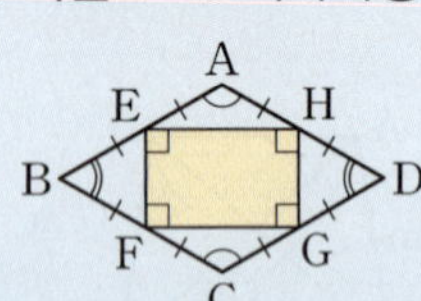 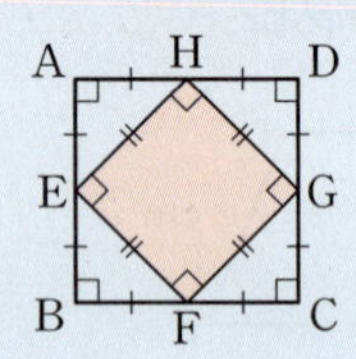 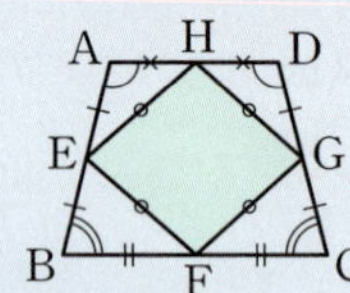

개념 7   **평행선과 삼각형의 넓이**

(1) 평행선과 삼각형의 넓이 : 두 직선 l, m이 평행할 때, $\triangle ABC$와 $\triangle DBC$는 밑변 BC가 공통이고 높이는 h로 같으므로 두 삼각형의 넓이는 같다.

➡ $l /\!/ m$이면 $\triangle ABC = \triangle DBC$

(2) 높이가 같은 두 삼각형의 넓이의 비 : 높이가 같은 두 삼각형의 넓이의 비는 두 삼각형의 밑변의 길이의 비와 같다.

➡ $\overline{BC} : \overline{CD} = m : n$이면 $\triangle ABC : \triangle ACD = m : n$

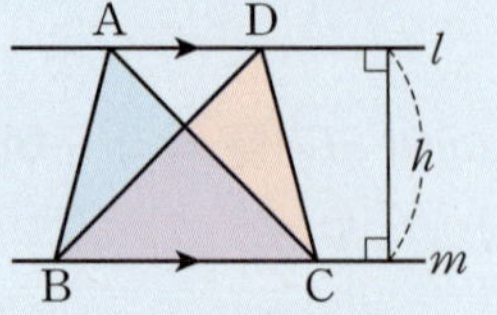
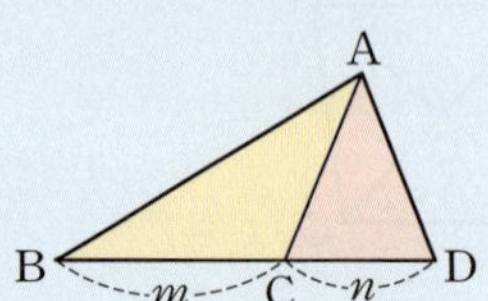

- (1) 평행사변형의 두 대각선의 길이가 같으면 직사각형이다.
  (2) 평행사변형의 두 대각선이 서로 수직이면 마름모이다.

- (1) 직사각형의 두 대각선이 서로 수직이면 정사각형이다.
  (2) 마름모의 두 대각선의 길이가 같으면 정사각형이다.

- 두 직선 l, m이 평행할 때,

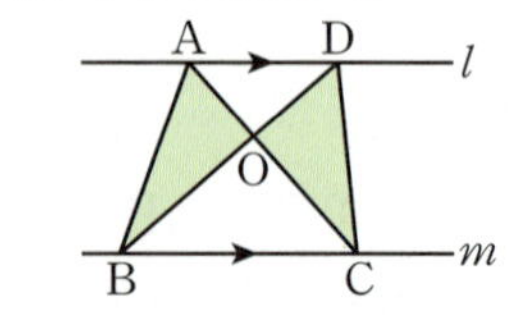

$\triangle OAB = \triangle ABC - \triangle OBC$
$\qquad = \triangle DBC - \triangle OBC$
$\qquad = \triangle OCD$

- 점 C가 $\overline{BD}$의 중점이면
  $\triangle ABC = \triangle ACD$

5 여러 가지 사각형 사이의 관계

0300

여러 가지 사각형에 대한 다음 설명 중 옳은 것에는 ○표, 옳지 않은 것에는 ×표를 (   ) 안에 써넣으시오.

(1) 평행사변형은 사다리꼴이다.　　　　　　(　　　)

(2) 등변사다리꼴은 직사각형이다.　　　　　(　　　)

(3) 마름모는 평행사변형이다.　　　　　　　(　　　)

(4) 정사각형은 마름모이다.　　　　　　　　(　　　)

0301

오른쪽 그림과 같은 평행사변형 ABCD가 다음 조건을 만족시키면 어떤 사각형이 되는지 말하시오.

(단, 점 O는 두 대각선의 교점이다.)

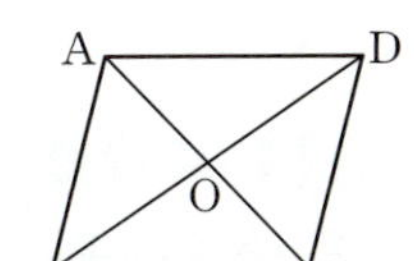

(1) $\angle BAD = 90°$

(2) $\overline{AB} = \overline{AD}$

(3) $\overline{OB} = \overline{OC}$

(4) $\angle DOC = 90°$

(5) $\overline{AB} = \overline{AD}$, $\angle BCD = 90°$

0302

다음 표는 여러 가지 사각형과 대각선의 성질을 나타낸 것이다. 옳은 것에는 ○표, 옳지 않은 것에는 ×표를 빈칸에 써넣으시오.

대각선의 성질 사각형	두 대각선이 서로 다른 것을 이등분 한다.	두 대각선의 길이가 같다.	두 대각선이 서로 수직이다.
평행사변형			
직사각형			
마름모			
정사각형			
등변사다리꼴			

6 사각형의 각 변의 중점을 연결하여 만든 사각형

0303

다음 사각형의 각 변의 중점을 연결하여 만든 사각형은 어떤 사각형인지 선으로 연결하시오.

(1) 평행사변형　•　　　　　•　㉠ 평행사변형

(2) 직사각형　•　　　　　•　㉡ 직사각형

(3) 마름모　•　　　　　•　㉢ 마름모

(4) 정사각형　•　　　　　•　㉣ 정사각형

(5) 사각형　•　　　　　•　㉤ 사각형

(6) 등변사다리꼴　•　　　　•　㉥ 등변사다리꼴

7 평행선과 삼각형의 넓이

0304

오른쪽 그림과 같이 $\overline{AD} /\!/ \overline{BC}$인 사다리꼴 ABCD에서 다음 삼각형과 넓이가 같은 삼각형을 말하시오.

(단, 점 O는 두 대각선의 교점이다.)

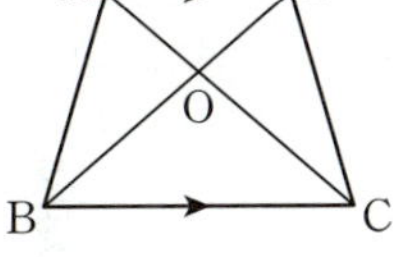

(1) $\triangle ABC$

(2) $\triangle ABD$

(3) $\triangle ABO$

0305

오른쪽 그림과 같은 $\triangle ABC$의 넓이가 15 cm^2이고 $\overline{BP} : \overline{PC} = 1 : 2$일 때, 다음을 구하시오.

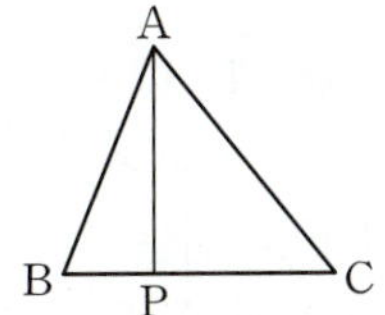

(1) $\triangle ABP$와 $\triangle APC$의 넓이의 비

(2) $\triangle ABP$의 넓이

(3) $\triangle APC$의 넓이

▶수학의 바이블 42쪽

유형 01 직사각형의 뜻과 성질

0306 상 중 하

오른쪽 그림과 같은 직사각형 ABCD
에서 $\overline{OA}=5$ cm, $\angle OAB=50°$일
때, $x+y$의 값을 구하시오.

(단, 점 O는 두 대각선의 교점이다.)

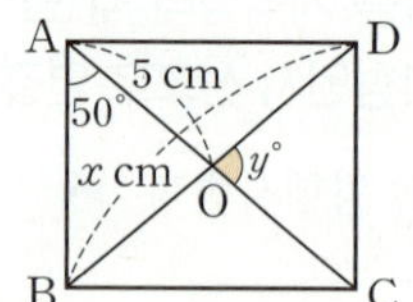

→ **유형 Point** (1) 직사각형 : 네 내각의 크기가 모두
같은 사각형

(2) 직사각형의 성질 : 두 대각선은 길이가 같고 서로
다른 것을 이등분한다.

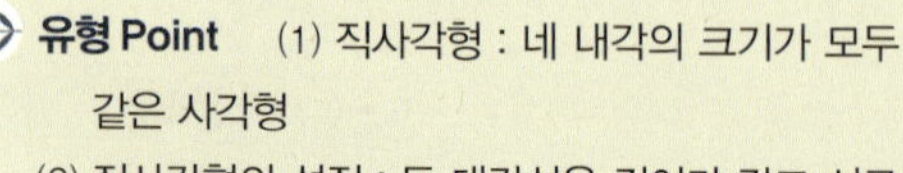

참고 $\triangle OAB$, $\triangle OBC$, $\triangle OCD$, $\triangle ODA$는 모두 이등변삼각형이다.

0307 상 중 하

오른쪽 그림과 같은 직사각형 ABCD에
서 $\overline{OA}=12-x$, $\overline{OB}=x+2$일 때, x의
값을 구하시오.

(단, 점 O는 두 대각선의 교점이다.)

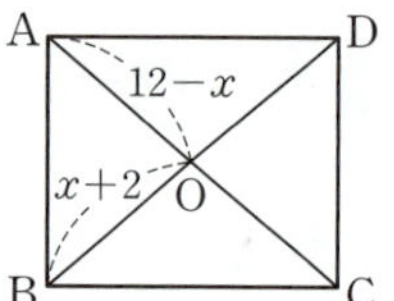

0308 상 중 하

오른쪽 그림과 같은 직사각형 ABCD에
서 $\angle OCD=52°$일 때, $\angle x-\angle y$의 크
기를 구하시오.

(단, 점 O는 두 대각선의 교점이다.)

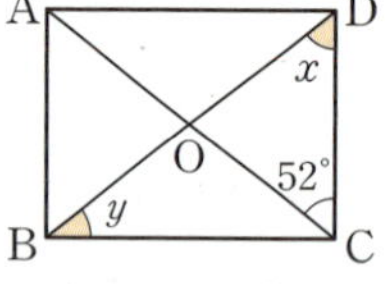

0309 상 중 하 서술형

오른쪽 그림은 직사각형 ABCD를
$\overline{EF}$를 접는 선으로 하여 꼭짓점 C가
꼭짓점 A에 오도록 접은 것이다.
$\angle EAB=24°$일 때, $\angle AFE$의 크기
를 구하시오.

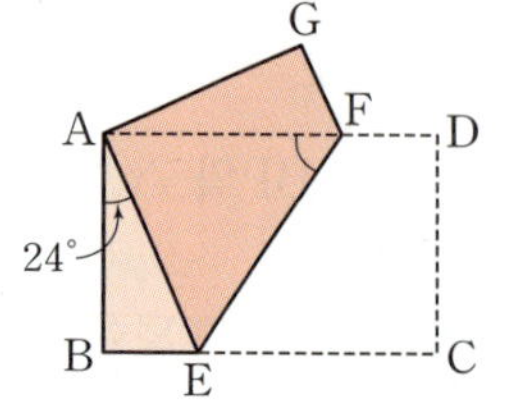

▶수학의 바이블 42쪽

유형 02 평행사변형이 직사각형이 되는 조건

0310 상 중 하

다음 중 오른쪽 그림과 같은 평행사
변형 ABCD가 직사각형이 되는 조
건이 <u>아닌</u> 것을 모두 고르면?

(단, 점 O는 두 대각선의 교점이다.)

(정답 2개)

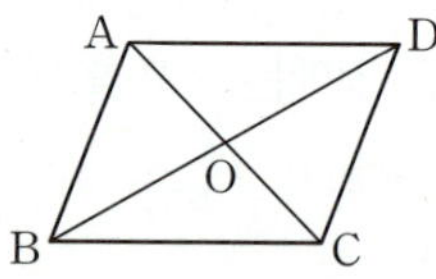

① $\angle ABC=90°$ ② $\overline{AB}=\overline{AD}$ ③ $\overline{AC}=\overline{BD}$

④ $\overline{OB}=\overline{OC}$ ⑤ $\angle BAD=\angle BCD$

→ **유형 Point**   평행사변형이 다음 중 어느 한 조건을 만족시키면 직사각형
이 된다.

(1) 한 내각의 크기가 90°이다.

(2) 두 대각선의 길이가 같다.

★★ 0311 상 중 하

다음 중 오른쪽 그림과 같은 평행사변형
ABCD가 직사각형이 되는 조건을 모두
고르면? (단, 점 O는 두 대각선의 교점
이다.) (정답 2개)

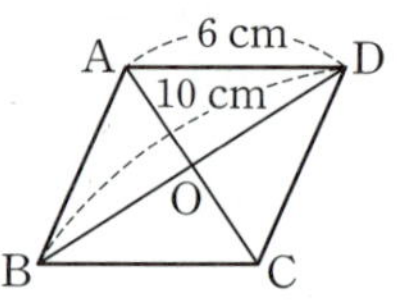

① $\overline{AB}=6$ cm   ② $\overline{AC}=10$ cm   ③ $\overline{OB}=5$ cm

④ $\angle ABC=90°$ ⑤ $\angle BOC=90°$

0312 상 중 하

다음은 '두 대각선의 길이가 같은 평행사변형은 직사각형이
다.'를 설명하는 과정이다. (개)~(대)에 알맞은 것을 구하시오.

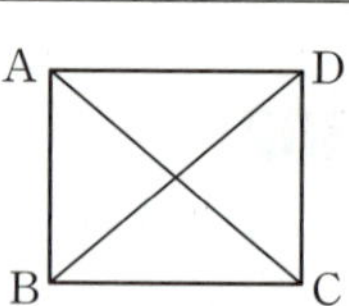

평행사변형 ABCD에서 $\overline{AC}=\overline{BD}$라고
하자.

$\triangle ABC$와 $\triangle DCB$에서
$\overline{AB}=\overline{DC}$, $\overline{AC}=\overline{DB}$, $\overline{BC}$는 공통이므로
$\triangle ABC \equiv \triangle DCB$ ((개) 합동)

$\therefore \angle ABC=$ (나)   …… ㉠

또, □ABCD는 평행사변형이므로
(대) $=\angle BCD$, $\angle ABC=\angle CDA$ …… ㉡

따라서 ㉠, ㉡에 의하여 $\angle DAB=\angle ABC=\angle BCD=\angle CDA$
이므로 □ABCD는 직사각형이다.

▶ 수학의 바이블 44쪽

유형 03 마름모의 뜻과 성질

0313 상 중 하

오른쪽 그림과 같은 마름모 ABCD에서 $\overline{AD}=13-2x$, $\overline{CD}=5$, $\angle A=100°$일 때, $x+y$의 값을 구하시오.

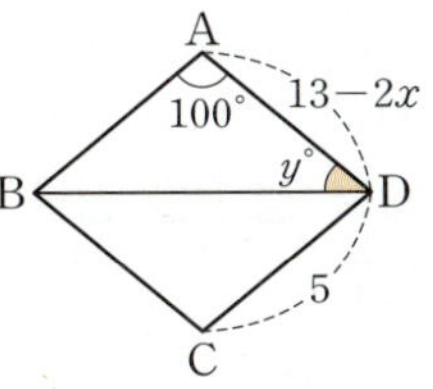

→ **유형 Point** (1) 마름모 : 네 변의 길이가 모두 같은 사각형

(2) 마름모의 성질 : 두 대각선은 서로 다른 것을 수직이등분한다.

참고 △OAB, △OCB, △OCD, △OAD는 모두 합동이다.

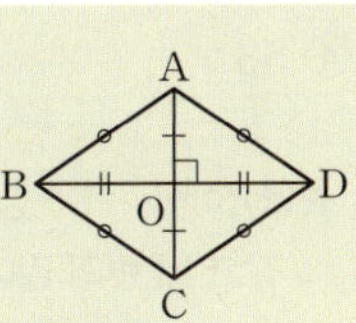

0314 상 중 하

오른쪽 그림과 같은 마름모 ABCD에서 다음 중 옳지 <u>않은</u> 것을 모두 고르면? (단, 점 O는 두 대각선의 교점이다.) (정답 2개)

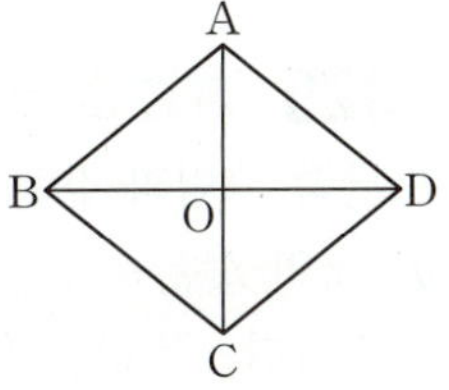

① $\overline{OA}=\overline{OB}=\overline{OC}=\overline{OD}$
② $\overline{AC}=\overline{BD}$
③ $\overline{AC}\perp\overline{BD}$
④ $\angle BAC=\angle BCA$
⑤ $\triangle OBA\equiv\triangle OBC\equiv\triangle ODA\equiv\triangle ODC$

0315 상 중 하

오른쪽 그림과 같은 마름모 ABCD에서 $\overline{OB}=2x+5$, $\overline{OD}=4x-1$, $\angle ACD=52°$일 때, $y-x$의 값은? (단, 점 O는 두 대각선의 교점이다.)

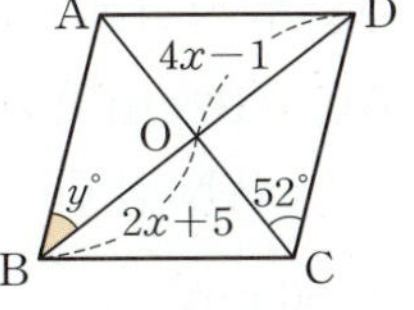

① 32 　　② 33 　　③ 34
④ 35 　　⑤ 36

0316 상 중 하

오른쪽 그림과 같은 마름모 ABCD에서 $\overline{OA}=6$ cm, $\overline{OD}=4$ cm일 때, □ABCD의 넓이는? (단, 점 O는 두 대각선의 교점이다.)

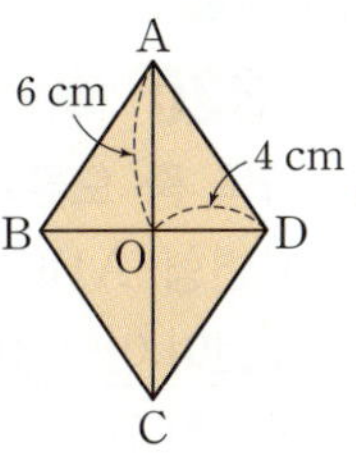

① 40 cm² 　　② 42 cm²
③ 44 cm² 　　④ 46 cm²
⑤ 48 cm²

0317 상 중 하

오른쪽 그림과 같은 마름모 ABCD에서 점 M은 $\overline{BC}$의 중점이다. △ABM≡△ACM일 때, $\angle D$의 크기는?

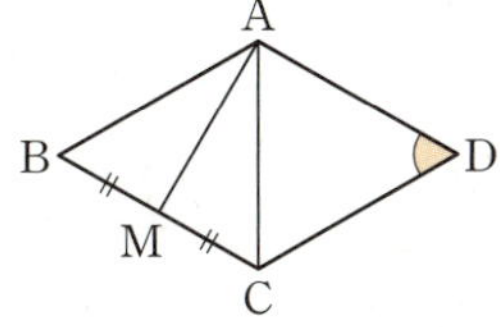

① 50° 　　② 55° 　　③ 60°
④ 65° 　　⑤ 70°

★★ 0318 상 중 하 서술형

오른쪽 그림과 같이 마름모 ABCD의 꼭짓점 A에서 $\overline{BC}$에 내린 수선의 발을 H라 하고 $\overline{AH}$와 $\overline{BD}$의 교점을 P라고 하자. $\angle C=116°$일 때, $\angle APD$의 크기를 구하시오.

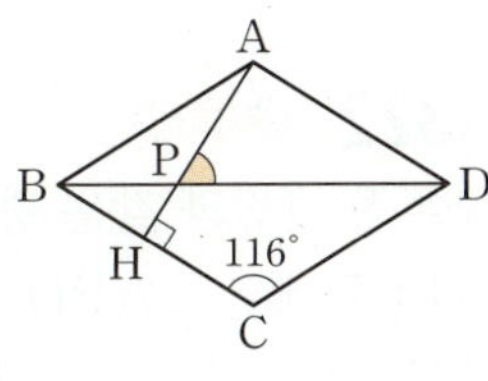

0319 상 중 하

오른쪽 그림과 같은 마름모 ABCD에서 $\overline{OA}=4$ cm, $\angle CBO=30°$일 때, □ABCD의 둘레의 길이를 구하시오. (단, 점 O는 두 대각선의 교 점이다.)

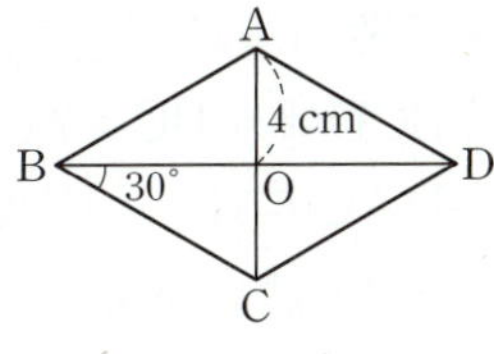

▶수학의 바이블 44쪽

▶수학의 바이블 46쪽

유형 04 평행사변형이 마름모가 되는 조건

0320 (상)중(하)

다음 중 오른쪽 그림과 같은 평행사변형 ABCD가 마름모가 되는 조건이 <u>아닌</u> 것을 모두 고르면? (단, 점 O는 두 대각선의 교점이다.) (정답 2개)

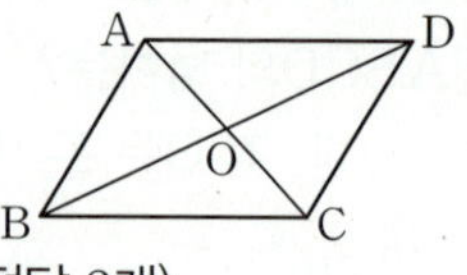

① $\overline{AB}=\overline{AD}$

② $\angle BAD=\angle ABD$

③ $\overline{AC}\perp\overline{BD}$

④ $\angle OAB=\angle OBA$

⑤ $\angle BAC=\angle BCA$

> **유형 Point** 평행사변형이 다음 중 어느 한 조건을 만족시키면 마름모가 된다.
> (1) 이웃하는 두 변의 길이가 같다.
> (2) 두 대각선이 서로 수직이다.

유형 05 정사각형의 뜻과 성질

0324 (상)중(하)

오른쪽 그림과 같은 정사각형 ABCD에서 대각선 AC 위에 $\angle APB=98°$가 되도록 점 P를 잡을 때, $\angle PDC$의 크기는?

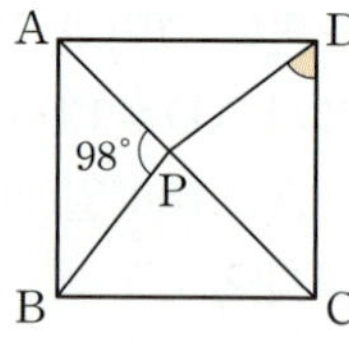

① $50°$ 　② $51°$ 　③ $52°$

④ $53°$ 　⑤ $54°$

> **유형 Point** (1) 정사각형 : 네 내각의 크기가 모두 같고 네 변의 길이가 모두 같은 사각형
> (2) 정사각형의 성질 : 두 대각선은 길이가 같고 서로 다른 것을 수직이등분한다.

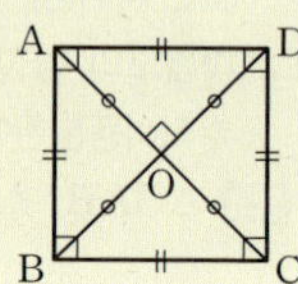

0321 (상)중(하)

오른쪽 그림과 같은 평행사변형 ABCD가 마름모가 되도록 하는 x, y에 대하여 $2x+y$의 값을 구하시오.

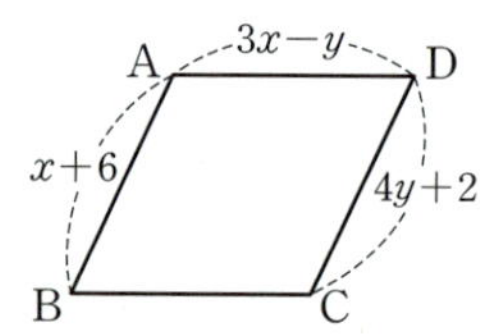

0325 (상)중(하)

오른쪽 그림과 같은 정사각형 ABCD에서 $y-x$의 값은? (단, 점 O는 두 대각선의 교점이다.)

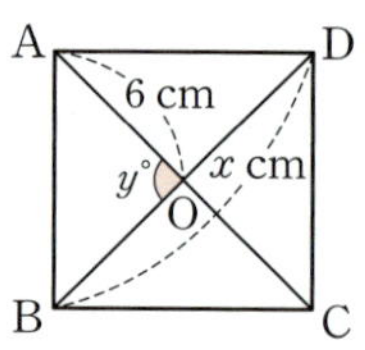

① 70 　② 72

③ 74 　④ 76

⑤ 78

0322 (상)중(하)

오른쪽 그림과 같은 평행사변형 ABCD에서 $\angle ABD=\angle DBC$이고 $\overline{AB}=4\ cm$일 때, $\square ABCD$의 둘레의 길이를 구하시오.

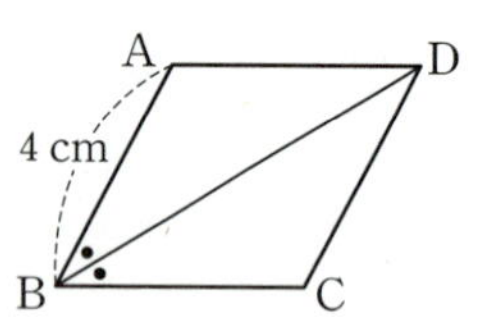

0326 (상)중(하)

오른쪽 그림과 같은 정사각형 ABCD에서 $\overline{AC}=10\ cm$일 때, $\square ABCD$의 넓이는? (단, 점 O는 두 대각선의 교점이다.)

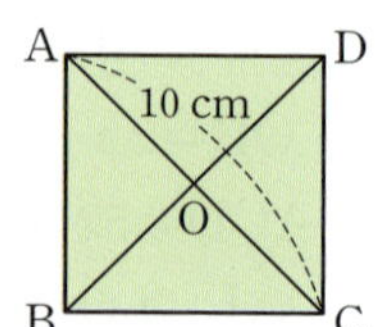

① $50\ cm^2$ 　② $52\ cm^2$

③ $54\ cm^2$ 　④ $56\ cm^2$

⑤ $58\ cm^2$

★★ 0323 (상)중(하) 서술형

오른쪽 그림과 같은 평행사변형 ABCD에서 $\overline{BC}=7\ cm$, $\angle DAC=54°$, $\angle DBC=36°$일 때, $x+y$의 값을 구하시오. (단, 점 O는 두 대각선의 교점이다.)

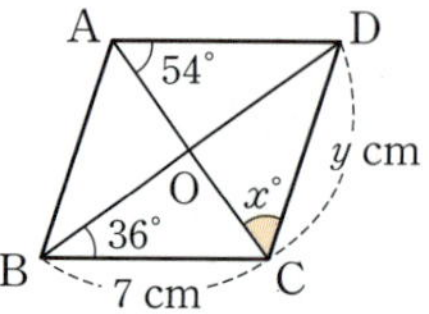

0327   상 중 하

다음 중 오른쪽 그림과 같은 정사각형 ABCD에 대한 설명으로 옳지 <u>않은</u> 것은? (단, 점 O는 두 대각선의 교점이다.)

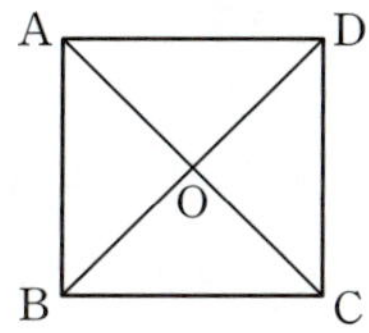

① $\overline{AC}\perp\overline{BD}$ ② $\overline{AB}=\overline{BC}$
③ $\overline{OA}=\overline{AD}$ ④ $\angle BCD=90°$
⑤ $\angle ABD=45°$

0328   상 중 하

오른쪽 그림과 같은 정사각형 ABCD에서 $\overline{AD}=\overline{AE}$, $\angle ADE=70°$일 때, $\angle ABE$의 크기는?

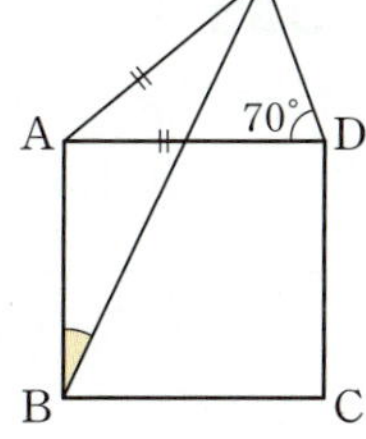

① $15°$ ② $20°$
③ $25°$ ④ $30°$
⑤ $35°$

0329   상 중 하   서술형

오른쪽 그림과 같은 정사각형 ABCD에서 $\overline{BE}=\overline{CF}$이고 $\overline{AE}$와 $\overline{BF}$의 교점을 P라고 할 때, $\angle APF$의 크기를 구하시오.

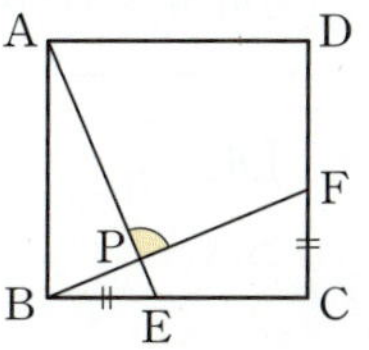

0330   상 중 하

오른쪽 그림과 같이 정사각형 ABCD의 내부의 한 점 P에 대하여 $\overline{PA}=\overline{PD}=\overline{AD}$일 때, $\angle BPC$의 크기는?

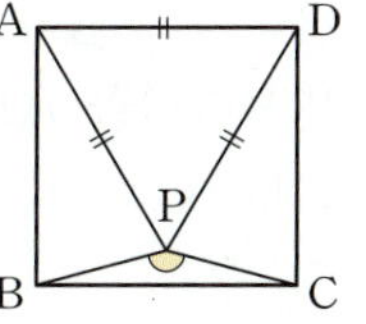

① $140°$ ② $145°$
③ $150°$ ④ $155°$
⑤ $160°$

수학의 바이블 46쪽

유형 06   정사각형이 되는 조건

0331   상 중 하

다음 중 오른쪽 그림과 같은 평행사변형 ABCD가 정사각형이 되는 조건은?
(단, 점 O는 두 대각선의 교점이다.)

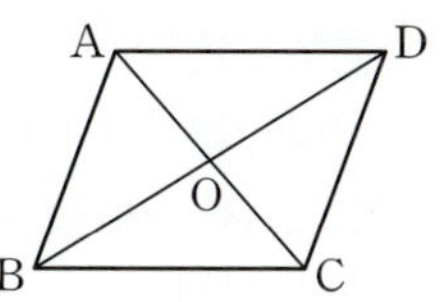

① $\overline{AB}=\overline{BC}$, $\overline{AC}\perp\overline{BD}$
② $\overline{AC}=\overline{BD}$, $\angle BAD=\angle ABC$
③ $\overline{AB}=\overline{AD}$, $\overline{OA}=\overline{OC}$
④ $\overline{AC}=\overline{BD}$, $\angle ABC=90°$
⑤ $\overline{AC}\perp\overline{BD}$, $\angle BAD=\angle ABC$

→ **유형 Point**   (1) 직사각형이 다음 중 어느 한 조건을 만족시키면 정사각형이 된다.
   ① 이웃하는 두 변의 길이가 같다.
   ② 두 대각선이 서로 수직이다.
(2) 마름모가 다음 중 어느 한 조건을 만족시키면 정사각형이 된다.
   ① 한 내각의 크기가 90°이다.
   ② 두 대각선의 길이가 같다.

0332   상 중 하

오른쪽 그림과 같은 직사각형 ABCD가 정사각형이 되는 조건을 다음 보기에서 모두 고르시오.
(단, 점 O는 두 대각선의 교점이다.)

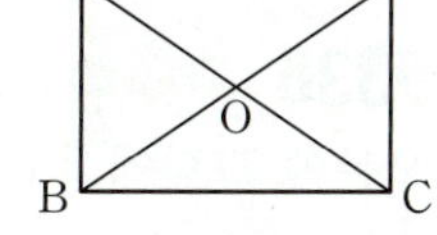

> **보기**
>
> ㄱ. $\overline{AB}=\overline{BC}$ ㄴ. $\overline{AC}=\overline{BD}$
> ㄷ. $\overline{AC}\perp\overline{BD}$ ㄹ. $\angle AOD=\angle BOC$

0333   상 중 하

다음 중 오른쪽 그림과 같은 마름모 ABCD가 정사각형이 되는 조건을 모두 고르면? (단, 점 O는 두 대각선의 교점이다.) (정답 2개)

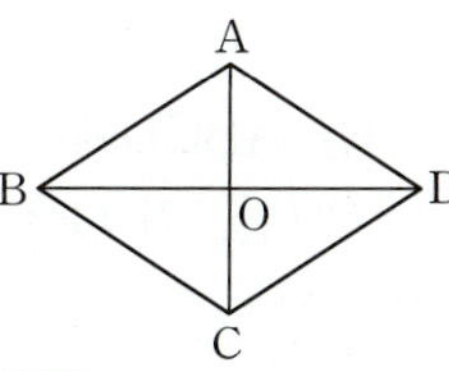

① $\overline{AB}=\overline{AD}$ ② $\overline{OA}=\overline{OB}$
③ $\angle ABC=\angle BAD$ ④ $\angle BAC=\angle DCA$
⑤ $\angle AOB=90°$

▶수학의 바이블 48쪽

유형 07 등변사다리꼴의 뜻과 성질

0334 상중하

오른쪽 그림과 같이 $\overline{AD} /\!/ \overline{BC}$인 등변사다리꼴 ABCD에서 $\overline{AD}=\overline{CD}$이고 $\angle B=80°$일 때, $\angle ACD$의 크기를 구하시오.

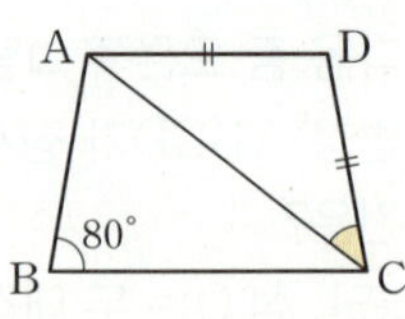

→ **유형 Point** (1) 등변사다리꼴 : 아랫변의 양 끝각의 크기가 같은 사다리꼴

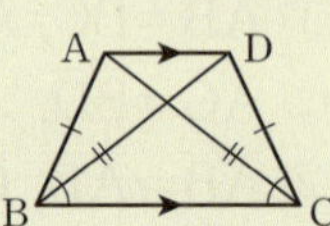

(2) 등변사다리꼴의 성질
① 평행하지 않은 한 쌍의 대변의 길이가 같다.
② 두 대각선의 길이가 같다.

0335 상중하

오른쪽 그림과 같이 $\overline{AD} /\!/ \overline{BC}$인 등변사다리꼴 ABCD에서 $\angle C=65°$, $\angle ABD=37°$일 때, $\angle DBC$의 크기를 구하시오.

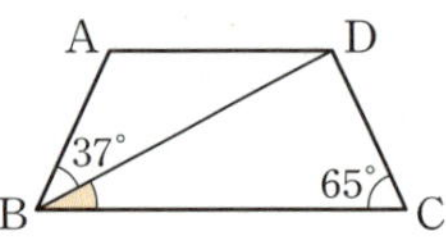

0336 상중하

오른쪽 그림에서 □ABCD는 $\overline{AD} /\!/ \overline{BC}$인 등변사다리꼴이고 □ACED는 평행사변형이다. $\angle DBC=36°$일 때, $\angle x$의 크기를 구하시오.

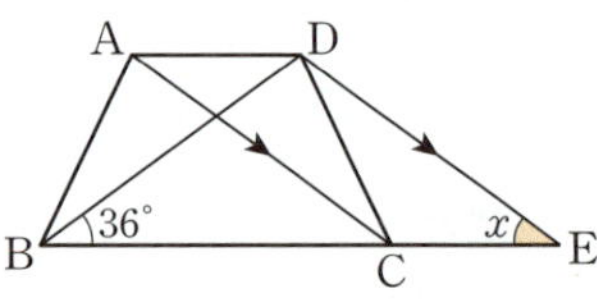

0337 상중하

오른쪽 그림과 같이 $\overline{AD} /\!/ \overline{BC}$인 등변사다리꼴 ABCD에서 다음 중 옳지 <u>않은</u> 것은? (단, 점 O는 두 대각선의 교점이다.)

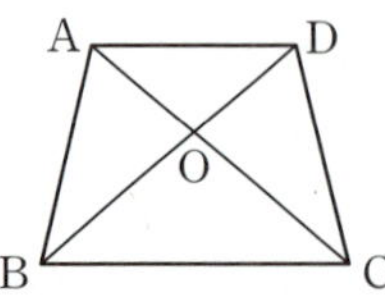

① $\overline{AB}=\overline{DC}$
② $\overline{OA}=\overline{OD}$
③ $\overline{AC}=\overline{BD}$
④ $\angle ABO=\angle ADO$
⑤ $\angle BAD=\angle CDA$

0338 상중하

오른쪽 그림과 같이 $\overline{AD} /\!/ \overline{BC}$인 등변사다리꼴 ABCD에서 $\overline{AC}=4x-7$, $\overline{BC}=3x+4$, $\overline{BD}=2x+3$일 때, $\overline{BC}$의 길이는?

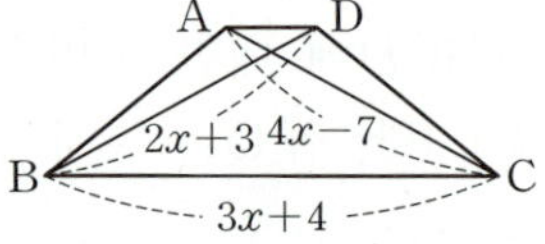

① 16
② 17
③ 18
④ 19
⑤ 20

0339 상중하

다음은 '등변사다리꼴의 두 대각선의 길이는 같다.'를 설명하는 과정이다. ①~⑤에 알맞은 것으로 옳지 <u>않은</u> 것은?

$\overline{AD} /\!/ \overline{BC}$인 등변사다리꼴 ABCD에 대하여
△ABC와 △DCB에서
$\overline{AB}=$ ① , $\angle ABC=$ ② ,
③ 는 공통이므로
△ABC≡△DCB (④ 합동)
∴ $\overline{AC}=$ ⑤
따라서 등변사다리꼴의 두 대각선의 길이는 같다.

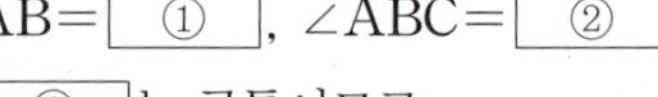

① $\overline{DC}$
② $\angle DCB$
③ $\overline{AD}$
④ SAS
⑤ $\overline{DB}$

0340 상중하

오른쪽 그림과 같이 $\overline{AD} /\!/ \overline{BC}$인 등변사다리꼴 ABCD에서 $\angle B=68°$, $\angle DAC=34°$일 때, $\angle x+\angle y$의 크기는?

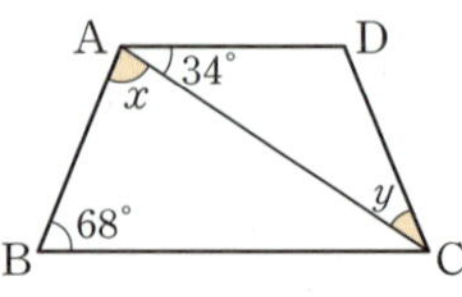

① 110°
② 112°
③ 114°
④ 116°
⑤ 118°

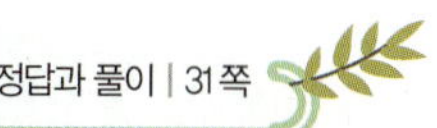

수학의 바이블 48쪽

유형 08 등변사다리꼴의 성질의 활용

0341 상 중 하

오른쪽 그림과 같이 $\overline{AD} /\!/ \overline{BC}$인 등변사다리꼴 ABCD에서 $\overline{AB}=7$ cm, $\overline{AD}=5$ cm, $\angle A=120°$일 때, $\overline{BC}$의 길이를 구하시오.

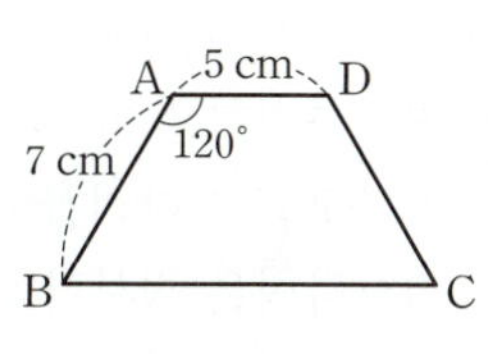

→ 유형 Point $\overline{AD} /\!/ \overline{BC}$인 등변사다리꼴 ABCD에서

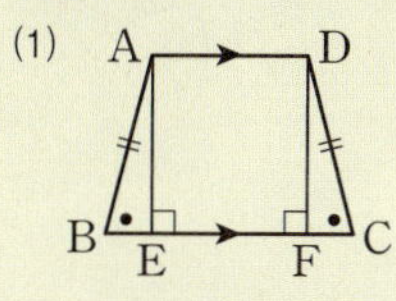

(1) △ABE≡△DCF
(RHA 합동)

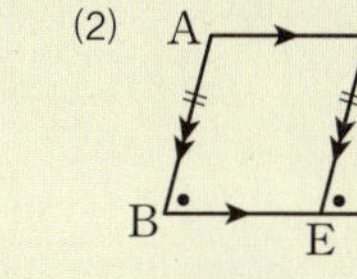

(2) □ABED ➡ 평행사변형
△DEC ➡ 이등변삼각형

0342 상 중 하

오른쪽 그림과 같이 $\overline{AD} /\!/ \overline{BC}$인 등변사다리꼴 ABCD에서 $\overline{AH}\perp\overline{BC}$이고, $\overline{AD}=8$ cm, $\overline{BH}=3$ cm일 때, $\overline{BC}$의 길이를 구하시오.

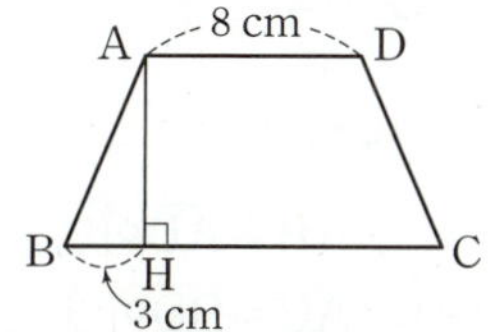

0343 상 중 하

오른쪽 그림과 같이 $\overline{AD} /\!/ \overline{BC}$인 등변사다리꼴 ABCD에서 $\overline{AE}\perp\overline{BC}$이고 $\overline{AD}=7$ cm, $\overline{BC}=15$ cm, $\angle C=62°$일 때, $x+y$의 값을 구하시오.

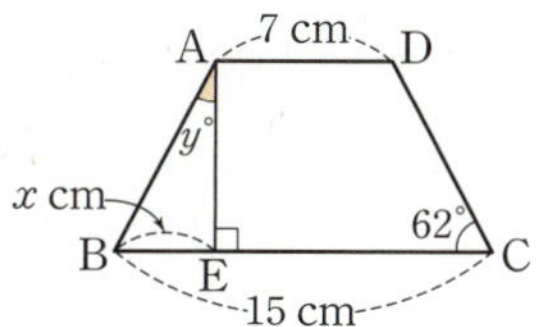

0344 상 중 하 서술형

오른쪽 그림과 같이 $\overline{AD} /\!/ \overline{BC}$인 등변사다리꼴 ABCD에서 $\overline{AB}=12$ cm, $\overline{AD}=9$ cm, $\angle B=60°$일 때, □ABCD의 둘레의 길이를 구하시오.

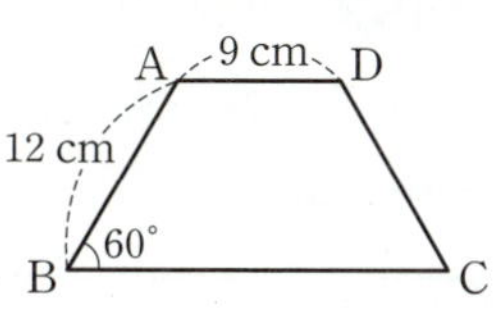

수학의 바이블 48쪽

유형 09 여러 가지 사각형의 판별

0345 상 중 하

오른쪽 그림과 같이 평행사변형 ABCD의 네 내각의 이등분선의 교점을 각각 E, F, G, H라고 할 때, 다음 중 □EFGH에 대한 설명으로 옳지 않은 것을 모두 고르면? (정답 2개)

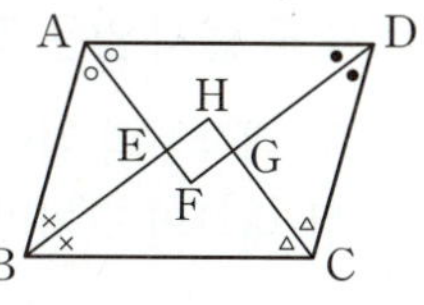

① 두 대각선의 길이가 같다.
② 두 대각선이 수직으로 만난다.
③ 두 쌍의 대변의 길이가 각각 같다.
④ 이웃하는 두 변의 길이가 같다.
⑤ 두 쌍의 대각의 크기의 합이 각각 180°이다.

→ 유형 Point 여러 가지 사각형의 뜻과 성질을 이용하여 주어진 사각형이 어떤 사각형인지 파악한다.

0346 상 중 하

오른쪽 그림과 같은 평행사변형 ABCD에서 $\overline{AP}\perp\overline{BC}$, $\overline{AQ}\perp\overline{CD}$이고 $\overline{AP}=\overline{AQ}$일 때, □ABCD는 어떤 사각형인지 구하시오.

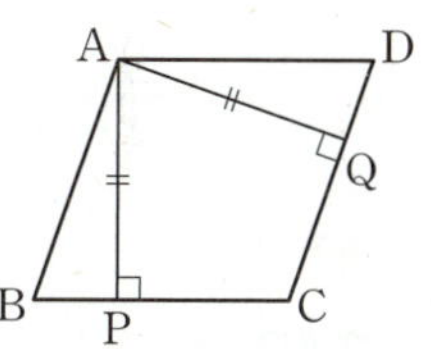

0347 상 중 하

오른쪽 그림과 같은 직사각형 ABCD에서 $\overline{EF}$가 $\overline{BD}$의 수직이등분선이고 $\overline{ED}=4$ cm일 때, □EBFD의 둘레의 길이는?

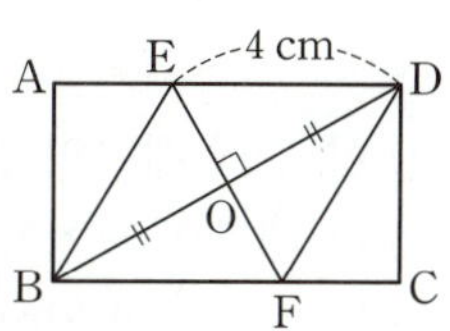

① 14 cm ② 16 cm ③ 18 cm
④ 20 cm ⑤ 22 cm

> **수학의 바이블** 52쪽

유형 10 여러 가지 사각형 사이의 관계

0348 상중하

다음 중 옳지 <u>않은</u> 것은?

① 두 대각선의 길이가 같은 마름모는 정사각형이다.
② 한 내각의 크기가 90°인 평행사변형은 직사각형이다.
③ 이웃하는 두 변의 길이가 같은 직사각형은 정사각형이다.
④ 이웃하는 두 내각의 크기가 같은 평행사변형은 마름모이다.
⑤ 두 대각선이 서로 수직으로 만나는 직사각형은 정사각형이다.

> **유형 Point**   여러 가지 사각형 사이의 관계를 이해한다.

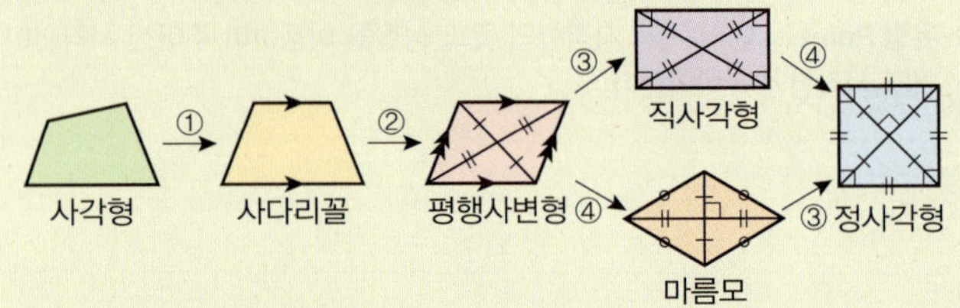

① 한 쌍의 대변이 평행하다.
② 다른 한 쌍의 대변이 평행하다.
③ 한 내각의 크기가 90°이거나 두 대각선의 길이가 같다.
④ 이웃하는 두 변의 길이가 같거나 두 대각선이 서로 수직이다.

0349 상중하

다음 그림은 사다리꼴에서 시작하여 조건을 하나씩 추가하여 여러 가지 사각형이 되는 과정을 나타낸 것이다. ①~⑤에 해당하는 조건이 바르게 짝 지어진 것은?

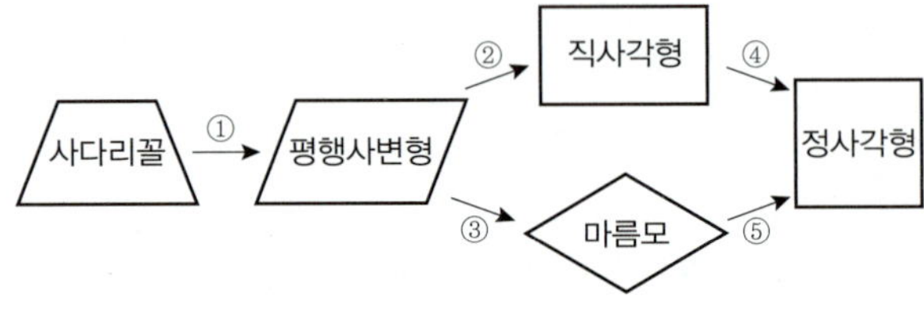

① 한 쌍의 대변의 길이가 같다.
② 한 내각의 크기가 90°이다.
③ 두 대각선의 길이가 같다.
④ 두 대각선이 서로 다른 것을 이등분한다.
⑤ 두 대각선이 서로 수직이다.

0350 상중하

다음 중 옳지 <u>않은</u> 것을 모두 고르면? (정답 2개)

① 직사각형은 평행사변형이다.
② 평행사변형은 마름모이다.
③ 마름모는 사다리꼴이다.
④ 직사각형은 정사각형이다.
⑤ 정사각형은 마름모이다.

0351 상중하

오른쪽 그림과 같은 평행사변형 ABCD에 대하여 다음 보기 중 옳은 것을 모두 고른 것은?

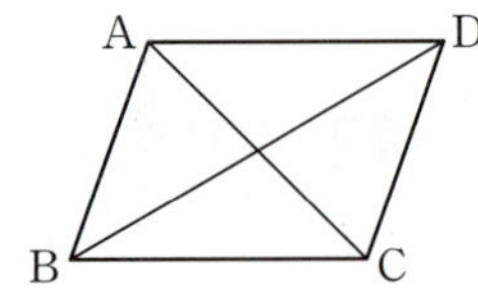

> **보기**
>
> ㄱ. $\overline{AB}=\overline{AD}$이면 □ABCD는 정사각형이다.
> ㄴ. $\overline{AC}=\overline{BD}$이면 □ABCD는 마름모이다.
> ㄷ. $\overline{AC}\perp\overline{BD}$이면 □ABCD는 마름모이다.
> ㄹ. $\angle ABC=\angle BCD$이면 □ABCD는 직사각형이다.

① ㄱ, ㄴ   ② ㄱ, ㄷ   ③ ㄴ, ㄷ
④ ㄴ, ㄹ   ⑤ ㄷ, ㄹ

0352 상중하

다음 조건을 모두 만족시키는 □ABCD는 어떤 사각형인지 구하시오.

$$\overline{AB} /\!/ \overline{DC}, \quad \overline{AB}=\overline{DC}, \quad \overline{AC}=\overline{BD}$$

0382

오른쪽 그림과 같은 직사각형 ABCD에서 $\overline{OA}=4x-5$, $\overline{OC}=2x+3$일 때, $\overline{BD}$의 길이를 구하시오.

(단, 점 O는 두 대각선의 교점이다.)

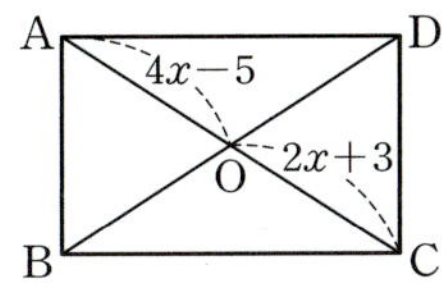

0383

오른쪽 그림과 같은 직사각형 ABCD에서 $\angle BAE=\angle EAC$, $\overline{EA}=\overline{EC}$일 때, $\angle AEC$의 크기를 구하시오.

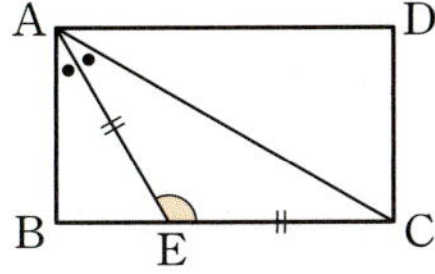

0384

오른쪽 그림은 직사각형 ABCD를 $\overline{EF}$를 접는 선으로 하여 꼭짓점 B가 꼭짓점 D에 오도록 접은 것이다. $\angle GDF=32°$일 때, $\angle FED$의 크기는?

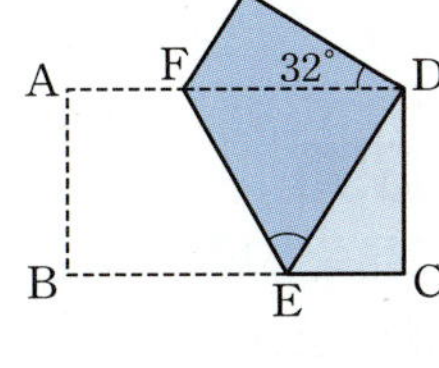

① 60°　　　② 61°
③ 62°　　　④ 63°
⑤ 64°

0385

다음 중 평행사변형이 직사각형이 되는 조건을 모두 고르면?

(정답 2개)

① 두 대각선의 길이가 같다.
② 두 대각선이 서로 수직이다.
③ 한 내각의 크기가 90°이다.
④ 이웃하는 두 변의 길이가 같다.
⑤ 두 쌍의 대각의 크기가 각각 같다.

0386

오른쪽 그림과 같은 마름모 ABCD에서 다음 중 옳지 않은 것은?

(단, 점 O는 두 대각선의 교점이다.)

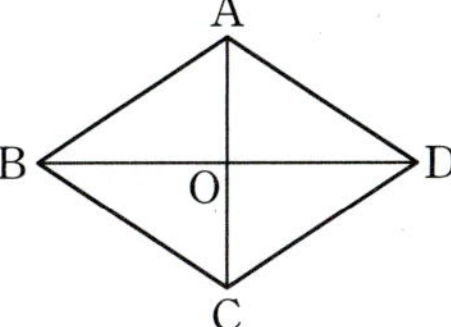

① $\overline{AB}=\overline{AD}$
② $\overline{OA}=\overline{OB}$
③ $\angle AOB=90°$
④ $\angle BAO=\angle DAO$
⑤ $\angle ABO=\angle ADO$

0387

오른쪽 그림과 같은 마름모 ABCD의 꼭짓점 A에서 $\overline{BC}$, $\overline{CD}$에 내린 수선의 발을 각각 P, Q라고 하자. $\angle D=66°$일 때, $\angle APQ$의 크기를 구하시오.

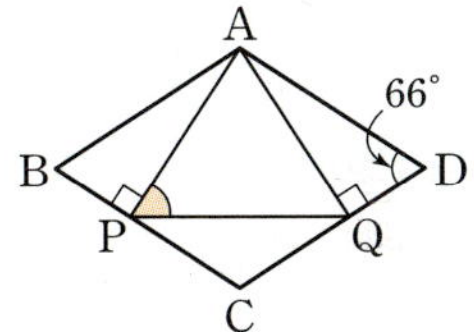

★★ 0388

오른쪽 그림과 같은 평행사변형 ABCD에서 $\angle BAC=62°$, $\angle BDC=28°$일 때, $\angle ACB$의 크기는?

(단, 점 O는 두 대각선의 교점이다.)

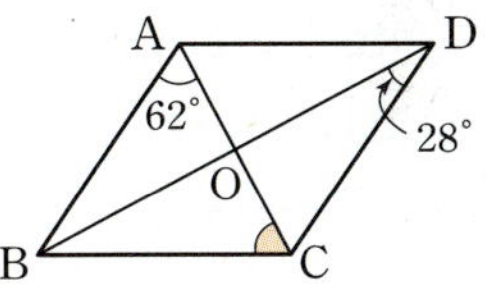

① 60°　　　② 62°　　　③ 64°
④ 66°　　　⑤ 68°

0389

오른쪽 그림과 같이 $\overline{AD}=2\overline{AB}$인 평행사변형 ABCD에서 $\overline{CD}$의 연장선 위에 $\overline{EC}=\overline{CD}=\overline{DF}$가 되도록 두 점 E, F를 잡았다. $\overline{AE}$와 $\overline{BF}$의 교점을 O라고 할 때, $\angle POQ$의 크기를 구하시오.

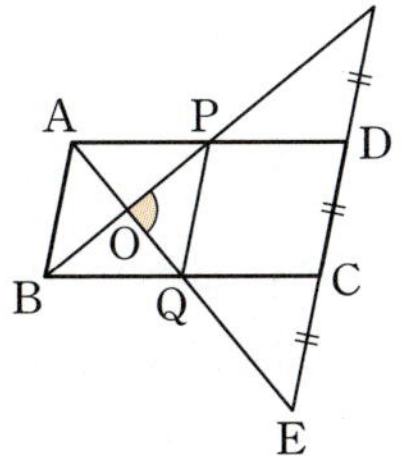

0390

오른쪽 그림과 같은 정사각형 ABCD에서
$\overline{AC}=16$ cm일 때, △OCD의 넓이는?
(단, 점 O는 두 대각선의 교점이다.)

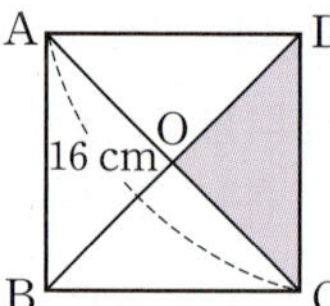

① 26 cm^2　　② 28 cm^2

③ 30 cm^2　　④ 32 cm^2

⑤ 34 cm^2

0391

오른쪽 그림과 같은 정사각형 ABCD
에서 대각선 BD 위에 한 점 E를 잡고
$\overline{AE}$의 연장선과 $\overline{BC}$의 연장선의 교점
을 F라고 하자. ∠BCE=60°일 때,
∠F의 크기를 구하시오.

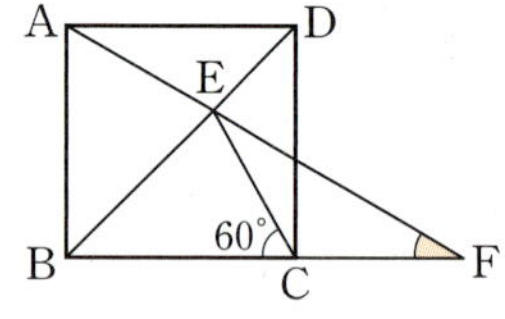

0392 생각이 쏙쏙

오른쪽 그림과 같은 정사각형
ABCD에서 $\overline{DC}=\overline{DE}$일 때, ∠$x$의
크기를 구하시오.

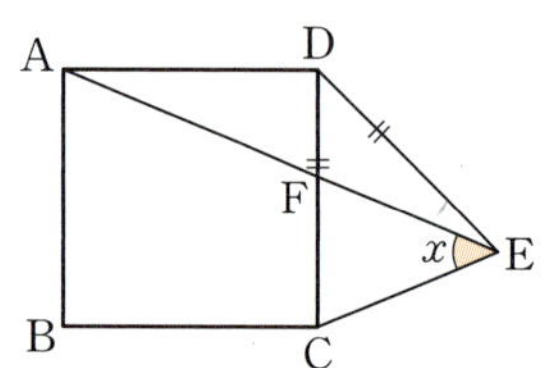

★★ 0393

$\overline{AD}\,/\!/\,\overline{BC}$인 □ABCD에서 $\overline{AC}=\overline{BD}$일 때,
다음 중 □ABCD가 정사각형이 되는 조건은?

① $\overline{AD}=\overline{BC}$, $\overline{AB}=\overline{DC}$

② $\overline{AD}=\overline{BC}$, ∠BAD=90°

③ $\overline{AD}=\overline{BC}$, $\overline{AC}\perp\overline{BD}$

④ $\overline{AB}\,/\!/\,\overline{DC}$, ∠BAD=90°

⑤ $\overline{AB}\,/\!/\,\overline{DC}$, ∠BAD=∠ABC

0394

오른쪽 그림과 같이 $\overline{AD}\,/\!/\,\overline{BC}$인 등변사
다리꼴 ABCD에서 $\overline{AB}=\overline{AD}$이고
∠ABD=38°일 때, ∠BDC의 크기를 구
하시오.

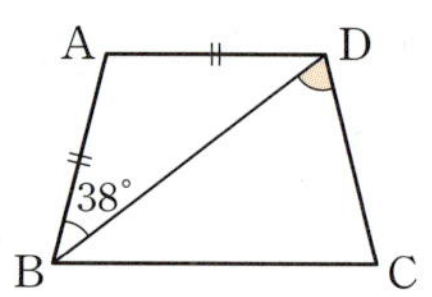

★★ 0395

오른쪽 그림과 같이 $\overline{AD}\,/\!/\,\overline{BC}$인
등변사다리꼴 ABCD에서
$\overline{AB}=6$ cm, $\overline{AD}=7$ cm, ∠B=60°
일 때, $\overline{BC}$의 길이는?

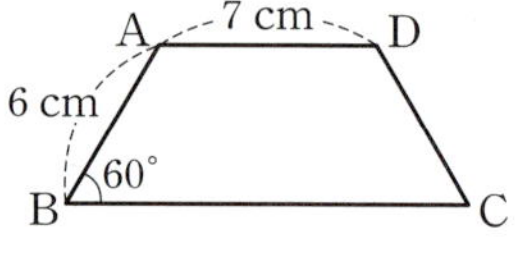

① 11 cm　　② 12 cm　　③ 13 cm

④ 14 cm　　⑤ 15 cm

0396

오른쪽 그림과 같은 평행사변형 ABCD
에서 ∠A, ∠B의 이등분선이 $\overline{BC}$, $\overline{AD}$
와 만나는 점을 각각 E, F라고 할 때,
□ABEF는 어떤 사각형인지 구하시오.

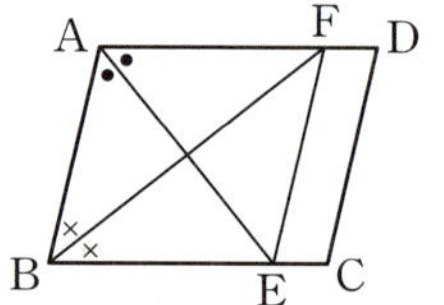

0397

다음 중 옳은 것을 모두 고르면? (정답 2개)

① $\overline{AB}=\overline{AD}$인 평행사변형 ABCD는 마름모이다.

② ∠BCD=90°인 평행사변형 ABCD는 마름모이다.

③ $\overline{AC}\perp\overline{BD}$인 평행사변형 ABCD는 직사각형이다.

④ $\overline{AC}=\overline{BD}$인 마름모 ABCD는 정사각형이다.

⑤ ∠BAD+∠ABC=180°인 마름모 ABCD는 정사각형이다.

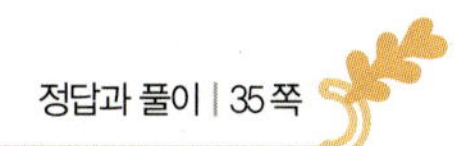

0398

다음 그림은 여러 가지 사각형 사이의 관계를 나타낸 것이다. ㉠, ㉡에 알맞은 조건은?

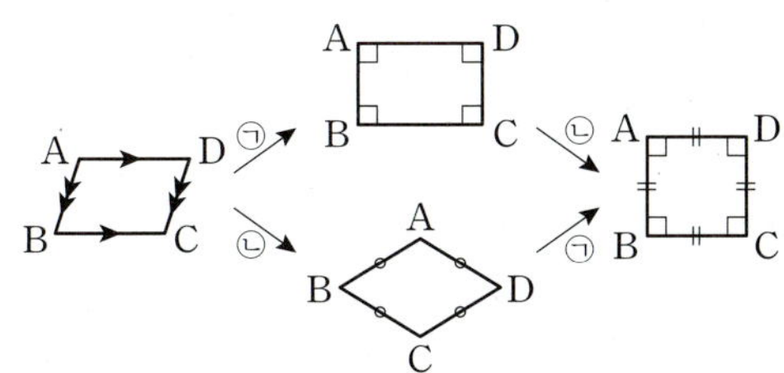

	㉠	㉡
①	$\overline{AC}\perp\overline{BD}$	$\overline{AC}=\overline{BD}$
②	$\overline{AB}=\overline{AD}$	$\angle B=90°$
③	$\angle A=90°$	$\overline{AC}=\overline{BD}$
④	$\angle A=90°$	$\overline{AB}=\overline{BC}$
⑤	$\overline{AB}=\overline{BC}$	$\overline{AC}\perp\overline{BD}$

0399

다음 보기의 사각형 중 대각선이 서로 다른 것을 수직이등분하는 것은 모두 몇 개인가?

> **보기**
> ㄱ. 사다리꼴　　ㄴ. 등변사다리꼴　　ㄷ. 평행사변형
> ㄹ. 직사각형　　ㅁ. 마름모　　ㅂ. 정사각형

① 2개　　② 3개　　③ 4개
④ 5개　　⑤ 6개

0400

오른쪽 그림에서 $\overline{AC}\,/\!/\,\overline{DE}$이고
$\triangle ABE=52\ cm^2$,
$\square ABCF=40\ cm^2$일 때, $\triangle AFD$의
넓이를 구하시오.

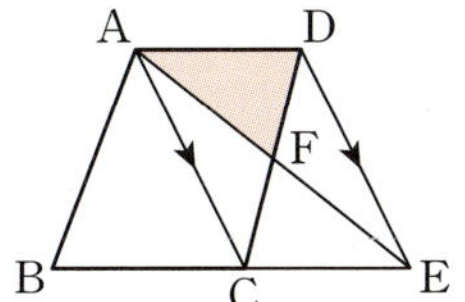

0401 생각이 쑥쑥

오른쪽 그림에서 $\overline{BD}:\overline{DC}=1:2$,
$\overline{BE}:\overline{EA}=3:2$이고 $\triangle BDE=6\ cm^2$
일 때, $\triangle ABC$의 넓이를 구하시오.

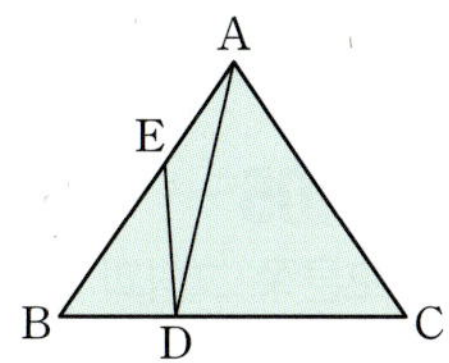

0402

오른쪽 그림과 같은 평행사변형 ABCD
에서 꼭짓점 D를 지나는 직선이 $\overline{AB}$의
연장선, $\overline{BC}$, $\overline{AC}$와 만나는 점을 각각
E, F, G라고 할 때, 다음 중 $\triangle ABF$와
넓이가 항상 같은 것을 모두 고르면?

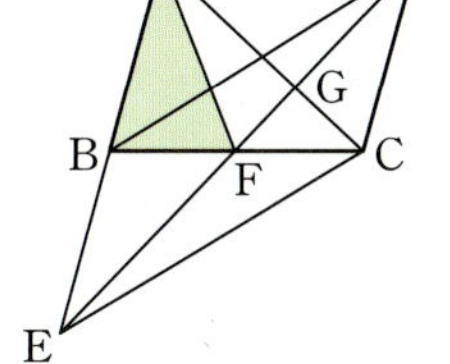

(정답 2개)

① $\triangle AFG$　　② $\triangle DBF$　　③ $\triangle BEF$
④ $\triangle FEC$　　⑤ $\triangle FCD$

0403

오른쪽 그림과 같이 $\overline{AD}\,/\!/\,\overline{BC}$인 사다리꼴
ABCD에서 $\triangle ABC=60\ cm^2$,
$\triangle OBC=36\ cm^2$, $\square ABCD=100\ cm^2$
일 때, $\triangle AOD$의 넓이를 구하시오.

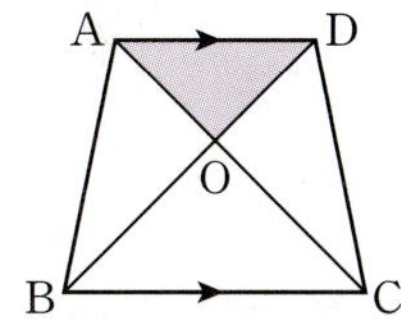

(단, 점 O는 두 대각선의 교점이다.)

0404

다음 그림과 같은 오각형 ABCDE와 넓이가 같고, 점 A를
꼭짓점으로 하는 삼각형을 한 변이 직선 CD 위에 오도록 그
리시오.

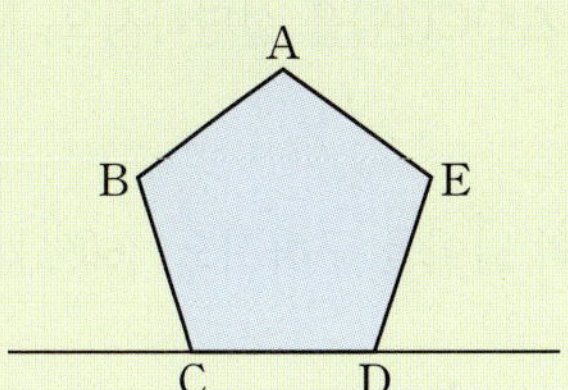

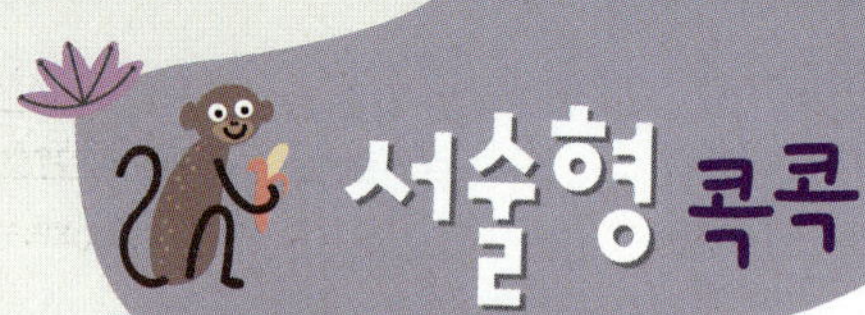

서술형 콕콕

0405

오른쪽 그림과 같이 마름모 ABCD의 꼭짓점 A에서 $\overline{BC}$, $\overline{CD}$에 내린 수선의 발을 각각 E, F라고 하자. ∠EAF=54°일 때, ∠x의 크기를 구하시오.

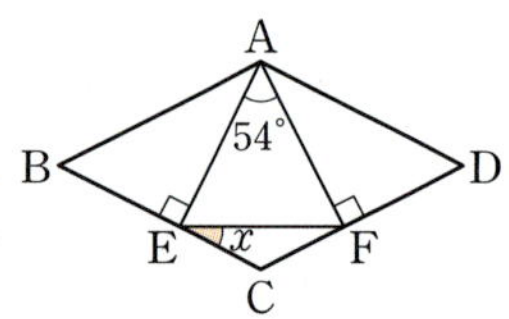

단계1 △ABE≡△ADF임을 설명하시오. [40%]

단계2 ∠AEF의 크기를 구하시오. [30%]

단계3 ∠x의 크기를 구하시오. [30%]

0406

오른쪽 그림과 같이 마름모 ABCD의 꼭짓점 A에서 $\overline{BC}$, $\overline{CD}$에 내린 수선의 발을 각각 E, F라고 하자. ∠EAF=62°일 때, ∠x의 크기를 구하시오.

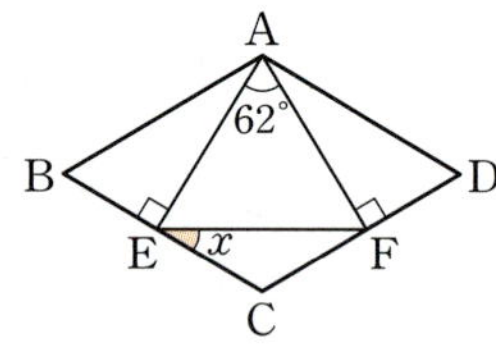

풀이

답 ____________

0407

오른쪽 그림과 같은 정사각형 ABCD에서 $\overline{BE}=\overline{CF}$, ∠AEC=110°일 때, ∠FBC의 크기를 구하시오.

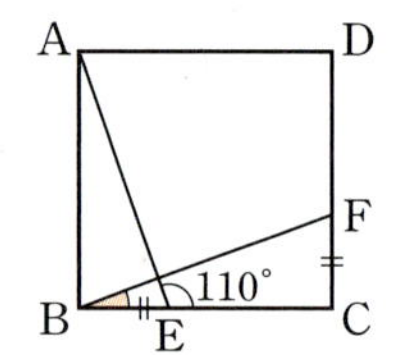

단계1 △ABE≡△BCF임을 설명하시오. [40%]

단계2 ∠BFC의 크기를 구하시오. [30%]

단계3 ∠FBC의 크기를 구하시오. [30%]

0408

오른쪽 그림과 같은 정사각형 ABCD에서 $\overline{BE}=\overline{CF}$, ∠AEC=115°일 때, ∠FBC의 크기를 구하시오.

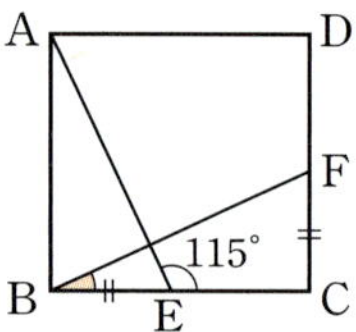

풀이

답 ____________

0409

오른쪽 그림에서 □ABCD와 □OEFG는 합동인 정사각형이다. 점 O는 □ABCD의 두 대각선의 교점이고 $\overline{AD}=8$ cm일 때, □OPCQ의 넓이를 구하시오.

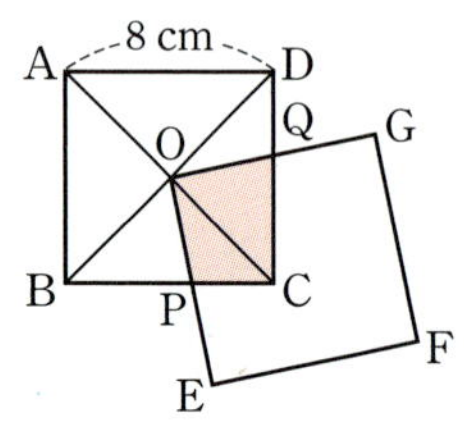

단계1 △OBP≡△OCQ임을 설명하시오. [40%]

단계2 □OPCQ의 넓이를 구하시오. [60%]

0410

오른쪽 그림에서 □ABCD와 □OEFG는 합동인 정사각형이다. 점 O는 □ABCD의 두 대각선의 교점이고 $\overline{AD}=6$ cm일 때, □OPCQ의 넓이를 구하시오.

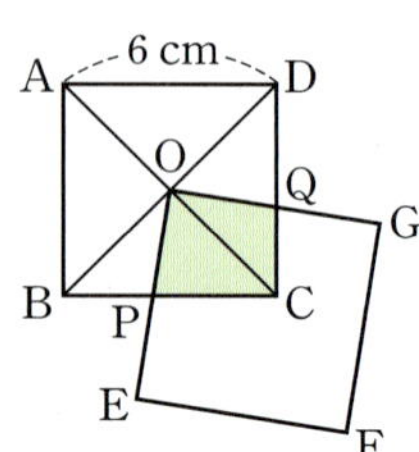

풀이

답 ____________

0411

오른쪽 그림과 같이 $\overline{AD} /\!/ \overline{BC}$인 등변사다리꼴 ABCD의 꼭짓점 A에서 $\overline{BC}$에 내린 수선의 발을 H라고 하자. $\overline{AD}=4$ cm, $\overline{BC}=10$ cm일 때, $\overline{HC}$의 길이를 구하시오.

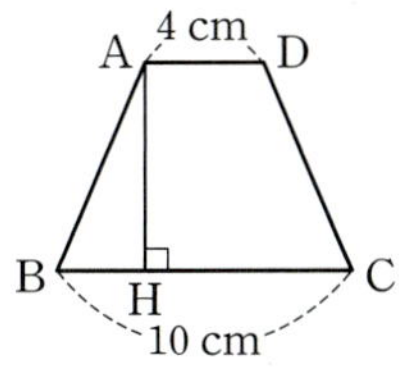

단계 1 꼭짓점 D에서 $\overline{BC}$에 내린 수선의 발을 I라고 할 때, $\overline{HI}$의 길이를 구하시오. [40%]

단계 2 $\overline{CI}$의 길이를 구하시오. [40%]

단계 3 $\overline{HC}$의 길이를 구하시오. [20%]

0412

오른쪽 그림과 같이 $\overline{AD} /\!/ \overline{BC}$인 등변사다리꼴 ABCD의 꼭짓점 A에서 $\overline{BC}$에 내린 수선의 발을 H라고 하자. $\overline{AD}=5$ cm, $\overline{BC}=13$ cm일 때, $\overline{HC}$의 길이를 구하시오.

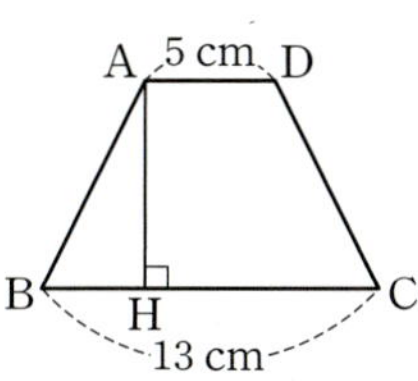

풀이

답 ________________

0413

오른쪽 그림과 같은 △ABC에서 점 M은 $\overline{BC}$의 중점이고 $\overline{AP}:\overline{PM}=1:3$이다. △PBM$=15$ cm^{2}일 때, △ABC의 넓이를 구하시오.

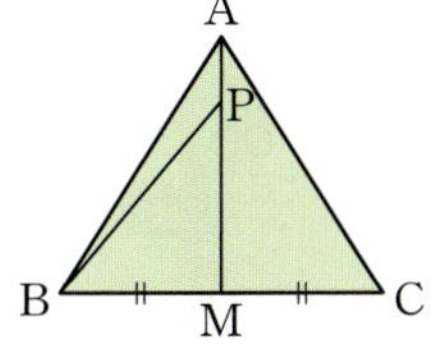

단계 1 △ABP의 넓이를 구하시오. [40%]

단계 2 △ABM의 넓이를 구하시오. [20%]

단계 3 △ABC의 넓이를 구하시오. [40%]

0414

오른쪽 그림과 같은 △ABC에서 점 M은 $\overline{BC}$의 중점이고 $\overline{AP}:\overline{PM}=2:3$이다. △PMC$=18$ cm^{2}일 때, △ABC의 넓이를 구하시오.

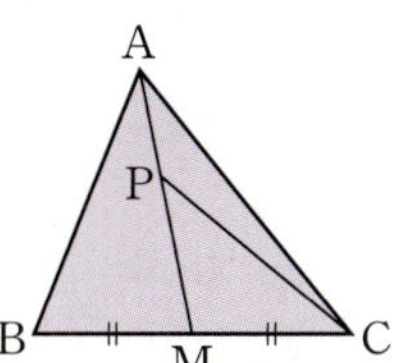

풀이

답 ________________

0415

오른쪽 그림과 같이 $\overline{AD} /\!/ \overline{BC}$인 사다리꼴 ABCD에서 $\overline{OB}:\overline{OD}=5:3$이고 △ABC$=80$ cm^{2}일 때, △OCD의 넓이를 구하시오. (단, 점 O는 두 대각선의 교점이다.)

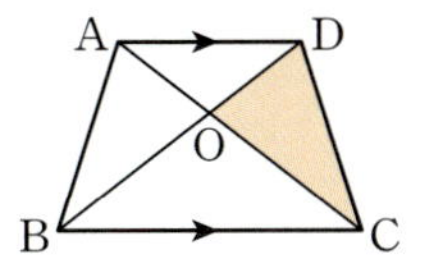

단계 1 △DBC의 넓이를 구하시오. [40%]

단계 2 △OCD의 넓이를 구하시오. [60%]

0416

오른쪽 그림과 같이 $\overline{AD} /\!/ \overline{BC}$인 사다리꼴 ABCD에서 $\overline{OA}:\overline{OC}=2:3$이고 △DBC$=30$ cm^{2}일 때, △OAB의 넓이를 구하시오. (단, 점 O는 두 대각선의 교점이다.)

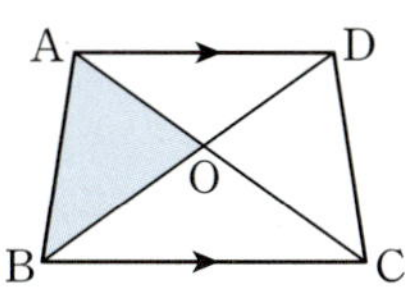

풀이

답 ________________

스스로 점검하기

아래의 마인드맵에서 빈칸을 채우면서 학습한 내용을 확인해 봅시다.

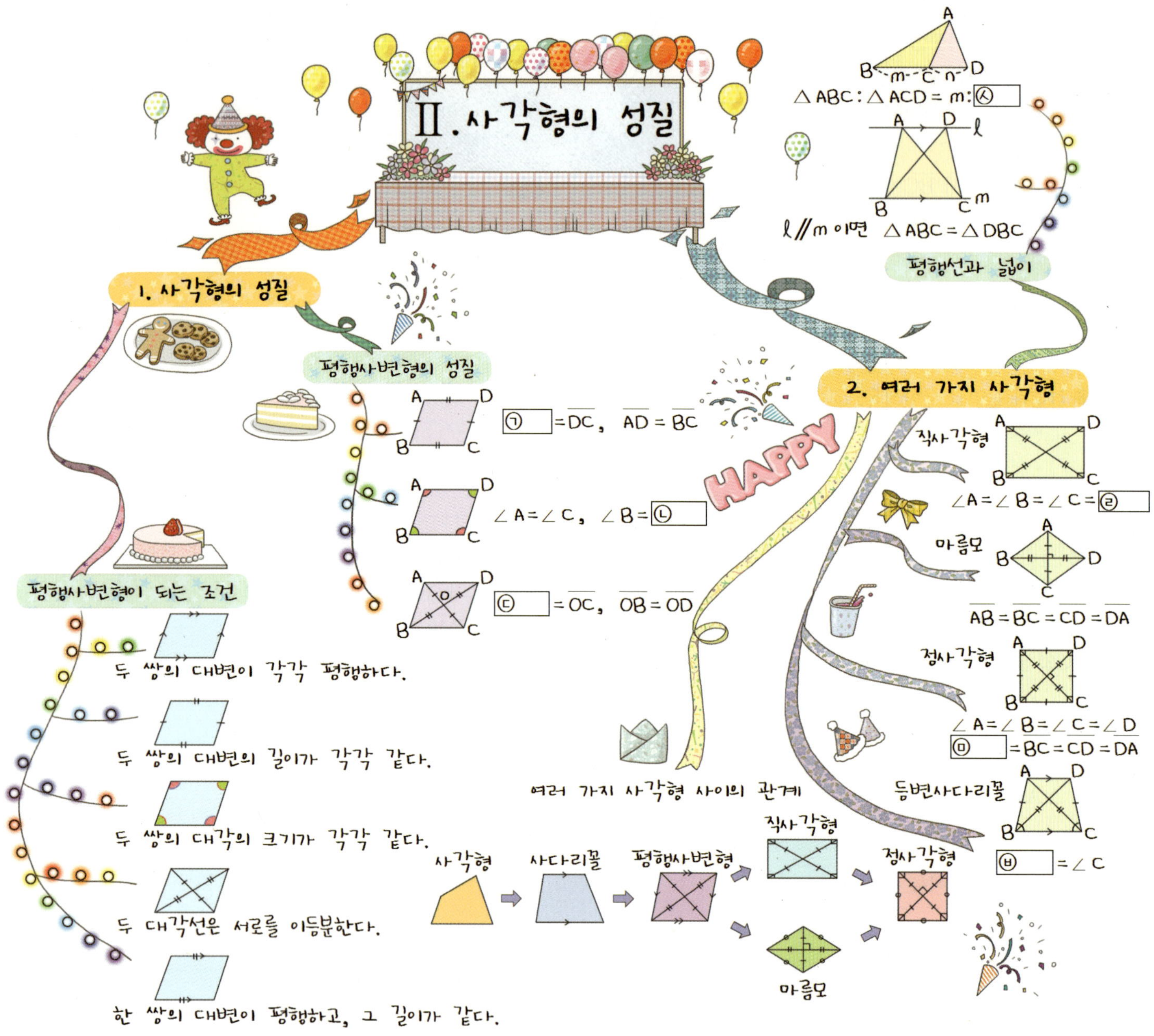

Ⅱ. 사각형의 성질
1. 사각형의 성질
평행사변형의 성질
A D B C
㉠ = $\overline{DC}$, $\overline{AD}$ = $\overline{BC}$
∠A = ∠C, ∠B = ㉡
O
㉢ = $\overline{OC}$, $\overline{OB}$ = $\overline{OD}$
평행사변형이 되는 조건
두 쌍의 대변이 각각 평행하다.
두 쌍의 대변의 길이가 각각 같다.
두 쌍의 대각의 크기가 각각 같다.
두 대각선은 서로를 이등분한다.
한 쌍의 대변이 평행하고, 그 길이가 같다.
평행선과 넓이
B m C n D
△ABC : △ACD = m : ㉦
ℓ m
l // m 이면 △ABC = △DBC
2. 여러 가지 사각형
직사각형
∠A = ∠B = ∠C = ㉣
마름모
$\overline{AB}$ = $\overline{BC}$ = $\overline{CD}$ = $\overline{DA}$
정사각형
∠A = ∠B = ∠C = ∠D
㉤ = $\overline{BC}$ = $\overline{CD}$ = $\overline{DA}$
등변사다리꼴
㉥ = ∠C
HAPPY
여러 가지 사각형 사이의 관계
사각형
사다리꼴
평행사변형
직사각형
마름모
정사각형

㉠ 평행사변형의 두 쌍의 대변의 길이는 각각 같다.
㉡ 평행사변형의 두 쌍의 대각의 크기는 각각 같다.
㉢ 평행사변형의 두 대각선은 서로 다른 것을 이등분한다.
㉣ 직사각형은 네 내각의 크기가 모두 같다.
㉤ 정사각형은 네 내각의 크기가 같고, 네 변의 길이가 모두 같다.
㉥ 등변사다리꼴은 아랫변의 양 끝 각의 크기가 같다.
㉦ 높이가 같은 삼각형의 넓이의 비는 삼각형의 밑변의 길이의 비와 같다.

답 | ㉠ $\overline{AB}$ ㉡ ∠D ㉢ $\overline{OA}$ ㉣ ∠D ㉤ $\overline{AB}$ ㉥ ∠B ㉦ n

Ⅲ. 도형의 닮음

🐛 이해가 부족한 유형은 □ 안에 ✓를 표시하고 다시 풀어 봅시다.

1 도형의 닮음

개념 1 닮은 도형

(1) 닮음 : 한 도형을 일정한 비율로 확대 또는 축소한 도형이 다른 도형과 합동일 때, 이 두 도형은 서로 닮음인 관계에 있다고 한다.

(2) 닮은 도형 : 서로 닮음인 관계에 있는 두 도형

(3) △ABC와 △DEF가 서로 닮은 도형일 때, 기호 ∽를 써서 △ABC∽△DEF와 같이 나타낸다.

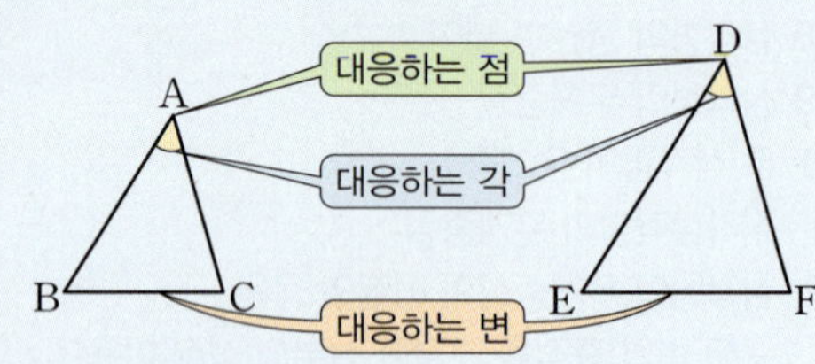

→ 서로 닮은 두 도형에서 한 도형을 확대하거나 축소하여 두 도형을 포갤 때, 포개어지는 점, 변, 각을 각각 대응하는 점, 대응하는 변, 대응하는 각이라고 한다.

참고 ① 항상 닮음인 평면도형
➡ 두 원, 변의 개수가 같은 두 정다각형, 두 직각이등변삼각형, 중심각의 크기가 같은 두 부채꼴
② 항상 닮음인 입체도형
➡ 면의 개수가 같은 두 정다면체, 두 구, 두 반구

개념 2 평면도형에서 닮음의 성질

(1) 서로 닮은 두 평면도형에서
① 대응하는 변의 길이의 비는 일정하다.
② 대응하는 각의 크기는 각각 같다.
　예 오른쪽 그림에서 △ABC∽△DEF일 때
　① $\overline{AB}:\overline{DE}=\overline{BC}:\overline{EF}=\overline{CA}:\overline{FD}$
　② ∠A=∠D, ∠B=∠E, ∠C=∠F

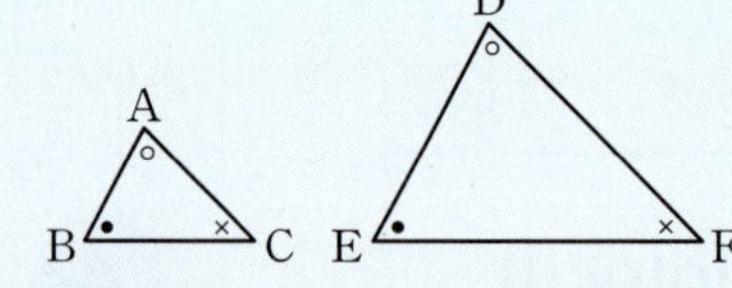

(2) 닮음비 : 서로 닮은 두 평면도형에서 대응하는 변의 길이의 비
　참고 일반적으로 닮음비는 가장 간단한 자연수의 비로 나타낸다.

개념 3 입체도형에서 닮음의 성질

(1) 서로 닮은 두 입체도형에서
① 대응하는 모서리의 길이의 비는 일정하다.
② 대응하는 면은 서로 닮은 도형이다.
　예 오른쪽 그림에서 두 삼각뿔 A−BCD와 A′−B′C′D′이 서로 닮은 도형일 때
　① $\overline{AB}:\overline{A'B'}=\overline{AC}:\overline{A'C'}=\overline{AD}:\overline{A'D'}$
　　$=\overline{BC}:\overline{B'C'}=\overline{CD}:\overline{C'D'}=\overline{DB}:\overline{D'B'}$
　② △ABC∽△A′B′C′, △ABD∽△A′B′D′,
　　△ACD∽△A′C′D′, △BCD∽△B′C′D′

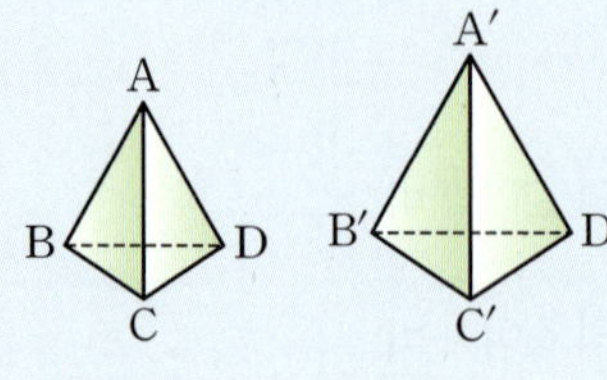

(2) 닮음비 : 서로 닮은 두 입체도형에서 대응하는 모서리의 길이의 비

개념 Plus

● 합동인 두 도형은 서로 닮은 도형이다.

● 기호로 나타내기
⑴ △ABC와 △DEF는 서로 합동이다.
　➡ △ABC≡△DEF
⑵ △ABC와 △DEF의 넓이는 같다.
　➡ △ABC=△DEF
⑶ △ABC와 △DEF는 서로 닮음이다.
　➡ △ABC∽△DEF

● 서로 닮은 두 도형을 기호로 나타낼 때, 두 도형의 꼭짓점은 합동과 마찬가지로 대응하는 순서대로 쓴다.

● 닮음비가 1 : 1인 두 도형은 합동이다.

● 서로 닮은 두 평면도형에서
(둘레의 길이의 비)=(닮음비)이다.
➡ 아래 그림에서
△ABC∽△DEF이고 닮음비가 $m:n$이면 둘레의 길이의 비는
$m(a+b+c):n(a+b+c)=m:n$

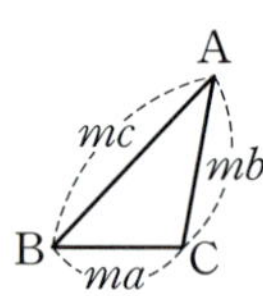
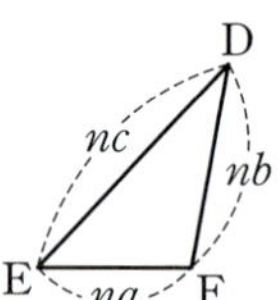

● 서로 닮은 두 원기둥 또는 원뿔에서 높이의 비, 밑면인 원의 반지름의 길이의 비, 밑면인 원의 둘레의 길이의 비, 모선의 길이의 비는 닮음비와 같다.

1 닮은 도형

0417

아래 그림에서 □ABCD∽□EFGH일 때, 다음을 구하시오.

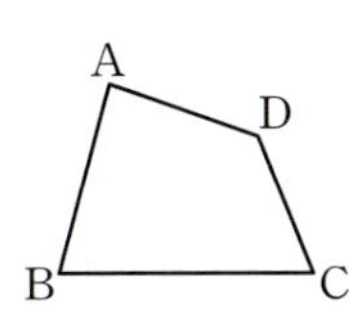
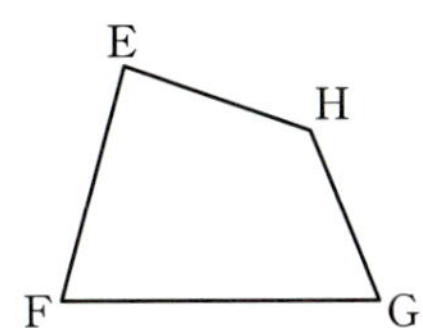

(1) 꼭짓점 A에 대응하는 점

(2) $\overline{BC}$에 대응하는 변

(3) ∠D에 대응하는 각

0418

다음 중 항상 닮은 도형인 것에는 ○, 그렇지 않은 것에는 ×표를 ( ) 안에 써넣으시오.

(1) 두 직각삼각형　( )　(2) 두 정사각형　( )

(3) 두 구　( )　(4) 두 직육면체　( )

(5) 두 정오각형　( )　(6) 두 육각기둥　( )

(7) 두 사다리꼴　( )　(8) 두 정이십면체　( )

2 평면도형에서 닮음의 성질

0419

아래 그림에서 △ABC∽△DEF일 때, 다음을 구하시오.

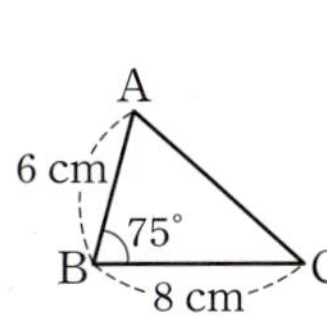
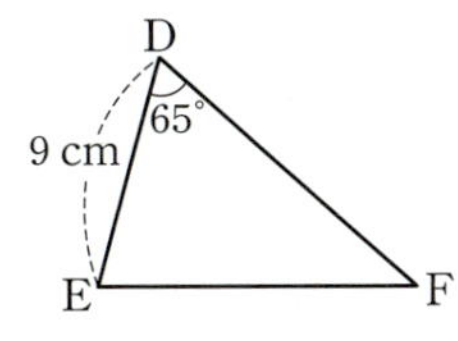

(1) △ABC와 △DEF의 닮음비

(2) ∠A의 크기

(3) $\overline{EF}$의 길이

(4) ∠F의 크기

0420

아래 그림에서 □ABCD∽□EFGH일 때, 다음을 구하시오.

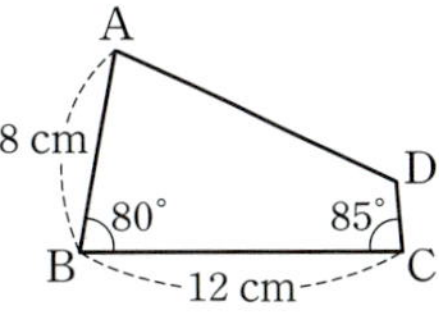
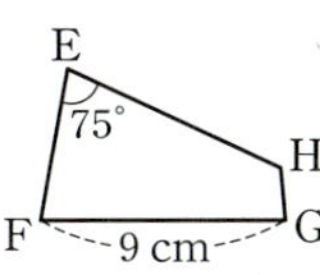

(1) □ABCD와 □EFGH의 닮음비

(2) $\overline{EF}$의 길이

(3) ∠A의 크기

(4) ∠H의 크기

3 입체도형에서 닮음의 성질

0421

아래 그림에서 두 삼각기둥은 서로 닮은 도형이다. 면 ABC에 대응하는 면이 면 A′B′C′일 때, 다음을 구하시오.

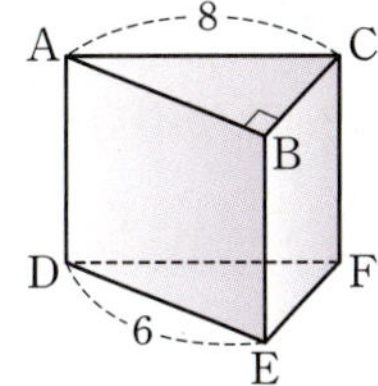
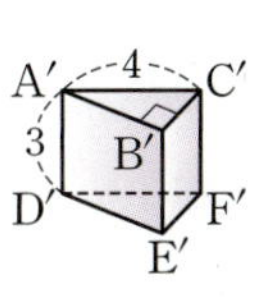

(1) 큰 삼각기둥과 작은 삼각기둥의 닮음비

(2) 면 ADFC에 대응하는 면

(3) $\overline{AD}$의 길이

0422

아래 그림에서 두 원뿔 A, B가 서로 닮은 도형일 때, 다음을 구하시오.

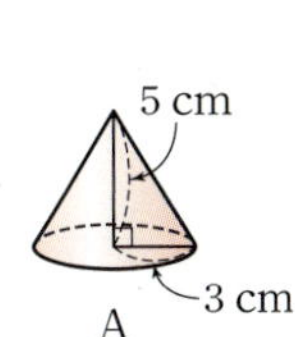
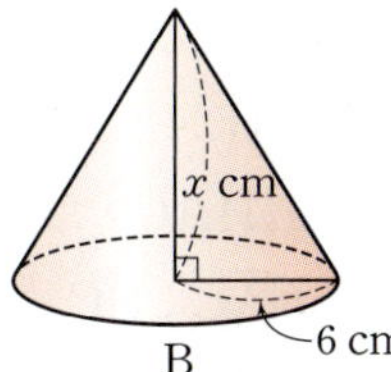

(1) 원뿔 A와 원뿔 B의 닮음비

(2) x의 값

1 도형의 닮음

개념 4 삼각형의 닮음 조건

두 삼각형 ABC와 A′B′C′은 다음 각 경우에 닮은 도형이다.

(1) 세 쌍의 대응하는 변의 길이의 비가 같다. (SSS 닮음)

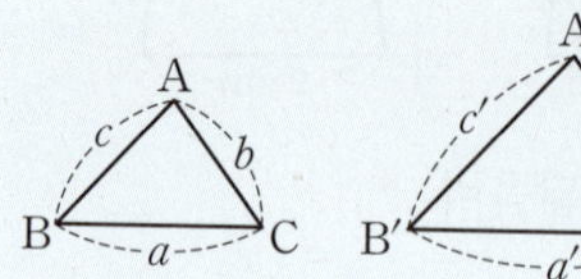

➡ $a : a' = b : b' = c : c'$

예 오른쪽 그림의 △ABC와 △DEF에서
$\overline{AB} : \overline{DE} = \overline{BC} : \overline{EF} = \overline{CA} : \overline{FD} = 2 : 3$이므로
△ABC∽△DEF (SSS 닮음)

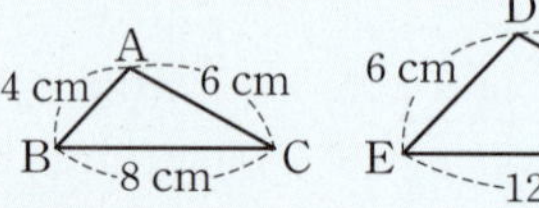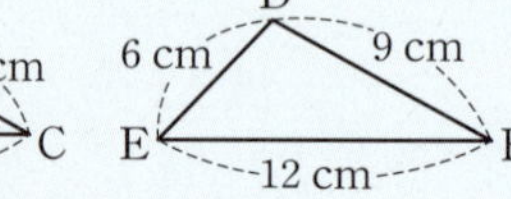

(2) 두 쌍의 대응하는 변의 길이의 비가 같고 그 끼인각의 크기가 같다. (SAS 닮음)

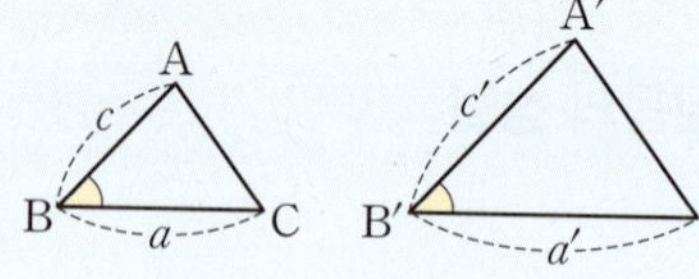

➡ $a : a' = c : c'$, $\angle B = \angle B'$

예 오른쪽 그림의 △ABC와 △DEF에서
$\overline{AB} : \overline{DE} = \overline{AC} : \overline{DF} = 1 : 2$, $\angle A = \angle D$이므로
△ABC∽△DEF (SAS 닮음)

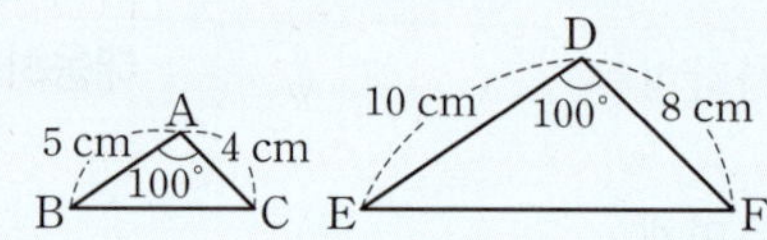

(3) 두 쌍의 대응하는 각의 크기가 각각 같다. (AA 닮음)

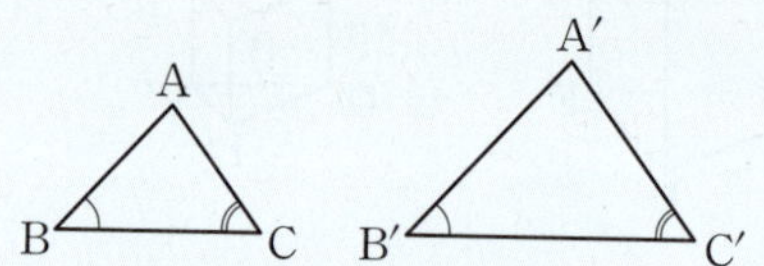

➡ $\angle B = \angle B'$, $\angle C = \angle C'$

예 오른쪽 그림의 △ABC에서
$\angle C = 180° - (80° + 70°) = 30°$
△ABC와 △DEF에서
$\angle A = \angle D$, $\angle C = \angle F$이므로
△ABC∽△DEF (AA 닮음)

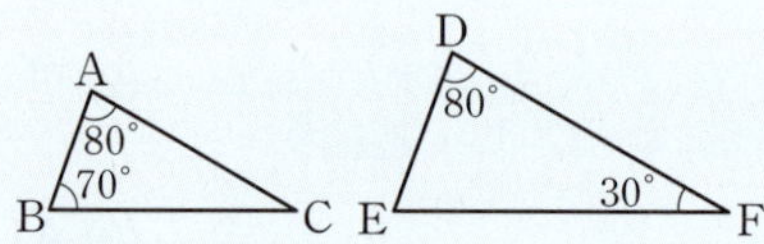

개념 5 직각삼각형의 닮음

$\angle A = 90°$인 직각삼각형 ABC에서 $\overline{AH} \perp \overline{BC}$일 때,
△ABC∽△HBA∽△HAC (AA 닮음)

(1) △ABC∽△HBA이므로
$\overline{AB} : \overline{HB} = \overline{BC} : \overline{BA}$ ∴ $\overline{AB}^2 = \overline{BH} \times \overline{BC}$

(2) △ABC∽△HAC이므로
$\overline{BC} : \overline{AC} = \overline{AC} : \overline{HC}$ ∴ $\overline{AC}^2 = \overline{CH} \times \overline{CB}$

(3) △HBA∽△HAC이므로
$\overline{BH} : \overline{AH} = \overline{AH} : \overline{CH}$ ∴ $\overline{AH}^2 = \overline{BH} \times \overline{CH}$

참고 $\triangle ABC = \dfrac{1}{2} \times \overline{AB} \times \overline{AC} = \dfrac{1}{2} \times \overline{BC} \times \overline{AH}$ ∴ $\overline{AB} \times \overline{AC} = \overline{BC} \times \overline{AH}$

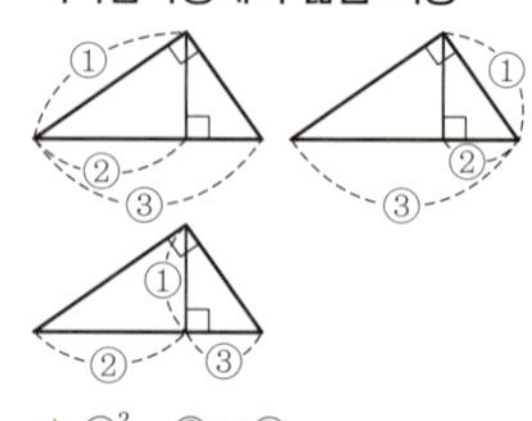

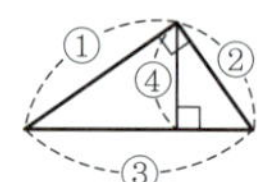

개념 Plus (오른쪽 여백)

● **삼각형의 합동 조건**
두 삼각형은 다음의 각 경우에 서로 합동이다.
(1) 대응하는 세 변의 길이가 각각 같다. (SSS 합동)
(2) 대응하는 두 변의 길이가 각각 같고, 그 끼인각의 크기가 같다. (SAS 합동)
(3) 한 변의 길이가 같고, 그 양 끝 각의 크기가 각각 같다. (ASA 합동)

● 닮은 삼각형을 찾을 때는 변의 길이의 비, 각의 크기를 먼저 확인한다.

● **직각삼각형에서 닮음 이용**
➡ $①^2 = ② \times ③$

● **직각삼각형에서 넓이 이용**
➡ $① \times ② = ③ \times ④$

4　삼각형의 닮음 조건

0423

다음 그림에서 △ABC와 △DEF가 서로 닮은 도형일 때, 알맞은 닮음 조건을 짝 지으시오.

(1) 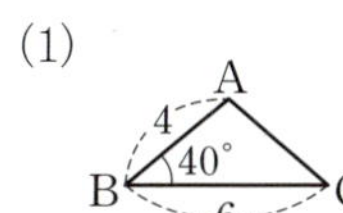 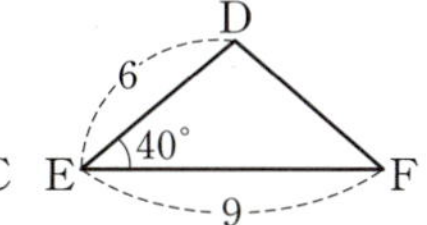　　　•　•　㉠ SSS 닮음

(2) 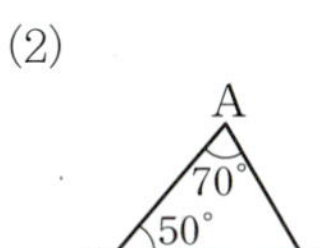 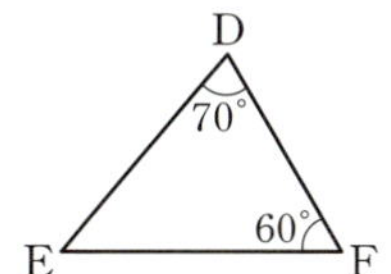　　　•　•　㉡ SAS 닮음

(3) 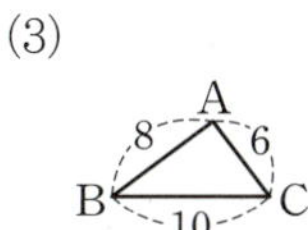 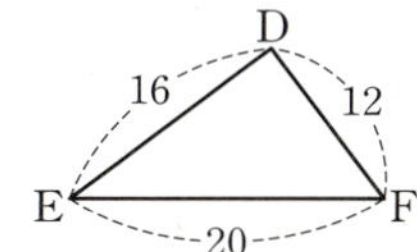　　　•　•　㉢ AA 닮음

0424

다음 그림에서 △ABC와 닮음인 삼각형을 찾고, 그때의 닮음 조건을 □ 안에 써넣으시오.

(1) 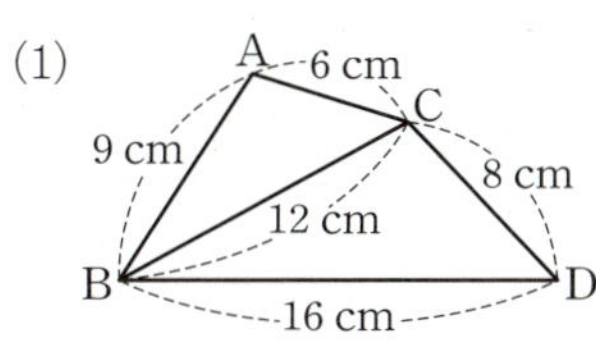

△ABC∽□（□ 닮음）

(2) 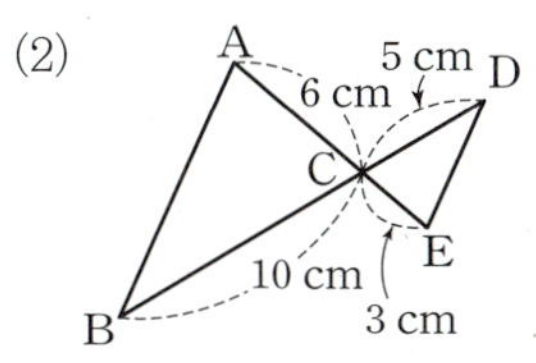

△ABC∽□（□ 닮음）

(3) 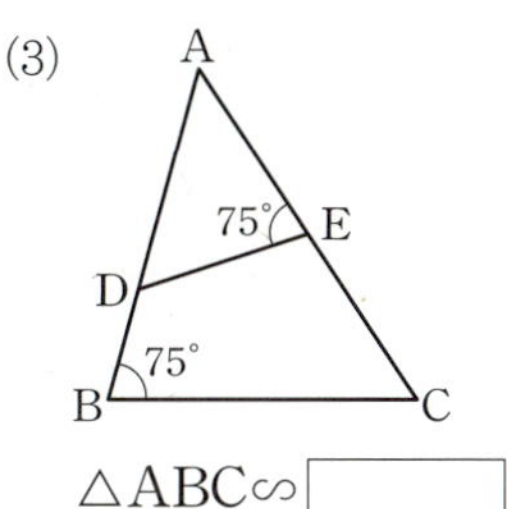

△ABC∽□（□ 닮음）

0425

다음은 오른쪽 그림과 같은 △ABC에서 $\overline{AC}=\overline{AD}=5$, $\overline{BD}=3$, $\overline{BE}=4$, $\overline{CE}=2$일 때, $\overline{DE}$의 길이를 구하는 과정이다. □ 안에 알맞은 것을 써넣으시오.

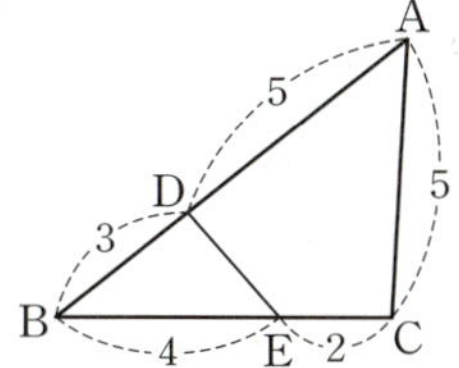

△ABC와 □에서

□ : $\overline{EB}=(5+3)$: □=□ : □,

□ : $\overline{BD}=(4+2)$: □=□ : □,

□ 는 공통이므로

△ABC∽□ （□ 닮음）

따라서 □ : $\overline{DE}=2$: 1이므로

□ : $\overline{DE}=2$: 1　∴ $\overline{DE}=$ □

5　직각삼각형의 닮음

0426

오른쪽 그림과 같이 ∠A=90°인 직각삼각형 ABC에서 $\overline{AD}\perp\overline{BC}$일 때, 다음을 구하시오.

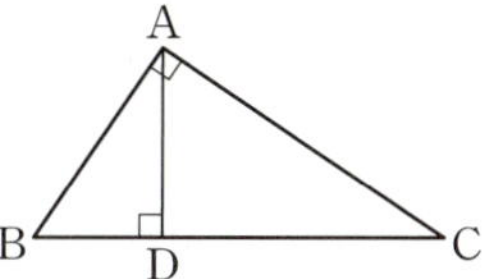

(1) ∠B와 크기가 같은 각

(2) ∠C와 크기가 같은 각

(3) △ABC와 닮음인 삼각형

0427

다음 그림과 같이 ∠A=90°인 직각삼각형 ABC에서 $\overline{AD}\perp\overline{BC}$일 때, x의 값을 구하시오.

(1) 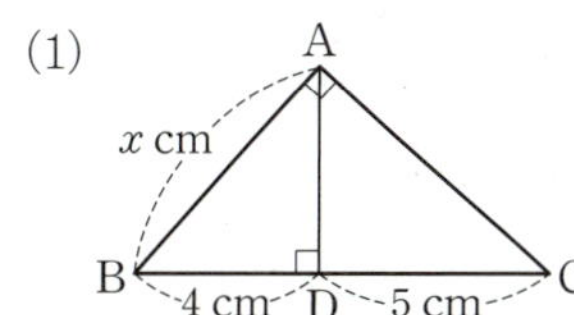

(2) 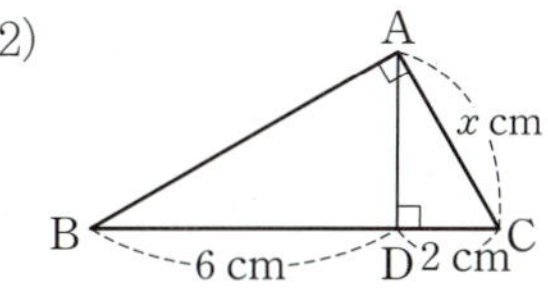

(3) 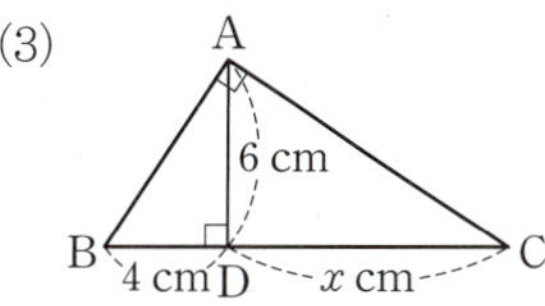

(4) 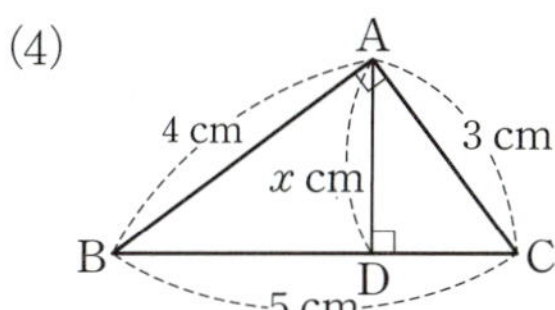

▸수학의 바이블 63쪽

유형 01 닮은 도형

0428 상중하

다음 그림에서 □ABCD∽□EFGH일 때, $\overline{AB}$에 대응하는 변과 ∠C에 대응하는 각을 차례대로 구한 것은?

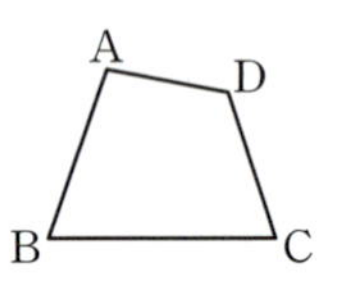
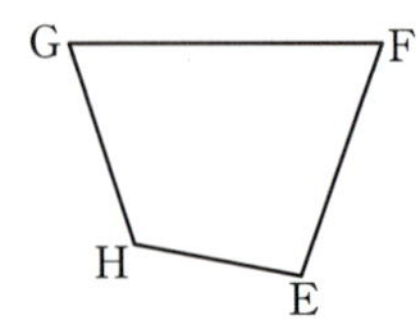

① $\overline{EF}$, ∠E ② $\overline{EF}$, ∠F ③ $\overline{EF}$, ∠G
④ $\overline{GH}$, ∠E ⑤ $\overline{GH}$, ∠G

> **유형 Point** △ABC∽△DEF이면
> (1) 세 점 A, B, C에 대응하는 점은 각각 점 D, E, F이다.
> (2) $\overline{AB}$, $\overline{BC}$, $\overline{CA}$에 대응하는 변은 각각 $\overline{DE}$, $\overline{EF}$, $\overline{FD}$이다.
> (3) ∠A, ∠B, ∠C에 대응하는 각은 각각 ∠D, ∠E, ∠F이다.

0429 상중하

아래 그림에서 △ABC∽△EDF일 때, 다음 보기 중 옳은 것을 모두 고르시오.

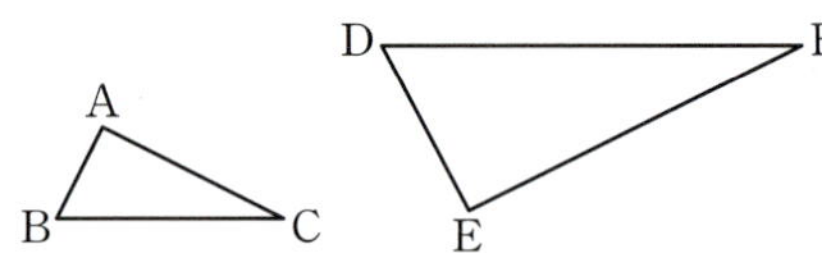

> **보기**
> ㄱ. 점 B에 대응하는 점은 점 E이다.
> ㄴ. $\overline{AC}$에 대응하는 변은 $\overline{DE}$이다.
> ㄷ. ∠C에 대응하는 각은 ∠F이다.
> ㄹ. △ABC를 일정한 비율로 확대하면 △EDF와 합동이다.

0430 상중하

다음 그림에서 두 직육면체는 서로 닮은 도형이고 면 ABCD에 대응하는 면이 면 IJKL일 때, $\overline{GH}$에 대응하는 모서리와 면 JNOK에 대응하는 면을 차례대로 구하시오.

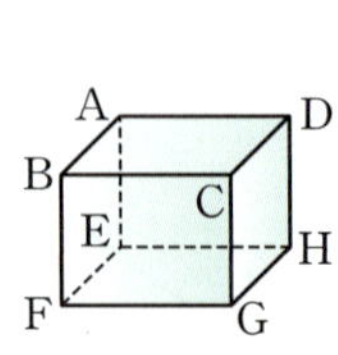
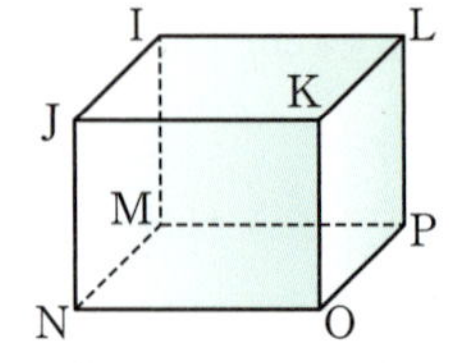

유형 02 항상 닮은 도형

0431 상중하

다음 중 항상 닮은 도형이라고 할 수 없는 것은?

① 두 정삼각형 ② 두 원 ③ 두 직사각형
④ 두 구 ⑤ 두 정육면체

> **유형 Point**
> (1) 항상 닮음인 평면도형
> ➡ 두 원, 두 정n각형($n≥3$), 두 직각이등변삼각형, 중심각의 크기가 같은 두 부채꼴
> (2) 항상 닮음인 입체도형 ➡ 두 구, 면의 개수가 같은 두 정다면체

0432 상중하

다음 보기 중 항상 닮은 도형인 것을 모두 고른 것은?

> **보기**
> ㄱ. 두 원기둥 ㄴ. 두 정사각형
> ㄷ. 두 정사면체 ㄹ. 두 평행사변형
> ㅁ. 두 마름모 ㅂ. 두 정사각뿔

① ㄱ, ㄹ ② ㄴ, ㄷ ③ ㄷ, ㅂ
④ ㄱ, ㄴ, ㅁ ⑤ ㄴ, ㄷ, ㅂ

0433 상중하

다음 중 항상 닮은 도형이라고 할 수 없는 것을 모두 고르면? (정답 2개)

① 두 반원
② 한 내각의 크기가 같은 두 이등변삼각형
③ 중심각의 크기가 같은 두 부채꼴
④ 두 직각이등변삼각형
⑤ 넓이가 같은 두 직사각형

0434 상중하

오른쪽 그림의 칠교판은 정사각형을 일곱 개의 조각으로 나눈 것으로 각 조각은 직각이등변삼각형, 정사각형, 평행사변형으로 이루어져 있다. 이 조각 중에서 닮은 도형을 모두 찾으시오.

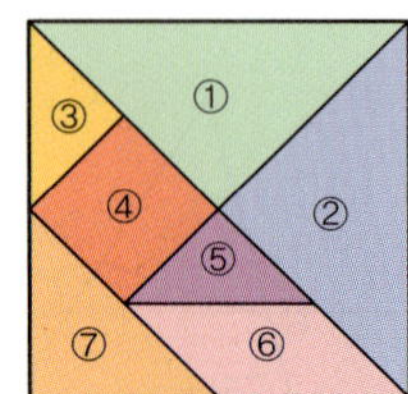

▶수학의 바이블 65쪽

유형 03 평면도형에서 닮음의 성질

0435 상중하

아래 그림에서 △ABC∽△DEF일 때, 다음 중 옳지 <u>않은</u>
것을 모두 고르면? (정답 2개)

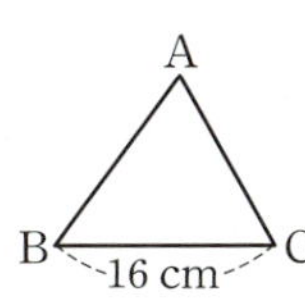
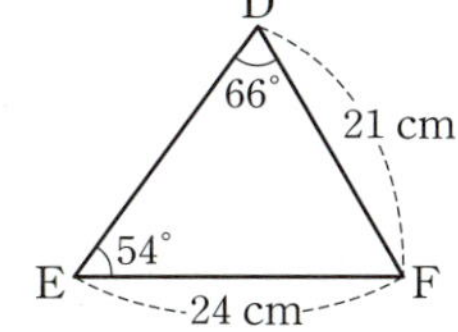

① 닮음비는 2 : 3이다.   ② $\overline{AC}$=13 cm
③ ∠A=66°   ④ ∠C=60°
⑤ $\overline{AB}$=14 cm

→ 유형 Point   △ABC∽△DEF일 때
(1) 대응하는 변의 길이의 비는 일정하다.
  ➡ $\overline{AB}:\overline{DE}=\overline{BC}:\overline{EF}=\overline{CA}:\overline{FD}$
(2) 대응하는 각의 크기는 각각 같다.
  ➡ ∠A=∠D, ∠B=∠E, ∠C=∠F
(3) (닮음비)=(대응하는 변의 길이의 비)

0436 상중하

아래 그림에서 □ABCD∽□HGFE일 때, 다음 중 옳지
<u>않은</u> 것을 모두 고르면? (정답 2개)

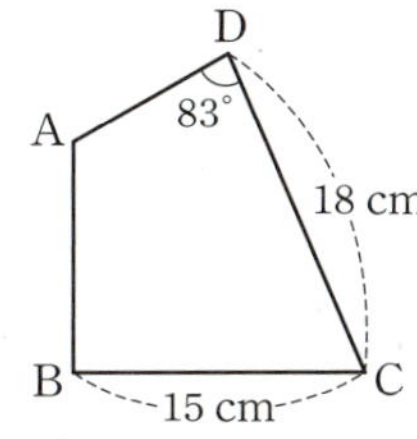
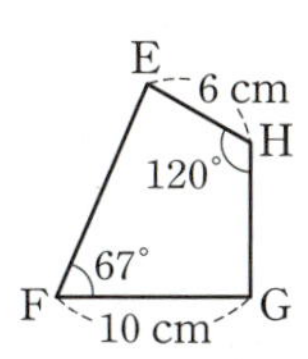

① $\overline{AB}:\overline{HG}$=3 : 2   ② $\overline{AD}$=8 cm
③ $\overline{EF}$=12 cm   ④ ∠E=83°
⑤ ∠B=67°

0437 상중하

오른쪽 그림에서
△AEB∽△CED일 때, $\overline{CD}$의 길
이를 구하시오.

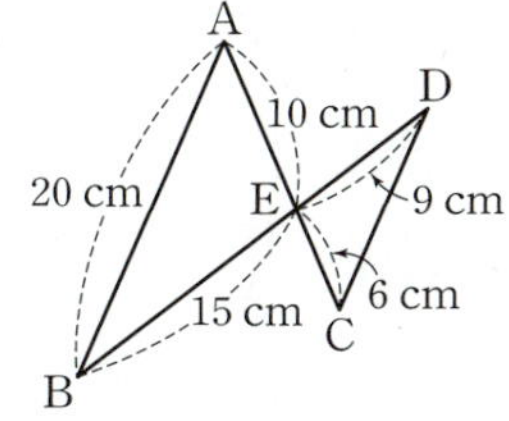

0438 상중하

가로의 길이가 24 cm, 세로의 길이가 16 cm인 직사각형을
다음 그림과 같이 반으로 자른 직사각형을 (1), (1)을 다시 반
으로 자른 직사각형을 (2)라고 할 때, 처음 직사각형과 닮은
직사각형을 찾고, 닮음비를 구하시오.

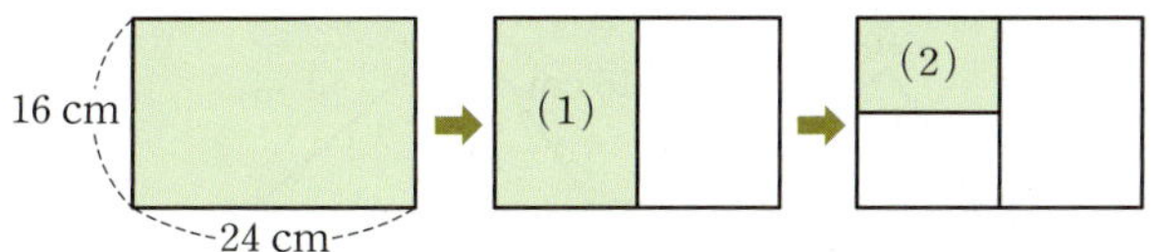

0439 상중하

오른쪽 그림에서
△ADE∽△ACB일 때, $\overline{BC}$의
길이를 구하시오.

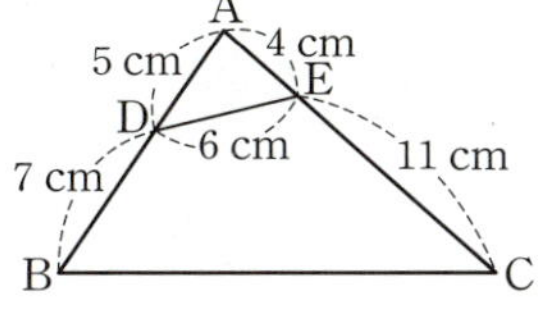

0440 상중하

오른쪽 그림에서
□ABCD∽□DAEF이고,
$\overline{AB}$=25 cm, $\overline{AD}$=20 cm일 때,
$\overline{DF}$의 길이를 구하시오.

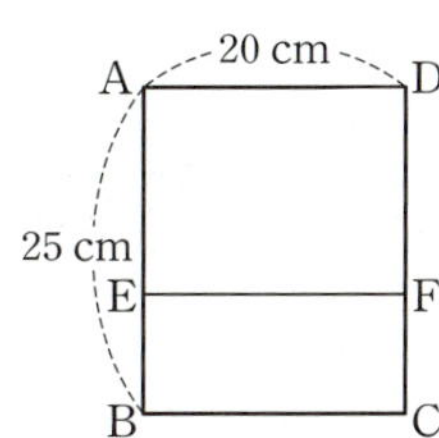

0441 상중하

오른쪽 그림과 같이 좌표평면 위에
닮음인 두 직각삼각형 AOB와
CDE가 있다. A(1, 2), B(1, 0),
D(2, 0), E(5, 0)일 때, 점 C의
좌표를 구하시오.

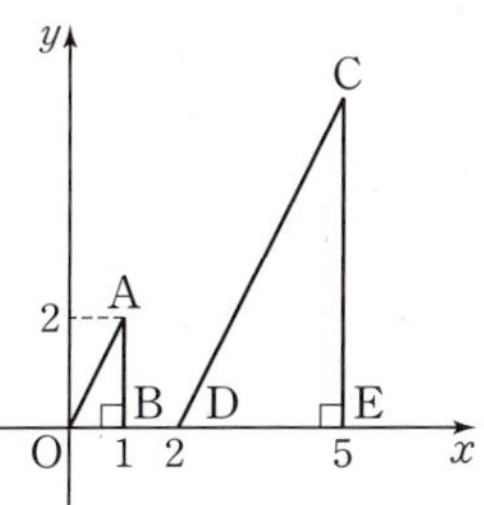

유형 04 평면도형에서 닮음의 성질의 응용

0442 상 중 하

다음 그림에서 △ABC∽△DEF이고 닮음비가 3 : 4일 때, △ABC의 둘레의 길이는?

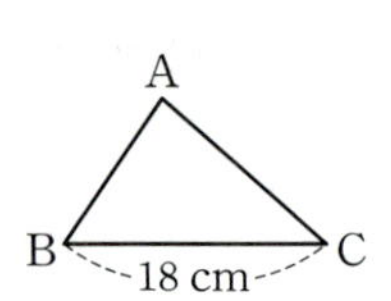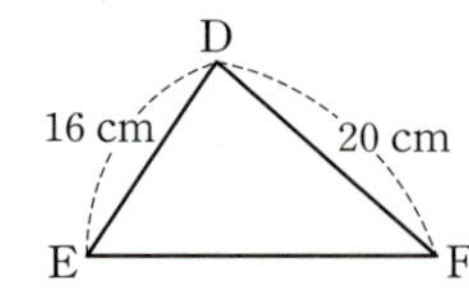

① 36 cm　　② 39 cm　　③ 42 cm

④ 45 cm　　⑤ 48 cm

> **유형 Point**
> (1) 닮음비가 $m : n$인 두 도형에서 길이가 a, b인 두 변이 대응하는 변일 때, $a : b = m : n$
> (2) △ABC∽△DEF일 때, △ABC와 △DEF의 둘레의 길이의 비는 닮음비와 같다.

0443 상 중 하

다음 그림에서 □ABCD∽□EFGH이고 닮음비가 2 : 3일 때, □EFGH의 둘레의 길이를 구하시오.

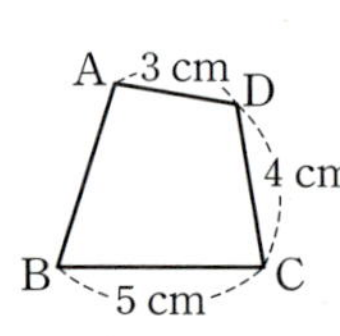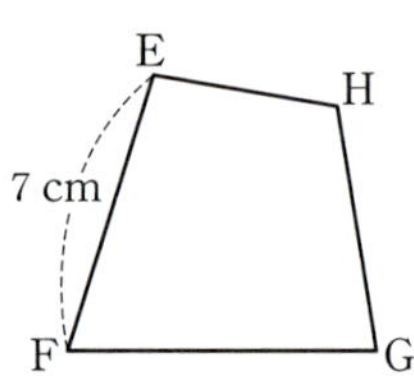

0444 상 중 하

원 O와 원 O′의 둘레의 길이의 비가 4 : 3이고 원 O의 지름의 길이가 16 cm일 때, 원 O′의 넓이를 구하시오.

0445 상 중 하 서술형

오른쪽 그림에서 □ABCD∽□EBFG이고 □EBFG의 둘레의 길이가 36 cm일 때, □ABCD의 둘레의 길이를 구하시오.

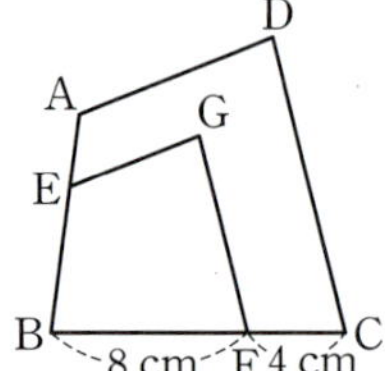

유형 05 입체도형에서 닮음의 성질

0446 상 중 하

다음 그림에서 두 직육면체는 서로 닮은 도형이고 면 ABCD에 대응하는 면이 면 A′B′C′D′일 때, xy의 값을 구하시오.

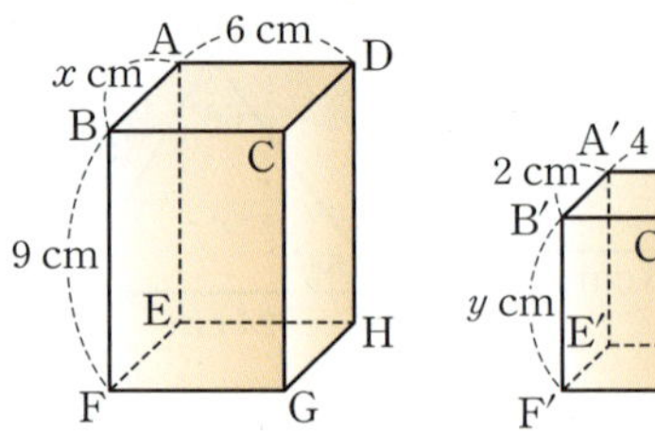

> **유형 Point** 닮은 두 입체도형에서
> (1) 대응하는 모서리의 길이의 비는 일정하다.
> (2) 대응하는 면은 서로 닮은 도형이다.

0447 상 중 하

두 정육면체 A와 B는 닮음비가 3 : 4인 닮은 도형이다. 정육면체 A의 한 모서리의 길이가 12 cm일 때, 정육면체 B의 모든 모서리의 길이의 합은?

① 144 cm　　② 160 cm　　③ 192 cm

④ 216 cm　　⑤ 256 cm

⭐ 0448 상 중 하

아래 그림에서 두 사각뿔대는 서로 닮은 도형이고 $\overline{AD}$에 대응하는 모서리가 $\overline{A'D'}$일 때, 다음 중 옳지 <u>않은</u> 것은?

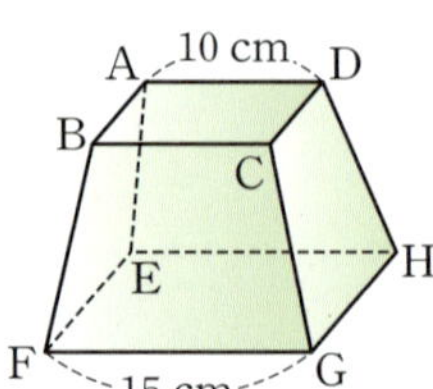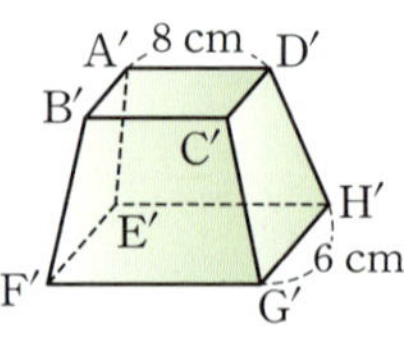

① 닮음비는 5 : 4이다.

② $\overline{EF} : \overline{E'F'} = 5 : 4$

③ $\overline{GH} = \dfrac{15}{2}$ cm

④ $\overline{F'G'} = 12$ cm

⑤ □BFGC∽□C′G′H′D′

0449 상 중 하

다음 중 옳지 <u>않은</u> 것은?

① 두 평면도형이 닮음일 때, 대응하는 각의 크기는 각각 같다.
② 두 평면도형이 닮음일 때, 대응하는 변의 길이의 비는 일정하다.
③ 두 입체도형이 닮음일 때, 대응하는 면은 닮은 도형이다.
④ 두 입체도형이 닮음일 때, 대응하는 모서리의 길이의 비는 일정하다.
⑤ 넓이가 같은 두 평면도형은 닮은 도형이다.

0450 상 중 하

다음 그림에서 두 삼각기둥은 서로 닮은 도형이고 $\overline{AB}$와 $\overline{GH}$가 대응하는 모서리일 때, 옳지 <u>않은</u> 것은?

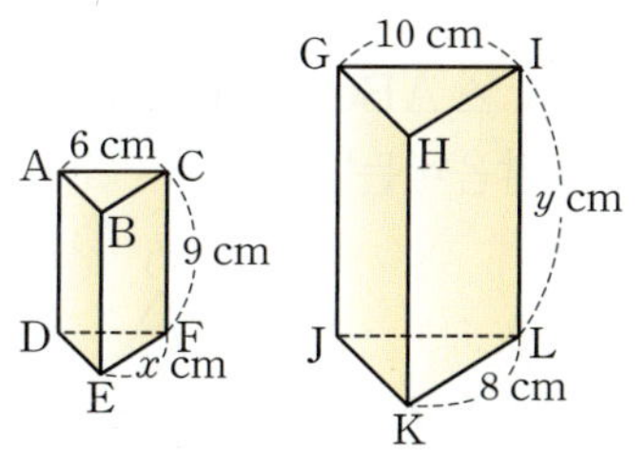

① $x=5$, $y=15$
② $\angle ACB = \angle GIH$
③ $\triangle DEF \varpropto \triangle JKL$
④ $\dfrac{\overline{BC}}{\overline{HI}} = \dfrac{\overline{BE}}{\overline{HK}} = \dfrac{\overline{EF}}{\overline{KL}}$
⑤ $\square ADEB \varpropto \square GJKH$

★★ 0451 상 중 하

다음 그림에서 두 사각뿔 (가), (나)는 서로 닮은 도형이고 $\overline{DE}$와 $\overline{IJ}$는 대응하는 모서리이다. 사각뿔 (가)의 높이가 3.5일 때, 사각뿔 (나)의 부피를 구하시오.

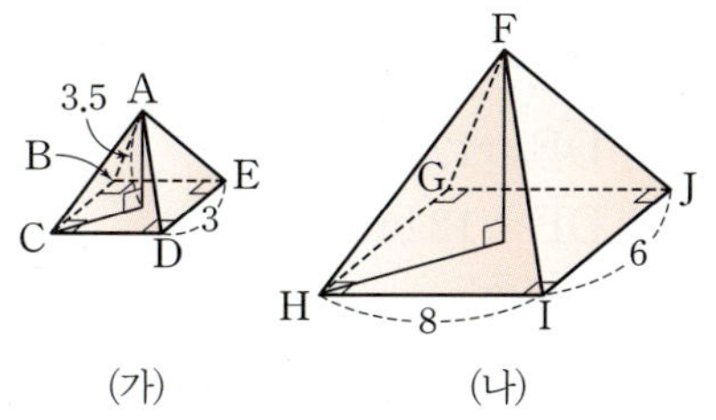

(가)　　　　(나)

0452 상 중 하 서술형

오른쪽 그림과 같이 원뿔을 밑면에 평행한 평면으로 잘라서 생기는 작은 원뿔의 밑면의 반지름의 길이가 3 cm일 때, 처음 원뿔의 밑면의 반지름의 길이를 구하시오.

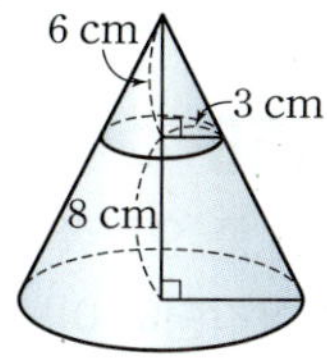

▶수학의 바이블 65쪽

유형 06　원기둥 또는 원뿔의 닮음비

0453 상 중 하

오른쪽 그림의 두 원기둥 A, B가 서로 닮은 도형일 때, 두 원기둥 A, B의 밑면의 둘레의 길이의 비를 가장 간단한 자연수의 비로 나타내시오.

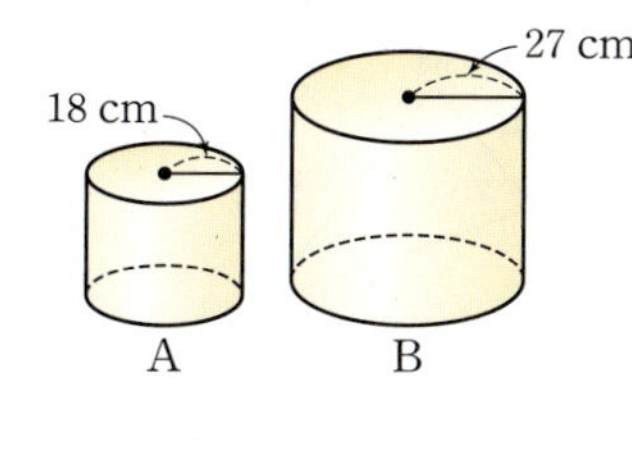

➡ **유형 Point**　닮은 두 원기둥 또는 원뿔의 닮음비
➡ 밑면의 반지름의 길이의 비
➡ 높이의 비
➡ 밑면의 둘레의 길이의 비

0454 상 중 하

다음 그림의 두 원뿔 A, B가 서로 닮은 도형일 때, 원뿔 B의 부피를 구하시오.

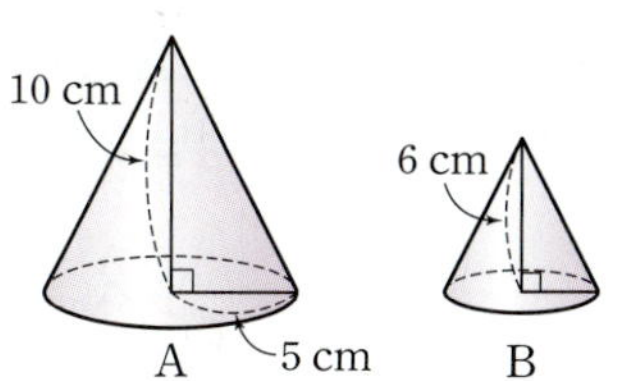

0455 상 중 하

오른쪽 그림과 같은 원뿔 모양의 그릇에 높이의 $\dfrac{2}{5}$만큼 물을 채웠다. 이때 수면의 넓이를 구하시오. (단, 그릇의 두께는 생각하지 않는다.)

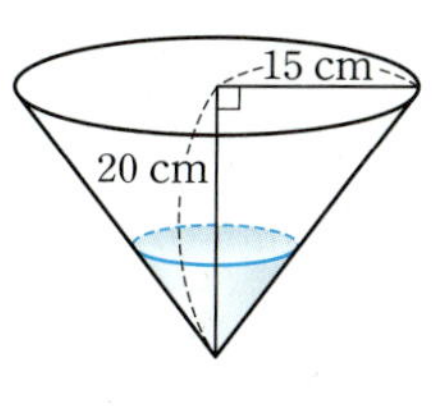

유형 07 삼각형의 닮음 조건

0456 상 중 하

다음 중 오른쪽 그림의 △ABC와 닮은 삼각형이 <u>아닌</u> 것을 모두 고르면?
(정답 2개)

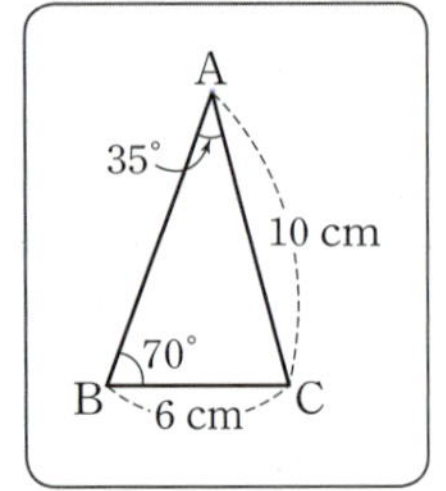

① 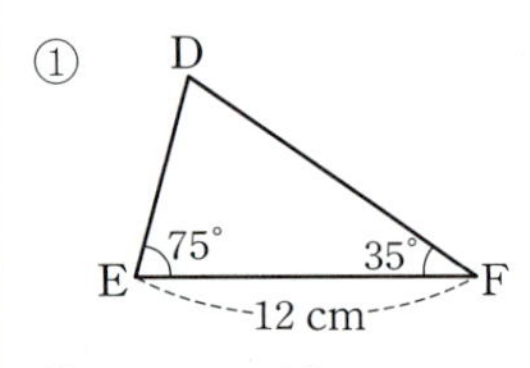

② 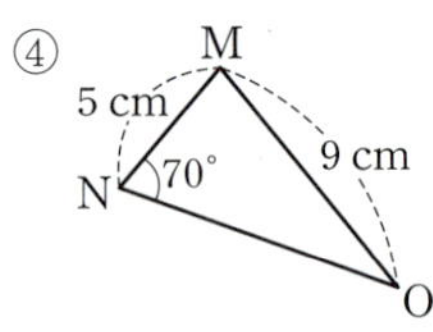 ③ 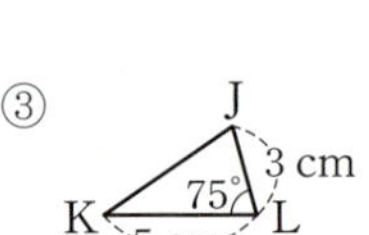

④ ⑤ 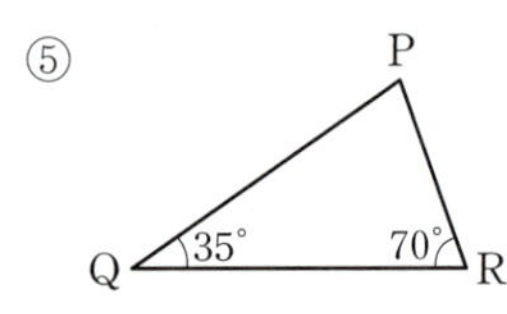

→ **유형 Point** 두 삼각형은 다음의 각 경우에 닮은 도형이다.
(1) 세 쌍의 대응하는 변의 길이의 비가 같다. ➡ SSS 닮음
(2) 두 쌍의 대응하는 변의 길이의 비가 같고 그 끼인각의 크기가 같다.
 ➡ SAS 닮음
(3) 두 쌍의 대응하는 각의 크기가 각각 같다. ➡ AA 닮음

0457 상 중 하

다음 중 아래 그림의 △ABC와 △A′B′C′이 서로 닮은 도형이 되는 경우를 모두 고르면? (정답 2개)

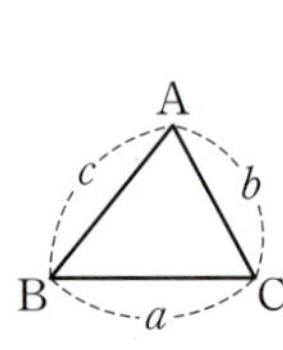 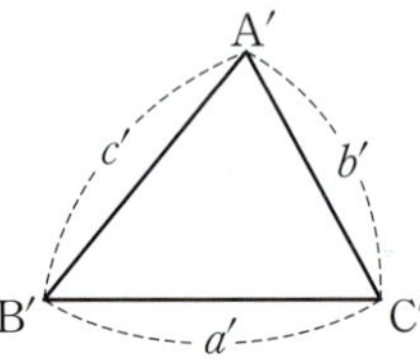

① $\angle A = \angle A'$, $\angle C = \angle C'$
② $\angle B = \angle B'$이고 $a : a' = b : b'$
③ $c : c' = b : b'$이고 $\angle B = \angle B'$
④ $a : a' = b : b' = c : c'$
⑤ $\dfrac{a}{a'} = \dfrac{b'}{b} = \dfrac{c'}{c}$

0458 상 중 하

다음 보기 중 서로 닮음인 삼각형을 모두 찾아 기호로 나타내고, 그때의 닮음 조건을 말하시오.

보기

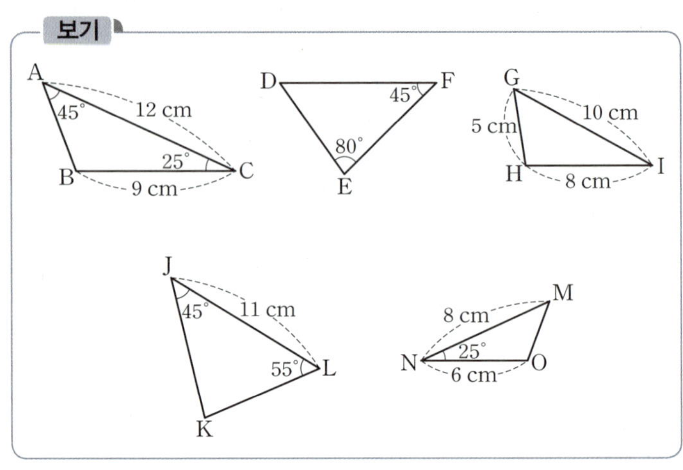

0459 상 중 하

다음 중 아래 그림의 △ABC와 △EFD가 서로 닮은 도형일 때, 두 삼각형의 닮음비는?

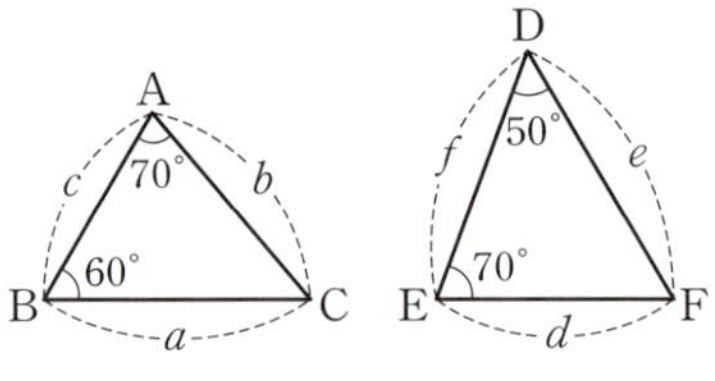

① $a : d$ ② $a : f$ ③ $b : d$
④ $b : e$ ⑤ $c : d$

0460 상 중 하

아래 그림에서 한 가지 조건을 추가하여 △ABC∽△EFD가 되도록 하려고 한다. 다음 중 이때 필요한 조건은?

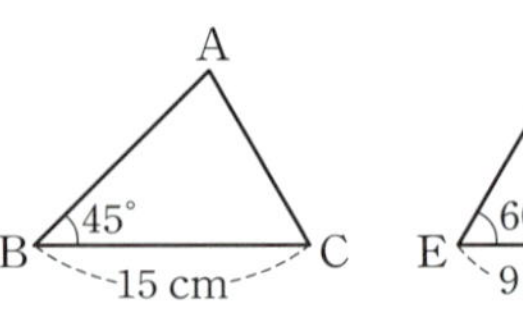 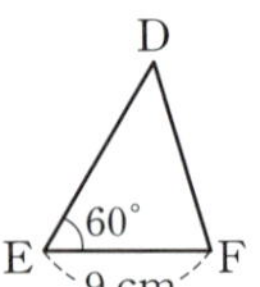

① $\overline{AB} = 10$ cm, $\overline{DE} = 6$ cm
② $\overline{AB} = 20$ cm, $\overline{DF} = 12$ cm
③ $\overline{AC} = 18$ cm, $\overline{DF} = 12$ cm
④ $\angle A = 75°$, $\angle D = 45°$
⑤ $\angle C = 80°$, $\angle F = 55°$

▶수학의 바이블 70쪽

유형 08 삼각형의 닮음 조건 – SAS 닮음

0461 상중하

오른쪽 그림과 같은 △ABC에서
$\overline{AC}=12$ cm, $\overline{AD}=3$ cm,
$\overline{BD}=5$ cm, $\overline{BE}=4$ cm,
$\overline{CE}=6$ cm일 때, $\overline{DE}$의 길이는?

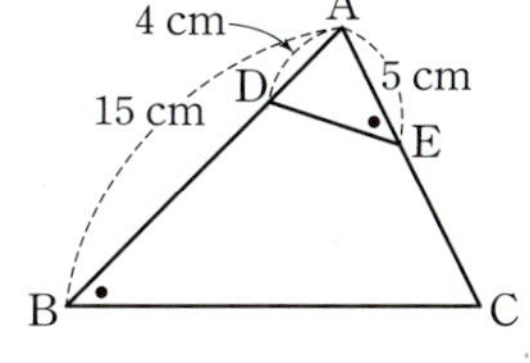

① 5 cm ② 6 cm ③ 7 cm

④ 8 cm ⑤ 9 cm

→ **유형 Point** 공통인 각과 두 변의 길이가 주어지면 SAS 닮음을 이용한다. 즉, 두 쌍의 대응하는 변의 길이의 비가 같고 그 끼인각의 크기가 같은 두 삼각형을 찾는다.

0462 상중하

오른쪽 그림에서 $\overline{AC}$와 $\overline{BD}$의
교점이 E이고 $\overline{AE}=4$ cm,
$\overline{BE}=\overline{CE}=6$ cm, $\overline{CD}=10$ cm,
$\overline{DE}=9$ cm일 때, $\overline{AB}$의 길이를
구하시오.

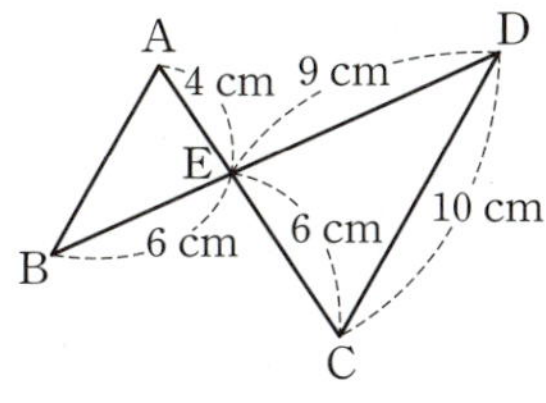

0463 상중하 서술형

오른쪽 그림과 같은 △ABC에서
$\overline{AD}=6$ cm, $\overline{BC}=4$ cm, $\overline{BD}=2$ cm,
$\overline{CD}=3$ cm일 때, $\overline{AC}$의 길이를 구하
시오.

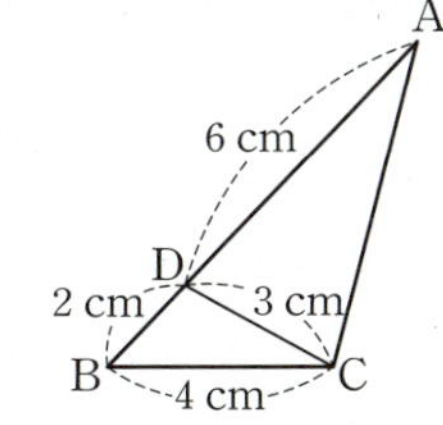

0464 상중하

오른쪽 그림과 같은 △ABD에서
$\overline{AB}=6$, $\overline{AD}=8$, $\overline{BC}=4$, $\overline{CD}=5$
일 때, $\overline{AC}$의 길이를 구하시오.

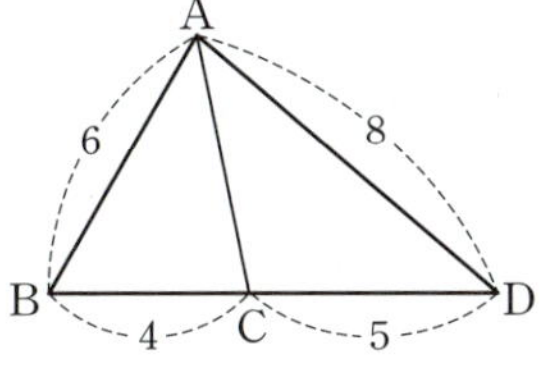

▶수학의 바이블 70쪽

유형 09 삼각형의 닮음 조건 – AA 닮음

0465 상중하

오른쪽 그림과 같은 △ABC에서
∠B=∠AED이고
$\overline{AB}=15$ cm, $\overline{AD}=4$ cm,
$\overline{AE}=5$ cm일 때, $\overline{CE}$의 길이
는?

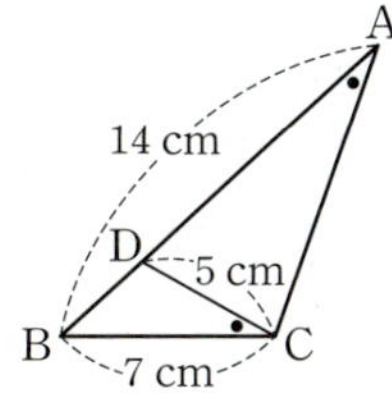

① 4 cm ② 5 cm ③ 6 cm

④ 7 cm ⑤ 8 cm

→ **유형 Point** 공통인 각과 크기가 같은 다른 한 각이 주어졌을 때에는 AA 닮음을 이용한다. 즉, 두 각의 크기가 각각 같은 두 삼각형을 찾는다.

0466 상중하

오른쪽 그림과 같은 △ABC에서
∠A=∠BCD이고 $\overline{AB}=14$ cm,
$\overline{BC}=7$ cm, $\overline{CD}=5$ cm일 때, $\overline{AC}$의
길이를 구하시오.

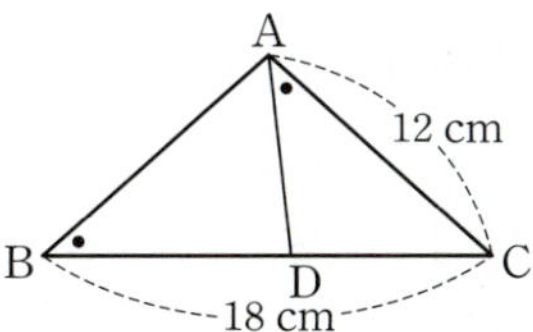

0467 상중하

오른쪽 그림과 같은 △ABC에서
∠B=∠CAD이고 $\overline{AC}=12$ cm,
$\overline{BC}=18$ cm일 때, $\overline{CD}$의 길이를
구하시오.

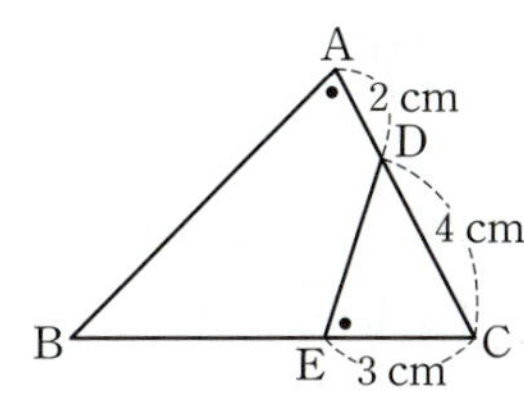

0468 상중하

오른쪽 그림과 같은 △ABC에서
∠A=∠DEC이고 $\overline{AD}=2$ cm,
$\overline{CD}=4$ cm, $\overline{CE}=3$ cm일 때,
$\overline{BE}$의 길이는?

① 3 cm ② 4 cm

③ 5 cm ④ 6 cm

⑤ 7 cm

유형 10 삼각형의 닮음 조건의 응용

0469 상 중 **하**

오른쪽 그림에서 $\overline{AB}\,/\!/\,\overline{DE}$, $\overline{AD}\,/\!/\,\overline{BC}$이고 $\overline{AC}=6$ cm, $\overline{AD}=4$ cm, $\overline{CE}=2$ cm일 때, $\overline{BC}$의 길이를 구하시오.

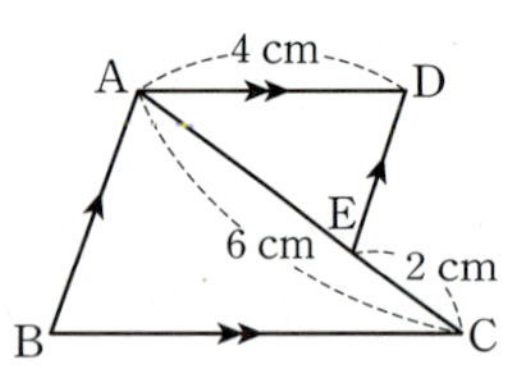

→ **유형 Point** 오른쪽 그림에서 $\overline{AB}\,/\!/\,\overline{DE}$일 때

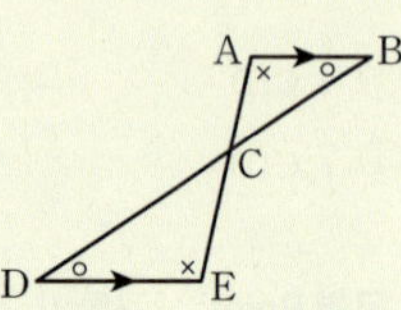

$\triangle ABC$와 $\triangle EDC$에서
$\angle BAC=\angle DEC$ (엇각),
$\angle ABC=\angle EDC$ (엇각)이므로
$\triangle ABC\backsim\triangle EDC$ (AA 닮음)

0470 상 **중** 하

오른쪽 그림과 같은 평행사변형 ABCD에서 $\overline{BF}=9$ cm, $\overline{DF}=12$ cm, $\overline{EF}=6$ cm일 때, $\overline{AF}$의 길이를 구하시오.

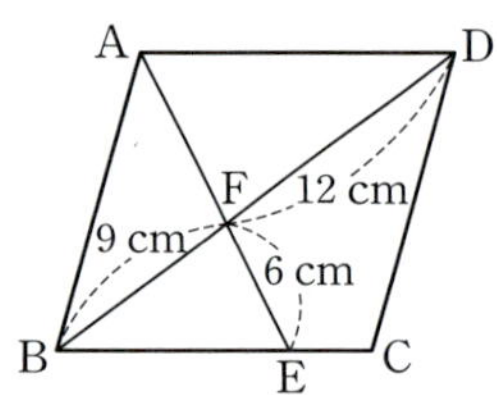

0471 상 **중** 하

오른쪽 그림과 같은 평행사변형 ABCD에서 $\overline{BC}$의 삼등분점 중 점 C에 가까운 점을 E라 하고 $\overline{AE}$와 $\overline{DC}$의 연장선의 교점을 F라고 하자. $\overline{AD}=12$, $\overline{CD}=10$일 때, $\overline{CF}$의 길이를 구하시오.

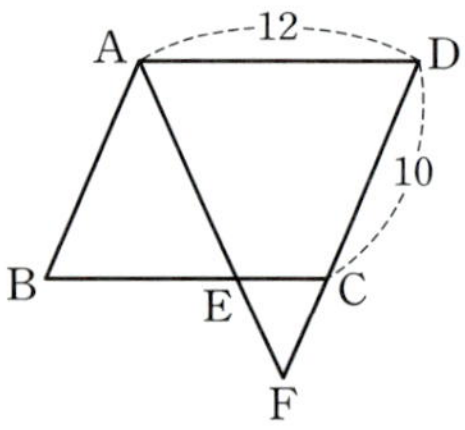

0472 상 중 **하**

오른쪽 그림과 같은 $\triangle ABC$에서 $\overline{AB}=20$ cm, $\overline{BC}=12$ cm이고 $\square BEFD$가 마름모일 때, 이 마름모의 둘레의 길이를 구하시오.

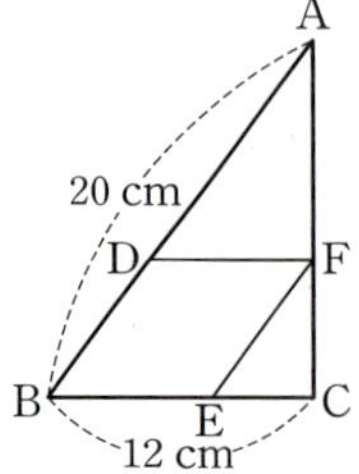

유형 11 직각삼각형의 닮음 – 공통인 각이 있는 경우

0473 상 **중** 하

오른쪽 그림과 같이 $\angle A=90°$인 직각삼각형 ABC에서 $\overline{ED}\perp\overline{BC}$이고 $\overline{BD}=8$ cm, $\overline{CD}=6$ cm, $\overline{CE}=7$ cm일 때, $\overline{AE}$의 길이를 구하시오.

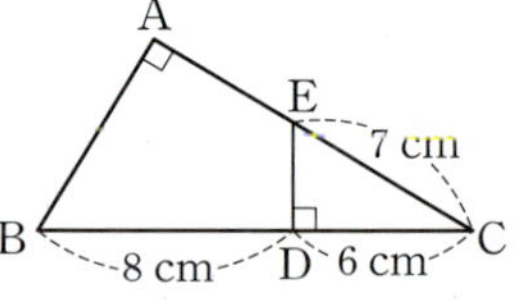

→ **유형 Point** 한 예각이 공통인 두 직각삼각형은 닮은 도형이다.

예 오른쪽 그림의 $\triangle ABC$와 $\triangle AED$에서
$\angle A$는 공통, $\angle C=\angle ADE=90°$이므로
$\triangle ABC\backsim\triangle AED$ (AA 닮음)

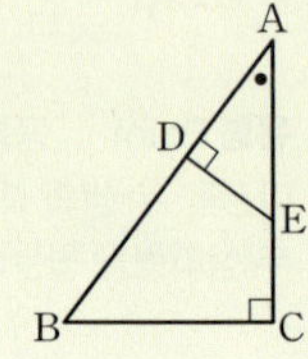

0474 상 **중** 하

오른쪽 그림과 같이 $\angle B=90°$인 직각삼각형 ABC에서 $\overline{AC}\perp\overline{DE}$이고 $\overline{AD}=5$, $\overline{AE}=4$, $\overline{BD}=3$일 때, x의 값을 구하시오.

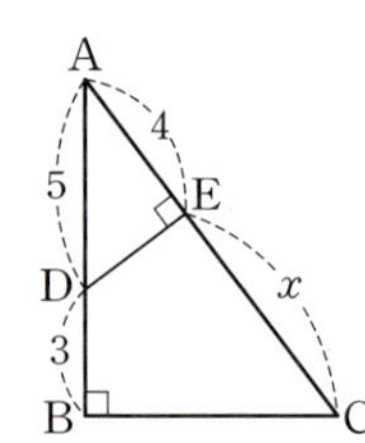

0475 상 **중** 하 ★★

오른쪽 그림과 같은 $\triangle ABC$에서 $\overline{BE}\perp\overline{AC}$, $\overline{AD}\perp\overline{BC}$이고 $\overline{BD}:\overline{DC}=3:2$, $\overline{AC}=8$ cm, $\overline{BC}=10$ cm일 때, $\overline{AE}$의 길이를 구하시오.

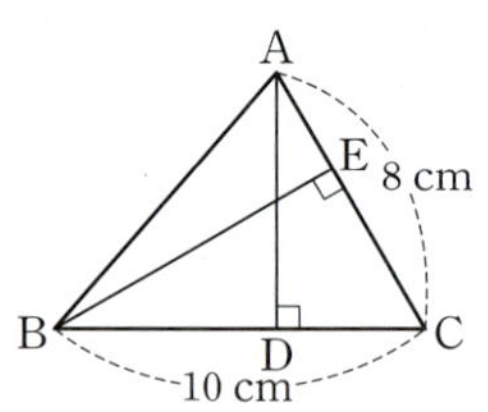

0476 상 **중** 하

오른쪽 그림과 같이 $\angle A=90°$인 직각삼각형 ABC에서 $\overline{AC}$의 연장선 위에 $\overline{AC}=\overline{CD}$가 되도록 점 D를 잡은 것이다. $\overline{BC}$의 수직이등분선이 $\overline{AB}$, $\overline{BD}$와 만나는 점을 각각 E, F라고 할 때, $\overline{AE}$의 길이를 구하시오.

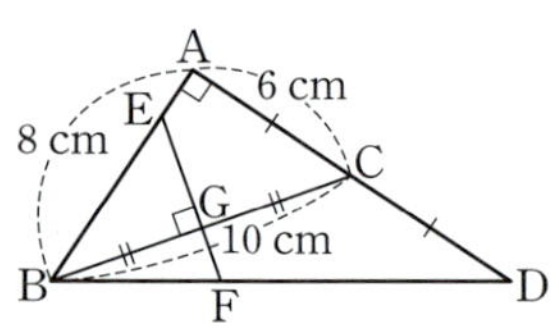

수학의 바이블 72쪽

유형 12 직각삼각형의 닮음 – 한 예각의 크기가 같은 경우

0477 상 중 하

오른쪽 그림에서 $\angle B=\angle D=\angle ACE=90°$이고 $\overline{AB}=3$ cm, $\overline{CD}=6$ cm, $\overline{DE}=10$ cm일 때, $\triangle ABC$의 넓이를 구하시오. (단, 세 점 B, C, D는 한 직선 위에 있다.)

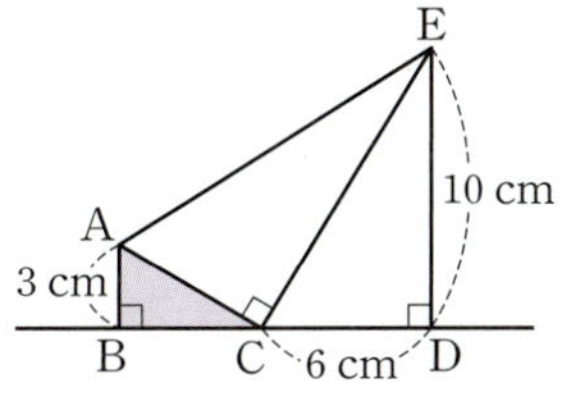

→ **유형 Point** 한 예각의 크기가 같은 두 직각삼각형은 닮은 도형이다.

예 오른쪽 그림의 $\triangle ABC$와 $\triangle CDE$에서 $\angle B=\angle D=90°$, $\angle A=\angle DCE$이므로 $\triangle ABC \backsim \triangle CDE$ (AA 닮음)

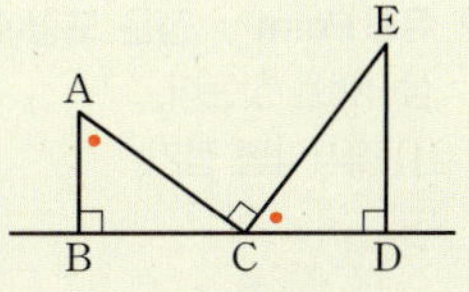

0478 상 중 하

오른쪽 그림에서 $\overline{AC}\perp\overline{BD}$, $\overline{BE}\perp\overline{AD}$이고 $\overline{PC}=4$ cm, $\overline{BC}=\overline{CD}=6$ cm일 때, $\overline{AP}$의 길이를 구하시오.

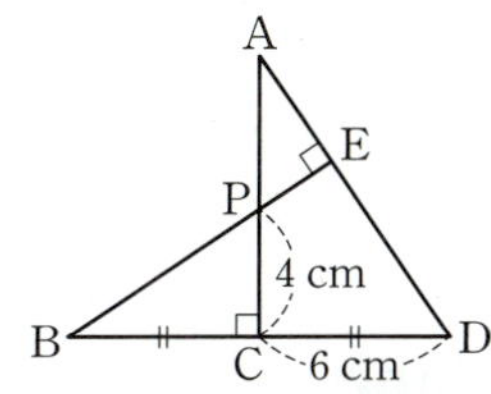

0479 상 중 하

오른쪽 그림과 같이 $\angle C=90°$인 직각삼각형 ABC에서 $\overline{AB}\perp\overline{CD}$, $\overline{BC}\perp\overline{DE}$, $\overline{BD}\perp\overline{EF}$이고 $\overline{CD}=9$ cm, $\overline{EF}=4$ cm일 때, $\overline{DE}$의 길이를 구하시오.

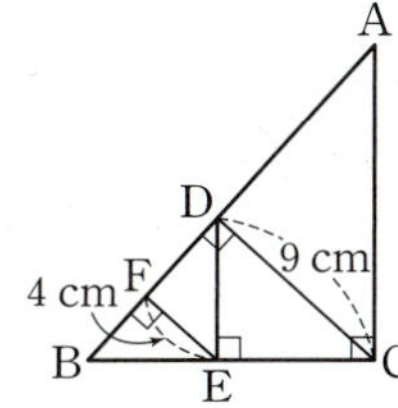

0480 상 중 하

오른쪽 그림과 같이 $\overline{AB}=\overline{AC}$인 이등변삼각형 ABC에서 $\overline{AD}\perp\overline{BC}$, $\overline{AC}\perp\overline{DE}$이다. $\overline{AB}=18$ cm, $\overline{BC}=12$ cm일 때, $\overline{AE}$의 길이를 구하시오.

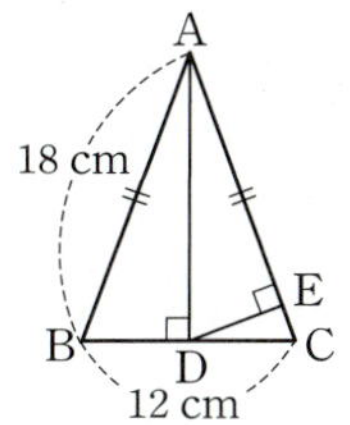

수학의 바이블 72쪽

유형 13 직각삼각형의 닮음의 응용

0481 상 중 하

오른쪽 그림과 같이 $\angle A=90°$인 직각삼각형 ABC에서 $\overline{AD}\perp\overline{BC}$이고 $\overline{AB}=5$ cm, $\overline{BD}=3$ cm일 때, $x+y$의 값을 구하시오.

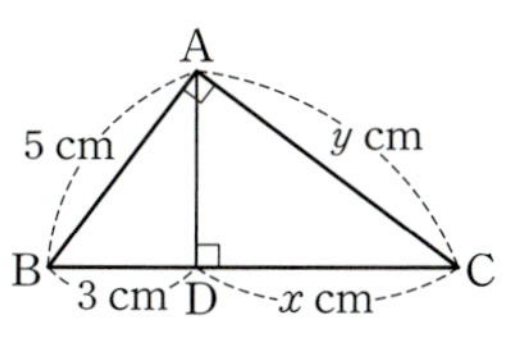

→ **유형 Point** (1) $\overline{AB}^2=\overline{BH}\times\overline{BC}$

(2) $\overline{AC}^2=\overline{CH}\times\overline{CB}$

(3) $\overline{AH}^2=\overline{BH}\times\overline{CH}$

(4) $\overline{AB}\times\overline{AC}=\overline{BC}\times\overline{AH}$

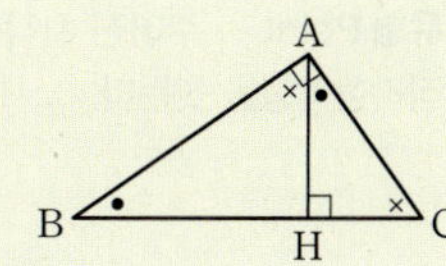

0482 상 중 하

오른쪽 그림과 같이 $\angle A=90°$인 직각삼각형 ABC에서 $\overline{AD}\perp\overline{BC}$이고 $\overline{AB}=12$ cm, $\overline{AC}=9$ cm, $\overline{BC}=15$ cm일 때, $\overline{AD}$의 길이를 구하시오.

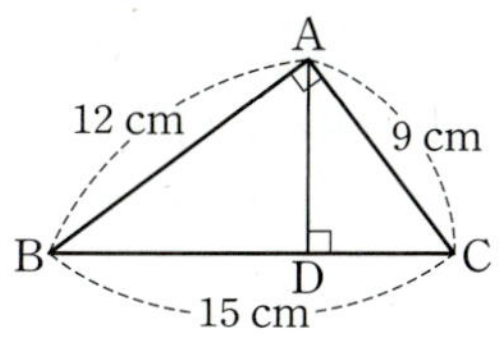

0483 상 중 하

오른쪽 그림과 같이 $\angle A=90°$인 직각삼각형 ABC에서 $\overline{AD}\perp\overline{BC}$이고 $\overline{AD}=4$ cm, $\overline{CD}=2$ cm일 때, $\triangle ABC$의 넓이를 구하시오.

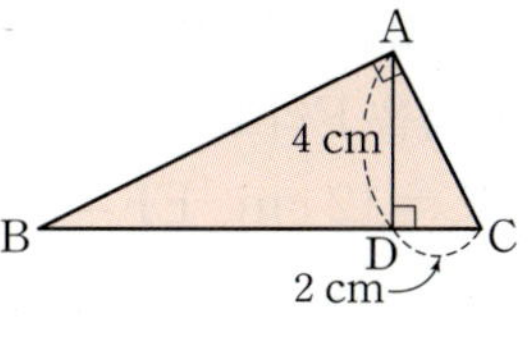

0484 상 중 하 서술형

오른쪽 그림과 같이 직사각형 ABCD의 꼭짓점 A에서 대각선 BD에 내린 수선의 발을 H라고 하자. $\overline{BC}=5$ cm, $\overline{DH}=4$ cm일 때, $\overline{AH}$의 길이를 구하시오.

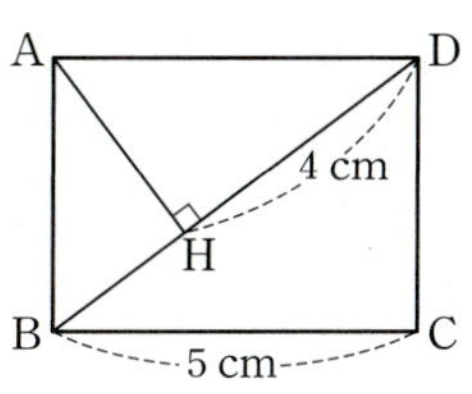

▶ 수학의 바이블 72쪽

유형 14 사각형에서 닮음인 직각삼각형 찾기

0485 상 중 하

오른쪽 그림과 같은 직사각형 ABCD에서 $\overline{PQ}\perp\overline{BD}$이고 $\overline{BC}=12$ cm, $\overline{PO}=4.5$ cm, $\overline{CD}=9$ cm일 때, $\overline{DO}$의 길이를 구하시오.

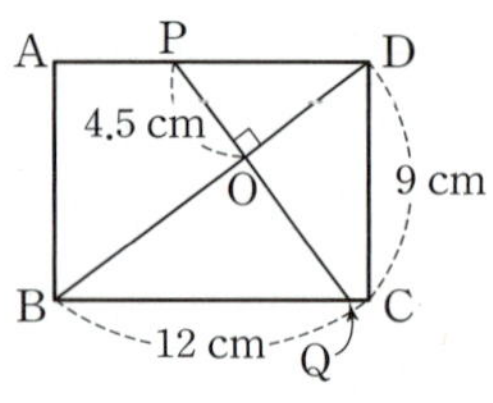

➜ **유형 Point** 주어진 사각형의 성질과 평행선의 성질을 이용하여 닮은 두 직각삼각형을 찾는다.

0486 상 중 하

오른쪽 그림과 같은 평행사변형 ABCD에서 $\overline{AE}\perp\overline{BC}$, $\overline{AF}\perp\overline{DC}$이고 $\overline{AE}=6$ cm, $\overline{AF}=8$ cm, $\overline{DF}=2$ cm일 때, $\overline{BE}$의 길이를 구하시오.

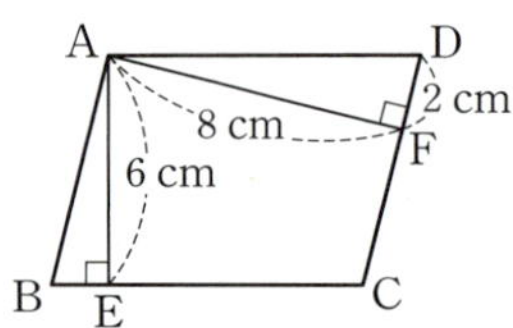

0487 상 중 하

오른쪽 그림과 같은 정사각형 ABCD에서 $\overline{CD}$ 위의 한 점 E를 잡고 $\overline{BE}$의 연장선과 $\overline{AD}$의 연장선의 교점을 F라고 하자. $\overline{AF}=16$ cm, $\overline{BC}=12$ cm, $\overline{EF}=5$ cm일 때, $\overline{BE}$의 길이를 구하시오.

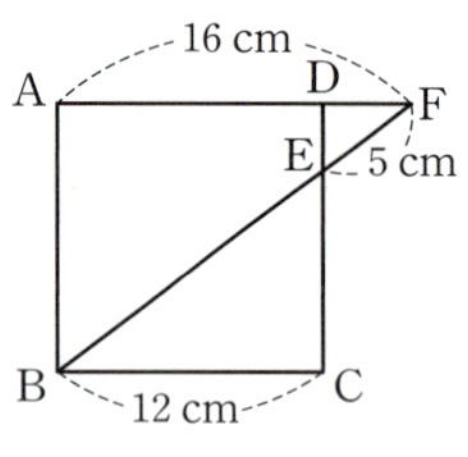

0488 상 중 하

오른쪽 그림과 같이 $\angle B=90°$인 직각삼각형 ABC에서 □DBEF는 정사각형이고 $\overline{AB}=10$ cm, $\overline{BC}=15$ cm일 때, □DBEF의 넓이를 구하시오.

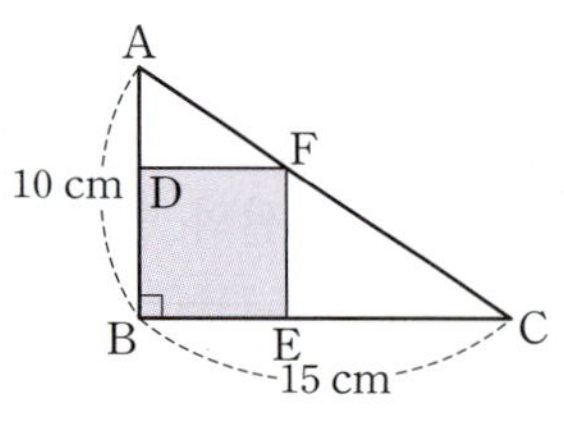

유형 15 접은 도형에서 삼각형의 닮음

0489 상 중 하

오른쪽 그림은 직사각형 ABCD를 $\overline{BE}$를 접는 선으로 하여 꼭짓점 C가 $\overline{AD}$ 위의 점 C′에 오도록 접은 것이다. $\overline{AB}=6$ cm, $\overline{AC'}=8$ cm, $\overline{BC}=10$ cm일 때, $\overline{DE}$의 길이를 구하시오.

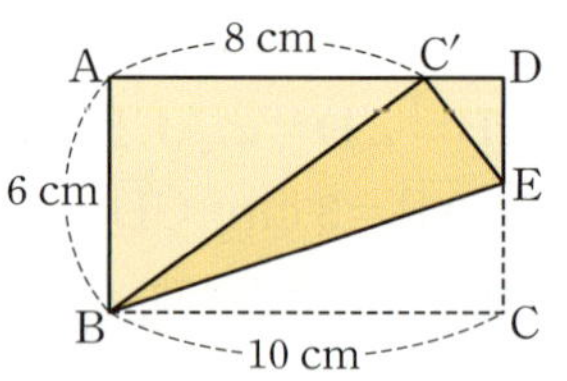

➜ **유형 Point** 접은 도형에서 접은 부분은 서로 합동임을 이용하여 닮은 삼각형을 찾는다.

(1) 직사각형 접기   (2) 정삼각형 접기

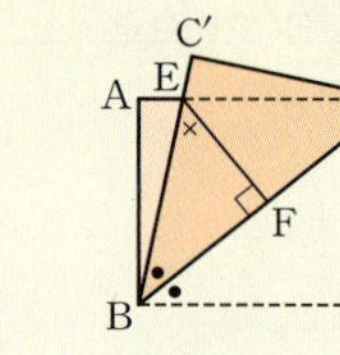

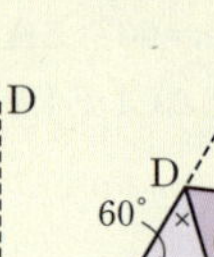

△AEB′∽△DB′C   △BCD∽△BFE   △BA′D∽△CEA′

0490 상 중 하

오른쪽 그림은 정삼각형 ABC를 $\overline{DF}$는 접는 선으로 하여 꼭짓점 A가 $\overline{BC}$ 위의 점 E에 오도록 접은 것이다. $\overline{AB}=15$ cm, $\overline{AD}=7$ cm, $\overline{CE}=10$ cm일 때, $\overline{AF}$의 길이를 구하시오.

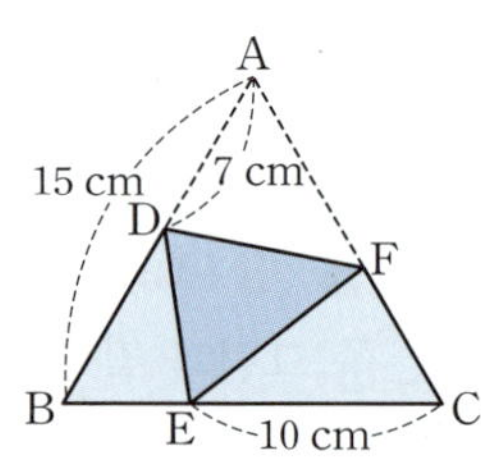

0491 상 중 하

오른쪽 그림은 직사각형 ABCD를 대각선 BD를 접는 선으로 하여 접은 것이다. $\overline{AD}$와 $\overline{BE}$의 교점 P에서 $\overline{BD}$에 내린 수선의 발을 Q라고 하자. $\overline{AB}=6$ cm, $\overline{BC}=8$ cm, $\overline{BD}=10$ cm일 때, $\overline{PQ}$의 길이를 구하시오.

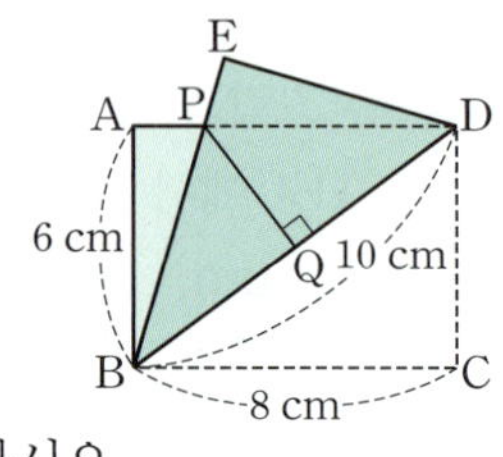

0492

닮은 도형에 대한 다음 설명 중 옳지 <u>않은</u> 것은?

① 닮은 두 도형에서 닮음비는 대응하는 변의 길이의 비이다.
② 한 도형을 일정한 비율로 확대 또는 축소한 도형이 다른 도형과 합동일 때, 이 두 도형은 닮음인 관계에 있다고 한다.
③ 합동인 두 도형은 서로 닮은 도형이고 닮음비는 $1:1$이다.
④ 닮은 두 도형에서 대응하는 각의 크기는 각각 같다.
⑤ 항상 닮음인 두 평면도형에는 직각이등변삼각형, 정팔각형, 원, 평행사변형 등이 있다.

0493

다음 보기 중 항상 닮은 도형인 것은 모두 몇 개인지 구하시오.

> **보기**
>
> ㄱ. 꼭지각의 크기가 같은 두 이등변삼각형
> ㄴ. 반지름의 길이가 같은 두 부채꼴
> ㄷ. 두 대각선의 길이가 같은 두 마름모
> ㄹ. 이웃하는 두 변의 길이가 같은 평행사변형
> ㅁ. 이웃하는 두 변의 길이의 비가 같은 두 직사각형
> ㅂ. 한 내각이 직각인 두 마름모

0494

다음 그림에서 $\triangle ABC \backsim \triangle DEF$이고 닮음비가 $2:3$일 때, $\triangle DEF$의 둘레의 길이를 구하시오.

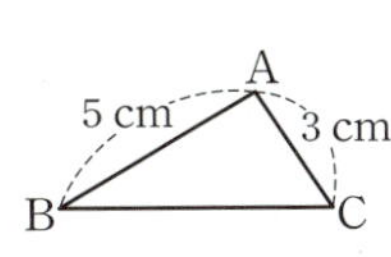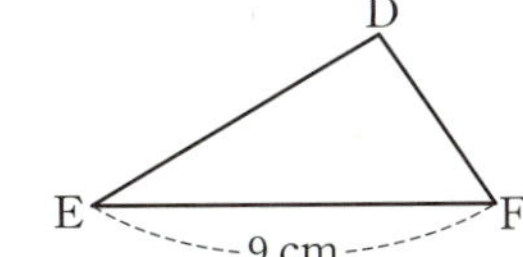

0495

오른쪽 그림과 같은 직사각형 ABCD에서
$\square ABCD \backsim \square DEFC \backsim \square AGHE$
가 되도록 $\overline{EF}$, $\overline{GH}$를 그렸을 때,
$\overline{AG}$의 길이를 구하시오.

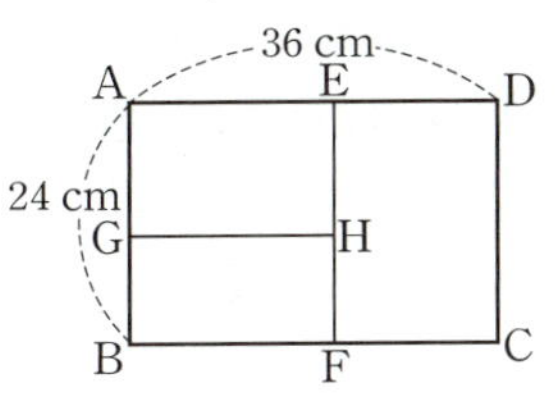

0496

아래 그림의 두 직육면체는 서로 닮은 도형이고 $\overline{AB}$에 대응하는 모서리는 $\overline{A'B'}$일 때, 다음 중 옳지 <u>않은</u> 것은?

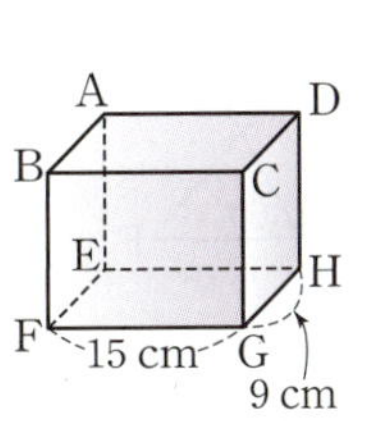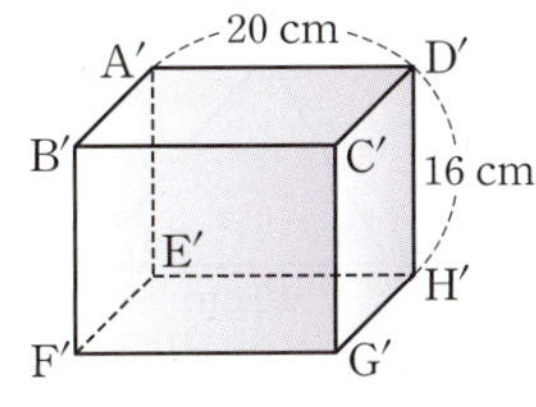

① 닮음비는 $3:4$이다.
② $\overline{DH}=12\ \text{cm}$
③ $\overline{A'B'}=16\ \text{cm}$
④ $\square ABFE \backsim \square A'B'F'E'$
⑤ $\overline{AB}:\overline{A'B'}=\overline{CG}:\overline{C'G'}$

0497

다음 그림의 두 원기둥 A, B가 서로 닮은 도형일 때, 원기둥 B의 부피는?

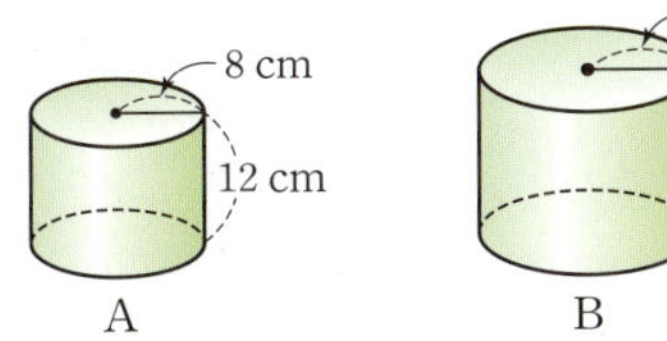

① $1100\pi\ \text{cm}^3$
② $1200\pi\ \text{cm}^3$
③ $1300\pi\ \text{cm}^3$
④ $1400\pi\ \text{cm}^3$
⑤ $1500\pi\ \text{cm}^3$

0498 생각이 쑥쑥

오른쪽 그림과 같은 원뿔 모양의 그릇에 물을 부어서 그릇의 높이의 $\dfrac{3}{4}$만큼 채웠을 때, 물의 부피를 구하시오.
(단, 그릇의 두께는 생각하지 않는다.)

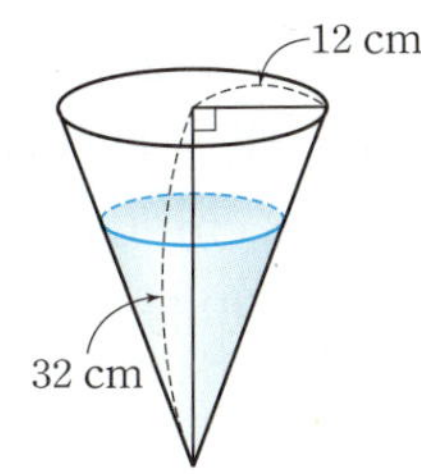

0499

다음 중 아래 그림의 △ABC와 △DEF가 서로 닮은 도형이 되기 위해 추가해야 되는 조건으로 알맞은 것은?

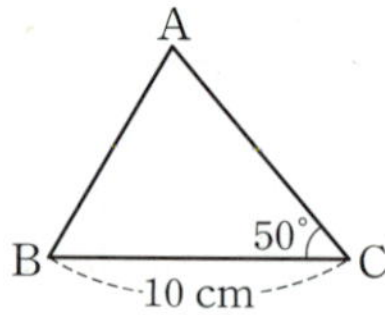
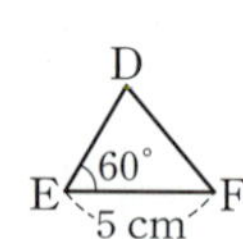

① $\overline{AB}=12$ cm, $\overline{DE}=6$ cm
② $\overline{AC}=8$ cm, $\overline{DF}=4$ cm
③ $\overline{AC}=14$ cm, $\overline{DE}=7$ cm
④ ∠A=70°, ∠D=50°
⑤ ∠B=60°, ∠F=80°

0500

오른쪽 그림에서 ∠ABC=∠BCD이고 $\overline{AB}=4$ cm, $\overline{AC}=8$ cm, $\overline{BC}=6$ cm, $\overline{CD}=9$ cm일 때, $\overline{BD}$의 길이를 구하시오.

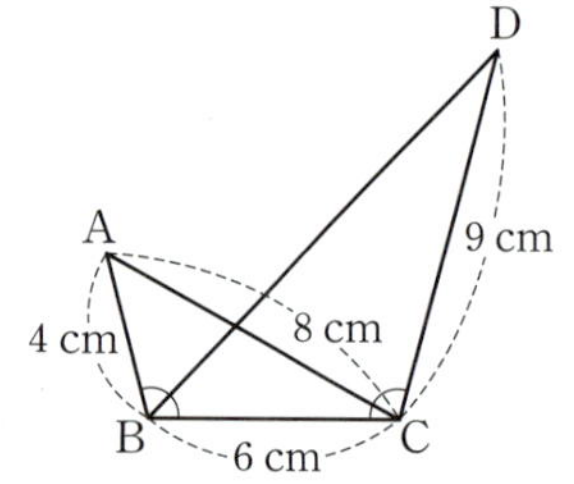

0501

오른쪽 그림과 같은 △ABC에서 $\overline{AB}=12$, $\overline{AC}=16$, $\overline{AD}=9$, $\overline{BC}=15$일 때, $\overline{BD}$의 길이를 구하시오.

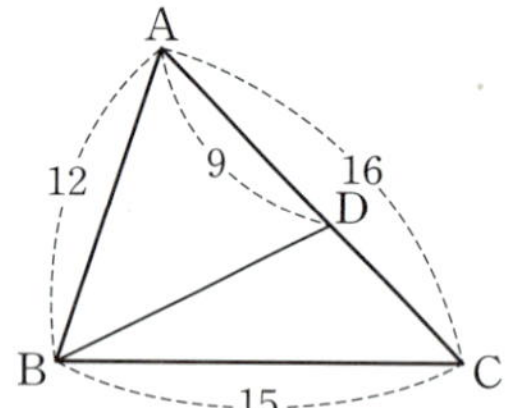

0502

오른쪽 그림과 같은 △ABC에서 $\overline{AE}=\overline{BE}=\overline{DE}$이고 $\overline{AB}=12$ cm, $\overline{BD}=8$ cm, $\overline{CD}=1$ cm일 때, $\overline{AC}$의 길이를 구하시오.

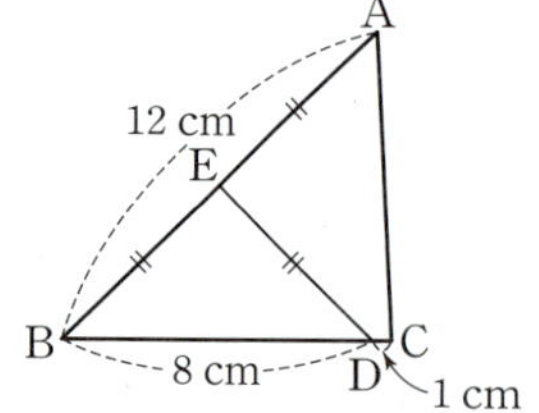

0503

오른쪽 그림과 같은 △ABC에서 ∠A=∠BED이고 $\overline{BC}=6$ cm, $\overline{BD}=4$ cm, $\overline{BE}=3$ cm일 때, $\overline{AD}$의 길이를 구하시오.

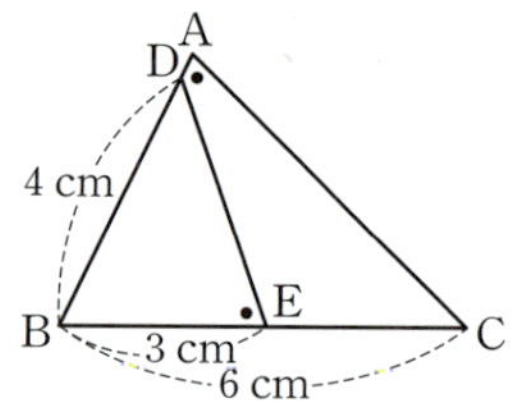

0504

오른쪽 그림과 같이 ∠A=90°인 직각삼각형 ABC를 $\overline{EF}$를 접는 선으로 하여 꼭짓점 B가 $\overline{BC}$의 중점 D에 오도록 접었다. $\overline{AB}=36$ cm, $\overline{BC}=48$ cm일 때, $\overline{BE}$의 길이를 구하시오.

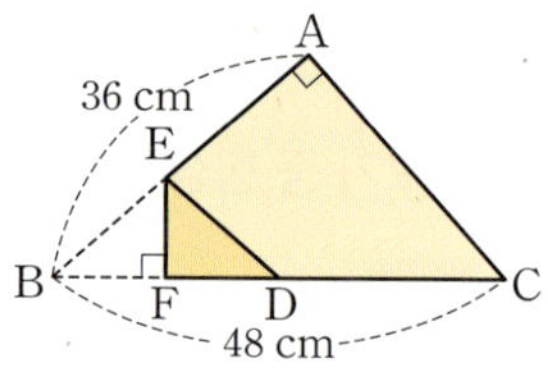

0505

오른쪽 그림과 같은 평행사변형 ABCD에서 ∠ABE=∠CBD이고 $\overline{AB}=6$ cm, $\overline{BC}=9$ cm일 때, $\overline{DE}$의 길이는?

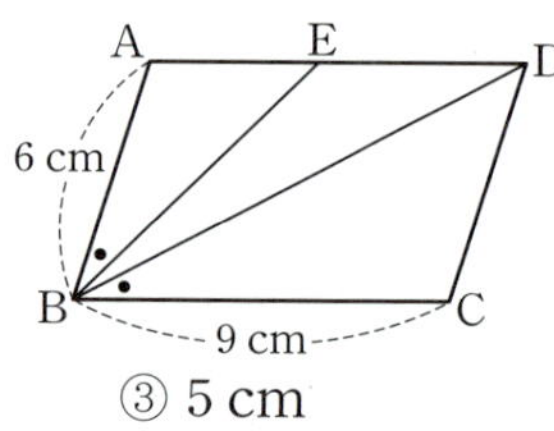

① 3 cm
② 4 cm
③ 5 cm
④ 6 cm
⑤ 7 cm

0506

오른쪽 그림과 같은 직사각형 ABCD에서 $\overline{AD}=6$ cm, $\overline{AB}=9$ cm이고, 점 M은 $\overline{DC}$의 중점이다. $\overline{BC}$의 연장선과 $\overline{AM}$의 연장선이 만나는 점을 E, $\overline{AM}$과 $\overline{BD}$의 교점을 P라고 할 때, △PBE의 넓이를 구하시오.

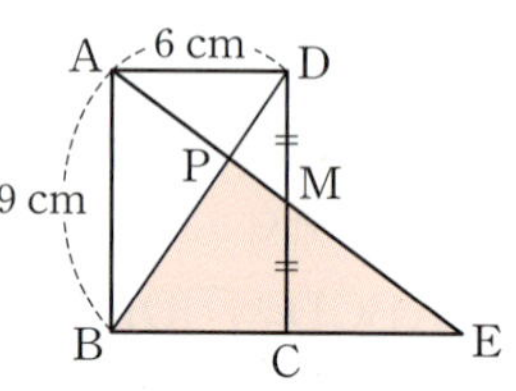

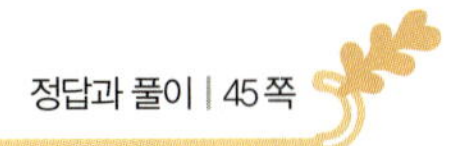

0507

오른쪽 그림과 같이 △ABC의 두 꼭짓점 A, B에서 $\overline{BC}$, $\overline{AC}$에 내린 수선의 발을 각각 D, E라고 하자. $\overline{CD}=\dfrac{1}{3}\overline{BC}$이고 $\overline{AC}=12$ cm, $\overline{BC}=18$ cm일 때, $\overline{AE}$의 길이를 구하시오.

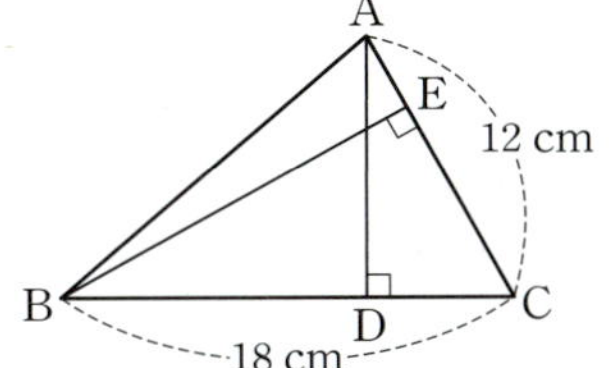

0508

오른쪽 그림과 같은 △ABC에서 ∠ABD=∠BCE=∠CAF이고 $\overline{AB}=7$ cm, $\overline{BC}=13$ cm,, $\overline{AC}=10$ cm, $\overline{DF}=5$ cm일 때, △DEF의 둘레의 길이는?

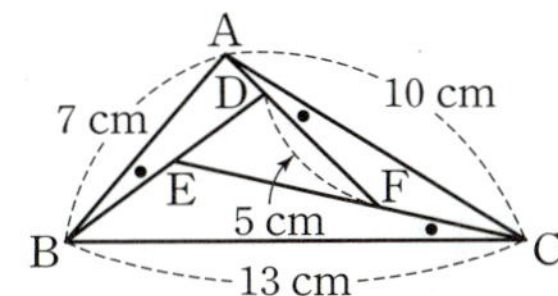

① 11 cm   ② 13 cm   ③ 15 cm
④ 17 cm   ⑤ 19 cm

0509

오른쪽 그림과 같이 $\overline{AB}=8$ cm, $\overline{BC}=10$ cm인 직사각형 ABCD에서 $\overline{BP}$를 접는 선으로 하여 꼭짓점 C가 $\overline{AD}$ 위의 점 C′에 오도록 접었더니 $\overline{AC'}:\overline{C'D}=3:2$가 되었다. 점 D에서 $\overline{C'P}$에 내린 수선의 발을 H라고 할 때, $\overline{PH}$의 길이는?

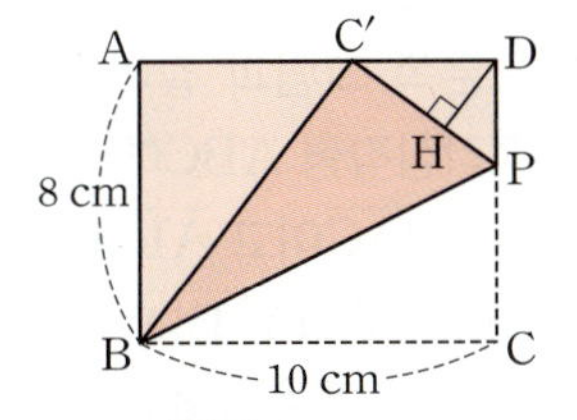

① $\dfrac{7}{5}$ cm   ② $\dfrac{8}{5}$ cm   ③ $\dfrac{9}{5}$ cm

④ $\dfrac{11}{5}$ cm   ⑤ $\dfrac{12}{5}$ cm

0510

오른쪽 그림은 정사각형 ABCD의 꼭짓점 D가 변 BC 위의 점 P에 오도록 접은 것이다. $\overline{PR}$와 $\overline{AB}$의 교점을 Q라고 할 때, $\overline{PQ}$의 길이를 구하시오.

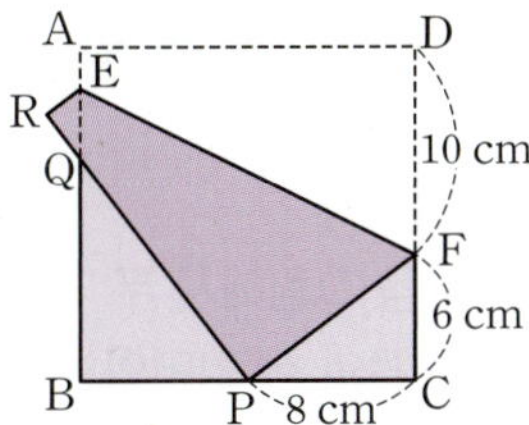

0511 생각이 쑥쑥

오른쪽 그림과 같은 □ABCD에서 ∠B=∠C이고 $\overline{AB}=\overline{AE}=9$ cm, $\overline{BE}=\overline{EC}=\overline{ED}=6$ cm일 때, $\overline{CD}$의 길이는?

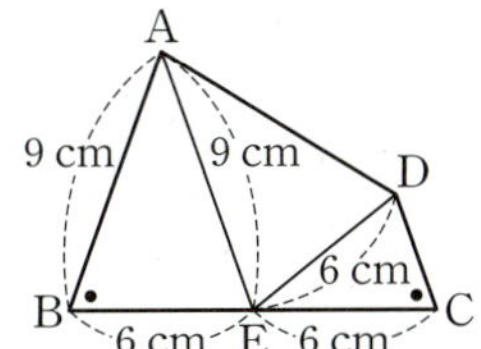
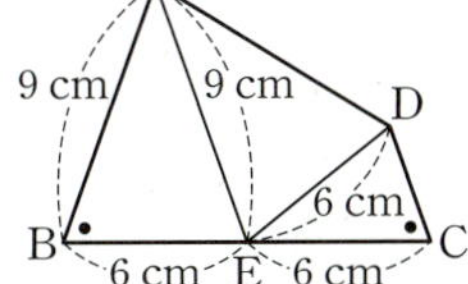

① 2 cm   ② 3 cm
③ 4 cm   ④ 5 cm
⑤ 6 cm

0512

오른쪽 그림에서 △ABC는 정삼각형이고 ∠ADE=60°, $\overline{BD}=8$ cm, $\overline{DC}=2$ cm일 때, $\overline{BE}$의 길이를 구하시오.

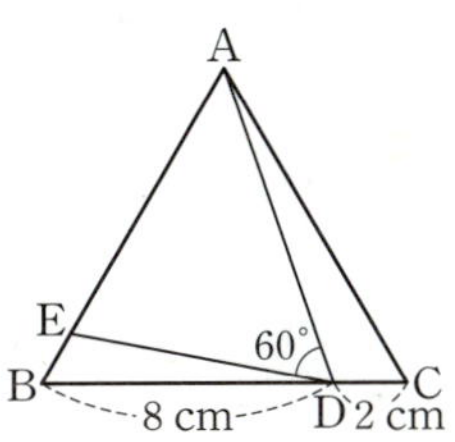

0513

오른쪽 그림과 같이 A4 용지를 반으로 접을 때마다 생기는 사각형의 크기를 각각 A5, A6, A7, …이라고 할 때, A4 용지와 A8 용지의 닮음비를 구하시오.

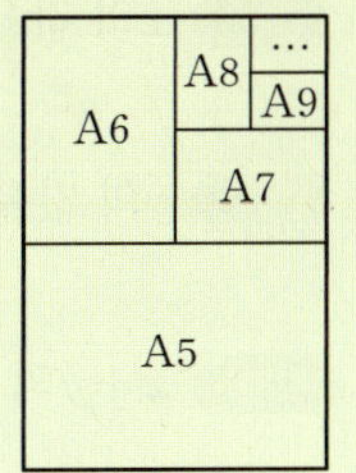

0514

다음 그림에서 두 원기둥 A, B가 서로 닮은 도형일 때, 원기둥 B의 한 밑면의 둘레의 길이를 구하시오.

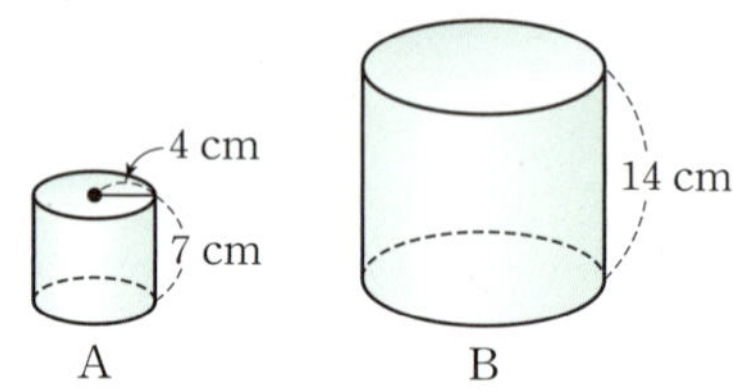

단계 1 두 원기둥 A, B의 닮음비를 구하시오. [40%]

단계 2 원기둥 B의 밑면의 반지름의 길이를 구하시오. [40%]

단계 3 원기둥 B의 한 밑면의 둘레의 길이를 구하시오. [20%]

0515

다음 그림에서 두 원뿔 A, B가 서로 닮은 도형일 때, 원뿔 A의 밑면의 둘레의 길이를 구하시오.

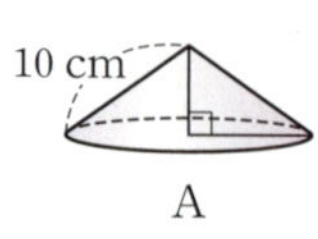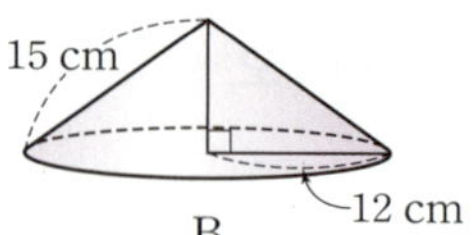

풀이

답 ____________________

0516

오른쪽 그림과 같은 $\triangle$ABC에서 $\angle C = \angle ABD$이고 $\overline{AB}=9\,\mathrm{cm}$, $\overline{AD}=6\,\mathrm{cm}$일 때, $\overline{CD}$의 길이를 구하시오.

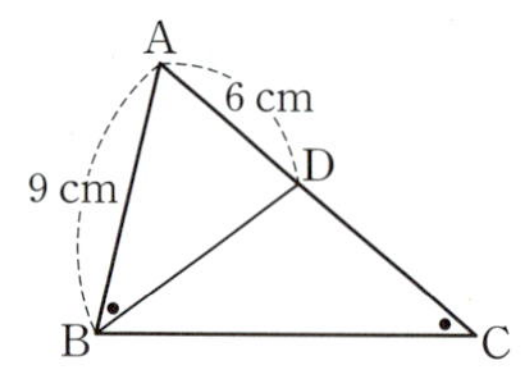

단계 1 $\triangle ABC \circ \triangle ADB$임을 설명하시오. [40%]

단계 2 $\triangle ABC$와 $\triangle ADB$의 닮음비를 구하시오. [20%]

단계 3 $\overline{CD}$의 길이를 구하시오. [40%]

0517

오른쪽 그림과 같은 $\triangle$ABC에서 $\angle B = \angle ACD$이고 $\overline{AC}=12\,\mathrm{cm}$, $\overline{AD}=9\,\mathrm{cm}$일 때, $\overline{BD}$의 길이를 구하시오.

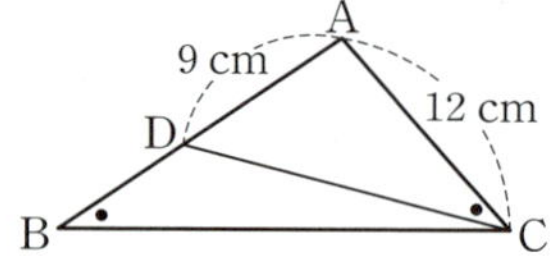

풀이

답 ____________________

0518

오른쪽 그림과 같이 $\angle A = 90°$인 직각삼각형 ABC에서 $\overline{AH}\perp\overline{BC}$이고 $\overline{AB}=5\,\mathrm{cm}$, $\overline{AH}=3\,\mathrm{cm}$, $\overline{BH}=4\,\mathrm{cm}$일 때, $x+y$의 값을 구하시오.

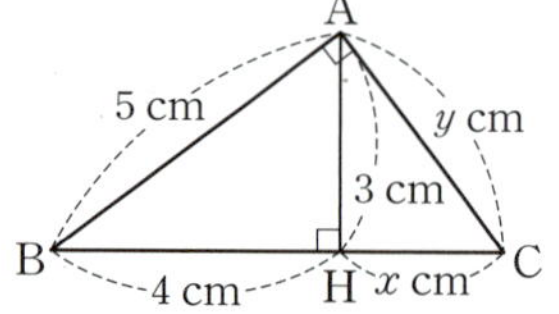

단계 1 x의 값을 구하시오. [40%]

단계 2 y의 값을 구하시오. [40%]

단계 3 $x+y$의 값을 구하시오. [20%]

0519

오른쪽 그림과 같이 $\angle B = 90°$인 직각삼각형 ABC에서 $\overline{BD}\perp\overline{AC}$이고 $\overline{AD}=9\,\mathrm{cm}$, $\overline{BC}=20\,\mathrm{cm}$, $\overline{BD}=12\,\mathrm{cm}$일 때, $x+y$의 값을 구하시오.

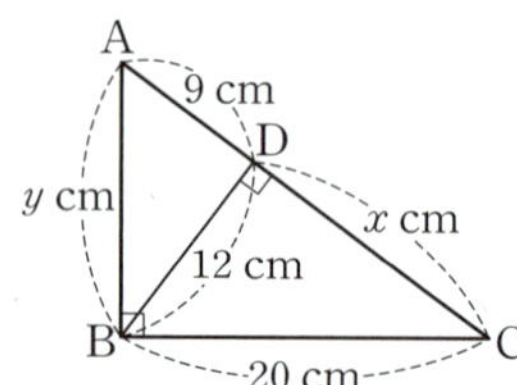

풀이

답 ____________________

0520

오른쪽 그림은 정삼각형 ABC의 꼭짓점 A가 $\overline{BC}$ 위의 점 E에 오도록 접은 것이다. $\overline{BD}=8\,cm$, $\overline{BE}=3\,cm$, $\overline{DE}=7\,cm$일 때, $\overline{AF}$의 길이를 구하시오.

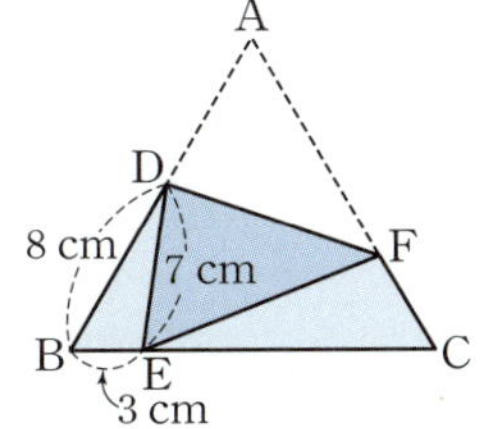

단계 1 $\overline{EC}$의 길이를 구하시오. [30%]

단계 2 △DBE∽△ECF임을 설명하시오. [40%]

단계 3 $\overline{EF}$의 길이를 구하시오. [30%]

0521

오른쪽 그림은 정삼각형 ABC의 꼭짓점 A가 $\overline{BC}$ 위의 점 E에 오도록 접은 것이다. $\overline{BD}=16\,cm$, $\overline{BE}=10\,cm$, $\overline{DE}=14\,cm$일 때, $\overline{AF}$의 길이를 구하시오.

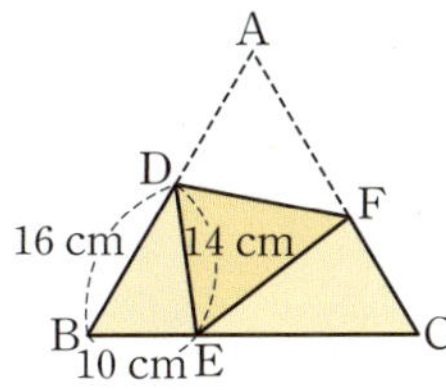

풀이

답

0522

오른쪽 그림과 같은 직사각형 ABCD에서 $\overline{EF}$가 대각선 $\overline{BD}$를 수직이등분할 때, $\overline{EF}$의 길이를 구하시오.

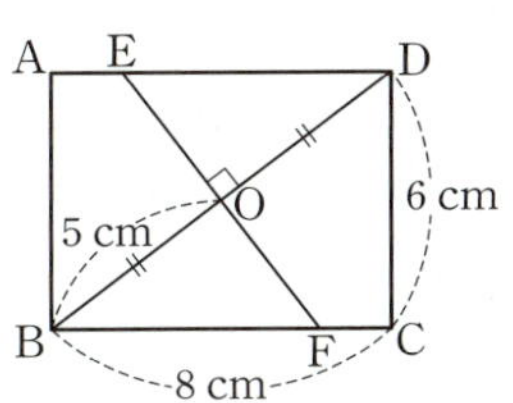

단계 1 $\overline{FO}$의 길이를 구하시오. [50%]

단계 2 $\overline{EF}$의 길이를 구하시오. [50%]

0523

오른쪽 그림과 같은 직사각형 ABCD에서 $\overline{EF}$가 대각선 $\overline{AC}$를 수직이등분할 때, $\overline{EF}$의 길이를 구하시오.

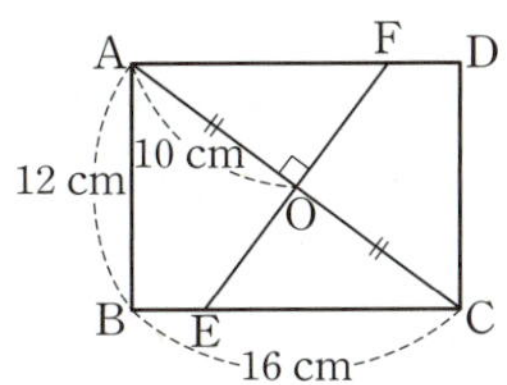

풀이

답

0524

오른쪽 그림과 같이 ∠A=90°인 직각삼각형 ABC에서 점 M은 $\overline{BC}$의 중점이다. $\overline{AD}\perp\overline{BC}$, $\overline{DH}\perp\overline{AM}$일 때, $\overline{DH}$의 길이를 구하시오.

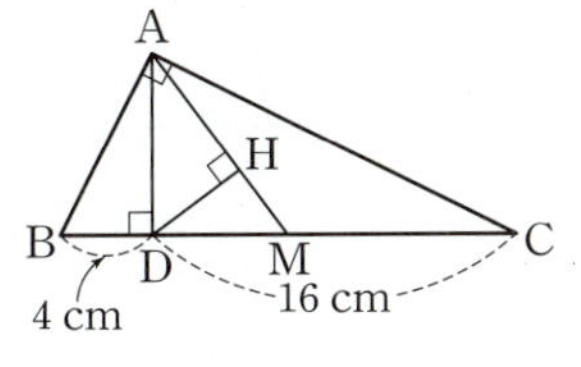

단계 1 $\overline{AM}$의 길이를 구하시오. [30%]

단계 2 $\overline{AD}$의 길이를 구하시오. [30%]

단계 3 $\overline{DH}$의 길이를 구하시오. [40%]

0525

오른쪽 그림과 같이 ∠A=90°인 직각삼각형 ABC에서 점 M은 $\overline{BC}$의 중점이다. $\overline{AD}\perp\overline{BC}$, $\overline{DH}\perp\overline{AM}$일 때, $\overline{DH}$의 길이를 구하시오.

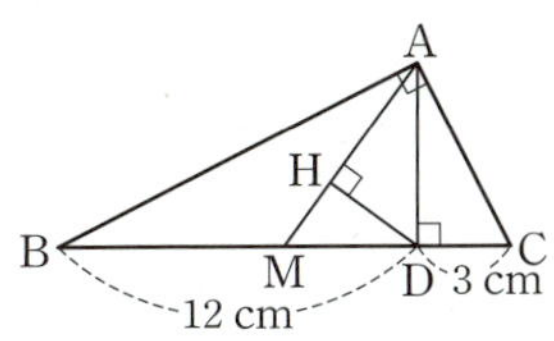

풀이

답

2 평행선 사이의 선분의 길이의 비

개념 1 삼각형에서 평행선 사이의 선분의 길이의 비

(1) △ABC에서 $\overline{AB}$, $\overline{AC}$ 또는 그 연장선 위의 점을 각각 D, E라고 하면 다음이 성립한다.

① $\overline{BC} /\!/ \overline{DE}$이면 $\boxed{\overline{AB} : \overline{AD} = \overline{AC} : \overline{AE} = \overline{BC} : \overline{DE}}$

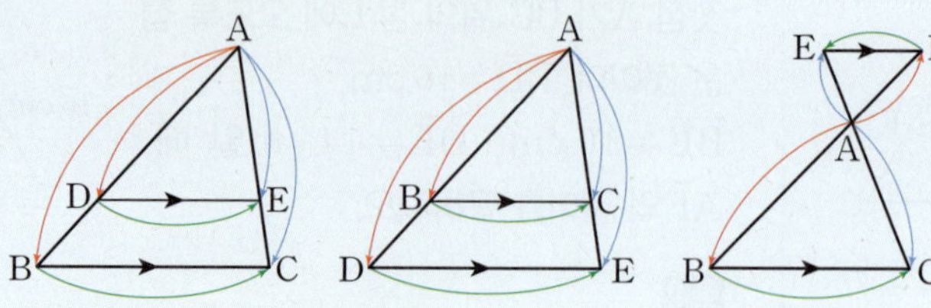

② $\overline{BC} /\!/ \overline{DE}$이면 $\boxed{\overline{AD} : \overline{DB} = \overline{AE} : \overline{EC}}$

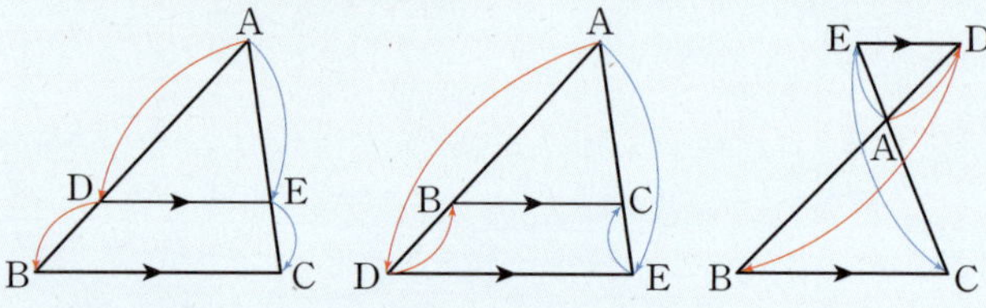

주의 $\overline{AD} : \overline{DB} = \overline{AE} : \overline{EC} \neq \overline{DE} : \overline{BC}$임에 주의한다.

(2) △ABC에서 $\overline{AB}$, $\overline{AC}$ 또는 그 연장선 위의 점을 각각 D, E라고 하면 다음이 성립한다.

① $\overline{AB} : \overline{AD} = \overline{AC} : \overline{AE}$이면 $\overline{BC} /\!/ \overline{DE}$

② $\overline{AD} : \overline{DB} = \overline{AE} : \overline{EC}$이면 $\overline{BC} /\!/ \overline{DE}$

주의 $\overline{AB} : \overline{AD} = \overline{BC} : \overline{DE}$를 만족한다고 해서 $\overline{BC} /\!/ \overline{DE}$인 것은 아니다.

개념 2 삼각형의 각의 이등분선

(1) 삼각형의 내각의 이등분선의 성질

△ABC에서 ∠A의 이등분선이 $\overline{BC}$와 만나는 점을 D라고 하면
$$\boxed{\overline{AB} : \overline{AC} = \overline{BD} : \overline{CD}}$$

참고 삼각형의 내각의 이등분선과 삼각형의 넓이의 비
$$\begin{aligned} \triangle ABD : \triangle ACD &= \overline{BD} : \overline{CD} \\ &= \overline{AB} : \overline{AC} \end{aligned}$$

(2) 삼각형의 외각의 이등분선의 성질

△ABC에서 ∠A의 외각의 이등분선이 $\overline{BC}$의 연장선과
만나는 점을 D라고 하면
$$\boxed{\overline{AB} : \overline{AC} = \overline{BD} : \overline{CD}}$$

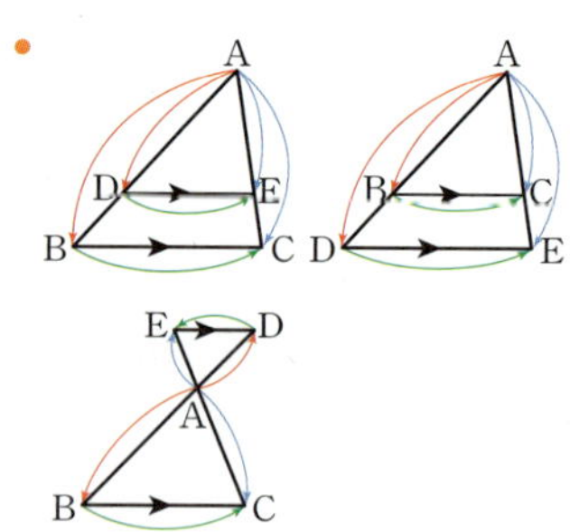

$\overline{BC} /\!/ \overline{DE}$이면
△ABC ∽ △ADE (AA 닮음)이므로
$\overline{AB} : \overline{AD} = \overline{AC} : \overline{AE} = \overline{BC} : \overline{DE}$

• 다음 그림과 같이 보조선을 그어서 생각한다.

(1)
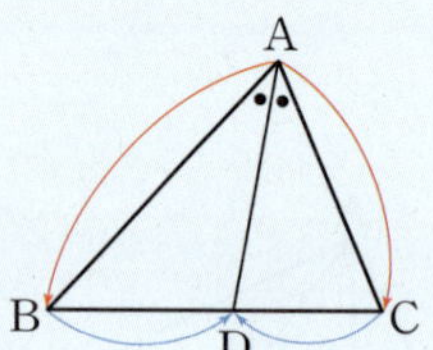

$\overline{AB} : \overline{AC} = \overline{BA} : \overline{AE} = \overline{BD} : \overline{DC}$

(2)
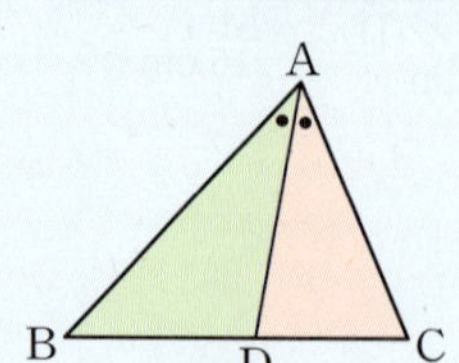
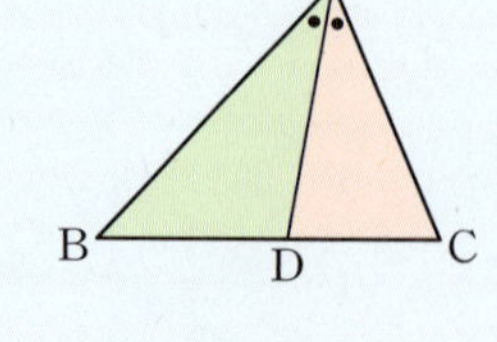

$\overline{AB} : \overline{AC} = \overline{BA} : \overline{FA} = \overline{BD} : \overline{CD}$

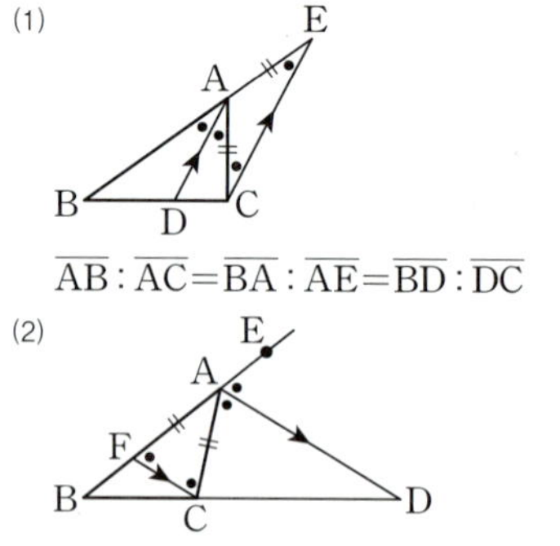

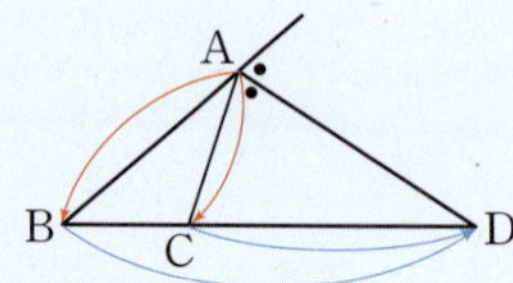

1 삼각형에서 평행선 사이의 선분의 길이의 비

0526

오른쪽 그림과 같은 △ABC에서 $\overline{BC} /\!/ \overline{DE}$일 때, 다음 □ 안에 알맞은 것을 써넣으시오.

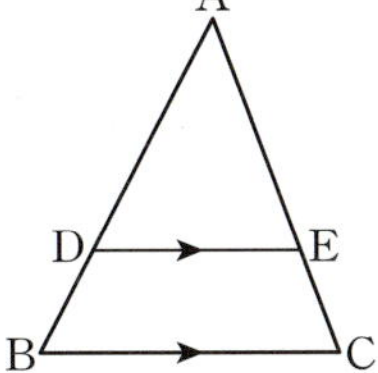

(1) $\overline{AB} : \overline{AD} = \overline{AC} : \boxed{} = \overline{BC} : \boxed{}$

(2) $\overline{AD} : \overline{DB} = \overline{AE} : \boxed{}$

(3) $\overline{AB} : \overline{BD} = \boxed{} : \overline{CE}$

0527

다음 그림에서 $\overline{BC} /\!/ \overline{DE}$일 때, x의 값을 구하시오.

(1) 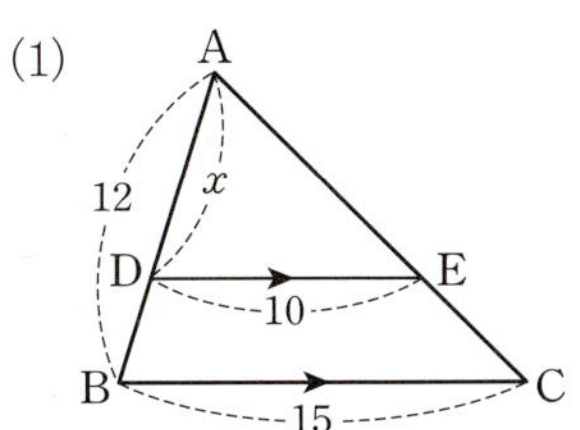

(2) 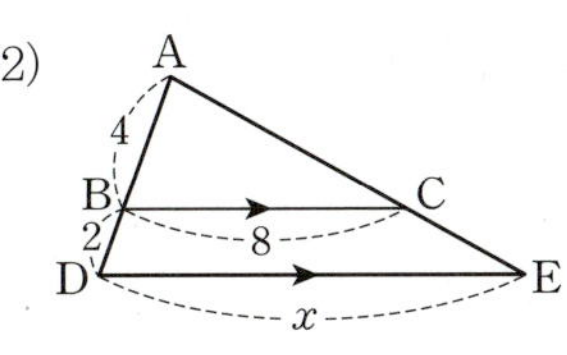

(3) 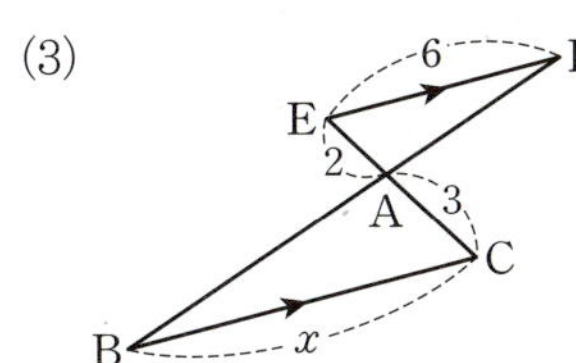

(4) 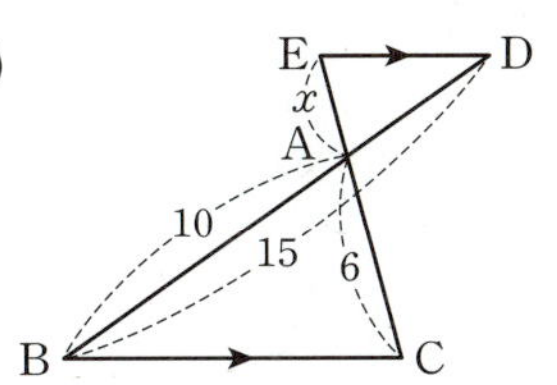

0528

다음 그림에서 $\overline{BC} /\!/ \overline{DE}$일 때, x의 값을 구하시오.

(1) 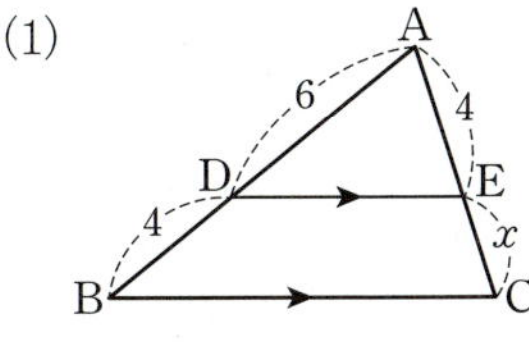

(2) 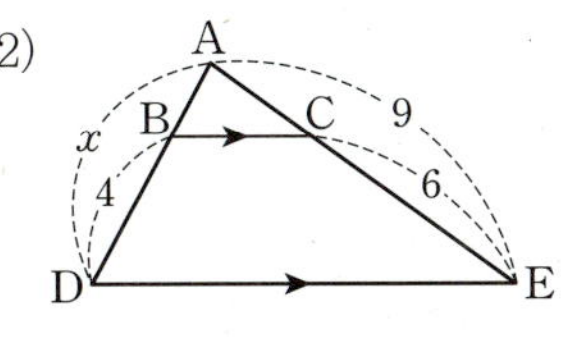

(3) 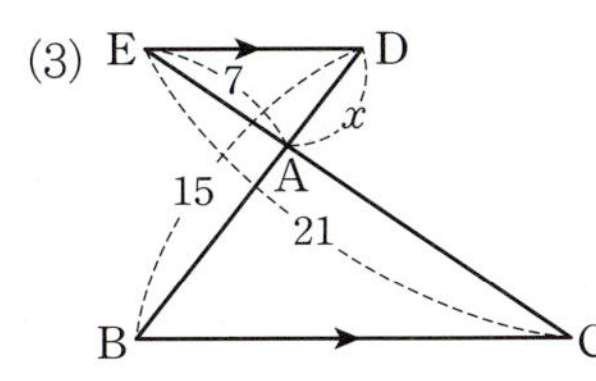

(4) 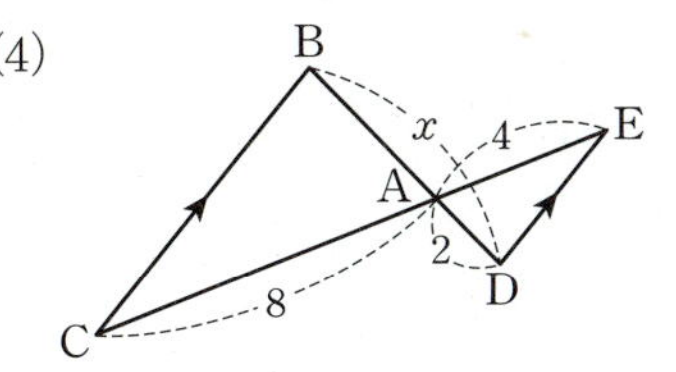

0529

다음 그림에서 $\overline{BC} /\!/ \overline{DE}$인 것에는 ○표, $\overline{BC} /\!/ \overline{DE}$가 아닌 것에는 ×표를 (   ) 안에 써넣으시오.

(1) 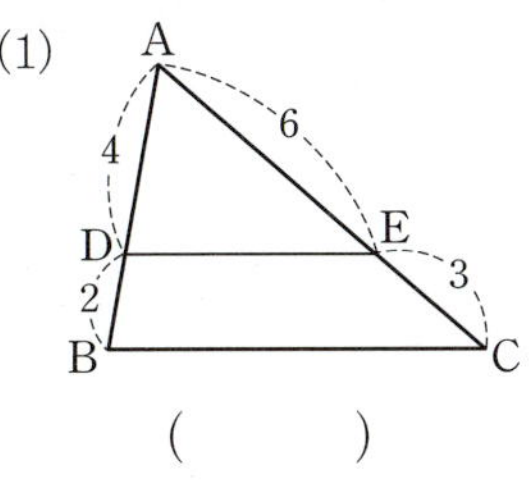

(   )

(2) 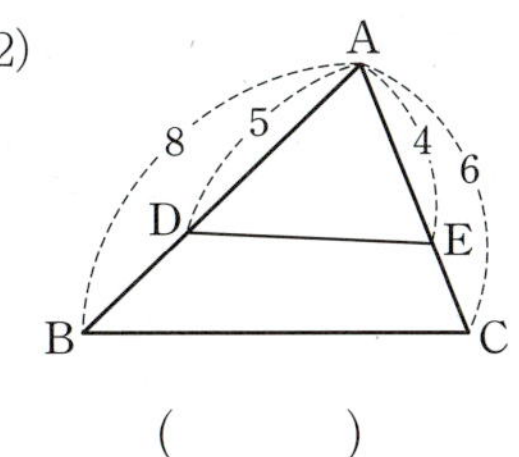

(   )

(3) 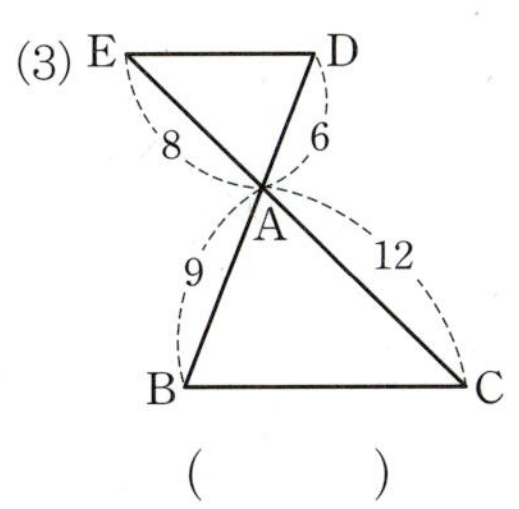

(   )

(4) 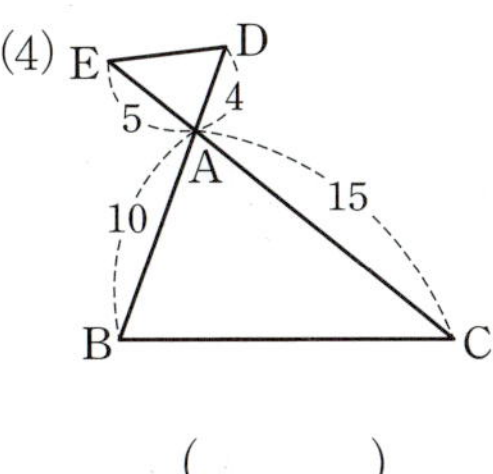

(   )

2 삼각형의 각의 이등분선

0530

다음 그림과 같은 △ABC에서 $\overline{AD}$가 ∠A의 이등분선일 때, x의 값을 구하시오.

(1) 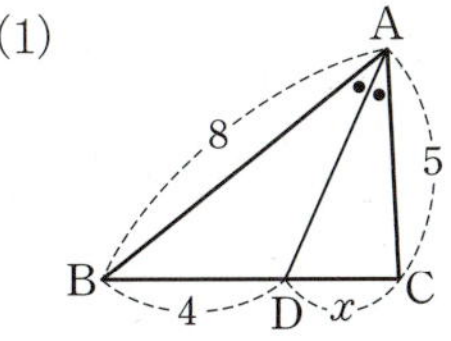

(2) 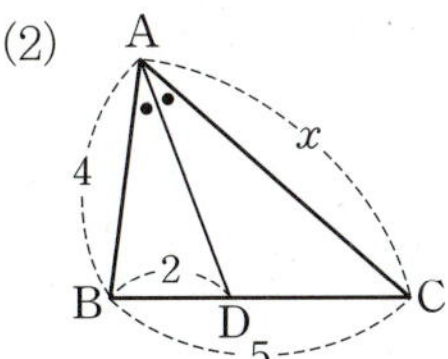

0531

다음 그림과 같은 △ABC에서 $\overline{AD}$가 ∠A의 외각의 이등분선일 때, x의 값을 구하시오.

(1) 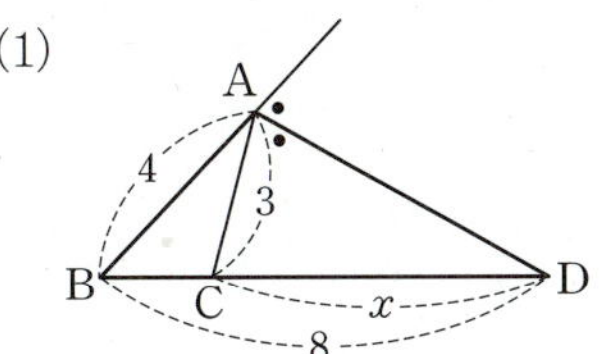

(2) 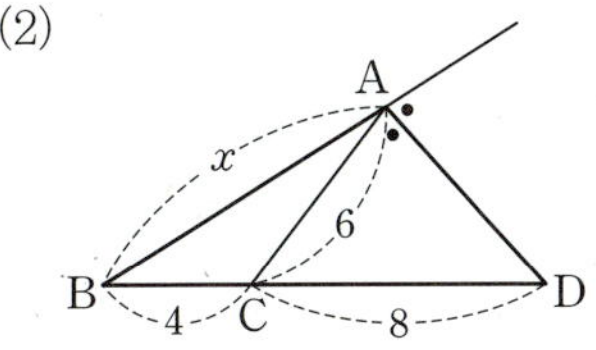

2 평행선 사이의 선분의 길이의 비

개념 3 평행선 사이의 선분의 길이의 비

세 개의 평행선이 다른 두 직선과 만날 때, 평행선 사이의 선분의 길이의 비는 같다.

➡ $l /\!/ m /\!/ n$이면 $a:b=c:d$ 또는 $a:c=b:d$ — $\dfrac{c}{a}=\dfrac{d}{b}$, $a:(a+b)=c:(c+d)$

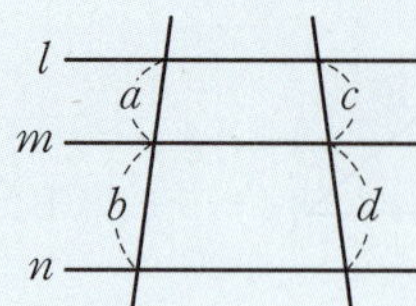 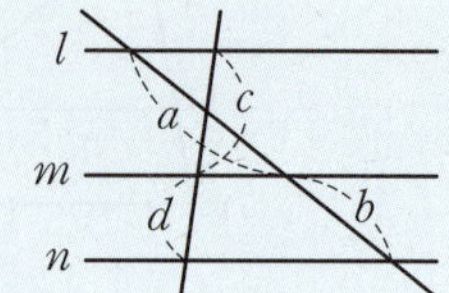

주의 $a:b=c:d$이지만 세 직선 l, m, n이 평행하지 않을 수도 있다.

개념 Plus

• $l /\!/ m /\!/ n$일 때, 다음 그림과 같이 한 직선을 평행이동하면 삼각형에서 평행선 사이의 선분의 길이의 비를 이용할 수 있다.

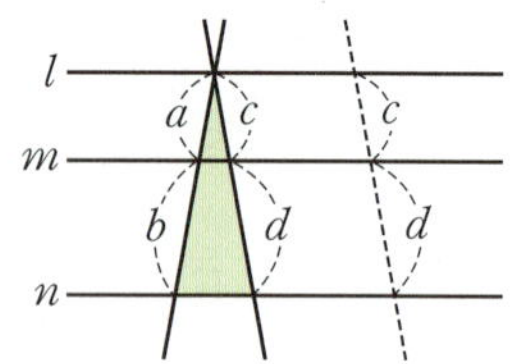

➡ $a:b=c:d$

개념 4 사다리꼴에서 평행선 사이의 선분의 길이의 비

사다리꼴 ABCD에서 $\overline{AD} /\!/ \overline{EF} /\!/ \overline{BC}$이고 $\overline{AD}=a$, $\overline{BC}=b$, $\overline{AE}=m$, $\overline{EB}=n$일 때,

$$\overline{EF}=\frac{an+bm}{m+n}$$

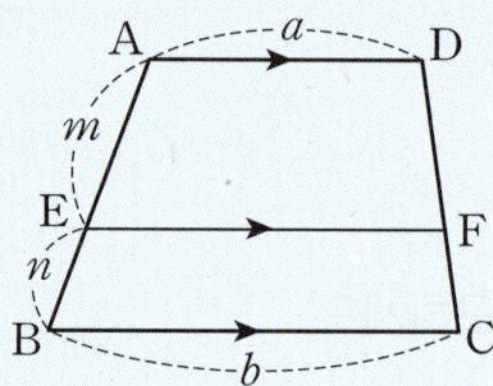

참고 [방법 1] 평행선 이용하기

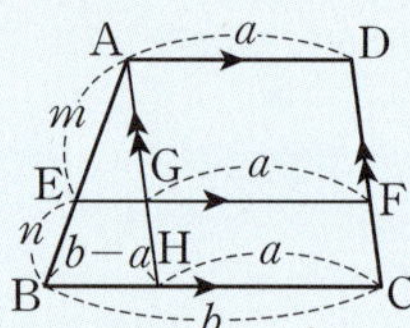

$\overline{GF}=\overline{HC}=\overline{AD}=a$

$\triangle ABH$에서 $\overline{EG}:\overline{BH}=m:(m+n)$

$\overline{EG}:(b-a)=m:(m+n)$이므로

$$\overline{EG}=\frac{m(b-a)}{m+n}$$

➡ $\overline{EF}=\overline{EG}+\overline{GF}=\dfrac{bm+an}{m+n}$

[방법 2] 대각선 이용하기

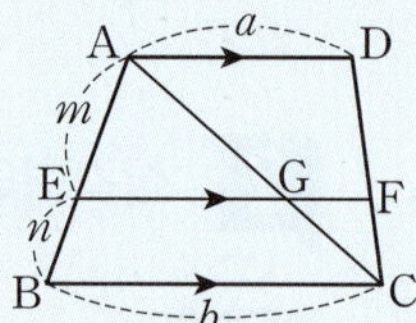

$\triangle ABC$에서 $\overline{EG}:\overline{BC}=m:(m+n)$

$\overline{EG}:b=m:(m+n)$이므로 $\overline{EG}=\dfrac{bm}{m+n}$

$\triangle ACD$에서 $\overline{GF}:\overline{AD}=n:(n+m)$

$\overline{GF}:a=n:(m+n)$이므로 $\overline{GF}=\dfrac{an}{m+n}$

➡ $\overline{EF}=\overline{EG}+\overline{GF}=\dfrac{bm+an}{m+n}$

개념 5 평행선 사이의 선분의 길이의 비의 응용

$\overline{AC}$와 $\overline{BD}$의 교점을 E라 하고 $\overline{AB} /\!/ \overline{EF} /\!/ \overline{DC}$이고 $\overline{AB}=a$, $\overline{CD}=b$일 때

(1) $\overline{EF}=\dfrac{ab}{a+b}$

(2) $\overline{BF}:\overline{FC}=a:b$

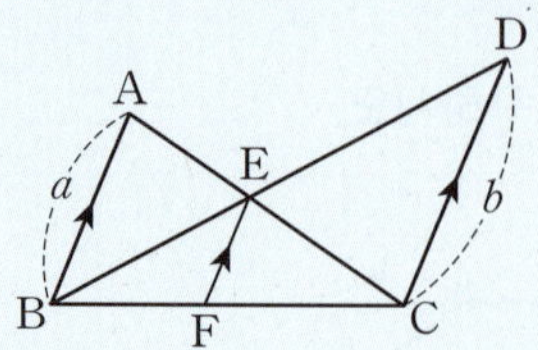

참고 ①

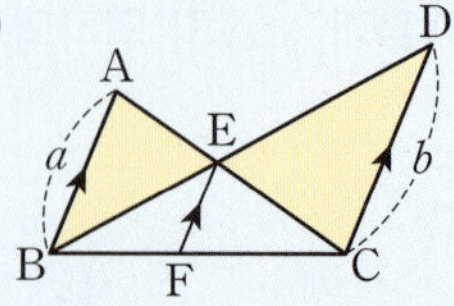

$\triangle ABE \backsim \triangle CDE$
  (AA 닮음)

➡ 닮음비는 $a:b$

②

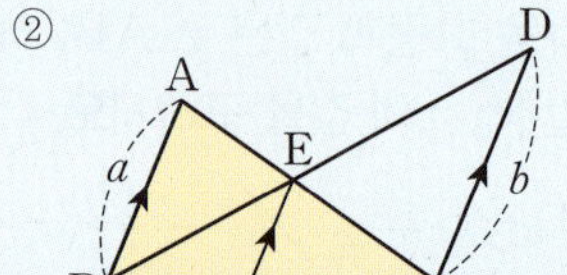

$\triangle ABC$에서
$\overline{EF}:\overline{AB}=\overline{CE}:\overline{CA}$

➡ $\overline{EF}:a=b:(b+a)$

③

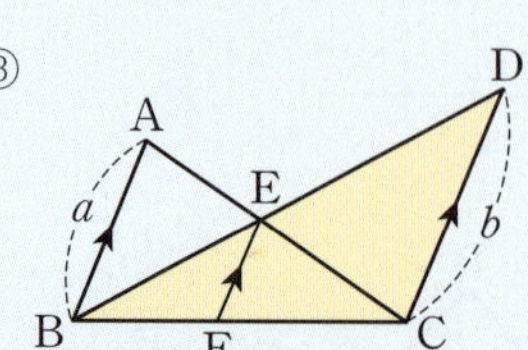

$\triangle BCD$에서
$\overline{EF}:\overline{DC}=\overline{BE}:\overline{BD}$

➡ $\overline{EF}:b=a:(a+b)$

3 평행선 사이의 선분의 길이의 비

0532

다음 그림에서 $l /\!/ m /\!/ n$일 때, x의 값을 구하시오.

(1) 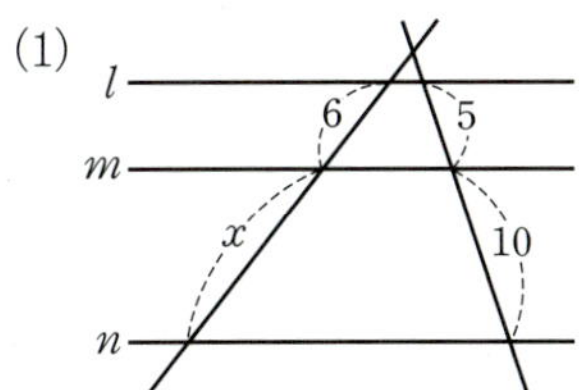

(2) 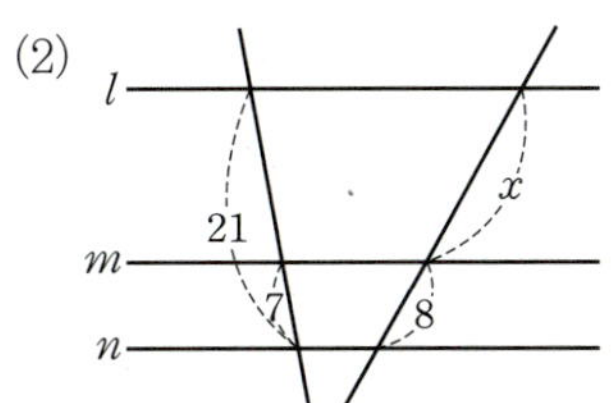

(3) 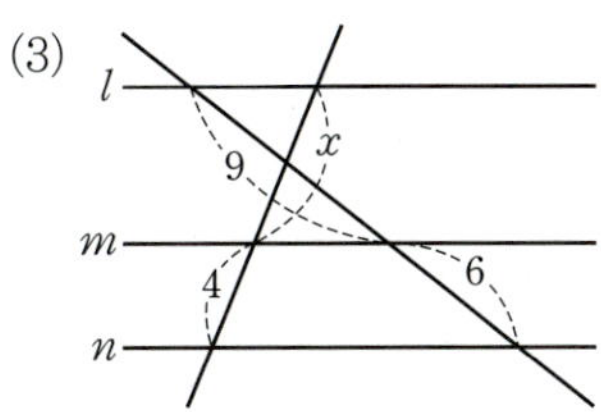

(4) 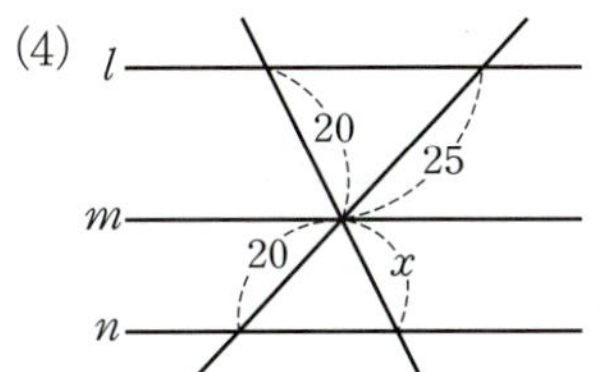

4 사다리꼴에서 평행선 사이의 선분의 길이의 비

0533

오른쪽 그림과 같은 사다리꼴 ABCD에서 $\overline{AD} /\!/ \overline{EF} /\!/ \overline{BC}$, $\overline{AH} /\!/ \overline{DC}$일 때, 다음을 구하시오.

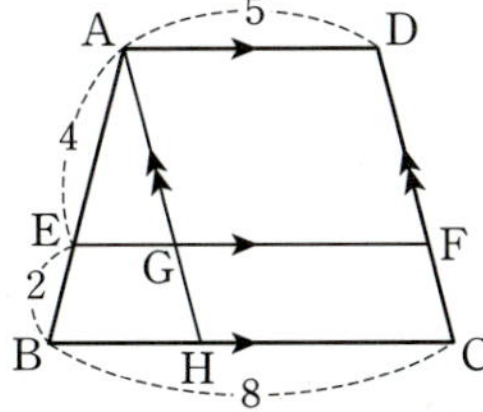

(1) $\overline{GF}$의 길이

(2) $\overline{BH}$의 길이

(3) $\overline{EG}$의 길이

(4) $\overline{EF}$의 길이

0534

오른쪽 그림과 같은 사다리꼴 ABCD에서 $\overline{AD} /\!/ \overline{EF} /\!/ \overline{BC}$일 때, 다음을 구하시오.

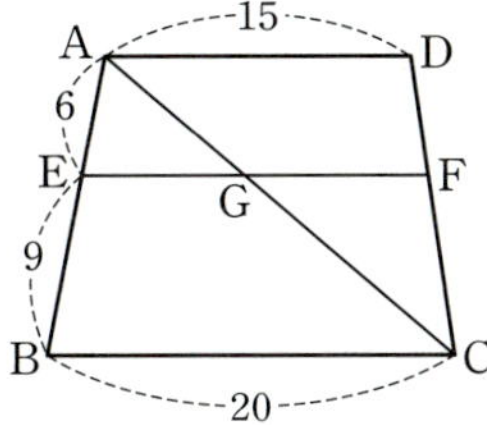

(1) $\overline{EG}$의 길이

(2) $\overline{GF}$의 길이

(3) $\overline{EF}$의 길이

5 평행선 사이의 선분의 길이의 비의 응용

0535

오른쪽 그림에서 $\overline{AB} /\!/ \overline{EF} /\!/ \overline{DC}$이고 $\overline{AB}=8$, $\overline{DC}=12$일 때, 다음 ☐ 안에 알맞은 것을 써넣으시오.

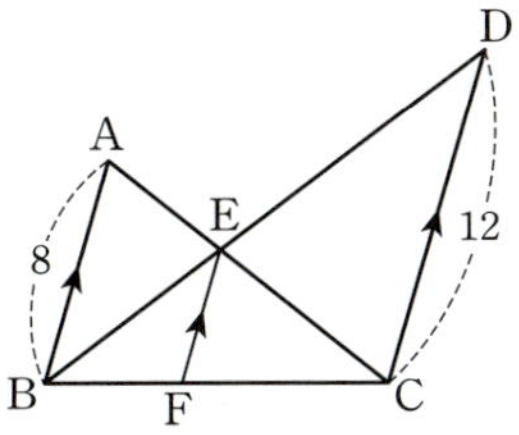

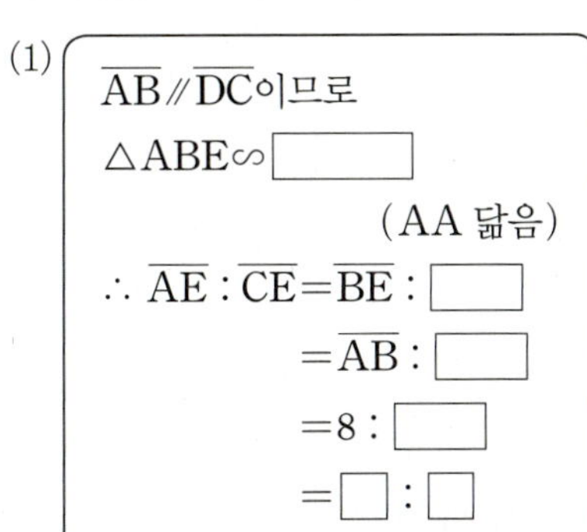

(1)

$\overline{AB} /\!/ \overline{DC}$이므로

$\triangle ABE \backsim$ ☐

(AA 닮음)

$\therefore \overline{AE} : \overline{CE} = \overline{BE} :$ ☐

$= \overline{AB} :$ ☐

$= 8 :$ ☐

$=$ ☐ : ☐

(2)

$\triangle ABC$에서 $\overline{AB} /\!/ \overline{EF}$이므로

$\overline{EF} : \overline{AB} = \overline{CE} :$ ☐

$\overline{EF} : 8 = 3 :$ ☐

$\therefore \overline{EF} =$ ☐

(3)

$\triangle BCD$에서 $\overline{EF} /\!/ \overline{DC}$이므로

$\overline{EF} : \overline{DC} = \overline{BE} :$ ☐

$\overline{EF} : 12 =$ ☐ : 5

$\therefore \overline{EF} =$ ☐

유형 01 삼각형에서 평행선 사이의 선분의 길이의 비(1)

0536 상 중 하

오른쪽 그림과 같은 △ABC에서 $\overline{BC}\,/\!/\,\overline{DE}$일 때, $x+y$의 값을 구하시오.

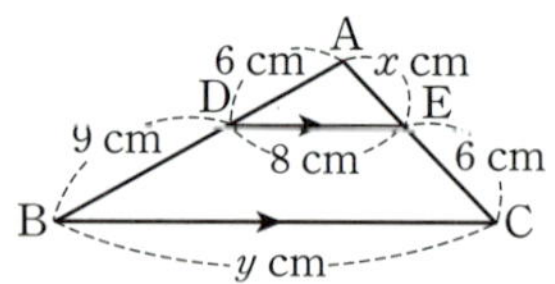

→ 유형 Point

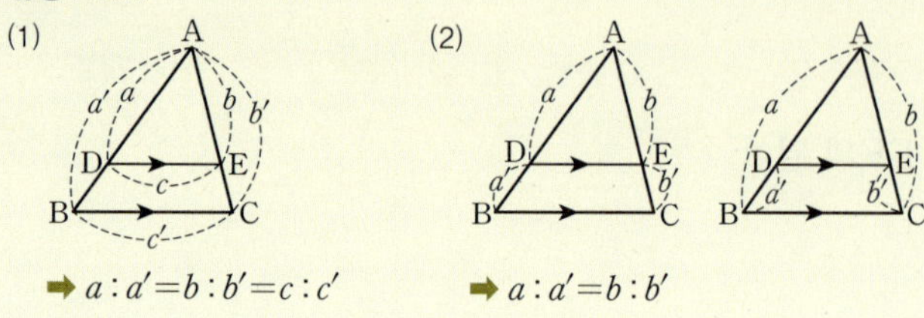

(1) ➡ $a:a'=b:b'=c:c'$　　(2) ➡ $a:a'=b:b'$

0537 상 중 하

오른쪽 그림과 같은 △ABC에서 $\overline{BC}\,/\!/\,\overline{DE}$일 때, $\overline{DE}$의 길이를 구하시오.

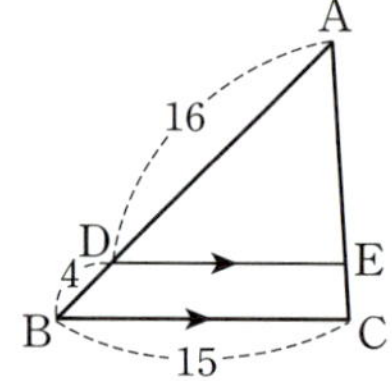

0538 상 중 하

오른쪽 그림과 같은 평행사변형 ABCD에서 $\overline{BC}$ 위의 점 E에 대하여 $\overline{AE}$의 연장선과 $\overline{CD}$의 연장선의 교점을 F라고 할 때, $\overline{BE}$의 길이를 구하시오.

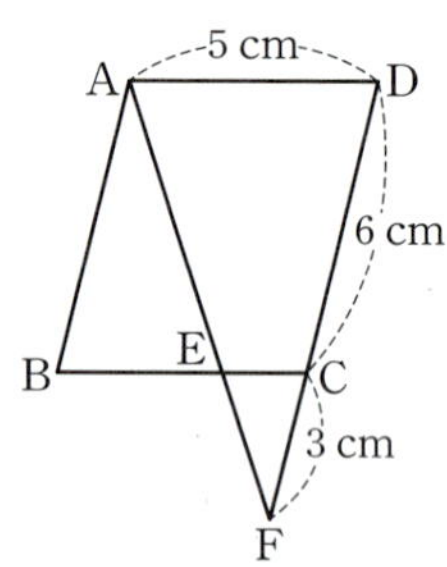

0539 상 중 하

오른쪽 그림과 같은 △ABC에서 □DBEF가 마름모일 때, $\overline{EF}$의 길이를 구하시오.

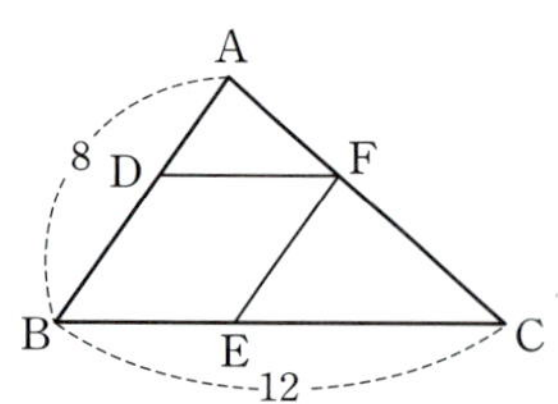

유형 02 삼각형에서 평행선 사이의 선분의 길이의 비(2)

0540 상 중 하

오른쪽 그림에서 $\overline{BC}\,/\!/\,\overline{DE}$일 때, $x+y$이 값을 구하시오.

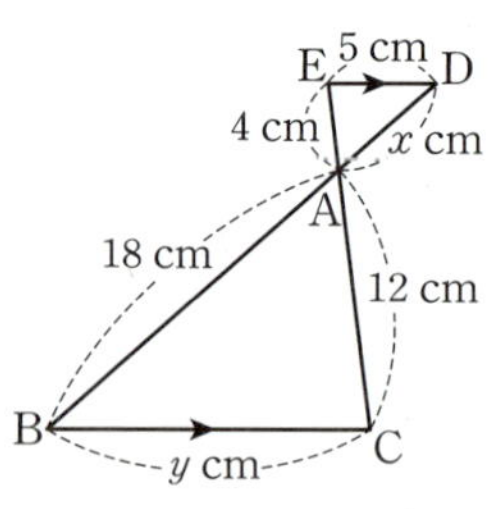

→ 유형 Point

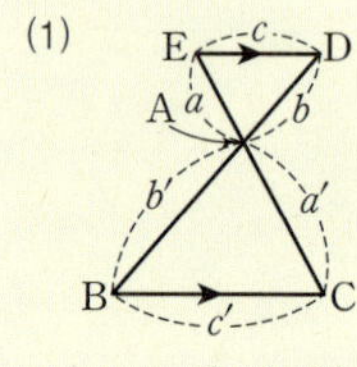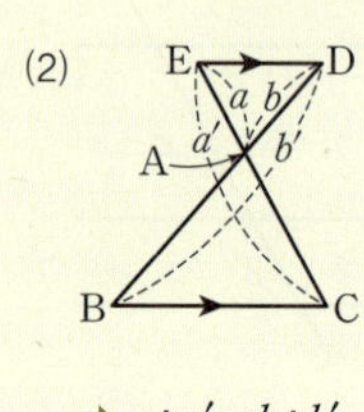

(1) ➡ $a:a'=b:b'=c:c'$　　(2) ➡ $a:a'=b:b'$

0541 상 중 하

오른쪽 그림에서 $\overline{BC}\,/\!/\,\overline{DE}$일 때, △ABC의 둘레의 길이를 구하시오.

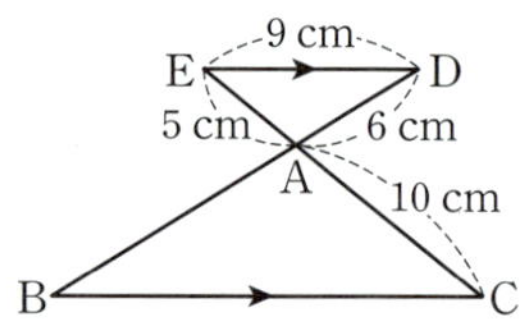

0542 상 중 하

오른쪽 그림에서 $\overline{BC}\,/\!/\,\overline{DE}\,/\!/\,\overline{FG}$일 때, xy의 값은?

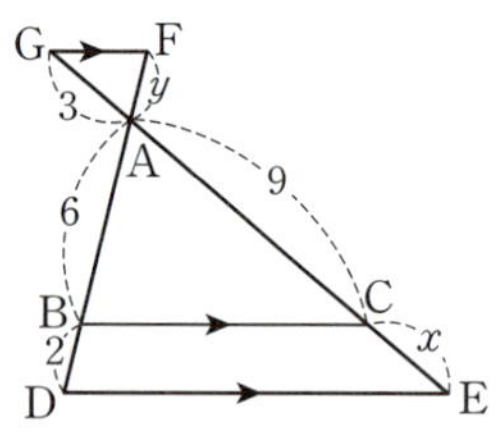

① 2　　② 3
③ 4　　④ 5
⑤ 6

0543 상 중 하 서술형

오른쪽 그림에서 $\overline{AB}\,/\!/\,\overline{CD}$, $\overline{BC}\,/\!/\,\overline{EF}$일 때, $x-y$의 값을 구하시오.

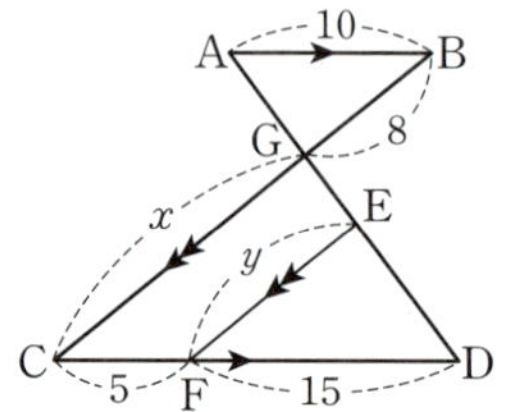

수학의 바이블 79쪽

유형 03 삼각형에서 평행선 사이의 선분의 길이의 비의 응용 — 꼭짓점에서 그은 선분이 평행선을 지나는 경우

0544 상 중 하

오른쪽 그림과 같은 △ABC에서 $\overline{BC} /\!/ \overline{DE}$일 때, $\dfrac{y}{x}$의 값을 구하시오.

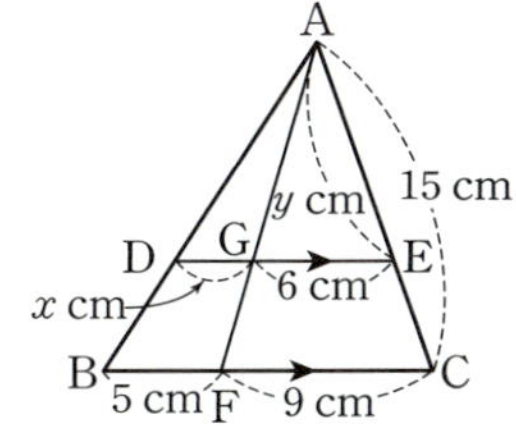

유형 Point △ABC에서 $\overline{BC} /\!/ \overline{DE}$일 때
(1) △ABF에서
  $\overline{AG} : \overline{AF} = \overline{DG} : \overline{BF}$
(2) △AFC에서
  $\overline{AG} : \overline{AF} = \overline{GE} : \overline{FC}$
(1), (2)에서 $\overline{DG} : \overline{BF} = \overline{GE} : \overline{FC}$

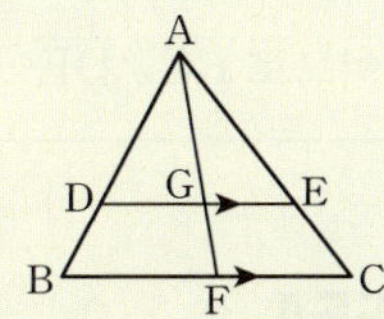

0545 상 중 하

오른쪽 그림과 같은 △ABC에서 $\overline{BC} /\!/ \overline{DE}$이고 $\overline{BF} = 6$ cm, $\overline{CF} = 8$ cm, $\overline{DG} = 3$ cm일 때, $\overline{GE}$의 길이를 구하시오.

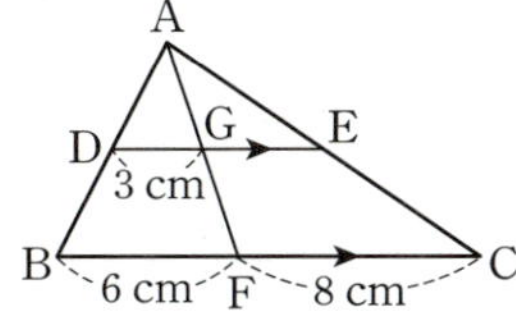

0546 상 중 하

오른쪽 그림과 같은 △ADE에서 $\overline{BC} /\!/ \overline{DE}$이고 $\overline{AC} = 9$ cm, $\overline{BP} = 6$ cm, $\overline{DQ} = 8$ cm일 때, $\overline{CE}$의 길이를 구하시오.

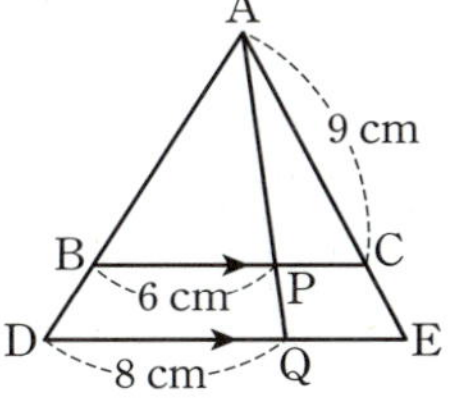

0547 상 중 하

오른쪽 그림과 같은 △ABC에서 $\overline{BC} /\!/ \overline{DE}$이고, $3\overline{AF} = 5\overline{FH}$일 때, 다음 중 옳지 <u>않은</u> 것은?

① $\overline{DF} : \overline{BH} = 3 : 5$
② $△ADF \backsim △ABH$
③ $△AEF \backsim △ACH$
④ $\overline{EC} = 6$일 때, $\overline{AC} = 16$
⑤ △ADE와 △ABC의 닮음비는 $5 : 8$이다.

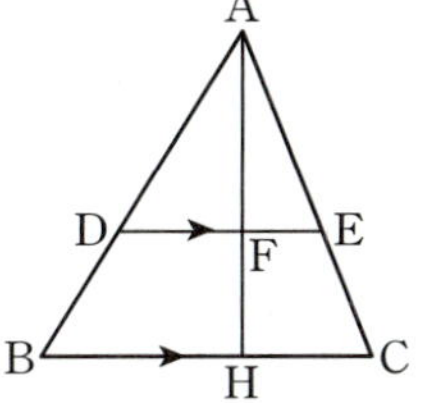

수학의 바이블 79쪽

유형 04 삼각형에서 평행선 사이의 선분의 길이의 비의 응용 — 평행선이 두 쌍인 경우

0548 상 중 하

오른쪽 그림과 같은 △ABC에서 $\overline{DE} /\!/ \overline{FC}$, $\overline{FE} /\!/ \overline{BC}$이고 $\overline{AD} = 2$ cm, $\overline{DF} = 3$ cm일 때, $\overline{BF}$의 길이를 구하시오.

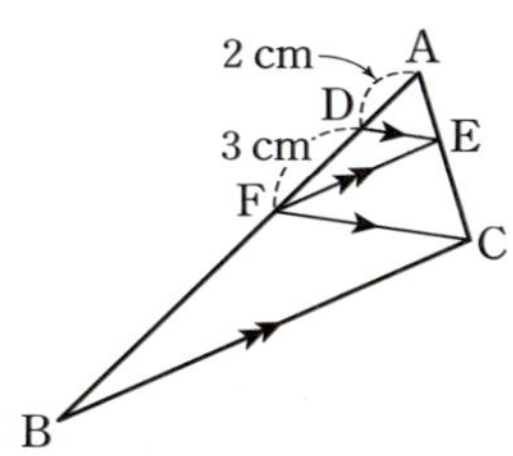

유형 Point △ABC에서 $\overline{BC} /\!/ \overline{DE}$, $\overline{BE} /\!/ \overline{DF}$일 때
(1) △ABC에서 $\overline{BC} /\!/ \overline{DE}$이므로
  $\overline{AD} : \overline{DB} = \overline{AE} : \overline{EC}$
(2) △ABE에서 $\overline{BE} /\!/ \overline{DF}$이므로
  $\overline{AD} : \overline{DB} = \overline{AF} : \overline{FE}$
(1), (2)에서 $\overline{AE} : \overline{EC} = \overline{AF} : \overline{FE}$

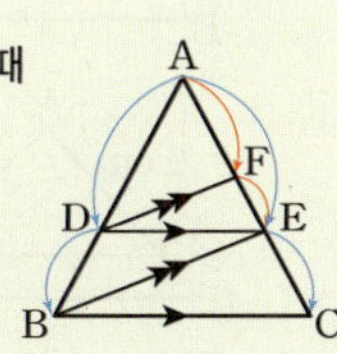

0549 상 중 하 서술형

오른쪽 그림과 같은 △ABC에서 $\overline{DE} /\!/ \overline{BC}$, $\overline{FE} /\!/ \overline{DC}$이고 $\overline{AF} : \overline{FD} = 5 : 3$, $\overline{AD} = 15$ cm 일 때, $\overline{BD}$의 길이를 구하시오.

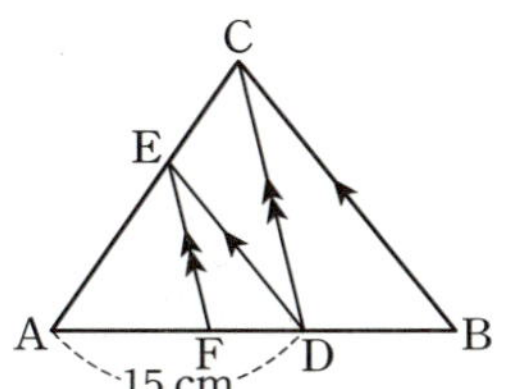

★★ 0550 상 중 하

오른쪽 그림과 같은 △ABC에서 $\overline{BC} /\!/ \overline{DE}$, $\overline{DC} /\!/ \overline{FE}$이고 $\overline{AD} = 12$ cm, $\overline{BD} = 6$ cm일 때, $\overline{DF}$의 길이는?

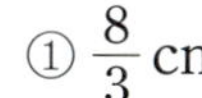

① $\dfrac{8}{3}$ cm ② 3 cm
③ $\dfrac{10}{3}$ cm ④ $\dfrac{11}{3}$ cm
⑤ 4 cm

→ **수학의 바이블** 79쪽

유형 05 삼각형에서 평행선 찾기

0551 (상)(중)(하)

△ABC에서 두 점 D, E는 각각 $\overline{AB}$, $\overline{AC}$ 또는 그 연장선 위의 점일 때, 다음 중 $\overline{BC}/\!/\overline{DE}$인 것을 모두 고르면?

(정답 2개)

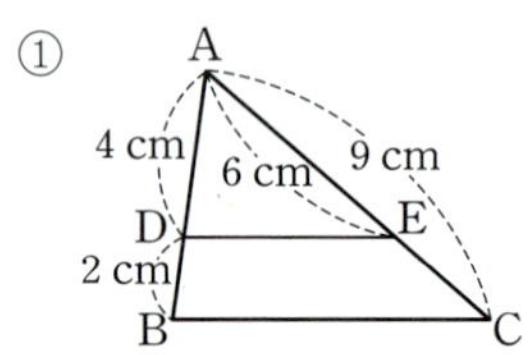
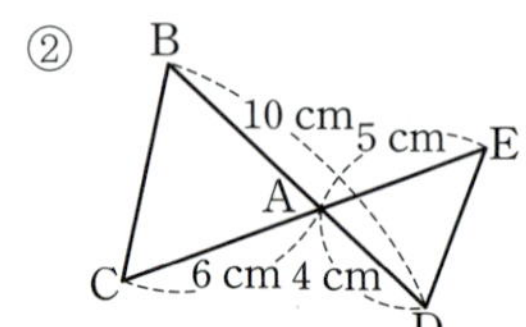
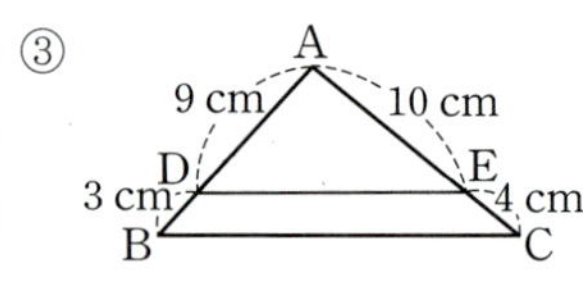
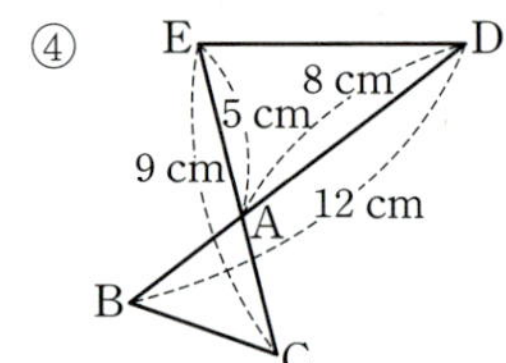
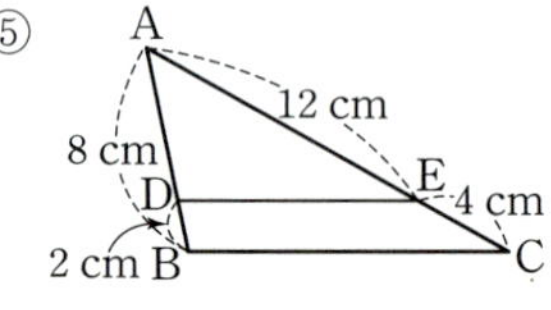

→ **유형 Point** △ABC에서 두 점 D, E가 각각 $\overline{AB}$, $\overline{AC}$ 또는 그 연장선 위의 점일 때, $a:a'=b:b'$이면 $\overline{BC}/\!/\overline{DE}$

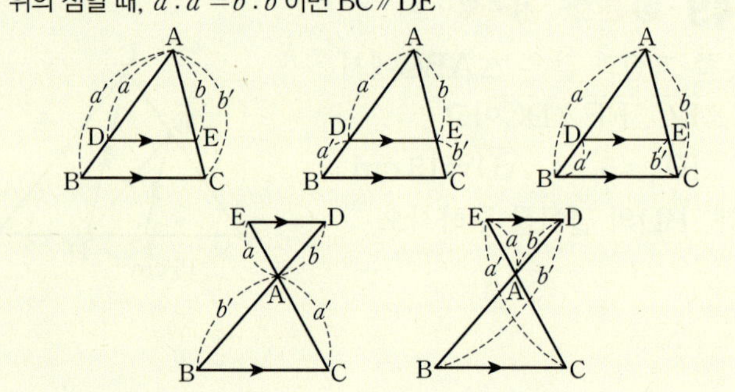

0552 (상)(중)(하)

오른쪽 그림과 같은 △ABC에서 $\overline{BC}/\!/\overline{DE}$이기 위한 $\overline{AD}$의 길이는?

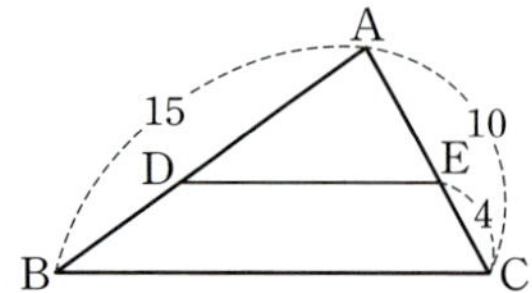

① 8

② $\dfrac{17}{2}$

③ 9

④ $\dfrac{19}{2}$

⑤ 10

0553 (상)(중)(하)

다음은 '△ABC에서 $\overline{AB}$, $\overline{AC}$ 위에 각각 두 점 D, E가 있을 때, $\overline{AB}:\overline{AD}=\overline{AC}:\overline{AE}$이면 $\overline{BC}/\!/\overline{DE}$이다.'를 설명하는 과정이다. ㈎, ㈏, ㈐에 알맞은 것을 써넣으시오.

△ABC와 △ADE에서
$\overline{AB}:\overline{AD}=\overline{AC}:\overline{AE}$,
　㈎　는 공통이므로
△ABC∽△ADE (　㈏　 닮음)
따라서 ∠ABC=　㈐　 (동위각)
이므로 $\overline{BC}/\!/\overline{DE}$이다.

0554 (상)(중)(하)

△ABC에서 두 점 D, E가 각각 $\overline{AB}$, $\overline{AC}$ 또는 그 연장선 위의 점일 때, 다음 중 $\overline{BC}/\!/\overline{DE}$가 **아닌** 것은?

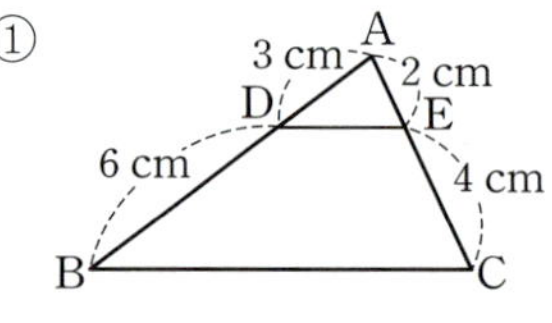
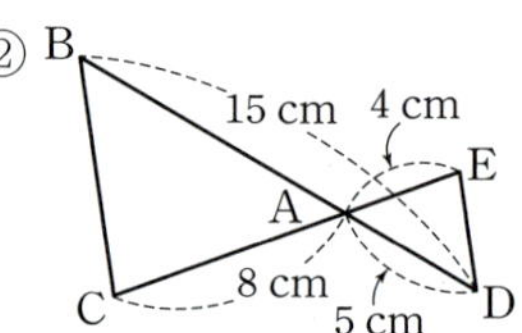
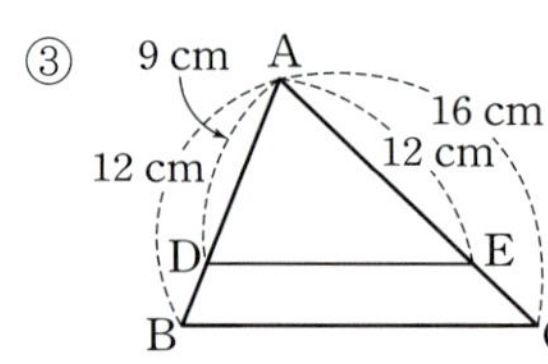
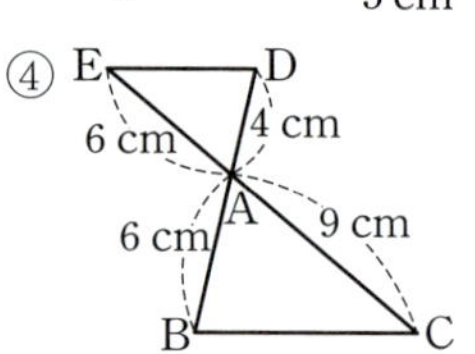
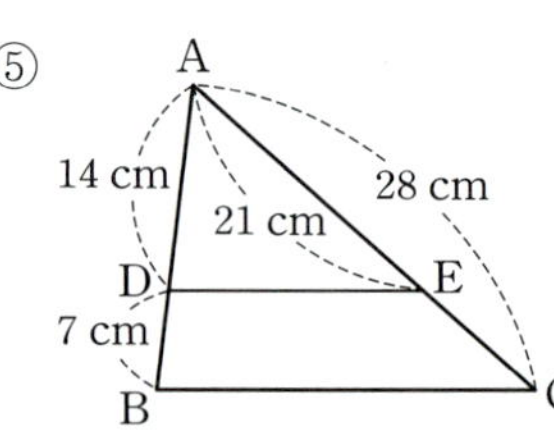

0555 (상)(중)(하)

오른쪽 그림과 같은 △ABC에 대한 설명으로 다음 중 옳지 **않은** 것은?

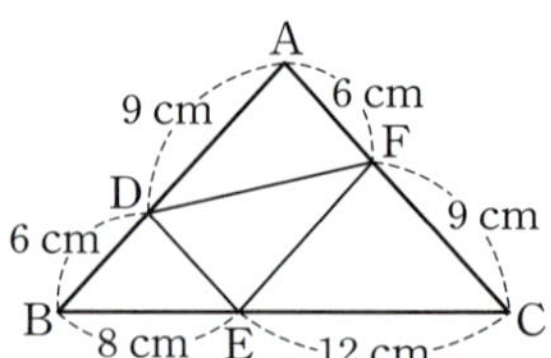

① $\overline{DE}/\!/\overline{AC}$

② $\overline{DF}/\!/\overline{BC}$

③ △CAB∽△CFE

④ ∠BDE=∠BAC

⑤ △DBE∽△FCE

> **수학의 바이블** 81쪽

유형 06 삼각형의 내각의 이등분선

0556 상중하

오른쪽 그림과 같은 △ABC에서 $\overline{AD}$는 ∠A의 이등분선이고 $\overline{AB}=8$ cm, $\overline{BC}=7$ cm, $\overline{CA}=6$ cm일 때, $\overline{CD}$의 길이는?

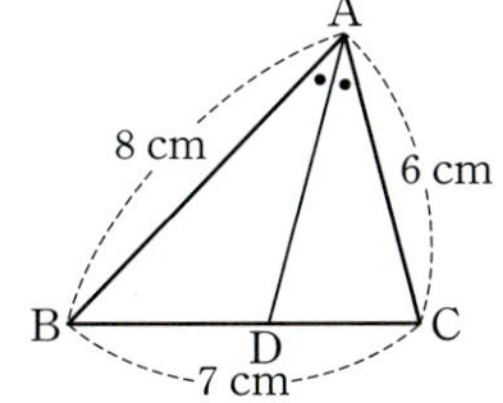

① 2 cm
② $\dfrac{5}{2}$ cm
③ 3 cm
④ $\dfrac{7}{2}$ cm
⑤ 4 cm

→ **유형 Point** △ABC에서 $\overline{AD}$가 ∠A의 이등분선일 때,
$\overline{AB}:\overline{AC}=\overline{BD}:\overline{CD}$

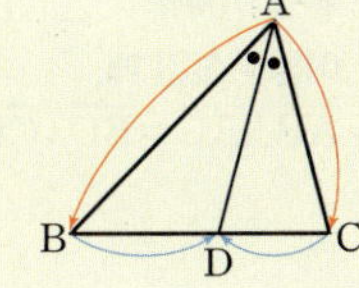

0557 상중하

다음은 '△ABC에서 ∠A의 이등분선이 $\overline{BC}$와 만나는 점을 D라고 할 때, $\overline{AB}:\overline{AC}=\overline{BD}:\overline{CD}$이다.'를 설명하는 과정이다. □ 안에 알맞은 것으로 옳지 <u>않은</u> 것은?

오른쪽 그림과 같이 점 C를 지나고 $\overline{AD}$에 평행한 직선이 $\overline{AB}$의 연장선과 만나는 점을 E라고 하면 $\overline{AD}\,/\!/\,\overline{EC}$이므로

∠BAD = ☐ ① (동위각)
∠DAC = ☐ ② (엇각)
∠BAD=∠DAC이므로
☐ ① = ☐ ②
따라서 △ACE는 ☐ ③ 이므로 $\overline{AE}=$ ☐ ④ …… ㉠
또, $\overline{AD}\,/\!/\,\overline{EC}$이므로 $\overline{BA}:\overline{AE}=$ ☐ ⑤ $:\overline{DC}$ …… ㉡
㉠, ㉡에 의하여 $\overline{AB}:\overline{AC}=\overline{BD}:\overline{CD}$

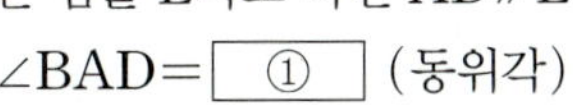
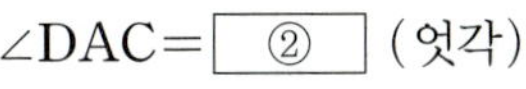
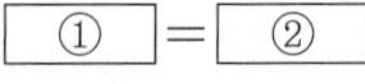

① ∠AEC
② ∠ACE
③ 정삼각형
④ $\overline{AC}$
⑤ $\overline{BD}$

0558 상중하

오른쪽 그림과 같은 △ABC에서 $\overline{AD}$는 ∠A의 이등분선이고 $\overline{AC}=8$ cm, $\overline{BC}=9$ cm, $\overline{CD}=4$ cm일 때, $\overline{AB}$의 길이는?

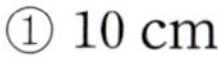
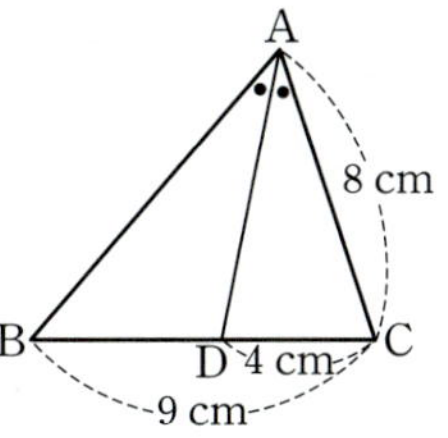

① 10 cm
② 11 cm
③ 12 cm
④ 13 cm
⑤ 14 cm

0559 상중하

오른쪽 그림과 같은 △ABC에서 $\overline{AD}$는 ∠A의 이등분선이고 $\overline{AB}\,/\!/\,\overline{ED}$이다. $\overline{AB}=6$ cm, $\overline{AC}=4$ cm일 때, $\overline{DE}$의 길이를 구하시오.

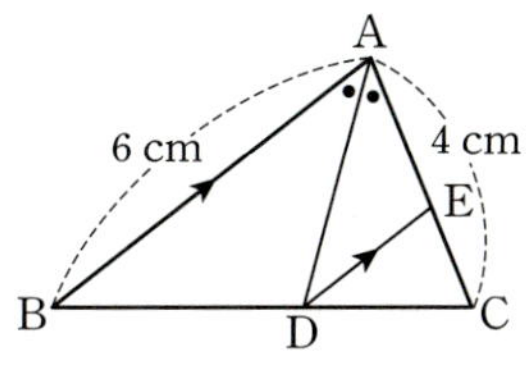

0560 상중하 서술형

오른쪽 그림과 같은 △ABC에서 $\overline{AD}$는 ∠A의 이등분선이고 $\overline{AB}=\overline{AE}$이다. $\overline{AB}=14$ cm, $\overline{BC}=16$ cm, $\overline{CA}=18$ cm일 때, $\overline{DE}$의 길이를 구하시오.

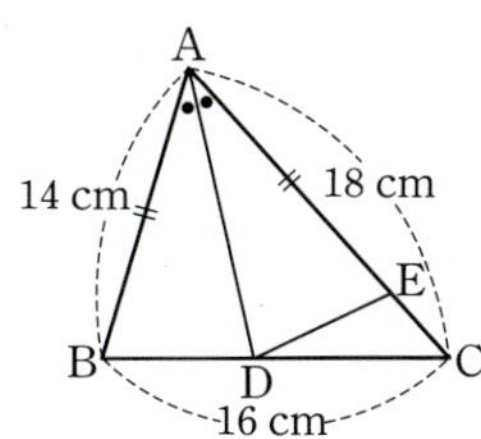

0561 상중하

오른쪽 그림과 같은 △ABC에서 $\overline{AD}$는 ∠A의 이등분선이고 두 점 B, C에서 $\overline{AD}$ 또는 그 연장선 위에 내린 수선의 발을 각각 E, F라고 하자. $\overline{AB}=16$ cm, $\overline{AC}=24$ cm, $\overline{DF}=4$ cm일 때, $\overline{DE}$의 길이를 구하시오.

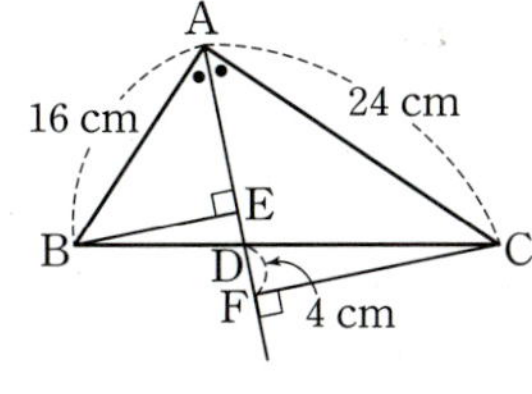

유형 07 삼각형의 내각의 이등분선과 넓이

0562 상·중·하

오른쪽 그림과 같은 △ABC에
서 $\overline{AD}$는 ∠A의 이등분선이고
$\overline{AB}=6$ cm, $\overline{AC}=4$ cm이다.
△ABC의 넓이가 15 cm²일 때,
△ABD의 넓이는?

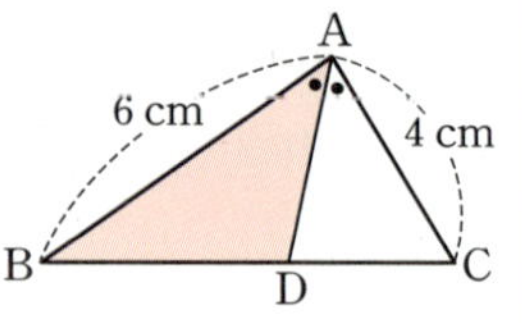

① 7 cm²　　② 8 cm²　　③ 9 cm²
④ 10 cm²　　⑤ 11 cm²

→ **유형 Point**　△ABC에서 $\overline{AD}$가 ∠A의
　이등분선일 때
　(1) △ABD : △ACD = $\overline{BD}$: $\overline{CD}$
　　　　　　　　　 = $\overline{AB}$: $\overline{AC}$
　(2) △ABD : △ABC = $\overline{BD}$: $\overline{BC}$

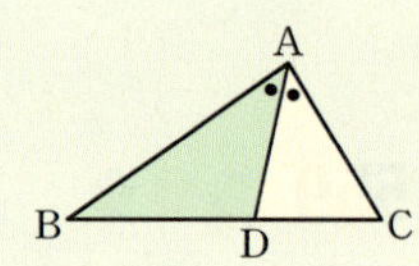

0563 상·중·하

오른쪽 그림과 같은 △ABC에서
$\overline{AD}$는 ∠A의 이등분선이고
$\overline{AB}$: $\overline{AC}=5$: 4이다. △ABD의
넓이가 20 cm²일 때, △ABC의
넓이는?

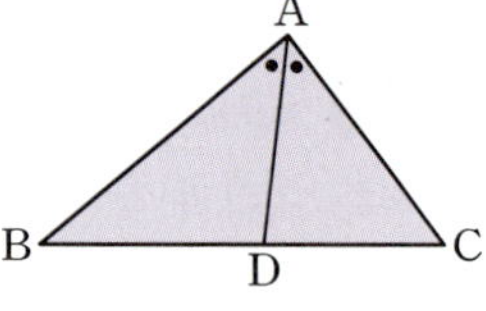

① 16 cm²　　② 28 cm²　　③ 32 cm²
④ 36 cm²　　⑤ 40 cm²

0564 상·중·하 서술형

오른쪽 그림과 같은 △ABC에서
$\overline{AD}$는 ∠A의 이등분선이고
△ABC의 넓이는 60 cm²,
△ABD의 넓이는 24 cm²일 때,
$\overline{AC}$의 길이를 구하시오.

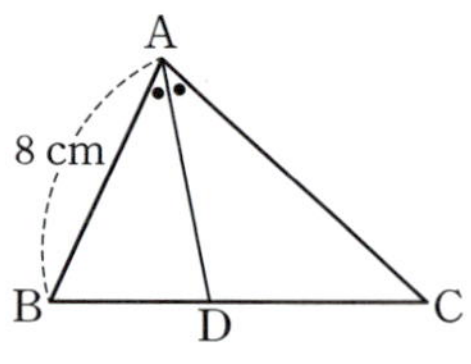

유형 08 삼각형의 외각의 이등분선

0565 상·중·하

오른쪽 그림과 같은 △ABC에
서 $\overline{AD}$는 ∠A의 외각의 이등
분선이고 $\overline{AC}=3$ cm,
$\overline{BC}=2$ cm, $\overline{CD}=6$ cm일
때, $\overline{AB}$의 길이는?

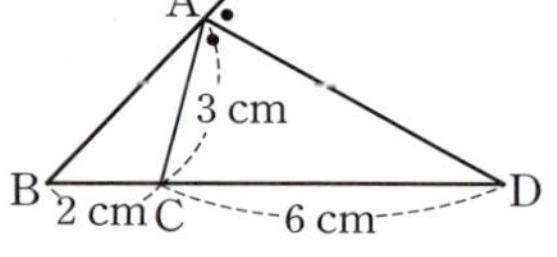

① 3 cm　　② $\dfrac{7}{2}$ cm　　③ 4 cm
④ $\dfrac{9}{2}$ cm　　⑤ 5 cm

→ **유형 Point**　　△ABC에서 $\overline{AD}$가 ∠A의 외각의
　이등분선일 때,
　$\overline{AB}$: $\overline{AC} = \overline{BD}$: $\overline{CD}$

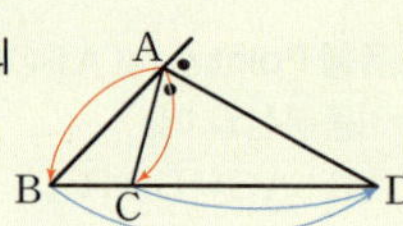

0566 상·중·하

다음은 '△ABC에서 ∠A의 외각의 이등분선이 $\overline{BC}$의 연장선
과 만나는 점을 D라고 할 때, $\overline{AB}$: $\overline{AC}=\overline{BD}$: $\overline{CD}$이다.'를
설명하는 과정이다. □ 안에 알맞은 것으로 옳지 <u>않은</u> 것은?

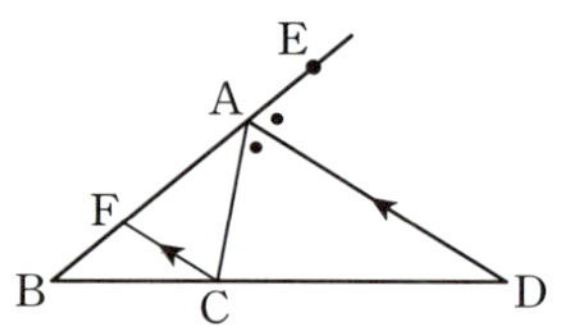

오른쪽 그림과 같이 점 C를 지
나고 $\overline{AD}$에 평행한 직선이 $\overline{AB}$
와 만나는 점을 F라고 하면
$\overline{AD}$∥$\overline{FC}$이므로

∠EAD = ∠AFC (①)

∠DAC = ② (엇각)

이때 ∠EAD=∠DAC이므로 ∠AFC = ②

따라서 △AFC는 ③ 이므로

$\overline{AF}$ = ④ 　　　　…… ㉠

또, $\overline{AD}$∥$\overline{FC}$이므로

$\overline{BA}$: $\overline{AF}=\overline{BD}$: ⑤ 　　…… ㉡

㉠, ㉡에 의하여 $\overline{AB}$: $\overline{AC}=\overline{BD}$: $\overline{CD}$

① 동위각　　② ∠ACF　　③ 이등변삼각형
④ $\overline{AC}$　　⑤ $\overline{BC}$

수학의 바이블 84쪽

0567 상중하

오른쪽 그림과 같은 △ABC에서 $\overline{\mathrm{AD}}$는 ∠A의 외각의 이등분선이고 $\overline{\mathrm{AB}}=3$ cm, $\overline{\mathrm{AC}}=2$ cm, $\overline{\mathrm{BD}}=9$ cm일 때, $\overline{\mathrm{BC}}$의 길이는?

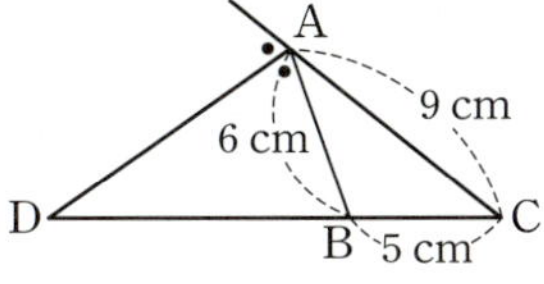

① 2 cm   ② $\dfrac{5}{2}$ cm   ③ 3 cm

④ $\dfrac{7}{2}$ cm   ⑤ 4 cm

0568 상중하

오른쪽 그림과 같은 △ABC에서 $\overline{\mathrm{AD}}$는 ∠A의 외각의 이등분선이고 $\overline{\mathrm{AB}}=6$ cm, $\overline{\mathrm{BC}}=5$ cm, $\overline{\mathrm{CA}}=9$ cm일 때, $\overline{\mathrm{CD}}$의 길이를 구하시오.

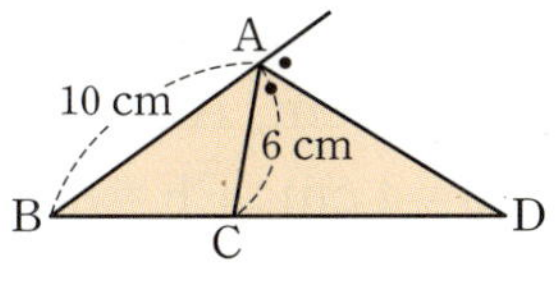

0569 상중하 서술형

오른쪽 그림과 같은 △ABC에서 $\overline{\mathrm{AD}}$는 ∠A의 외각의 이등분선이고 $\overline{\mathrm{AB}}=10$ cm, $\overline{\mathrm{AC}}=6$ cm이다. △ABC의 넓이가 8 cm²일 때, △ABD의 넓이를 구하시오.

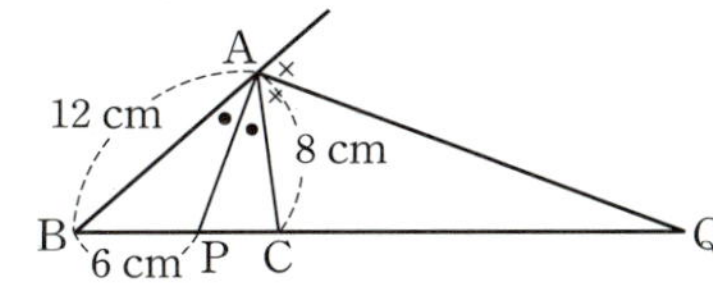

0570 상중하

다음 그림과 같은 △ABC에서 $\overline{\mathrm{AP}}$는 ∠A의 이등분선이고 점 Q는 ∠A의 외각의 이등분선과 $\overline{\mathrm{BC}}$의 연장선의 교점이다. $\overline{\mathrm{AB}}=12$ cm, $\overline{\mathrm{AC}}=8$ cm, $\overline{\mathrm{BP}}=6$ cm일 때, $\overline{\mathrm{CQ}}$의 길이는?

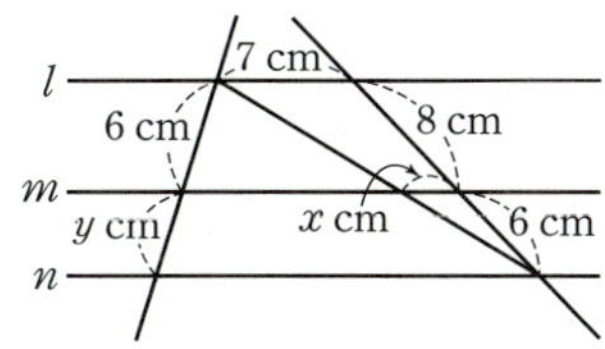

① 12 cm   ② 14 cm   ③ 16 cm

④ 18 cm   ⑤ 20 cm

0571 상중하

다음 그림에서 $l /\!/ m /\!/ n$일 때, $x+y$의 값은?

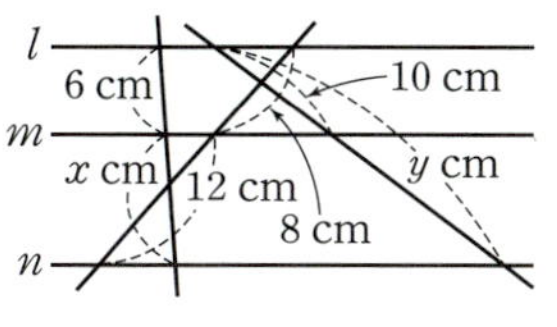

① 30   ② 31   ③ 32

④ 33   ⑤ 34

유형 Point $l /\!/ m /\!/ n$이면 $a:b=c:d$

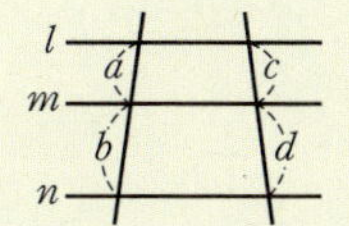 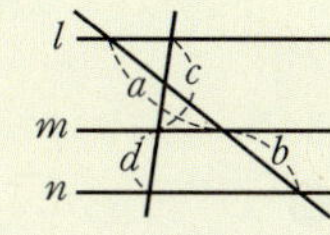

0572 상중하

오른쪽 그림에서 $l /\!/ m /\!/ n$일 때, x의 값을 구하시오.

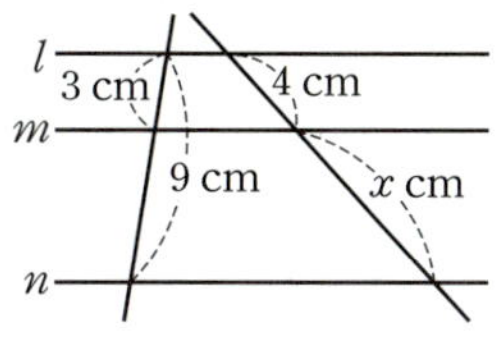

0573 상중하

오른쪽 그림에서 $l /\!/ m /\!/ n$일 때, x의 값은?

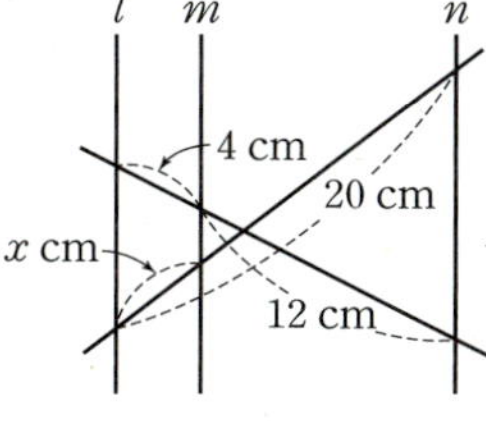

① 5   ② $\dfrac{11}{2}$

③ 6   ④ $\dfrac{13}{2}$

⑤ 7

0574 상중하

오른쪽 그림에서 $l /\!/ m /\!/ n$일 때, $x+y$의 값을 구하시오.

0575 상 중 하

다음 그림에서 $l /\!/ m /\!/ n$일 때, $x+y$의 값은?

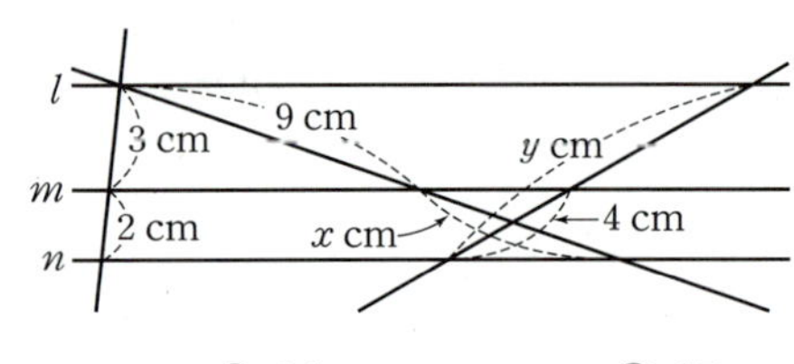

① 13   ② 14   ③ 15
④ 16   ⑤ 17

0576 상 중 하

오른쪽 그림에서 $p /\!/ q /\!/ r /\!/ s$일 때, xy의 값을 구하시오.

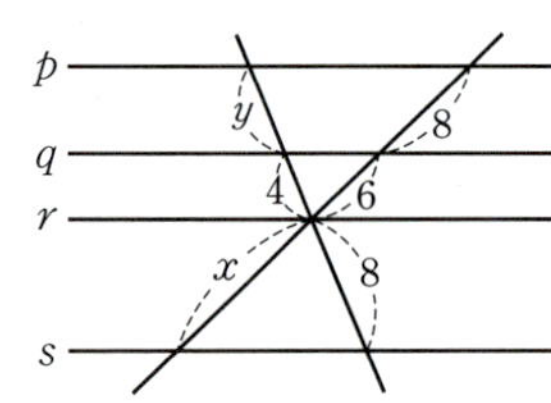

0577 상 중 하

오른쪽 그림에서 $p /\!/ q /\!/ r /\!/ s$일 때, $y-x$의 값은?

① 11   ② 12
③ 13   ④ 14
⑤ 15

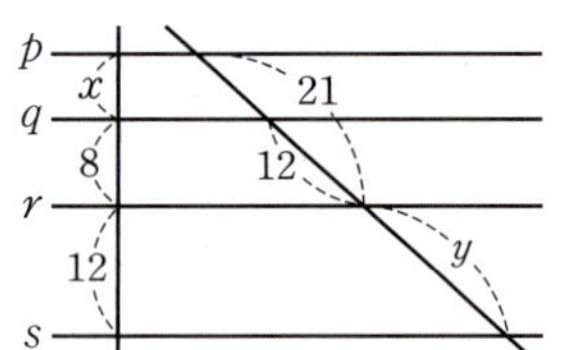

0578 상 중 하 서술형

오른쪽 그림에서 $l /\!/ m /\!/ n$일 때, xy의 값을 구하시오.

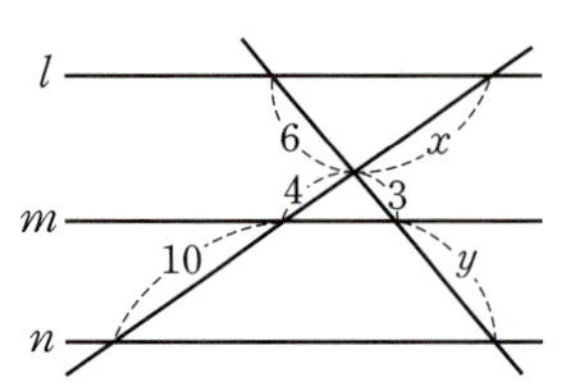

유형 **10** 사다리꼴에서 평행선 사이의 선분의 길이의 비
— 평행선

0579 상 중 하

오른쪽 그림과 같은 사다리꼴 ABCD에서 $\overline{AD} /\!/ \overline{EF} /\!/ \overline{BC}$이고 $\overline{AD}=\overline{EB}=8$ cm, $\overline{AE}=4$ cm, $\overline{BC}=14$ cm일 때, $\overline{EF}$의 길이를 구하시오.

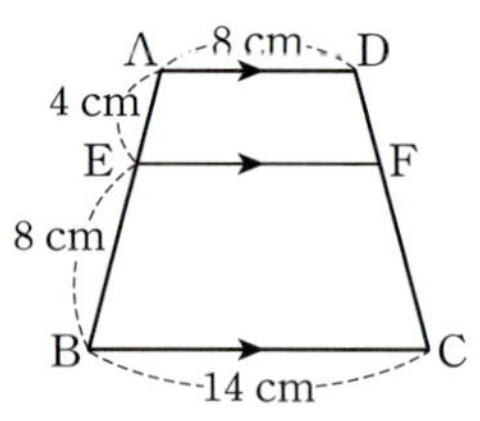

> **유형 Point** 사다리꼴 ABCD에서 $\overline{AD} /\!/ \overline{EF} /\!/ \overline{BC}$일 때, $\overline{EF}$의 길이는 다음과 같은 순서로 구할 수 있다.
> ❶ $\overline{DC}$와 평행한 $\overline{AH}$를 긋는다.
> ❷ $\triangle ABH$에서 $\overline{EG}$의 길이를 구한다.
>   ➡ $\overline{EG} : \overline{BH} = m : (m+n)$
> ❸ $\overline{EF}=\overline{EG}+\overline{GF}$임을 이용한다.

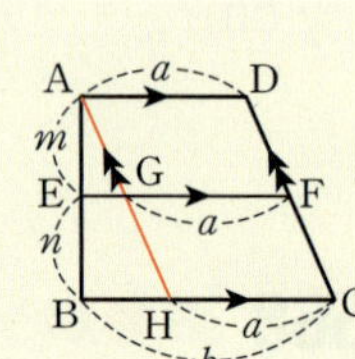

0580 상 중 하

오른쪽 그림과 같은 사다리꼴 ABCD에서 $\overline{AD} /\!/ \overline{EF} /\!/ \overline{BC}$이고 $\overline{AD}=5$ cm, $\overline{AE}=6$ cm, $\overline{EB}=4$ cm, $\overline{EF}=8$ cm일 때, $\overline{BC}$의 길이는?

① 9 cm   ② 10 cm
③ 11 cm   ④ 12 cm
⑤ 13 cm

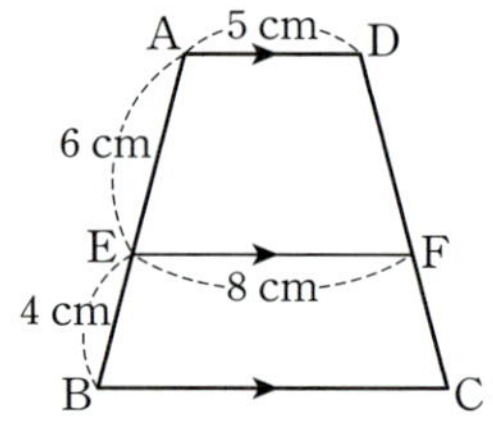

0581 상 중 하

오른쪽 그림과 같은 사다리꼴 ABCD에서 $\overline{AD} /\!/ \overline{EF} /\!/ \overline{BC}$이고 $\overline{AD}=6$ cm, $\overline{AE}=8$ cm, $\overline{EF}=10$ cm, $\overline{BC}=13$ cm일 때, $\overline{BE}$의 길이를 구하시오.

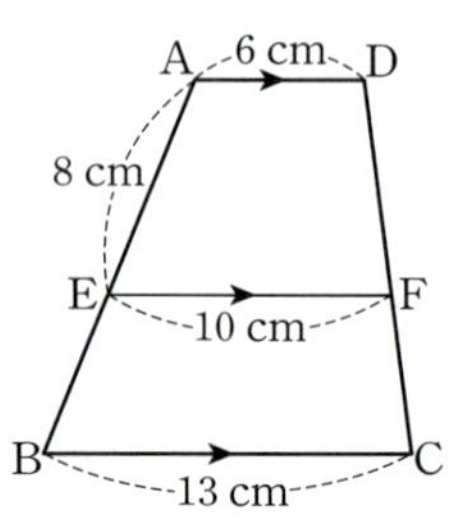

▶ 수학의 바이블 86쪽

유형 11 사다리꼴에서 평행선 사이의 선분의 길이의 비
― 한 대각선

0582 상 중 하

오른쪽 그림과 같은 사다리꼴
ABCD에서 $\overline{AD}\,/\!/\,\overline{EF}\,/\!/\,\overline{BC}$이고
$\overline{AD}=15$ cm, $\overline{AE}=8$ cm,
$\overline{EB}=12$ cm, $\overline{BC}=20$ cm일 때,
$\overline{EF}$의 길이를 구하시오.

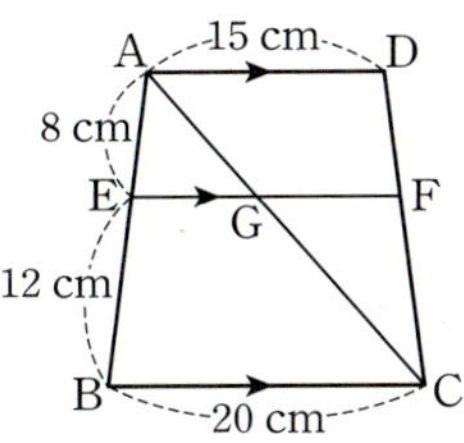

▶ 유형 Point 사다리꼴 ABCD에서
$\overline{AD}\,/\!/\,\overline{EF}\,/\!/\,\overline{BC}$일 때, $\overline{EF}$의 길이는 다음과 같은
순서로 구할 수 있다.
❶ △ABC에서 $\overline{EG}$의 길이를 구한다.
  ➡ $\overline{EG}:\overline{BC}=m:(m+n)$
❷ △ACD에서 $\overline{GF}$의 길이를 구한다.
  ➡ $\overline{GF}:\overline{AD}=n:(n+m)$
❸ $\overline{EF}=\overline{EG}+\overline{GF}$임을 이용한다.

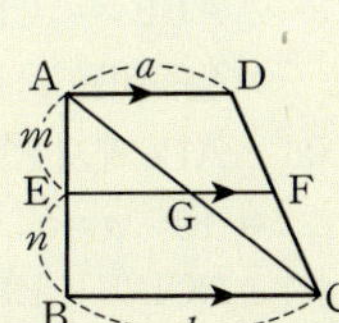

0583 상 중 하 서술형

오른쪽 그림과 같은 사다리꼴
ABCD에서 $\overline{AD}\,/\!/\,\overline{EF}\,/\!/\,\overline{BC}$이고
$\overline{AD}=9$ cm, $\overline{AE}=3$ cm,
$\overline{EB}=\overline{GF}=6$ cm일 때,
$x+y$의 값을 구하시오.

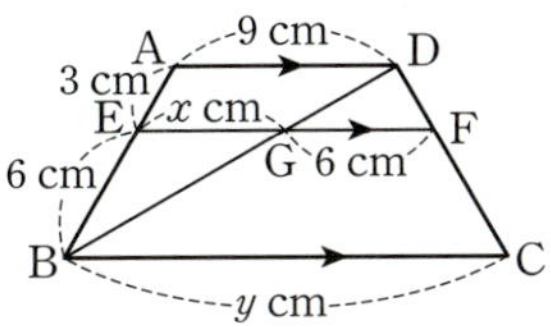

0584 상 중 하

오른쪽 그림과 같은 사다리꼴
ABCD에서 $\overline{AD}\,/\!/\,\overline{EF}\,/\!/\,\overline{BC}$이고
$\overline{DF}:\overline{CF}=5:3$일 때, $2xy$의
값을 구하시오.

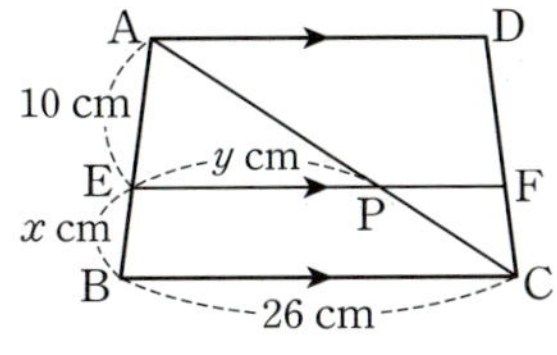

▶ 수학의 바이블 86쪽

유형 12 사다리꼴에서 평행선 사이의 선분의 길이의 비
― 두 대각선

0585 상 중 하

오른쪽 그림과 같은 사다리꼴
ABCD에서 $\overline{AD}\,/\!/\,\overline{EF}\,/\!/\,\overline{BC}$,
$\overline{AE}=2\overline{EB}$이고 $\overline{AD}=12$ cm,
$\overline{BC}=15$ cm일 때, $\overline{MN}$의 길이를
구하시오.

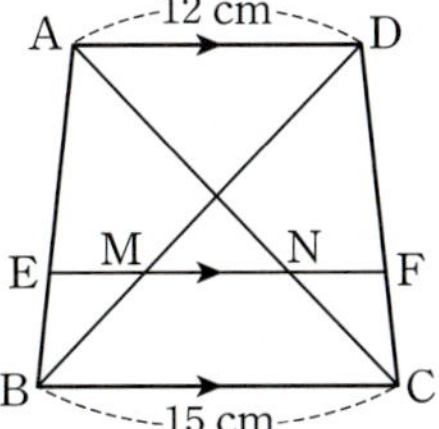

▶ 유형 Point 사다리꼴 ABCD에서
$\overline{AD}\,/\!/\,\overline{EF}\,/\!/\,\overline{BC}$일 때, $\overline{MN}$의 길이는 다음과 같
은 순서로 구할 수 있다.
❶ △ABC에서 $\overline{EN}$의 길이를 구한다.
  ➡ $\overline{EN}:\overline{BC}=m:(m+n)$
❷ △ABD에서 $\overline{EM}$의 길이를 구한다.
  ➡ $\overline{EM}:\overline{AD}=n:(n+m)$
❸ $\overline{MN}=\overline{EN}-\overline{EM}$임을 이용한다.

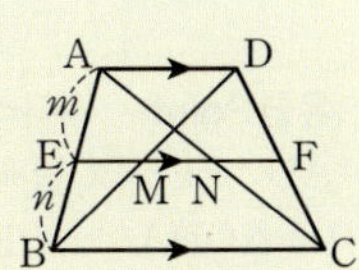

0586 상 중 하

오른쪽 그림과 같은 사다리꼴
ABCD에서 $\overline{AD}\,/\!/\,\overline{EF}\,/\!/\,\overline{BC}$이고
$\overline{AD}=6$ cm, $\overline{AE}=4$ cm,
$\overline{EG}=2$ cm, $\overline{BC}=9$ cm일 때,
$\overline{GH}$의 길이는?

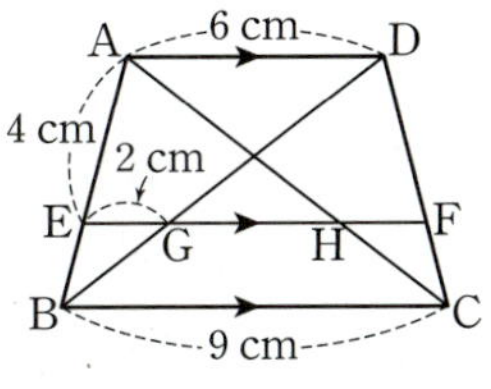

① 3 cm ② $\dfrac{7}{2}$ cm ③ 4 cm

④ $\dfrac{9}{2}$ cm ⑤ 5 cm

0587 상 중 하

오른쪽 그림과 같은 사다리꼴
ABCD에서 $\overline{AD}\,/\!/\,\overline{EF}\,/\!/\,\overline{BC}$,
$\overline{AE}:\overline{EB}=3:2$이고
$\overline{AD}=12$ cm, $\overline{BC}=20$ cm일 때,
$\overline{PQ}$의 길이를 구하시오.

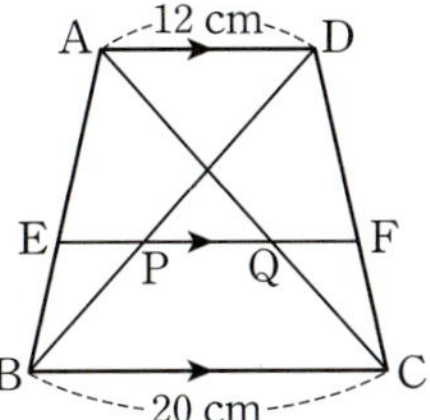

→ 수학의 바이블 86쪽

유형 13 사다리꼴에서 평행선 사이의 선분의 길이의 비 — 두 대각선의 교점을 평행선이 지나는 경우

0588 상 중 하

오른쪽 그림과 같이 $\overline{AD} \, /\!/ \, \overline{BC}$인 사다리꼴 ABCD에서 $\overline{EF}$는 두 대각선의 교점 O를 지나고 $\overline{EF} \, /\!/ \, \overline{BC}$이다. $\overline{AD}=10$ cm, $\overline{BC}=15$ cm일 때, $\overline{EF}$의 길이를 구하시오.

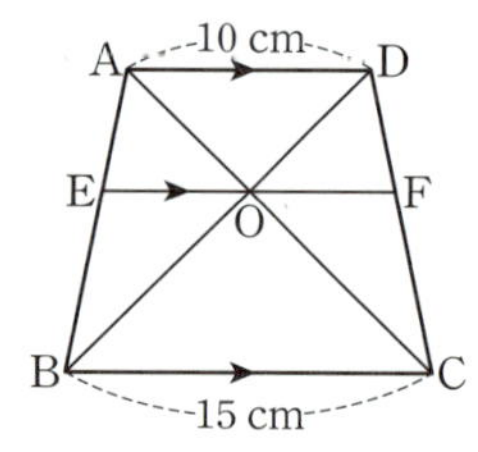

→ **유형 Point** 사다리꼴 ABCD에서 $\overline{AD} \, /\!/ \, \overline{EF} \, /\!/ \, \overline{BC}$일 때

(1) △ODA∽△OBC (AA 닮음)이므로
$\overline{OA}:\overline{OC}=\overline{OD}:\overline{OB}=\overline{AD}:\overline{CB}=a:b$
(2) $\overline{AE}:\overline{EB}=\overline{DF}:\overline{FC}=a:b$
(3) $\overline{EO}=\overline{FO}$

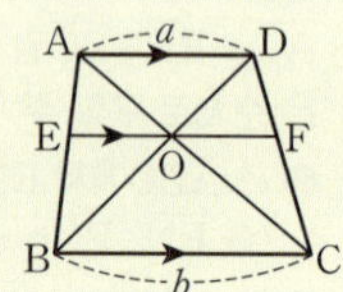

0589 상 중 하

오른쪽 그림과 같은 사다리꼴 ABCD에서 $\overline{AD} \, /\!/ \, \overline{EF} \, /\!/ \, \overline{BC}$이고 $\overline{EF}$는 두 대각선의 교점 O를 지난다. $\overline{AD}=6$ cm, $\overline{BC}=10$ cm일 때, $\overline{EO}$의 길이는?

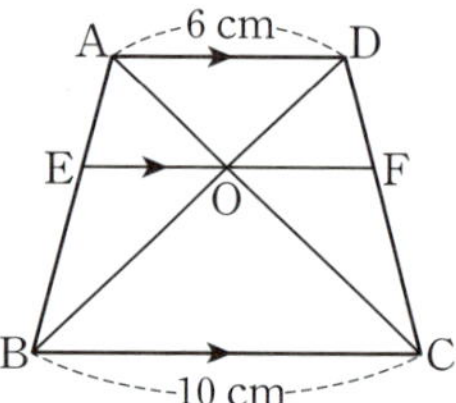

① 3 cm ② $\dfrac{13}{4}$ cm ③ $\dfrac{7}{2}$ cm

④ $\dfrac{15}{4}$ cm ⑤ 4 cm

0590 상 중 하

오른쪽 그림과 같이 $\overline{AD} \, /\!/ \, \overline{BC}$인 사다리꼴 ABCD에서 $\overline{EF}$는 두 대각선의 교점 O를 지나고 $\overline{EF} \, /\!/ \, \overline{BC}$이다. $\overline{EO}=4$ cm, $\overline{BC}=12$ cm일 때, $\overline{AD}$의 길이를 구하시오.

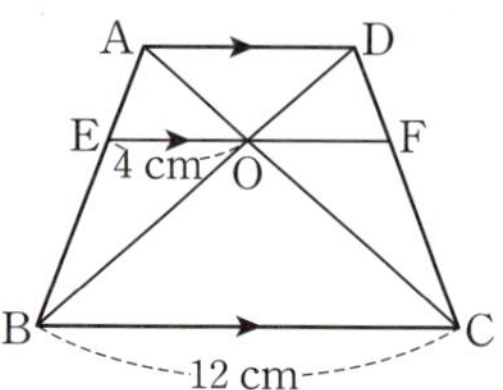

→ 수학의 바이블 88쪽

유형 14 평행선 사이의 선분의 길이의 비의 응용

0591 상 중 하

오른쪽 그림에서 $\overline{AB} \, /\!/ \, \overline{PQ} \, /\!/ \, \overline{DC}$이고 $\overline{AB}=6$ cm, $\overline{BC}=8$ cm, $\overline{CD}=4$ cm일 때, $x+y$의 값을 구하시오.

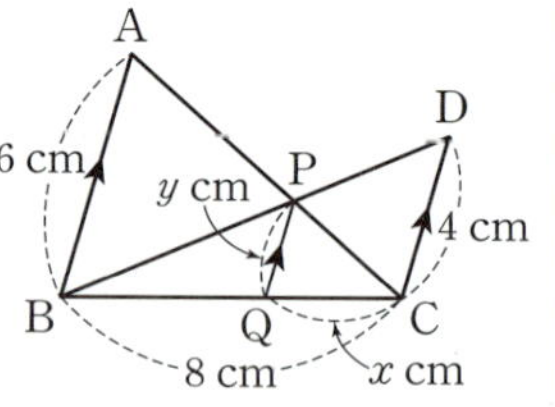

→ **유형 Point** $\overline{AB} \, /\!/ \, \overline{EF} \, /\!/ \, \overline{DC}$일 때

(1) △ABE∽△CDE (AA 닮음)
➡ 닮음비는 $a:b$
(2) △ABC에서 $\overline{EF}:\overline{AB}=\overline{CE}:\overline{CA}$
➡ $\overline{EF}:a=b:(b+a)$
(3) △BCD에서 $\overline{EF}:\overline{DC}=\overline{BE}:\overline{BD}$
➡ $\overline{EF}:b=a:(a+b)$

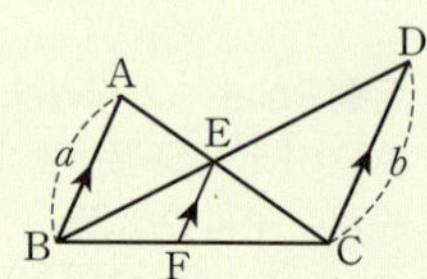

0592 상 중 하

오른쪽 그림에서 $\overline{AB} \, /\!/ \, \overline{EF} \, /\!/ \, \overline{DC}$이고 $\overline{EF}=3$, $\overline{DC}=12$일 때, $\overline{AB}$의 길이는?

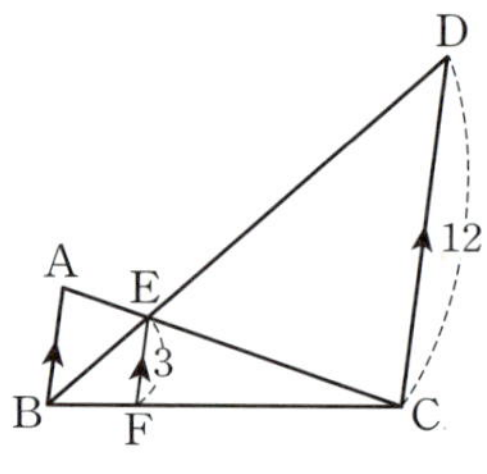

① $\dfrac{10}{3}$ ② $\dfrac{11}{3}$

③ 4 ④ $\dfrac{13}{3}$

⑤ $\dfrac{14}{3}$

0593 상 중 하 서술형

오른쪽 그림에서 $\overline{AB}$, $\overline{PH}$, $\overline{DC}$는 모두 $\overline{BC}$에 수직이고 $\overline{AB}=9$ cm, $\overline{BC}=16$ cm, $\overline{CD}=15$ cm일 때, △PBC의 넓이를 구하시오.

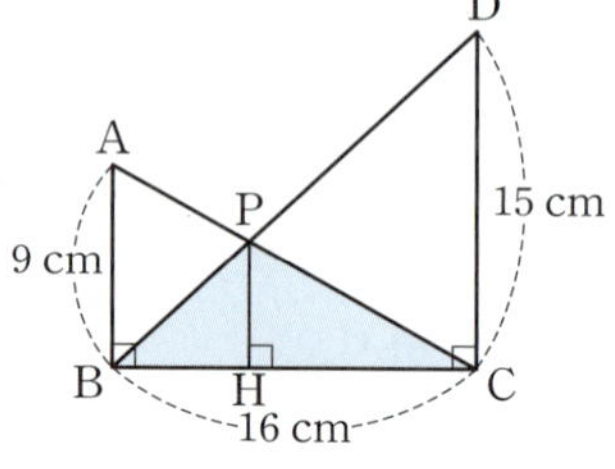

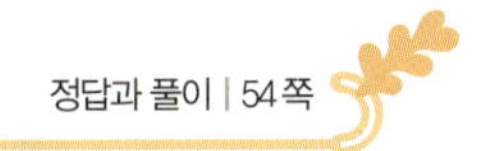

0594

오른쪽 그림과 같은 △ABC에서 두 점 D, E는 각각 $\overline{BC}$, $\overline{AC}$의 연장선 위의 점이고 $\overline{AB} /\!/ \overline{DE}$, $\overline{AE} /\!/ \overline{FG}$일 때, xy의 값을 구하시오.

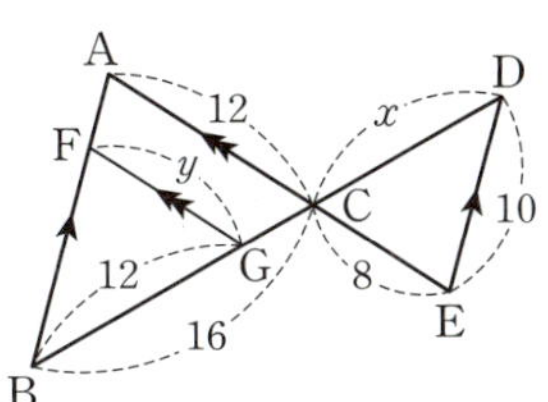

0595

오른쪽 그림과 같은 △ABC에서 $\overline{DE} /\!/ \overline{BC}$이고 △ABC∽△EFC이다. $\overline{AE} : \overline{EC} = 3 : 2$이고 $\overline{AB} = 20$, $\overline{BC} = 25$일 때, $\square DBFE$의 둘레의 길이를 구하시오.

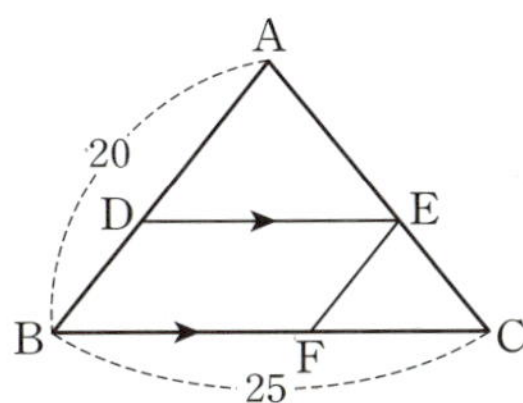

0596

오른쪽 그림과 같은 △ABC에서 $\overline{BC} /\!/ \overline{DE}$, $\overline{DC} /\!/ \overline{FE}$이고 $\overline{AD} = 18$ cm, $\overline{BD} = 6$ cm일 때, $\overline{DF}$의 길이를 구하시오.

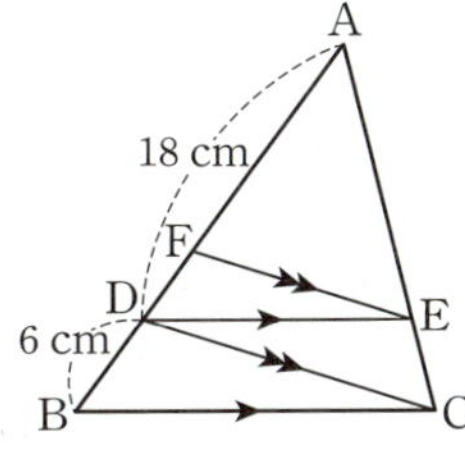

0597 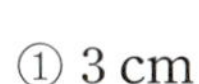

오른쪽 그림에서 $\overline{AB} /\!/ \overline{CD}$이고 두 점 E, F는 각각 $\overline{BC}$, $\overline{AD}$의 중점이다. $\overline{AB} = 6$ cm, $\overline{CD} = 12$ cm일 때, $\overline{EF}$의 길이는?

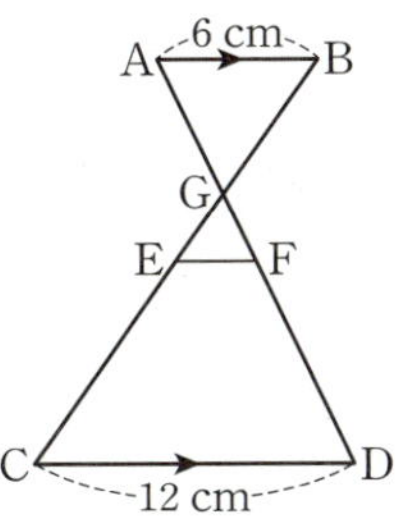

① 3 cm ② $\dfrac{7}{2}$ cm

③ 4 cm ④ $\dfrac{9}{2}$ cm

⑤ 5 cm

0598

오른쪽 그림과 같은 △ABC에서 $\angle B = \angle AEF$이고 $\overline{DE} /\!/ \overline{BC}$이다. $\overline{AB} = 16$, $\overline{AC} = 12$, $\overline{AE} = 8$일 때, xy의 값을 구하시오.

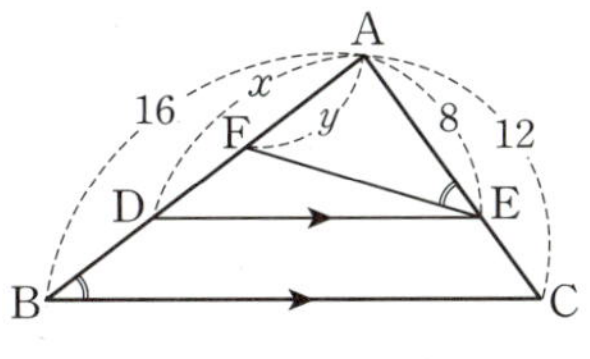

0599

오른쪽 그림과 같은 △ABC에서 $\overline{DE} /\!/ \overline{BC}$일 때, $x+y$의 값을 구하시오.

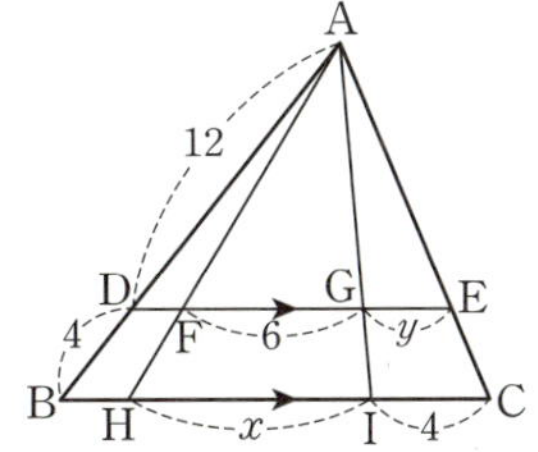

⭐⭐ 0600

오른쪽 그림과 같은 △ABC에 직사각형 PQRS가 내접한다. $\overline{AE} = 6$ cm, $\overline{BC} = 9$ cm이고 $\overline{PQ} : \overline{QR} = 1 : 3$일 때, $\square PQRS$의 넓이를 구하시오.

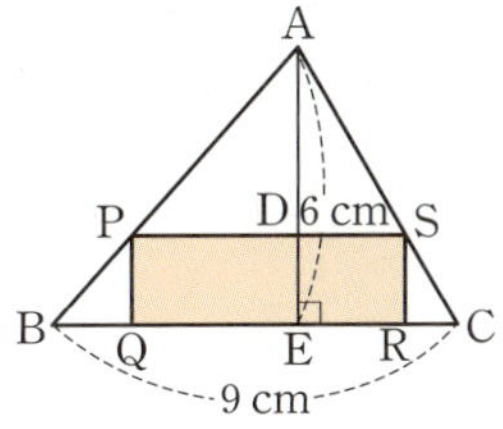

0601

오른쪽 그림과 같은 △ABC에서 $\angle BAD = \angle CAD = 45°$이고 $\overline{AB} = 15$, $\overline{AC} = 12$일 때, △ADC의 넓이를 구하시오.

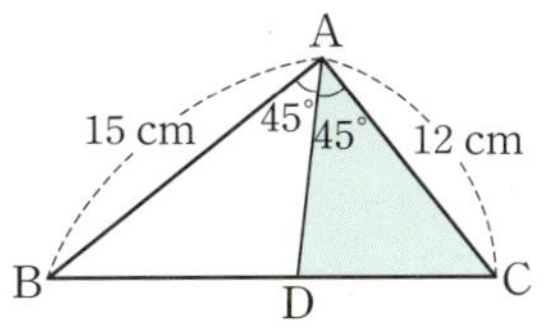

0602

오른쪽 그림과 같은 △ABC에서 $\overline{AD}$는
∠A의 이등분선이고 $\overline{AD} /\!/ \overline{EC}$이다.
$\overline{AB}=6\ cm$, $\overline{AE}=9\ cm$,
$\overline{BC}=10\ cm$일 때, $x+y$의 값은?

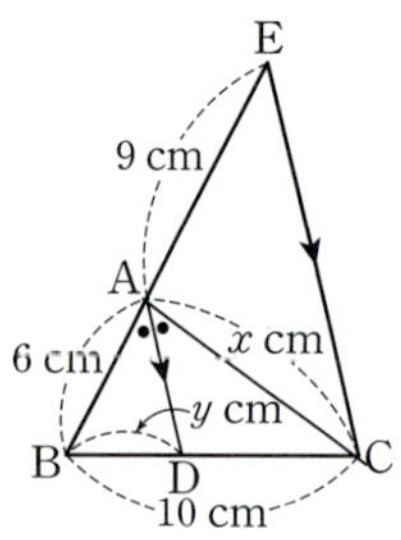

① 10   ② 11

③ 12   ④ 13

⑤ 14

0603

오른쪽 그림에서 원 O는 직각삼각형
ABC의 외접원이다. ∠ABC의 이등분
선과 원 O, $\overline{AC}$와의 교점을 각각 D,
E라고 하자. 원 O의 반지름의 길이가
$9\ cm$, $\overline{AB}=7\ cm$, $\overline{BD}=15\ cm$일 때,
$\overline{DE}$의 길이를 구하시오.

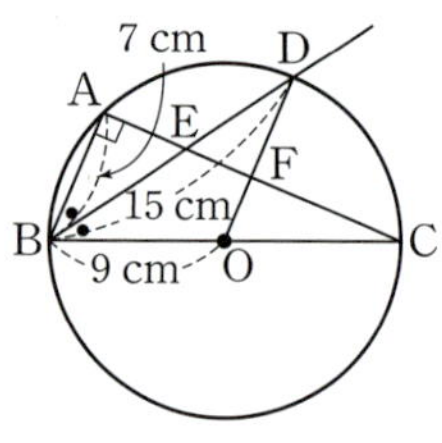

0604

오른쪽 그림에서 원 I는 △ABC의 내
접원이고 $\overline{AB} /\!/ \overline{DE}$이다. $\overline{AC}=21\ cm$,
$\overline{DC}=14\ cm$, $\overline{BE}=5\ cm$,
$\overline{EC}=10\ cm$일 때, $\overline{AB}$의 길이를 구하
시오.

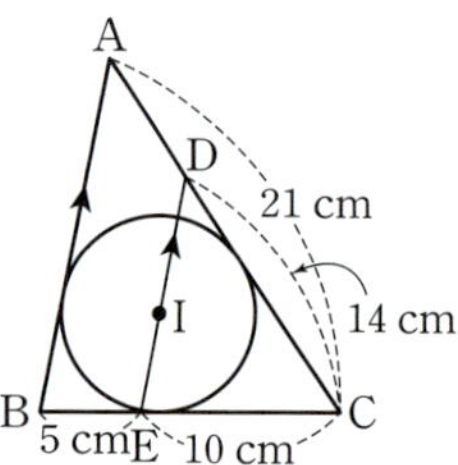

0605   생각이 쑥쑥

다음 그림과 같은 △ABC에서 ∠ABC=∠ACB이고 $\overline{BC}=20$
이다. $\overline{BA}$의 연장선 위에 ∠ACB=∠ACD인 점 D에 대하여
$\overline{CD}=8$이고, 두 점 A, D에서 $\overline{BC}$에 내린 수선의 발을 각각 E,
F라고 할 때, $\overline{FC}$의 길이를 구하시오.

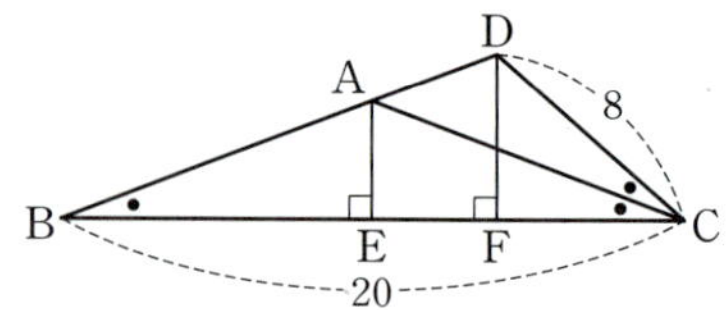

0606

오른쪽 그림과 같은 △ABC에서
$\overline{BD} : \overline{CD}=4 : 3$이고
∠BAD=40°, ∠CAD=70°이다.
$\overline{AD}=9\ cm$일 때, $\overline{AB}$의 길이는?

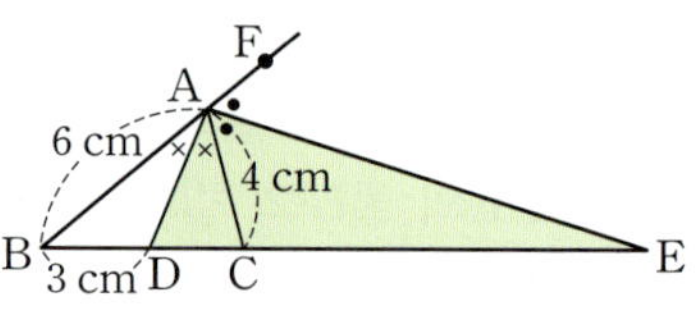

① 12 cm   ② 15 cm   ③ 18 cm

④ 21 cm   ⑤ 24 cm

0607

오른쪽 그림과 같은
△ABC에서 $\overline{AD}$는 ∠A의
이등분선이고 $\overline{AE}$는 ∠A의
외각의 이등분선이다.
△ABD의 넓이가 $6\ cm^2$일
때, △ADE의 넓이를 구하시오.

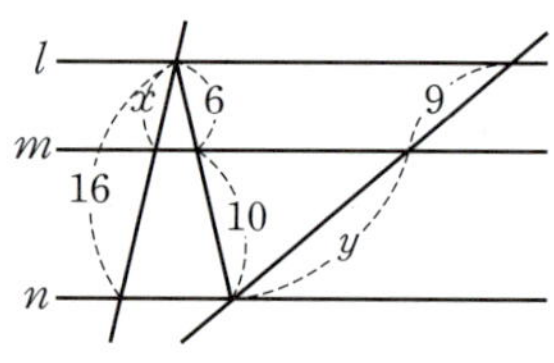

0608

오른쪽 그림에서 $l /\!/ m /\!/ n$일 때,
$y-x$의 값은?

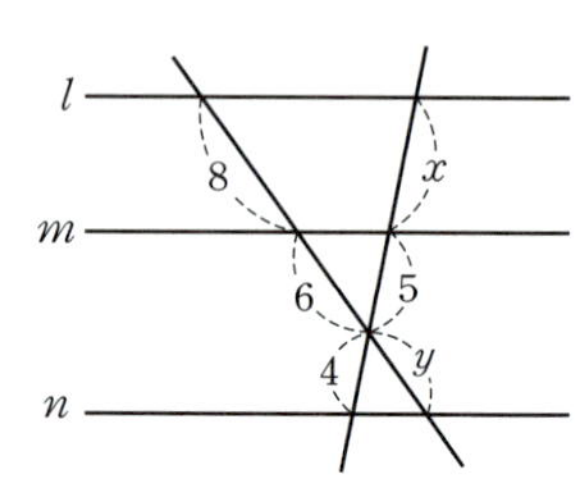

① 7   ② 8

③ 9   ④ 10

⑤ 11

0609

오른쪽 그림에서 $l /\!/ m /\!/ n$일 때,
x, y의 값을 각각 구하시오.

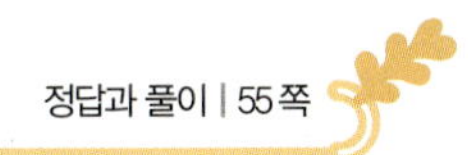

0610

오른쪽 그림과 같은 사다리꼴 ABCD에서 $\overline{AD} /\!/ \overline{EF} /\!/ \overline{BC}$이고 $\overline{AC}$와 $\overline{EF}$의 교점을 G라고 하자. $\overline{AE}=4$, $\overline{EB}=\overline{GF}=5$, $\overline{BC}=18$일 때, $x+y$의 값은?

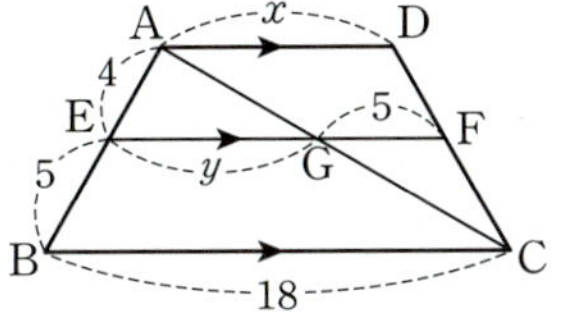

① 13   ② 14   ③ 15
④ 16   ⑤ 17

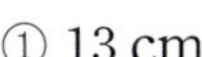

0611

오른쪽 그림과 같이 $\overline{AD} /\!/ \overline{EF} /\!/ \overline{BC}$인 사다리꼴 ABCD에서 $\overline{AE} : \overline{EB}=2 : 3$이고 $\overline{AD}=10$ cm, $\overline{EF}=12$ cm일 때, $\overline{BC}$의 길이는?

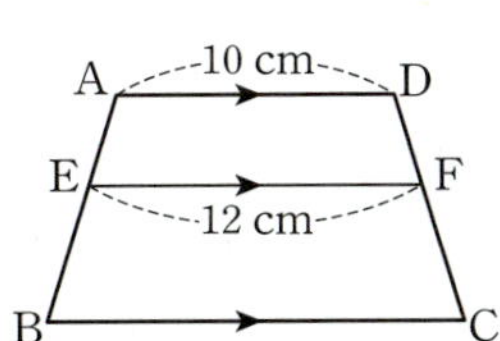

① 13 cm   ② 14 cm   ③ 15 cm
④ 16 cm   ⑤ 17 cm

0612

오른쪽 그림에서 $l /\!/ m /\!/ n$이고 $\overline{AB} : \overline{BC}=5 : 3$, $\overline{BE}=18$ cm, $\overline{CD}=24$ cm일 때, $\overline{AF}$의 길이를 구하시오.

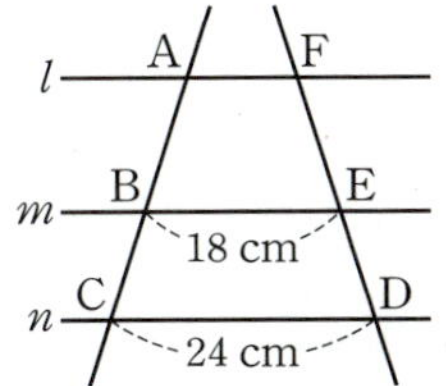

0613

오른쪽 그림과 같은 사다리꼴 ABCD에서 $\overline{AD} /\!/ \overline{EF} /\!/ \overline{BC}$이고 $\overline{EF}$는 두 대각선의 교점 O를 지난다. $\overline{AE} : \overline{EB}=2 : 3$이고 $\overline{BC}=20$ cm일 때, $\overline{EF}$의 길이를 구하시오.

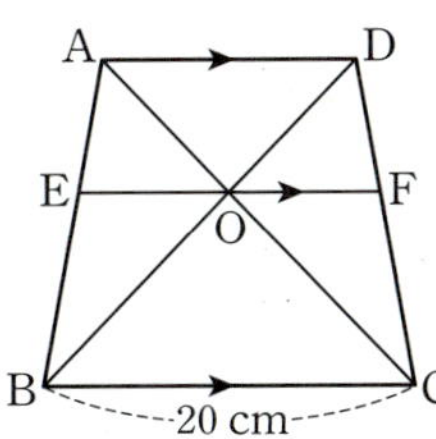

0614

오른쪽 그림과 같은 사다리꼴 ABCD에서 $\overline{AD} /\!/ \overline{EF} /\!/ \overline{BC}$이고 $\overline{AD}=12$ cm, $\overline{AE}=6$ cm, $\overline{EB}=4$ cm, $\overline{BC}=18$ cm일 때, $\overline{MN}$의 길이는?

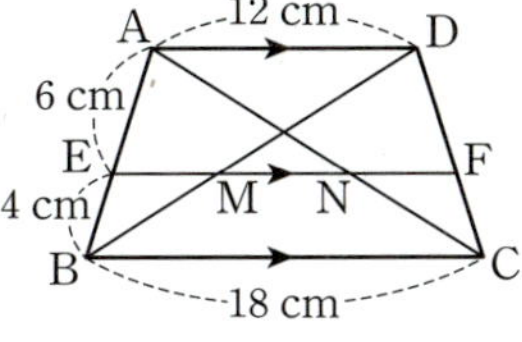

① 3 cm   ② 4 cm   ③ 5 cm
④ 6 cm   ⑤ 7 cm

0615

오른쪽 그림에서 $\overline{AB} /\!/ \overline{EF} /\!/ \overline{DC}$이고, $\overline{AB}=a$, $\overline{DC}=b$일 때, 다음 중 옳지 않은 것은?

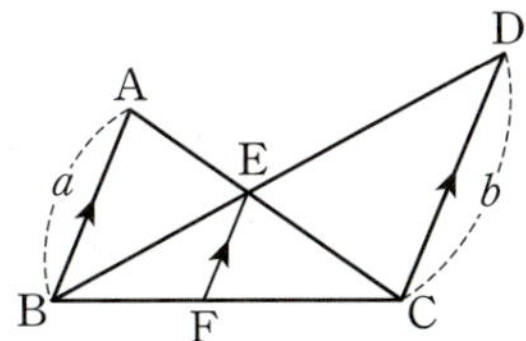

① $\overline{AE} : \overline{CE}=a : b$
② $\overline{BE} : \overline{BD}=a : b$
③ $\overline{BE} : \overline{DE}=a : b$
④ $\overline{AB} : \overline{EF}=(a+b) : b$
⑤ $\overline{EF} : \overline{DC}=a : (a+b)$

0616

오른쪽 그림에서 $\overline{AB} /\!/ \overline{GH} /\!/ \overline{EF} /\!/ \overline{CD}$일 때, $\overline{EF}$의 길이를 구하시오.

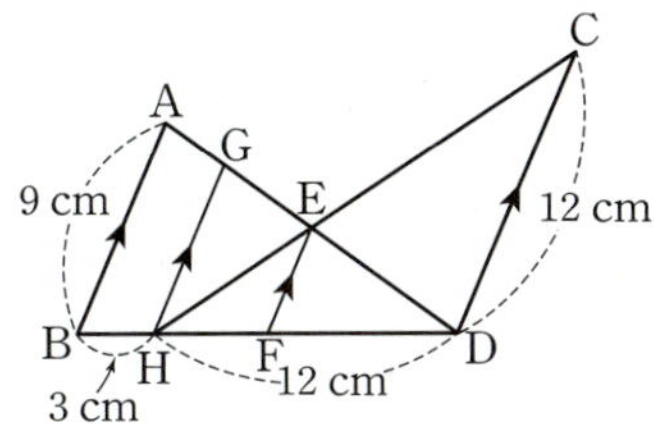

0617

다음 그림에서 $l /\!/ m /\!/ n$일 때, 서점에서 병원까지의 거리를 구하시오.

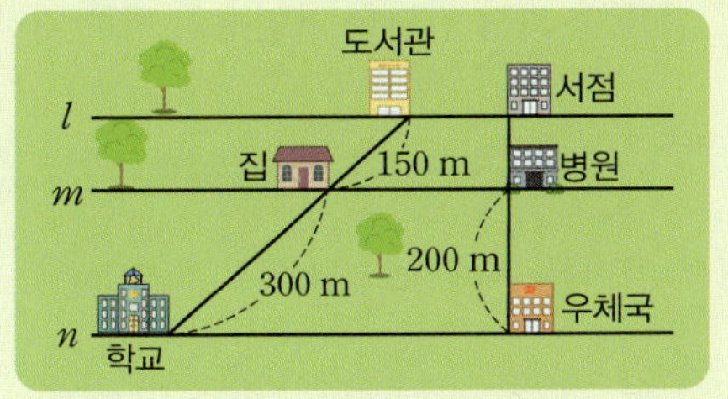

0618

오른쪽 그림에서 $\overline{BC} /\!/ \overline{DE} /\!/ \overline{GF}$ 일 때, $x+y$의 값을 구하시오.

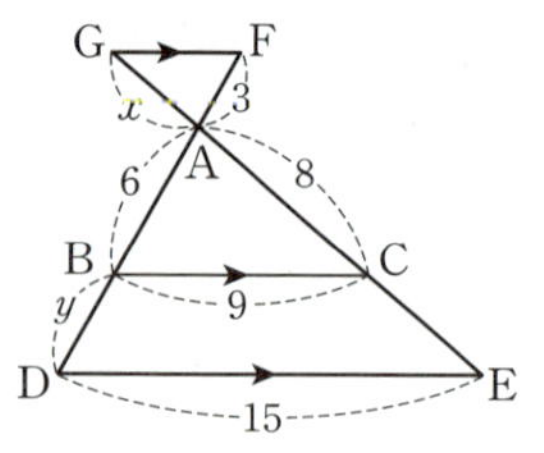

단계 1 x의 값을 구하시오. [40%]

단계 2 y의 값을 구하시오. [40%]

단계 3 $x+y$의 값을 구하시오. [20%]

0619

오른쪽 그림에서 $\overline{BC} /\!/ \overline{DE} /\!/ \overline{GF}$일 때, $y-x$의 값을 구하시오.

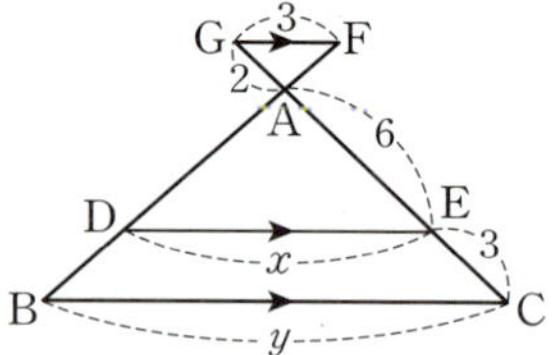

풀이

답 _______________

0620

오른쪽 그림과 같은 △ABC에서 $\overline{AD}$는 ∠A의 이등분선이고 $\overline{AE}$는 ∠A의 외각의 이등분선일 때, $\overline{DE}$의 길이를 구하시오.

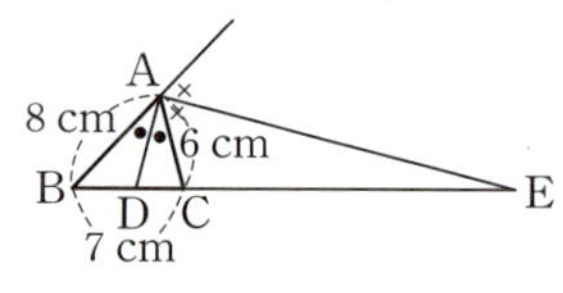

단계 1 $\overline{CD}$의 길이를 구하시오. [40%]

단계 2 $\overline{CE}$의 길이를 구하시오. [40%]

단계 3 $\overline{DE}$의 길이를 구하시오. [20%]

0621

오른쪽 그림과 같은 △ABC에서 $\overline{AD}$는 ∠A의 이등분선이고 $\overline{AE}$는 ∠A의 외각의 이등분선일 때, $\overline{DE}$의 길이를 구하시오.

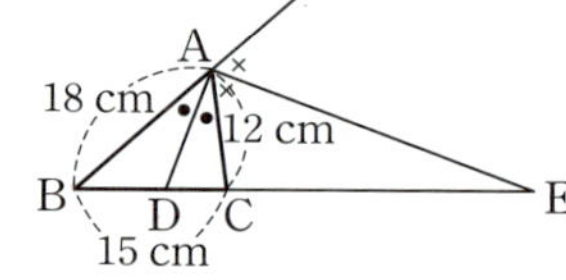

풀이

답 _______________

0622

오른쪽 그림에서 $\overline{AB}$, $\overline{EF}$, $\overline{DC}$는 모두 $\overline{BC}$에 수직이고 $\overline{AB}=9$ cm, $\overline{DC}=18$ cm일 때, $\overline{EF}$의 길이를 구하시오.

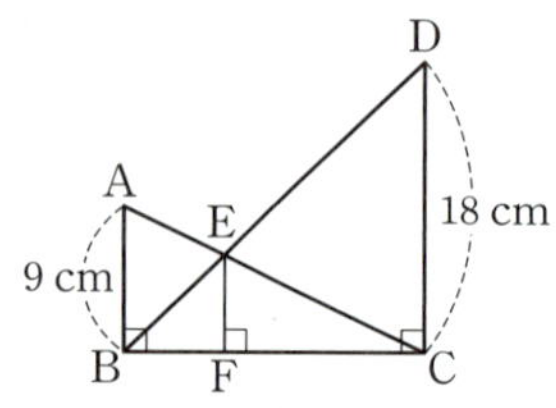

단계 1 △ABE∽△CDE임을 설명하시오. [40%]

단계 2 $\overline{BE} : \overline{DE}$를 가장 간단한 자연수의 비로 나타내시오. [20%]

단계 3 $\overline{EF}$의 길이를 구하시오. [40%]

0623

오른쪽 그림에서 $\overline{AB}$, $\overline{EF}$, $\overline{DC}$는 모두 $\overline{BC}$에 수직이고 $\overline{AB}=8$ cm, $\overline{DC}=24$ cm일 때, $\overline{EF}$의 길이를 구하시오.

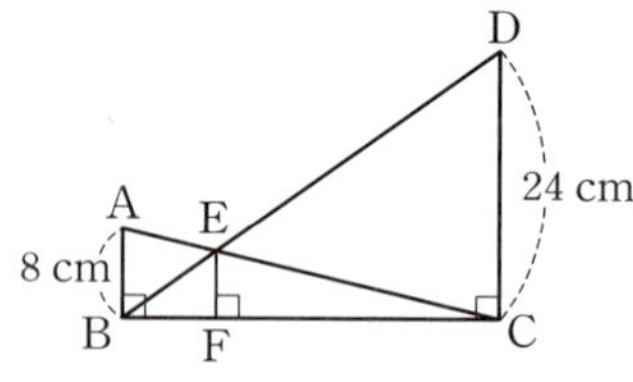

풀이

답 _______________

0624

오른쪽 그림과 같은 △ABC에서
∠BCA＝∠BAD이고
∠DAE＝∠CAE일 때, $\overline{DE}$의
길이를 구하시오.

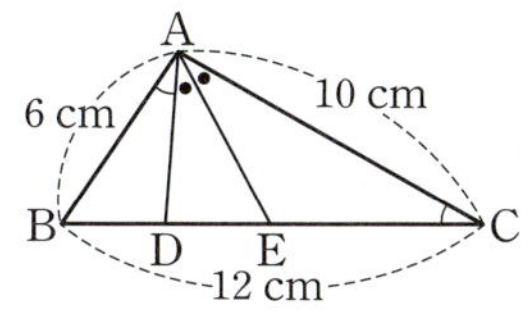

단계 **1** $\overline{DC}$의 길이를 구하시오. [40%]

단계 **2** $\overline{AD}$의 길이를 구하시오. [20%]

단계 **3** $\overline{DE}$의 길이를 구하시오. [40%]

0625

오른쪽 그림과 같은
△ABC에서
∠BCA＝∠BAD이고
∠DAE＝∠CAE일 때, $\overline{DE}$의
길이를 구하시오.

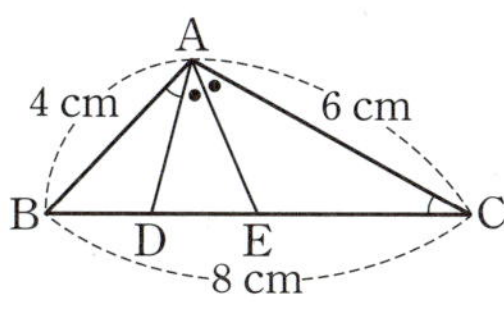

풀이

답 ________________

0626

오른쪽 그림과 같이 ∠A＝90°인
직각삼각형 ABC에서 점 D는
∠A의 이등분선과 $\overline{BC}$의 교점이
고, 점 M은 $\overline{BC}$의 중점일 때,
△ADM의 넓이를 구하시오.

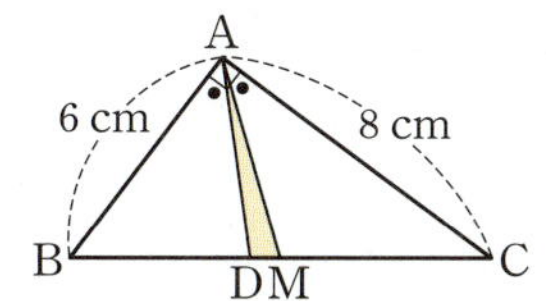

단계 **1** $\overline{BD}$: $\overline{BC}$를 가장 간단한 자연수의 비로 나타내시오.
[30%]

단계 **2** $\overline{DM}$: $\overline{BC}$를 가장 간단한 자연수의 비로 나타내시오.
[30%]

단계 **3** △ADM의 넓이를 구하시오. [40%]

0627

오른쪽 그림과 같이 ∠C＝90°인
직각삼각형 ABC에서 점 E는
∠C의 이등분선과 $\overline{AB}$의 교점이
고, 점 D는 $\overline{AB}$의 중점일 때,
△DCE의 넓이를 구하시오.

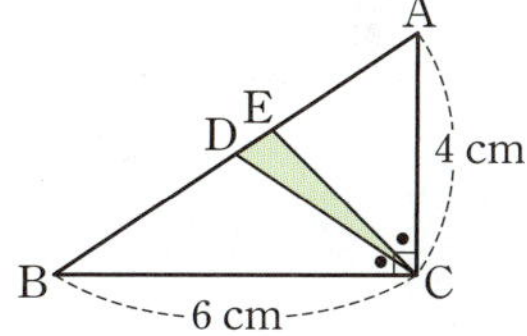

풀이

답 ________________

0628

오른쪽 그림과 같은 사다리꼴
ABCD에서 $\overline{AD}$ ∥ $\overline{EF}$ ∥ $\overline{BC}$이고
$\overline{AE}$: $\overline{EB}$＝3 : 2일 때, $\overline{MN}$의 길이
를 구하시오.

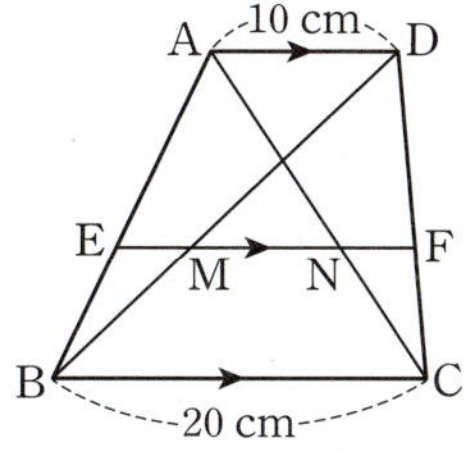

단계 **1** $\overline{EN}$의 길이를 구하시오. [40%]

단계 **2** $\overline{EM}$의 길이를 구하시오. [40%]

단계 **3** $\overline{MN}$의 길이를 구하시오. [20%]

0629

오른쪽 그림과 같은 사다리꼴
ABCD에서 $\overline{AD}$ ∥ $\overline{EF}$ ∥ $\overline{BC}$이고
$\overline{AE}$: $\overline{EB}$＝3 : 1일 때, $\overline{MN}$의 길이
를 구하시오.

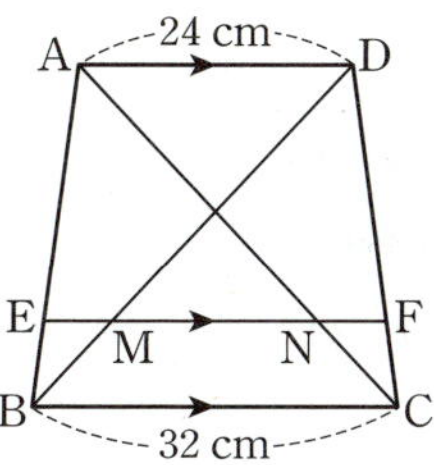

풀이

답 ________________

3 닮음의 활용

개념 1 삼각형의 두 변의 중점을 연결한 선분의 성질

(1) 삼각형의 두 변의 중점을 연결한 선분은 나머지 한 변과 평행하고 그 길이는 나머지 한 변의 길이의 $\frac{1}{2}$이다.

➡ $\overline{AM}=\overline{MB}$, $\overline{AN}=\overline{NC}$이면 $\overline{MN}/\!/\overline{BC}$, $\overline{MN}=\frac{1}{2}\overline{BC}$

(2) 삼각형의 한 변의 중점을 지나고 다른 한 변에 평행한 직선은 나머지 한 변의 중점을 지난다.

➡ $\overline{AM}=\overline{MB}$, $\overline{MN}/\!/\overline{BC}$이면 $\overline{AN}=\overline{NC}$

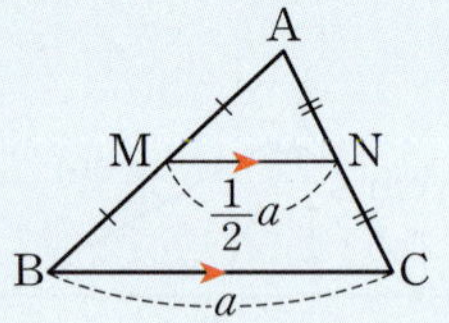

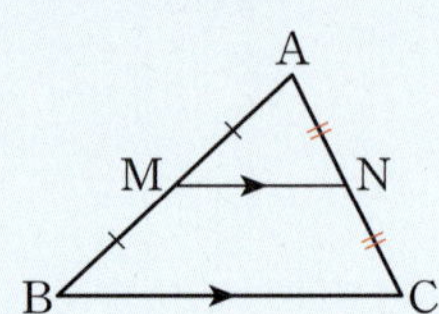

• △ABC에서
$\overline{AM}:\overline{AB}=\overline{AN}:\overline{AC}=1:2$
이므로 삼각형에서 평행선 사이의 선분의 길이의 비에 대한 성질에 의하여
$\overline{MN}/\!/\overline{BC}$
$\overline{MN}:\overline{BC}=\overline{AM}:\overline{AB}$이므로
$\overline{MN}=\frac{1}{2}\overline{BC}$

• $\overline{MN}/\!/\overline{BC}$이므로
$\overline{AM}:\overline{MB}=\overline{AN}:\overline{NC}=1:1$
∴ $\overline{AN}=\overline{NC}$

개념 2 사다리꼴에서 두 변의 중점을 연결한 선분의 성질

$\overline{AD}/\!/\overline{BC}$인 사다리꼴 ABCD에서 $\overline{AB}$, $\overline{DC}$의 중점을 각각 M, N이라고 하면

(1) $\overline{AD}/\!/\overline{MN}/\!/\overline{BC}$ (2) $\overline{MN}=\overline{MP}+\overline{PN}=\frac{1}{2}(\overline{AD}+\overline{BC})$

(3) $\overline{PQ}=\overline{MQ}-\overline{MP}=\frac{1}{2}(\overline{BC}-\overline{AD})$ (단, $\overline{BC}>\overline{AD}$)

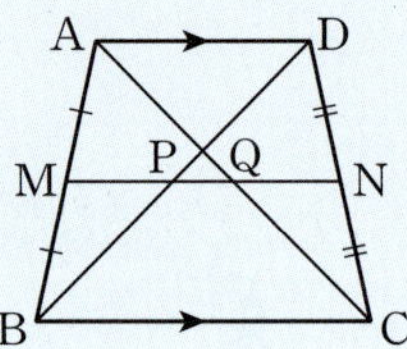

• △ABC와 △DBC에서
$\overline{MQ}=\overline{PN}=\frac{1}{2}\overline{BC}$

△ABD와 △ACD에서
$\overline{MP}=\overline{QN}=\frac{1}{2}\overline{AD}$

개념 3 삼각형의 중선과 무게중심

(1) **삼각형의 중선**

① 삼각형의 중선 : 삼각형에서 한 꼭짓점과 그 대변의 중점을 이은 선분

② 삼각형의 중선은 그 삼각형의 넓이를 이등분한다.

➡ $\overline{AD}$가 △ABC의 중선이면

$$\underline{\triangle ABD=\triangle ADC=\frac{1}{2}\triangle ABC}$$

└ △ABD와 △ADC는 밑변의 길이와 높이가 각각 같다.

(2) **삼각형의 무게중심**

① 삼각형의 무게중심 : 삼각형의 세 중선의 교점

② 삼각형의 무게중심은 세 중선의 길이를 각 꼭짓점으로부터 각각 2 : 1로 나눈다.

➡ 점 G가 △ABC의 무게중심이면
$\overline{AG}:\overline{GD}=\overline{BG}:\overline{GE}=\overline{CG}:\overline{GF}=2:1$

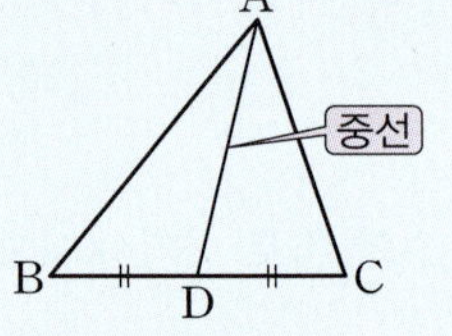

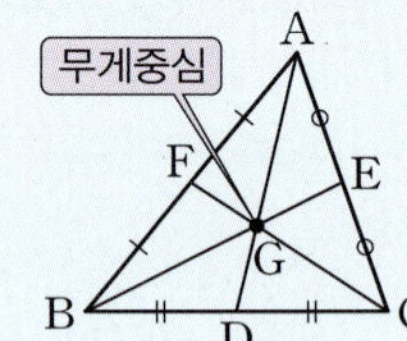

• 한 삼각형에는 3개의 중선이 있다.

• 이등변삼각형은 두 중선의 길이가 같고, 정삼각형은 세 중선의 길이가 같다.

• 정삼각형의 무게중심, 외심, 내심은 일치한다.

• 이등변삼각형의 무게중심, 외심, 내심은 모두 꼭지각의 이등분선 위에 있다.

개념 4 삼각형의 무게중심과 넓이

(1) 삼각형의 세 중선에 의하여 나누어진 6개의 삼각형의 넓이는 모두 같다.

➡ $\triangle GAF=\triangle GBF=\triangle GBD=\triangle GCD=\triangle GCE$
$=\triangle GAE=\frac{1}{6}\triangle ABC$

(2) 삼각형의 무게중심과 세 꼭짓점을 이어서 생기는 3개의 삼각형의 넓이는 모두 같다.

➡ $\triangle GAB=\triangle GBC=\triangle GCA=\frac{1}{3}\triangle ABC$

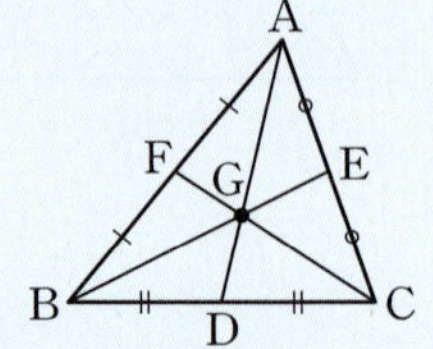

• **평행사변형에서 삼각형의 무게중심의 활용**

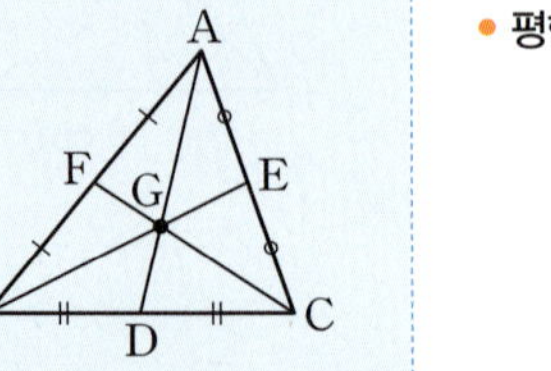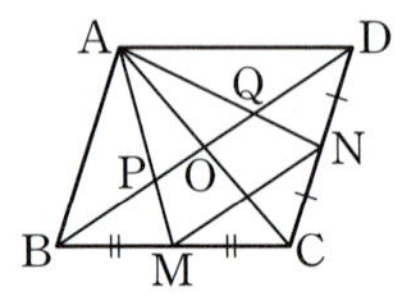

(1) 점 P는 △ABC의 무게중심이고 점 Q는 △ACD의 무게중심이다.

(2) $\overline{BP}=\overline{PQ}=\overline{QD}=\frac{1}{3}\overline{BD}$

(3) $\overline{MN}=\frac{1}{2}\overline{BD}$

1 삼각형의 두 변의 중점을 연결한 선분의 성질

0630

다음 그림의 △ABC에서 두 점 M, N이 각각 $\overline{AB}$, $\overline{AC}$의 중점일 때, x의 값을 구하시오.

(1) 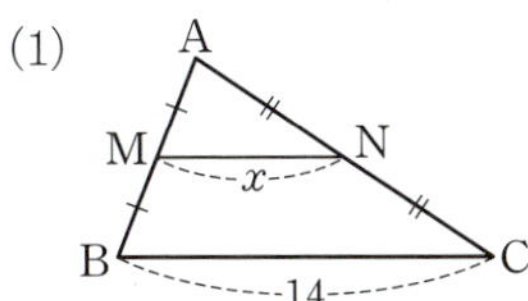

(2) 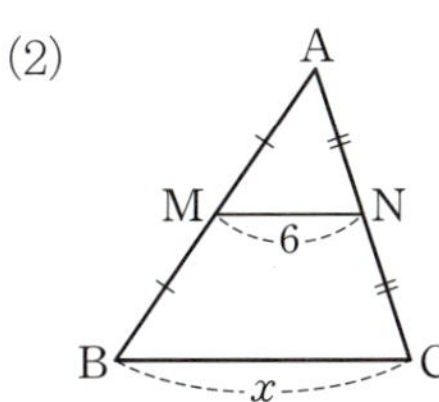

0631

다음 그림의 △ABC에서 점 M이 $\overline{AB}$의 중점이고 $\overline{BC} \parallel \overline{MN}$일 때, x의 값을 구하시오.

(1) 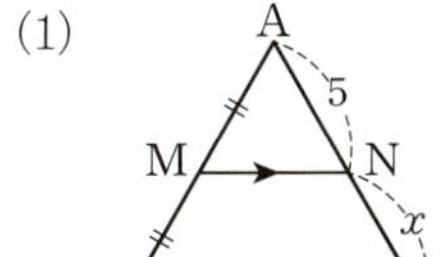

(2) 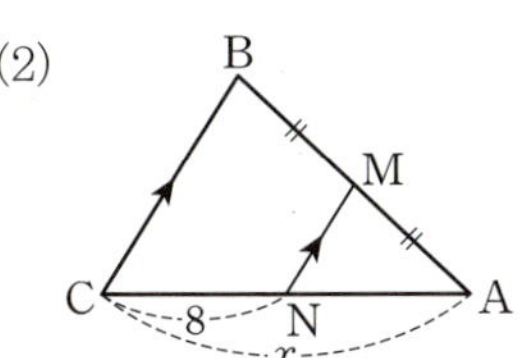

2 사다리꼴에서 두 변의 중점을 연결한 선분의 성질

0632

오른쪽 그림과 같이 $\overline{AD} \parallel \overline{BC}$인 사다리꼴 ABCD에서 $\overline{AB}$, $\overline{DC}$의 중점을 각각 M, N이라고 할 때, 다음을 구하시오.

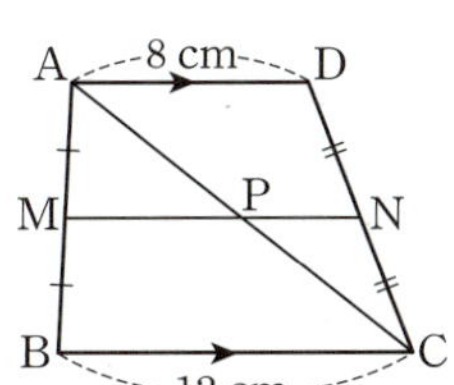

(1) $\overline{MP}$의 길이

(2) $\overline{PN}$의 길이

(3) $\overline{MN}$의 길이

0633

오른쪽 그림과 같이 $\overline{AD} \parallel \overline{BC}$인 사다리꼴 ABCD에서 $\overline{AB}$, $\overline{CD}$의 중점을 각각 M, N이라 하고 $\overline{AD}=16$, $\overline{BC}=22$일 때, 다음을 구하시오.

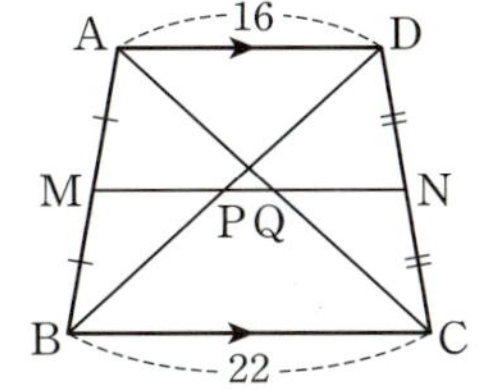

(1) $\overline{MQ}$의 길이 (2) $\overline{QN}$의 길이

(3) $\overline{MN}$의 길이 (4) $\overline{MP}$의 길이

(5) $\overline{PQ}$의 길이

3 삼각형의 중선과 무게중심

0634

오른쪽 그림에서 $\overline{AD}$는 △ABC의 중선이다. △ABC의 넓이가 40 cm²일 때, △ADC의 넓이를 구하시오.

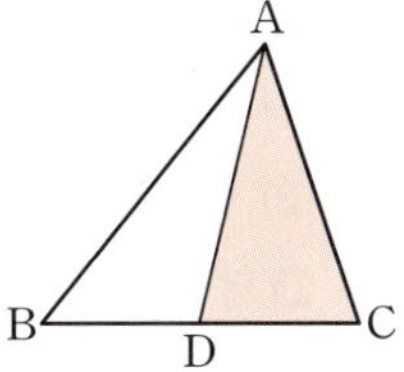

0635

다음 그림에서 점 G가 △ABC의 무게중심일 때, x, y의 값을 각각 구하시오.

(1) 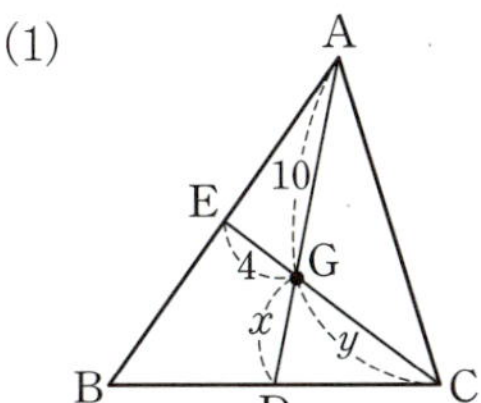

(2) 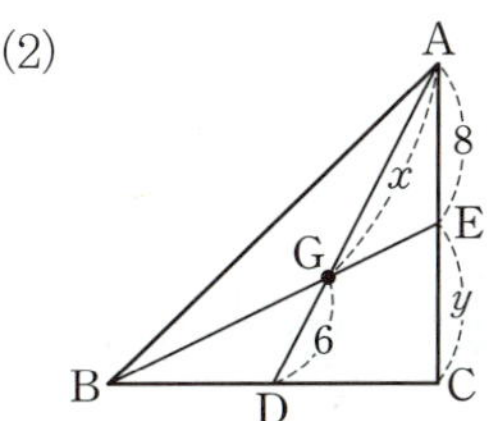

(3) 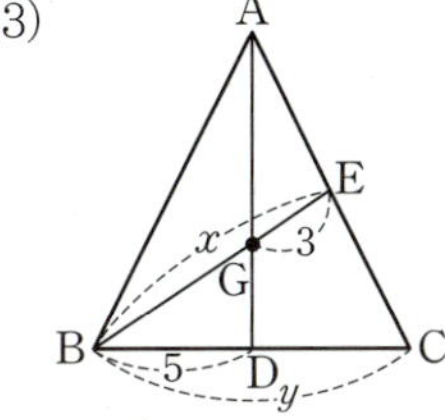

(4) 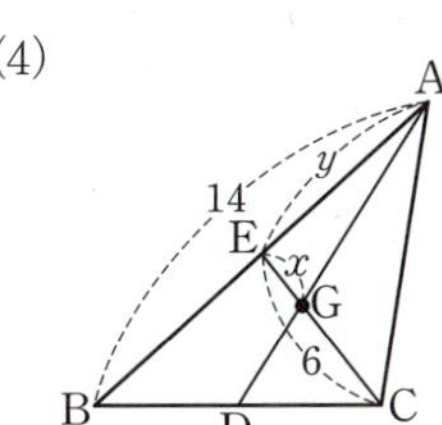

4 삼각형의 무게중심과 넓이

0636

다음 그림에서 점 G가 △ABC의 무게중심이고 △ABC의 넓이가 24 cm²일 때, 색칠한 부분의 넓이를 구하시오.

(1) 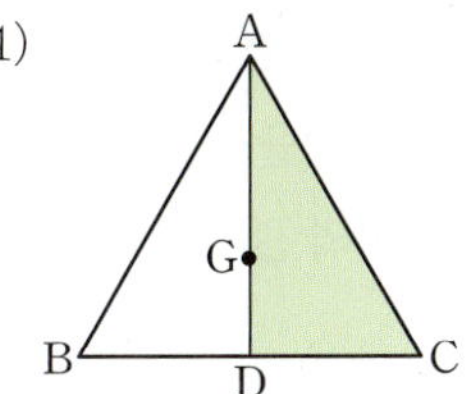

(2) 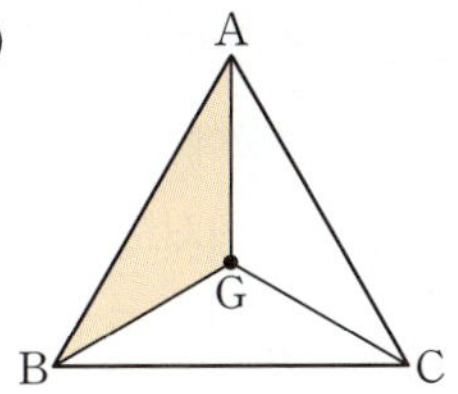

(3) 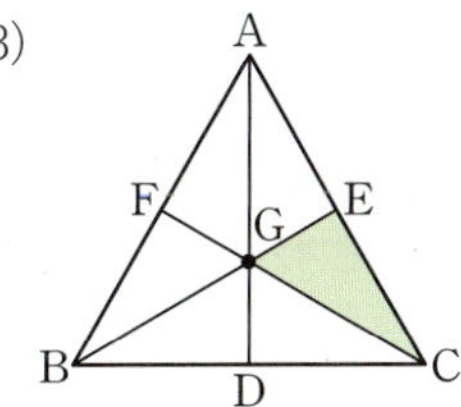

(4) 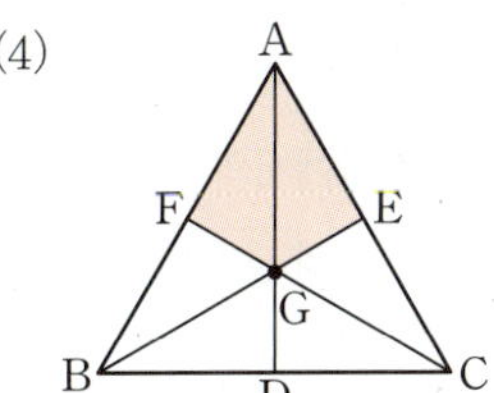

3 닮음의 활용

개념 5 　닮은 두 평면도형의 둘레의 길이의 비와 넓이의 비

닮은 두 평면도형의 닮음비가 $m:n$일 때

(1) 둘레의 길이의 비 ➡ $m:n$

(2) 넓이의 비 ➡ $m^2:n^2$

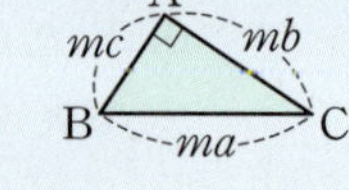
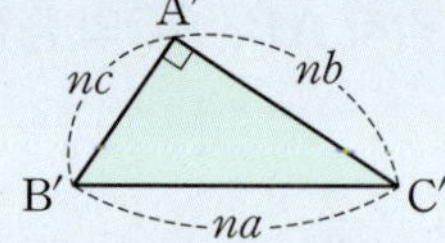

예 닮음비가 $2:3$인 두 삼각형의 둘레의 길이의 비는 $2:3$
이고 넓이의 비는 $2^2:3^2=4:9$이다.

참고 닮은 두 평면도형의 닮음비가 $m:n$일 때, 대응하는 변의 길이의 비는 모두 $m:n$이다.
　① 밑변의 길이의 비, 높이의 비 ➡ $m:n$
　② 반지름의 길이의 비, 지름의 길이의 비, 호의 길이의 비 ➡ $m:n$

● ① 닮음비는
　$ma:na=m:n$
② 둘레의 길이의 비는
　$m(a+b+c):n(a+b+c)=m:n$
③ 넓이의 비는
　$\dfrac{1}{2}m^2bc:\dfrac{1}{2}n^2bc=m^2:n^2$

개념 6 　닮은 두 입체도형의 겉넓이의 비와 부피의 비

닮은 두 입체도형의 닮음비가 $m:n$일 때

(1) 겉넓이의 비 ➡ $m^2:n^2$

(2) 부피의 비 ➡ $m^3:n^3$

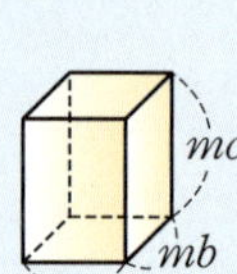
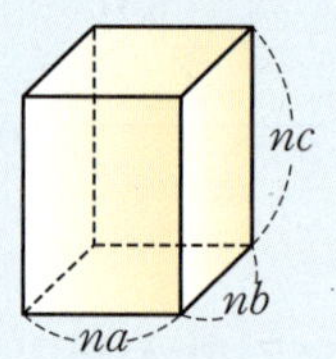

예 닮음비가 $1:2$인 두 직육면체의 겉넓이의 비는
　$1^2:2^2=1:4$이고 부피의 비는 $1^3:2^3=1:8$이다.

참고 닮은 두 입체도형의 닮음비가 $m:n$일 때, 대응하는 두 면의 넓이의 비는 모두 $m^2:n^2$이다.
　즉, 밑넓이의 비 또는 옆넓이의 비는 $m^2:n^2$이다.

● ① 닮음비는
　$ma:na=m:n$
② 겉넓이의 비는
　$2m^2(ab+bc+ca):2n^2(ab+bc+ca)$
　$=m^2:n^2$
③ 부피의 비는
　$m^3abc:n^3abc=m^3:n^3$

개념 7 　축도와 축척

직접 측정하기 어려운 거리나 높이 등은 도형의 닮음을 이용하여 간접적으로 측정할 수 있다.

(1) 축도 : 어떤 도형을 일정한 비율로 줄인 그림

(2) 축척 : 축도에서의 길이와 실제 길이의 비율

(3) 축척, 축도에서의 길이, 실제 길이 사이의 관계

　① $(축척)=\dfrac{(축도에서의\ 길이)}{(실제\ 길이)}$

　② $(축도에서의\ 길이)=(실제\ 길이)\times(축척)$

　③ $(실제\ 길이)=\dfrac{(축도에서의\ 길이)}{(축척)}$

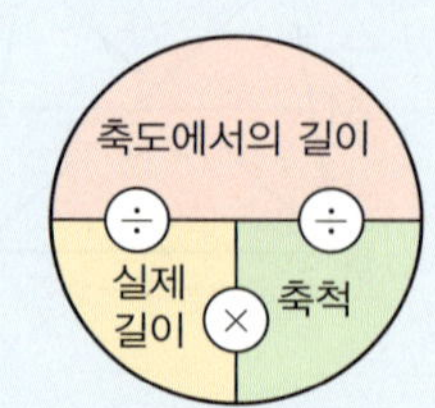

　참고 지도에서의 축척은 $1:50000$ 또는 $\dfrac{1}{50000}$과 같이 나타낸다. 이는 지도에서의 거리와 실제
　거리의 닮음비가 $1:50000$임을 나타낸다.

　예 축척이 $1:50000$인 지도에서 두 지점 A, B 사이의 거리를 재었을 때 $2\,cm$이었다면 두 지점
　A, B 사이의 실제 거리는 $2\times50000=100000(cm)=1(km)$이다.

● 문제에서 주어진 단위가 다른 경우에는 단위를 통일시켜야 한다.
　① $1\,km=1000\,m$
　　$1\,m=100\,cm$
　② $1\,km^2=1000000\,m^2$
　　$1\,m^2=10000\,cm^2$

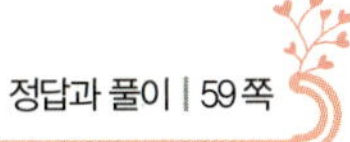

5 닮은 두 평면도형의 둘레의 길이의 비와 넓이의 비

0637

아래 그림에서 □ABCD∽□EFGH일 때, 다음을 구하시오.

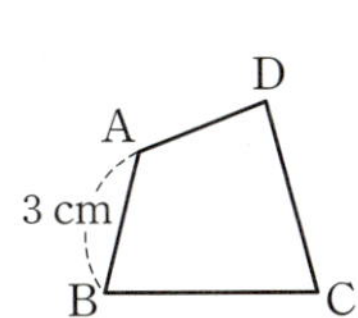
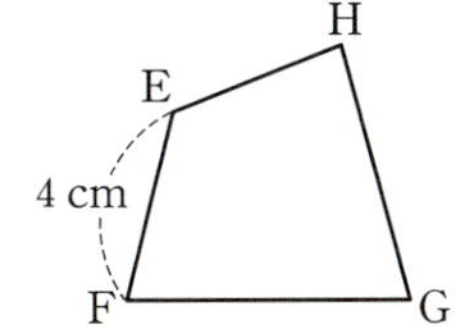

(1) □ABCD와 □EFGH의 닮음비

(2) □ABCD와 □EFGH의 둘레의 길이의 비

(3) □ABCD와 □EFGH의 넓이의 비

0638

아래 그림에서 △ABC∽△DEF일 때, 다음을 구하시오.

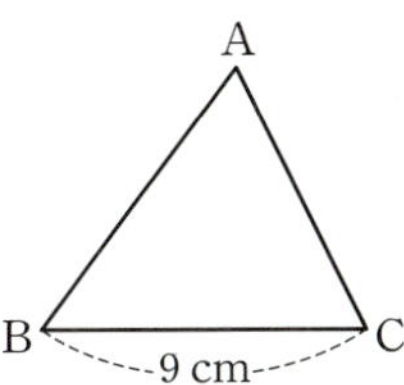
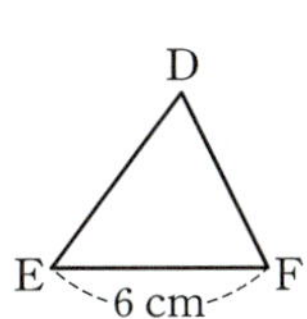

(1) △ABC와 △DEF의 닮음비

(2) △ABC와 △DEF의 넓이의 비

(3) △ABC$=45\ \text{cm}^2$일 때, △DEF의 넓이

6 닮은 두 입체도형의 겉넓이의 비와 부피의 비

0639

아래 그림에서 두 직육면체 A와 B가 서로 닮은 도형일 때, 다음을 구하시오.

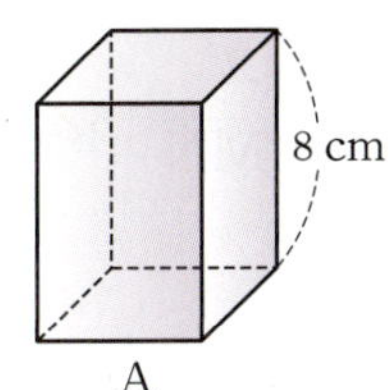
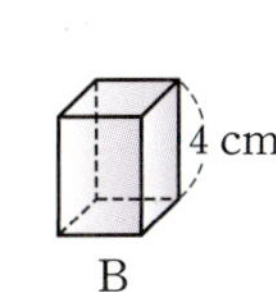

(1) 두 직육면체 A와 B의 닮음비

(2) 두 직육면체 A와 B의 밑면의 둘레의 길이의 비

(3) 두 직육면체 A와 B의 밑넓이의 비

(4) 두 직육면체 A와 B의 옆넓이의 비

(5) 두 직육면체 A와 B의 겉넓이의 비

(6) 두 직육면체 A와 B의 부피의 비

0640

아래 그림에서 두 원뿔대 A와 B가 서로 닮은 도형이고 높이의 비가 $2:3$일 때, 다음을 구하시오.

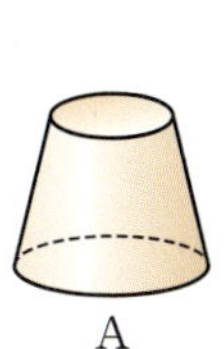
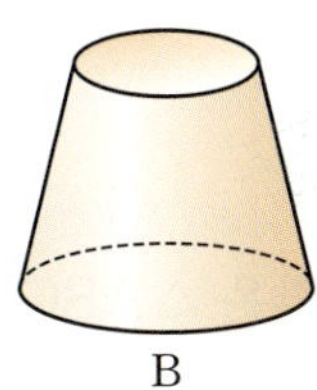

(1) 두 원뿔대 A와 B의 닮음비

(2) 두 원뿔대 A와 B의 겉넓이의 비

(3) 두 원뿔대 A와 B의 부피의 비

(4) 원뿔대 A의 겉넓이가 $36\ \text{cm}^2$일 때, 원뿔대 B의 겉넓이

(5) 원뿔대 B의 부피가 $108\ \text{cm}^3$일 때, 원뿔대 A의 부피

7 축도와 축척

0641

축척이 $\dfrac{1}{40000}$인 지도에서 다음 물음에 답하시오.

(1) 지도에서 $5\ \text{cm}$인 거리는 실제로 몇 km인지 구하시오.

(2) 실제 거리가 $10\ \text{km}$인 두 지점의 지도에서의 거리는 몇 cm인지 구하시오.

유형 01 삼각형의 두 변의 중점을 연결한 선분의 성질 (1)

0642 상중하

오른쪽 그림에서 네 점 M, N, P, Q는 각각 $\overline{AB}$, $\overline{AC}$, $\overline{DB}$, $\overline{DC}$의 중점이다. $\overline{MN}=8$ cm일 때, $\overline{PQ}$의 길이를 구하시오.

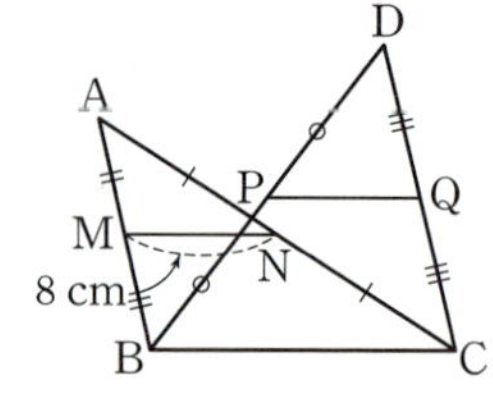

〉 유형 Point △ABC에서

$\overline{AM}=\overline{MB}$, $\overline{AN}=\overline{NC}$이면 $\overline{MN}/\!/\overline{BC}$, $\overline{MN}=\dfrac{1}{2}\overline{BC}$

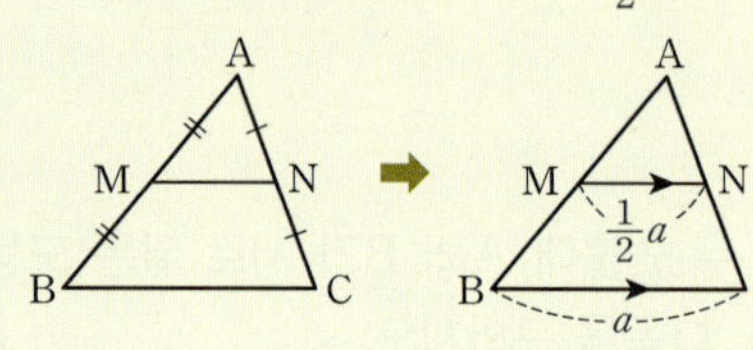

0643 상중하

오른쪽 그림과 같은 △ABC에서 $\overline{BC}$, $\overline{CA}$의 중점을 각각 M, N이라고 하자. $\overline{MN}=11$ cm, $\angle A=80°$, $\angle C=55°$일 때, $y-x$의 값을 구하시오.

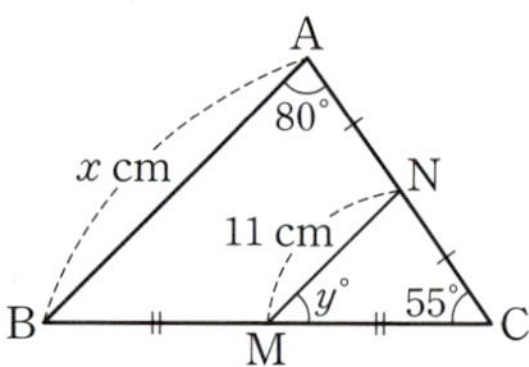

0644 상중하

오른쪽 그림에서 두 점 M, N은 각각 $\overline{AB}$, $\overline{AC}$의 중점이고 두 점 P, Q는 각각 $\overline{DM}$, $\overline{DN}$의 중점이다. $\overline{BC}=20$ cm일 때, $\overline{PQ}$의 길이를 구하시오.

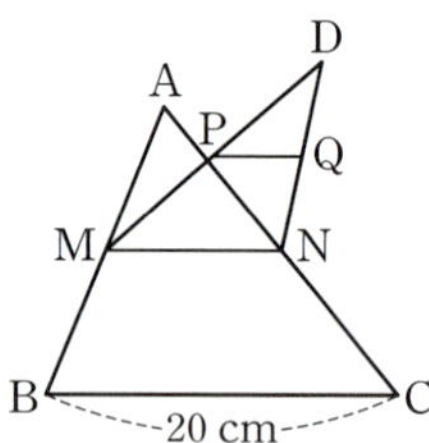

★★ 0645 상중하

오른쪽 그림과 같이 $\overline{AD}/\!/\overline{BC}$인 등변사다리꼴 ABCD에서 세 점 M, O, N은 각각 $\overline{AD}$, $\overline{BD}$, $\overline{BC}$의 중점이다. $\overline{AB}=7$ cm, $\overline{AD}=6$ cm, $\overline{BC}=10$ cm일 때, $\overline{MO}+\overline{NO}$의 길이를 구하시오.

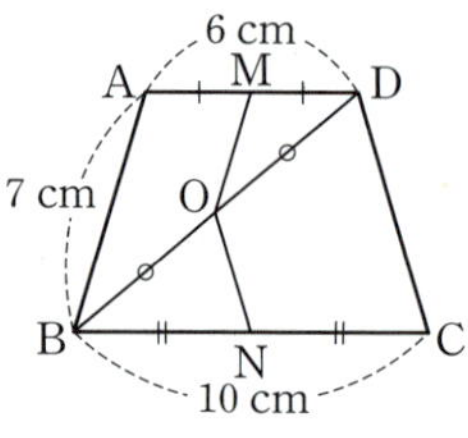

유형 02 삼각형의 두 변의 중점을 연결한 선분의 성질 (2)

0646 상중하

오른쪽 그림과 같은 △ABC에서 점 M는 $\overline{AB}$의 중점이고 $\overline{MN}/\!/\overline{BC}$이다. $\overline{AC}=20$ cm, $\overline{BC}=18$ cm일 때, $x+y$의 값은?

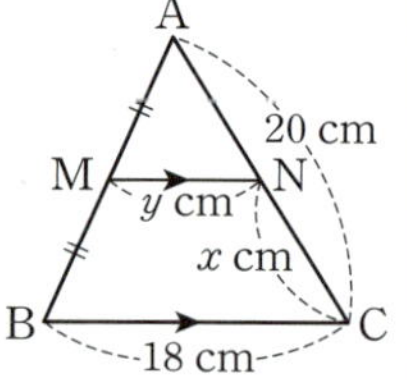

① 15 　　② 16

③ 17 　　④ 18

⑤ 19

〉 유형 Point △ABC에서

$\overline{AM}=\overline{MB}$, $\overline{MN}/\!/\overline{BC}$이면 $\overline{AN}=\overline{NC}$

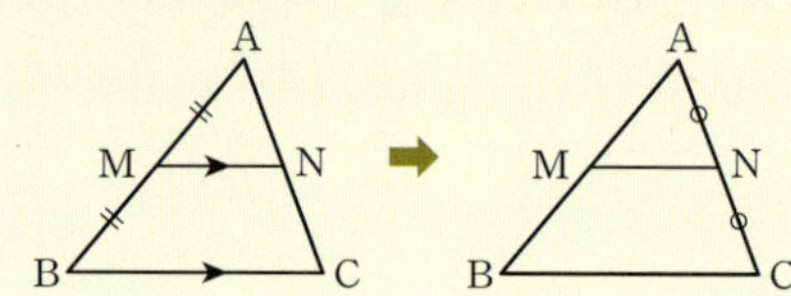

0647 상중하

오른쪽 그림과 같은 △ABC에서 점 E는 $\overline{AC}$의 중점이고 $\overline{AB}/\!/\overline{EF}$, $\overline{BC}/\!/\overline{DE}$이다. $\overline{AB}=14$ cm, $\overline{DE}=5$ cm일 때, $\overline{AD}+\overline{FC}$의 길이는?

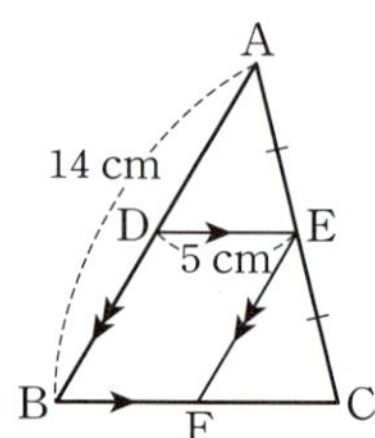

① 10 cm 　　② 11 cm

③ 12 cm 　　④ 13 cm

⑤ 14 cm

0648 상중하

오른쪽 그림과 같은 △ABC와 △ABD에서 $\overline{AD}/\!/\overline{BC}$이고 $\overline{BM}=\overline{MD}$, $\overline{AN}=\overline{NC}$이다. $\overline{MN}$의 연장선과 $\overline{AB}$의 교점을 E라고 하면 $\overline{EN}/\!/\overline{BC}$이고 $\overline{AD}=8$ cm, $\overline{BC}=20$ cm일 때, $\overline{MN}$의 길이는?

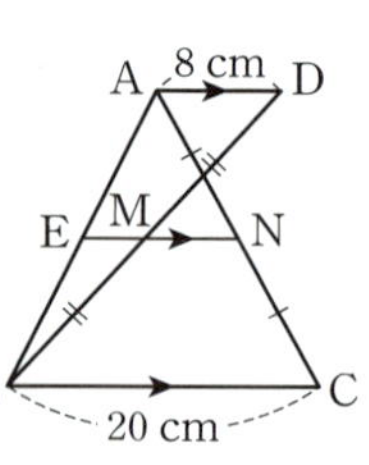

① 6 cm 　　② $\dfrac{13}{2}$ cm 　　③ 7 cm

④ $\dfrac{15}{2}$ cm 　　⑤ 8 cm

↘ 수학의 바이블 92쪽

유형 03 삼각형의 두 변의 중점을 연결한 선분의 성질의 응용 — 삼등분점이 주어진 경우

0649 상 중 하

오른쪽 그림과 같은 △ABC에서 두 점 D, E는 $\overline{AB}$의 삼등분점이고 $\overline{AF}=\overline{FC}$이다. $\overline{EC}=8$ cm일 때, $\overline{EG}$의 길이를 구하시오.

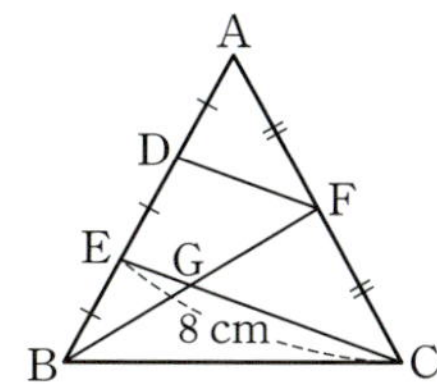

→ **유형 Point** △ABC에서 $\overline{AE}=\overline{EF}=\overline{FB}$, $\overline{BD}=\overline{DC}$일 때

(1) △EBC에서 $\overline{BF}=\overline{FE}$, $\overline{BD}=\overline{DC}$이므로
$\overline{FD}\,/\!/\,\overline{EC}$, $\overline{FD}=\dfrac{1}{2}\overline{EC}$

(2) △AFD에서 $\overline{AE}=\overline{EF}$, $\overline{EG}\,/\!/\,\overline{FD}$이므로
$\overline{AG}=\overline{GD}$, $\overline{EG}=\dfrac{1}{2}\overline{FD}$

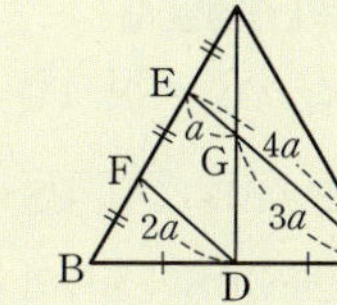

0650 상 중 하

오른쪽 그림과 같은 △ABC에서 $\overline{AD}=\overline{DB}$, $\overline{AE}=\overline{EF}=\overline{FC}$이고 $\overline{DE}=10$ cm일 때, $\overline{BG}$의 길이는?

① 12 cm ② 13 cm
③ 14 cm ④ 15 cm
⑤ 16 cm

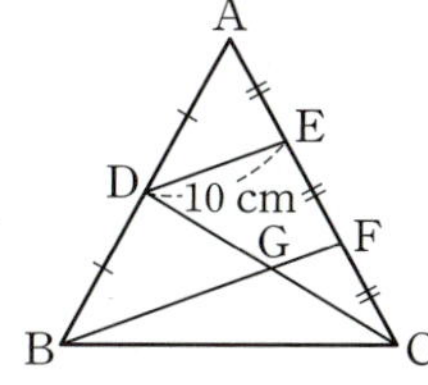

0651 상 중 하

오른쪽 그림과 같은 △ABC에서 $\overline{AD}=\overline{DB}$, $\overline{AE}=\overline{EF}=\overline{FC}$이고 $\overline{BG}=12$ cm일 때, $\overline{DE}$의 길이는?

① 6 cm ② 7 cm
③ 8 cm ④ 9 cm
⑤ 10 cm

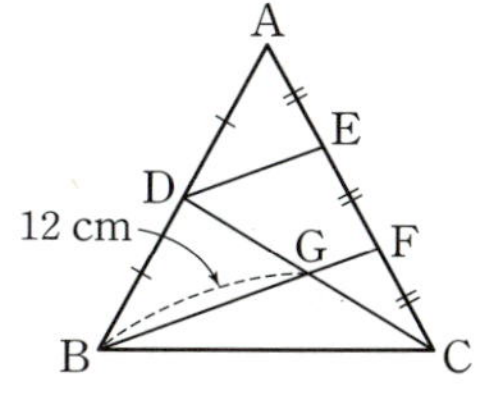

↘ 수학의 바이블 92쪽

유형 04 삼각형의 두 변의 중점을 연결한 선분의 성질의 응용 — 평행선을 이용하는 경우

0652 상 중 하

오른쪽 그림과 같은 △ABC에서 $\overline{AB}$의 연장선 위에 $\overline{AB}=\overline{AD}$가 되도록 점 D를 잡고 점 D와 $\overline{AC}$의 중점 M을 잇는 직선이 $\overline{BC}$와 만나는 점을 E라고 하자. $\overline{BE}=10$ cm일 때, $\overline{CE}$의 길이는?

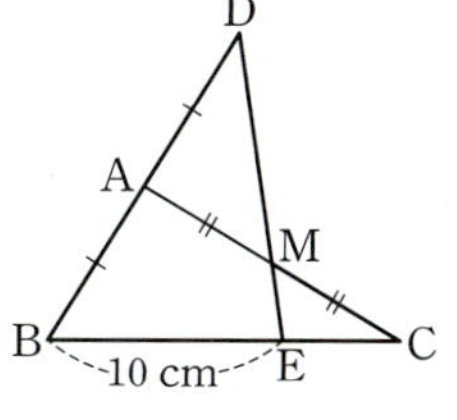

① 4 cm ② 5 cm ③ 6 cm
④ 7 cm ⑤ 8 cm

→ **유형 Point** △ABC와 △BFD에서 $\overline{AB}=\overline{AD}$, $\overline{AE}=\overline{EC}$일 때, $\overline{BC}\,/\!/\,\overline{AG}$가 되도록 $\overline{DF}$ 위에 점 G를 잡으면

(1) △AEG≡△CEF (ASA 합동)
이므로 $\overline{AG}=\overline{CF}$, $\overline{GE}=\overline{FE}$

(2) △DBF에서 $\overline{DA}=\overline{AB}$, $\overline{AG}\,/\!/\,\overline{BF}$
이므로 $\overline{DG}=\overline{GF}$, $\overline{AG}=\dfrac{1}{2}\overline{BF}$

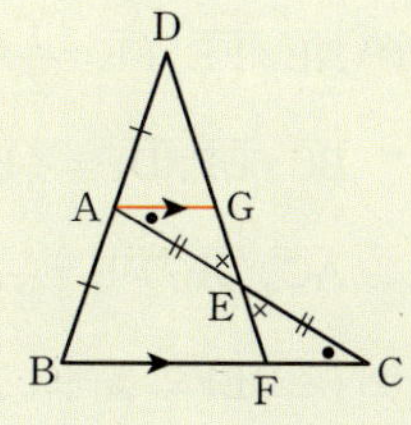

0653 상 중 하

오른쪽 그림과 같은 △ABC와 △DBE에서 $\overline{DA}=\overline{AB}$, $\overline{AM}=\overline{MC}$이다. $\overline{EM}=3$ cm일 때, $\overline{DE}$의 길이는?

① 8 cm ② 10 cm
③ 12 cm ④ 14 cm
⑤ 16 cm

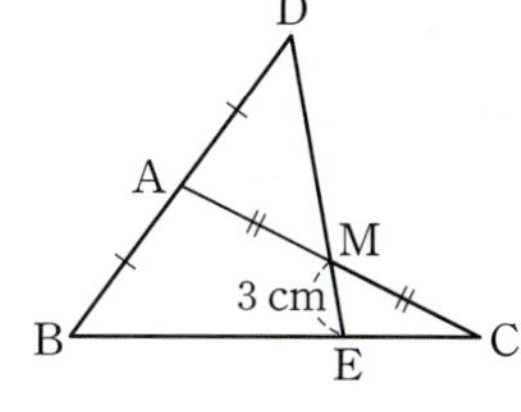

0654 상 중 하 서술형

오른쪽 그림과 같은 △ABC에서 $\overline{AB}$의 연장선 위에 $\overline{AB}=\overline{AD}$가 되도록 점 D를 잡고 점 D와 $\overline{AC}$의 중점 M을 잇는 직선이 $\overline{BC}$와 만나는 점을 E라고 하자. $\overline{BC}=24$ cm일 때, $\overline{BE}$의 길이를 구하시오.

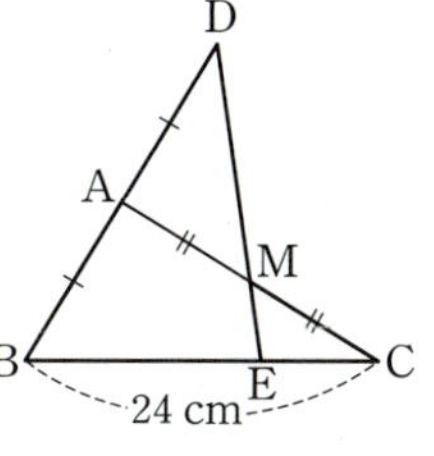

유형 05 삼각형의 세 변의 중점을 연결한 삼각형

0655 상 중 하

오른쪽 그림과 같은 △ABC에서 세 점 D, E, F는 각각 $\overline{AB}$, $\overline{BC}$, $\overline{CA}$의 중점이고 $\overline{AB}=6$ cm, $\overline{BC}=10$ cm, $\overline{CA}=8$ cm일 때, △DEF의 둘레의 길이는?

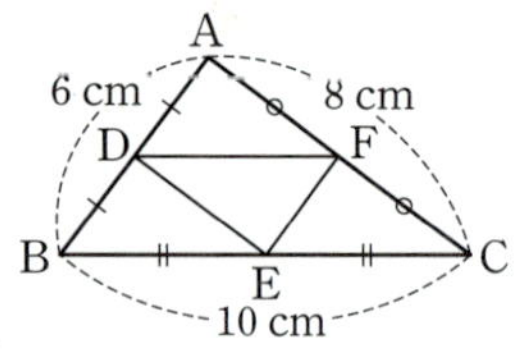

① 8 cm ② 10 cm ③ 12 cm

④ 14 cm ⑤ 16 cm

➡ **유형 Point** 세 점 D, E, F가 △ABC의 세 변의 중점일 때

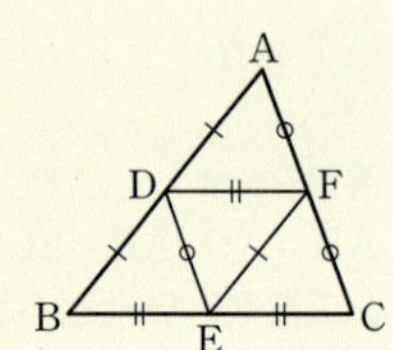

(1) $\overline{AB}\,/\!/\,\overline{FE}$, $\overline{FE}=\dfrac{1}{2}\overline{AB}$

$\overline{BC}\,/\!/\,\overline{DF}$, $\overline{DF}=\dfrac{1}{2}\overline{BC}$

$\overline{AC}\,/\!/\,\overline{DE}$, $\overline{DE}=\dfrac{1}{2}\overline{AC}$

(2) (△DEF의 둘레의 길이)$=\dfrac{1}{2}\times$(△ABC의 둘레의 길이)

0656 상 중 하

오른쪽 그림과 같은 △ABC에서 세 점 D, E, F는 각각 $\overline{AB}$, $\overline{BC}$, $\overline{CA}$의 중점이고 $\overline{AB}=10$ cm, $\overline{BC}=12$ cm이다. △DEF의 둘레의 길이가 15 cm일 때, $\overline{AC}$의 길이를 구하시오.

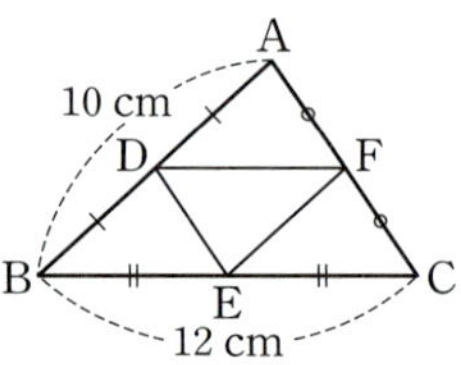

0657 상 중 하

오른쪽 그림에서 세 점 D, E, F는 △ABC의 각 변의 중점이고, 세 점 G, H, I는 △DEF의 각 변의 중점이다. △ABC의 둘레의 길이가 60 cm일 때, △GHI의 둘레의 길이를 구하시오.

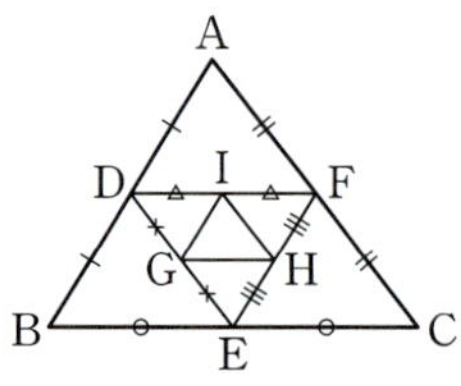

유형 06 사각형의 네 변의 중점을 연결한 사각형

0658 상 중 하

오른쪽 그림과 같은 □ABCD에서 $\overline{AB}$, $\overline{BC}$, $\overline{CD}$, $\overline{DA}$의 중점을 각각 P, Q, R, S라고 하자. $\overline{AC}=24$ cm, $\overline{BD}=18$ cm일 때, □PQRS의 둘레의 길이를 구하시오.

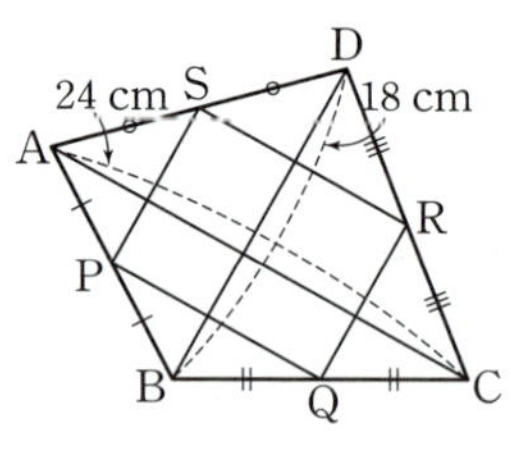

➡ **유형 Point** 네 점 P, Q, R, S가 □ABCD의 네 변의 중점일 때

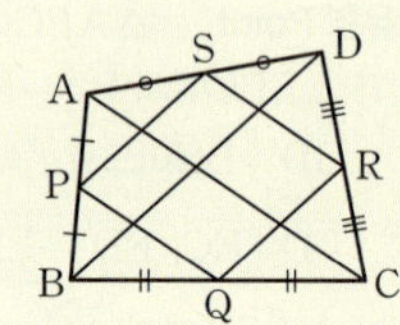

(1) $\overline{PQ}\,/\!/\,\overline{AC}\,/\!/\,\overline{SR}$, $\overline{PQ}=\overline{SR}=\dfrac{1}{2}\overline{AC}$

(2) $\overline{PS}\,/\!/\,\overline{BD}\,/\!/\,\overline{QR}$, $\overline{PS}=\overline{QR}=\dfrac{1}{2}\overline{BD}$

(3) (□PQRS의 둘레의 길이)$=\overline{AC}+\overline{BD}$

0659 상 중 하

오른쪽 그림과 같은 □ABCD에서 $\overline{AB}$, $\overline{BC}$, $\overline{CD}$, $\overline{DA}$의 중점을 각각 P, Q, R, S라고 하자. □PQRS의 둘레의 길이가 21 cm이고, $\overline{AC}=9$ cm일 때, $\overline{PS}$의 길이는?

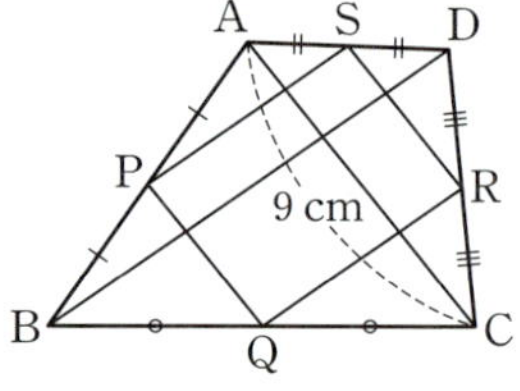

① 4 cm ② 5 cm ③ 6 cm

④ 7 cm ⑤ 8 cm

0660 상 중 하 서술형

오른쪽 그림에서 □ABCD는 직사각형이고 네 점 E, F, G, H는 각각 $\overline{AB}$, $\overline{BC}$, $\overline{CD}$, $\overline{DA}$의 중점이다. $\overline{AC}=16$ cm일 때, □EFGH의 둘레의 길이를 구하시오.

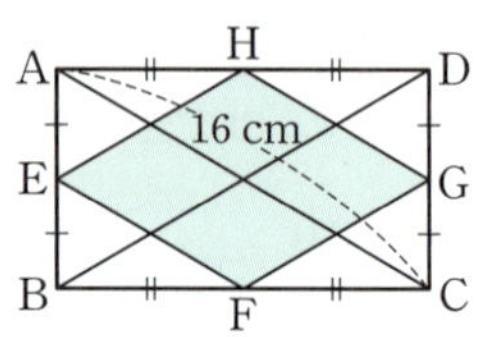

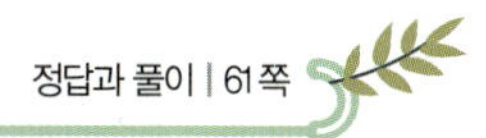

> 수학의 바이블 94쪽

유형 07 사다리꼴에서 두 변의 중점을 연결한 선분의 성질

0661 상 중 하

오른쪽 그림과 같이 $\overline{AD}\,/\!/\,\overline{BC}$인 사다리꼴 ABCD에서 두 점 M, N은 각각 $\overline{AB}$, $\overline{DC}$의 중점이다. $\overline{AD}=8$ cm, $\overline{BC}=12$ cm일 때, $\overline{PQ}$의 길이를 구하시오.

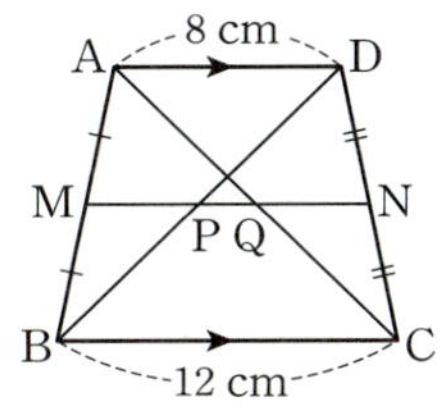

→ **유형 Point** $\overline{AD}\,/\!/\,\overline{BC}$인 사다리꼴 ABCD에서 두 점 M, N이 각각 $\overline{AB}$, $\overline{DC}$의 중점일 때

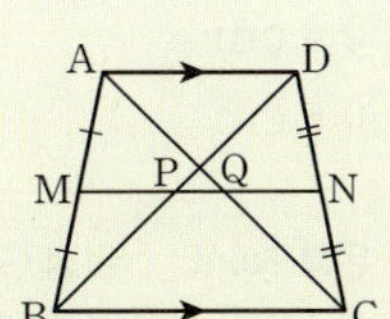

(1) $\overline{AD}\,/\!/\,\overline{MN}\,/\!/\,\overline{BC}$

(2) $\overline{MP}=\overline{QN}=\dfrac{1}{2}\overline{AD}$, $\overline{MQ}=\overline{PN}=\dfrac{1}{2}\overline{BC}$

(3) $\overline{MN}=\dfrac{1}{2}(\overline{AD}+\overline{BC})$

(4) $\overline{PQ}=\overline{MQ}-\overline{MP}=\dfrac{1}{2}(\overline{BC}-\overline{AD})$ (단, $\overline{BC}>\overline{AD}$)

0662 상 중 하

오른쪽 그림과 같이 $\overline{AD}\,/\!/\,\overline{BC}$인 사다리꼴 ABCD에서 $\overline{AM}=\overline{MB}$, $\overline{DN}=\overline{NC}$이고 $\overline{AD}=6$ cm, $\overline{BC}=10$ cm일 때, $\overline{MN}$의 길이를 구하시오.

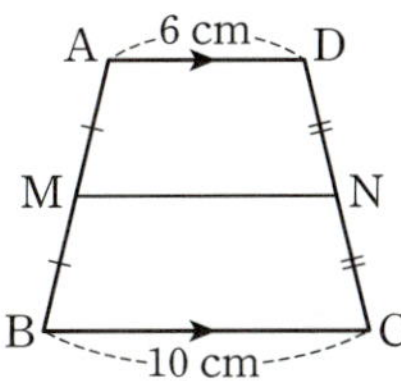

0663 상 중 하 서술형

오른쪽 그림과 같이 $\overline{AD}\,/\!/\,\overline{BC}$인 사다리꼴 ABCD에서 두 점 M, N은 각각 $\overline{AB}$, $\overline{DC}$의 중점이다. $\overline{AD}=9$ cm, $\overline{MN}=12$ cm일 때, $\overline{BC}$의 길이를 구하시오.

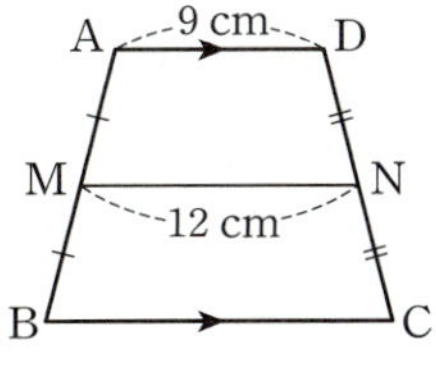

0664 상 중 하

오른쪽 그림과 같이 $\overline{AD}\,/\!/\,\overline{BC}$인 사다리꼴 ABCD에서 $\overline{AM}=\overline{MB}$, $\overline{DN}=\overline{NC}$이고 $\overline{BC}=18$ cm, $\overline{PQ}=3$ cm일 때, $\overline{AD}$의 길이를 구하시오.

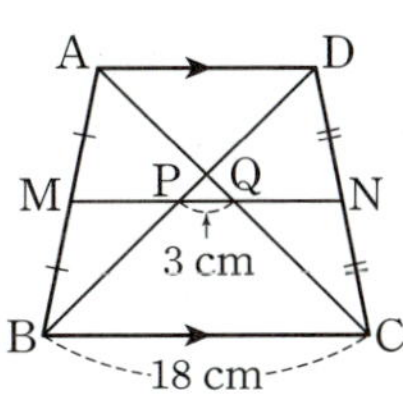

> 수학의 바이블 99쪽

유형 08 삼각형의 중선과 넓이

0665 상 중 하

오른쪽 그림에서 $\overline{AD}$는 △ABC의 중선이고 점 E는 $\overline{AD}$의 중점이다. △ABC의 넓이가 24 cm²일 때, △ABE의 넓이를 구하시오.

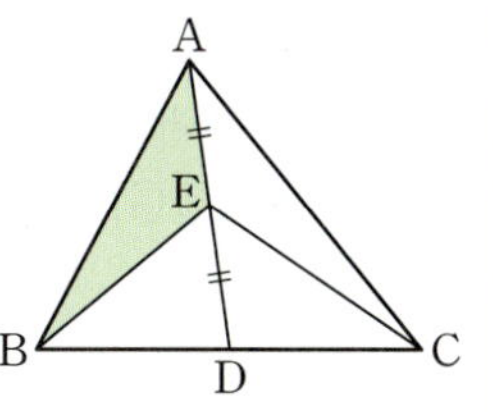

→ **유형 Point** $\overline{AD}$가 △ABC의 중선일 때, $\triangle ABD=\triangle ADC=\dfrac{1}{2}\triangle ABC$

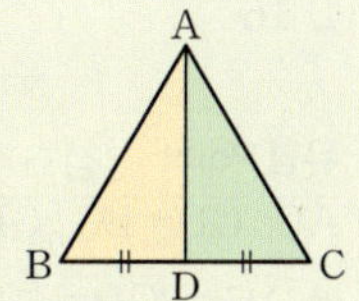

0666 상 중 하

오른쪽 그림에서 $\overline{AD}$는 △ABC의 중선이고 $\overline{AP}=\overline{PQ}=\overline{QD}$이다. △ABC의 넓이가 60 cm²일 때, △PQC의 넓이를 구하시오.

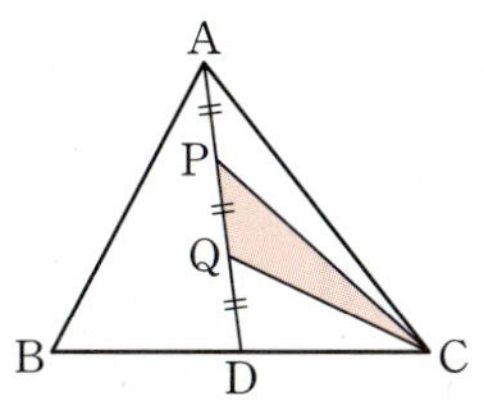

0667 상 중 하

오른쪽 그림에서 $\overline{AD}$는 △ABC의 중선이고 $\overline{AE}:\overline{AD}=2:5$이다. △ABC의 넓이가 20 cm²일 때, △AEC의 넓이를 구하시오.

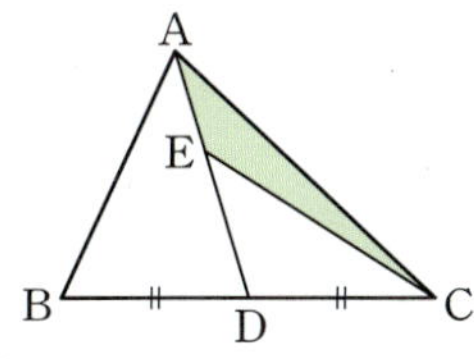

★★ 0668 상 중 하

오른쪽 그림에서 $\overline{AD}$는 △ABC의 중선이고 $\overline{AH}\perp\overline{BC}$이다. △ABC의 넓이가 56 cm²이고 $\overline{AH}=8$ cm일 때, $\overline{BD}$의 길이를 구하시오.

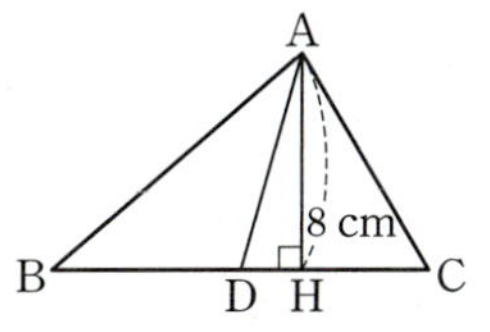

➤ 수학의 바이블 97쪽

유형 09 삼각형의 무게중심

0669 상 중 하

오른쪽 그림에서 점 G는
△ABC의 무게중심이고
$\overline{BG}=12$ cm, $\overline{GD}=6$ cm일 때,
$x+y$의 값은?

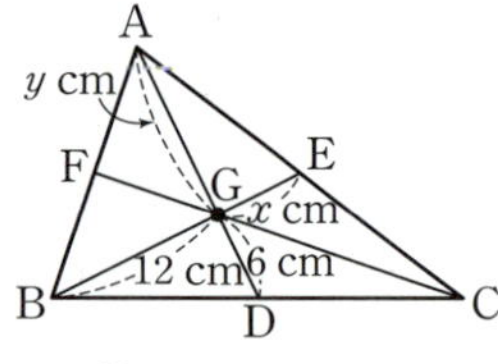

① 10 ② 12 ③ 15
④ 16 ⑤ 18

➤ **유형 Point** 점 G가 △ABC의 무게중심일 때,

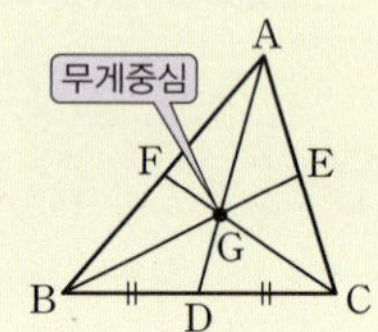

$\overline{AG}:\overline{GD}=\overline{BG}:\overline{GE}=\overline{CG}:\overline{GF}=2:1$

➡ $\overline{AG}=2\overline{GD}=\dfrac{2}{3}\overline{AD}$

$\overline{AD}=3\overline{GD}=\dfrac{3}{2}\overline{AG}$

$\overline{GD}=\dfrac{1}{3}\overline{AD}=\dfrac{1}{2}\overline{AG}$

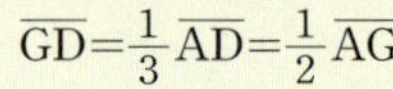

0670 상 중 하

오른쪽 그림에서 점 G는 △ABC의 무
게중심이고 $\overline{AG}=14$ cm, $\overline{CD}=8$ cm일
때, $x-y$의 값을 구하시오.

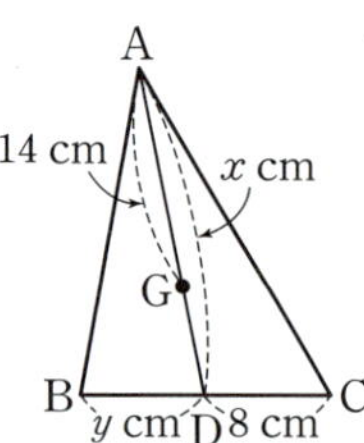

0671 상 중 하

오른쪽 그림에서 점 G는
△ABC의 무게중심이고 점 H는
$\overline{AD}$와 $\overline{EF}$의 교점이다.
$\overline{HG}=4$ cm일 때, $\overline{AH}$의 길이는?

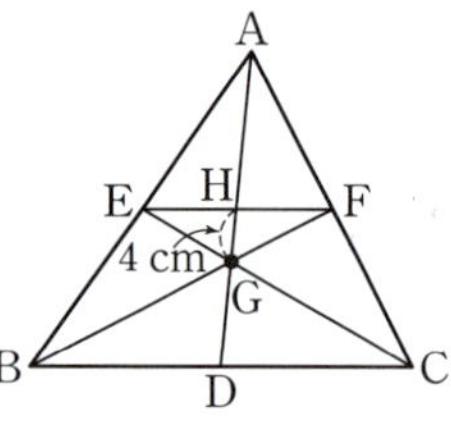

① 6 cm ② 8 cm
③ 10 cm ④ 12 cm
⑤ 14 cm

유형 10 두 삼각형의 무게중심

0672 상 중 하

오른쪽 그림에서 두 점 G, G′은 각
각 △ABC, △GBC의 무게중심
이고 $\overline{AD}=18$ cm일 때, $\overline{GG'}$의
길이는?

① 2 cm ② 3 cm
③ 4 cm ④ 5 cm
⑤ 6 cm

➤ **유형 Point** 두 점 G, G′이 각각
△ABC, △GBC의 무게중심일 때
(1) $\overline{AG}:\overline{GD}=2:1$
(2) $\overline{GG'}:\overline{G'D}=2:1$
(3) $\overline{AG}:\overline{GG'}:\overline{G'D}=6:2:1$

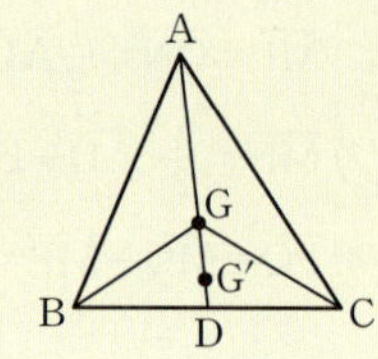

0673 상 중 하

오른쪽 그림에서 두 점 G, G′은 각각
△ABC, △GBC의 무게중심이고
$\overline{AG}=9$ cm일 때, $\overline{GG'}$의 길이를 구
하시오.

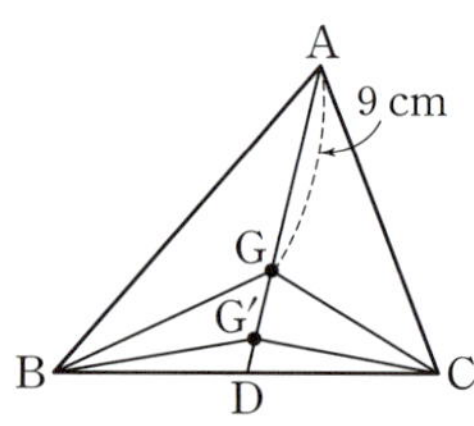

0674 상 중 하 서술형

오른쪽 그림에서 두 점 G, G′은 각
각 △ABC, △GBC의 무게중심이
고 $\overline{GG'}=2$ cm일 때, $\overline{AD}$의 길이
를 구하시오.

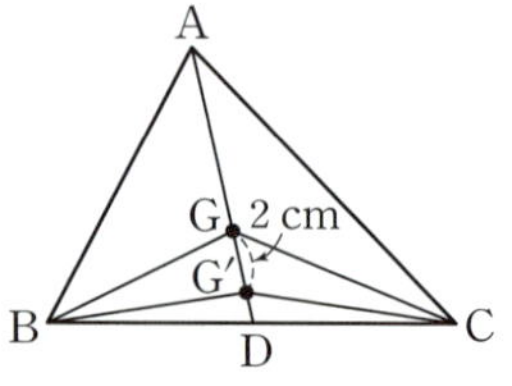

수학의 바이블 97쪽

유형 11 직각삼각형의 무게중심

0675 상 중 **하**

오른쪽 그림에서 점 G는
∠B=90°인 직각삼각형
ABC의 무게중심일 때, $\overline{GD}$의
길이를 구하시오.

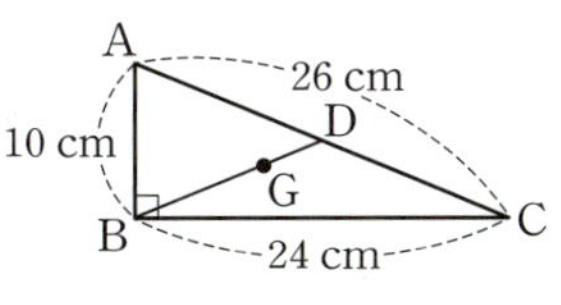

> **유형 Point** 점 G는 ∠B=90°인 직각삼
> 각형 ABC의 무게중심일 때
> (1) 직각삼각형의 외심은 빗변의 중점이므로
>   점 D는 △ABC의 외심이다.
> (2) $\overline{BD}=\overline{AD}=\overline{CD}=\dfrac{1}{2}\overline{AC}$
> (3) $\overline{BG}:\overline{GD}=2:1$

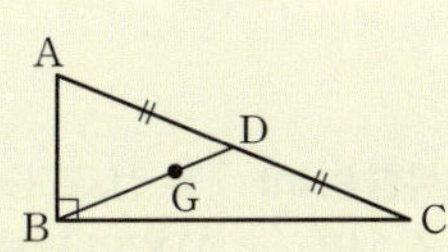

0676 상 **중** 하

오른쪽 그림에서 점 G는 ∠C=90°인
직각삼각형 ABC의 무게중심이고
$\overline{AB}=12$ cm일 때, $\overline{CG}$의 길이를 구하
시오.

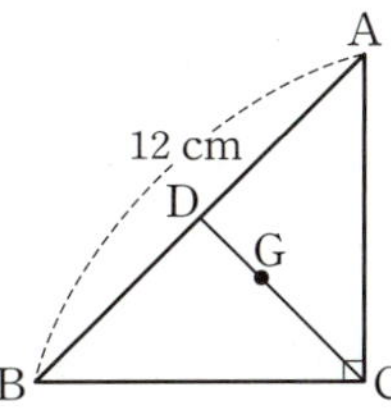

0677

오른쪽 그림과 같이 ∠A=90°인
직각삼각형 ABC에서 점 G는 무
게중심이고 $\overline{AG}=6$ cm일 때,
$\overline{BC}$의 길이를 구하시오.

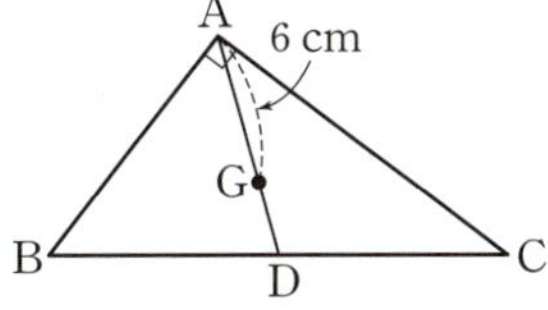

0678 상 **중** 하

오른쪽 그림에서 $\overline{AD}$는 △ABC의 중선
이고 두 점 G, G′은 각각 △ABC,
△GBC의 무게중심이다.
△BGC=90°, $\overline{BC}=36$ cm일 때,
$\overline{AG'}$의 길이를 구하시오.

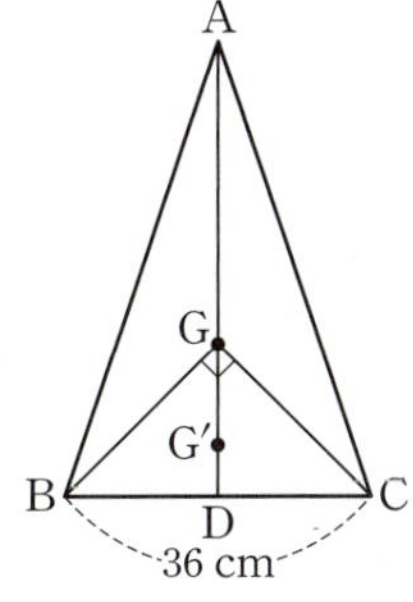

수학의 바이블 97쪽

유형 12 삼각형의 무게중심의 성질의 응용
— 두 변의 중점을 연결한 선분의 성질 이용

0679 상 중 **하**

오른쪽 그림에서 점 G는
△ABC의 무게중심이고
$\overline{MN}=\overline{NC}$이다. $\overline{GM}=4$ cm
일 때, $x+y$의 값은?

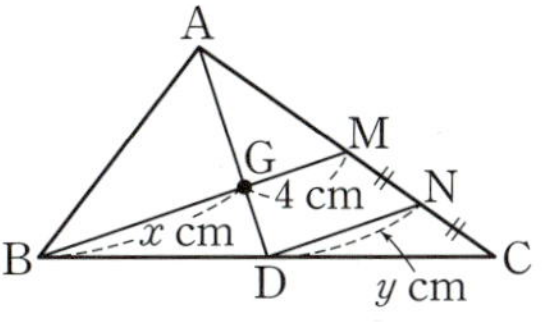

① 14 　② 15 　③ 16
④ 17 　⑤ 18

> **유형 Point** 점 G가 △ABC의 무게중심이고
> 점 F가 $\overline{CE}$의 중점일 때
> (1) $\overline{BG}=2\overline{GE}$
> (2) △BCE에서 $\overline{BD}=\overline{DC}$, $\overline{EF}=\overline{FC}$이므로
> $\overline{DF}=\dfrac{1}{2}\overline{BE}$

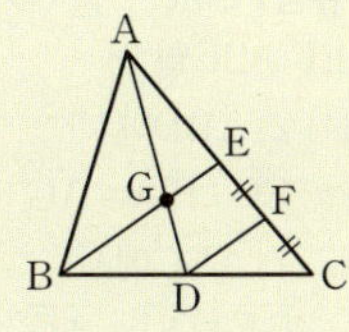

0680 상 중 하 서술형

오른쪽 그림에서 점 G는 △ABC의
무게중심이고 점 F는 $\overline{BD}$의 중점이
다. $\overline{EF}=6$ cm일 때, $\overline{AG}$의 길이를
구하시오.

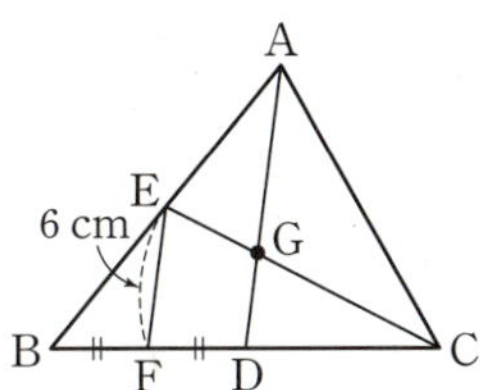

0681 상 중 하

오른쪽 그림에서 점 G는 △ABC의
무게중심이고 $\overline{AD}\,/\!/\,\overline{EF}$이다.
$\overline{GD}=8$ cm일 때, $\overline{EF}$의 길이를 구하
시오.

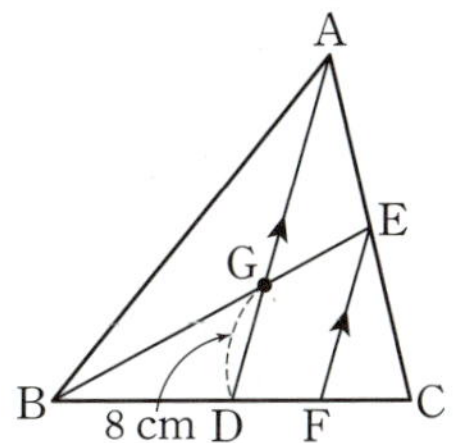

유형 13　삼각형의 무게중심의 성질의 응용
－ 삼각형에서 평행선 사이의 선분의 길이의 비 이용

0682 상중하

오른쪽 그림에서 점 G는
$\triangle$ABC의 무게중심이다.
$\overline{PR}\,/\!/\,\overline{BC}$이고 $\overline{BQ}=3$, $\overline{GQ}=2$일
때, x, y의 값을 각각 구하시오.

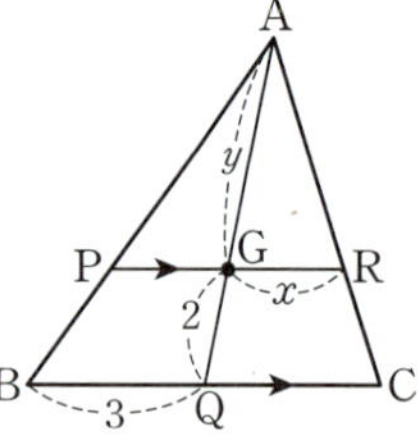

❯ **유형 Point**　점 G가 $\triangle$ABC의 무게중심이고
$\overline{EF}\,/\!/\,\overline{BC}$일 때

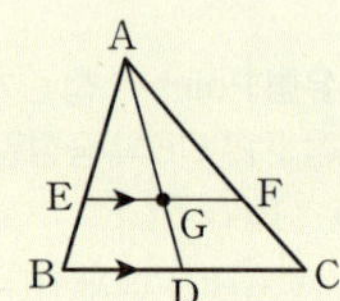

(1) $\triangle$ABD에서
$\overline{EG}:\overline{BD}=\overline{AG}:\overline{AD}=2:3$
(2) $\triangle$ADC에서
$\overline{GF}:\overline{DC}=\overline{AG}:\overline{AD}=2:3$

0683 상중하

오른쪽 그림에서 점 G는 $\triangle$ABC의
무게중심이고 $\overline{EF}\,/\!/\,\overline{AC}$이다.
$\overline{AD}=6$ cm일 때, $\overline{EF}$의 길이는?

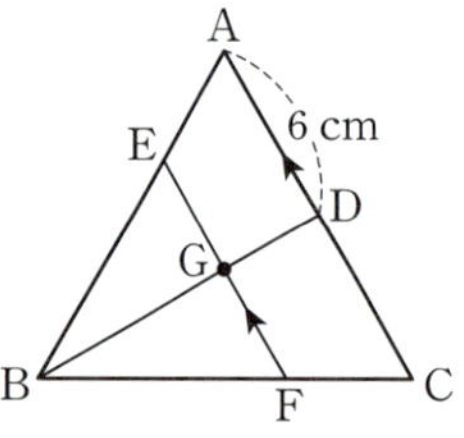

① 7 cm　　　　② 8 cm
③ 9 cm　　　　④ 10 cm
⑤ 11 cm

0684 상중하

오른쪽 그림에서 점 G는 $\triangle$ABC의
무게중심이고 $\overline{EF}\,/\!/\,\overline{BC}$이다.
$\overline{GD}=10$ cm일 때, $\overline{GF}$의 길이를 구
하시오.

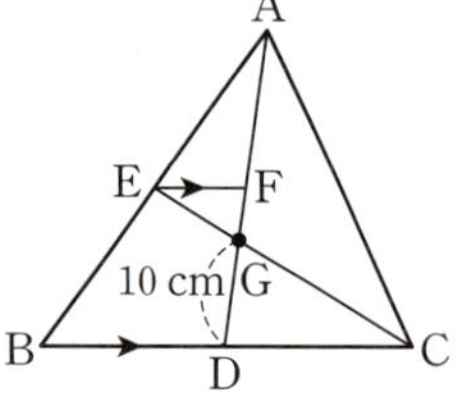

유형 14　두 삼각형의 무게중심과 닮음비

0685 상중하

오른쪽 그림에서 두 점 G, G′은 각
각 $\triangle$ABD와 $\triangle$ACD의 무게중
심이다. $\overline{BC}=24$ cm일 때, $\overline{GG'}$의
길이를 구하시오.

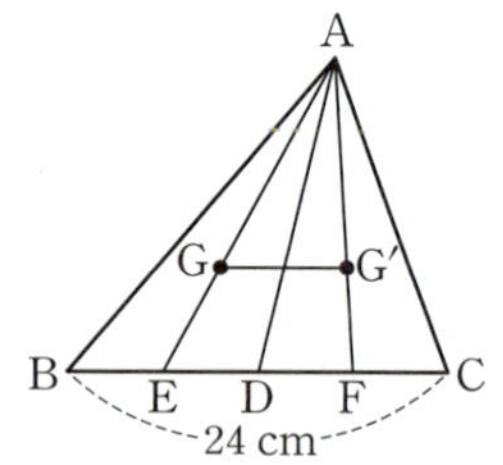

❯ **유형 Point**　두 점 G, G′은 각각
$\triangle$ABD, $\triangle$ADC의 무게중심일 때

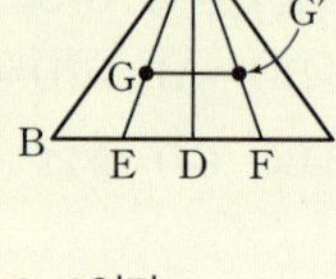

(1) $\overline{BE}=\overline{ED}$, $\overline{DF}=\overline{FC}$이므로
$\overline{EF}=\dfrac{1}{2}\overline{BC}$
(2) $\overline{AG}:\overline{AE}=\overline{AG'}:\overline{AF}=2:3$
(3) $\triangle$AGG′ $\backsim$ $\triangle$AEF (SAS 닮음)이고 닮음비는 2 : 3이다.

★★ 0686 상중하

오른쪽 그림에서 두 점 G, G′은 각
각 $\triangle$ABC와 $\triangle$DBC의 무게중심
이다. $\overline{GG'}=7$ cm일 때, $\overline{BC}$의 길
이를 구하시오.

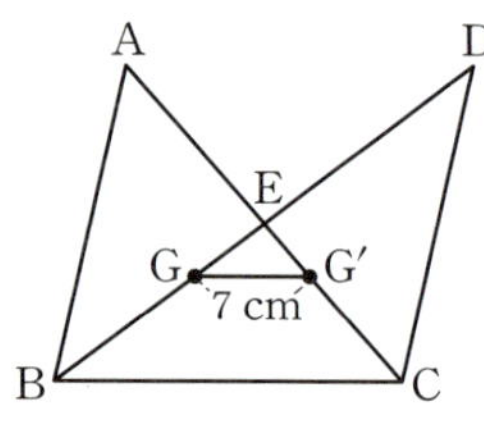

0687 상중하

오른쪽 그림의 $\triangle$ABC에서 두 점
G, G′은 각각 $\triangle$ABM, $\triangle$AMC의
무게중심이다. $\overline{GG'}=6$ cm일 때,
$\overline{BC}$의 길이는?

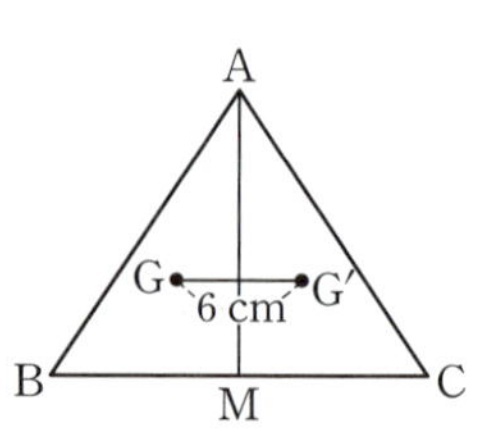

① 16 cm　　　　② 18 cm
③ 20 cm　　　　④ 22 cm
⑤ 24 cm

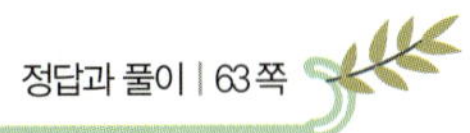

> **수학의 바이블** 99쪽

유형 15 삼각형의 무게중심과 넓이 (1)

0688 상 **중** 하

오른쪽 그림에서 점 G는 △ABC의 무게중심이고 △ABC의 넓이가 24 cm²일 때, □GDCE의 넓이는?

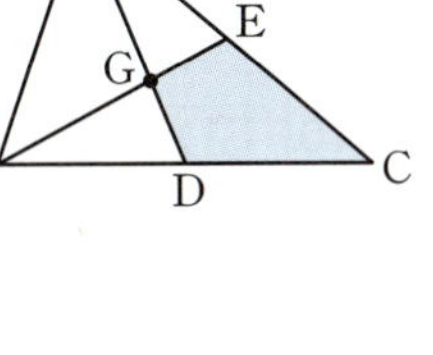

① 6 cm² ② 8 cm²
③ 10 cm² ④ 12 cm²
⑤ 14 cm²

→ **유형 Point** 점 G가 △ABC의 무게중심일 때

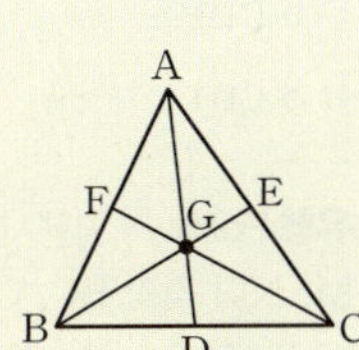

(1) △GAF=△GBF=△GBD
 =△GCD=△GCE
 =△GAE=$\dfrac{1}{6}$△ABC

(2) △GAB=△GBC=△GCA=$\dfrac{1}{3}$△ABC

0689 상 **중** 하

오른쪽 그림에서 점 G가 △ABC의 무게중심일 때, 다음 중 나머지 넷과 넓이가 다른 하나는?

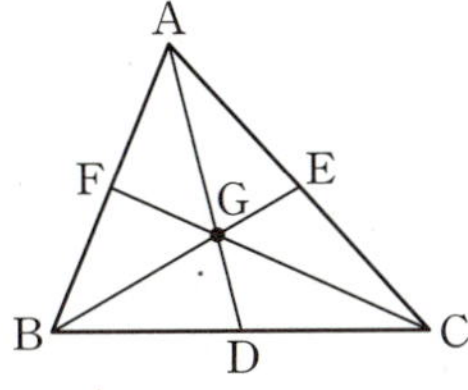

① △ABG ② △BCG
③ □AFGE ④ △ADC
⑤ □FBDG

0690 상 **중** 하

오른쪽 그림에서 점 G는 △ABC의 무게중심이고 점 E는 $\overline{AD}$의 중점이다. △GDE의 넓이가 4cm²일 때, △ABC의 넓이를 구하시오.

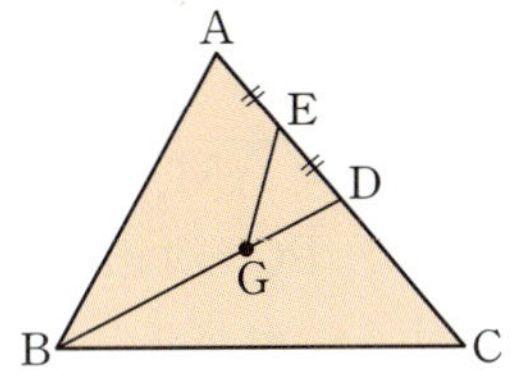

0691 상 **중** 하

오른쪽 그림에서 점 G는 ∠C=90°인 직각삼각형 ABC의 무게중심이다. $\overline{BC}$=6 cm, $\overline{AC}$=8 cm일 때, △GDC의 넓이를 구하시오.

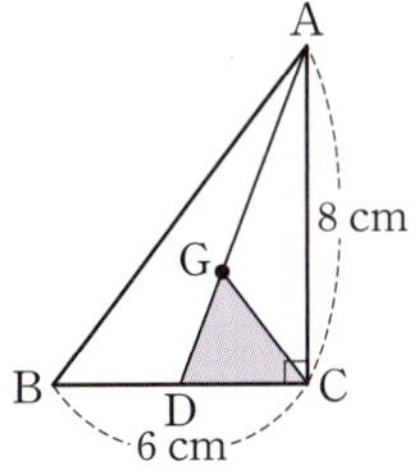

★★ 0692 상 **중** 하

오른쪽 그림에서 점 G는 △ABC의 무게중심이고 $\overline{BD}=\overline{DE}=\overline{EG}$이다. △ABC의 넓이가 45 cm²일 때, △ADE의 넓이를 구하시오.

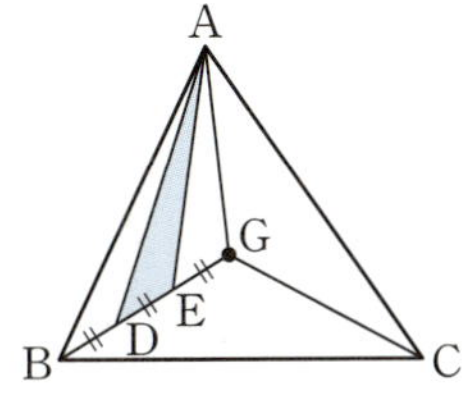

0693 상 **중** 하

오른쪽 그림과 같은 △ABC에서 $\overline{BD}=\overline{DE}=\overline{EC}$이고 점 M은 $\overline{AB}$의 중점이다. △NDE의 넓이가 2 cm²일 때, △ABC의 넓이를 구하시오.

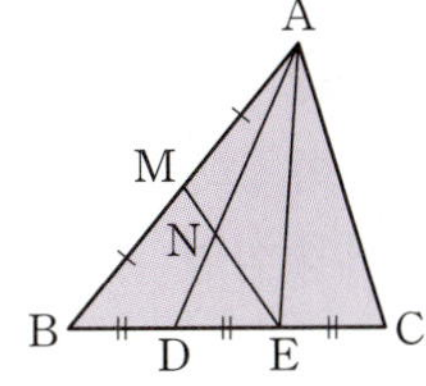

0694 상 **중** 하 서술형

오른쪽 그림에서 두 점 G, G′은 각각 △ABC, △GBC의 무게중심이다. △GG′C의 넓이가 9 cm²일 때, △ABC의 넓이를 구하시오.

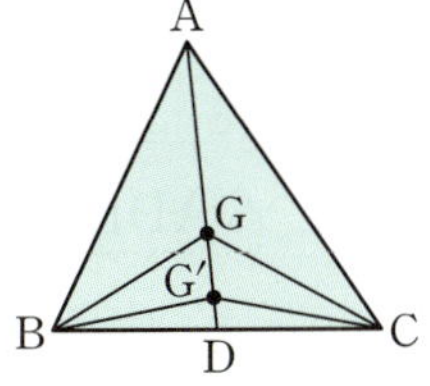

▶ 수학의 바이블 99쪽
▶ 수학의 바이블 97쪽

유형 16 삼각형의 무게중심과 넓이 (2)

0695 상 중 하

오른쪽 그림에서 점 G는
△ABC의 무게중심이고
△DGE의 넓이가 5 cm²일 때,
△ABC의 넓이를 구하시오.

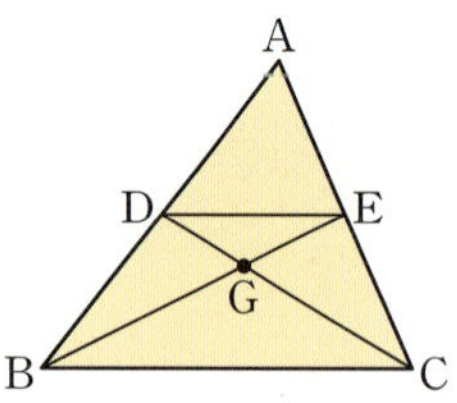

> **유형 Point** 점 G가 △ABC의 무게중심일 때,
> 무게중심은 세 중선의 길이를 각 꼭짓점으로부터
> 각각 2 : 1로 나눈다.
> ➡ △DBE에서 $\overline{BG} : \overline{GE} = 2 : 1$이므로
>   △DBG : △DGE = 2 : 1
>   ∴ △DBG = 2△DGE

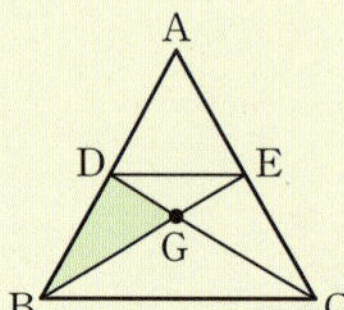

0696 상 중 하

오른쪽 그림에서 점 G는 △ABC의
무게중심이고 △ABC의 넓이가
96 cm²일 때, △DGE의 넓이를 구
하시오.

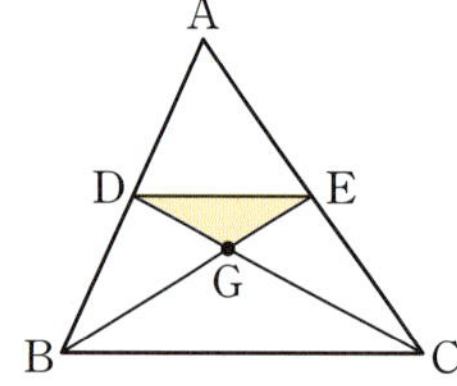

★★ 0697 상 중 하

오른쪽 그림에서 점 G가 △ABC의
무게중심일 때, △DGE : △GBC
는?

① 1 : 2   ② 1 : 3
③ 2 : 3   ④ 1 : 4
⑤ 2 : 5

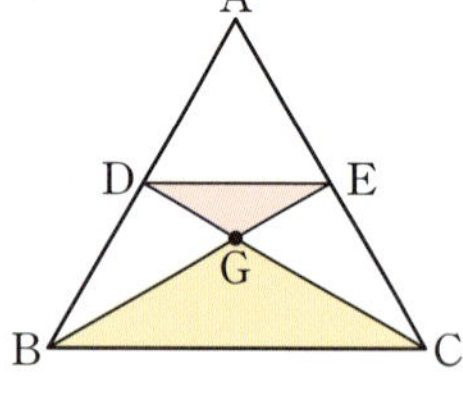

0698 상 중 하

오른쪽 그림에서 점 G는 △ABC의
무게중심이고 △GBC의 넓이가 24 cm²
일 때, △ADE의 넓이를 구하시오.

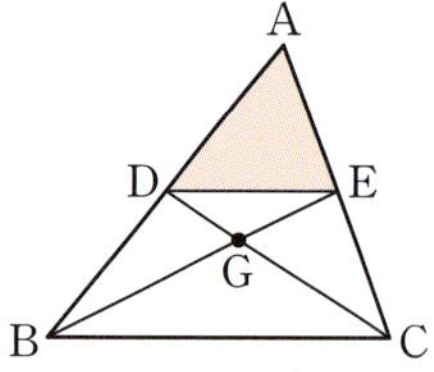

유형 17 평행사변형에서 삼각형의 무게중심의 응용 — 길이

0699 상 중 하

오른쪽 그림과 같은 평행사변형
ABCD에서 $\overline{BC}$, $\overline{CD}$의 중점을
각각 M, N이라 하고 $\overline{AM}$,
$\overline{AN}$이 $\overline{BD}$와 만나는 점을 각각
P, Q라고 하자. $\overline{PQ} = 3$ cm일
때, $\overline{BD}$의 길이는?

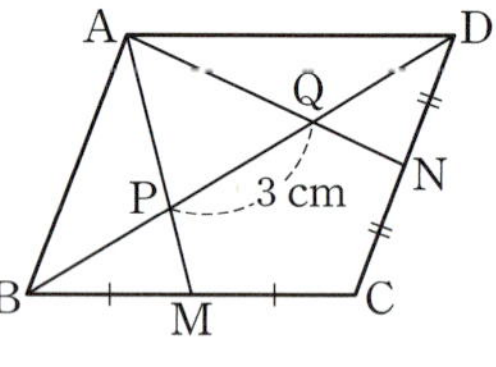

① 5 cm   ② 6 cm   ③ 7 cm
④ 8 cm   ⑤ 9 cm

> **유형 Point** 평행사변형 ABCD에서 두 점
> M, N이 각각 $\overline{BC}$, $\overline{CD}$의 중점일 때
> (1) 두 점 P, Q는 각각 △ABC, △ACD의
>   무게중심이다.
>   ➡ $\overline{BP} : \overline{PO} = \overline{DQ} : \overline{QO} = 2 : 1$
> (2) $\overline{BP} = \overline{PQ} = \overline{QD} = \dfrac{1}{3}\overline{BD}$
> (3) $\overline{PO} = \overline{QO} = \dfrac{1}{6}\overline{BD}$

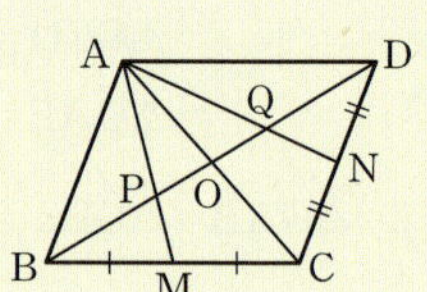

0700 상 중 하

오른쪽 그림과 같은 평행사변형
ABCD에서 $\overline{AD}$, $\overline{BC}$의 중점을
각각 M, N이라 하고 $\overline{AN}$, $\overline{CM}$이
$\overline{BD}$와 만나는 점을 각각 P, Q라고
하자. $\overline{BD} = 24$ cm일 때, $\overline{BP}$의
길이를 구하시오.

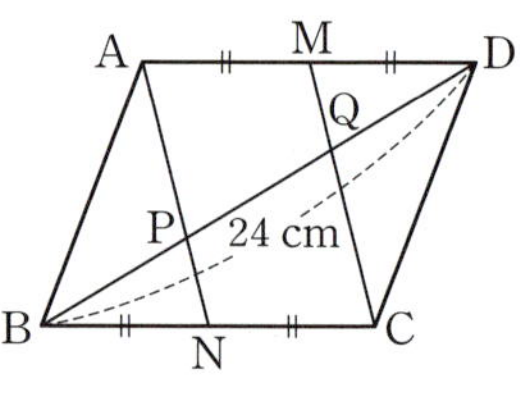

0701 상 중 하 서술형

오른쪽 그림과 같은 평행사변형
ABCD에서 두 점 M, N은 각각
$\overline{BC}$, $\overline{CD}$의 중점이고 두 점 P,
Q는 각각 $\overline{AM}$, $\overline{AN}$과 $\overline{BD}$의 교
점이다. $\overline{PQ} = 4$ cm일 때, $\overline{MN}$의
길이를 구하시오.

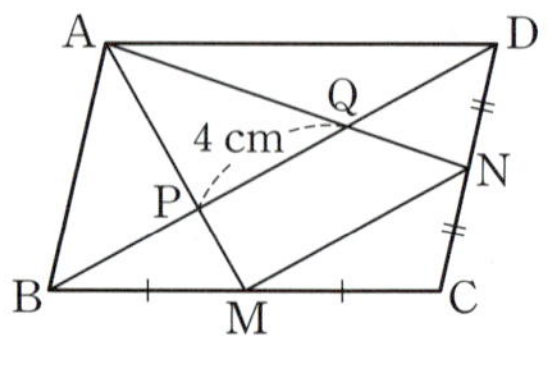

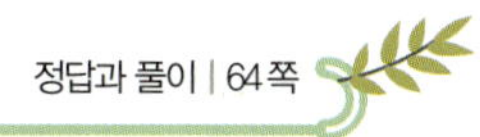

수학의 바이블 97쪽

유형 18 평행사변형에서 삼각형의 무게중심의 응용 ― 넓이

0702 상 중 하

오른쪽 그림과 같은 평행사변형
ABCD에서 두 점 M, N은 각각
$\overline{BC}$, $\overline{CD}$의 중점이다. □ABCD의
넓이가 90 cm²일 때, △APQ의
넓이를 구하시오.

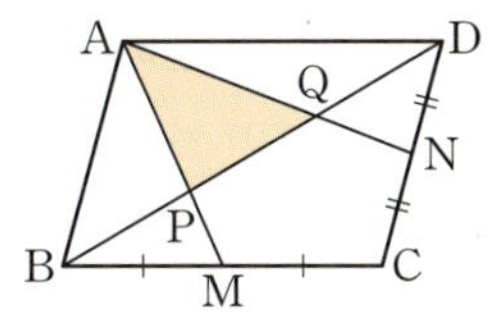

> **유형 Point** 평행사변형 ABCD에서 두
> 점 M, N이 각각 $\overline{BC}$, $\overline{CD}$의 중점일 때
>
> 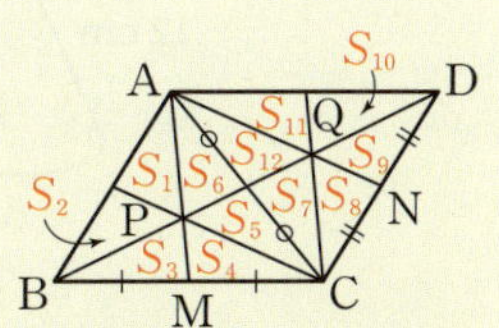
>
> (1) △ABC=△ACD=$\dfrac{1}{2}$□ABCD
> (2) 두 점 P, Q는 각각 △ABC, △ACD
>   의 무게중심이다.
>   ➡ $S_1=S_2=\cdots=S_{12}$
> (3) $\overline{BP}=\overline{PQ}=\overline{QD}$이므로
>   △ABP=△APQ=△AQD=$\dfrac{1}{3}$△ABD=$\dfrac{1}{6}$□ABCD

0703 상 중 하

오른쪽 그림과 같은 평행사변형
ABCD에서 두 점 E, F는 각각 $\overline{BC}$,
$\overline{CD}$의 중점이다. □ABCD의 넓이
가 72 cm²일 때, △GBE의 넓이를
구하시오.

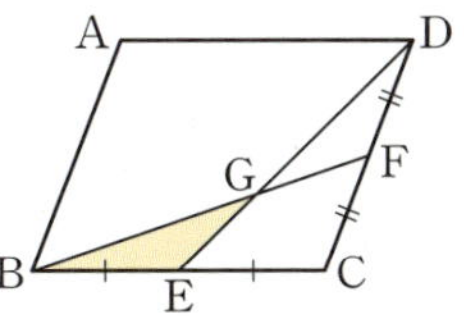

★★ 0704 상 중 하

오른쪽 그림과 같은 평행사변형
ABCD에서 $\overline{AD}$, $\overline{BC}$의 중점을 각
각 M, N이라고 하자. □ABCD의
넓이가 36 cm²일 때, □BNFE의
넓이는? (단, 점 O는 두 대각선의 교점이다.)

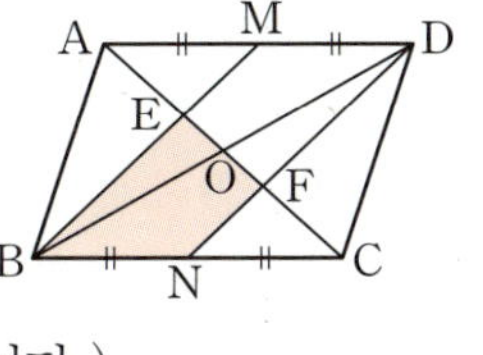

① 8 cm²   ② 9 cm²   ③ 10 cm²
④ 11 cm²   ⑤ 12 cm²

수학의 바이블 102쪽

유형 19 닮은 두 평면도형의 넓이의 비

0705 상 중 하

오른쪽 그림과 같은 △ABC에
서 $\overline{DE}\,/\!/\,\overline{BC}$이고 $\overline{AD}=4$ cm,
$\overline{DB}=2$ cm이다.
△ADE의 넓이가 12 cm²일
때, △ABC의 넓이를 구하시오.

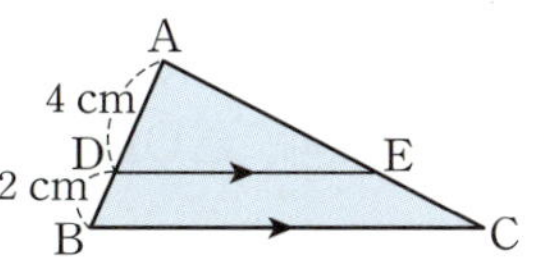

> **유형 Point** 닮은 두 평면도형의 닮음비가 $m:n$일 때
> 넓이의 비 ➡ $m^2:n^2$

0706 상 중 하

오른쪽 그림과 같은 △ABC에서
$\overline{DE}\,/\!/\,\overline{AC}$이고 $\overline{BE}=9$ cm,
$\overline{EC}=3$ cm이다. △DBE의 넓이가
27 cm²일 때, □ADEC의 넓이를 구
하시오.

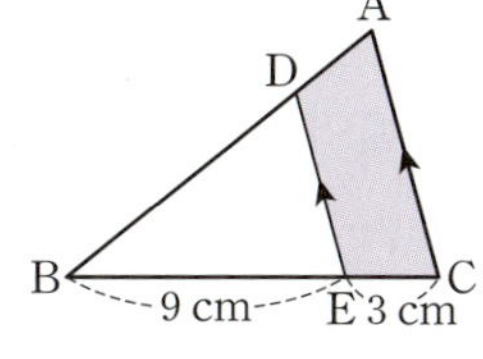

0707 상 중 하 서술형

오른쪽 그림과 같은 △ABC에서
∠ADE=∠B이고 △ABC의 넓이가
45 cm²일 때, △AED의 넓이를 구하
시오.

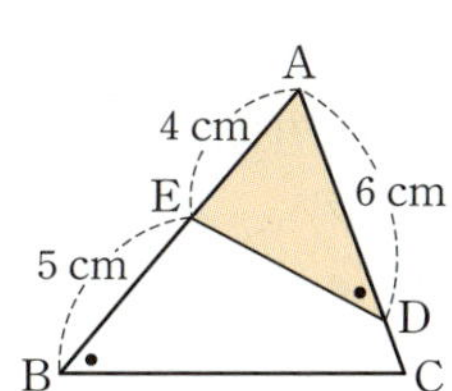

0708 상 중 하

오른쪽 그림과 같은 △ABC에서
$\overline{AD}=\overline{DF}=\overline{FB}$, $\overline{AE}=\overline{EG}=\overline{GC}$일
때, □DFGE와 □FBCG의 넓이의
비를 가장 간단한 자연수의 비로 나타
내시오.

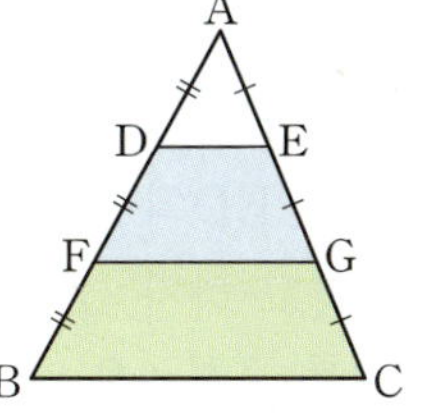

수학의 바이블 104쪽

0709 상 중 하

오른쪽 그림과 같이 $\overline{AD} /\!/ \overline{BC}$인 사다리꼴 ABCD에서 $\overline{AD}=9$ cm, $\overline{BC}=12$ cm이다. △OBC의 넓이가 24 cm²일 때, △ODA의 넓이는?

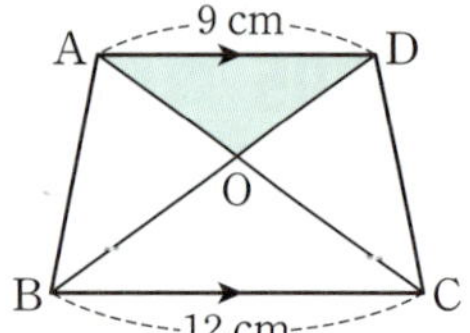

① $\dfrac{27}{2}$ cm² ② 14 cm²

③ $\dfrac{29}{2}$ cm² ④ 15 cm²

⑤ $\dfrac{21}{3}$ cm²

0710 상 중 하

오른쪽 그림과 같이 중심이 일치하는 세 원이 같은 간격으로 떨어져 있다. 가장 큰 원의 넓이가 63π cm²일 때, 색칠한 부분의 넓이는?

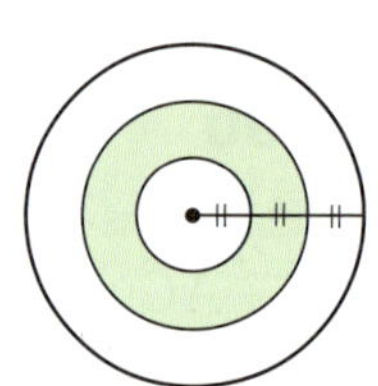

① 7π cm² ② 14π cm²

③ 18π cm² ④ 21π cm²

⑤ 28π cm²

0711 상 중 하 서술형

가로, 세로의 길이가 각각 3 m, 2 m인 직사각형 모양의 벽면을 빈틈없이 칠하는 데 페인트가 460 mL 사용된다고 한다. 가로, 세로의 길이가 각각 4.5 m, 3 m인 직사각형 모양의 벽면을 빈틈없이 칠하는 데 필요한 페인트의 양을 구하시오. (단, 필요한 페인트의 양은 벽면의 넓이에 정비례한다.)

0712 상 중 하

오른쪽 그림과 같은 평행사변형 ABCD에서 $\overline{BC}$, $\overline{CD}$의 중점을 각각 E, F라 하고 $\overline{AE}$, $\overline{AF}$가 대각선 BD와 만나는 점을 각각 P, Q라고 하자. △CFE의 넓이가 24 cm²일 때, △APQ의 넓이를 구하시오.

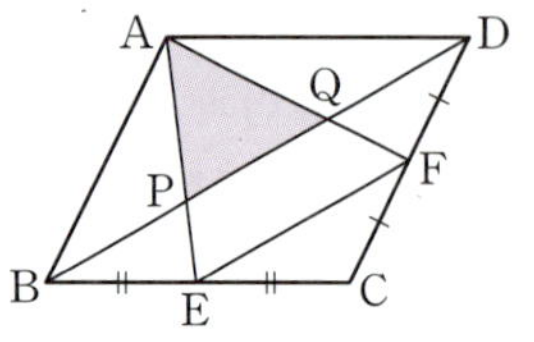

유형 **20** 닮은 두 입체도형의 겉넓이의 비와 부피의 비

0713 상 중 하

다음 그림과 같이 서로 닮은 두 원뿔 A, B의 모선의 길이가 각각 12 cm, 18 cm이다. 원뿔 A의 부피가 88π cm³일 때, 원뿔 B의 부피를 구하시오.

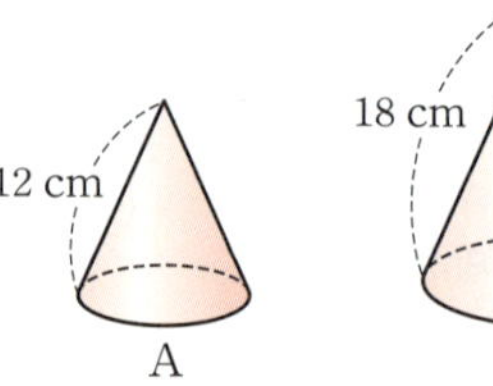

→ **유형 Point** 닮은 두 입체도형의 닮음비가 $m:n$일 때
(1) 겉넓이의 비 ➡ $m^2:n^2$
(2) 부피의 비 ➡ $m^3:n^3$

0714 상 중 하

구 A의 지름의 길이는 6 cm이고, 구 B의 지름의 길이는 24 cm일 때, 두 구 A와 B의 겉넓이의 비는?

① $1:3$ ② $1:4$ ③ $1:8$

④ $1:9$ ⑤ $1:16$

0715 상 중 하

오른쪽 그림과 같이 작은 정사면체의 각 모서리의 길이를 20 %만큼 늘여 큰 정사면체를 만들었더니 겉넓이가 108 cm²이 되었다. 작은 정사면체의 겉넓이를 구하시오.

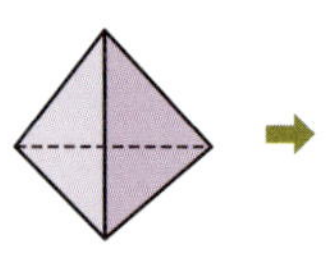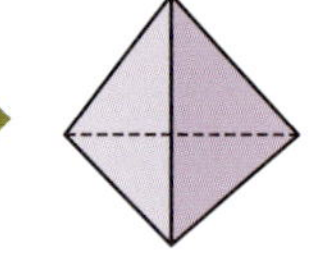

0716 상 중 하

서로 닮은 두 입체도형 P, Q의 겉넓이가 각각 16 cm², 25 cm²이고 Q의 부피가 125 cm³일 때, P의 부피는?

① 48 cm³ ② 64 cm³ ③ 84 cm³

④ 108 cm³ ⑤ 128 cm³

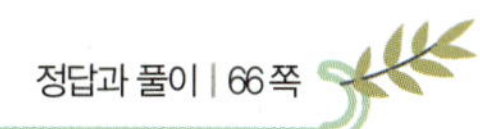

0717 상 중 하

다음 그림과 같이 한 모서리의 길이가 a인 2개의 정육면체 모양의 상자 안에 각각 크기가 같은 구 모양의 구슬을 가득 채웠다. 이때 (가), (나)에 들어 있는 구슬 하나의 겉넓이의 비를 구하시오.

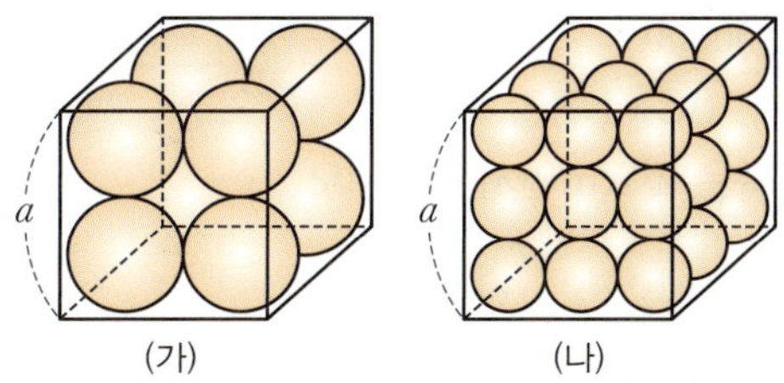

(가)　　　　　(나)

0718 상 중 하

지름의 길이가 8 cm인 구 모양의 쇠구슬 1개를 녹여 지름의 길이가 2 cm인 구 모양의 쇠구슬을 만들 때, 몇 개를 만들 수 있는지 구하시오.

0719 상 중 하

크기에 관계없이 맛과 익은 정도가 같은 구 모양의 수박이 있다. 지름의 길이가 21 cm인 수박은 한 통에 4500원이고 지름의 길이가 28 cm인 수박은 한 통에 9000원일 때, 작은 수박 2통을 사는 것과 큰 수박 1통을 사는 것 중 어느 것이 더 이익인지 구하시오. (단, 껍질의 두께는 생각하지 않는다.)

0720 상 중 하 서술형

오른쪽 그림과 같이 원뿔을 밑면과 평행한 평면으로 잘랐을 때 생기는 두 입체도형 중 원뿔대의 부피는 작은 원뿔의 부피의 몇 배인지 구하시오.

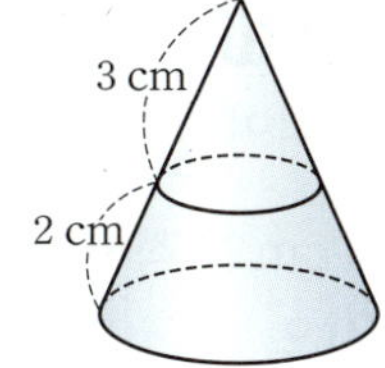

➜ 수학의 바이블 104쪽

유형 21 원뿔의 부피의 비의 활용 — 원뿔 모양의 그릇에 물 넣기

0721 상 중 하

오른쪽 그림과 같이 원뿔 모양의 그릇에 높이의 $\frac{1}{2}$까지 물을 부었다. 그릇에 물을 가득 채우려면 지금 들어 있는 물의 몇 배를 더 부어야 하는지 구하시오.
　(단, 그릇의 두께는 생각하지 않는다.)

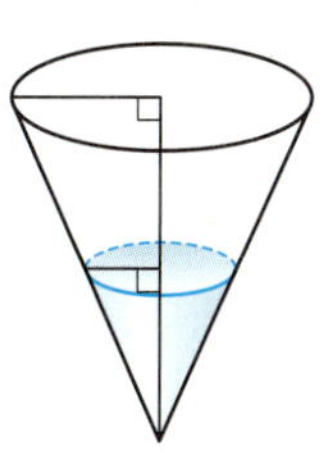

➜ **유형 Point**　물이 들어 있는 부분과 원래 그릇은 닮음임을 이용하여 물의 부피를 구한다.

0722 상 중 하

오른쪽 그림과 같이 원뿔 모양의 그릇에 높이의 $\frac{2}{3}$만큼 물을 채웠다. 물의 부피가 40 cm^{3}일 때, 이 그릇의 부피를 구하시오.
　(단, 그릇의 두께는 생각하지 않는다.)

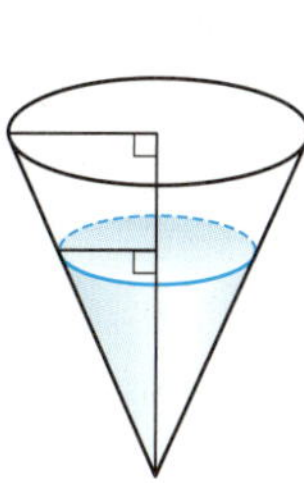

★★ 0723 상 중 하

오른쪽 그림과 같이 높이가 9 cm인 원뿔 모양의 그릇에 일정한 속도로 물을 넣을 때, 물을 넣기 시작하여 5분이 되었을 때의 물의 높이가 3 cm이었다. 그릇에 물을 가득 채울 때까지 시간이 얼마나 더 걸리겠는가? (단, 그릇의 두께는 생각하지 않는다.)

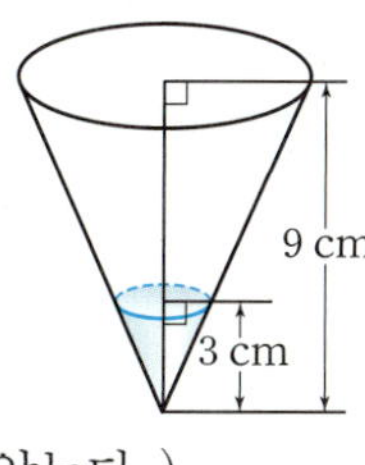

① 2시간 5분　　② 2시간 10분　　③ 2시간 15분
④ 2시간 20분　　⑤ 2시간 25분

▶ 수학의 바이블 106쪽

유형 22 닮음의 활용

0724 상 중 하

오른쪽 그림과 같이 전신주의 높이를 구하기 위하여 전신주로부터 21 m 떨어진 지점에 높이가 2 m인 막대를 세워 전신주와 막대의 그림자의 끝이 일치하도록 하였다. 막대가 세워진 곳에서 그림자 끝까지의 거리가 3 m일 때, 전신주의 높이를 구하시오.

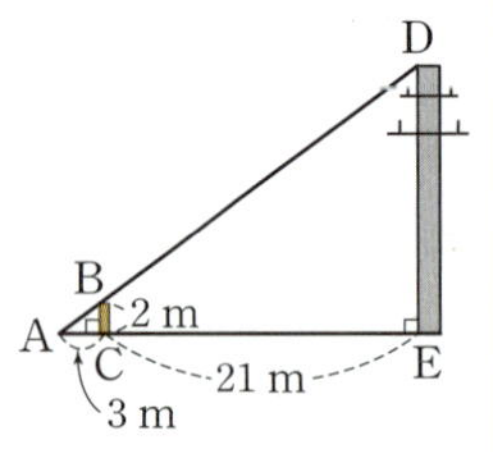

▶ 유형 Point　닮은 두 도형 찾기 ➡ 닮음비 구하기 ➡ 높이 구하기

0725 상 중 하

다음 그림은 나무의 높이를 구하기 위하여 길이가 1 m인 막대의 그림자의 길이가 2 m가 될 때, 나무의 그림자의 길이를 측정한 것이다. 이때 나무의 높이는?

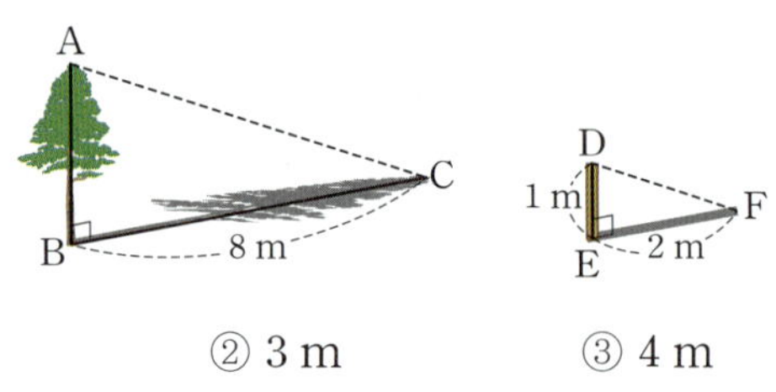

① 2 m　　　② 3 m　　　③ 4 m
④ 5 m　　　⑤ 6 m

0726 상 중 하 서술형

정수는 다음 그림과 같이 바닥에 놓인 거울을 이용하여 건물의 높이를 구하려고 한다. 정수의 눈높이가 1.6 m이고 건물과 정수는 거울에서 각각 15 m, 1.2 m 떨어져 있을 때, 건물의 높이를 구하시오. (단, ∠ACB＝∠ECD)

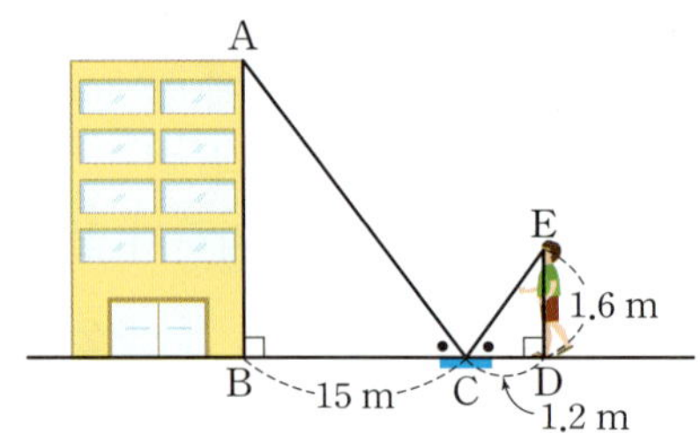

유형 23 축도와 축척

0727 상 중 하

오른쪽 그림은 강의 폭인 $\overline{AD}$의 실제 거리를 구하기 위하여 축척이 $\dfrac{1}{100000}$인 축도를 그린 것이다. $\overline{BC} /\!/ \overline{DE}$일 때, 실제 강의 폭은 몇 km인지 구하시오.

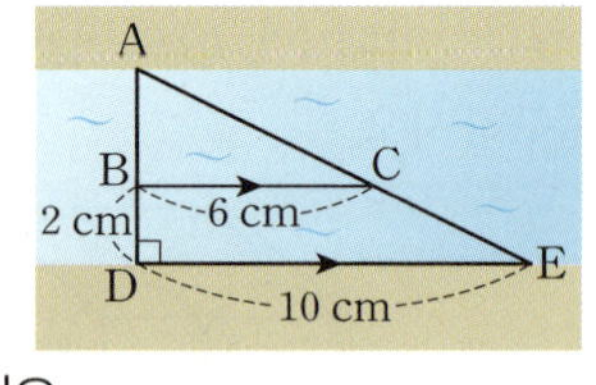

▶ 유형 Point

(1) (축척)＝$\dfrac{\text{(축도에서의 길이)}}{\text{(실제 길이)}}$

(2) 축도에서의 길이 $\xrightarrow[\times \text{(축척)}]{\div \text{(축척)}}$ 실제 길이

0728 상 중 하

어떤 지도에서 거리가 5 cm인 두 지점 사이의 실제 거리는 2 km이다. 이 지도에서 거리가 8 cm인 두 지점 사이의 실제 거리는 몇 km인지 구하시오.

0729 상 중 하

나무의 높이를 구하기 위하여 축도를 그렸더니 다음 그림과 같았다. 이때 나무의 높이는?

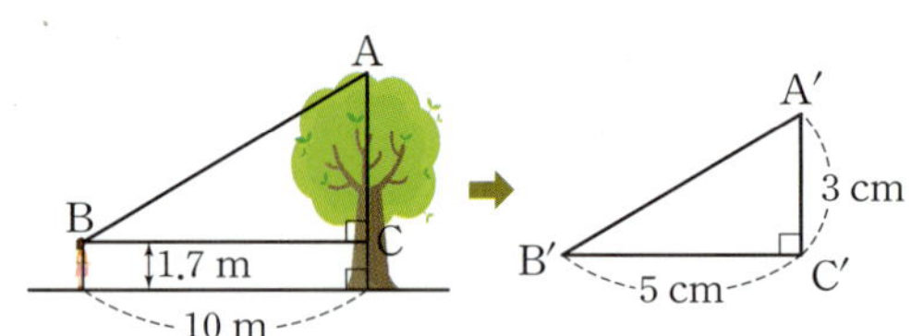

① 5.7 m　　　② 6 m　　　③ 6.7 m
④ 7 m　　　⑤ 7.7 m

0730 상 중 하

축척이 $\dfrac{1}{2000}$인 축도에서 가로, 세로의 길이가 각각 4 cm, 6 cm인 직사각형 모양의 땅의 실제 넓이는 몇 m^2인지 구하시오.

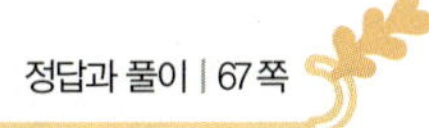

Ⅲ — 3. 닮음의 활용

0731

오른쪽 그림과 같은 △ABC에서 $\overline{BF}\,/\!/\,\overline{DG}$, $\overline{BD}=\overline{DC}$, $\overline{AE}=\overline{ED}$이고 $\overline{DG}=4$ cm일 때, $\overline{BE}$의 길이를 구하시오.

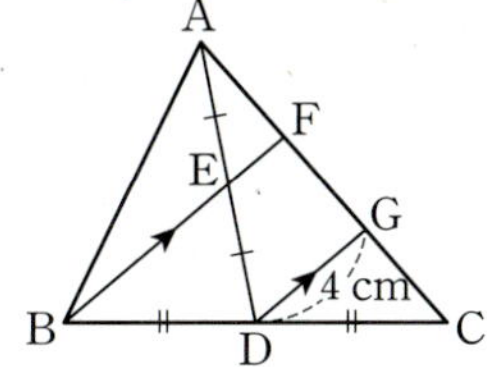

0735

오른쪽 그림과 같은 △ABC에서 $\overline{AB}$의 연장선 위에 $\overline{BA}=\overline{AD}$가 되도록 점 D를 잡고 점 D와 $\overline{AC}$의 중점 M을 잇는 직선이 $\overline{BC}$와 만나는 점을 E라고 하자. $\overline{BE}=16$ cm일 때, $\overline{CE}$의 길이는?

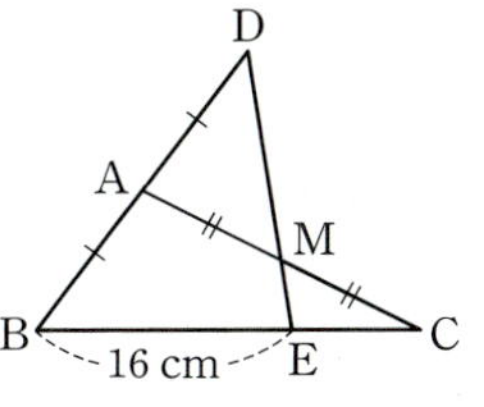

① 6 cm ② 7 cm ③ 8 cm

④ 9 cm ⑤ 10 cm

0732

오른쪽 그림과 같은 △ABC와 △DBC에서 $\overline{AM}=\overline{MB}$, $\overline{DQ}=\overline{QC}$이고 $\overline{MN}\,/\!/\,\overline{PQ}\,/\!/\,\overline{BC}$이다. $\overline{MN}=8$ cm, $\overline{RQ}=6$ cm일 때, $\overline{PR}$의 길이를 구하시오.

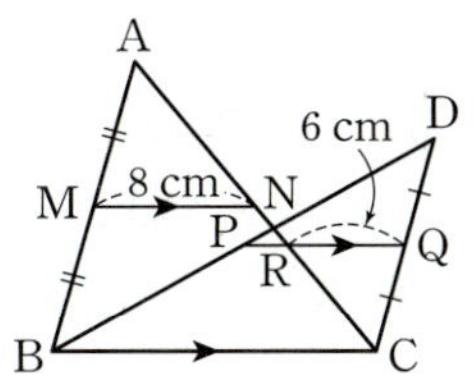

0736

오른쪽 그림과 같은 마름모 ABCD의 네 변의 중점을 각각 E, F, G, H라고 하자. $\overline{AC}=14$ cm, $\overline{BD}=8$ cm일 때, □EFGH의 넓이를 구하시오.

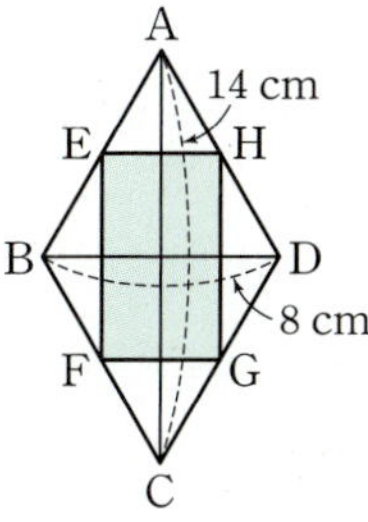

0733

오른쪽 그림과 같이 ∠B=90°인 직각삼각형 ABC에서 점 M은 $\overline{AC}$의 중점이다. $\overline{MD}=\overline{DC}$, $\overline{BM}\,/\!/\,\overline{ED}$이고 $\overline{ED}=3$ cm일 때, $\overline{AC}$의 길이는?

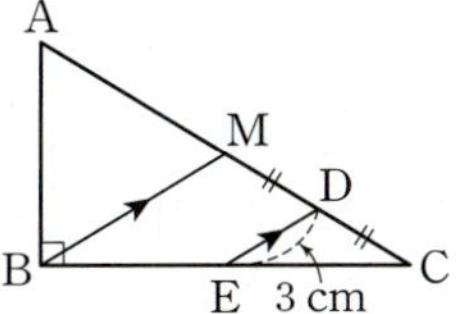

① 10 cm ② 11 cm ③ 12 cm
④ 13 cm ⑤ 14 cm

0737

오른쪽 그림과 같이 $\overline{AD}\,/\!/\,\overline{BC}$인 사다리꼴 ABCD에서 두 점 M, N은 각각 $\overline{AB}$, $\overline{CD}$의 중점이고 $\overline{AD}=16$ cm, $\overline{PQ}=6$ cm일 때, $\overline{BC}$의 길이를 구하시오.

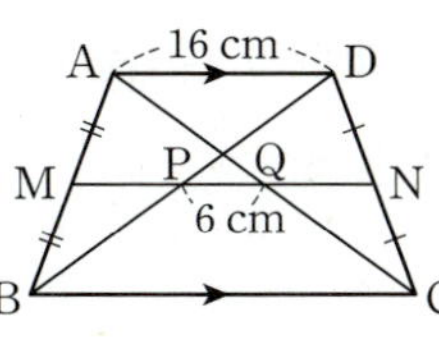

★★ 0734

오른쪽 그림과 같은 △ABC에서 점 P는 $\overline{AD}$와 $\overline{EC}$의 교점이고 $\overline{AE}=\overline{BE}$이다. $\overline{BD}=4$ cm, $\overline{DC}=8$ cm, $\overline{AD}=10$ cm이고 $\overline{EF}\,/\!/\,\overline{BC}$일 때, $\overline{PD}$의 길이를 구하시오.

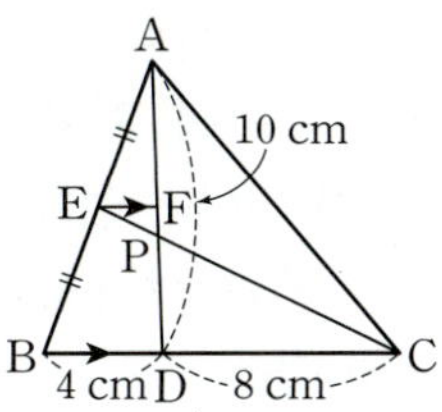

0738 생각이 쑥쑥

오른쪽 그림과 같이 $\overline{AD}\,/\!/\,\overline{BC}$인 등변사다리꼴 ABCD에서 세 점 E, F, G는 각각 $\overline{AD}$, $\overline{BD}$, $\overline{BC}$의 중점이다. ∠ABD=35°, ∠BDC=65°일 때, ∠FGE의 크기를 구하시오.

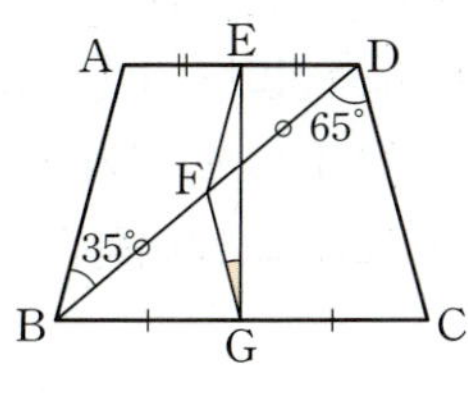

0739

오른쪽 그림에서 두 점 G, G′은 각각
△ABC, △DBC의 무게중심이고
$\overline{GG'}=6$ cm일 때, $\overline{AD}$의 길이를 구하
시오.

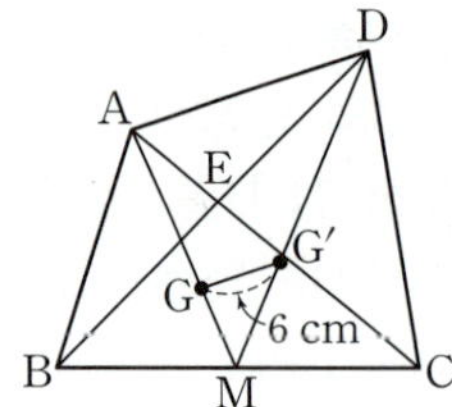

0743

오른쪽 그림에서 두 점 G, G′은 각각
△ABC, △GBC의 무게중심이다.
△GBG′의 넓이가 4 cm²일 때,
△ABC의 넓이를 구하시오.

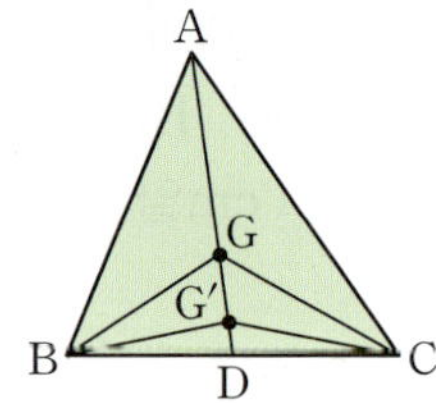

0740

오른쪽 그림에서 점 G는 △ABC의
무게중심이다. $\overline{BE}\,/\!/\,\overline{DF}$이고
$\overline{DF}=12$일 때, $\overline{GE}$의 길이는?

① 6   ② 7
③ 8   ④ 9
⑤ 10

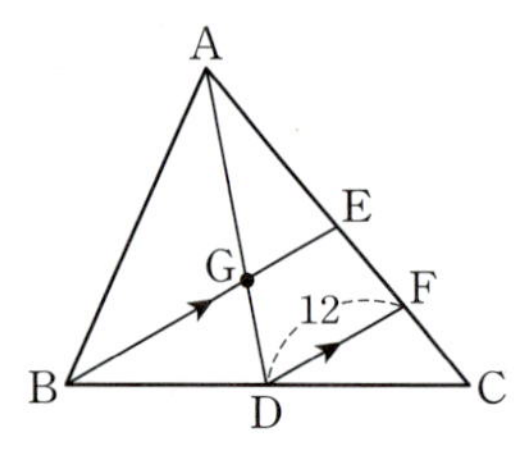
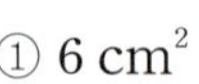

0744

오른쪽 그림과 같은 △ABC에서 $\overline{AB}$,
$\overline{AC}$의 중점을 각각 M, N이라 하고
$\overline{BN}$, $\overline{CM}$의 교점을 G라고 하자.
△MGN의 넓이가 3 cm²일 때,
△GBC의 넓이는?

① 6 cm²   ② 9 cm²   ③ 12 cm²
④ 15 cm²   ⑤ 18 cm²

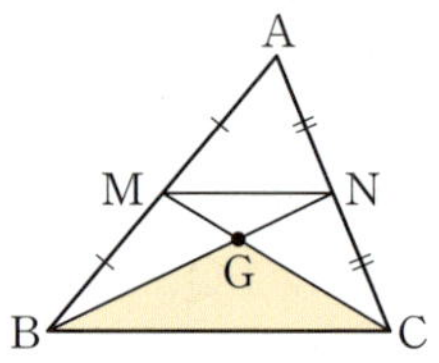

0741 생각이 쑥쑥

오른쪽 그림에서 점 G는 △ABC의 무게
중심이고 $\overline{FE}\,/\!/\,\overline{BC}$이다. $\overline{AD}=18$ cm일
때, $\overline{FG}$의 길이를 구하시오.

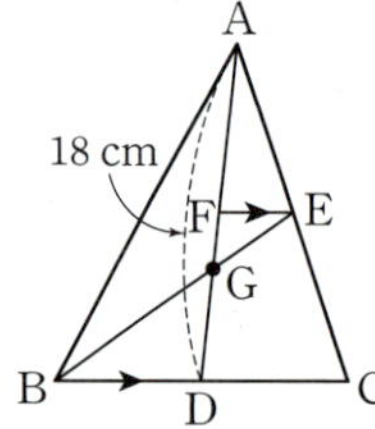

★★ 0745

오른쪽 그림과 같은 평행사변형
ABCD에서 $\overline{BC}$, $\overline{CD}$의 중점을 각각
M, N이라 하고 $\overline{AM}$, $\overline{AN}$이 $\overline{BD}$와
만나는 점을 각각 P, Q라고 하자.
$\overline{BO}=6$ cm일 때, $\overline{PQ}$의 길이를 구하
시오.

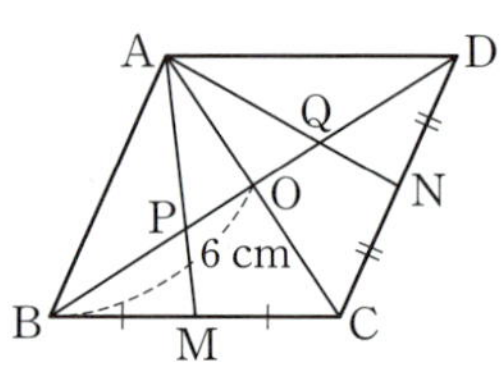

0742

오른쪽 그림에서 점 G는 △ABC의
무게중심이고 $\overline{EF}\,/\!/\,\overline{BC}$이다.
△AGF의 넓이가 8 cm²일 때,
△FDC의 넓이를 구하시오.

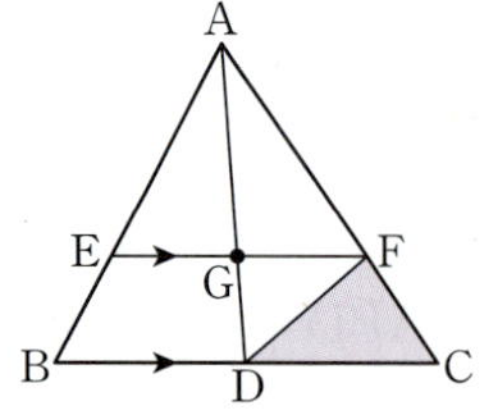

0746

오른쪽 그림과 같은 평행사변형
ABCD에서 두 점 M, N은 각각
$\overline{BC}$, $\overline{CD}$의 중점이고 $\overline{AM}$, $\overline{AN}$이
$\overline{BD}$와 만나는 점을 각각 P, Q라고 하
자. □ABCD의 넓이가 48 cm²일 때, 색칠한 부분의 넓이를
구하시오.

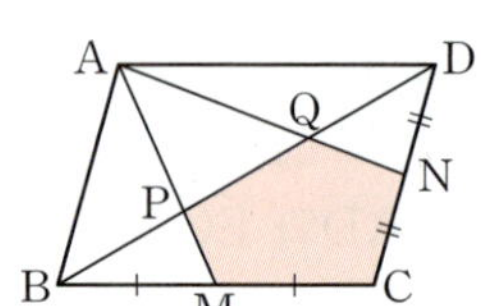

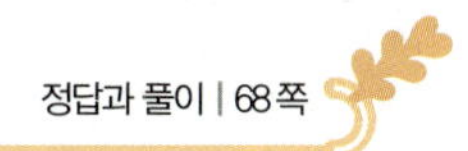

0747

오른쪽 그림과 같은 △ADE에서 $\overline{BC}/\!/\overline{DE}$이고 $\overline{AB}=10$ cm, $\overline{BD}=5$ cm이다. △ABC의 넓이가 40 cm²일 때, □BDEC의 넓이를 구하시오.

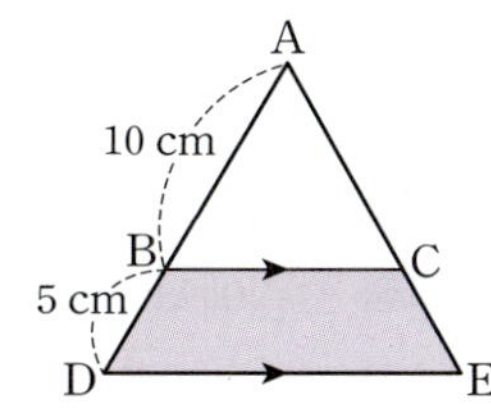

0748

오른쪽 그림과 같은 직사각형 ABCD에서 점 M은 $\overline{BC}$의 중점이다. □ABCD의 넓이가 108 cm²일 때, △PQR의 넓이를 구하시오.

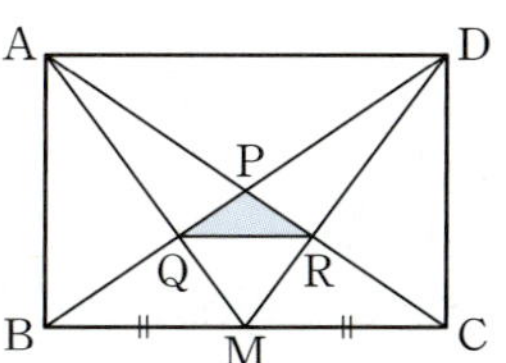

0749

오른쪽 그림의 두 원기둥 A, B는 서로 닮은 도형이고 높이의 비는 $2:3$이다. 원기둥 A의 옆넓이가 56 cm²일 때, 원기둥 B의 옆넓이를 구하시오.

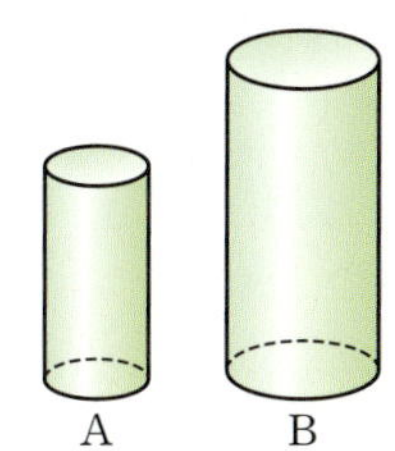

0750

오른쪽 그림과 같은 원뿔 모양의 그릇에 일정한 속도로 물을 채우고 있다.

전체 높이의 $\frac{1}{2}$만큼 채우는 데 3분이 걸렸다면 가득 채울 때까지 몇 분이 더 걸리는지 구하시오. (단, 그릇의 두께는 생각하지 않는다.)

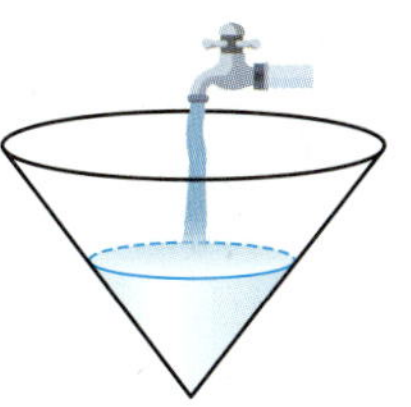

0751 생각이 쑥쑥

오른쪽 그림과 같이 원뿔의 모선을 삼등분하여 밑면에 평행한 평면으로 잘랐을 때 생기는 세 부분을 각각 P, Q, R라고 할 때, 세 입체도형 P, Q, R의 부피의 비는?

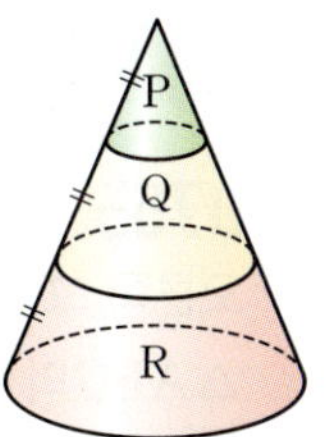

① $1:5:16$ ② $1:7:19$

③ $1:8:27$ ④ $2:9:15$

⑤ $2:8:27$

0752

걸리버 여행기에 따르면 걸리버의 키는 소인국 사람의 키의 12배이다. 사람은 대체로 닮았으며 마시는 물의 양은 몸의 부피에 정비례한다고 한다. 걸리버의 1일 물 소비량으로 소인국의 1인은 얼마 동안 물을 마실 수 있는가? (단, 1년은 365일이다.)

① 4년 228일 ② 4년 248일 ③ 4년 254일

④ 4년 268일 ⑤ 4년 278일

0753 생각이 쑥쑥

다음 그림은 해양 기름 유출 사고로 인한 기름띠의 길이를 알아보기 위하여 방제선에서 측정한 것을 축도로 그린 것이다. 기름띠의 실제 길이는 몇 m인지 구하시오.

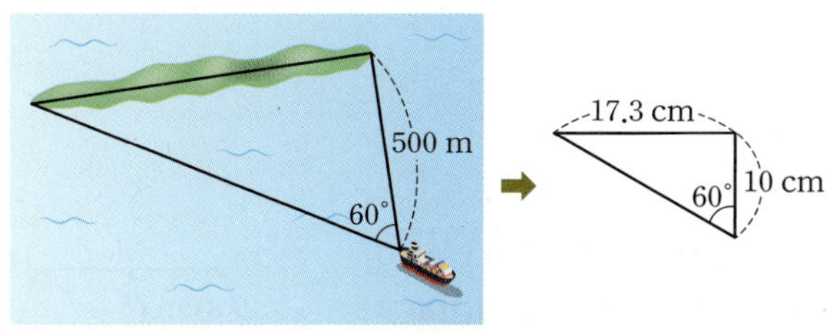

0754

오른쪽 그림과 같이 일정한 간격으로 다리가 평행하게 놓여 있는 사다리에서 다리 중 1개가 파손되어 새로 만들려고 한다. 사다리는 사다리꼴 모양이고 $\overline{CD}=65$ cm, $\overline{EF}=80$ cm일 때, 새로 만들어야 할 사다리의 다리 $\overline{AB}$의 길이를 구하시오. (단, 사다리의 두께는 생각하지 않는다.)

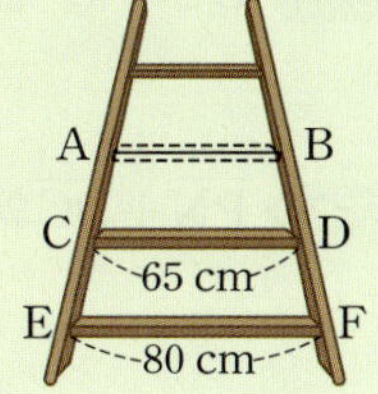

0755

오른쪽 그림에서 점 G는 △ABC의 무게중심이고 점 F는 $\overline{DC}$의 중점이다. $\overline{AG}=6$ cm일 때, $\overline{EF}$의 길이를 구하시오.

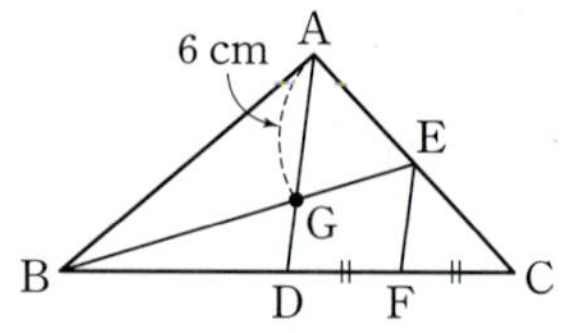

단계 1 $\overline{AD}$의 길이를 구하시오. [50%]

단계 2 $\overline{EF}$의 길이를 구하시오. [50%]

0756

오른쪽 그림에서 점 G는 △ABC의 무게중심이고 점 F는 $\overline{BD}$의 중점이다. $\overline{AG}=4$ cm일 때, $\overline{EF}$의 길이를 구하시오.

풀이

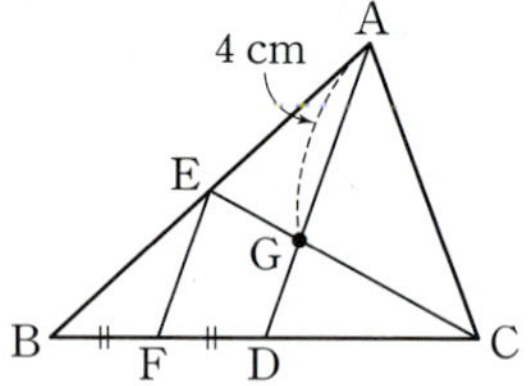

답 ___________

0757

오른쪽 그림에서 점 G는 △ABC의 무게중심이고 $\overline{BD}=\overline{DG}$, $\overline{GE}=\overline{EC}$ 이다. △ABC의 넓이가 24 cm^{2}일 때, 색칠한 부분의 넓이를 구하시오.

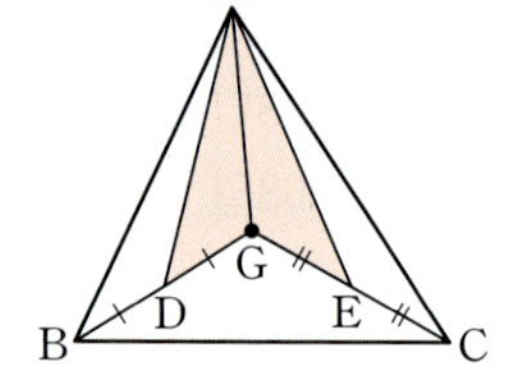

단계 1 △ADG의 넓이를 구하시오. [40%]

단계 2 △AGE의 넓이를 구하시오. [40%]

단계 3 색칠한 부분의 넓이를 구하시오. [20%]

0758

오른쪽 그림에서 점 G는 △ABC의 무게중심이고 $\overline{AD}=\overline{DG}$, $\overline{GE}=\overline{EC}$ 이다. △ABC의 넓이가 30 cm^{2}일 때, 색칠한 부분의 넓이를 구하시오.

풀이

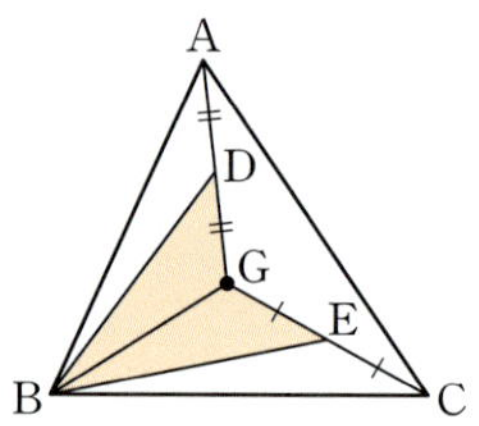

답 ___________

0759

오른쪽 그림과 같이 $\overline{AD}\,/\!/\,\overline{BC}$이고 $\overline{AB}=\overline{DC}$인 등변사다리꼴 ABCD에서 두 점 M, N은 각각 $\overline{AD}$, $\overline{BC}$의 중점이고 $\overline{MP}\,/\!/\,\overline{AB}$, $\overline{PN}\,/\!/\,\overline{DC}$이다. $\overline{MP}=3$ cm일 때, $\overline{PN}+\overline{DC}$의 길이를 구하시오.

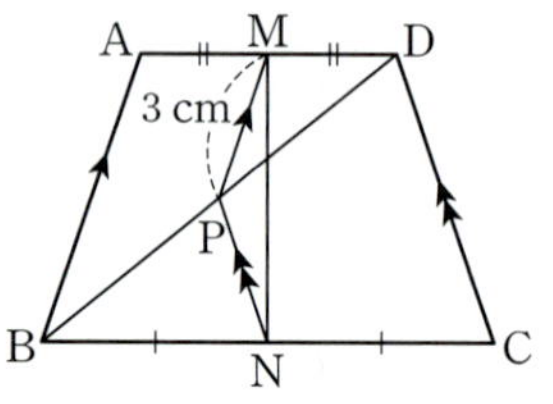

단계 1 $\overline{DC}$의 길이를 구하시오. [50%]

단계 2 $\overline{PN}+\overline{DC}$의 길이를 구하시오. [50%]

0760

오른쪽 그림과 같이 $\overline{AD}\,/\!/\,\overline{BC}$이고 $\overline{AB}=\overline{DC}$인 등변사다리꼴 ABCD에서 두 점 M, N은 각각 $\overline{AD}$, $\overline{BC}$의 중점이고 $\overline{MP}\,/\!/\,\overline{AB}$, $\overline{PN}\,/\!/\,\overline{DC}$이다. $\overline{MP}=4$ cm일 때, $\overline{PN}+\overline{DC}$의 길이를 구하시오.

풀이

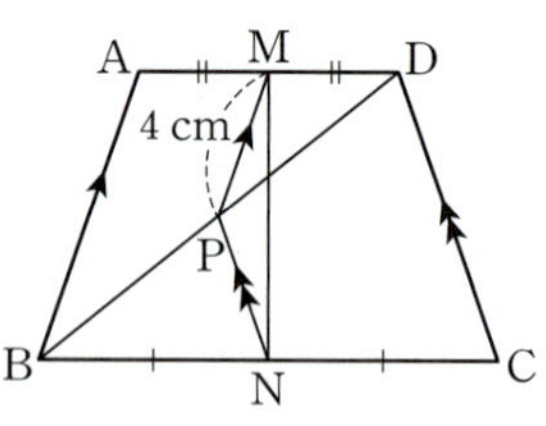

답 ___________

0761

오른쪽 그림에서 점 G는 $\triangle ABC$의 무게중심이고 $\overline{FC} \parallel \overline{ED}$이다. $\triangle AED$의 넓이가 24 cm^2일 때, $\square EFGD$의 넓이를 구하시오.

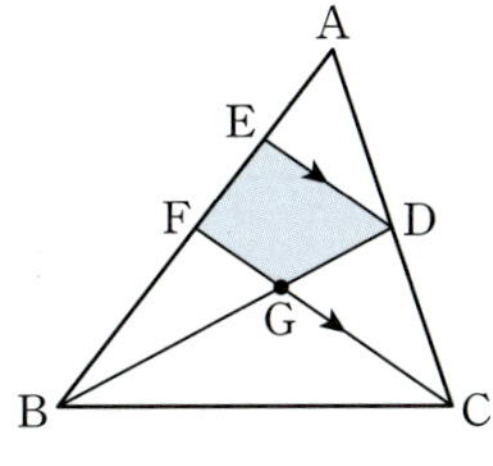

단계 1 $\triangle EFD$의 넓이를 구하시오. [30%]

단계 2 $\triangle DFC$의 넓이를 구하시오. [30%]

단계 3 $\triangle FGD$의 넓이를 구하시오. [30%]

단계 4 $\square EFGD$의 넓이를 구하시오. [10%]

0762

오른쪽 그림에서 점 G는 $\triangle ABC$의 무게중심이고 $\overline{FC} \parallel \overline{ED}$이다. $\triangle AED$의 넓이가 6 cm^2일 때, $\square EFGD$의 넓이를 구하시오.

풀이

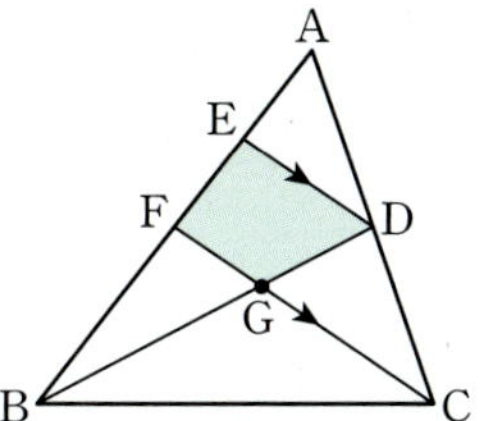

답 _______________

0763

다음 그림과 같이 부피가 250 cm^3인 사각뿔을 밑면에 평행한 평면으로 잘라 세 부분으로 나누었다. 세 입체도형 P, Q, R의 옆넓이의 비가 $9:7:9$일 때, 입체도형 Q의 부피를 구하시오.

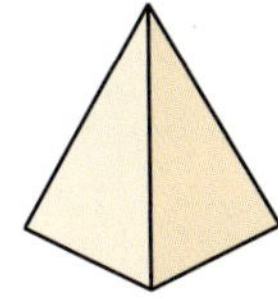
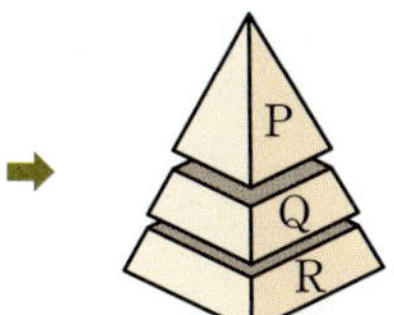

단계 1 세 사각뿔 P, P+Q, P+Q+R의 옆넓이의 비를 구하시오. [30%]

단계 2 세 사각뿔 P, P+Q, P+Q+R의 부피의 비를 구하시오. [30%]

단계 3 입체도형 Q의 부피를 구하시오. [40%]

0764

다음 그림과 같이 부피가 432 cm^3인 사각뿔을 밑면에 평행한 평면으로 잘라 세 부분으로 나누었다. 세 입체도형 P, Q, R의 옆넓이의 비가 $16:9:11$일 때, 입체도형 Q의 부피를 구하시오.

풀이

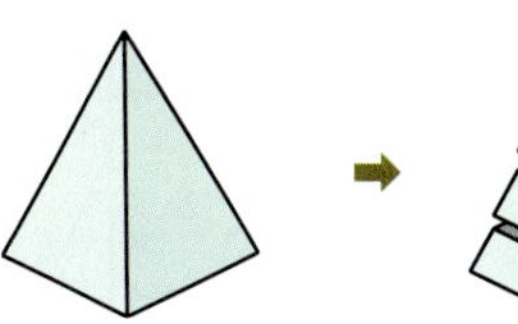
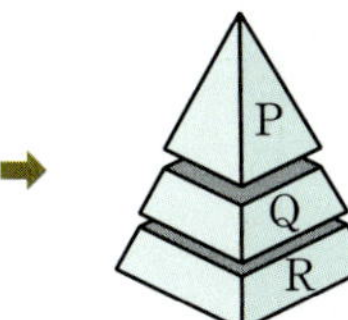

답 _______________

4 피타고라스 정리

개념 1　피타고라스 정리

직각삼각형에서 직각을 낀 두 변의 길이를 각각 a, b라 하고 빗변
의 길이를 c라고 하면

$$c^2=a^2+b^2$$

└→ 직각삼각형에서 빗변의 길이의 제곱은 나머지 두 변의 길이의
제곱의 합과 같다.

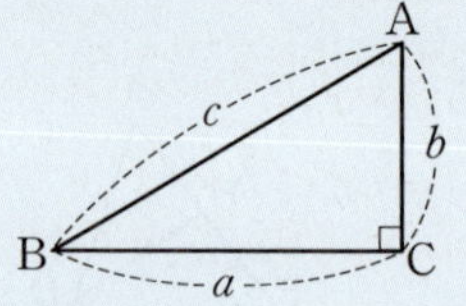

- 피타고라스 정리는 직각삼각형에서만 적용할 수 있다.

- 직각삼각형에서 두 변의 길이가 주어졌을 때, 피타고라스 정리를 이용하면 나머지 한 변의 길이를 구할 수 있다.
➡ $a^2=c^2-b^2$, $b^2=c^2-a^2$, $c^2=a^2+b^2$

개념 2　피타고라스 정리의 설명

(1) 유클리드의 방법을 이용한 설명

오른쪽 그림과 같이 직각삼각형 ABC의 각 변을 한 변으로
하는 세 정사각형을 그리면

① □ACDE=□AFML, □CBHI=□LMGB

② □AFGB=□ACDE+□CBHI이므로
$$\overline{AB}^2=\overline{AC}^2+\overline{BC}^2$$

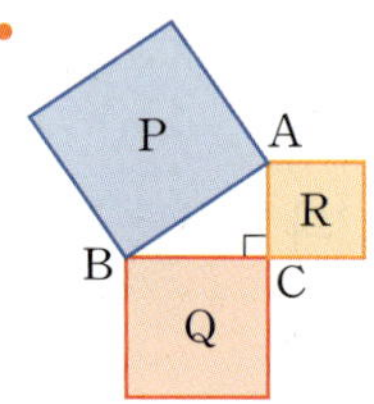

(P의 넓이)$=\overline{AB}^2$, (Q의 넓이)$=\overline{BC}^2$,
(R의 넓이)$=\overline{CA}^2$
이므로 피타고라스 정리에 의해
(P의 넓이)$=$(Q의 넓이)$+$(R의 넓이)

참고

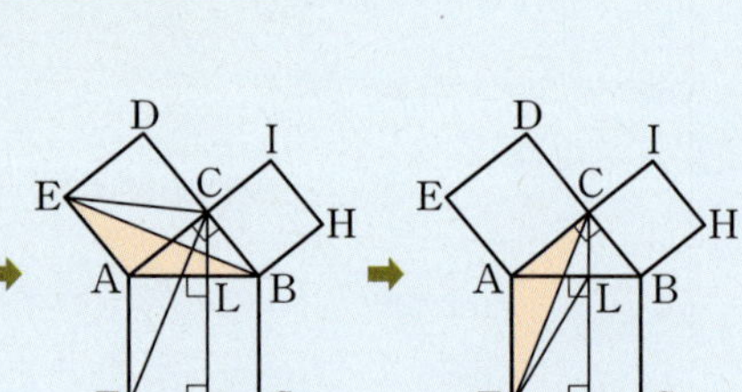

$\overline{EA}\,/\!/\,\overline{DB}$이므로
$\triangle EAC=\triangle EAB$

$\triangle EAB\equiv\triangle CAF$
(SAS 합동)이므로
$\triangle EAB=\triangle CAF$

$\overline{AF}\,/\!/\,\overline{CM}$이므로
$\triangle CAF=\triangle LAF$

➡ $\triangle EAC=\triangle LAF$이므로 □ACDE=□AFML
마찬가지 방법으로 하면 □CBHI=□LMGB

(2) 피타고라스의 방법을 이용한 설명

한 변의 길이가 $a+b$인 정사각형을 직각삼각형 ABC와 합동인 3개의 직각삼각형을
이용하여 다음 그림과 같이 두 가지 방법으로 나누면

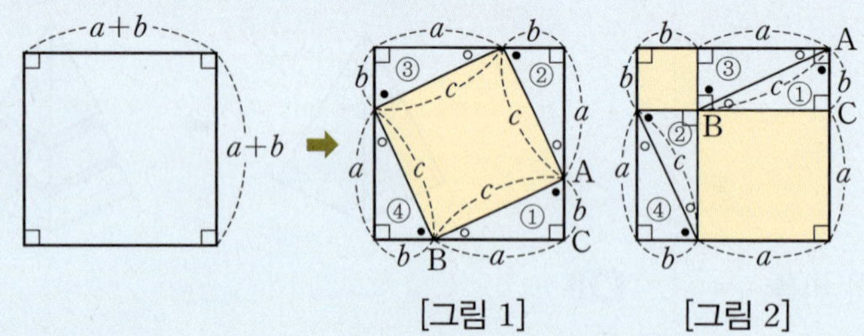

[그림 1]　　　[그림 2]

([그림 1]의 색칠한 부분의 넓이)$=$([그림 2]의 색칠한 부분의 넓이)이므로

└→ 한 변의 길이가
c인 정사각형

$$c^2=a^2+b^2$$

└→ 한 변의 길이가 각각 a, b인 두 정사각형

개념 3　직각삼각형이 되기 위한 조건

세 변의 길이가 각각 a, b, c인 △ABC에서 $c^2=a^2+b^2$이면
이 삼각형은 빗변의 길이가 c인 직각삼각형이다.

└→ ∠C=90°

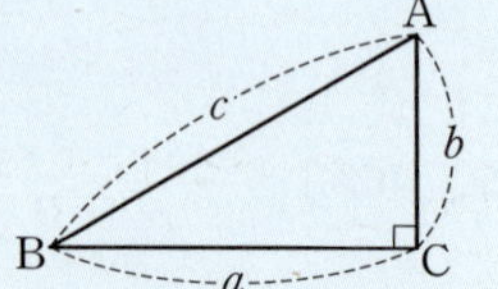

- 피타고라스 수
직각삼각형의 세 변의 길이가 될 수 있는
세 자연수, 즉 피타고라스 정리를 만족하
는 세 자연수
예 $(3,\ 4,\ 5)$, $(5,\ 12,\ 13)$, $(6,\ 8,\ 10)$,
$(7,\ 24,\ 25)$, $(8,\ 15,\ 17)$, …

1 피타고라스 정리

0765

다음 그림의 직각삼각형에서 x의 값을 구하시오.

(1)
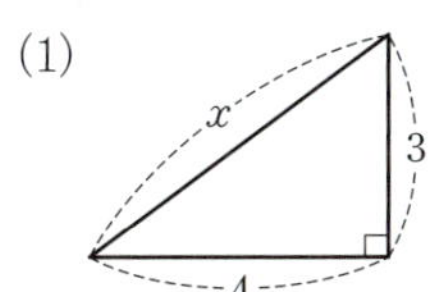

(2)
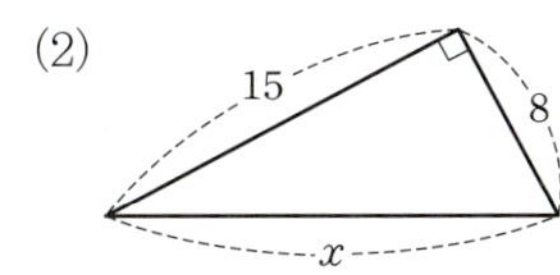

(3)
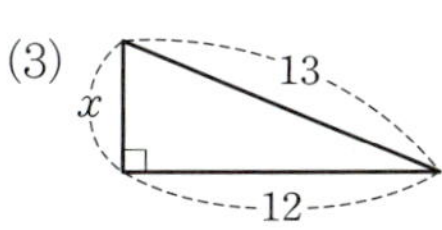

(4)
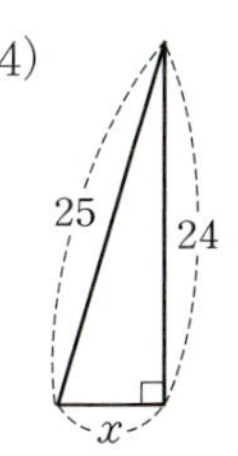

0766

다음 그림의 직각삼각형에서 x, y의 값을 각각 구하시오.

(1)
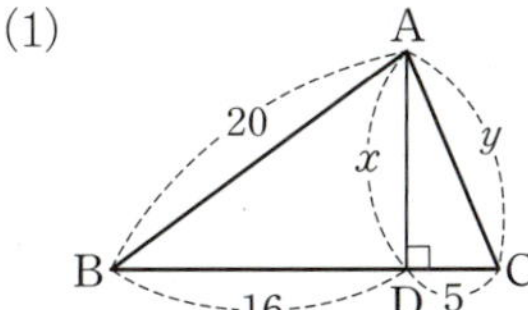

(2)
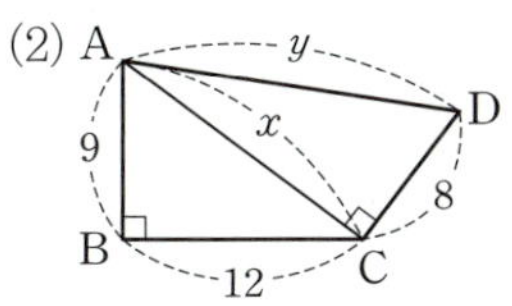

2 피타고라스 정리의 설명

0767

다음 그림은 직각삼각형 ABC의 각 변을 한 변으로 하는 세 정사각형을 그린 것이다. 색칠한 부분의 넓이를 구하시오.

(1)
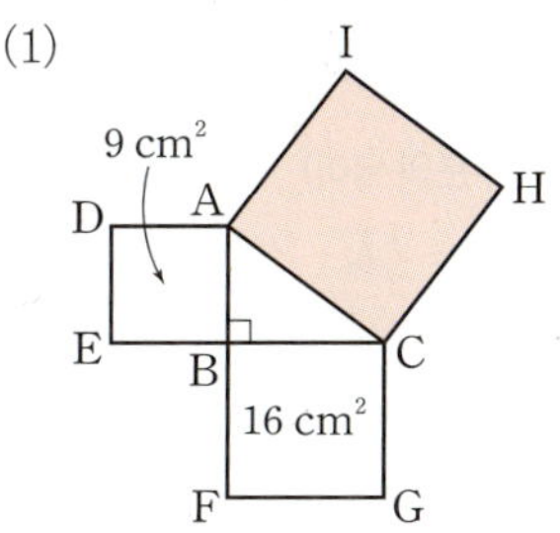

(2)
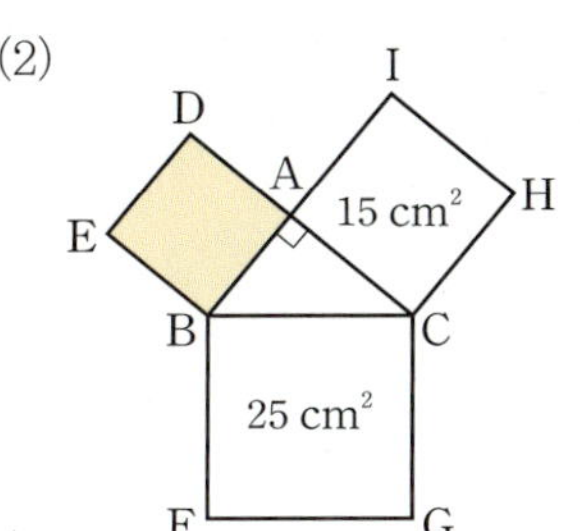

0768

다음 그림은 직각삼각형 ABC의 각 변을 한 변으로 하는 세 정사각형을 그린 것이다. 색칠한 부분의 넓이를 구하시오.

(1)
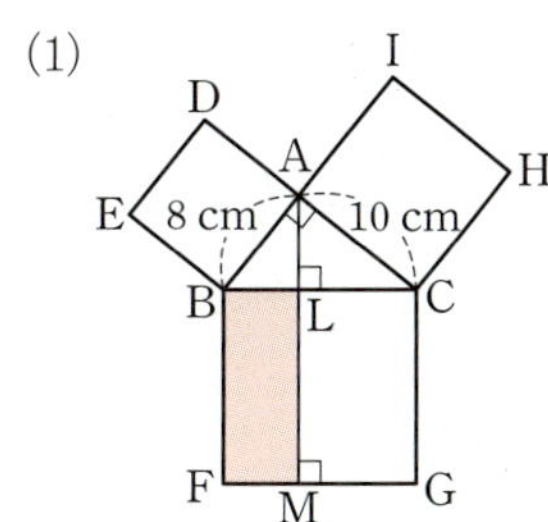

(2)
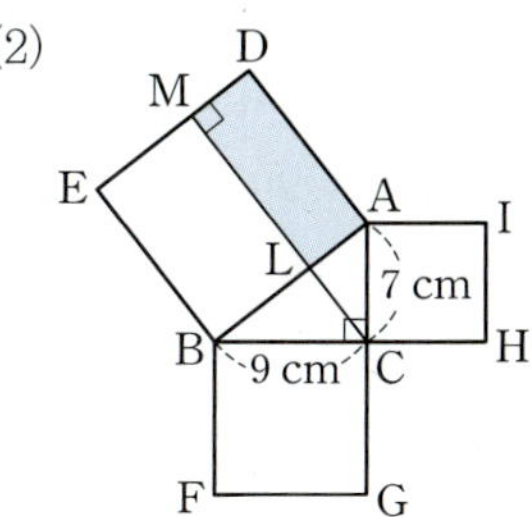

0769

오른쪽 그림과 같은 정사각형 ABCD에서
$\overline{AE}=\overline{BF}=\overline{CG}=\overline{DH}=3\,\mathrm{cm}$,
$\overline{AH}=\overline{BE}=\overline{CF}=\overline{DG}=4\,\mathrm{cm}$일 때,
다음을 구하시오.

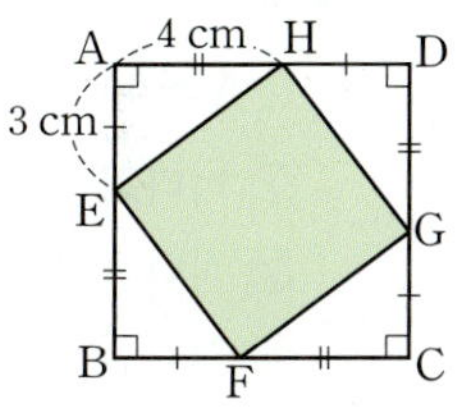

(1) $\overline{AB}$의 길이

(2) □ABCD의 넓이

(3) $\overline{EH}$의 길이

(4) □EFGH의 넓이

3 직각삼각형이 되기 위한 조건

0770

세 변의 길이가 각각 다음과 같은 삼각형 중에서 직각삼각형인 것에는 ○, 직각삼각형이 아닌 것에는 ×표를 ( ) 안에 써넣으시오.

(1) 6 cm, 6 cm, 10 cm   (   )

(2) 8 cm, 15 cm, 17 cm   (   )

(3) 4 cm, 5 cm, 7 cm   (   )

(4) 9 cm, 40 cm, 41 cm   (   )

4 피타고라스 정리

개념 4 삼각형의 변의 길이와 각의 크기 사이의 관계

(1) 삼각형의 각의 크기에 대한 변의 길이

$\triangle ABC$에서 $\overline{AB}=c$, $\overline{BC}=a$, $\overline{CA}=b$일 때

① $\angle C < 90°$이면 $c^2 < a^2+b^2$

② $\angle C = 90°$이면 $c^2 = a^2+b^2$ ——▶ 피타고라스 정리

③ $\angle C > 90°$이면 $c^2 > a^2+b^2$

(2) 삼각형의 변의 길이에 대한 각의 크기

$\triangle ABC$에서 $\overline{AB}=c$, $\overline{BC}=a$, $\overline{CA}=b$일 때 (단, c는 가장 긴 변의 길이)

① $c^2 < a^2+b^2$이면 $\angle C < 90°$ (예각삼각형)

② $c^2 = a^2+b^2$이면 $\angle C = 90°$ (직각삼각형)

③ $c^2 > a^2+b^2$이면 $\angle C > 90°$ (둔각삼각형)

● 세 변의 길이가 주어질 때 삼각형이 되기 위한 조건

$$\left(\begin{array}{c}\text{나머지}\\\text{두 변의}\\\text{길이의 차}\end{array}\right) < \left(\begin{array}{c}\text{한 변의}\\\text{길이}\end{array}\right) < \left(\begin{array}{c}\text{나머지}\\\text{두 변의}\\\text{길이의 합}\end{array}\right)$$

● 세 변의 길이가 주어질 때, 삼각형의 종류 판별하기

❶ 가장 긴 변의 길이를 제곱한다.

❷ 나머지 두 변의 길이를 제곱하여 더한다.

❸ ❶, ❷의 대소를 비교한다.

개념 5 피타고라스 정리를 이용한 도형의 성질

(1) $\angle A = 90°$인 직각삼각형 ABC에서 $\overline{AD} \perp \overline{BC}$일 때

① 피타고라스 정리 : $a^2 = b^2+c^2$

② 직각삼각형의 닮음 : $c^2 = ax$, $b^2 = ay$, $h^2 = xy$

③ 직각삼각형의 넓이 : $bc = ah$ ● $\triangle ABC = \frac{1}{2}bc = \frac{1}{2}ah$ $\therefore bc = ah$

(2) $\angle A = 90°$인 직각삼각형 ABC에서 두 점 D, E가 각각 $\overline{AB}$, $\overline{AC}$ 위에 있을 때

$$\overline{DE}^2 + \overline{BC}^2 = \overline{BE}^2 + \overline{CD}^2$$

참고 $\overline{DE}^2 + \overline{BC}^2 = (\overline{AD}^2 + \overline{AE}^2) + (\overline{AB}^2 + \overline{AC}^2)$
$= (\overline{AB}^2 + \overline{AE}^2) + (\overline{AD}^2 + \overline{AC}^2) = \overline{BE}^2 + \overline{CD}^2$

(3) $\square ABCD$에서 두 대각선이 직교할 때

$$\overline{AB}^2 + \overline{CD}^2 = \overline{AD}^2 + \overline{BC}^2$$

▶ 사각형의 두 대변의 길이의 제곱의 합은 서로 같다.

참고 $\overline{AB}^2 + \overline{CD}^2 = (\overline{AO}^2 + \overline{BO}^2) + (\overline{CO}^2 + \overline{DO}^2)$
$= (\overline{AO}^2 + \overline{DO}^2) + (\overline{BO}^2 + \overline{CO}^2) = \overline{AD}^2 + \overline{BC}^2$

(4) 직사각형 ABCD의 내부에 한 점 P가 있을 때

$$\overline{AP}^2 + \overline{CP}^2 = \overline{BP}^2 + \overline{DP}^2$$

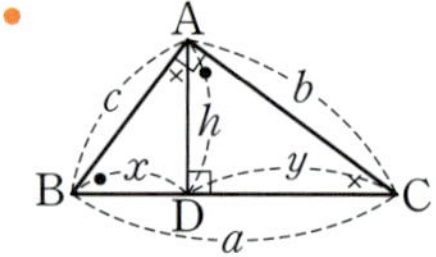

① $\triangle ABC \backsim \triangle DBA$이므로
$c : x = a : c$ $\therefore c^2 = ax$

② $\triangle ABC \backsim \triangle DAC$이므로
$b : y = a : b$ $\therefore b^2 = ay$

③ $\triangle DBA \backsim \triangle DAC$이므로
$x : h = h : y$ $\therefore h^2 = xy$

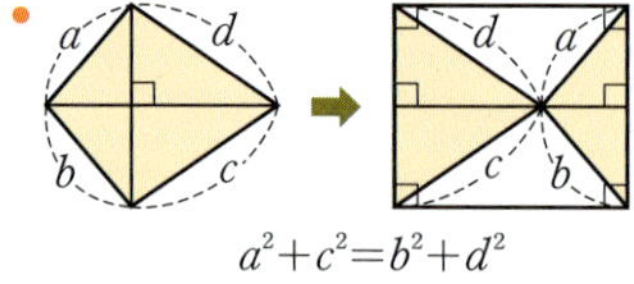

$$a^2 + c^2 = b^2 + d^2$$

개념 6 직각삼각형과 세 반원 사이의 관계

직각삼각형 ABC에서 직각을 낀 두 변을 지름으로 하는 두 반원의 넓이를 각각 S_1, S_2라 하고 빗변을 지름으로 하는 반원의 넓이를 S_3이라고 할 때

$$S_1 + S_2 = S_3$$

참고 $S_1 + S_2 = \frac{1}{2} \times \pi \times \left(\frac{c}{2}\right)^2 + \frac{1}{2} \times \pi \times \left(\frac{b}{2}\right)^2 = \frac{1}{8}\pi(b^2+c^2)$

$S_3 = \frac{1}{2} \times \pi \times \left(\frac{a}{2}\right)^2 = \frac{1}{8}\pi a^2$

직각삼각형 ABC에서 $b^2 + c^2 = a^2$이므로 $S_1 + S_2 = \frac{1}{8}\pi(b^2+c^2) = \frac{1}{8}\pi a^2$ $\therefore S_1 + S_2 = S_3$

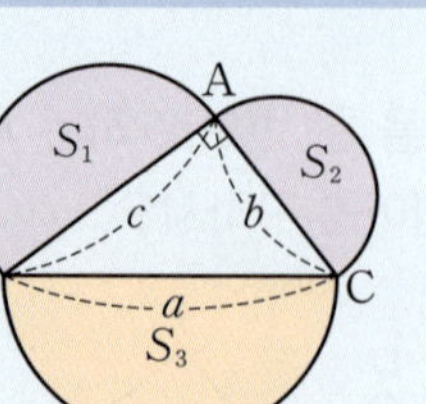

● 히포크라테스의 원의 넓이

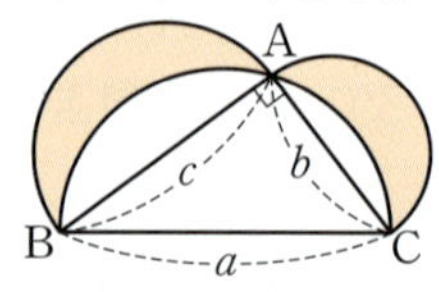

$\therefore$ (색칠한 부분의 넓이)

$= \triangle ABC = \frac{1}{2}bc$

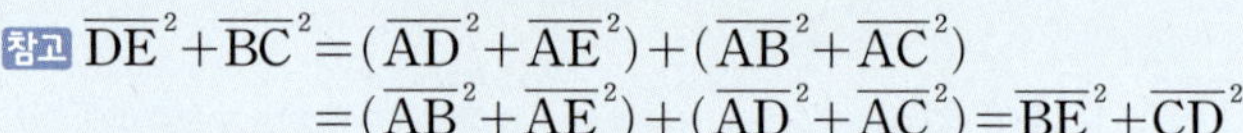
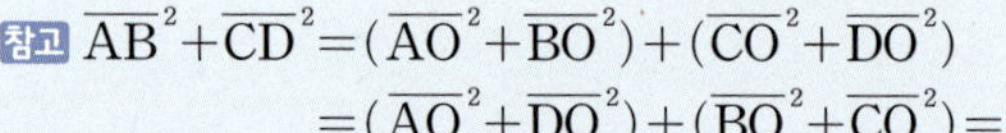
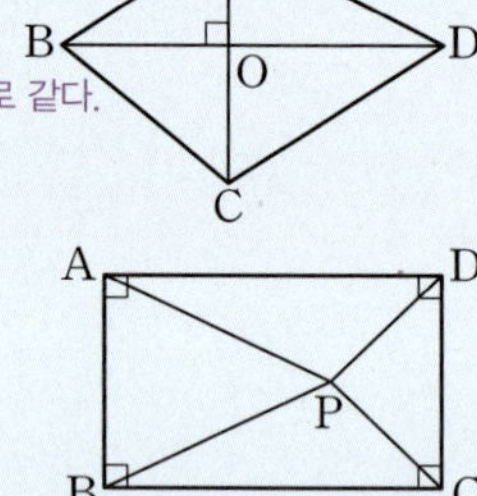
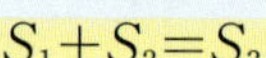

4 삼각형의 변의 길이와 각의 크기 사이의 관계

0771

다음은 오른쪽 그림의 △ABC에서 ∠A가 예각일 때, x의 값의 범위를 구하는 과정이다. □ 안에 알맞은 수를 써넣으시오. (단, $x>4$)

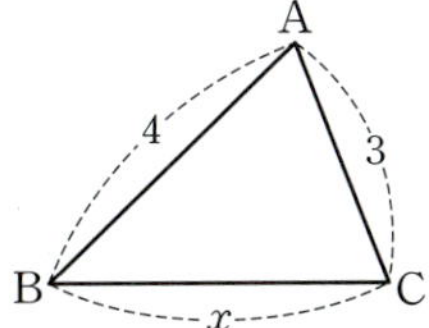

삼각형이 되기 위한 조건에 의하여 $1<x<$ □

이때 $x>4$이므로 □$<x<$ □   …… ㉠

∠A $<90°$이므로 $x^2<$ □$^2+4^2$

∴ $0<x<$ □   …… ㉡

㉠, ㉡에서 □$<x<$ □

0772

다음은 세 변의 길이가 각각 5, 13, x인 삼각형이 둔각삼각형이 되도록 하는 자연수 x의 값을 구하는 과정이다. □ 안에 알맞은 수를 써넣으시오. (단, $x<13$)

삼각형이 되기 위한 조건에 의하여 □$<x<18$

이때 $x<13$이므로 □$<x<$ □   …… ㉠

둔각삼각형이 되려면 $13^2>$ □$^2+x^2$

∴ $0<x<$ □   …… ㉡

㉠, ㉡에서 □$<x<$ □이므로 구하는 자연수 x는

□, □, □이다.

0773

세 변의 길이가 각각 다음과 같은 삼각형은 예각삼각형, 직각삼각형, 둔각삼각형 중에서 어느 것인지 말하시오.

(1) 8 cm, 5 cm, 7 cm

(2) 10 cm, 8 cm, 6 cm

5 피타고라스 정리를 이용한 도형의 성질

0774

다음 그림에서 x, y, z의 값을 각각 구하시오.

(1) 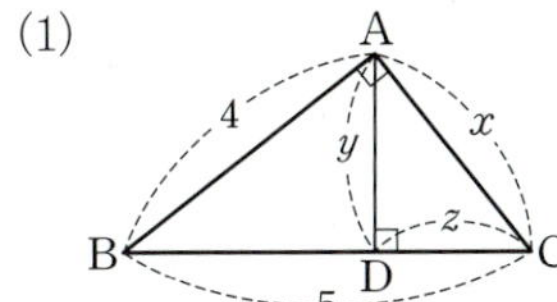

(2) 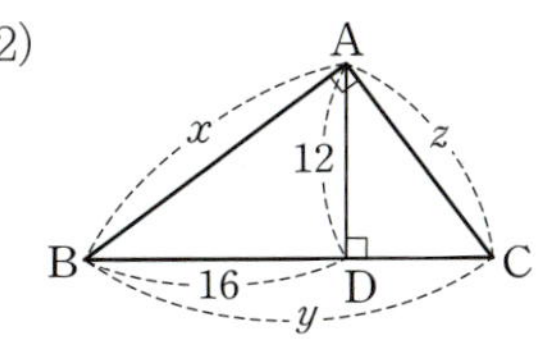

0775

다음 그림과 같은 직각삼각형 ABC에서 x의 값을 구하시오.

(1) 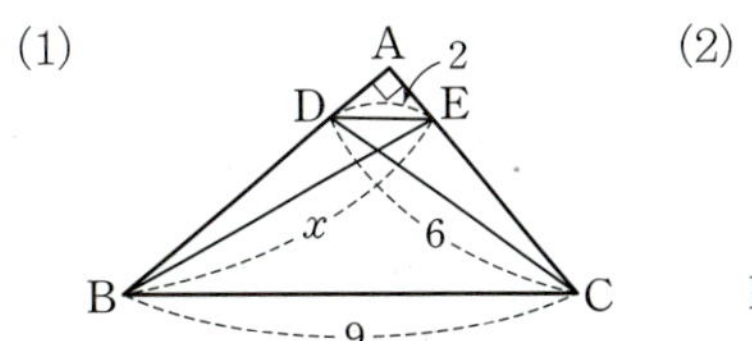

(2) 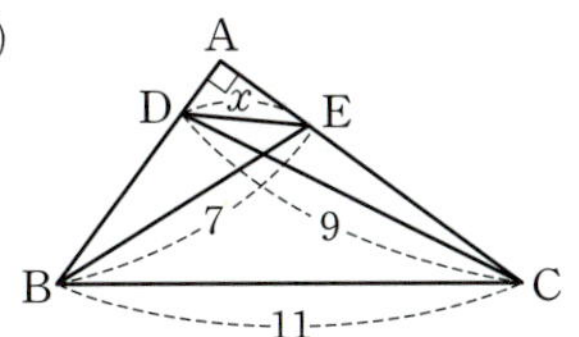

0776

다음 그림과 같이 사각형 ABCD에서 두 대각선이 직교할 때, x의 값을 구하시오.

(1) 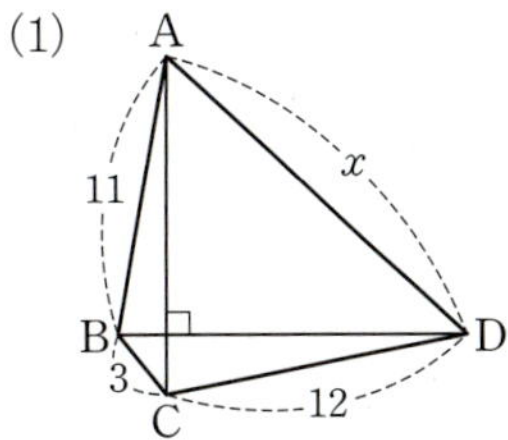

(2) 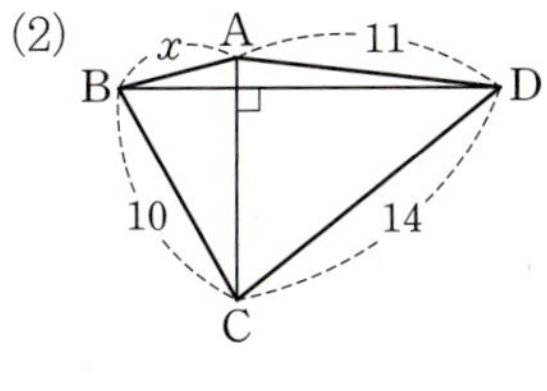

0777

다음 그림과 같이 직사각형 ABCD의 내부에 점 P가 있을 때, x의 값을 구하시오.

(1) 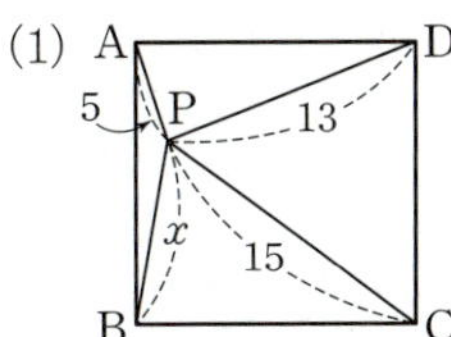

(2) 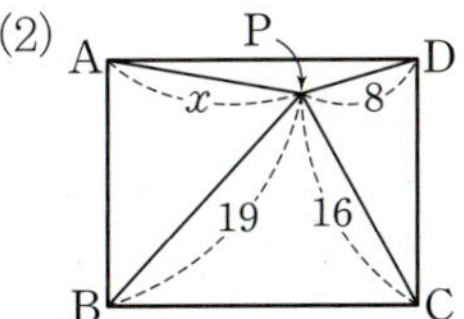

6 직각삼각형과 세 반원 사이의 관계

0778

다음 그림에서 색칠한 부분의 넓이를 구하시오.

(1) 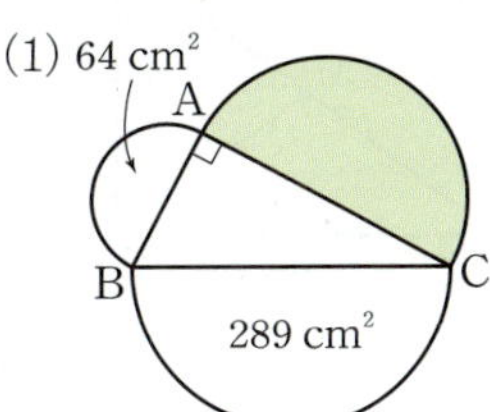

(2) 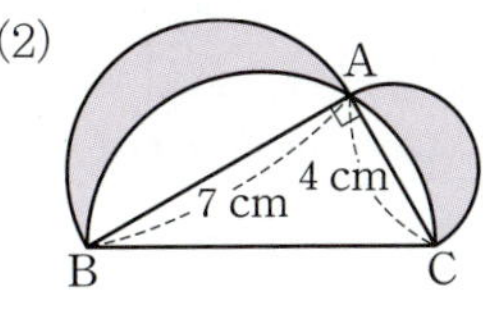

> 수학의 바이블 113쪽

유형 01 피타고라스 정리를 이용하여 변의 길이 구하기(1)

0779 상중하

지면과 수직으로 서 있던 나무가 강한 태풍으로 오른쪽 그림과 같이 부러졌다. 나무가 서 있던 지점에서 부러진 끝이 닿은 곳까지의 거리가 20 m, 지면에서 부러지고 남은 부분까지의 높이가 15 m일 때, 부러지기 전 나무의 높이를 구하시오.

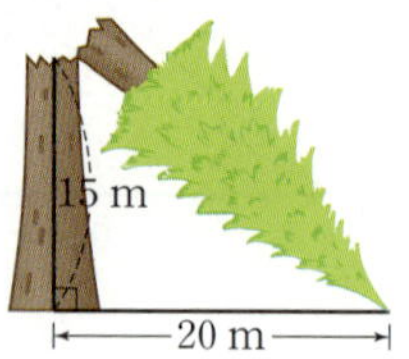

→ **유형 Point** $\angle C = 90°$인 직각삼각형 ABC에서
$c^2 = a^2 + b^2$, $a^2 = c^2 - b^2$, $b^2 = c^2 - a^2$

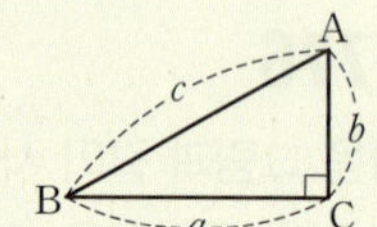

0780 상중하

오른쪽 그림과 같이 $\angle C = 90°$인 직각삼각형 ABC에서 $\overline{AB} = 8$ cm, $\overline{AC} = \overline{BC} = x$ cm일 때, x^2의 값을 구하시오.

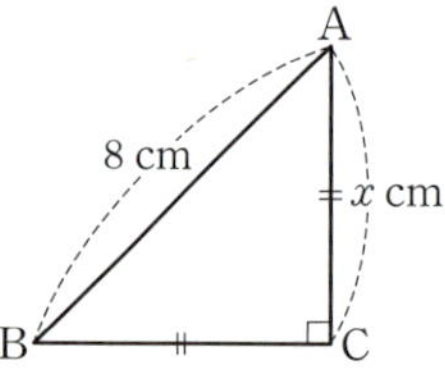

0781 상중하

오른쪽 그림과 같이 $\angle A = 90°$인 직각삼각형 ABC에서 $\overline{AC} = 12$ cm, $\overline{BC} = 13$ cm일 때, $\triangle ABC$의 넓이를 구하시오.

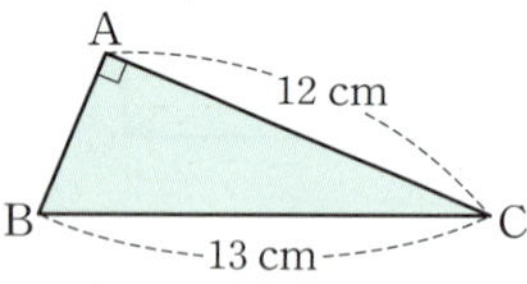

0782 상중하

오른쪽 그림과 같이 $\angle C = 90°$인 직각삼각형 ABC에서 점 M은 $\overline{AB}$의 중점이다. $\overline{AC} = 3$ cm, $\overline{BC} = 4$ cm일 때, $\overline{CM}$의 길이를 구하시오.

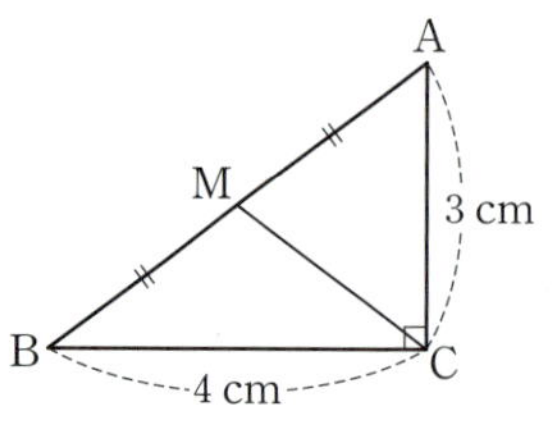

0783 상중하

오른쪽 그림과 같은 마름모 ABCD에서 두 대각선 AC, BD의 길이가 각각 16 cm, 30 cm일 때, 마름모 ABCD의 둘레의 길이는? (단, 점 O는 두 대각선의 교점이다.)

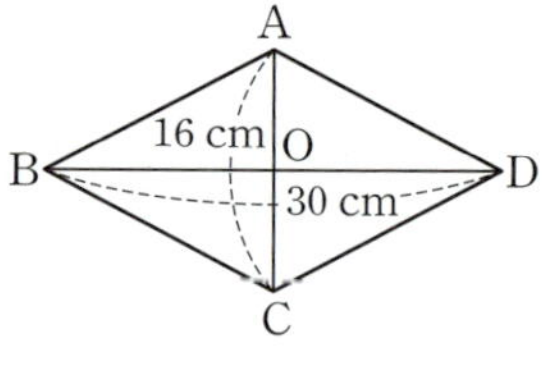

① 60 cm ② 64 cm ③ 66 cm
④ 68 cm ⑤ 72 cm

0784 상중하

오른쪽 그림은 넓이가 각각 225 cm², 25 cm²인 두 정사각형 ABCD와 ECFG를 이어 붙인 것이다. 이때 $\overline{AF}$의 길이를 구하시오.

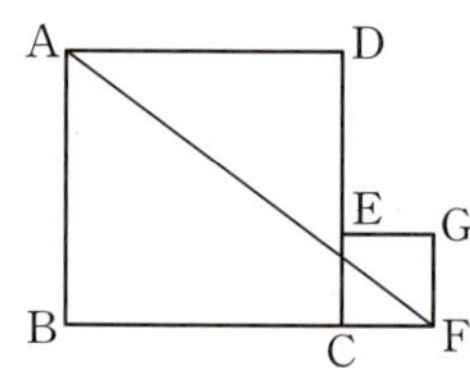

★★ **0785** 상중하

오른쪽 그림과 같이 $\angle A = 90°$인 직각삼각형 ABC에서 점 G는 $\triangle ABC$의 무게중심이다. $\overline{AB} = 12$ cm, $\overline{AC} = 9$ cm일 때, $\overline{AG}$의 길이는?

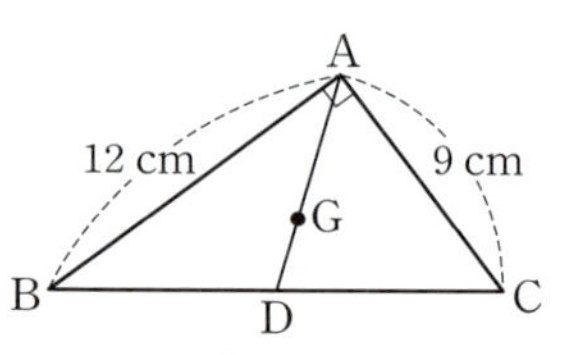

① $\dfrac{5}{3}$ cm ② $\dfrac{7}{3}$ cm ③ 3 cm
④ $\dfrac{10}{3}$ cm ⑤ 5 cm

0786 상중하 서술형

오른쪽 그림과 같이 $\angle C = 90°$인 직각삼각형 ABC에서 점 M은 $\overline{AB}$의 중점이고, $\overline{CP} : \overline{PB} = 3 : 1$이다. $\triangle CMP$의 넓이가 9이고 $\overline{AC} = 6$일 때, $\overline{AM}$의 길이를 구하시오.

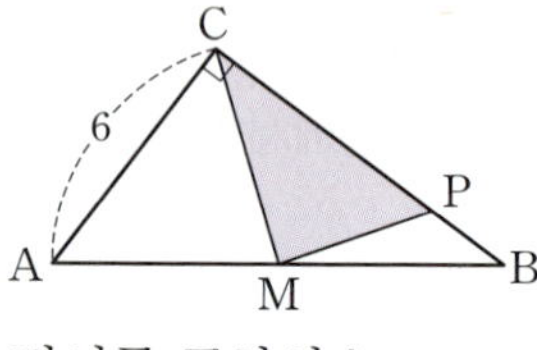

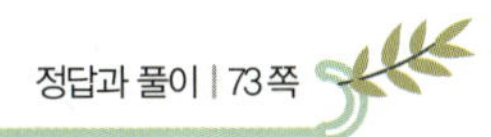

유형 02 피타고라스 정리를 이용하여 변의 길이 구하기(2)

0787 상 **중** 하

오른쪽 그림과 같이 $\angle B=90°$인 직각삼각형 ABC에서 x의 값을 구하시오.

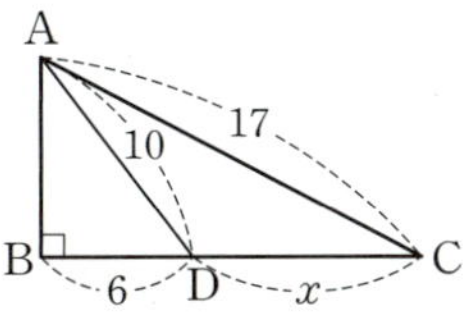

→ **유형 Point** 직각삼각형을 찾아 피타고라스 정리를 이용한다.

(1)
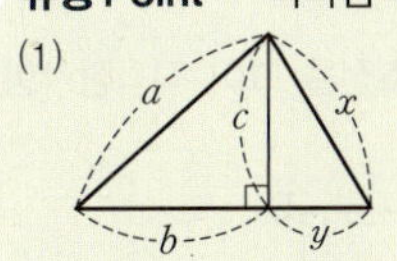
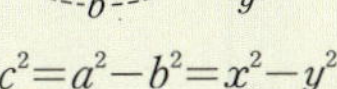

$$c^2=a^2-b^2=x^2-y^2$$

(2)
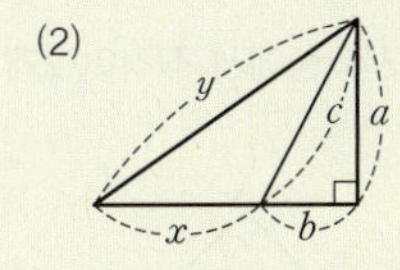

$$c^2=a^2+b^2,\ y^2=a^2+(x+b)^2$$

0788 상 **중** 하

오른쪽 그림과 같은 $\triangle ABC$의 꼭짓점 A에서 $\overline{BC}$에 내린 수선의 발을 D라고 할 때, x의 값을 구하시오.

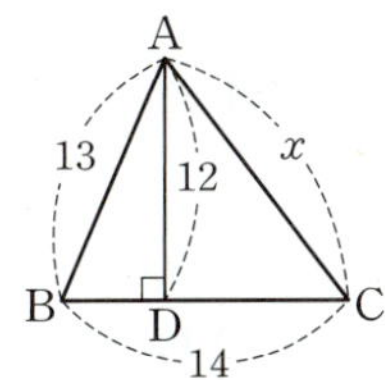

0789 상 **중** 하

오른쪽 그림과 같이 $\angle C=90°$인 직각삼각형 ABC에서 $\overline{AB}=20$, $\overline{BD}=7$, $\overline{CD}=9$일 때, $\triangle ABD$의 둘레의 길이를 구하시오.

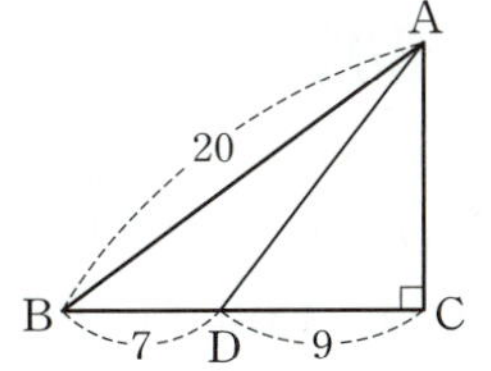

0790 상 **중** 하

오른쪽 그림과 같은 $\triangle ABC$에서 $\overline{AB}\perp\overline{CD}$이고 $\overline{AC}=17$ cm, $\overline{BC}=25$ cm, $\overline{BD}=20$ cm일 때, $\triangle ADC$의 넓이를 구하시오.

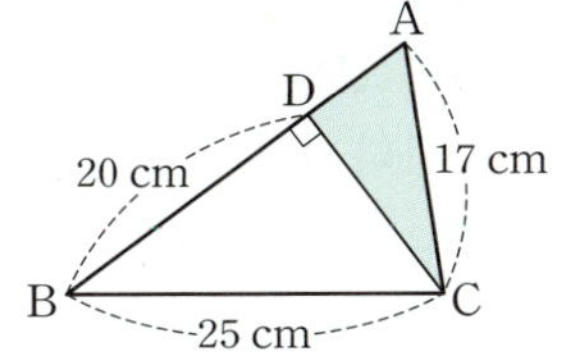

유형 03 피타고라스 정리를 연속하여 이용하기

0791 상 **중** 하

오른쪽 그림에서 $\overline{AB}=\overline{BC}=\overline{CD}=\overline{DE}=2$일 때, $\overline{AE}$의 길이를 구하시오.

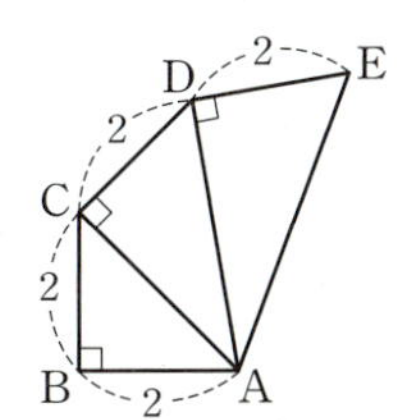

→ **유형 Point** 여러 개의 직각삼각형이 연속하여 붙어 있는 경우, 작은 직각삼각형부터 차례대로 피타고라스 정리를 이용한다.

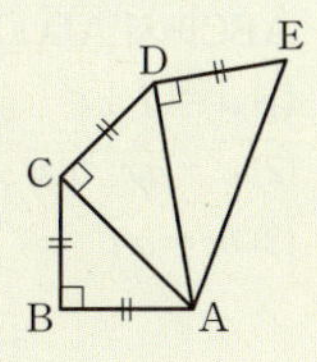

$$\overline{AC}^2=\overline{AB}^2+\overline{BC}^2$$
$$\overline{AD}^2=\overline{AC}^2+\overline{CD}^2=\overline{AB}^2+\overline{BC}^2+\overline{CD}^2$$
$$\overline{AE}^2=\overline{AD}^2+\overline{DE}^2=\overline{AB}^2+\overline{BC}^2+\overline{CD}^2+\overline{DE}^2$$

0792 상 **중** 하

오른쪽 그림에서 $\overline{AB}=\overline{BC}=\overline{CD}=\overline{DE}=\overline{EF}=5$일 때, $\triangle AFE$의 넓이를 구하시오.

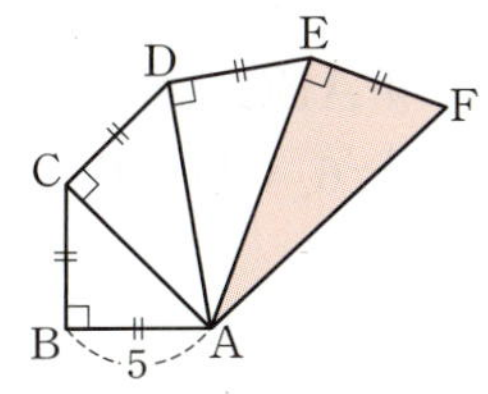

0793 상 **중** 하

오른쪽 그림에서 $\overline{AB}=3$, $\overline{BC}=\overline{CD}=\overline{DE}=\overline{EF}=2$일 때, $\overline{AF}$의 길이를 구하시오.

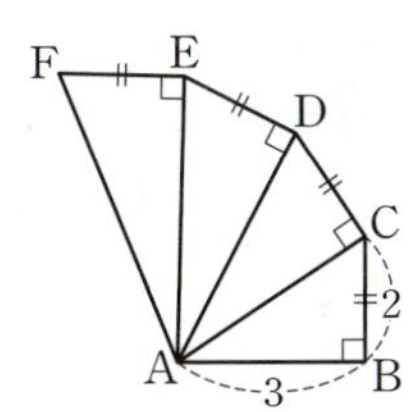

0794 상 **중** 하 서술형

오른쪽 그림에서 $\square OCBA$는 한 변의 길이가 4인 정사각형이고 세 점 E, G, I는 각각 점 O를 중심으로 하고 $\overline{OB}$, $\overline{OD}$, $\overline{OF}$를 반지름으로 하는 원과 $\overline{OC}$의 연장선과의 교점이다. 이때 $\triangle OIH$의 넓이를 구하시오.

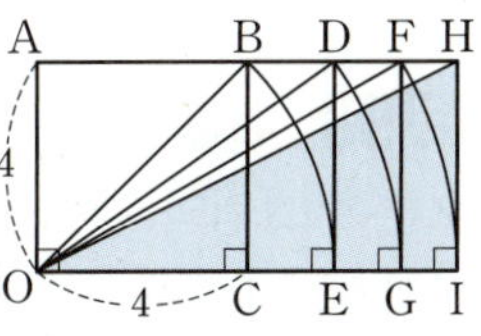

유형 **04** 닮음과 피타고라스 정리

0795 상 **중** 하
오른쪽 그림과 같이 ∠A=90°인
직각삼각형 ABC에서 $\overline{AH}\perp\overline{BC}$
이고 $\overline{AB}=12$, $\overline{AC}=9$일 때,
$\overline{CH}$의 길이를 구하시오.

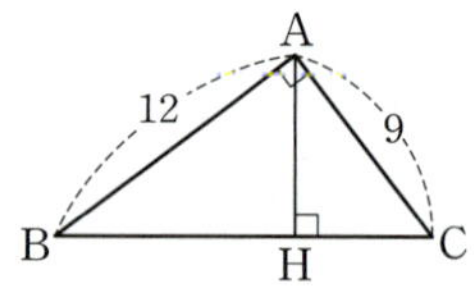

→ 유형 Point ∠A=90°인 직각삼각형
ABC에서 $\overline{AD}\perp\overline{BC}$일 때

(1) $a^2=b^2+c^2$
(2) $c^2=ax$, $b^2=ay$, $h^2=xy$
(3) $bc=ah$

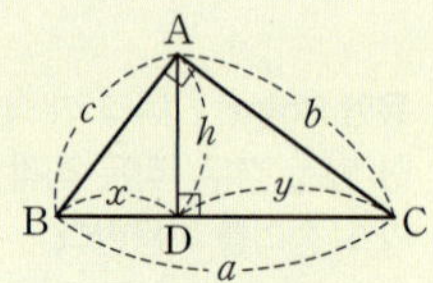

0796 상 **중** 하
오른쪽 그림과 같이 ∠B=90°인 직각삼
각형 ABC에서 $\overline{AC}\perp\overline{BD}$이고
$\overline{BC}=6$, $\overline{CD}=4$일 때, $\overline{AB}^2$의 값을 구
하시오.

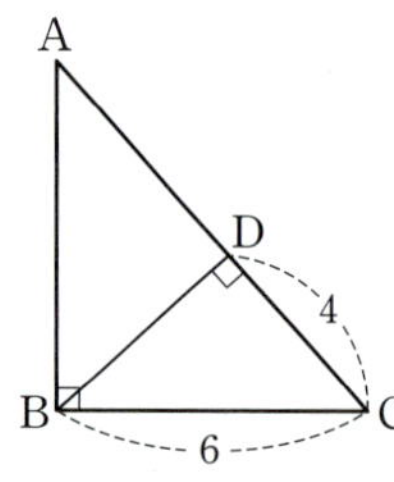

0797 상 **중** 하
오른쪽 그림과 같이 ∠A=90°인 직
각삼각형 ABC에서 $\overline{AD}\perp\overline{BC}$이고
$\overline{AC}=5$, $\overline{CD}=3$일 때, △ABD의
넓이를 구하시오.

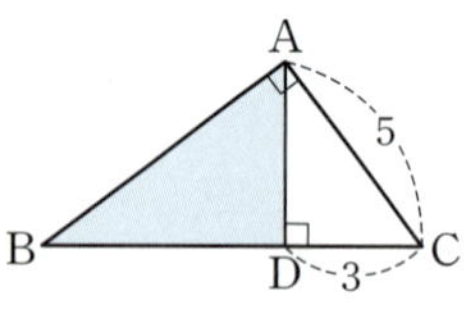

0798 상 **중** 하
오른쪽 그림과 같이 ∠C=90°인 직각
삼각형 ABC에서 $\overline{AB}\perp\overline{CD}$,
$\overline{AC}:\overline{BC}=5:12$이고 $\overline{CD}=5$일 때,
$\overline{BC}$의 길이를 구하시오.

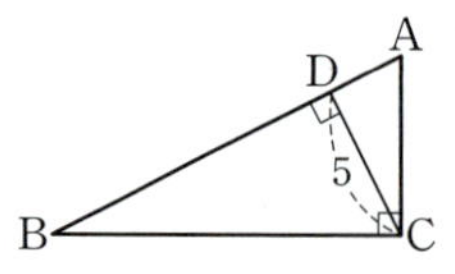

유형 **05** 사각형에서 피타고라스 정리 이용하기

0799 상 **중** 하
오른쪽 그림과 같은 □ABCD에서
∠A=∠C=90°이고
$\overline{AB}=7$ cm, $\overline{AD}=24$ cm,
$\overline{BC}=15$ cm일 때, $\overline{CD}$의 길이를 구
하시오.

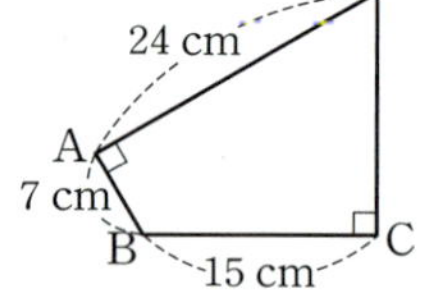

→ 유형 Point 사각형에서 직각이 2개 보이면 보조선을 그어 직각삼각형
을 만든다.

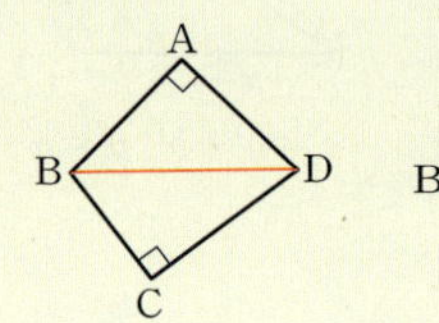 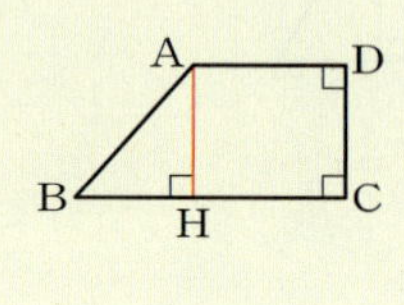

0800 상 **중** 하
오른쪽 그림과 같은 □ABCD에서
$\overline{AB}=\overline{AD}$이고, $\overline{BC}=6$, $\overline{AB}^2=50$일
때, □ABCD의 넓이를 구하시오.

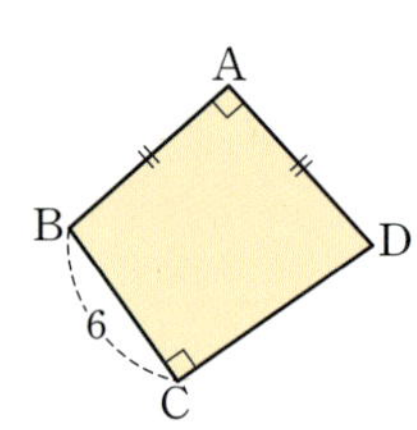

0801 상 **중** 하
오른쪽 그림과 같은 사다리꼴
ABCD에서 $\overline{AB}=12$, $\overline{AD}=15$,
$\overline{CD}=13$일 때, $\overline{BC}$의 길이를 구하
시오.

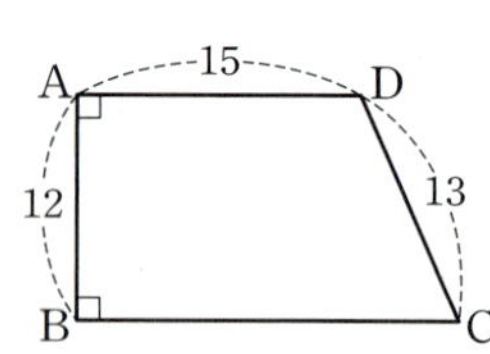

0802 상 **중** 하 서술형
오른쪽 그림과 같은 $\overline{AD}\parallel\overline{BC}$인
등변사다리꼴 ABCD에서
$\overline{AB}=\overline{CD}=5$, $\overline{AD}=4$, $\overline{BC}=10$
일 때, □ABCD의 넓이를 구하시오.

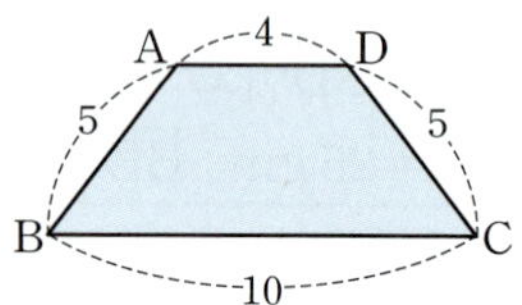

수학의 바이블 114쪽

유형 06 직사각형의 대각선의 길이

0803 상 중 하

가로의 길이와 세로의 길이의 비가 4 : 3이고 넓이가 48인 직사각형의 대각선의 길이는?

① 8 ② 10 ③ 12
④ 16 ⑤ 20

→ **유형 Point** 가로의 길이가 a, 세로의 길이가 b인 직사각형의 대각선의 길이 l에 대하여
$$l^2 = a^2 + b^2$$

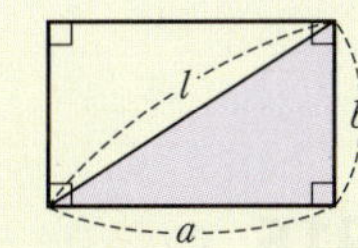

0804 상 중 하

컴퓨터 모니터의 크기는 그 모니터의 대각선의 길이를 말한다. 가로의 길이와 세로의 길이의 비가 12 : 5이고, 대각선의 길이가 65 cm인 모니터의 가로의 길이와 세로의 길이의 합을 구하시오. (단, 컴퓨터 모니터는 직사각형 모양이다.)

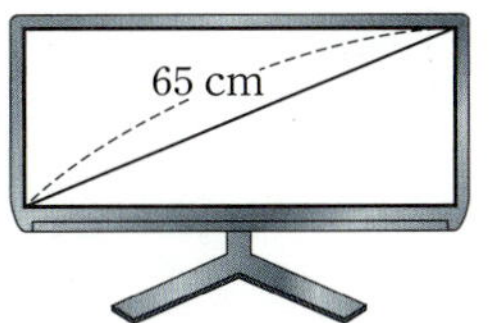

0805 상 중 하

오른쪽 그림과 같이 $\overline{AD} = 15$ cm인 직사각형 ABCD의 대각선의 길이를 한 변으로 하는 정사각형 BEFD의 넓이가 289일 때, 직사각형 ABCD의 넓이를 구하시오.

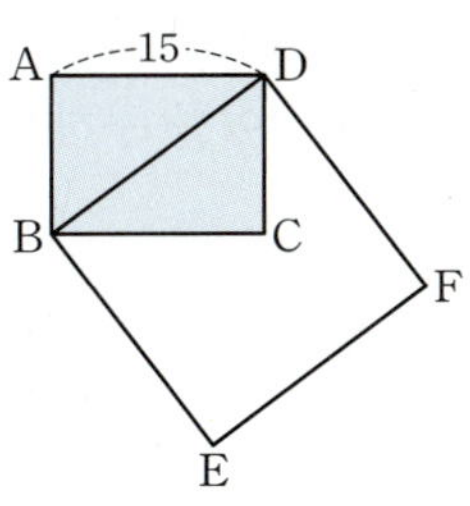

0806 상 중 하 서술형

오른쪽 그림과 같이 가로, 세로의 길이가 각각 12 cm, 9 cm인 직사각형 ABCD의 두 꼭짓점 A, C에서 대각선 BD에 내린 수선의 발을 각각 E, F라고 할 때, $\overline{EF}$의 길이를 구하시오.

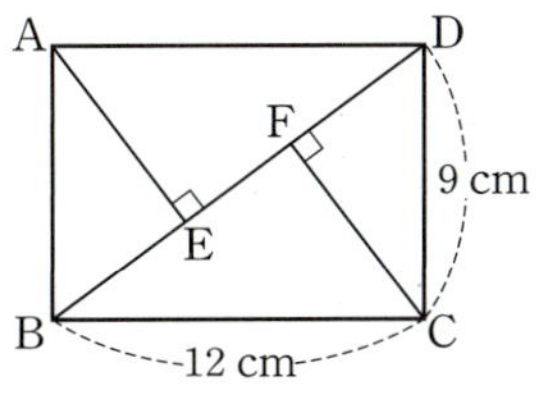

수학의 바이블 113쪽

유형 07 이등변삼각형의 높이와 넓이

0807 상 중 하

오른쪽 그림과 같은 이등변삼각형 ABC의 넓이를 구하시오.

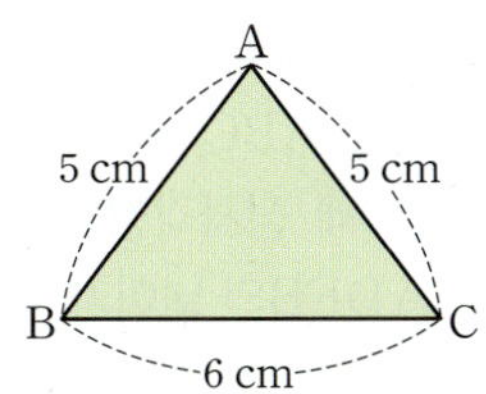

→ **유형 Point** 이등변삼각형의 높이 h와 넓이 S는 꼭지각의 꼭짓점에서 밑변에 수선을 그어 2개의 직각삼각형으로 나눈 후 피타고라스 정리를 이용하여 구한다.

(1) $h^2 = b^2 - \left(\dfrac{a}{2}\right)^2$

(2) $S = \dfrac{1}{2}ah$

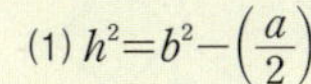

0808 상 중 하

오른쪽 그림과 같이 $\overline{AB} = \overline{AC}$이고 $\overline{BC} = 16$ cm인 이등변삼각형 ABC의 넓이가 120 cm²일 때, △ABC의 둘레의 길이를 구하시오.

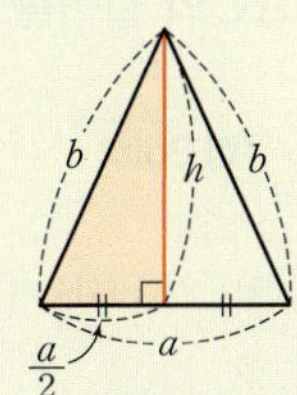

★★ 0809 상 중 하

오른쪽 그림과 같은 이등변삼각형 ABC의 무게중심은 G이고 점 G에서 $\overline{AB}$에 내린 수선의 발을 H라고 할 때, $\overline{GH}$의 길이를 구하시오.

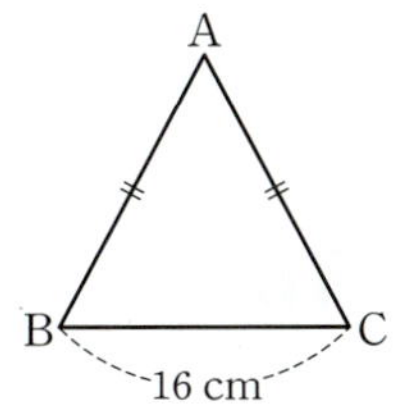

0810 상 중 하

오른쪽 그림과 같이 합동인 두 이등변삼각형 ABC, DEF를 $\overline{BE} = \overline{EC} = \overline{CF}$가 되도록 포개어 놓았다. $\overline{AC}$와 $\overline{DE}$의 교점이 G일 때, 색칠한 부분의 넓이를 구하시오.

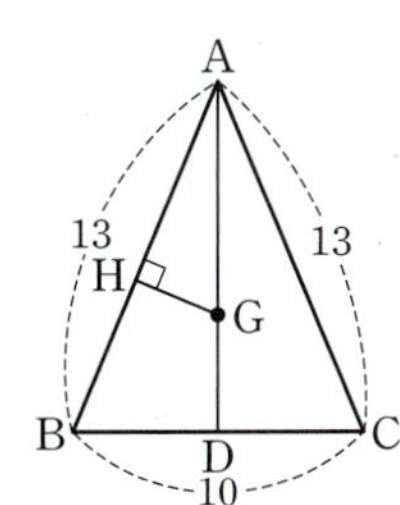

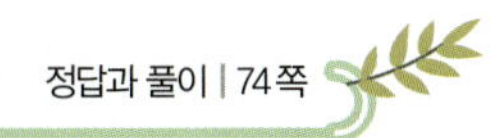
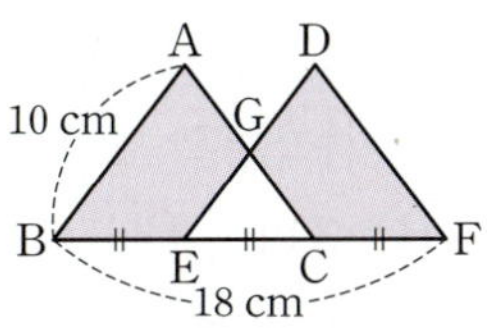

▶ 수학의 바이블 116쪽

유형 08 피타고라스 정리의 설명 – 유클리드의 방법

0811 상중하

오른쪽 그림은 ∠A=90°인 직각삼각형 ABC의 각 변을 한 변으로 하는 세 정사각형을 그린 것이다. □ADEB의 넓이가 10 cm², □BFGC의 넓이가 35 cm²일 때, $\overline{AC}$의 길이를 구하시오.

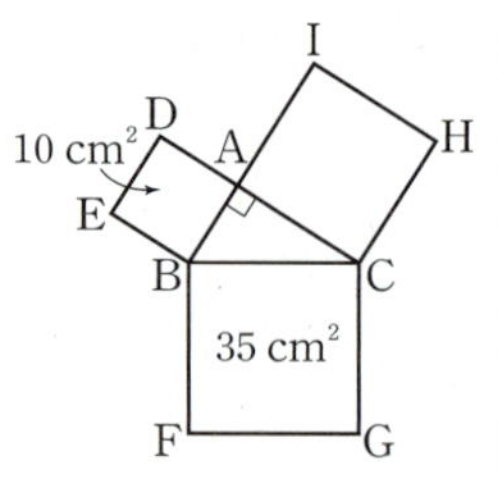

➜ **유형 Point** (1) □ACDE=□AFML
  □CBHI=□LMGB
(2) □AFGB=□AFML+□LMGB
  =□ACDE+□CBHI
➜ $\overline{AB}^2=\overline{AC}^2+\overline{BC}^2$

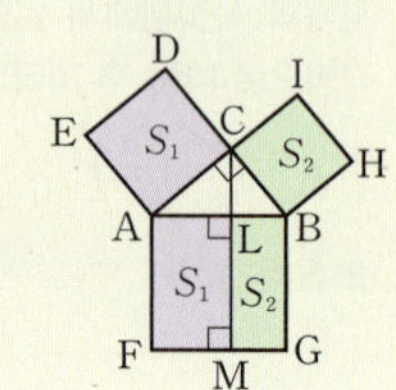

0812 상중하

오른쪽 그림은 ∠A=90°인 직각삼각형 ABC의 각 변을 한 변으로 하는 세 정사각형을 그린 것이다. 다음 중 넓이가 나머지 넷과 다른 하나는?

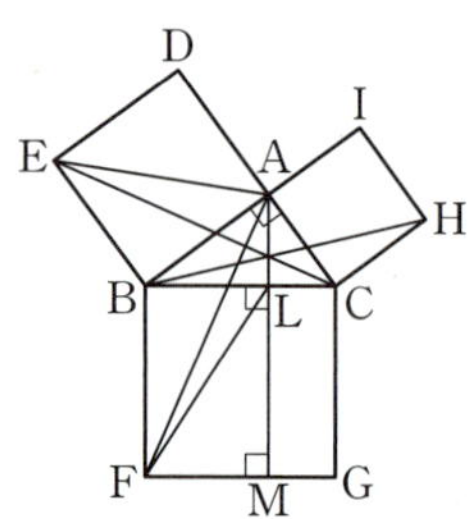

① △EBC ② △BCH
③ △EBA ④ △ABF
⑤ △BFL

0813 상중하 서술형

오른쪽 그림은 ∠A=90°인 직각삼각형 ABC의 각 변을 한 변으로 하는 세 정사각형을 그린 것이다. $\overline{AB}$=3 cm, $\overline{BC}$=5 cm일 때, △AGC의 넓이를 구하시오.

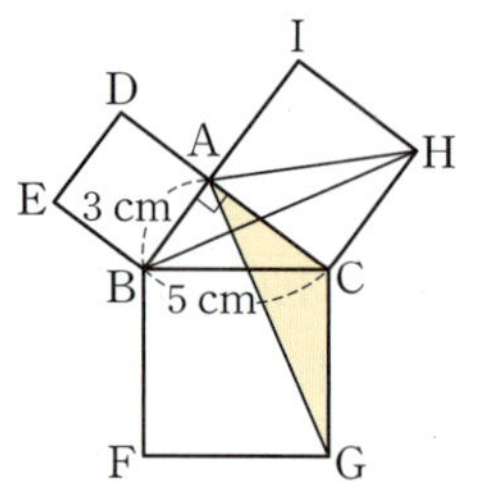

0814 상중하

오른쪽 그림은 ∠C=90°인 직각삼각형 ABC에서 $\overline{AB}$, $\overline{AC}$를 각각 한 변으로 하는 정사각형을 그린 것이다. □ADEB=100 cm², □ACHI=64 cm²일 때, △ABC의 넓이를 구하시오.

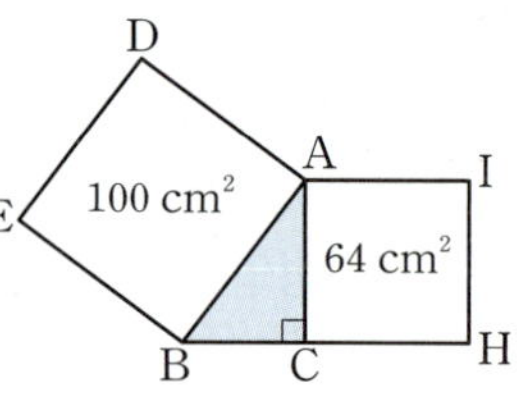

0815 상중하

오른쪽 그림은 ∠A=90°인 직각삼각형 ABC의 각 변을 한 변으로 하는 세 정사각형을 그린 것이다. $\overline{AC}$=5, $\overline{BC}$=13일 때, △FML의 넓이를 구하시오.

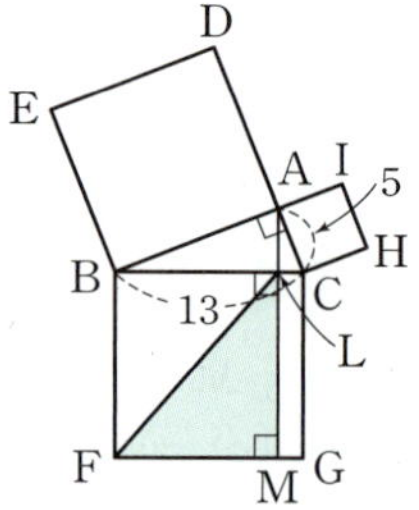

0816 상중하

오른쪽 그림은 ∠A=90°인 직각삼각형 ABC의 각 변을 한 변으로 하는 세 정사각형을 그린 것이다. $\overline{CH}$=7 cm, $\overline{BF}$=11 cm일 때, $\overline{BL}$의 길이를 구하시오.

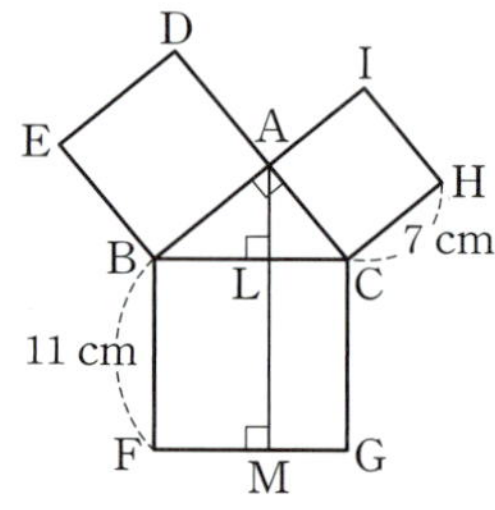

0817 상중하

오른쪽 그림과 같이 ∠A=90°인 직각삼각형 ABC에서 $\overline{BC}$를 한 변으로 하는 정사각형 BDEC를 그린 것이다. $\overline{AB}$=6 cm, $\overline{AC}$=4 cm일 때, 색칠한 부분의 넓이는?

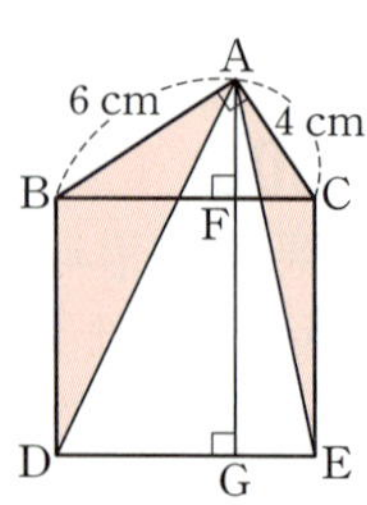

① 20 cm² ② 24 cm²
③ 26 cm² ④ 36 cm²
⑤ 48 cm²

수학의 바이블 116쪽

유형 09 피타고라스 정리의 설명 — 피타고라스의 방법

0818 상 중 하

오른쪽 그림과 같이 $\angle C=90°$인 직각삼각형 ABC와 이와 합동인 직각삼각형 3개를 연결하여 정사각형 CDFH를 만들 때, $\square$AEGB의 넓이를 구하시오.

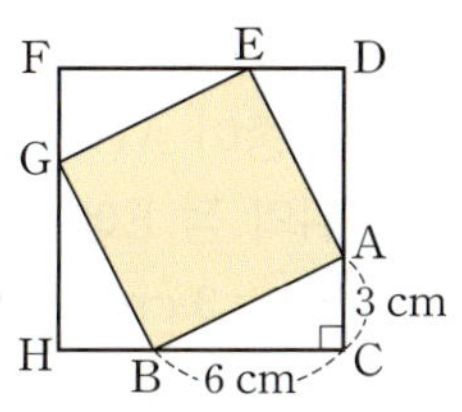

> 유형 Point

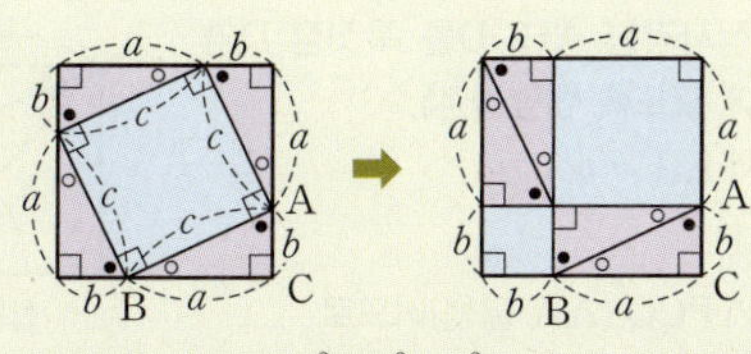

$$c^2=a^2+b^2$$

(1) $\triangle ABC \equiv \triangle GAD \equiv \triangle HGE \equiv \triangle BHF$ (SAS 합동)
(2) $\square$EFCD, $\square$AGHB는 정사각형
(3) $\square$EFCD $=4\triangle ABC+\square$AGHB

0819 상 중 하

오른쪽 그림과 같은 정사각형 ABCD에서 $\overline{AE}=\overline{BF}=\overline{CG}=\overline{DH}=8$ cm이고 $\square$EFGH $=289$ cm^{2}일 때, x의 값을 구하시오.

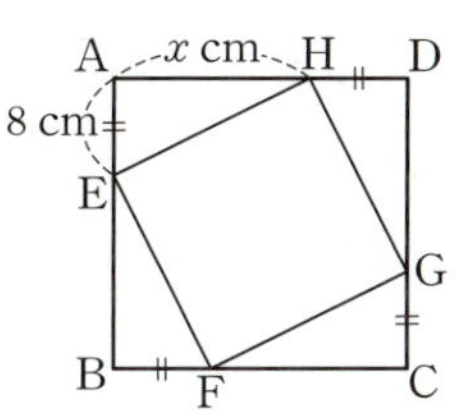

0820 상 중 하 서술형

오른쪽 그림과 같이 한 변의 길이가 17 cm인 정사각형 ABCD에서 $\overline{AE}=\overline{BF}=\overline{CG}=\overline{DH}=12$ cm일 때, $\square$EFGH의 둘레의 길이를 구하시오.

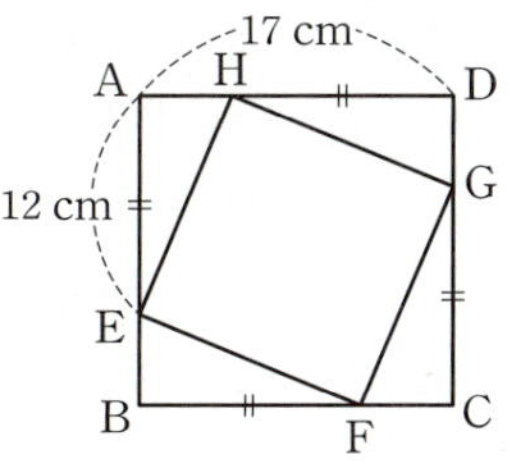

0821 상 중 하

오른쪽 그림과 같은 정사각형 ABCD에서 $\overline{AH}=\overline{BE}=\overline{CF}=\overline{DG}=6$ cm이고 $\square$EFGH의 넓이는 100 cm^{2}일 때, $\square$ABCD의 넓이를 구하시오.

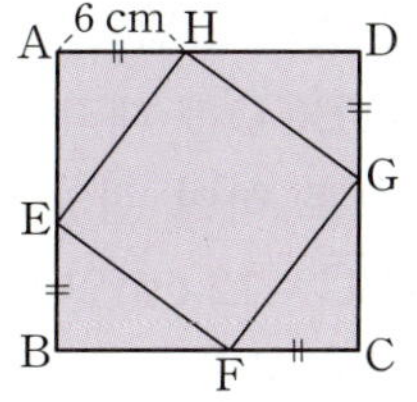

수학의 바이블 117쪽

유형 10 피타고라스 정리의 설명 — 바스카라의 방법

0822 상 중 하

오른쪽 그림에서 4개의 직각삼각형은 모두 합동이고 $\overline{AD}=10$ cm, $\overline{DG}=6$ cm일 때, $\square$EFGH의 넓이를 구하시오.

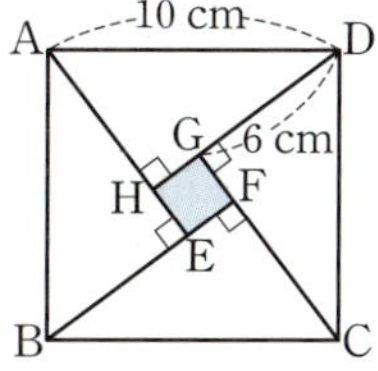

> 유형 Point

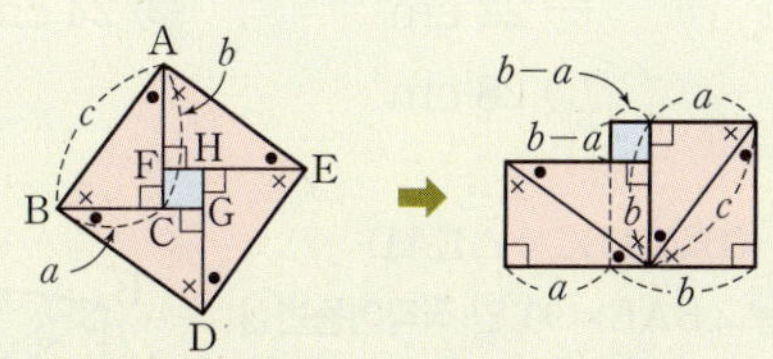

$$c^2=a^2+b^2$$

(1) $\triangle ABC \equiv \triangle BDG \equiv \triangle DEH \equiv \triangle EAF$
(2) $\square$ABDE, $\square$CGHF는 정사각형
(3) $\square$ABDE $=4\triangle ABC+\square$CGHF

0823 상 중 하

오른쪽 그림과 같은 정사각형 ABCD에서 $\overline{AH}=\overline{HE}=\overline{BE}=\overline{EF}=\overline{CF}=\overline{FG}=\overline{HG}=\overline{GD}$이고 $\overline{AD}^2=80$일 때, $\square$EFGH의 넓이를 구하시오.

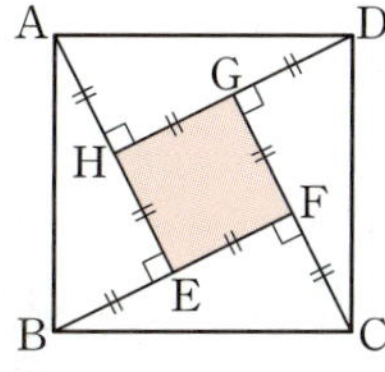

0824 상 중 하

오른쪽 그림에서 4개의 직각삼각형은 모두 합동이고 $\square$ABCD의 넓이는 25 cm^{2}이다. $\overline{AE}=3$ cm일 때, $\square$EFGH의 둘레의 길이를 구하시오.

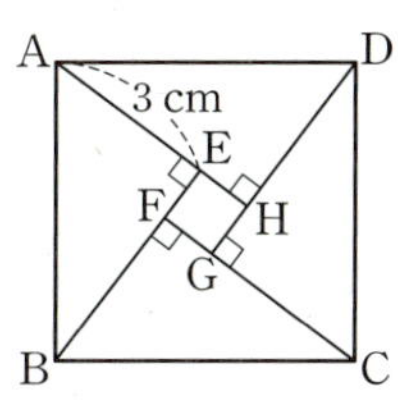

0825 상 중 하

오른쪽 그림에서 4개의 직각삼각형은 모두 합동이고 $\square$PQRS의 넓이는 16 cm^{2}이다. $\overline{BQ}=2$ cm일 때, $\square$ABCD의 넓이를 구하시오.

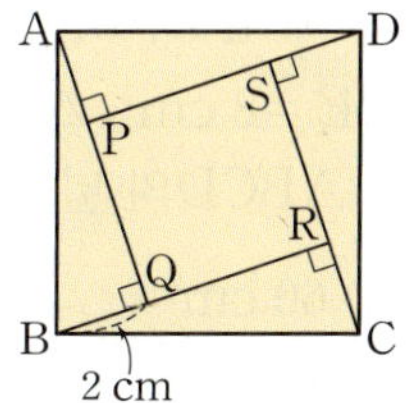

유형 11 피타고라스 정리의 설명 — 가필드의 방법

0826 상 중 하

오른쪽 그림에서 두 직각삼각형 ABC와 CDE는 합동이고 세 점 B, C, D는 한 직선 위에 있다. $\overline{AB}=8$ cm, △ACE의 넓이는 50 cm²일 때, △CDE의 넓이는?

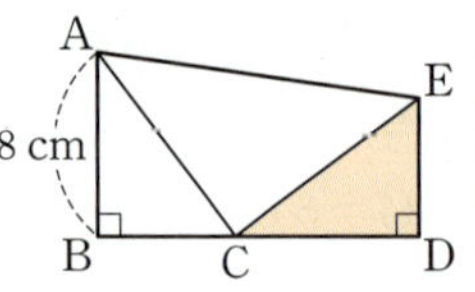

① 20 cm² ② 22 cm² ③ 24 cm²
④ 26 cm² ⑤ 28 cm²

> **유형 Point** (1) △ABC≡△EAD
> (2) △AEB는 ∠BAE=90°인 직각이등변삼각형이다.
> (3) 사다리꼴 BCDE의 넓이는 세 직각삼각형 ABC, EAD, AEB의 넓이의 합과 같으므로 직각삼각형 ABC에서 피타고라스 정리가 성립한다.
> 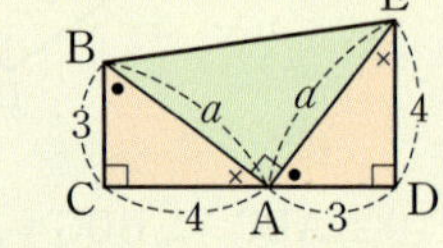
> $$\frac{1}{2}\times(3+4)\times(3+4)=2\times\left(\frac{1}{2}\times3\times4\right)+\frac{1}{2}a^2$$
> $$\frac{25}{2}=\frac{a^2}{2} \quad \therefore a=5$$

0827 상 중 하

오른쪽 그림에서 두 직각삼각형 ABC와 DEB는 합동이고 세 점 A, B, D는 한 직선 위에 있다. $\overline{AC}=3$ cm, $\overline{DE}=6$ cm일 때, △BEC의 넓이를 구하시오.

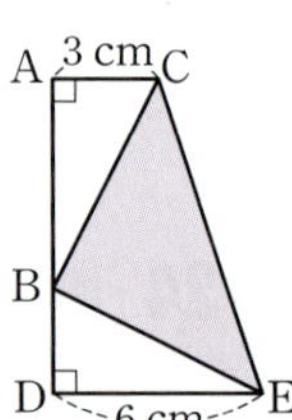

0828 상 중 하 서술형

오른쪽 그림에서 △ABE≡△ECD이고 세 점 B, E, C는 한 직선 위에 있다. $\overline{BE}=8$ cm, △AED=40 cm²일 때, □ABCD의 넓이는?

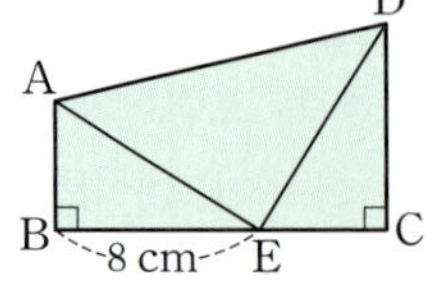

① 60 cm² ② 66 cm² ③ 72 cm²
④ 84 cm² ⑤ 96 cm²

유형 12 접은 도형

0829 상 중 하

오른쪽 그림과 같이 직사각형 모양의 종이 ABCD를 점 D가 $\overline{BC}$ 위의 점 E에 오도록 접었다. $\overline{AB}=3$ cm, $\overline{AD}=5$ cm일 때, $\overline{EF}$의 길이를 구하시오.

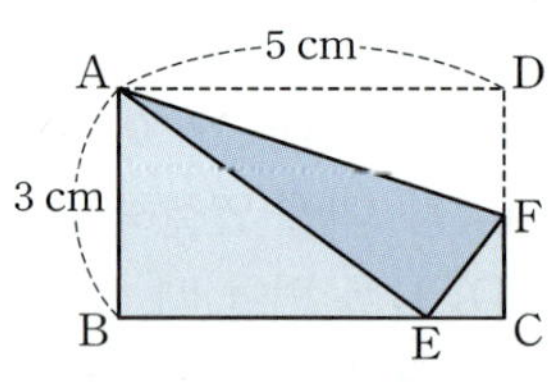

> **유형 Point** 직사각형 ABCD를 꼭짓점 D가 $\overline{BC}$ 위의 점 P에 오도록 접었을 때,
> 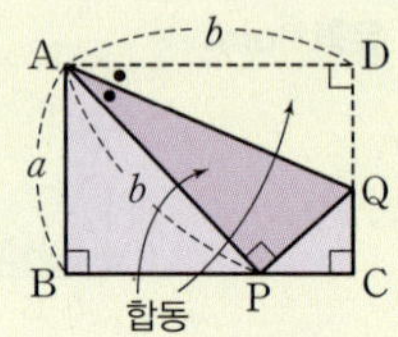
> (1) △ABP에서 $\overline{BP}^2=b^2-a^2$
> (2) $\overline{PC}=b-\overline{BP}$
> (3) △ABP∽△PCQ (AA 닮음)이므로 $a:\overline{PC}=b:\overline{PQ}$

0830 상 중 하

오른쪽 그림과 같은 직사각형 모양의 종이 ABCD를 꼭짓점 B가 꼭짓점 D에 오도록 접었다. $\overline{DF}=13$ cm, $\overline{BC}=18$ cm일 때, △DFC의 넓이를 구하시오.

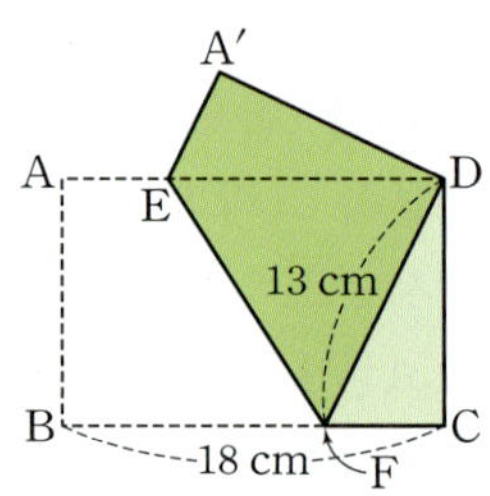

0831 상 중 하

오른쪽 그림과 같이 $\overline{AB}=\overline{AC}$인 직각이등변삼각형 ABC에서 꼭짓점 C가 $\overline{AB}$ 위의 점 D에 오도록 접었다. $\overline{AB}=16$ cm, $\overline{AE}=6$ cm일 때, $\overline{BD}$의 길이를 구하시오.

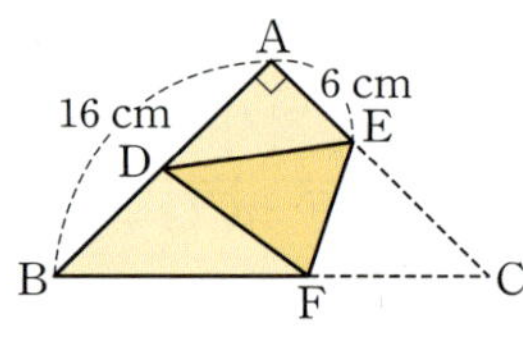

0832 상 중 하

오른쪽 그림과 같이 직사각형 ABCD를 대각선 BD를 접는 선으로 하여 접었다. $\overline{AB}=5$ cm, $\overline{BC}=12$ cm일 때, $\overline{PQ}$의 길이를 구하시오.

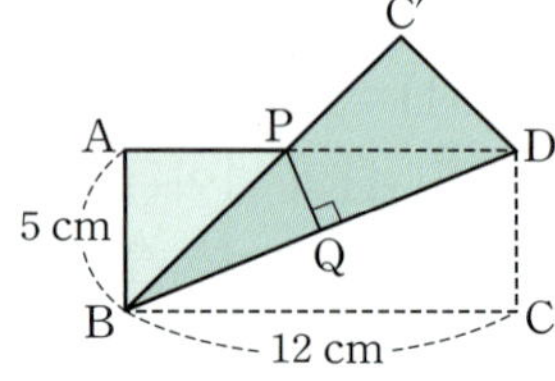

수학의 바이블 119쪽

유형 13 직각삼각형이 되기 위한 조건

0833 상 중 하

세 변의 길이가 보기와 같은 삼각형 중에서 직각삼각형인 것을 모두 고른 것은?

> **보기**
> ㄱ. 2, 5, 6 　　　　 ㄴ. 6, 8, 10 　　　　 ㄷ. 4, 6, 9
> ㄹ. 5, 12, 13 　　　 ㅁ. 8, 15, 17

① ㄱ, ㄷ 　　　② ㄱ, ㄷ, ㅁ 　　　③ ㄴ, ㄷ, ㅁ
④ ㄴ, ㄹ, ㅁ 　　　⑤ ㄴ, ㄷ, ㄹ, ㅁ

> **유형 Point**　세 변의 길이가 각각 a, b, c인 $\triangle ABC$에서 $c^2=a^2+b^2$이면 $\triangle ABC$는 빗변의 길이가 c인 직각삼각형이다.
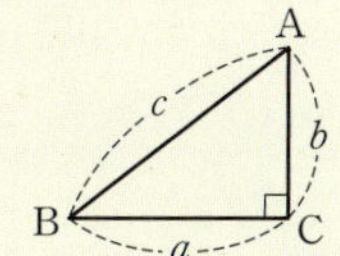

0834 상 중 하

세 변의 길이가 다음과 같은 삼각형 중 직각삼각형이 <u>아닌</u> 것은?

① 3, 4, 5 　　　② 6, 9, 12 　　　③ 9, 12, 15
④ 12, 16, 20 　　　⑤ 7, 24, 25

0835 상 중 하

세 변의 길이가 각각 9 cm, 40 cm, 41 cm인 삼각형의 넓이를 구하시오.

0836 상 중 하 서술형

길이가 각각 8 cm, 10 cm, x cm인 3개의 빨대를 이용하여 직각삼각형을 만들려고 할 때, 가능한 x^2의 값의 합을 구하시오.

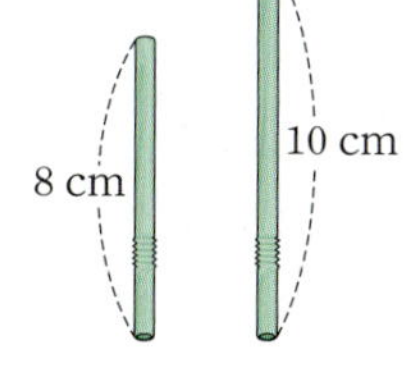

수학의 바이블 122쪽

유형 14 삼각형의 각의 크기에 대한 변의 길이

0837 상 중 하

오른쪽 그림과 같은 $\triangle ACB$에서 $\angle C < 90°$일 때, x의 값의 범위를 구하시오. (단, $x>8$)

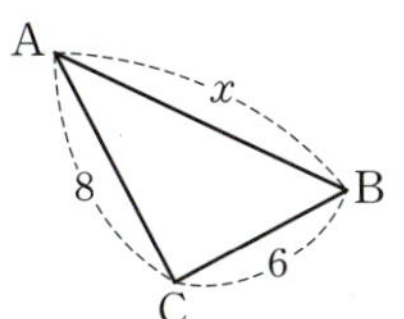

> **유형 Point**　$\triangle ABC$에서 $\overline{AB}=c$, $\overline{BC}=a$, $\overline{CA}=b$일 때
> (1) $\angle C < 90°$이면 $c^2 < a^2+b^2$
> (2) $\angle C = 90°$이면 $c^2 = a^2+b^2$
> (3) $\angle C > 90°$이면 $c^2 > a^2+b^2$
> **참고** 삼각형이 되기 위한 조건
> (나머지 두 변의 길이의 차)<(한 변의 길이)
> 　　　　　　　<(나머지 두 변의 길이의 합)

0838 상 중 하

세 변의 길이가 각각 4, 7, a인 삼각형이 둔각삼각형이 되도록 하는 모든 자연수 a의 값의 합을 구하시오. (단, $a>7$)

0839 상 중 하

세 변의 길이가 5, x, 10인 삼각형이 예각삼각형일 때, 다음 중 x의 값이 될 수 있는 것은? (단, $x<10$)

① 5 　　　② 6 　　　③ 7
④ 8 　　　⑤ 9

0840 상 중 하

오른쪽 그림과 같은 $\triangle ABC$에서 $90° < \angle A < 180°$일 때, 가능한 자연수 x의 개수를 구하시오.

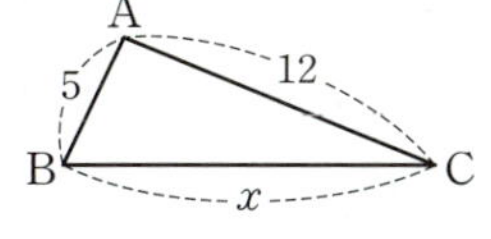

유형 15 삼각형의 변의 길이에 대한 각의 크기

0841 (상 중 하)
세 변의 길이가 보기와 같은 삼각형 중에서 둔각삼각형인 것을 모두 고르시오.

보기

ㄱ. 4, 6, 7 ㄴ. 5, 7, 9 ㄷ. 9, 10, 14
ㄹ. 7, 8, 10 ㅁ. 7, 24, 25

→ **유형 Point** $\triangle ABC$에서 $\overline{AB}=c$, $\overline{BC}=a$, $\overline{CA}=b$일 때
(단, c는 가장 긴 변의 길이)

(1) $c^2<a^2+b^2$이면 $\angle C<90°$ (예각삼각형)
(2) $c^2=a^2+b^2$이면 $\angle C=90°$ (직각삼각형)
(3) $c^2>a^2+b^2$이면 $\angle C>90°$ (둔각삼각형)

0842 (상 중 하)
세 변의 길이가 다음과 같은 삼각형 중에서 예각삼각형인 것을 모두 고르면? (정답 2개)

① 4 cm, 6 cm, 8 cm ② 5 cm, 12 cm, 13 cm
③ 5 cm, 6 cm, 7 cm ④ 6 cm, 8 cm, 10 cm
⑤ 8 cm, 9 cm, 12 cm

0843 (상 중 하)
세 변의 길이가 4, 5, x인 삼각형에 대하여 다음 중 x의 값과 삼각형의 모양이 바르게 짝 지어진 것은?

① $x=2$, 예각삼각형 ② $x=3$, 둔각삼각형
③ $x=4$, 직각삼각형 ④ $x=6$, 예각삼각형
⑤ $x=7$, 예각삼각형

0844 (상 중 하)
$\triangle ABC$에서 $\overline{AB}=c$, $\overline{BC}=a$, $\overline{CA}=b$일 때, 다음 중 옳지 않은 것은?

① $b^2<a^2+c^2$이면 $\triangle ABC$는 예각삼각형이다.
② $a^2=b^2+c^2$이면 $\triangle ABC$는 직각삼각형이다.
③ $c^2>a^2+b^2$이면 $\triangle ABC$는 둔각삼각형이다.
④ $a^2<b^2+c^2$이면 $\angle A<90°$이다.
⑤ $b^2>a^2+c^2$이면 $\angle C<90°$이다.

유형 16 피타고라스 정리를 이용한 직각삼각형의 성질

0845 (상 중 하)
오른쪽 그림과 같이 $\angle C=90°$인 직각삼각형 ABC에서 $\overline{AC}^2=32$, $\overline{BC}=8$, $\overline{DE}=4$일 때, $\overline{AD}^2+\overline{BE}^2$의 값은?

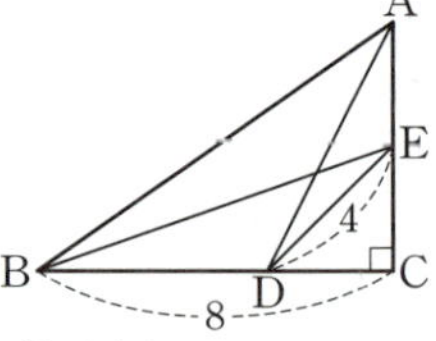

① 110 ② 112 ③ 114
④ 116 ⑤ 118

→ **유형 Point** $\angle A=90°$인 직각삼각형 ABC에서 두 점 D, E가 각각 $\overline{AB}$, $\overline{AC}$ 위에 있을 때 $\overline{DE}^2+\overline{BC}^2=\overline{BE}^2+\overline{CD}^2$

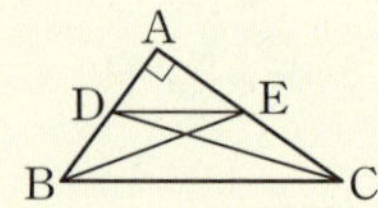

0846 (상 중 하) 서술형
오른쪽 그림과 같이 $\angle A=90°$인 직각삼각형 ABC에서 두 점 D, E는 각각 $\overline{AB}$, $\overline{AC}$의 중점이다. $\overline{BC}=12$일 때, $\overline{BE}^2+\overline{CD}^2$의 값을 구하시오.

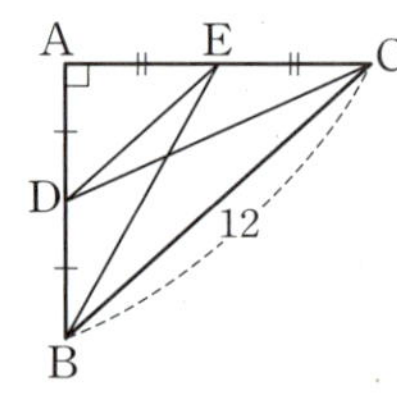

0847 (상 중 하)
오른쪽 그림과 같이 $\angle C=90°$인 직각삼각형 ABC에서 $\overline{BC}=6$, $\overline{AC}=\overline{BE}=8$일 때, $\overline{AD}^2-\overline{DE}^2$의 값을 구하시오.

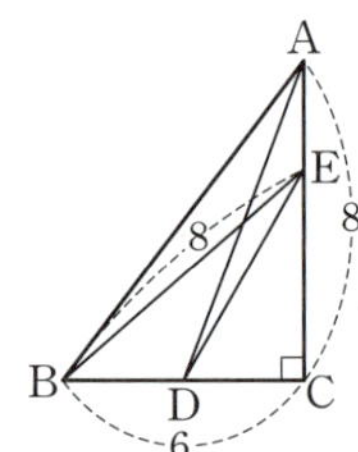

0848 (상 중 하)
오른쪽 그림과 같이 $\angle B=90°$인 직각삼각형 ABC에서 두 점 D, E는 각각 $\overline{AB}$, $\overline{BC}$의 중점이고 점 G는 $\overline{AE}$와 $\overline{DC}$의 교점이다. $\overline{DG}=4$, $\overline{EG}=3$일 때, $\overline{DE}^2$의 값을 구하시오.

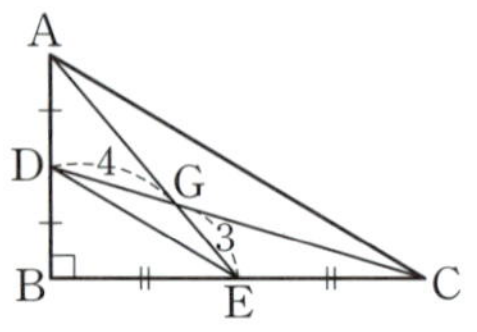

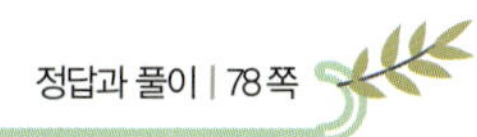

유형 17 피타고라스 정리를 이용한 사각형의 성질

0849 상 중 하

오른쪽 그림과 같은 □ABCD에서 $\overline{AC} \perp \overline{BD}$일 때, $\overline{AD}^2$의 값을 구하시오.

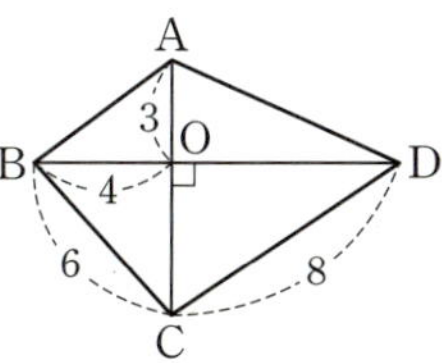

→ **유형 Point** (1) □ABCD에서 두 대각선이 직교할 때
$$\overline{AB}^2 + \overline{CD}^2 = \overline{AD}^2 + \overline{BC}^2$$

(2) 직사각형 ABCD의 내부에 한 점 P가 있을 때
$$\overline{AP}^2 + \overline{CP}^2 = \overline{BP}^2 + \overline{DP}^2$$

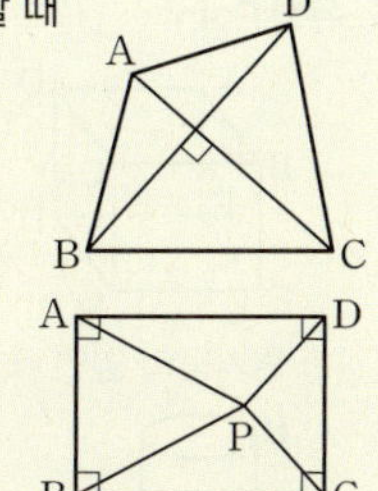

0850 상 중 하

오른쪽 그림과 같이 직사각형 ABCD의 내부에 한 점 P가 있다. $\overline{AP}=4$, $\overline{BP}=5$, $\overline{DP}=6$일 때, $\overline{CP}^2$의 값을 구하시오.

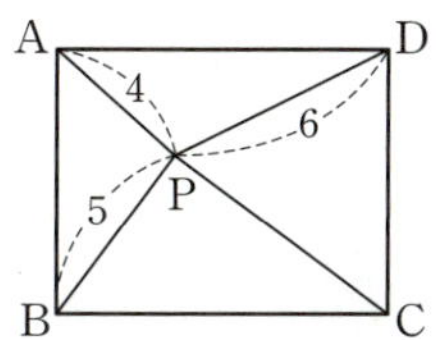

0851 상 중 하

오른쪽 그림과 같이 직사각형 ABCD의 내부에 한 점 P가 있다. $\overline{AP}=3$, $\overline{DP}=5$일 때, y^2-x^2의 값을 구하시오.

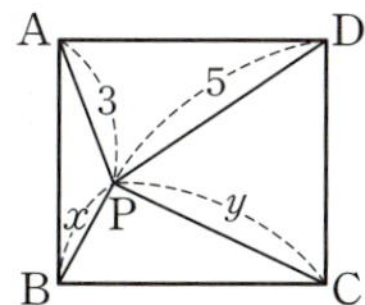

0852 상 중 하

오른쪽 그림과 같이 □ABCD의 두 대각선이 직교하고 $\overline{AB}=9$, $\overline{BC}=15$, $\overline{CD}=13$, $\overline{OD}=4$일 때, △AOD의 넓이를 구하시오.

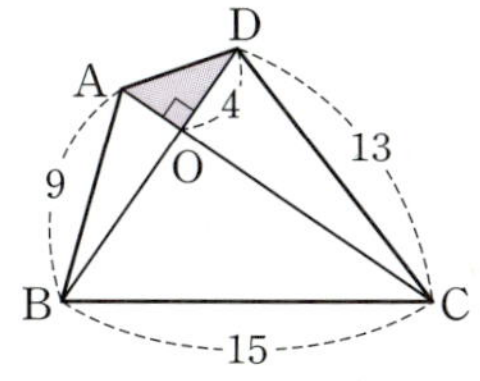

유형 18 직각삼각형과 세 반원 사이의 관계

0853 상 중 하

오른쪽 그림과 같이 $\angle A=90°$인 빗변의 길이가 14 cm인 직각삼각형 ABC의 각 변을 지름으로 하는 세 반원의 넓이를 각각 S_1, S_2, S_3이라고 할 때, $S_1+S_2+S_3$의 값을 구하시오.

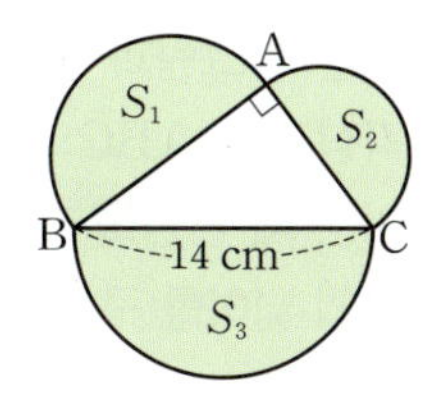

→ **유형 Point** $\angle A=90°$인 직각삼각형 ABC의 각 변을 지름으로 하는 세 반원의 넓이를 각각 S_1, S_2, S_3이라고 할 때
$$S_1+S_2=S_3$$

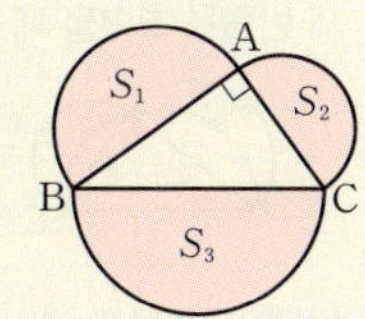

0854 상 중 하

오른쪽 그림과 같이 $\angle A=90°$인 직각삼각형 ABC의 각 변을 지름으로 하는 세 반원 P, Q, R를 그렸다. 반원 P의 반지름의 길이는 12 cm, 반원 Q의 반지름의 길이는 16 cm일 때, 반원 R의 넓이를 구하시오.

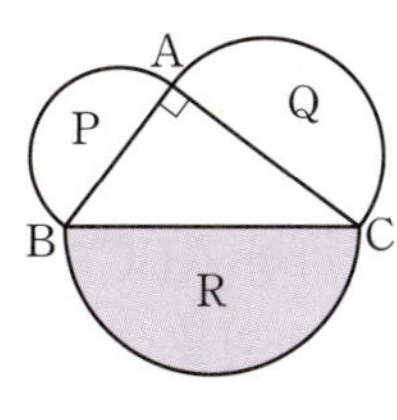

0855 상 중 하

오른쪽 그림과 같이 $\angle A=90°$인 직각삼각형 ABC에서 $\overline{AB}$, $\overline{AC}$를 지름으로 하는 두 반원의 넓이가 각각 18π cm², 32π cm²일 때, $\overline{BC}$의 길이를 구하시오.

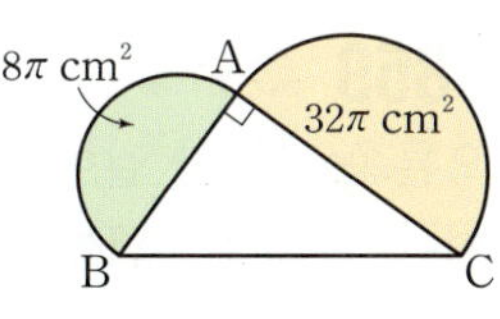

0856 상 중 하 서술형

오른쪽 그림과 같이 $\angle A=90°$인 직각삼각형 ABC의 각 변을 지름으로 하는 세 반원을 그렸다. $\overline{BC}$를 지름으로 하는 반원의 넓이가 48π, $\overline{AC}=16$일 때, $\overline{AB}$를 지름으로 하는 반원의 넓이를 구하시오.

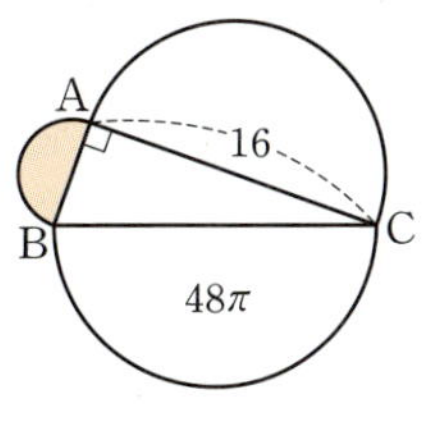

수학의 바이블 126쪽

유형 19 히포크라테스의 원의 넓이

0857 상 중 하

오른쪽 그림과 같이 $\angle A=90°$인 직각삼각형 ABC의 각 변을 지름으로 하는 세 반원을 그렸을 때, 색칠한 부분의 넓이를 구하시오.

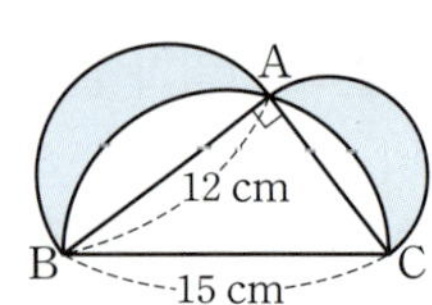

▶ **유형 Point**　$\angle A=90°$인 직각삼각형 ABC의 각 변을 지름으로 하는 세 반원을 그렸을 때

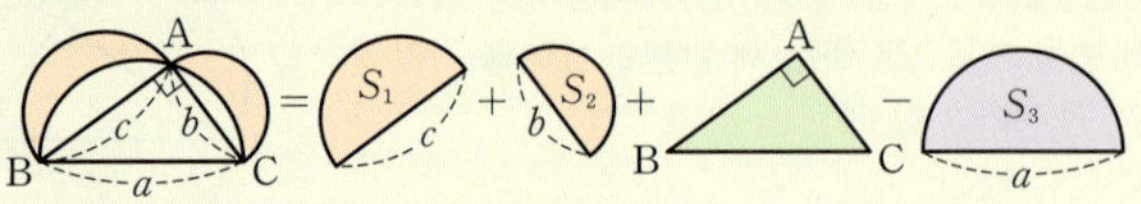

(색칠한 부분의 넓이)$=S_1+S_2+\triangle ABC-S_3=\triangle ABC=\dfrac{1}{2}bc$

0858 상 중 하

오른쪽 그림과 같이 $\angle A=90°$인 직각삼각형 ABC의 각 변을 지름으로 하는 세 반원을 그렸다. $\overline{AB}=8$ cm이고 색칠한 부분의 넓이가 60 cm²일 때, $\overline{BC}$의 길이를 구하시오.

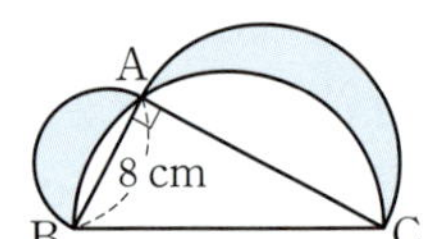

 **0859** 상 중 하

오른쪽 그림과 같이 $\angle A=90°$인 직각이등변삼각형 ABC의 각 변을 지름으로 하는 세 반원을 그렸을 때, 색칠한 부분의 넓이를 구하시오.

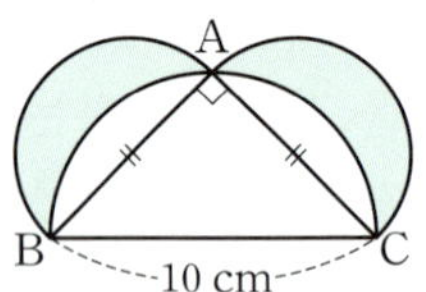

0860 상 중 하 　서술형

오른쪽 그림과 같이 $\angle A=90°$인 직각삼각형 ABC의 각 변을 지름으로 하는 세 반원을 그렸다. $\overline{AC}$를 지름으로 하는 반원의 넓이가 18π cm²이고 $\overline{BC}=13$ cm일 때, 색칠한 부분의 넓이를 구하시오.

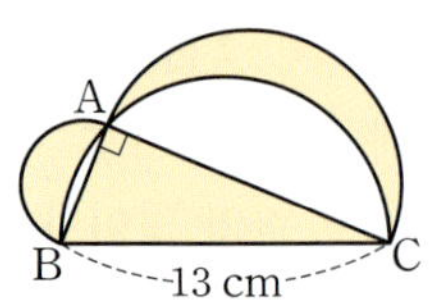

유형 20 입체도형에서의 최단 거리

0861 상 중 하

오른쪽 그림과 같은 직육면체의 꼭짓점 A에서 출발하여 겉면을 따라 모서리 BC를 지나 꼭짓점 G에 이르는 최단 거리를 구하시오.

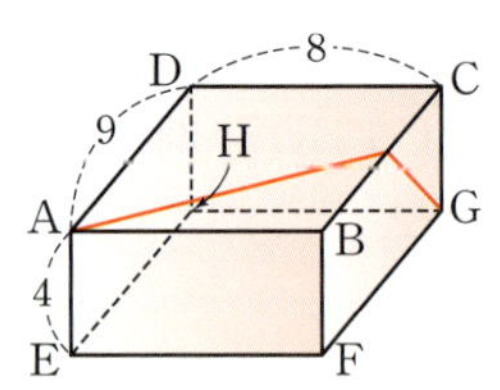

▶ **유형 Point**　(1) 각기둥의 옆면 ➡ 직사각형

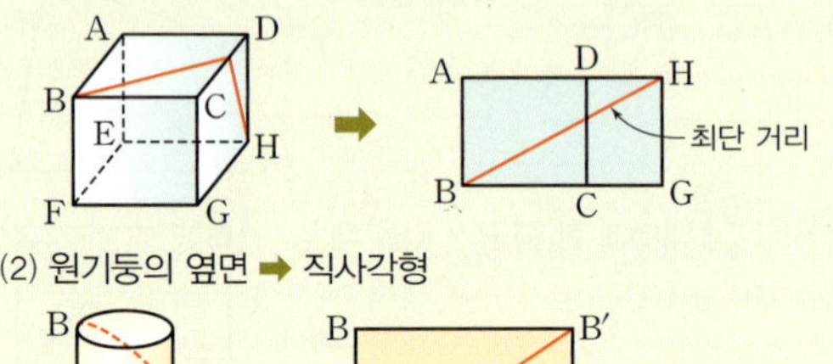

(2) 원기둥의 옆면 ➡ 직사각형

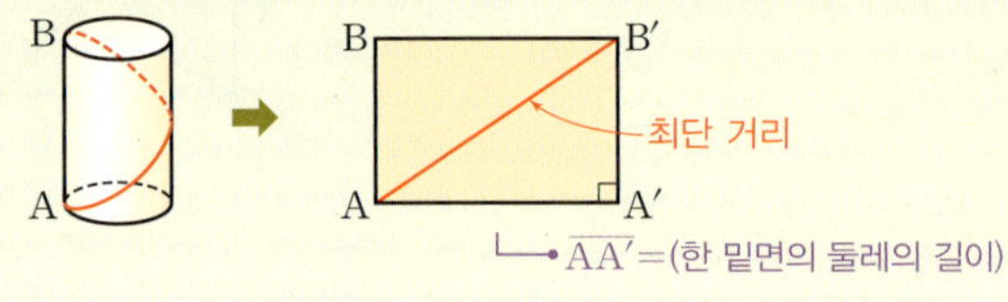

$\overline{AA'}=$(한 밑면의 둘레의 길이)

0862 상 중 하

오른쪽 그림과 같은 직육면체의 꼭짓점 B에서 출발하여 겉면을 따라 모서리 AE, DH, CG를 지나 꼭짓점 F에 이르는 최단 거리를 구하시오.

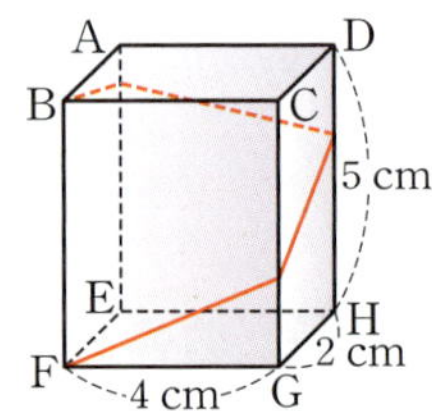

0863 상 중 하

오른쪽 그림과 같이 밑면의 반지름의 길이가 8 cm, 높이가 12π cm인 원기둥의 점 A에서 출발하여 옆면을 따라 점 B에 이르는 최단 거리를 구하시오.

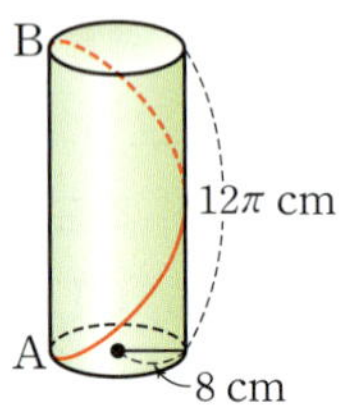

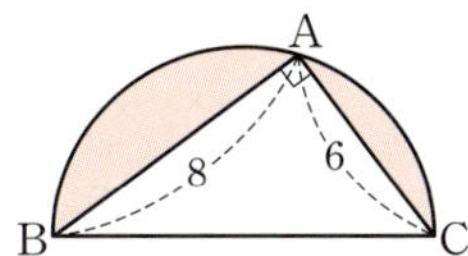

0864

오른쪽 그림과 같이 $\angle A = 90°$인 직각삼각형 ABC에서 $\overline{BC}$를 지름으로 하는 반원을 그렸을 때, 색칠한 부분의 넓이를 구하시오.

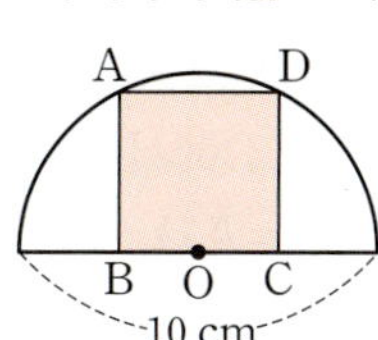

0868

➤ **수학의 바이블** 137쪽

오른쪽 그림과 같이 정사각형 ABCD가 지름의 길이가 10 cm인 반원 O에 내접할 때, 정사각형 ABCD의 넓이를 구하시오.

0865

오른쪽 그림에서 점 O는 $\angle A = 90°$인 직각삼각형 ABC의 외심이다. $\overline{AC} = 12$ cm, $\overline{AO} = 10$ cm일 때, $\overline{AB}$의 길이는?

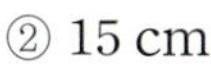

① 14 cm ② 15 cm ③ 16 cm
④ 17 cm ⑤ 18 cm

0869

오른쪽 그림에서 $\overline{AB} = 4$, $\overline{BC} = \overline{CD} = \overline{DE} = \overline{EF} = \overline{FG} = 2$일 때, $\overline{AG}$의 길이는?

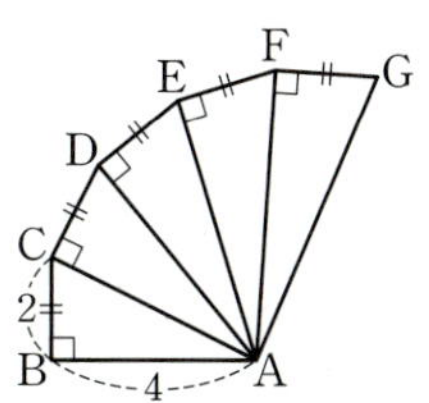

① 4 cm ② 5 cm
③ 6 cm ④ 7 cm
⑤ 8 cm

0866

오른쪽 그림과 같이 $\angle B = 90°$인 직각삼각형 ABC에서 $\overline{AD} = \overline{CD}$이고 $\overline{AB} = 3$ cm, $\overline{BD} = 4$ cm일 때, $\overline{AC}^2$의 값을 구하시오.

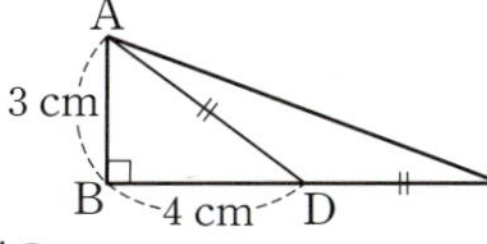

0870

⭐⭐

오른쪽 그림에서 □OCBA는 한 변의 길이가 3인 정사각형이고 세 점 E, G, H는 각각 점 O를 중심으로 하고 $\overline{OB}$, $\overline{OD}$, $\overline{OF}$를 반지름으로 하는 원과 $\overline{OC}$의 연장선의 교점이다. $\angle FOH = 30°$일 때, 색칠한 부분의 넓이를 구하시오.

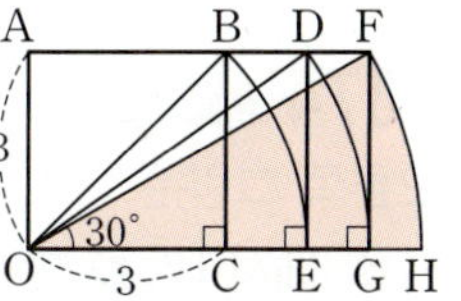

0867

오른쪽 그림과 같은 △ABC에서 $\overline{AB} = 10$ cm, $\overline{AC} = 17$ cm, $\overline{CD} = 15$ cm이고 $\overline{AD} \perp \overline{BC}$일 때, △ABC의 넓이를 구하시오.

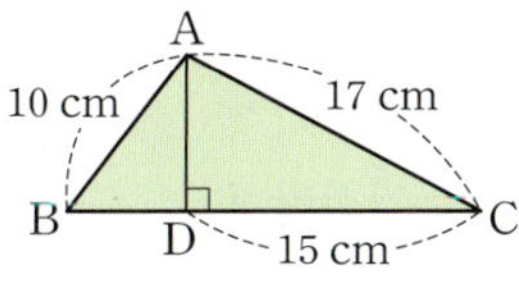

0871

오른쪽 그림과 같은 □ABCD에서 $\angle A = \angle C = 90°$이고 $\overline{AD} = 5$, $\overline{BC} = 6$, $\overline{CD} = 4$일 때, x^2의 값은?

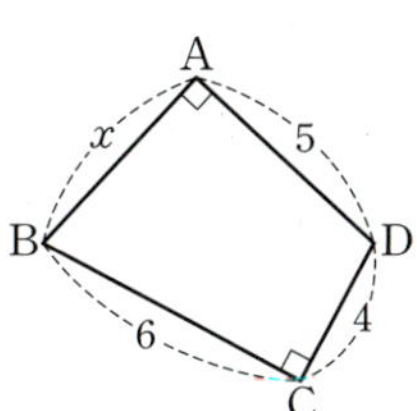

① 19 ② 21
③ 23 ④ 25
⑤ 27

0872

오른쪽 그림과 같은 사다리꼴 ABCD에서 $\angle C = \angle D = 90°$이고 $\overline{AB} = \overline{AD} = 6$, $\overline{BC} = 10$일 때, $\overline{BD}^2$의 값을 구하시오.

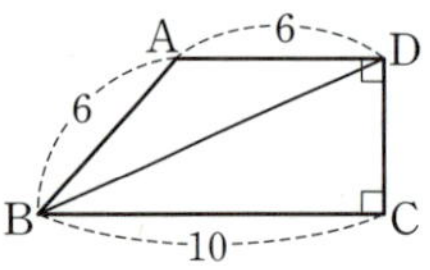

0873

오른쪽 그림은 $\angle A = 90°$인 직각삼각형 ABC의 각 변을 한 변으로 하는 세 정사각형을 그린 것이다.
다음 중 옳지 않은 것은?

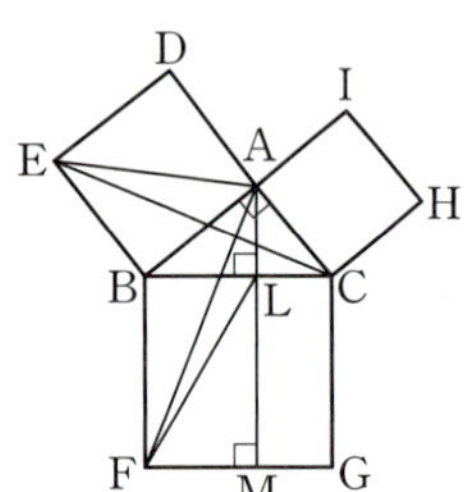

① $\triangle EBA = \triangle EBC$

② $\triangle EBC = \triangle ABF$

③ $\triangle ABF = \triangle BFL$

④ $\triangle ADE = \dfrac{1}{2} \square BFML$

⑤ $\square ACHI = \dfrac{1}{2} \square LMGC$

0874 생각이 쑥쑥

오른쪽 그림은 $\angle A = 90°$인 직각삼각형 ABC에서 $\overline{BC}$를 한 변으로 하는 정사각형 BDEC를 그린 것이다. $\overline{BC} = 10$ cm 이고 $\triangle AEC$의 넓이가 32 cm²일 때, $\overline{AB}$의 길이를 구하시오.

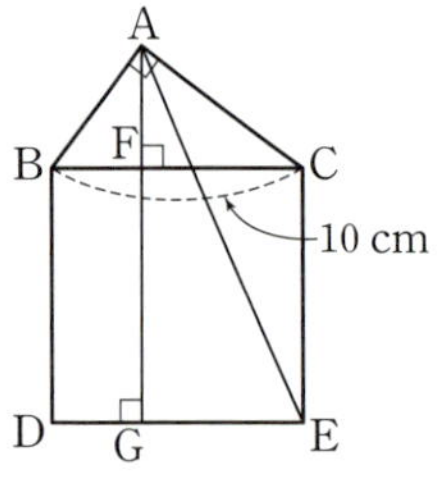

0875

오른쪽 그림에서 $x^2 + y^2 = 121$일 때, $\square EFGH$의 넓이를 구하시오.

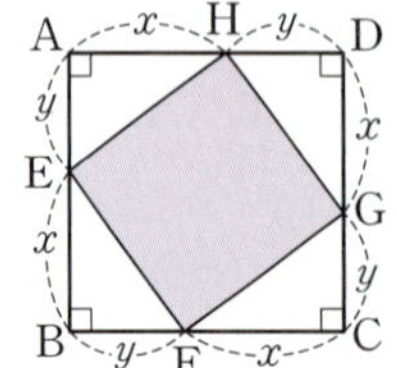

0876

오른쪽 그림과 같이 합동인 4개의 직각삼각형을 이용하여 정사각형 ABCD를 만들었다. $\overline{BF} = 5$ cm이고 $\square EFGH$의 넓이가 49 cm²일 때, $\square ABCD$의 둘레의 길이를 구하시오.

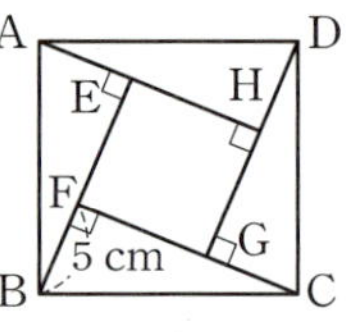

0877

오른쪽 그림에서 $\triangle ABP$와 $\triangle PCD$는 합동이고 세 점 B, P, C는 한 직선 위에 있다. $\overline{AD}^2 = 80$, $\overline{CP} = 6$일 때, $\square ABCD$의 넓이를 구하시오.

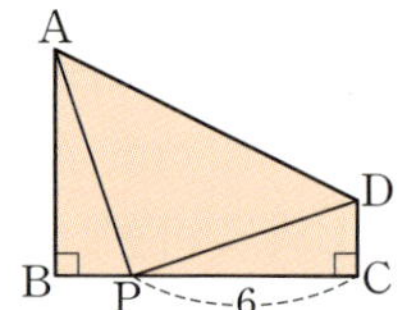

0878

세 변의 길이가 x, 8, 14인 삼각형이 둔각삼각형일 때, 다음 중 x의 값이 될 수 없는 것은? (단, $x < 14$)

① 8   ② 9   ③ 10

④ 11   ⑤ 12

0879

오른쪽 그림과 같이 넓이가 각각 6, 9, 16인 세 개의 정사각형으로 둘러싸인 $\triangle ABC$는 어떤 삼각형인가?

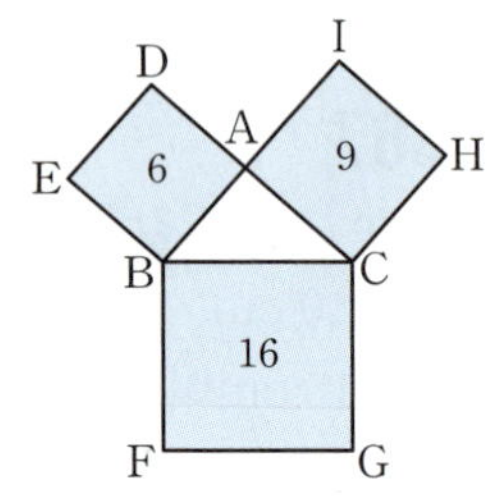

① 예각삼각형   ② 직각삼각형

③ 둔각삼각형   ④ 정삼각형

⑤ 이등변삼각형

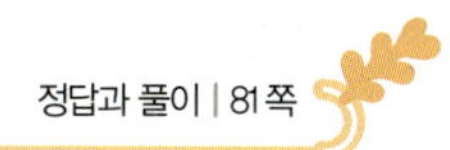

0880

세 변의 길이가 보기와 같은 삼각형 중에서 예각삼각형인 것은 모두 몇 개인가?

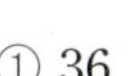 보기 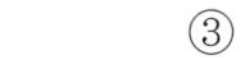

ㄱ. 2, 2, 3 　　ㄴ. 2, 3, 4 　　ㄷ. 5, 6, 8
ㄹ. 7, 10, 15 　　ㅁ. 8, 12, 13

① 1개 　　② 2개 　　③ 3개
④ 4개 　　⑤ 5개

0881

오른쪽 그림과 같이 $\angle A = 90°$인 직각삼각형 ABC에서 $\overline{AD} = \overline{AE} = 5$, $\overline{CE} = 3$일 때, $\overline{BC}^2 - \overline{BE}^2$의 값은?

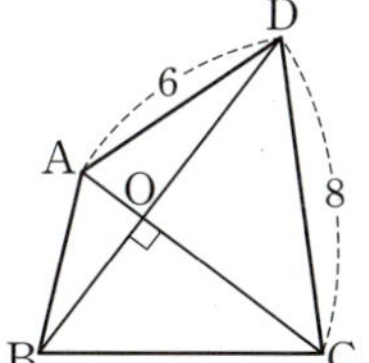

① 36 　　② 37 　　③ 38
④ 39 　　⑤ 40

0882

오른쪽 그림과 같이 □ABCD의 두 대각선이 직교하고 $\overline{AB}^2 = 22$, $\overline{OC}^2 = 32$, $\overline{AD} = 6$, $\overline{CD} = 8$일 때, $\overline{OB}^2 + \overline{BC}^2$의 값을 구하시오.

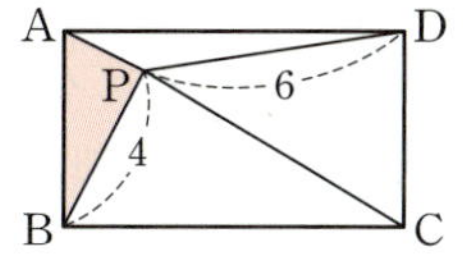

0883

오른쪽 그림과 같은 직사각형 ABCD의 내부에 한 점 P가 있다. $\overline{AB}^2 = 20$, $\overline{BP} = 4$, $\overline{CP}^2 = 48$, $\overline{DP} = 6$일 때, △ABP의 넓이는?

① 4 　　② 5 　　③ 6
④ 7 　　⑤ 8

0884

오른쪽 그림은 $\angle A = 90°$인 직각삼각형 ABC의 각 변을 지름으로 하는 세 반원을 그린 것이다. $\overline{AB}$, $\overline{BC}$를 지름으로 하는 두 반원의 넓이가 각각 10π, 28π일 때, $\overline{AC}$의 길이를 구하시오.

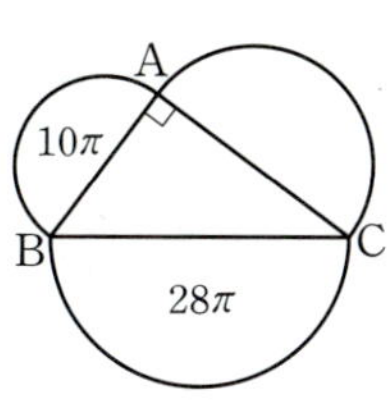

0885 생각이 쑥쑥

오른쪽 그림과 같이 원에 내접하는 직사각형 ABCD의 각 변을 지름으로 하는 네 반원을 그렸을 때, 색칠한 부분의 넓이를 구하시오.

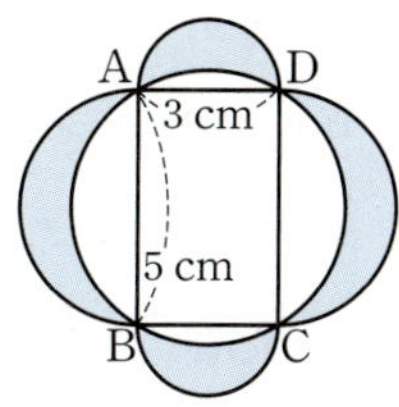

0886

오른쪽 그림과 같이 한 밑면의 반지름의 길이가 3 cm, 높이가 5π cm인 원기둥이 있다. 점 A에서 출발하여 원기둥의 옆면을 따라 두 바퀴 돌아 점 B에 이르는 최단 거리를 구하시오.

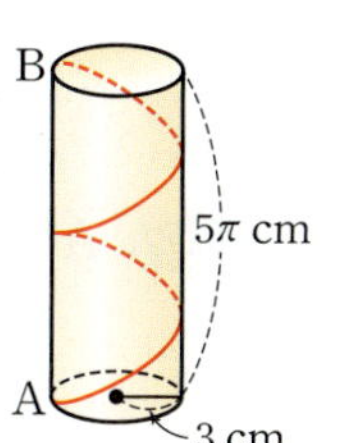

0887

다음 그림의 나무 모양은 정사각형과 직각삼각형을 계속 이어 그린 것이다. 직각삼각형 PQR의 각 변의 길이가 그림과 같을 때, 색칠한 정사각형의 넓이의 합을 구하시오.

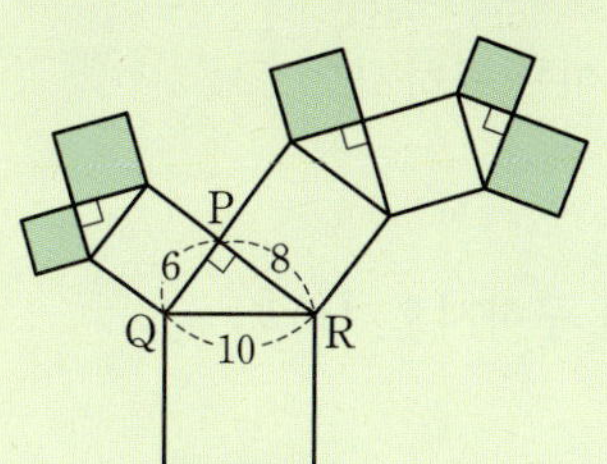

0888

오른쪽 그림과 같이 ∠C＝90°인 직각삼각형 ABC에서 ∠A의 이등분선이 $\overline{BC}$와 만나는 점을 D라고 하자. $\overline{BD}=5$, $\overline{CD}=3$일 때, $\overline{AC}$의 길이를 구하시오.

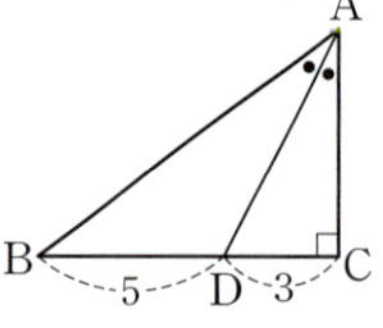

단계1 $\overline{AB}:\overline{AC}$를 가장 간단한 자연수의 비로 나타내시오. [40%]

단계2 $\overline{AC}$의 길이를 구하시오. [60%]

0889

오른쪽 그림과 같이 ∠C＝90°인 직각삼각형 ABC에서 ∠A의 이등분선이 $\overline{BC}$와 만나는 점을 D라고 하자. $\overline{BD}=26$, $\overline{CD}=10$일 때, $\overline{AC}$의 길이를 구하시오.

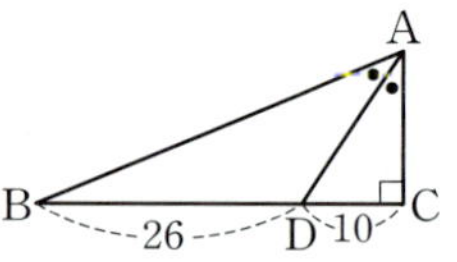

풀이

답 _______________

0890

오른쪽 그림은 ∠A＝90°인 직각삼각형 ABC의 각 변을 한 변으로 하는 세 정사각형을 그린 것이다. $\overline{AB}=6$ cm, $\overline{BC}=10$ cm일 때, △LMG의 넓이를 구하시오.

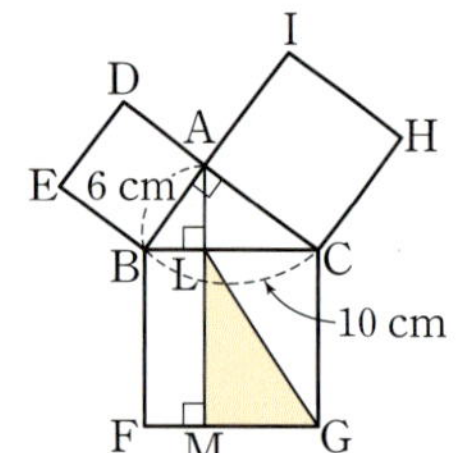

단계1 □LMGC＝□ACHI임을 설명하시오. [40%]

단계2 $\overline{AC}$의 길이를 구하시오. [30%]

단계3 △LMG의 넓이를 구하시오. [30%]

0891

오른쪽 그림은 ∠A＝90°인 직각삼각형 ABC의 각 변을 한 변으로 하는 세 정사각형을 그린 것이다. $\overline{AC}=4$ cm, $\overline{BC}=8$ cm일 때, △LFM의 넓이를 구하시오.

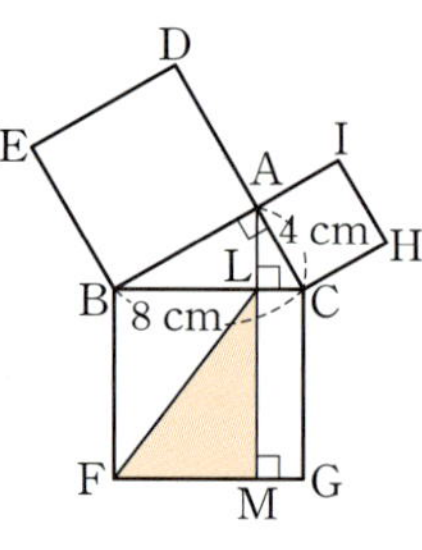

풀이

답 _______________

0892

오른쪽 그림과 같이 ∠A＝90°인 직각삼각형 ABC의 각 변을 지름으로 하는 세 반원을 그렸다. $\overline{AB}=10$ cm이고 색칠한 부분의 넓이가 25 cm^{2}일 때, x^2의 값을 구하시오.

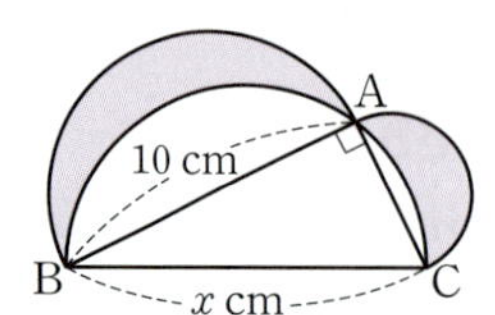

단계1 $\overline{AC}$의 길이를 구하시오. [60%]

단계2 x^2의 값을 구하시오. [40%]

0893

오른쪽 그림과 같이 ∠A＝90°인 직각삼각형 ABC의 각 변을 지름으로 하는 세 반원을 그렸다. $\overline{AC}=8$ cm이고 색칠한 부분의 넓이가 60 cm^{2}일 때, $\overline{BC}$의 길이를 구하시오.

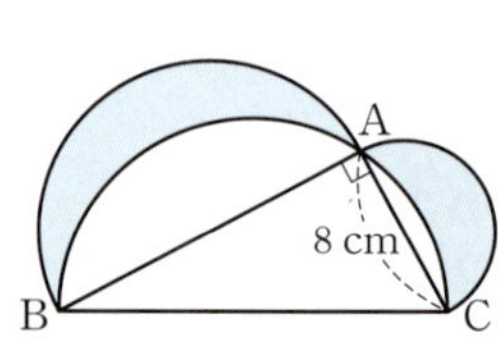

풀이

답 _______________

0894

오른쪽 그림에서 직선 l의 방정식은 $15x+8y+120=0$이다. 이때 원점 O에서 직선 l까지의 거리를 d라고 할 때, $17d$의 값을 구하시오.

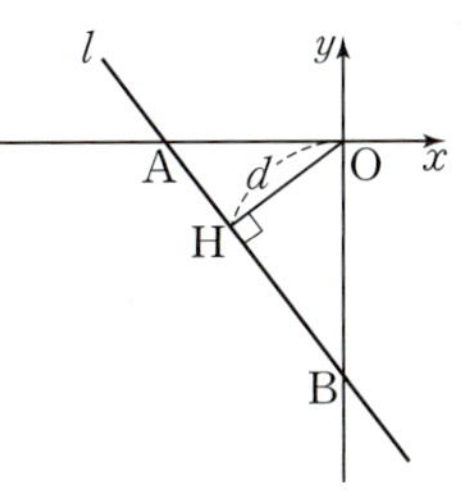

단계 1 $\overline{OA}$, $\overline{OB}$의 길이를 각각 구하시오. [30%]

단계 2 $\overline{AB}$의 길이를 구하시오. [30%]

단계 3 $17d$의 값을 구하시오. [40%]

0895

오른쪽 그림에서 직선 l의 방정식은 $5x-12y+60=0$이다. 이때 원점 O에서 직선 l까지의 거리를 d라고 할 때, $13d$의 값을 구하시오.

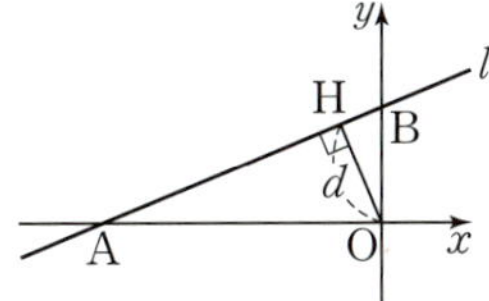

풀이

답 ___________

0896

오른쪽 그림과 같이 $\angle BAC=90°$인 직각삼각형 ABC에서 점 M은 $\overline{BC}$의 중점이고, 꼭짓점 A에서 $\overline{BC}$에 내린 수선의 발을 H라고 하면 $\overline{BH}=8$, $\overline{HC}=2$이다. 점 H에서 $\overline{AM}$에 내린 수선의 발을 I라고 할 때, $\overline{HI}$의 길이를 구하시오.

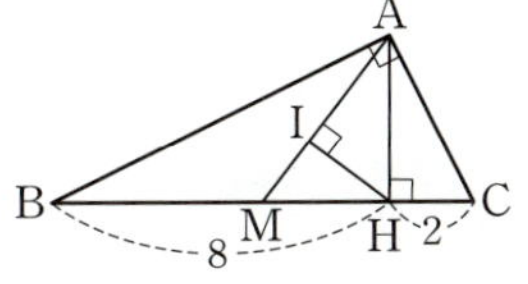

단계 1 $\overline{AH}$의 길이를 구하시오. [30%]

단계 2 $\overline{MH}$의 길이를 구하시오. [30%]

단계 3 $\overline{HI}$의 길이를 구하시오. [40%]

0897

오른쪽 그림과 같이 $\angle BAC=90°$인 직각삼각형 ABC에서 점 M은 $\overline{BC}$의 중점이고, 꼭짓점 A에서 $\overline{BC}$에 내린 수선의 발을 H라고 하면 $\overline{BH}=4$, $\overline{HC}=16$이다. 점 H에서 $\overline{AM}$에 내린 수선의 발을 Q라고 할 때, $\overline{HQ}$의 길이를 구하시오.

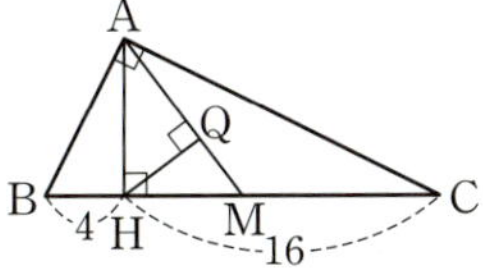

풀이

답 ___________

0898

오른쪽 그림과 같은 △ABC는 예각삼각형, 직각삼각형, 둔각삼각형 중 어떤 삼각형인지 구하시오.

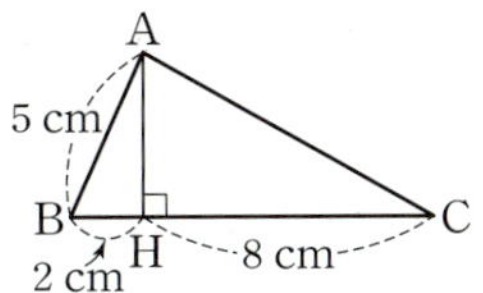

단계 1 $\overline{AH}^2$의 값을 구하시오. [30%]

단계 2 $\overline{AC}^2$의 값을 구하시오. [30%]

단계 3 $\overline{AB}^2$, $\overline{BC}^2$, $\overline{AC}^2$의 값을 각각 구하시오. [20%]

단계 4 △ABC는 어떤 삼각형인지 구하시오. [20%]

0899

오른쪽 그림과 같은 △ABC는 예각삼각형, 직각삼각형, 둔각삼각형 중 어떤 삼각형인지 구하시오.

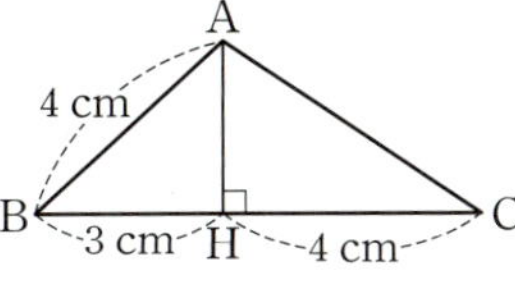

풀이

답 ___________

스스로 점검하기

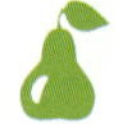

아래의 마인드맵에서 빈칸을 채우면서 학습한 내용을 확인해 봅시다.

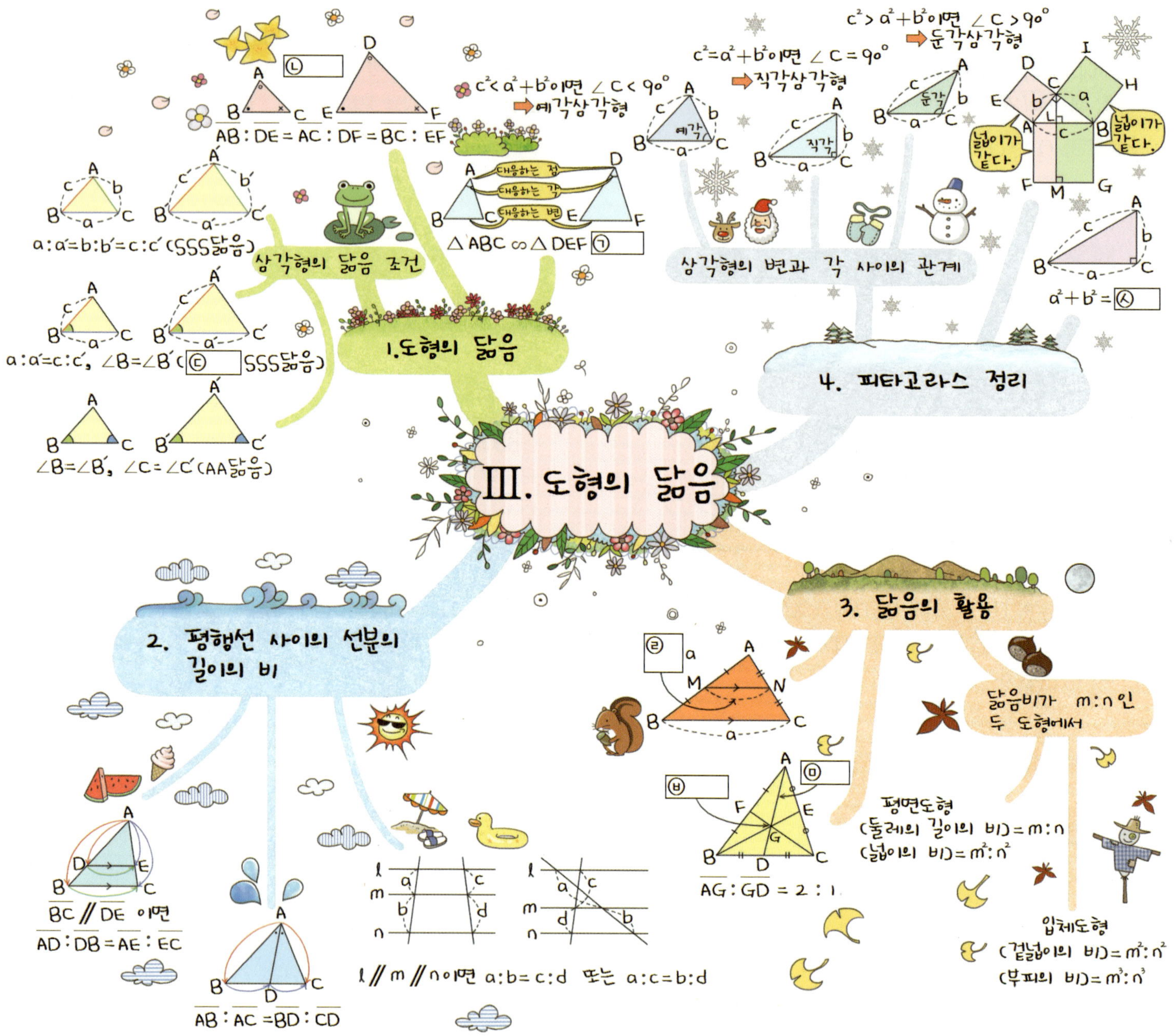

㉠ 한 도형을 일정한 비율로 확대하거나 축소한 도형이 다른 도형과 합동일 때, 이 두 도형의 관계

㉡ 닮은 두 도형에서 대응변의 길이의 비

㉢ 두 쌍의 대응변의 길이의 비가 같고, 그 끼인각의 크기가 같다.

㉣ 삼각형의 두 변의 중점을 연결한 선분의 길이는 나머지 한 변의 길이의 $\frac{1}{2}$이다.

㉤ 삼각형에서 한 꼭짓점과 그 대변의 중점을 이은 선분

㉥ 삼각형의 세 중선의 교점

㉦ 직각삼각형에서 직각을 낀 두 변의 길이의 제곱의 합은 빗변의 길이의 제곱과 같다.

답 | ㉠ 닮음 ㉡ 닮음비 ㉢ SAS ㉣ $\frac{1}{2}$ ㉤ 중선 ㉥ 무게중심 ㉦ c^2

Ⅳ. 확률

🐝 이해가 부족한 유형은 ☐ 안에 ✔를 표시하고 다시 풀어 봅시다.

1 경우의 수

개념 1 사건과 경우의 수

(1) **사건** : 같은 조건에서 반복할 수 있는 실험이나 관찰의 결과

(2) **경우의 수** : 어떤 사건이 일어나는 경우의 가짓수

실험·관찰	사건	경우	경우의 수
한 개의 주사위를 던진다.	짝수의 눈이 나온다.	⚁ ⚃ ⚅	3

참고 경우의 수를 구할 때 중복되지 않게 구하려면 나뭇가지 모양의 그림, 순서쌍, 표를 이용하면 편리하다.

- 경우의 수를 구할 때에는 모든 경우를 중복되지 않게, 빠짐없이 구해야 한다.

개념 2 사건 A 또는 사건 B가 일어나는 경우의 수

두 사건 A, B가 동시에 일어나지 않을 때, 사건 A가 일어나는 경우의 수가 m이고 사건 B가 일어나는 경우의 수가 n이면

(사건 A 또는 사건 B가 일어나는 경우의 수)$=m+n$

사건 A 또는 사건 B
↓
$m+n$

예 1부터 10까지의 자연수가 각각 하나씩 적힌 10장의 카드 중에서 한 장을 뽑을 때, 3의 배수 또는 4의 배수가 적힌 카드가 나오는 경우의 수는

(3의 배수가 적힌 카드가 나오는 경우의 수)$+$(4의 배수가 적힌 카드가 나오는 경우의 수)
$=3+2=5$ └ 3, 6, 9의 3가지 └ 4, 8의 2가지

- '두 사건 A, B가 동시에 일어나지 않는다.'는 것은 사건 A가 일어나면 사건 B가 일어나지 않고, 사건 B가 일어나면 사건 A가 일어나지 않는다는 것을 의미한다.

- 일반적으로 '또는', '~이거나'라는 표현이 있으면 각 사건이 일어나는 경우의 수를 더한다.

개념 3 사건 A와 사건 B가 동시에 일어나는 경우의 수

사건 A가 일어나는 경우의 수가 m이고 그 각각의 경우에 대하여 사건 B가 일어나는 경우의 수가 n이면

(사건 A와 사건 B가 동시에 일어나는 경우의 수)$=m \times n$

사건 A 동시에 사건 B
↓
$m \times n$

예 동전 한 개와 주사위 한 개를 동시에 던질 때, 동전은 앞면이 나오고 주사위는 짝수의 눈이 나오는 경우의 수는

(동전의 앞면이 나오는 경우의 수)$\times$(주사위의 짝수의 눈이 나오는 경우의 수)
$=1 \times 3=3$ └ 1가지 └ 2, 4, 6의 3가지

- '두 사건 A, B가 동시에 일어난다.'는 것은 두 사건이 같은 시간에 일어나는 것만을 의미하는 것이 아니라 사건 A의 각각의 경우에 대하여 사건 B가 일어나는 것을 의미한다. 즉, 두 사건 A와 B가 모두 일어난다는 의미이다.

- 일반적으로 '동시에', '그리고', '~와'라는 표현이 있으면 각 사건이 일어나는 경우의 수를 곱한다.

1 사건과 경우의 수

0900

한 개의 주사위를 던질 때, 다음 사건이 일어나는 경우의 수를 구하시오.

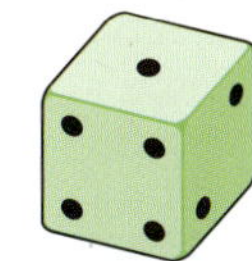

(1) 3 이상의 눈이 나온다.

(2) 3의 배수의 눈이 나온다.

(3) 5의 약수의 눈이 나온다.

(4) 소수의 눈이 나온다.

0901

서로 다른 두 개의 동전을 동시에 던질 때, 다음 사건이 일어나는 경우의 수를 구하시오.

(1) 뒷면이 1개 나온다.

(2) 서로 같은 면이 나온다.

0902

1에서 10까지의 수가 각각 하나씩 적힌 10장의 카드에서 한 장을 뽑을 때, 다음 사건이 일어나는 경우의 수를 구하시오.

(1) 3의 배수를 뽑는다.

(2) 5의 배수를 뽑는다.

(3) 짝수가 적힌 카드를 뽑는다.

2 사건 A 또는 사건 B가 일어나는 경우의 수

0903

1부터 15까지의 자연수가 각각 하나씩 적힌 15개의 공이 들어 있는 주머니에서 공을 한 개 꺼낼 때, 다음을 구하시오.

(1) 4의 배수가 적힌 공이 나오는 경우의 수

(2) 7의 배수가 적힌 공이 나오는 경우의 수

(3) 4의 배수 또는 7의 배수가 적힌 공이 나오는 경우의 수

0904

다음을 구하시오.

(1) 김밥 3종류와 라면 4종류 중에서 한 가지를 고르는 경우의 수

(2) 서로 다른 위인전 5권과 소설책 3권 중에서 한 권을 선택하는 경우의 수

(3) 서울에서 부산까지 가는 교통편으로 비행기는 2가지가 있고, 기차는 5가지가 있을 때, 비행기 또는 기차로 서울에서 부산까지 가는 경우의 수

3 사건 A와 사건 B가 동시에 일어나는 경우의 수

0905

3개의 자음 ㅇ, ㅁ, ㅈ과 2개의 모음 ㅏ, ㅓ가 적힌 카드가 있다. 다음을 구하시오.

(1) 자음이 적힌 카드 한 장을 선택하는 경우의 수

(2) 모음이 적힌 카드 한 장을 선택하는 경우의 수

(3) 자음과 모음이 적힌 카드를 각각 한 장씩 선택하여 만들 수 있는 글자의 개수

0906

A, B, C 세 지점 사이에 다음 그림과 같은 길이 있다. A 지점에서 B 지점을 거쳐 C 지점까지 가는 경우의 수를 구하시오.
(단, 한 번 지나간 지점은 다시 지나가지 않는다.)

(1)
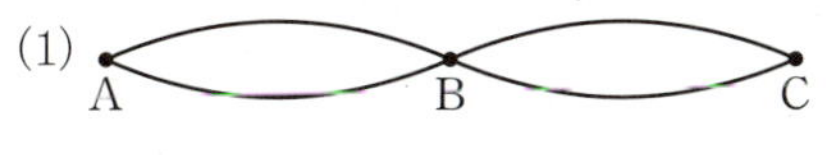

(2)

1 경우의 수

개념 4 동전, 주사위를 던지는 경우의 수

(1) 서로 다른 m개의 동전을 동시에 던질 때, 일어나는 모든 경우의 수

➡ $\underbrace{2\times2\times\cdots\times2}_{m개}=2^m$

(2) 서로 다른 n개의 주사위를 동시에 던질 때, 일어나는 모든 경우의 수

➡ $\underbrace{6\times6\times\cdots\times6}_{n개}=6^n$

(3) 서로 다른 m개의 동전과 n개의 주사위를 동시에 던질 때, 일어나는 모든 경우의 수

➡ $(\underbrace{2\times2\times\cdots\times2}_{m개})\times(\underbrace{6\times6\times\cdots\times6}_{n개})=2^m\times6^n$

개념 5 한 줄로 세우는 경우의 수

(1) n명을 한 줄로 세우는 경우의 수 ➡ $n\times(n-1)\times(n-2)\times\cdots\times2\times1$

(2) n명 중 2명을 뽑아 한 줄로 세우는 경우의 수 ➡ $n\times(n-1)$

(3) n명 중 3명을 뽑아 한 줄로 세우는 경우의 수 ➡ $n\times(n-1)\times(n-2)$

n명 중 1명을 뽑는 경우의 수

n명 중 1명을 뽑고 남은 $(n-1)$명 중 1명을 뽑는 경우의 수

n명 중 2명을 뽑고 남은 $(n-2)$명 중 1명을 뽑는 경우의 수

(4) 이웃하여 한 줄로 세우는 경우의 수

➡ (이웃하는 것을 하나로 묶어서 한 줄로 세우는 경우의 수)

$\times$(묶음 안에서 자리를 바꾸는 경우의 수)

● 특정한 사람의 자리를 고정하는 경우의 수는 자리가 고정된 사람을 제외한 나머지 사람을 한 줄로 세우는 경우의 수와 같다.

개념 6 자연수를 만드는 경우의 수

(1) **0이 포함되지 않는 경우** : 0이 아닌 서로 다른 한 자리 숫자가 각각 하나씩 적힌 n장의 카드 중에서

① 2장을 뽑아 만들 수 있는 두 자리 자연수의 개수 ➡ $n\times(n-1)$(개)

② 3장을 뽑아 만들 수 있는 세 자리 자연수의 개수 ➡ $n\times(n-1)\times(n-2)$(개)

(2) **0이 포함되는 경우** : 0을 포함한 서로 다른 한 자리 숫자가 각각 하나씩 적힌 n장의 카드 중에서

맨 앞 자리에는 0이 올 수 없다.

① 2장을 뽑아 만들 수 있는 두 자리 자연수의 개수 ➡ $(n-1)\times(n-1)$(개)

② 3장을 뽑아 만들 수 있는 세 자리 자연수의 개수 ➡ $(n-1)\times(n-1)\times(n-2)$(개)

● 자연수를 만드는 문제에서 0이 포함되어 있는 경우에는 맨 앞자리에 0이 올 수 없음에 주의한다.

개념 7 대표를 뽑는 경우의 수

뽑는 순서와 관계가 있다.

(1) **자격이 다른 대표를 뽑는 경우**

n명 중 2명을 뽑아 한 줄로 세우는 경우의 수와 같다.

① n명 중 자격이 다른 대표 2명을 뽑는 경우의 수 ➡ $n\times(n-1)$

② n명 중 자격이 다른 대표 3명을 뽑는 경우의 수 ➡ $n\times(n-1)\times(n-2)$

(2) **자격이 같은 대표를 뽑는 경우**

뽑는 순서와 관계가 없다.

① n명 중 자격이 같은 대표 2명을 뽑는 경우의 수 ➡ $\dfrac{n\times(n-1)}{2}$

n명 중 순서에 관계없이 2명을 뽑는 경우의 수와 같다.

② n명 중 자격이 같은 대표 3명을 뽑는 경우의 수 ➡ $\dfrac{n\times(n-1)\times(n-2)}{3\times2\times1}$

주의 자격이 같은 대표를 뽑는 경우의 수는 뽑는 순서와 관계가 없으므로 중복되는 경우의 수로 나누어 주어야 한다.

● 어느 세 점도 한 직선 위에 있지 않은 $n(n\geq3)$개의 점 중에서

(1) 두 점을 연결한 선분의 개수

➡ $\dfrac{n\times(n-1)}{2}$(개)

(2) 세 점을 연결한 삼각형의 개수

➡ $\dfrac{n\times(n-1)\times(n-2)}{3\times2\times1}$(개)

4 동전, 주사위를 던지는 경우의 수

0907

다음을 구하시오.

(1) 서로 다른 동전 3개를 동시에 던질 때, 일어나는 모든 경우의 수

(2) 서로 다른 주사위 2개를 동시에 던질 때, 일어나는 모든 경우의 수

(3) 서로 다른 동전 2개와 주사위 1개를 동시에 던질 때, 일어나는 모든 경우의 수

5 한 줄로 세우는 경우의 수

0908

네 명의 학생 A, B, C, D가 있을 때, 다음을 구하시오.

(1) 4명을 한 줄로 세우는 경우의 수

(2) 4명 중 2명을 뽑아 한 줄로 세우는 경우의 수

(3) 4명 중 3명을 뽑아 한 줄로 세우는 경우의 수

0909

다음은 네 명의 학생 A, B, C, D를 한 줄로 세울 때, A, B가 이웃하여 서는 경우의 수를 구하는 과정이다. □ 안에 알맞은 수를 써넣으시오.

A와 B를 1명으로 생각하여 □명을 한 줄로 세우는 경우의 수는

□×2×1=□

이때 A와 B가 자리를 바꾸는 경우의 수는

□×1=□

따라서 구하는 경우의 수는

□×2=□

6 자연수를 만드는 경우의 수

0910

1부터 5까지의 자연수가 각각 하나씩 적힌 5장의 카드가 있을 때, 다음을 구하시오.

(1) 2장을 뽑아 만들 수 있는 두 자리 자연수의 개수

(2) 3장을 뽑아 만들 수 있는 세 자리 자연수의 개수

0911

0, 1, 2, 3, 4의 숫자가 각각 하나씩 적힌 5장의 카드가 있을 때, 다음을 구하시오.

(1) 2장을 뽑아 만들 수 있는 두 자리 자연수의 개수

(2) 3장을 뽑아 만들 수 있는 세 자리 자연수의 개수

7 대표를 뽑는 경우의 수

0912

네 명의 후보 A, B, C, D 중에서 대표를 뽑을 때, 다음을 구하시오.

(1) 회장 1명, 부회장 1명을 뽑는 경우의 수

(2) 회장 1명, 부회장 1명, 총무 1명을 뽑는 경우의 수

(3) 대표 2명을 뽑는 경우의 수

0913

오른쪽 그림과 같이 한 원 위에 A, B, C, D 4개의 점이 있을 때, 다음을 구하시오.

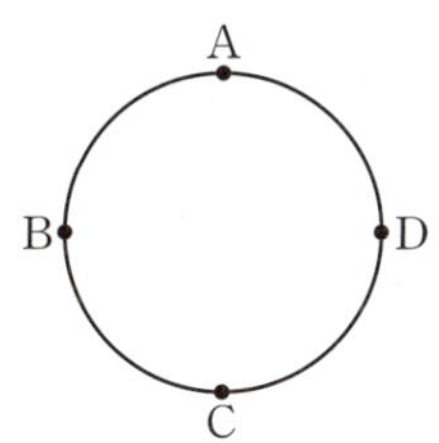

(1) 두 점을 연결하여 만들 수 있는 선분의 개수

(2) 세 점을 연결하여 만들 수 있는 삼각형의 개수

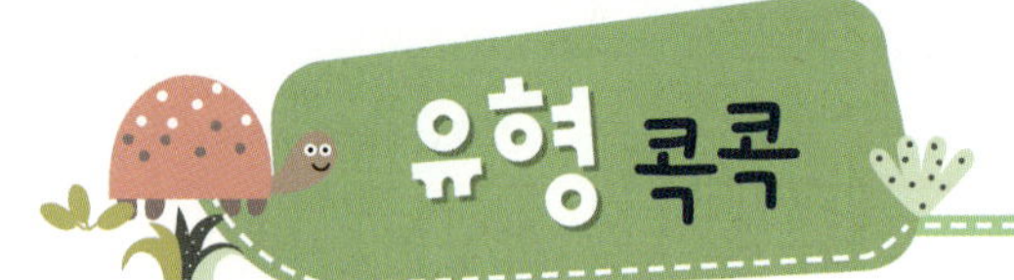

유형 콕콕

유형 01 경우의 수

0914 상 중 하

서로 다른 두 개의 주사위를 동시에 던질 때, 나오는 눈의 수의 합이 7인 경우의 수는?

① 4 　　　　② 6 　　　　③ 8
④ 12 　　　　⑤ 14

→ **유형 Point**　(1) 동전이나 주사위를 던질 때 일어날 수 있는 사건의 경우의 수 ➡ 순서쌍을 이용하여 구한다.
(2) 여러 개의 숫자 중에서 한 개를 뽑을 때 일어날 수 있는 사건의 경우의 수 ➡ 주어진 숫자 중 조건에 맞는 숫자를 나열하여 그 개수를 센다.

0915 상 중 하

상자 속에 1부터 10까지의 자연수가 각각 하나씩 적힌 10개의 공이 들어 있다. 이 상자에서 한 개의 공을 꺼낼 때, 10의 약수가 나오는 경우의 수를 구하시오.

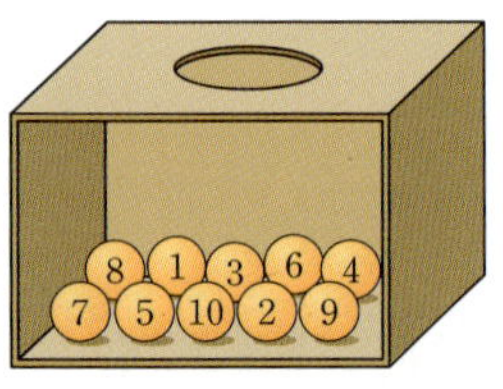

0916 상 중 하

동전 한 개와 주사위 한 개를 동시에 던질 때, 동전은 앞면이 나오고 주사위는 홀수의 눈이 나오는 경우의 수를 구하시오.

0917 상 중 하

서로 다른 두 개의 주사위를 동시에 던질 때, 나오는 눈의 수의 차가 4 이상인 경우의 수는?

① 2 　　　　② 3 　　　　③ 4
④ 5 　　　　⑤ 6

0918 상 중 하

1부터 25까지의 자연수가 각각 하나씩 적힌 25장의 카드 중에서 한 장의 카드를 뽑을 때, 다음 중 그 경우의 수가 가장 작은 사건은?

① 5의 배수가 적힌 카드가 나온다.
② 두 자리 자연수가 적힌 카드가 나온다.
③ 소수가 적힌 카드가 나온다.
④ 18보다 큰 수가 적힌 카드가 나온다.
⑤ 24의 약수가 적힌 카드가 나온다.

0919 상 중 하

서로 다른 두 개의 주사위를 동시에 던질 때, 나오는 눈의 수의 곱이 홀수인 경우의 수는?

① 9 　　　　② 10 　　　　③ 11
④ 12 　　　　⑤ 13

0920 상 중 하

두 개의 주사위 A, B를 동시에 던져서 나오는 눈의 수를 각각 x, y라고 할 때, $2x+y=11$을 만족시키는 경우의 수는?

① 1 　　　　② 2 　　　　③ 3
④ 4 　　　　⑤ 5

★★ 0921 상 중 하

재원이는 길이가 각각 4 cm, 5 cm, 7 cm, 9 cm인 4개의 막대를 가지고 있다. 이 중에서 3개의 막대를 선택하여 만들 수 있는 삼각형의 개수를 구하시오.

유형 02 돈을 지불하는 경우의 수

0922 상 중 하

상민이가 가게에서 500원짜리 음료수 한 개를 사려고 한다. 100원짜리 동전 5개, 50원짜리 동전 7개, 10원짜리 동전 6개가 있을 때, 음료수의 값을 지불하는 경우의 수는?

① 6 　　② 7 　　③ 8
④ 9 　　⑤ 10

> **유형 Point** 돈을 지불하는 경우의 수를 구할 때에는 먼저 금액이 큰 돈의 개수를 정한 다음 나머지 돈의 개수를 정한다. 이때 표를 이용하면 편리하다.

0923 상 중 하

하늘이는 500원짜리 동전 2개, 100원짜리 동전 6개, 50원짜리 동전 5개를 가지고 있다. 마트에서 750원짜리 과자를 한 개 살 때, 그 값을 지불하는 경우의 수를 구하시오.

0924 상 중 하

혜수는 문구점에서 600원짜리 공책을 한 권 사려고 한다. 100원짜리, 50원짜리, 10원짜리 동전을 각각 5개씩 가지고 있을 때, 공책의 값을 지불하는 경우의 수는?

① 3 　　② 4 　　③ 5
④ 6 　　⑤ 7

★★
0925 상 중 하

500원짜리 동전 2개와 100원짜리 동전 4개가 있다. 500원짜리, 100원짜리 동전을 각각 1개 이상 사용하여 지불할 수 있는 금액의 종류는 몇 가지인지 구하시오.

유형 03 사건 A 또는 사건 B가 일어나는 경우의 수 — 교통수단 또는 물건을 선택하는 경우

0926 상 중 하

은지네 집에서 학교까지 가는 버스 노선은 2가지, 자전거 경로는 3가지가 있다. 은지가 집에서 학교까지 버스 또는 자전거를 이용하여 가는 경우의 수를 구하시오.

> **유형 Point** 교통수단 또는 물건을 하나 선택하는 경우 동시에 두 가지 교통수단 또는 두 가지 물건을 이용할 수 없다.

0927 상 중 하

주스 6가지와 우유 3가지가 있다. 주스 또는 우유 중 한 가지를 선택하는 경우의 수는?

① 6 　　② 9 　　③ 12
④ 15 　　⑤ 18

0928 상 중 하

혜주는 방과 후 수업 중 하나를 신청하려고 한다. 음악과 관련된 수업이 4가지, 운동과 관련된 수업이 3가지, 미술과 관련된 수업이 2가지일 때, 음악 또는 미술과 관련된 수업을 선택하는 경우의 수를 구하시오.

0929 상 중 하

다음 표는 수찬이네 반 학생들의 혈액형을 조사하여 나타낸 것이다. 수찬이네 반 학생 중 한 명을 선택할 때, B형 또는 O형인 경우의 수는?

혈액형	A	B	AB	O
학생 수(명)	11	9	4	6

① 10 　　② 13 　　③ 15
④ 17 　　⑤ 20

유형 04 사건 A 또는 사건 B가 일어나는 경우의 수
　　　　　－ 숫자를 선택하는 경우

0930 상 중 하

1부터 20끼지의 자연수가 각각 하나씩 적힌 20장의 카드 중에서 한 장의 카드를 뽑을 때, 소수 또는 6의 배수가 나오는 경우의 수는?

① 10　　　　② 11　　　　③ 12

④ 13　　　　⑤ 14

→ **유형 Point**　a, b의 공배수가 있을 때, a의 배수 또는 b의 배수를 선택하는 경우의 수

➡ (a의 배수가 나오는 경우의 수)＋(b의 배수가 나오는 경우의 수)
　　－(a, b의 공배수가 나오는 경우의 수)

0931 상 중 하

상자 속에 1부터 30까지의 자연수가 각각 하나씩 적힌 30개의 공이 들어 있다. 이 상자에서 한 개의 공을 꺼낼 때, 3의 배수 또는 14의 약수가 나오는 경우의 수를 구하시오.

0932 상 중 하

1부터 35까지의 자연수가 각각 하나씩 적힌 35개의 공이 들어 있는 주머니에서 한 개의 공을 꺼낼 때, 5의 배수 또는 7의 배수가 나오는 경우의 수는?

① 7　　　　② 8　　　　③ 9

④ 10　　　　⑤ 11

★ 0933 상 중 하

1부터 20까지의 자연수가 각각 하나씩 적힌 20장의 카드 중에서 한 장의 카드를 뽑을 때, 4의 배수 또는 16의 약수가 나오는 경우의 수를 구하시오.

유형 05 사건 A 또는 사건 B가 일어나는 경우의 수
　　　　　－ 주사위를 던지는 경우

0934 상 중 하

서로 다른 두 개의 주사위를 동시에 던질 때, 나오는 눈의 수의 합이 5 또는 6이 되는 경우의 수는?

① 6　　　　② 7　　　　③ 8

④ 9　　　　⑤ 10

→ **유형 Point**　서로 다른 두 개의 주사위를 동시에 던질 때, 나오는 눈의 수의 합이 a 또는 b인 경우의 수

➡ (눈의 수의 합이 a인 경우의 수)＋(눈의 수의 합이 b인 경우의 수)

0935 상 중 하

한 개의 주사위를 두 번 던질 때, 나오는 눈의 수의 차가 1 또는 3이 되는 경우의 수는?

① 12　　　　② 13　　　　③ 14

④ 15　　　　⑤ 16

0936 상 중 하

각 면에 1부터 20까지의 자연수가 각각 하나씩 적힌 정이십면체 모양의 주사위를 한 번 던질 때, 바닥에 오는 면에 적힌 수가 2의 배수 또는 5의 배수인 경우의 수를 구하시오.

0937 상 중 하 서술형

각 면에 1부터 8까지의 자연수가 각각 하나씩 적힌 정팔면체 모양의 서로 다른 두 개의 주사위를 동시에 던질 때, 바닥에 오는 면에 적힌 수의 합이 4의 배수인 경우의 수를 구하시오.

수학의 바이블 137쪽

유형 06 사건 A와 사건 B가 동시에 일어나는 경우의 수
— 길을 선택하는 경우

0938 상 중 하
오른쪽 그림과 같이 집에서 마트까지 가는 길이 2가지, 마트에서 공원까지 가는 길이 3가지, 공원에서 집까지 가는 길이 1가지가 있다. 집에서 공원까지 가는 경우의 수를 구하시오. (단, 한 번 지나간 지점은 다시 지나가지 않는다.)

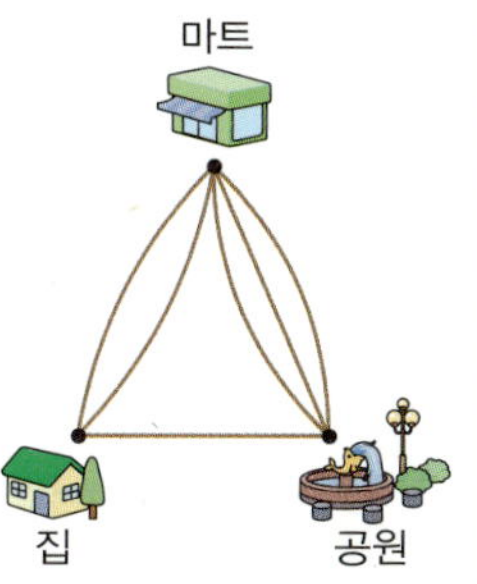

➔ **유형 Point**　A 지점에서 B 지점까지 가는 길이 m가지, B 지점에서 C 지점까지 가는 길이 n가지일 때, A 지점에서 B 지점을 거쳐 C 지점까지 가는 경우의 수 ➡ $m \times n$

0939 상 중 하 서술형
오른쪽 그림과 같이 A, B, C 세 지점을 연결하는 길이 있다. A 지점에서 출발하여 C 지점까지 가는 경우의 수를 구하시오. (단, 한 번 지나간 지점은 다시 지나가지 않는다.)

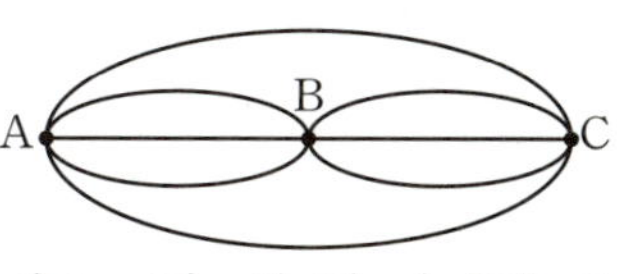

0940 상 중 하
어느 놀이공원에는 출입구가 6개 있다. 그중의 한 출입구로 들어갔다가 다른 출입구로 나오는 모든 경우의 수를 구하시오.

0941 상 중 하
수민이는 학교에서 출발하여 도서관에 들러 책을 빌리고 집으로 가려고 한다. 가장 짧은 거리로 가는 경우의 수를 구하시오.

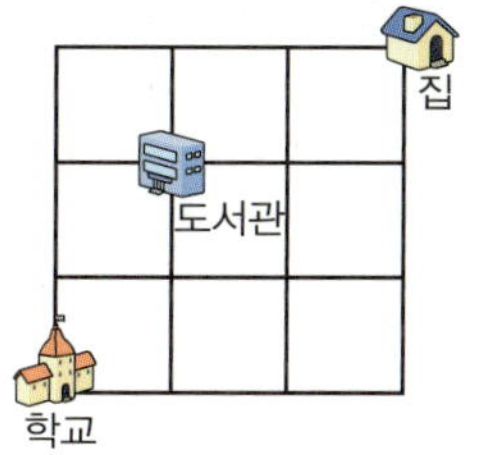

수학의 바이블 137쪽

유형 07 사건 A와 사건 B가 동시에 일어나는 경우의 수
— 물건을 선택하는 경우

0942 상 중 하
3개의 자음 ㄱ, ㄴ, ㄷ과 4개의 모음 ㅏ, ㅑ, ㅓ, ㅕ 중에서 자음 1개와 모음 1개를 선택하여 만들 수 있는 글자의 개수는?

① 7개　　　② 10개　　　③ 12개
④ 15개　　　⑤ 18개

➔ **유형 Point**　물건 A가 m개, 물건 B가 n개 있을 때, A와 B를 각각 1개씩 선택하는 경우의 수 ➡ $m \times n$

0943 상 중 하
어느 꽃집에서 4종류의 꽃다발과 2종류의 화분을 판매하고 있다. 이 꽃집에서 꽃다발과 화분을 각각 한 개씩 사는 경우의 수는?

① 6　　　　② 7　　　　③ 8
④ 9　　　　⑤ 10

0944 상 중 하
시연이는 5종류의 티셔츠와 3종류의 바지를 갖고 있다. 시연이가 티셔츠와 바지를 각각 하나씩 짝 지어 입는 경우의 수를 구하시오.

0945 상 중 하
어느 카페에서 5종류의 음료, 4종류의 케이크, 2종류의 쿠키를 판매하고 있다. 이 카페에서 음료, 케이크, 쿠키를 각각 한 가지씩 주문하는 경우의 수를 구하시오.

> 수학의 바이블 138쪽

유형 08 사건 A와 사건 B가 동시에 일어나는 경우의 수 — 동전 또는 주사위를 던지는 경우

0946 상 중 하

서로 다른 동전 2개와 주사위 1개를 동시에 던질 때, 동전은 서로 다른 면이 나오고, 주사위는 홀수의 눈이 나오는 경우의 수를 구하시오.

> **유형 Point** (1) 서로 다른 m개의 동전을 동시에 던질 때, 일어나는 모든 경우의 수 ➡ 2^m
> (2) 서로 다른 n개의 주사위를 동시에 던질 때, 일어나는 모든 경우의 수 ➡ 6^n
> (3) 서로 다른 m개의 동전과 n개의 주사위를 동시에 던질 때, 일어나는 모든 경우의 수 ➡ $2^m \times 6^n$

0947 상 중 하

서로 다른 2개의 동전을 동시에 던질 때, 다음 보기 중 옳은 것을 모두 고른 것은?

> **보기**
> ㄱ. 일어나는 모든 경우의 수는 4이다.
> ㄴ. 서로 같은 면이 나오는 경우의 수는 1이다.
> ㄷ. 앞면이 적어도 1개 이상 나오는 경우의 수는 3이다.

① ㄱ ② ㄴ ③ ㄱ, ㄴ
④ ㄱ, ㄷ ⑤ ㄴ, ㄷ

0948 상 중 하

서로 다른 동전 3개와 주사위 1개를 동시에 던질 때, 일어나는 모든 경우의 수는?

① 6 ② 12 ③ 24
④ 36 ⑤ 48

0949 상 중 하 서술형

서로 다른 동전 2개와 주사위 1개를 동시에 던질 때, 동전은 모두 뒷면이 나오고, 주사위는 소수의 눈이 나오는 경우의 수를 구하시오.

> 수학의 바이블 141쪽

유형 09 한 줄로 세우는 경우의 수

0950 상 중 하

서진, 은지, 현우, 지영, 민수 5명의 학생 중 3명을 뽑아 한 줄로 세우는 경우의 수를 구하시오.

> **유형 Point** (1) n명을 한 줄로 세우는 경우의 수
> ➡ $n \times (n-1) \times (n-2) \times \cdots \times 2 \times 1$
> (2) n명 중 2명을 뽑아 한 줄로 세우는 경우의 수
> ➡ $n \times (n-1)$
> (3) n명 중 3명을 뽑아 한 줄로 세우는 경우의 수
> ➡ $n \times (n-1) \times (n-2)$

0951 ★★ 상 중 하

체육대회의 400 m 이어달리기 반 대표로 A, B, C, D 4명이 출전하기로 하였다. 이때 4명이 달리는 순서를 정하는 경우의 수는?

① 12 ② 15 ③ 18
④ 21 ⑤ 24

0952 상 중 하

서로 다른 8권의 책 중 2권을 선택하여 읽는 순서를 정하는 경우의 수를 구하시오.

0953 상 중 하

학교 방송부에서 점심 시간에 신청곡 6곡 중에서 3곡을 골라 순서를 정하여 방송하는 경우의 수를 구하시오.

수학의 바이블 142쪽

유형 10 특정한 사람의 자리를 고정하여 한 줄로 세우는 경우의 수

0954 상 중 하
영민, 선희, 수민, 경화 4명을 한 줄로 세울 때, 선희가 맨 앞에 서는 경우의 수는?

① 4　　　　　② 6　　　　　③ 8
④ 10　　　　⑤ 12

→ **유형 Point**　먼저 자리가 정해진 사람을 제외한 나머지 사람들을 한 줄로 세우는 경우의 수를 구한다.

0955 상 중 하
서연, 민석, 진희, 재민, 여진 5명을 한 줄로 세울 때, 서연이가 한가운데에 서는 경우의 수는?

① 6　　　　　② 12　　　　③ 20
④ 24　　　　⑤ 28

★★ 0956 상 중 하
A, B, C, D, E 5명을 한 줄로 세울 때, A와 B가 양 끝에 서는 경우의 수는?

① 6　　　　　② 12　　　　③ 18
④ 20　　　　⑤ 24

0957 상 중 하
S, M, I, L, E가 각각 하나씩 적힌 5장의 카드를 일렬로 나열할 때, S 또는 M이 적힌 카드를 맨 앞에 놓는 경우의 수를 구하시오.

수학의 바이블 142쪽

유형 11 한 줄로 세울 때, 이웃하여 세우는 경우의 수

0958 상 중 하
A, B, C, D, E 5명을 한 줄로 세울 때, B와 D가 이웃하여 서는 경우의 수는?

① 24　　　　② 32　　　　③ 40
④ 42　　　　⑤ 48

→ **유형 Point**　한 줄로 세울 때, 이웃하여 세우는 경우의 수를 구하는 방법은 다음과 같다.
❶ 이웃하는 것을 하나로 묶어 한 줄로 세우는 경우의 수를 구한다.
❷ 묶음 안에서 자리를 바꾸는 경우의 수를 구한다.
❸ ❶의 경우의 수와 ❷의 경우의 수를 곱한다.

0959 상 중 하
A, B, C, D, E, F 6명을 한 줄로 세울 때, A와 B가 이웃하고, F가 맨 앞에 서는 경우의 수는?

① 24　　　　② 48　　　　③ 64
④ 80　　　　⑤ 120

0960 상 중 하　서술형
남학생 3명과 여학생 2명을 한 줄로 세울 때, 남학생은 남학생끼리, 여학생은 여학생끼리 이웃하여 서는 경우의 수를 구하시오.

0961 상 중 하
아버지, 어머니, 오빠, 나, 동생으로 구성된 5명의 가족이 한 줄로 서서 사진을 찍을 때, 나와 동생이 이웃하지 않고 서는 경우의 수를 구하시오.

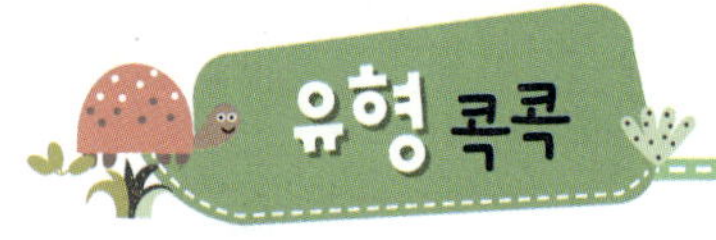

↘ 수학의 바이블 144쪽

유형 12 자연수를 만드는 경우의 수 − 0이 포함되지 않는 경우

0962 상 중 하

1, 2, 3, 4, 5의 숫자가 각각 하나씩 적힌 5장의 카드 중에서 2장을 뽑아 두 자리 자연수를 만들 때, 24보다 큰 수의 개수는?

① 4개 ② 8개 ③ 13개
④ 15개 ⑤ 18개

→ **유형 Point** 0이 아닌 서로 다른 한 자리 숫자가 각각 하나씩 적힌 n장의 카드 중에서

(1) 2장을 뽑아 만들 수 있는 두 자리 자연수의 개수
  ➡ $n \times (n-1)$(개)

(2) 3장을 뽑아 만들 수 있는 세 자리 자연수의 개수
  ➡ $n \times (n-1) \times (n-2)$(개)

0963 상 중 하

1부터 6까지의 자연수가 각각 하나씩 적힌 6장의 카드 중에서 3장을 뽑아 만들 수 있는 세 자리 자연수의 개수를 구하시오.

0964 상 중 하

1, 2, 3, 4, 5의 숫자가 각각 하나씩 적힌 5장의 카드 중에서 2장을 뽑아 두 자리 자연수를 만들 때, 홀수의 개수는?

① 4개 ② 6개 ③ 8개
④ 10개 ⑤ 12개

0965 상 중 하

1, 2, 3, 4, 5의 숫자가 각각 하나씩 적힌 5장의 카드 중에서 3장을 뽑아 만들 수 있는 세 자리 자연수 중 320보다 작은 수의 개수는?

① 12개 ② 24개 ③ 27개
④ 36개 ⑤ 39개

↘ 수학의 바이블 144쪽

유형 13 자연수를 만드는 경우의 수 − 0이 포함되는 경우

0966 상 중 하

0, 2, 4, 6, 8의 숫자가 각각 하나씩 적힌 5장의 카드 중에서 3장을 뽑아 만들 수 있는 세 자리 자연수의 개수를 구하시오.

→ **유형 Point** 0을 포함한 서로 다른 한 자리 숫자가 각각 하나씩 적힌 n장의 카드 중에서

(1) 2장을 뽑아 만들 수 있는 두 자리 자연수의 개수
  ➡ $(n-1) \times (n-1)$(개)

(2) 3장을 뽑아 만들 수 있는 세 자리 자연수의 개수
  ➡ $(n-1) \times (n-1) \times (n-2)$(개)

주의 0이 포함되는 경우 맨 앞자리에는 0이 올 수 없음에 주의한다.

0967 상 중 하

0, 1, 2, 3, 4의 숫자가 각각 하나씩 적힌 5장의 카드 중에서 2장을 뽑아 만들 수 있는 두 자리 자연수의 개수는?

① 4개 ② 8개 ③ 12개
④ 16개 ⑤ 20개

0968 상 중 하

0, 1, 2, 3, 4의 숫자가 각각 하나씩 적힌 5장의 카드 중에서 2장을 뽑아 두 자리 자연수를 만들 때, 31보다 작은 수의 개수를 구하시오.

0969 상 중 하 서술형

0, 1, 2, 3, 4, 5의 숫자가 각각 하나씩 적힌 6장의 카드 중에서 3장을 뽑아 세 자리 자연수를 만들 때, 5의 배수의 개수를 구하시오.

▶수학의 바이블 146쪽

유형 14 대표를 뽑는 경우의 수 — 자격이 다른 경우

0970 상 중 하
A, B, C, D, E, F 6명 중에서 회장 1명, 부회장 1명, 총무 1명을 뽑는 경우의 수를 구하시오.

→ **유형 Point**   ┌→ 뽑는 순서와 관계가 있다.
n명 중 자격이 다른 대표 r명을 뽑는 경우의 수는 n명 중에서 r명을 뽑아서 한 줄로 세우는 경우의 수와 같다.

(1) 자격이 다른 대표 2명을 뽑는 경우의 수
➡ $n\times(n-1)$ ┌→ n명 중 2명을 뽑아 한 줄로 세우는 경우의 수와 같다.

(2) 자격이 다른 대표 3명을 뽑는 경우
➡ $n\times(n-1)\times(n-2)$

0971 상 중 하
어떤 회의에 참석한 10명의 학생 중에서 의장 1명, 부의장 1명을 뽑는 경우의 수는?

① 10   ② 42   ③ 56
④ 72   ⑤ 90

0972 상 중 하
A, B, C, D, E 5명 중에서 회장 1명과 부회장 2명을 뽑을 때, A가 부회장에 뽑히는 경우의 수는?

① 4   ② 6   ③ 10
④ 12   ⑤ 24

★★ 0973 상 중 하
남학생 4명과 여학생 3명 중에서 대표 1명, 남자 부대표 1명, 여자 부대표 1명을 뽑는 경우의 수는?

① 24   ② 36   ③ 48
④ 60   ⑤ 72

▶수학의 바이블 146쪽

유형 15 대표를 뽑는 경우의 수 — 자격이 같은 경우

0974 상 중 하
6명의 학생 중에서 반장 1명, 부반장 2명을 뽑는 경우의 수는?

① 60   ② 62   ③ 64
④ 66   ⑤ 68

→ **유형 Point**   (1) n명 중 자격이 같은 대표 2명을 뽑는 경우의 수
                    ┌→ 뽑는 순서와 관계가 없다.
➡ $\dfrac{n\times(n-1)}{2}$

(2) n명 중 자격이 같은 대표 3명을 뽑는 경우의 수
➡ $\dfrac{n\times(n-1)\times(n-2)}{3\times2\times1}$

0975 상 중 하
8명의 학생이 팔씨름을 하려고 한다. 모든 학생이 빠짐없이 서로 한 번씩 팔씨름을 할 때, 팔씨름을 한 총 횟수를 구하시오.

0976 상 중 하
A, B, C, D, E, F 6명 중에서 대의원 4명을 뽑을 때, A가 뽑히는 경우의 수는?

① 5   ② 6   ③ 10
④ 12   ⑤ 15

0977 상 중 하 서술형
남학생 6명과 여학생 4명 중에서 대표 2명을 뽑을 때, 2명의 성별이 같은 경우의 수를 구하시오.

유형 16 선분 또는 삼각형의 개수

0978 상 중 하

오른쪽 그림과 같이 한 원 위에 5개의 점이 있을 때, 이 중에서 두 점을 이어서 만들 수 있는 선분의 개수는?

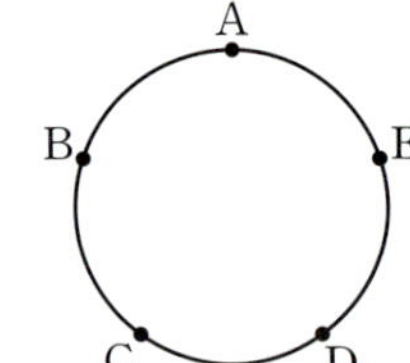

① 6개 ② 8개

③ 10개 ④ 12개

⑤ 15개

→ **유형 Point** 어느 세 점도 한 직선 위에 있지 않은 $n(n \geq 3)$개의 점 중에서

(1) 두 점을 이어서 만들 수 있는 선분의 개수 (자격이 같은 대표 2명 뽑기)

➡ n개 중에서 순서에 관계없이 2개를 선택하는 경우의 수와 같다.

➡ $\dfrac{n \times (n-1)}{2}$ (개)

(2) 세 점을 이어서 만들 수 있는 삼각형의 개수 (자격이 같은 대표 3명 뽑기)

➡ n개 중에서 순서에 관계없이 3개를 선택하는 경우의 수와 같다.

➡ $\dfrac{n \times (n-1) \times (n-2)}{3 \times 2 \times 1}$ (개)

0979 상 중 하

오른쪽 그림과 같이 한 원 위에 6개의 점이 있을 때, 이 중에서 세 점을 이어서 만들 수 있는 삼각형의 개수는?

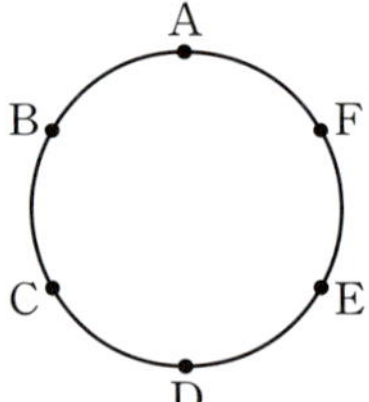

① 15개 ② 18개

③ 20개 ④ 24개

⑤ 30개

0980 상 중 하

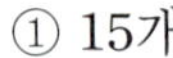

오른쪽 그림과 같이 평행한 두 직선 l, m 위에 7개의 점이 있다. 이 중에서 세 점을 이어서 만들 수 있는 삼각형의 개수를 구하시오.

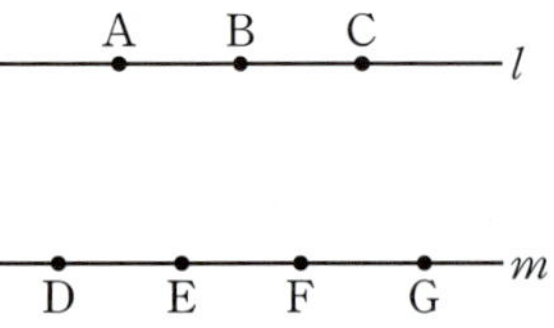

유형 17 색칠하는 경우의 수

0981 상 중 하

오른쪽 그림과 같은 A, B, C, D 네 부분에 빨강, 파랑, 노랑, 초록의 4가지 색을 사용하여 색칠하려고 한다. 같은 색을 두 번 이상 사용할 수 있으나 이웃하는 부분에는 서로 다른 색을 칠할 때, 칠할 수 있는 모든 경우의 수는?

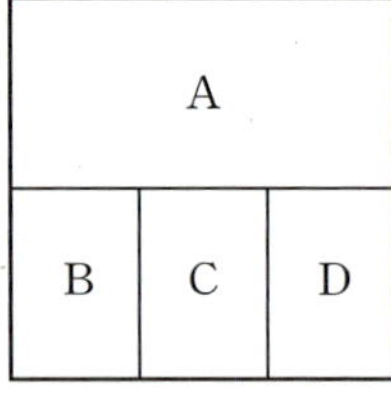

① 28 ② 30 ③ 42

④ 48 ⑤ 56

→ **유형 Point** 같은 색을 여러 번 사용할 수 있으나 이웃하는 부분에는 서로 다른 색을 칠하는 경우 먼저 한 부분을 정하여 그 부분에 칠하는 경우의 수를 구하고, 다른 부분으로 옮겨 가면서 이웃한 부분에 칠한 색을 제외하며 경우의 수를 구한다.

0982 상 중 하

오른쪽 그림과 같은 A, B, C, D 네 부분에 빨강, 노랑, 연두, 보라, 분홍의 5가지 색을 사용하여 색칠하려고 한다. 네 부분에 모두 다른 색을 칠하는 경우의 수를 구하시오.

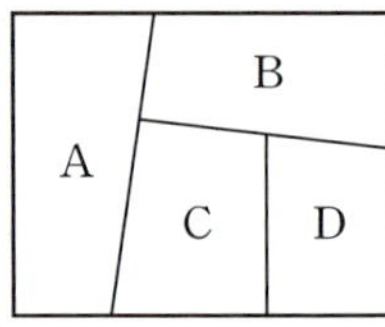

0983 상 중 하 서술형

오른쪽 그림과 같은 A, B, C 3개의 부분에 빨강, 파랑, 노랑, 보라의 4가지 색을 사용하여 색칠하려고 한다. 같은 색을 두 번 이상 사용할 수 있으나 이웃하는 부분에는 서로 다른 색을 칠할 때, 칠할 수 있는 모든 경우의 수를 구하시오.

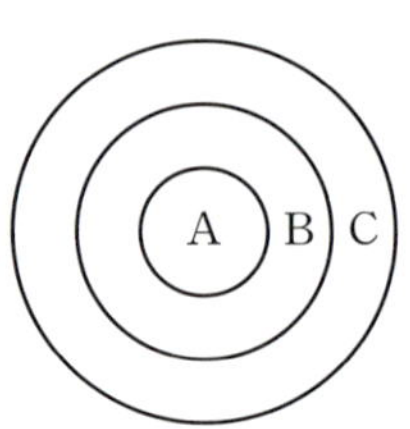

0984

서로 다른 4개의 윷가락을 동시에 던질 때, 다음을 구하시오.

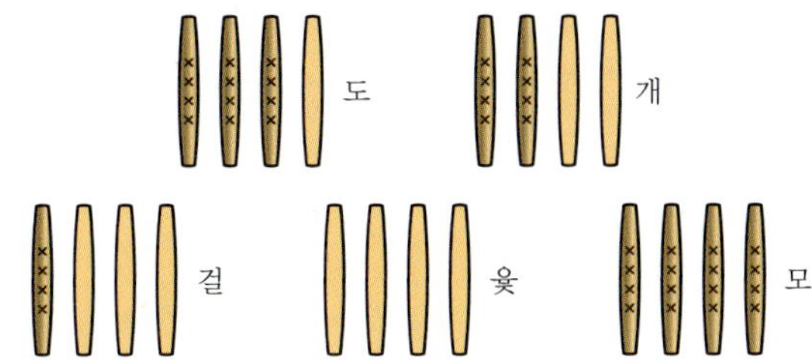

(1) 도가 나오는 경우의 수

(2) 개가 나오는 경우의 수

(3) 걸이 나오는 경우의 수

(4) 윷이 나오는 경우의 수

(5) 모가 나오는 경우의 수

0985 생각이 쑥쑥

한 개의 주사위를 두 번 던져서 첫 번째에 나오는 눈의 수를 a, 두 번째에 나오는 눈의 수를 b라고 할 때, 점 (a, b)가 직선 $y=3x-2$ 위에 있는 경우의 수를 구하시오.

0986

100원짜리 동전 2개, 50원짜리 동전 1개, 10원짜리 동전 3개가 있다. 100원짜리, 50원짜리, 10원짜리 동전을 각각 1개 이상 사용하여 지불할 수 있는 금액의 종류는 모두 몇 가지인가?

① 3가지   ② 4가지   ③ 5가지
④ 6가지   ⑤ 7가지

0987 생각이 쑥쑥

서로 다른 두 개의 주사위를 동시에 던질 때, 나오는 눈의 수의 차가 2 이하인 경우의 수는?

① 12   ② 20   ③ 24
④ 30   ⑤ 36

0988

다음 그림과 같이 6등분 한 원판 A에 1에서 6까지의 숫자가 적혀 있고, 8등분 한 원판 B에 1에서 8까지의 숫자가 적혀 있다. 두 원판을 동시에 돌린 후 멈추었을 때, 두 원판의 각 바늘이 가리킨 숫자의 합이 5 또는 9가 되는 경우의 수를 구하시오.

(단, 바늘이 경계선을 가리키는 경우는 없다.)

0989

오른쪽 그림과 같이 4개의 계단이 있는 층계가 있다. 한 걸음에 한 계단 또는 두 계단 또는 세 계단을 올라갈 수 있을 때, 지면에서부터 시작하여 계단 4까지 오르는 모든 경우의 수를 구하시오.

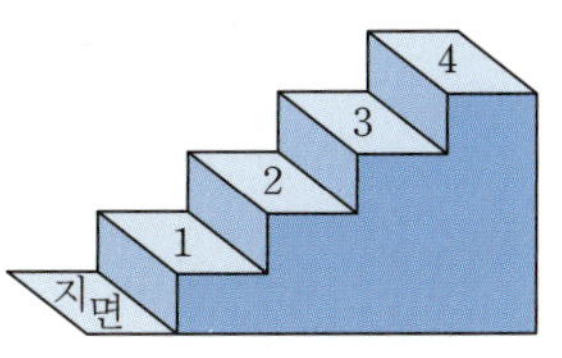

0990

어떤 산의 정상까지 등산로가 5가지 있다. 올라갈 때와 다른 길로 내려오는 경우의 수를 구하시오.

0991

오지선다형 두 문제가 있다. 두 문제의 답을 임의로 고를 때, 고를 수 있는 모든 경우의 수는?

(단, 두 문제 모두 정답은 한 개이다.)

① 1   ② 20   ③ 25
④ 30   ⑤ 35

0992

오른쪽은 어느 도서관의 평면도이다. 열람실에서 나와서 복도를 지나 화장실로 가는 경우의 수를 구하시오. (단, 입구와 출구는 구분하지 않는다.)

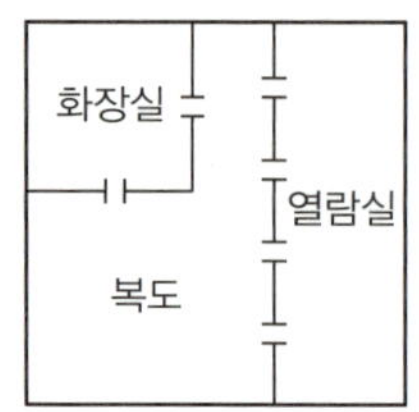

0993

서로 다른 동전 2개와 주사위 1개를 동시에 던질 때, 동전은 서로 같은 면이 나오고, 주사위는 6의 약수의 눈이 나오는 경우의 수는?

① 2   ② 4   ③ 6
④ 8   ⑤ 10

0994

7명의 학생 중 박 터트리기 게임에 참여할 3명의 학생을 뽑아 순서를 정하는 경우의 수를 구하시오.

0995

오른쪽 그림과 같은 직사각형 모양의 길이 있다. A 지점에서 B 지점을 거쳐 C 지점까지 갈 때, 가장 짧은 거리로 가는 경우의 수는?

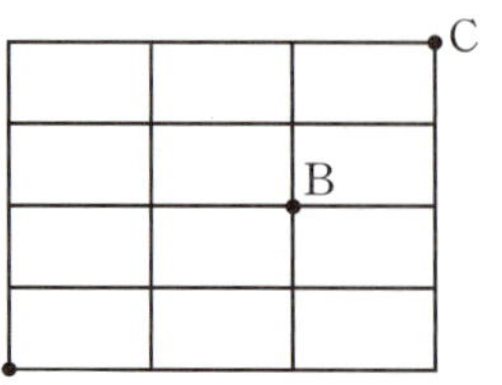

① 12   ② 18
③ 20   ④ 21
⑤ 24

0996

수영, 지은, 민주 3명의 학생이 가위바위보를 할 때, 승부가 결정되지 <u>않는</u> 경우의 수는?

① 3   ② 6   ③ 9
④ 15   ⑤ 27

0997

어른 2명, 어린이 3명이 의자에 나란히 앉을 때, 어린이끼리 이웃하여 앉는 경우의 수는?

① 6   ② 8   ③ 12
④ 24   ⑤ 36

0998

A, B, C, D 4명을 한 줄로 세울 때, A가 B보다 앞에 서는 경우의 수는?

① 6   ② 8   ③ 10
④ 12   ⑤ 14

0999

1, 2, 3, 4의 숫자가 각각 하나씩 적힌 4장의 카드 중에서 3장을 뽑아 세 자리 자연수를 만들 때, 10번째로 큰 수를 구하시오.

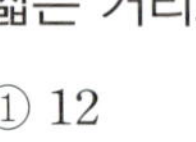

1000

0, 1, 2, 3, 4, 5의 숫자가 각각 하나씩 적힌 6장의 카드 중에서 3장을 뽑아 만들 수 있는 세 자리 자연수 중 짝수의 개수는?

① 48개　　　② 50개　　　③ 52개
④ 55개　　　⑤ 60개

1001

0, 1, 2, 3의 숫자가 각각 하나씩 적힌 4장의 카드 중에서 한 장을 뽑아 그 카드를 읽고 다시 넣는다. 이러한 과정을 3번 반복하여 세 자리 자연수를 만들 때, 만들 수 있는 자연수의 개수를 구하시오.

1002

어느 야구 동아리에 10명의 선수가 있다. 이 중에서 투수 1명, 포수 1명, 내야수 1명을 뽑는 경우의 수는?

① 90　　　② 150　　　③ 300
④ 450　　　⑤ 720

1003

어느 모임에 참석한 사람이 한 사람도 빠짐없이 서로 한 번씩 악수를 하였더니 총 55번의 악수를 하였다고 한다. 이때 모임에 참석한 사람은 모두 몇 명인지 구하시오.

1004

여학생 4명과 남학생 3명 중에서 여자 대표 2명, 남자 대표 1명을 뽑는 경우의 수는?

① 12　　　② 18　　　③ 24
④ 30　　　⑤ 36

1005 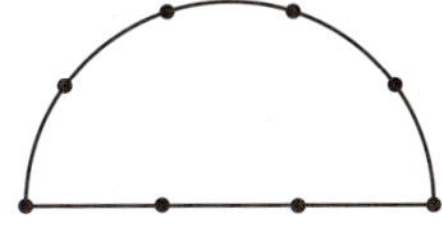

오른쪽 그림과 같이 반원 위에 8개의 점이 있을 때, 세 점을 이어서 만들 수 있는 삼각형의 개수는?

① 40개　　　② 46개　　　③ 50개
④ 52개　　　⑤ 56개

1006

오른쪽 그림과 같이 A, B, C, D, E 5개의 부분에 빨강, 주황, 노랑, 파랑, 초록의 5가지 색을 이용하여 칠하려고 한다. 같은 색을 두 번 이상 사용할 수 있으나 이웃하는 부분에는 서로 다른 색을 칠할 때, 칠할 수 있는 모든 경우의 수를 구하시오.

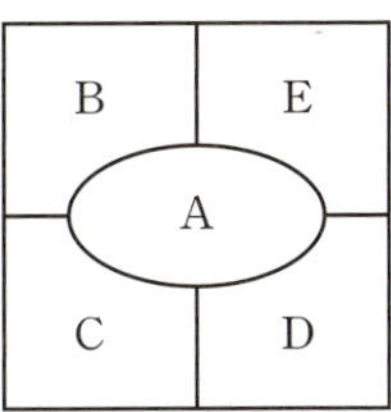

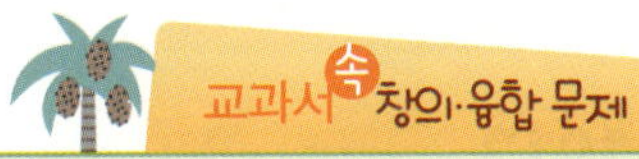

1007

빨간색, 파란색, 노란색 전구가 각각 1개씩 있다. 이 전구 3개를 켜거나 꺼서 신호를 만들려고 한다. 모두 꺼져 있는 경우도 신호로 생각할 때, 만들 수 있는 신호는 모두 몇 가지인가?

(단, 전구의 위치는 고정되어 있다.)

① 4가지　　　② 6가지　　　③ 7가지
④ 8가지　　　⑤ 10가지

단계를 밟아 서술하기

1008

1부터 20까지의 자연수가 각각 하나씩 적힌 20개의 공이 들어 있는 상자가 있다. 이 상자에서 한 개의 공을 꺼낼 때, 소수 또는 3의 배수가 나오는 경우의 수를 구하시오.

단계 1 소수가 나오는 경우의 수를 구하시오. [30%]

단계 2 3의 배수가 나오는 경우의 수를 구하시오. [30%]

단계 3 소수이면서 동시에 3의 배수인 수가 나오는 경우의 수를 구하시오. [30%]

단계 4 소수 또는 3의 배수가 나오는 경우의 수를 구하시오. [10%]

스스로 서술하기

1009

1부터 15까지의 자연수가 각각 하나씩 적힌 15장의 카드가 들어 있는 상자가 있다. 이 상자에서 한 장의 카드를 꺼낼 때, 홀수 또는 7의 배수가 나오는 경우의 수를 구하시오.

풀이

답 ______________

1010

남학생 3명과 여학생 3명을 한 줄로 세울 때, 남학생은 남학생끼리, 여학생은 여학생끼리 이웃하여 서는 경우의 수를 구하시오.

단계 1 남학생 3명과 여학생 3명을 각각 1명으로 생각하여 2명을 한 줄로 세우는 경우의 수를 구하시오. [20%]

단계 2 남학생끼리 자리를 바꾸는 경우의 수를 구하시오. [30%]

단계 3 여학생끼리 자리를 바꾸는 경우의 수를 구하시오. [30%]

단계 4 남학생은 남학생끼리, 여학생은 여학생끼리 이웃하여 서는 경우의 수를 구하시오. [20%]

1011

남학생 2명과 여학생 4명을 한 줄로 세울 때, 남학생은 남학생끼리, 여학생은 여학생끼리 이웃하여 서는 경우의 수를 구하시오.

풀이

답 ______________

1012

a, b, c, d 4개의 문자를 $abcd$, $abdc$, $acbd$, $\cdots$, $dcba$와 같이 사전식으로 배열할 때, $bcad$는 몇 번째에 나오는지 구하시오.

단계 1 문자의 배열이 $a\square\square\square$인 경우의 수를 구하시오. [40%]

단계 2 문자의 배열이 $ba\square\square$인 경우의 수를 구하시오. [40%]

단계 3 $bcad$는 몇 번째에 나오는지 구하시오. [20%]

1013

a, b, c, d 4개의 문자를 $abcd$, $abdc$, $acbd$, $\cdots$, $dcba$와 같이 사전식으로 배열할 때, $cbad$는 몇 번째에 나오는지 구하시오.

풀이

답 ______________

1014

1부터 9까지의 숫자가 하나씩 적혀 있는 9장의 카드 중에서 2장을 동시에 뽑았을 때, 각 카드에 적혀 있는 숫자의 합이 짝수인 경우의 수를 구하시오.

(단, 뽑는 순서는 생각하지 않는다.)

단계 1 뽑은 두 카드에 적힌 숫자의 합이 짝수가 되는 경우를 설명하시오. [10%]

단계 2 뽑은 두 카드에 적혀 있는 숫자가 모두 짝수인 경우의 수를 구하시오. [40%]

단계 3 뽑은 두 카드에 적혀 있는 숫자가 모두 홀수인 경우의 수를 구하시오. [40%]

단계 4 각 카드에 적혀 있는 숫자의 합이 짝수인 경우의 수를 구하시오. [10%]

1015

1부터 9까지의 숫자가 하나씩 적혀 있는 9장의 카드 중에서 2장을 동시에 뽑았을 때, 각 카드에 적혀 있는 숫자의 곱이 짝수인 경우의 수를 구하시오.

(단, 뽑는 순서는 생각하지 않는다.)

풀이

답 ___________

1016

오른쪽 그림과 같은 A, B, C, D 4개의 부분에 빨강, 주황, 노랑, 파랑, 초록의 5가지 색을 이용하여 칠하려고 한다. 같은 색을 두 번 이상 사용할 수 있으나 이웃하는 부분에는 서로 다른 색을 칠할 때, 칠할 수 있는 모든 경우의 수를 구하시오.

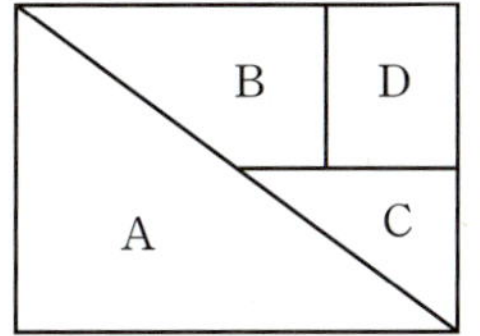

단계 1 $A \to B \to C \to D$의 순서로 색을 칠할 때, A와 B에 칠할 수 있는 색의 가짓수를 각각 구하시오. [40%]

단계 2 $A \to B \to C \to D$의 순서로 색을 칠할 때, C와 D에 칠할 수 있는 색의 가짓수를 각각 구하시오. [40%]

단계 3 칠할 수 있는 모든 경우의 수를 구하시오. [20%]

1017

오른쪽 그림과 같은 A, B, C, D, E 5개의 부분에 빨강, 주황, 노랑, 파랑, 초록의 5가지 색을 이용하여 칠하려고 한다. 같은 색을 두 번 이상 사용할 수 있으나 이웃하는 부분에는 서로 다른 색을 칠할 때, 칠할 수 있는 모든 경우의 수를 구하시오.

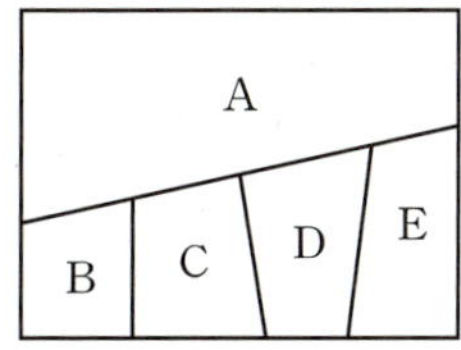

풀이

답 ___________

2 확률

개념 1 　확률

(1) 확률 : 같은 조건에서 실험이나 관찰을 여러 번 반복할 때, 어떤 사건이 일어나는 상대도수가 일정한 값에 가까워지면 이 일정한 값을 그 사건이 일어날 확률이라고 한다.

　참고　확률은 보통 분수, 소수, 백분율 (%) 등으로 나타낸다.

(2) 사건 A가 일어날 확률 : 어떤 실험이나 관찰에서 각 경우가 일어날 가능성이 모두 같을 때, 일어날 수 있는 모든 경우의 수를 n, 사건 A가 일어나는 경우의 수를 a라고 하면 사건 A가 일어날 확률 p는

$$p = \frac{(\text{사건 } A \text{가 일어나는 경우의 수})}{(\text{모든 경우의 수})} = \frac{a}{n}$$

　참고　사건 A가 일어날 확률을 구하는 순서
　　❶ 모든 경우의 수를 구한다.
　　❷ 사건 A가 일어나는 경우의 수를 구한다.
　　❸ (사건 A가 일어날 확률)$= \dfrac{(❷\text{의 경우의 수})}{(❶\text{의 경우의 수})}$

　예　한 개의 동전을 던질 때, 앞면이 나올 확률은 $\dfrac{(\text{앞면이 나오는 경우의 수})}{(\text{모든 경우의 수})} = \dfrac{1}{2}$

- 확률은 어떤 사건이 일어날 가능성을 수로 나타낸 것이다.

- 확률은 보통 probability의 첫 글자인 p 로 나타낸다.

개념 2 　확률의 기본 성질

(1) 어떤 사건이 일어날 확률을 p라고 하면 $0 \leq p \leq 1$ 이다.
(2) 절대로 일어나지 않는 사건의 확률은 0이다.
(3) 반드시 일어나는 사건의 확률은 1이다.

　　　　절대로 일어나지 않는 사건의 확률은 $\dfrac{0}{(\text{모든 경우의 수})} = 0$
　　　　반드시 일어나는 사건의 확률은 $\dfrac{(\text{모든 경우의 수})}{(\text{모든 경우의 수})} = 1$

　예　한 개의 주사위를 던질 때
　　(1) 3의 배수의 눈이 나올 확률 : 3의 배수의 눈이 나오는 경우는 3, 6의 2가지이므로 그 확률은 $\dfrac{2}{6} = \dfrac{1}{3}$ 이다.
　　(2) 8의 눈이 나올 확률 : 절대로 일어나지 않으므로 그 확률은 0이다.
　　(3) 6 이하의 눈이 나올 확률 : 주사위의 눈의 수는 모두 6 이하이므로 그 확률은 1이다.

- 모든 경우의 수가 n, 사건 A가 일어나는 경우의 수가 a이면

$$0 \leq a \leq n \quad \therefore \ 0 \leq \frac{a}{n} \leq 1$$

개념 3 　어떤 사건이 일어나지 않을 확률

사건 A가 일어날 확률을 p라고 하면

$$(\text{사건 } A \text{가 일어나지 않을 확률}) = 1 - p$$

　예　한 개의 주사위를 던질 때, 2의 눈이 나오지 않을 확률은

　　$1 - (\text{2의 눈이 나올 확률}) = 1 - \dfrac{1}{6} = \dfrac{5}{6}$

　참고　사건 A가 일어날 확률을 p, 사건 A가 일어나지 않을 확률을 q라고 하면 $p + q = 1$ 이다.

- (사건 A가 일어날 확률)
  $+$(사건 A가 일어나지 않을 확률)$=1$
  ➡ (사건 A가 일어나지 않을 확률)
  $=1-$(사건 A가 일어날 확률)

- '적어도 ~일 확률', '~가 아닐 확률', '~을 못할 확률'과 같은 표현이 있으면 어떤 사건이 일어나지 않을 확률을 이용한다.

1 확률

1018

1부터 10까지의 자연수가 각각 하나씩 적힌 10장의 카드 중에서 한 장의 카드를 뽑을 때, 다음을 구하시오.

(1) 일어나는 모든 경우의 수

(2) 4의 약수가 적힌 카드가 나오는 경우의 수

(3) 4의 약수가 적힌 카드가 나올 확률

1019

서로 다른 두 개의 동전을 동시에 던질 때, 다음을 구하시오.

(1) 일어나는 모든 경우의 수

(2) 서로 다른 면이 나오는 경우의 수

(3) 서로 다른 면이 나올 확률

1020

남학생 3명과 여학생 4명 중에서 한 명의 학생을 뽑을 때, 여학생이 뽑힐 확률을 구하시오.

2 확률의 기본 성질

1021

파란 공 2개, 노란 공 3개가 들어 있는 주머니에서 한 개의 공을 꺼낼 때, 다음을 구하시오.

(1) 파란 공이 나올 확률

(2) 파란 공 또는 노란 공이 나올 확률

(3) 빨간 공이 나올 확률

1022

서로 다른 두 개의 주사위를 동시에 던질 때, 다음을 구하시오.

(1) 눈의 수의 합이 1일 확률

(2) 눈의 수의 합이 12 이하일 확률

3 어떤 사건이 일어나지 않을 확률

1023

다음을 구하시오.

(1) 내일 비가 올 확률이 $\dfrac{2}{5}$일 때, 내일 비가 오지 않을 확률

(2) A, B 두 사람이 게임을 하여 A가 이길 확률이 $\dfrac{3}{7}$일 때, B가 이길 확률 (단, 비기는 경우는 없다.)

1024

1부터 15까지의 자연수가 각각 하나씩 적힌 15개의 공이 들어 있는 주머니에서 한 개의 공을 꺼낼 때, 다음을 구하시오.

(1) 공에 적힌 수가 6의 배수일 확률

(2) 공에 적힌 수가 6의 배수가 아닐 확률

1025

서로 다른 두 개의 동전을 동시에 던질 때, 다음을 구하시오.

(1) 모두 뒷면이 나올 확률

(2) 적어도 한 개는 앞면이 나올 확률

2 확률

개념 4 사건 A 또는 사건 B가 일어날 확률

두 사건 A, B가 동시에 일어나지 않을 때, 사건 A가 일어날 확률을 p, 사건 B가 일어날 확률을 q라고 하면

$$(\text{사건 } A \text{ 또는 } \text{사건 } B \text{가 일어날 확률}) = p + q$$

└ 확률의 덧셈

예 한 개의 주사위를 던질 때, 2 이하 또는 5 이상의 눈이 나올 확률은

$$(\text{2 이하의 눈이 나올 확률}) + (\text{5 이상의 눈이 나올 확률}) = \frac{2}{6} + \frac{2}{6} = \frac{4}{6} = \frac{2}{3}$$

두 사건은 동시에 일어나지 않는다.

* 일반적으로 '또는', '~이거나'라는 표현이 있으면 각 사건의 확률을 더한다.

개념 5 사건 A와 사건 B가 동시에 일어날 확률

두 사건 A, B가 서로 영향을 끼치지 않을 때, 사건 A가 일어날 확률을 p, 사건 B가 일어날 확률을 q라고 하면

└ 사건 A가 일어나도 사건 B의 조건에 아무런 변화가 없다.

$$(\text{사건 } A \text{와 사건 } B \text{가 동시에 일어날 확률}) = p \times q$$

└ 확률의 곱셈

예 동전 한 개와 주사위 한 개를 동시에 던질 때, 동전은 뒷면이 나오고 주사위는 홀수의 눈이 나올 확률은 $(\text{동전에서 뒷면이 나올 확률}) \times (\text{주사위에서 홀수의 눈이 나올 확률}) = \frac{1}{2} \times \frac{3}{6} = \frac{1}{4}$

* 일반적으로 '동시에', '그리고', '~와', '~하고 나서'라는 표현이 있으면 각 사건의 확률을 곱한다.

개념 6 연속하여 꺼내는 경우의 확률

(1) **꺼낸 것을 다시 넣고 연속하여 꺼내는 경우의 확률** : 처음에 꺼낸 것을 다시 꺼낼 수 있으므로 처음에 꺼낼 때와 나중에 꺼낼 때의 조건이 같다.

└ (처음에 사건 A가 일어날 확률)
＝(나중에 사건 A가 일어날 확률)

(2) **꺼낸 것을 다시 넣지 않고 연속하여 꺼내는 경우의 확률** : 처음에 꺼낸 것을 다시 꺼낼 수 없으므로 처음에 꺼낼 때와 나중에 꺼낼 때의 조건이 다르다.

└ (처음에 사건 A가 일어날 확률)
≠(나중에 사건 A가 일어날 확률)

예 노란 공 3개와 검은 공 2개가 들어 있는 주머니에서 연속하여 2개의 공을 꺼낼 때, 2개 모두 노란 공일 확률은

(1) 꺼낸 공을 다시 넣는 경우 : $\dfrac{3}{5} \times \dfrac{3}{5} = \dfrac{9}{25}$

(2) 꺼낸 공을 다시 넣지 않는 경우 : $\dfrac{3}{5} \times \dfrac{2}{4} = \dfrac{3}{10}$

* (1) 꺼낸 것을 다시 넣고 꺼낼 때
  (처음에 꺼낼 때의 전체 개수)
  ＝(나중에 꺼낼 때의 전체 개수)
* (2) 꺼낸 것을 다시 넣지 않고 꺼낼 때
  (처음에 꺼낼 때의 전체 개수)
  ≠(나중에 꺼낼 때의 전체 개수)

개념 7 도형에서의 확률

일어나는 모든 경우의 수는 도형의 전체 넓이로, 어떤 사건이 일어나는 경우의 수는 도형에서 해당하는 부분의 넓이로 생각한다.

$$(\text{도형에서의 확률}) = \frac{(\text{해당하는 부분의 넓이})}{(\text{도형의 전체 넓이})}$$

예 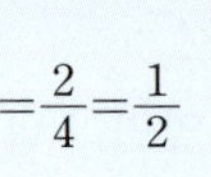 오른쪽 그림과 같이 4등분된 원 모양의 과녁에 화살을 한 번 쏠 때, 화살이 과녁을 벗어나거나 경계선을 맞히는 경우가 없다고 하자.

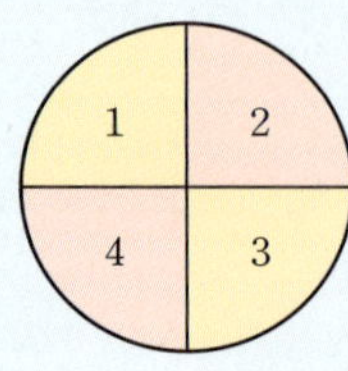

$$(\text{홀수가 적힌 부분을 맞힐 확률}) = \frac{(\text{홀수가 적힌 부분에 해당하는 넓이})}{(\text{도형의 전체 넓이})}$$

$$= \frac{2}{4} = \frac{1}{2}$$

* 도형에서의 확률은 해당하는 넓이가 전체 넓이에서 차지하는 비율이다.

4 사건 A 또는 사건 B가 일어날 확률

1026
주머니 속에 빨간 공 5개, 노란 공 3개, 파란 공 1개가 들어 있다. 이 주머니에서 한 개의 공을 꺼낼 때, 다음을 구하시오.

(1) 빨간 공이 나올 확률

(2) 파란 공이 나올 확률

(3) 빨간 공 또는 파란 공이 나올 확률

1027
1부터 20까지의 자연수가 각각 하나씩 적힌 20장의 카드 중에서 한 장의 카드를 뽑을 때, 5의 배수 또는 6의 배수가 적힌 카드가 나올 확률을 구하시오.

5 사건 A와 사건 B가 동시에 일어날 확률

1028
주사위 한 개와 동전 한 개가 있을 때, 다음을 구하시오.

(1) 주사위 한 개를 던질 때, 3의 배수의 눈이 나올 확률

(2) 동전 한 개를 던질 때, 앞면이 나올 확률

(3) 주사위와 동전을 동시에 던질 때, 주사위는 3의 배수의 눈이 나오고, 동전은 앞면이 나올 확률

1029
어느 시험에서 A가 합격할 확률은 $\dfrac{3}{5}$, B가 합격할 확률은 $\dfrac{1}{3}$일 때, 이 시험에서 A와 B가 모두 합격할 확률을 구하시오.

6 연속하여 꺼내는 경우의 확률

1030
흰 공 2개, 검은 공 6개가 들어 있는 주머니에서 공을 연속하여 1개씩 두 번 꺼낼 때, 다음의 경우에 두 번 모두 검은 공을 꺼낼 확률을 구하시오.

(1) 처음에 꺼낸 공을 다시 넣을 때

(2) 처음에 꺼낸 공을 다시 넣지 않을 때

1031
9개의 제비 중 당첨 제비가 4개 들어 있는 상자에서 A와 B가 차례대로 제비를 한 개씩 뽑을 때, 다음의 경우에 A만 당첨 제비를 뽑을 확률을 구하시오.

(1) 처음에 뽑은 제비를 다시 넣을 때

(2) 처음에 뽑은 제비를 다시 넣지 않을 때

7 도형에서의 확률

1032
오른쪽 그림과 같이 6등분된 원판에 1부터 6까지의 숫자가 각각 하나씩 적혀 있다. 이 원판이 한 번 돌아 멈췄을 때, 다음을 구하시오. (단, 바늘이 경계선을 가리키는 경우는 생각하지 않는다.)

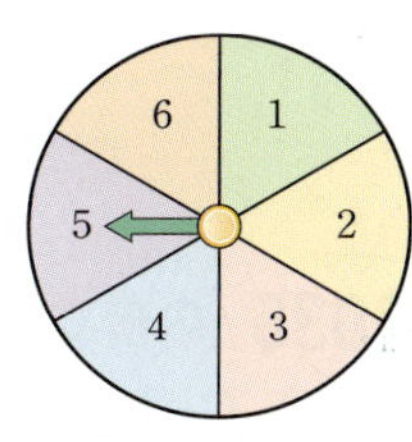

(1) 바늘이 2의 배수가 적힌 부분을 가리킬 확률

(2) 바늘이 소수가 적힌 부분을 가리킬 확률

(3) 바늘이 6의 약수가 적힌 부분을 가리킬 확률

유형 **01** 확률

1033 상중하

서로 다른 두 개의 주사위를 동시에 던질 때, 나오는 눈의 수의 합이 7일 확률은?

① $\dfrac{1}{18}$ ② $\dfrac{1}{12}$ ③ $\dfrac{1}{9}$

④ $\dfrac{5}{36}$ ⑤ $\dfrac{1}{6}$

→ **유형 Point** (사건 A가 일어날 확률)$=\dfrac{(\text{사건 } A \text{가 일어나는 경우의 수})}{(\text{모든 경우의 수})}$

1034 상중하

서로 다른 세 개의 동전을 동시에 던질 때, 모두 같은 면이 나올 확률은?

① $\dfrac{1}{8}$ ② $\dfrac{1}{4}$ ③ $\dfrac{3}{8}$

④ $\dfrac{1}{2}$ ⑤ $\dfrac{5}{8}$

1035 상중하

1, 2, 3, 4, 5의 숫자가 각각 하나씩 적힌 5장의 카드 중에서 2장의 카드를 뽑아 두 자리 자연수를 만들 때, 41 이상일 확률을 구하시오.

★★ 1036 상중하

A, B, C, D, E 5명이 한 줄로 설 때, C와 D가 이웃하여 서게 될 확률은?

① $\dfrac{1}{5}$ ② $\dfrac{1}{3}$ ③ $\dfrac{2}{5}$

④ $\dfrac{3}{5}$ ⑤ $\dfrac{2}{3}$

1037 상중하

오른쪽 표는 어느 중학교 학생들의 통학 시간을 조사하여 나타낸 것이다. 이 학생들 중에서 임의로 한 명을 선택할 때, 그 학생의 통학 시간이 25분 이상일 확률을 구하시오.

통학 시간(분)	학생 수(명)
0이상 ~ 5미만	35
5 ~ 10	97
10 ~ 15	138
15 ~ 20	39
20 ~ 25	27
25 ~ 30	14
합계	350

1038 상중하

남학생 3명과 여학생 4명 중에서 대표 2명을 뽑을 때, 2명 모두 남학생이 뽑힐 확률은?

① $\dfrac{1}{8}$ ② $\dfrac{1}{7}$ ③ $\dfrac{1}{4}$

④ $\dfrac{2}{7}$ ⑤ $\dfrac{1}{2}$

1039 상중하 서술형

한 개의 주사위를 두 번 던져서 처음에 나오는 눈의 수를 x, 나중에 나오는 눈의 수를 y라고 할 때, $x+2y<10$일 확률을 구하시오.

1040 상중하

흰 구슬 3개, 파란 구슬 4개, 검은 구슬 x개가 들어 있는 주머니에서 한 개의 구슬을 꺼낼 때, 흰 구슬이 나올 확률이 $\dfrac{1}{4}$ 이라고 한다. 이때 검은 구슬의 개수를 구하시오.

수학의 바이블 153쪽

유형 02 확률의 기본 성질

1041 상 중 하

다음 중 확률에 대한 설명으로 옳지 <u>않은</u> 것은?

① 사건 A가 일어날 확률을 p라고 하면
$$p=\frac{(\text{사건 } A\text{가 일어나는 경우의 수})}{(\text{모든 경우의 수})}\text{이다.}$$

② 어떤 사건이 일어날 확률을 p라고 하면 $0\leq p\leq 1$이다.

③ 어떤 사건이 일어날 확률을 p라고 하면 그 사건이 일어나지 않을 확률은 $p-1$이다.

④ 반드시 일어나는 사건의 확률은 1이다.

⑤ 절대로 일어나지 않는 사건의 확률은 0이다.

→ **유형 Point** (1) 어떤 사건이 일어날 확률을 p라고 하면 $0\leq p\leq 1$이다.

(2) 절대로 일어나지 않는 사건의 확률은 0이다.

(3) 반드시 일어나는 사건의 확률은 1이다.

1042 상 중 하

다음 중 확률이 1인 것은?

① 한 개의 동전을 던질 때, 앞면이 나올 확률

② 한 개의 주사위를 던질 때, 6보다 큰 수의 눈이 나올 확률

③ 흰 공 3개, 검은 공 2개가 들어 있는 상자에서 한 개의 공을 꺼낼 때, 흰 공일 확률

④ 서로 다른 두 개의 동전을 동시에 던질 때, 뒷면이 한 개 나올 확률

⑤ 서로 다른 두 개의 주사위를 동시에 던질 때, 나오는 눈의 수의 곱이 36 이하일 확률

1043 상 중 하

사건 A가 일어날 확률을 p, 사건 A가 일어나지 않을 확률을 q라고 할 때, 다음 중 항상 옳은 것은?

① $p=q$ ② $p\leq q$ ③ $q=1+p$

④ $p+q=1$ ⑤ $0<p+q<1$

수학의 바이블 155쪽

유형 03 어떤 사건이 일어나지 않을 확률

1044 상 중 하

서로 다른 두 개의 주사위를 동시에 던질 때, 나오는 눈의 수가 서로 다를 확률은?

① $\dfrac{11}{12}$ ② $\dfrac{5}{6}$ ③ $\dfrac{3}{4}$

④ $\dfrac{2}{3}$ ⑤ $\dfrac{7}{12}$

→ **유형 Point** 사건 A가 일어날 확률을 p라고 하면
(사건 A가 일어나지 않을 확률)$=1-p$

1045 상 중 하

1부터 20까지의 자연수가 각각 하나씩 적힌 20장의 카드 중에서 한 장의 카드를 뽑을 때, 카드에 적힌 수가 4의 배수가 아닐 확률을 구하시오.

1046 상 중 하 서술형

A, B, C, D, E, F 6명 중에서 2명의 대표를 뽑을 때, A가 뽑히지 않을 확률을 구하시오.

1047 상 중 하

A, B, C, D, E 5명이 한 줄로 설 때, A가 맨 앞에 서지 않을 확률은?

① $\dfrac{1}{4}$ ② $\dfrac{1}{2}$ ③ $\dfrac{3}{4}$

④ $\dfrac{4}{5}$ ⑤ $\dfrac{7}{8}$

수학의 바이블 155쪽

유형 04 적어도 하나는 ~일 확률

1048 상 중 하
남학생 4명과 여학생 3명 중에서 대표 2명을 뽑을 때, 적어도 한 명은 여학생이 뽑힐 확률은?

① $\dfrac{1}{7}$ ② $\dfrac{2}{7}$ ③ $\dfrac{3}{7}$

④ $\dfrac{4}{7}$ ⑤ $\dfrac{5}{7}$

→ **유형 Point** (적어도 하나는 ~일 확률)=1−(모두 ~가 아닐 확률)

1049 상 중 하
서로 다른 세 개의 동전을 동시에 던질 때, 적어도 하나는 앞면이 나올 확률은?

① $\dfrac{7}{8}$ ② $\dfrac{3}{4}$ ③ $\dfrac{5}{8}$

④ $\dfrac{1}{4}$ ⑤ $\dfrac{1}{8}$

1050 상 중 하 서술형
한 개의 주사위를 두 번 던질 때, 적어도 한 번은 홀수의 눈이 나올 확률을 구하시오.

1051 상 중 하
주머니 속에 빨간 구슬 3개, 파란 구슬 2개가 들어 있다. 이 주머니에서 두 개의 구슬을 동시에 꺼낼 때, 적어도 한 개는 파란 구슬이 나올 확률을 구하시오.

수학의 바이블 158쪽

유형 05 사건 A 또는 사건 B가 일어날 확률

1052 상 중 하
서로 다른 두 개의 주사위를 동시에 던질 때, 나오는 눈의 수의 합이 3 또는 8일 확률은?

① $\dfrac{1}{9}$ ② $\dfrac{7}{36}$ ③ $\dfrac{4}{9}$

④ $\dfrac{11}{18}$ ⑤ $\dfrac{25}{36}$

→ **유형 Point** 두 사건 A, B가 동시에 일어나지 않을 때
(사건 A 또는 사건 B가 일어날 확률)
=(사건 A가 일어날 확률)+(사건 B가 일어날 확률)

1053 상 중 하
오른쪽 표는 연주네 반 학생 30명이 연주할 수 있는 악기를 조사하여 나타낸 것이다. 임의로 한 학생을 선택할 때, 이 학생이 연주할 수 있는 악기가 바이올린이나 첼로일 확률을 구하시오.

악기	학생 수(명)
피아노	14
바이올린	6
플루트	7
첼로	3
합계	30

1054 상 중 하
상자 속에 1부터 25까지의 자연수가 각각 하나씩 적힌 25개의 공이 들어 있다. 이 상자에서 한 개의 공을 꺼낼 때, 공에 적힌 수가 6의 배수 또는 7의 배수일 확률을 구하시오.

1055 상 중 하
0, 1, 2, 3, 4의 숫자가 각각 하나씩 적힌 5장의 카드 중에서 2장을 뽑아 두 자리 자연수를 만들 때, 20 이하이거나 40 이상일 확률을 구하시오.

수학의 바이블 158쪽

유형 06 사건 A와 사건 B가 동시에 일어날 확률

1056 상 중 하

A 주머니에는 흰 공 4개, 검은 공 3개가 들어 있고, B 주머니에는 흰 공 3개, 검은 공 5개가 들어 있다. 두 주머니 A, B에서 공을 각각 한 개씩 꺼낼 때, A 주머니에서는 흰 공, B 주머니에서는 검은 공이 나올 확률을 구하시오.

> **유형 Point** 두 사건 A, B가 서로 영향을 끼치지 않을 때
> (사건 A와 사건 B가 동시에 일어날 확률)
> =(사건 A가 일어날 확률)×(사건 B가 일어날 확률)

1057 상 중 하

자유투 성공률이 80 %인 어느 농구 선수가 자유투를 두 번 던질 때, 두 번 모두 성공할 확률을 구하시오.

1058 상 중 하

A, B 두 개의 주사위를 동시에 던질 때, A 주사위에서 나오는 눈의 수는 홀수이고, B 주사위에서 나오는 눈의 수는 4의 약수일 확률을 구하시오.

★★ 1059 상 중 하

오른쪽 그림과 같은 전기 회로에서 두 스위치 A, B가 닫힐 확률이 각각 $\dfrac{1}{2}$, $\dfrac{1}{5}$일 때, 전구에 불이 들어오지 않을 확률을 구하시오.

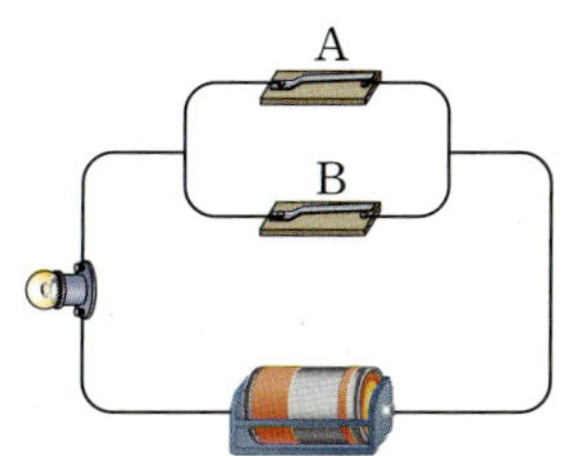

수학의 바이블 159쪽

유형 07 확률의 덧셈과 곱셈

1060 상 중 하

A 주머니에는 빨간 공 4개, 파란 공 2개가 들어 있고, B 주머니에는 빨간 공 3개, 파란 공 4개가 들어 있다. A, B 두 주머니에서 공을 각각 한 개씩 꺼낼 때, 두 공이 서로 같은 색일 확률을 구하시오.

> **유형 Point** (1) 두 사건 A, B가 동시에 일어나지 않을 때,
> 사건 A 또는 사건 B가 일어날 확률 ➡ 확률의 덧셈
> (2) 두 사건 A, B가 서로 영향을 끼치지 않을 때,
> 사건 A와 사건 B가 동시에 일어날 확률 ➡ 확률의 곱셈

1061 상 중 하

A 주머니에는 흰 바둑돌 3개, 검은 바둑돌 2개가 들어 있고, B 주머니에는 흰 바둑돌 2개, 검은 바둑돌 2개가 들어 있다. 두 주머니 중 임의로 한 주머니를 선택하여 한 개의 바둑돌을 꺼낼 때, 흰 바둑돌일 확률을 구하시오.

1062 상 중 하 서술형

동전 한 개와 주사위 한 개를 동시에 던질 때, 동전은 앞면이 나오고 주사위는 소수의 눈이 나오거나 동전은 뒷면이 나오고 주사위는 3의 배수의 눈이 나올 확률을 구하시오.

1063 상 중 하

A, B 두 사람이 좋아하는 자연수를 a, b라고 하자. 두 자연수 a, b가 짝수일 확률이 각각 $\dfrac{3}{5}$, $\dfrac{1}{4}$일 때, $a+b$가 짝수일 확률을 구하시오.

유형 08 연속하여 꺼내는 경우의 확률 — 꺼낸 것을 다시 넣는 경우

1064 상 중 하
주머니 속에 흰 바둑돌 6개, 검은 바둑돌 4개가 들어 있다. 이 주머니에서 바둑돌을 한 개 꺼내 확인하고 다시 넣은 후 한 개를 꺼낼 때, 두 개 모두 검은 바둑돌일 확률은?

① $\dfrac{4}{25}$　　② $\dfrac{1}{5}$　　③ $\dfrac{6}{25}$

④ $\dfrac{2}{5}$　　⑤ $\dfrac{4}{5}$

→ **유형 Point** 꺼낸 것을 다시 넣는 경우에는 처음에 꺼낸 것을 다시 꺼낼 수 있으므로 처음 사건이 나중 사건에 영향을 주지 않는다.
➡ (처음에 꺼낼 때의 전체 개수)=(나중에 꺼낼 때의 전체 개수)

1065 상 중 하
15개의 제비 중에 5개의 당첨 제비가 들어 있는 상자가 있다. 이 상자에서 정우가 제비를 한 개 뽑아 확인하고 다시 넣은 후 수찬이가 제비를 한 개 뽑을 때, 정우는 당첨되지 않고, 수찬이는 당첨될 확률을 구하시오.

1066 상 중 하 서술형
1부터 10까지의 자연수가 각각 하나씩 적힌 10장의 카드 중에서 한 장의 카드를 뽑아 확인하고 다시 넣은 후 한 장의 카드를 뽑을 때, 첫 번째에는 6의 약수가 적힌 카드가 나오고, 두 번째에는 홀수가 적힌 카드가 나올 확률을 구하시오.

1067 상 중 하
주머니 속에 빨간 구슬 3개, 파란 구슬 6개가 들어 있다. 이 주머니에서 구슬을 한 개 꺼내 확인하고 다시 넣은 후 한 개를 꺼낼 때, 적어도 한 개는 빨간 구슬일 확률을 구하시오.

유형 09 연속하여 꺼내는 경우의 확률 — 꺼낸 것을 다시 넣지 않는 경우

1068 상 중 하
10개의 제비 중에 3개의 당첨 제비가 들어 있는 상자가 있다. 이 상자에서 유진이와 수현이가 차례대로 한 개씩 제비를 뽑을 때, 유진이만 당첨 제비를 뽑을 확률을 구하시오.
(단, 뽑은 제비는 다시 넣지 않는다.)

→ **유형 Point** 꺼낸 것을 다시 넣지 않는 경우에는 처음에 꺼낸 것을 다시 꺼낼 수 없으므로 처음 사건이 나중 사건에 영향을 준다.
➡ (처음에 꺼낼 때의 전체 개수)≠(나중에 꺼낼 때의 전체 개수)

1069 상 중 하
주머니 속에 노란 구슬 3개, 빨간 구슬 2개가 들어 있다. 이 주머니에서 연속하여 두 개의 구슬을 꺼낼 때, 첫 번째에는 빨간 구슬, 두 번째에는 노란 구슬이 나올 확률은?
(단, 꺼낸 구슬은 다시 넣지 않는다.)

① $\dfrac{1}{10}$　　② $\dfrac{3}{10}$　　③ $\dfrac{1}{2}$

④ $\dfrac{7}{10}$　　⑤ $\dfrac{9}{10}$

1070 상 중 하
상자 안에 들어 있는 15개의 제품 중 3개의 불량품이 섞여 있다. 이 상자에서 두 개의 제품을 연속하여 꺼내 검사할 때, 적어도 한 개는 불량품일 확률을 구하시오.
(단, 꺼낸 제품은 다시 넣지 않는다.)

⭐ 1071 상 중 하
흰 공 6개, 검은 공 4개가 들어 있는 주머니에서 연속하여 두 개의 공을 꺼낼 때, 두 개 모두 같은 색의 공일 확률을 구하시오.
(단, 꺼낸 공은 다시 넣지 않는다.)

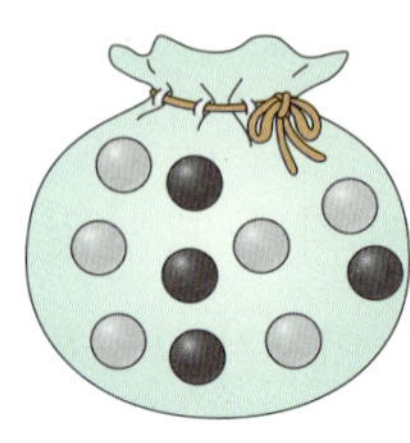

▶수학의 바이블 159쪽

유형 10 문제를 맞힐 확률

1072 상 중 하

보란이가 A 문제를 맞힐 확률은 $\dfrac{4}{5}$, B 문제를 맞힐 확률은 $\dfrac{1}{3}$일 때, A, B 두 문제 중 한 문제만 맞힐 확률을 구하시오.

→ **유형 Point** (1) (문제를 맞히지 못할 확률)=1−(문제를 맞힐 확률)
(2) (A, B 두 문제 중 A 문제만 맞힐 확률)
  =(A 문제를 맞힐 확률)×(B 문제를 맞히지 못할 확률)
(3) (두 사람 중 적어도 한 사람은 문제를 맞힐 확률)
  =1−(두 사람 모두 문제를 맞히지 못할 확률)

1073 상 중 하

A, B 두 학생이 어떤 문제를 맞힐 확률이 각각 $\dfrac{2}{5}$, $\dfrac{2}{3}$일 때, A만 이 문제를 맞힐 확률은?

① $\dfrac{1}{15}$　　② $\dfrac{2}{15}$　　③ $\dfrac{1}{5}$

④ $\dfrac{4}{15}$　　⑤ $\dfrac{2}{5}$

1074 상 중 하 서술형

어느 시험에서 연지가 합격할 확률은 $\dfrac{2}{5}$이고, 지용이가 합격할 확률은 $\dfrac{3}{7}$일 때, 적어도 한 사람은 합격할 확률을 구하시오.

★1075 상 중 하

형선이가 ○, ×로 답하는 4문제에 임의로 답을 골라 적을 때, 적어도 한 문제는 맞힐 확률을 구하시오.

▶수학의 바이블 159쪽

유형 11 두 사람이 만날 확률

1076 상 중 하

유정이와 진영이는 체육관에서 만나기로 하였다. 유정이가 약속을 지킬 확률은 $\dfrac{3}{5}$이고, 진영이가 약속을 지킬 확률은 $\dfrac{2}{3}$일 때, 두 사람이 만나지 못할 확률을 구하시오.

→ **유형 Point** 만나려면 모두 약속을 지켜야 하고, 만나지 못하려면 적어도 한 사람은 약속을 지키지 않아야 한다.
(1) (A, B가 만날 확률)
  =(A가 약속을 지킬 확률)×(B가 약속을 지킬 확률)
(2) (A, B가 만나지 못할 확률)=1−(A, B가 만날 확률)

1077 상 중 하

준서와 진우가 약속 장소에 나오지 못할 확률이 각각 $\dfrac{1}{8}$, $\dfrac{1}{7}$일 때, 두 사람이 약속 장소에서 만날 확률을 구하시오.

▶수학의 바이블 159쪽

유형 12 가위바위보에서의 확률

1078 상 중 하

소영이와 유경이가 가위바위보를 한 번 할 때, 승부가 결정될 확률을 구하시오.

→ **유형 Point** (1) 두 사람이 가위바위보를 할 때
  ① (비길 확률)=(모두 같은 것을 낼 확률)
  ② (승부가 결정될 확률)=1−(비길 확률)
(2) 세 사람이 가위바위보를 할 때
  ① (비길 확률)=(모두 같은 것을 낼 확률)+(모두 다른 것을 낼 확률)
  ② (승부가 결정될 확률)=1−(비길 확률)

1079 상 중 하

상진, 민수, 현우 세 사람이 가위바위보를 할 때, 비길 확률을 구하시오.

수학의 바이블 159쪽

유형 13 명중률에 대한 확률

1080 상 중 하

명중률이 각각 $\dfrac{2}{3}$, $\dfrac{4}{5}$인 두 양궁 선수가 화살을 한 번씩 쏠 때, 적어도 한 사람은 과녁에 명중시킬 확률은?

① $\dfrac{1}{15}$ ② $\dfrac{2}{15}$ ③ $\dfrac{8}{15}$

④ $\dfrac{2}{3}$ ⑤ $\dfrac{14}{15}$

→ **유형 Point** (1) (A가 명중시키지 못할 확률)$=1-$(A의 명중률)

(2) (A, B 두 사람 중에서 적어도 한 명은 명중시킬 확률)
 $=1-$(A, B 두 사람 모두 명중시키지 못할 확률)

1081 상 중 하

농구 경기에서 A, B 두 선수가 3점 슛에 성공할 확률이 각각 $\dfrac{3}{4}$, $\dfrac{3}{5}$이라고 한다. A, B 두 선수가 각각 한 번씩 3점 슛을 던질 때, 두 선수 모두 성공시키지 못할 확률을 구하시오.

1082 상 중 하

5발을 쏘면 평균 2발을 명중시키는 사격 선수가 있다. 이 선수가 2발을 쏘았을 때, 한 발만 명중시킬 확률은?

① $\dfrac{2}{5}$ ② $\dfrac{12}{25}$

③ $\dfrac{14}{25}$ ④ $\dfrac{3}{5}$

⑤ $\dfrac{18}{25}$

1083 상 중 하 서술형

명중률이 각각 $\dfrac{1}{3}$, $\dfrac{1}{4}$, $\dfrac{3}{7}$인 A, B, C 세 사람이 동시에 한 마리의 새를 향해 총을 한 발씩 쏠 때, 새가 총에 맞을 확률을 구하시오.

수학의 바이블 163쪽

유형 14 도형에서의 확률

1084 상 중 하

오른쪽 그림과 같은 원판에 화살을 한 번 쏠 때, 색칠한 부분을 맞힐 확률을 구하시오. (단, 화살이 원판을 벗어나거나 경계선을 맞히는 경우는 생각하지 않는다.)

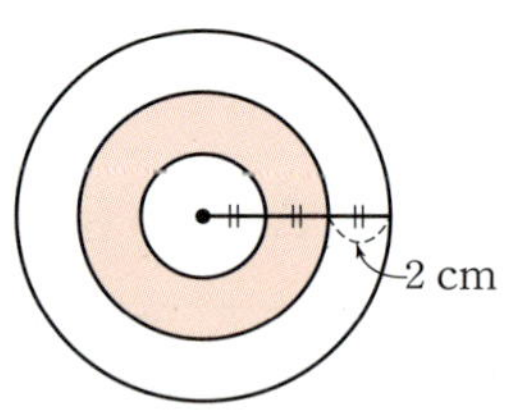

→ **유형 Point** (도형에서의 확률)$=\dfrac{(\text{해당하는 부분의 넓이})}{(\text{도형의 전체 넓이})}$

1085 상 중 하

오른쪽 그림과 같이 16개의 정사각형으로 이루어진 과녁에 화살을 두 번 쏠 때, 두 번 모두 색칠한 부분을 맞힐 확률은? (단, 화살이 과녁을 벗어나거나 경계선을 맞히는 경우는 생각하지 않는다.)

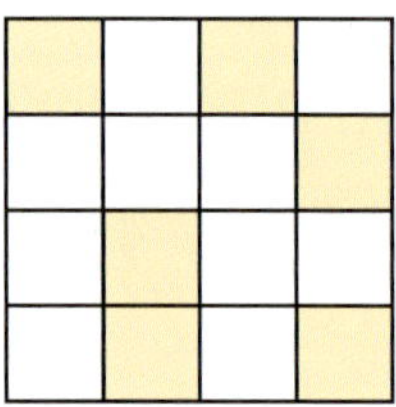

① $\dfrac{3}{32}$ ② $\dfrac{1}{8}$ ③ $\dfrac{9}{64}$

④ $\dfrac{5}{32}$ ⑤ $\dfrac{3}{16}$

1086 상 중 하

다음 그림과 같이 6등분, 8등분된 두 원판 A, B가 있다. 이 두 원판을 한 번 돌린 후 멈췄을 때, 원판 A의 바늘은 3의 배수, 원판 B의 바늘은 8의 약수가 적힌 부분을 가리킬 확률을 구하시오.

(단, 바늘이 경계선을 가리키는 경우는 생각하지 않는다.)

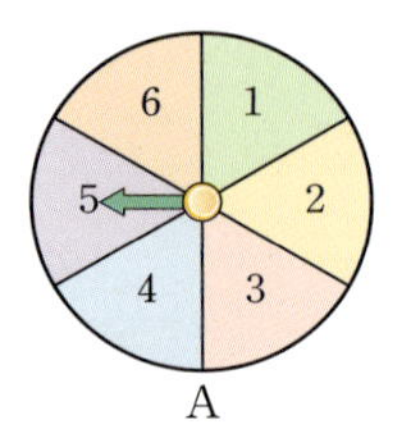

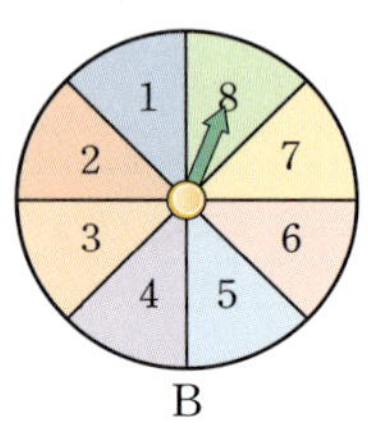

1087

서로 다른 두 개의 주사위를 동시에 던질 때, 나오는 눈의 수의 차가 2일 확률은?

① $\dfrac{1}{6}$ ② $\dfrac{7}{36}$ ③ $\dfrac{2}{9}$

④ $\dfrac{1}{4}$ ⑤ $\dfrac{5}{18}$

1088

0, 1, 2, 3, 4의 숫자가 각각 하나씩 적힌 5장의 카드 중에서 2장의 카드를 뽑아 두 자리 자연수를 만들 때, 그 수가 짝수일 확률을 구하시오.

1089

한 개의 주사위를 두 번 던져서 처음에 나오는 눈의 수를 a, 나중에 나오는 눈의 수를 b라고 할 때, 두 직선 $y=ax+b$, $y=2x+5$가 평행할 확률을 구하시오.

1090 생각이 쏙쏙

다음 그림과 같이 수직선의 원점 위에 점 P가 있다. 동전 한 개를 던져서 앞면이 나오면 오른쪽으로 1만큼, 뒷면이 나오면 왼쪽으로 1만큼 움직이기로 하였다. 동전을 세 번 던질 때, 점 P의 위치가 1일 확률은?

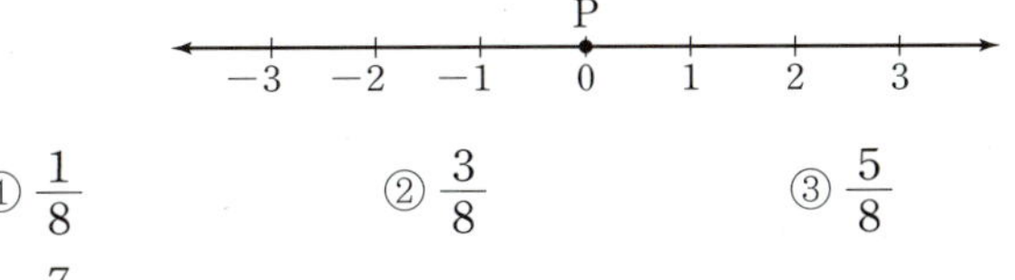

① $\dfrac{1}{8}$ ② $\dfrac{3}{8}$ ③ $\dfrac{5}{8}$

④ $\dfrac{7}{8}$ ⑤ 1

1091

다음 보기 중 옳은 것을 모두 고른 것은?

> **보기**
>
> ㄱ. 어떤 사건이 일어날 확률을 p라고 하면 $0<p<1$이다.
> ㄴ. 한 개의 주사위를 던질 때, 음수의 눈이 나올 확률은 0이다.
> ㄷ. 반드시 일어나는 사건의 확률은 1이다.
> ㄹ. 어떤 사건이 일어날 확률을 p, 일어나지 않을 확률을 q라고 하면 $p=1-q$이다.

① ㄱ, ㄴ ② ㄴ, ㄷ ③ ㄴ, ㄹ

④ ㄱ, ㄴ, ㄷ ⑤ ㄴ, ㄷ, ㄹ

1092

A 상자에는 1부터 6까지의 자연수가 각각 하나씩 적힌 6장의 카드가 들어 있고, B 상자에는 1부터 5까지의 자연수가 각각 하나씩 적힌 5장의 카드가 들어 있다. A, B 두 상자에서 각각 카드를 한 장씩 뽑을 때, 두 카드의 숫자가 서로 다를 확률을 구하시오.

1093

A, B, C, D, E, F 6명을 한 줄로 세울 때, A가 맨 뒤에 서고 B, C가 이웃하여 설 확률을 구하시오.

1094

4장의 문자 카드를 다음 그림과 같이 나란히 배열하였다. 이들을 잘 섞은 후에 다시 나란히 배열할 때, 적어도 한 문자는 원래의 위치에 있을 확률을 구하시오.

1095

x가 20 이하의 짝수일 때, 분수 $\dfrac{1}{x}$이 순환소수가 될 확률을 구하시오.

1096

서로 다른 두 개의 주사위를 동시에 던져서 나온 눈의 수를 각각 a, b라고 할 때, 네 직선 $x=-2a$, $x=2a$, $y=-b$, $y=b$로 둘러싸인 도형의 넓이가 48일 확률을 구하시오.

1097 

비가 온 다음 날 비가 올 확률은 $\dfrac{1}{4}$, 비가 오지 않은 다음 날 비가 올 확률은 $\dfrac{1}{5}$이라고 한다. 화요일에 비가 왔을 때, 같은 주 목요일에 비가 올 확률은?

① $\dfrac{7}{80}$ ② $\dfrac{11}{80}$ ③ $\dfrac{13}{80}$

④ $\dfrac{17}{80}$ ⑤ $\dfrac{23}{80}$

1098

다음 그림과 같은 대진표에서 A팀과 B팀이 결승전에서 만날 확률을 구하시오. (단, 각 팀이 경기에서 이길 확률은 모두 같고, 비기거나 기권하는 경우는 없다.)

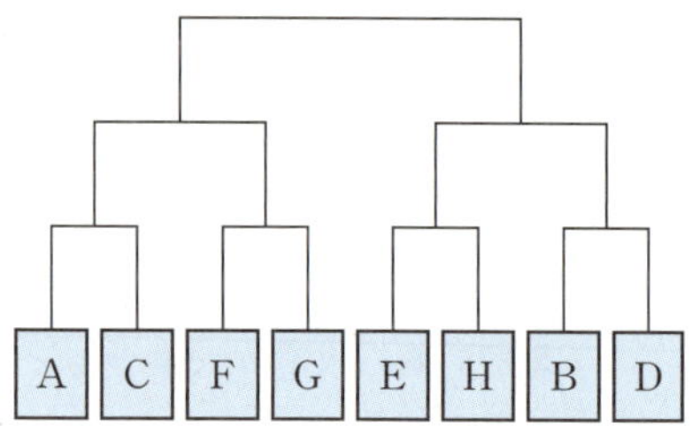

1099

10개의 제비 중 2개의 당첨 제비가 들어 있는 상자에서 A가 한 개의 제비를 뽑아 확인하고 상자에 다시 넣은 후 B가 한 개의 제비를 뽑을 때, A와 B가 모두 당첨될 확률을 구하시오.

★★ 1100

상자 안에 들어 있는 40개의 제품 중 불량품이 10개 섞여 있다. 이 상자에서 두 개의 제품을 연속하여 꺼낼 때, 두 개 모두 불량품일 확률을 구하시오. (단, 꺼낸 제품은 다시 넣지 않는다.)

1101

주머니에 노란 구슬과 초록 구슬이 합하여 8개가 들어 있다. 이 주머니에서 한 개의 공을 꺼내 확인하고 다시 넣은 후 한 개의 공을 꺼낼 때, 적어도 한 번은 초록 구슬이 나올 확률이 $\dfrac{7}{16}$이다. 이때 노란 구슬의 개수를 구하시오.

1102

1에서 5까지의 숫자가 각각 하나씩 적힌 다섯 개의 공이 들어 있는 상자가 있다. 이 상자에서 한 개씩 두 개의 공을 꺼냈을 때, 공에 적혀 있는 숫자를 순서대로 a, b라고 하자. 이때 ab가 짝수일 확률을 구하시오. (단, 꺼낸 공은 다시 넣지 않는다.)

1103

빨간 공 4개, 노란 공 2개가 들어 있는 주머니에서 연속하여 두 개의 공을 꺼낼 때, 두 공이 서로 다른 색일 확률은?

(단, 꺼낸 공은 다시 넣지 않는다.)

① $\dfrac{4}{15}$　　② $\dfrac{1}{3}$　　③ $\dfrac{2}{5}$

④ $\dfrac{7}{15}$　　⑤ $\dfrac{8}{15}$

1104

A, B 두 축구팀이 7회의 경기를 하는데 먼저 4승을 한 팀이 우승한다고 한다. 현재 A팀이 2승 1패로 앞서고 있고 각 팀이 한 경기에서 이길 확률은 모두 같다고 할 때, B팀이 우승할 확률을 구하시오. (단, 비기는 경우는 없다.)

1105

준영이와 재영이가 약속 장소에 나오지 못할 확률이 각각 $\dfrac{2}{5}$, $\dfrac{1}{3}$ 일 때, 두 사람이 약속 장소에서 만나지 못할 확률을 구하시오.

1106 창의력 쑥쑥

A, B가 각각 다음 그림과 같은 정육면체의 전개도를 접어서 주사위를 만들었다. 두 사람이 동시에 주사위를 한 번 던져서 더 큰 숫자가 나오는 사람이 이기는 게임을 할 때, A가 이길 확률을 구하시오.

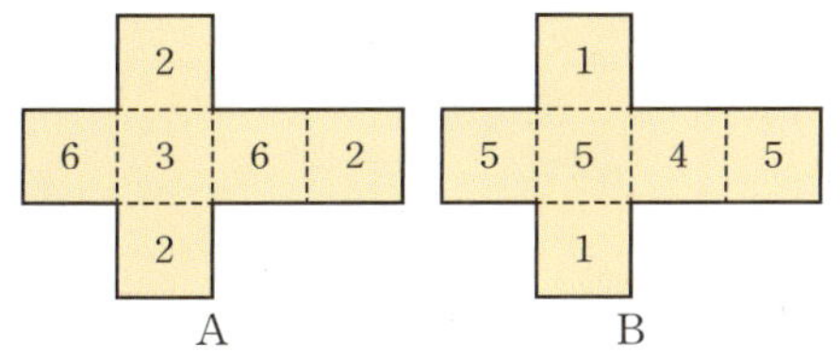

1107 생각이 쑥쑥

수지, 혜리, 민아 세 사람이 가위바위보를 할 때, 수지가 이길 확률을 구하시오.

1108

A, B, C 세 사람의 다트 명중률이 각각 $\dfrac{1}{5}$, $\dfrac{2}{3}$, $\dfrac{3}{4}$ 이라고 한다. 세 사람이 동시에 한 개의 물풍선을 향해 다트를 던졌을 때, 물풍선이 터질 확률을 구하시오.

1109

오른쪽 그림과 같이 4등분된 원판을 두 번 돌릴 때, 첫 번째와 두 번째에 바늘이 가리키는 부분에 적힌 수의 합이 3 또는 6일 확률을 구하시오. (단, 바늘이 경계선을 가리키는 경우는 생각하지 않는다.)

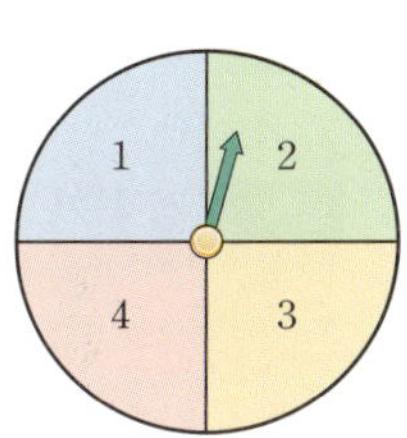

1110

다음은 수학자 파스칼이 도박사인 친구 드 메레에게 받은 편지이다. 두 사람이 승리할 확률에 따라 상금을 나누어 갖는다고 할 때, A와 B가 가져야 할 상금을 각각 구하시오.

친애하는 파스칼, 나에게 해결이 안 되는 문제가 하나 있으니 한 번 풀어 봐 주게. 이길 확률이 같은 A, B 두 사람이 각각 32피스톨을 걸고 비기는 경우가 없는 내기를 하는데 3번을 먼저 이기는 사람이 64피스톨을 모두 갖기로 하였네. 그런데 A가 2승 1패를 했을 때, 중간에 내기를 그만하게 되었네. 이때 상금을 어떻게 나누어 가져야 공평하겠는가?

1111

A, B, C, D, E 5명이 한 줄로 설 때, B와 E가 양 끝에 서게 될 확률을 구하시오.

단계 1 모든 경우의 수를 구하시오. [30%]

단계 2 B와 E가 양 끝에 서는 경우의 수를 구하시오. [50%]

단계 3 B와 E가 양 끝에 서게 될 확률을 구하시오. [20%]

1112

여학생 4명과 남학생 2명을 일렬로 세울 때, 남학생 2명이 양 끝에 서게 될 확률을 구하시오.

풀이

답 ____________

1113

오른쪽 그림과 같이 한 변의 길이가 1인 정오각형 ABCDE에서 점 P가 꼭짓점 A를 출발하여 주사위 1개를 던져서 나오는 눈의 수만큼 정오각형의 변을 따라 화살표 방향으로 이동한다. 주사위를 두 번 던질 때, 점 P가 꼭짓점 D에 올 확률을 구하시오.

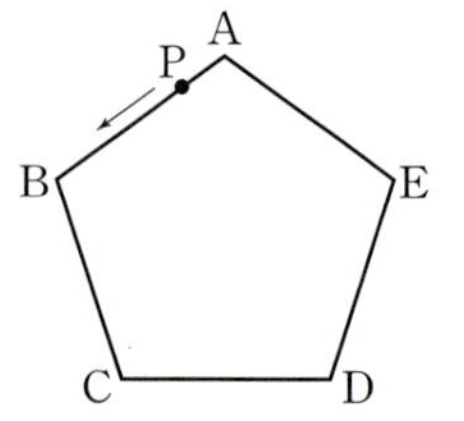

단계 1 모든 경우의 수를 구하시오. [20%]

단계 2 점 P가 꼭짓점 D에 오는 경우를 모두 구하시오. [20%]

단계 3 **단계 2** 의 모든 경우에 대한 확률을 각각 구하시오. [40%]

단계 4 점 P가 꼭짓점 D에 올 확률을 구하시오. [20%]

1114

오른쪽 그림과 같이 한 변의 길이가 1인 정사각형 ABCD에서 점 P가 꼭짓점 A를 출발하여 주사위 1개를 던져서 나오는 눈의 수만큼 정사각형의 변을 따라 화살표 방향으로 이동한다. 주사위를 두 번 던질 때, 점 P가 꼭짓점 D에 올 확률을 구하시오.

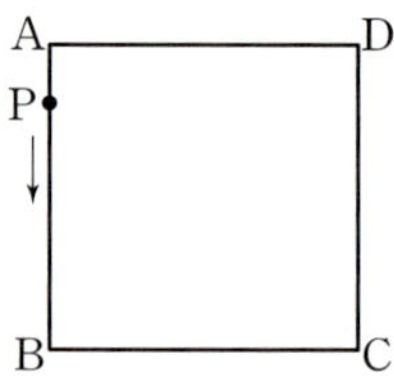

풀이

답 ____________

1115

15개의 행운권 중 6개의 당첨권이 들어 있는 상자에서 경수와 재민이가 차례대로 행운권을 한 개씩 뽑을 때, 두 사람 중 한 사람만 당첨권을 뽑을 확률을 구하시오.

(단, 뽑은 행운권은 다시 넣지 않는다.)

단계 1 경수만 당첨권을 뽑을 확률을 구하시오. [40%]

단계 2 재민이만 당첨권을 뽑을 확률을 구하시오. [40%]

단계 3 두 사람 중 한 사람만 당첨권을 뽑을 확률을 구하시오. [20%]

1116

10개의 제비 중 3개의 당첨 제비가 들어 있는 상자에서 수현이와 민주가 차례대로 제비를 한 개씩 뽑을 때, 두 사람 중 한 사람만 당첨될 확률을 구하시오.

(단, 뽑은 제비는 다시 넣지 않는다.)

풀이

답 ____________

1117

A 주머니에는 흰 공 3개, 노란 공 4개가 들어 있고 B 주머니에는 흰 공 4개, 검은 공 4개가 들어 있다. A, B 두 개의 주머니 중에서 임의로 한 주머니를 택하여 한 개의 공을 꺼낼 때, 흰 공일 확률을 구하시오.

단계 1 A 주머니를 선택하고, 흰 공을 꺼낼 확률을 구하시오. [40%]

단계 2 B 주머니를 선택하고, 흰 공을 꺼낼 확률을 구하시오. [40%]

단계 3 흰 공일 확률을 구하시오. [20%]

1118

A 주머니에는 붉은 구슬 4개와 흰 구슬 6개가 들어 있고, B 주머니에는 붉은 구슬 5개와 흰 구슬 3개가 들어 있다. A, B 두 개의 주머니 중에서 임의로 한 주머니를 택하여 한 개의 구슬을 꺼낼 때, 흰 구슬일 확률을 구하시오.

풀이

답 ______________

1119

길이가 각각 3 cm, 4 cm, 6 cm, 9 cm인 4개의 막대가 있다. 이 중에서 3개를 선택하여 삼각형을 만들 때, 삼각형이 만들어질 확률을 구하시오.

단계 1 모든 경우의 수를 구하시오. [40%]

단계 2 삼각형이 만들어지는 경우는 몇 가지인지 구하시오. [40%]

단계 3 삼각형이 만들어질 확률을 구하시오. [20%]

1120

길이가 각각 1 cm, 2 cm, 3 cm, 4 cm, 5 cm인 5개의 막대가 있다. 이 중에서 3개를 선택하여 삼각형을 만들 때, 삼각형이 만들어질 확률을 구하시오.

풀이

답 ______________

1121

A, B, C 세 학생이 어떤 문제를 맞힐 확률이 각각 $\frac{1}{2}$, $\frac{1}{3}$, $\frac{3}{4}$일 때, 두 사람만 문제를 맞힐 확률을 구하시오.

단계 1 A, B만 문제를 맞힐 확률을 구하시오. [25%]

단계 2 B, C만 문제를 맞힐 확률을 구하시오. [25%]

단계 3 A, C만 문제를 맞힐 확률을 구하시오. [25%]

단계 4 두 사람만 문제를 맞힐 확률을 구하시오. [25%]

1122

A, B, C 세 학생이 오디션에 합격할 확률이 각각 $\frac{2}{5}$, $\frac{1}{2}$, $\frac{2}{3}$일 때, 두 사람만 오디션에 합격할 확률을 구하시오.

풀이

답 ______________

 아래의 마인드맵에서 빈칸을 채우면서 학습한 내용을 확인해 봅시다.

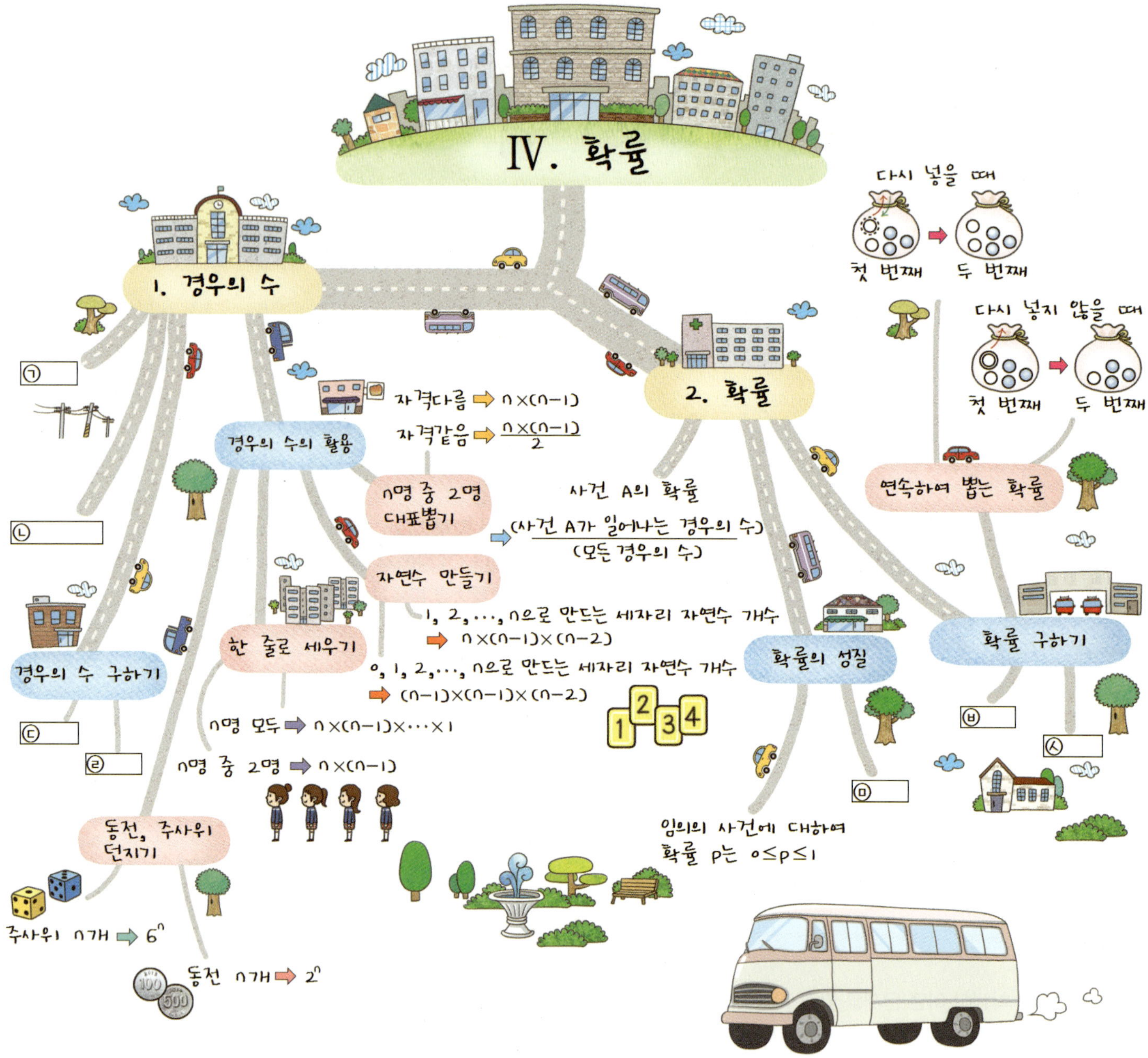

IV. 확률

1. 경우의 수

⊙

경우의 수의 활용

자격다름 ⇒ $n \times (n-1)$

자격같음 ⇒ $\dfrac{n \times (n-1)}{2}$

n명 중 2명 대표뽑기

자연수 만들기

$1, 2, \cdots, n$으로 만드는 세자리 자연수 개수
⇒ $n \times (n-1) \times (n-2)$

$0, 1, 2, \cdots, n$으로 만드는 세자리 자연수 개수
⇒ $(n-1) \times (n-1) \times (n-2)$

한 줄로 세우기

n명 모두 ⇒ $n \times (n-1) \times \cdots \times 1$

n명 중 2명 ⇒ $n \times (n-1)$

ⓛ

경우의 수 구하기

ⓒ

ⓔ

동전, 주사위 던지기

주사위 n개 ⇒ 6^n

동전 n개 ⇒ 2^n

2. 확률

다시 넣을 때
첫 번째   두 번째

다시 넣지 않을 때
첫 번째   두 번째

연속하여 뽑는 확률

사건 A의 확률
⇒ $\dfrac{(\text{사건 A가 일어나는 경우의 수})}{(\text{모든 경우의 수})}$

확률의 성질

확률 구하기

ⓗ

ⓜ

임의의 사건에 대하여
확률 p는 $0 \le p \le 1$

㉠ 같은 조건에서 반복할 수 있는 실험이나 관찰에 의하여 나타나는 결과

㉡ 어떤 사건이 일어날 수 있는 경우의 가짓수

㉢ 경우의 수가 각각 m, n인 두 사건 A, B가 동시에 일어나지 않을 때, 사건 A 또는 사건 B가 일어나는 경우의 수

㉣ 사건 A가 일어나는 경우의 수가 m, 그 각각의 경우에 대하여 사건 B가 일어나는 경우의 수가 n일 때, 사건 A와 사건 B가 동시에 일어나는 경우의 수

㉤ 사건 A가 일어날 확률이 p일 때, 사건 A가 일어나지 않을 확률

㉥ 일어날 확률이 각각 p, q인 두 사건 A, B가 동시에 일어나지 않을 때, 사건 A 또는 사건 B가 일어날 확률

㉦ 일어날 확률이 각각 p, q인 두 사건 A, B가 서로 영향을 끼치지 않을 때, 사건 A와 사건 B가 동시에 일어날 확률

답 | ㉠ 사건　㉡ 경우의 수　㉢ $m+n$　㉣ $m \times n$　㉤ $1-p$　㉥ $p+q$　㉦ $p \times q$

MeMo

MeMo

중학 국어의 문을 두드려라!

똑똑한 똑해
중학 국어

똑독

중학 국어 **비문학 독해+어휘**

똑독 중학 국어 **문법**

똑독 중학 국어 **어휘**

개념 학습과 문제 풀이의
1DAY 구성으로
계획적인 학습 가능

중학교 국어 교과서와
100% 연계된
개념 학습

족보닷컴을 활용하여
출제한 문제로
내신 시험과 수행 평가 대비

- 이투스북 도서는 전국 서점 및 온라인 서점에서 구매하실 수 있습니다.
- 이투스북 온라인 서점 | www.etoosbook.com

이투스북

新 수학의 바이블

BOB

유형

중학 2-2

정답과 풀이

1 삼각형의 성질

0001

(1) $\angle x=\dfrac{1}{2}\times(180°-50°)=65°$

(2) $\angle x=180°-2\times55°=70°$

(3) $\angle ACB=180°-105°=75°$이므로 $\angle x=180°-2\times75°=30°$

(4) $\angle ACB=\dfrac{1}{2}\times(180°-68°)=56°$이므로

$\angle x=180°-56°=124°$

답 (1) 65° (2) 70° (3) 30° (4) 124°

0002

(1) $\overline{BC}=2\overline{BD}=2\times6=12(cm)$이므로 $x=12$

$\overline{AD}\perp\overline{BC}$이므로 $\angle ADC=90°$　　∴ $y=90$

(2) $\overline{CD}=\overline{BD}=\dfrac{1}{2}\overline{BC}=\dfrac{1}{2}\times8=4(cm)$이므로 $x=4$

$\overline{AD}\perp\overline{BC}$이므로 $\angle ADC=90°$

$\angle C=\angle B=50°$이므로

$\triangle ADC$에서 $\angle DAC=180°-(90°+50°)=40°$

∴ $y=40$

답 (1) $x=12$, $y=90$ (2) $x=4$, $y=40$

0003

(1) $\angle B=\angle C$이므로 $\triangle ABC$는 $\overline{AB}=\overline{AC}$인 이등변삼각형이다.

∴ $x=9$

(2) $\angle C=180°-(40°+70°)=70°$이므로 $\angle A=\angle C$

따라서 $\triangle ABC$는 $\overline{BA}=\overline{BC}$인 이등변삼각형이므로 $x=6$

답 (1) 9 (2) 6

0004

(1) $\triangle ABC$에서 $\angle C=180°-(30°+90°)=60°$

$\triangle ABC$와 $\triangle EFD$에서

$\overline{AC}=\overline{ED}$, $\angle B=\angle F=90°$, $\angle C=\angle D$이므로

$\triangle ABC\equiv\triangle EFD$ (RHA 합동)

(2) $\overline{DF}=\overline{CB}=4(cm)$

답 (1) $\triangle ABC\equiv\triangle EFD$, RHA 합동 (2) 4 cm

0005

(1) $\triangle ABC$와 $\triangle FDE$에서

$\overline{AB}=\overline{FD}$, $\angle C=\angle E=90°$, $\overline{BC}=\overline{DE}$이므로

$\triangle ABC\equiv\triangle FDE$ (RHS 합동)

(2) $\overline{AC}=\overline{FE}=12(cm)$

답 (1) $\triangle ABC\equiv\triangle FDE$, RHS 합동 (2) 12 cm

0006

$\triangle AOP$와 $\triangle BOP$에서

$\angle OAP=\angle OBP=90°$, $\angle AOP=\angle BOP$, $\overline{OP}$는 공통이므로

$\triangle AOP\equiv\triangle BOP$ (RHA 합동)

따라서 $\overline{AP}=\overline{BP}=3(cm)$, $\overline{OB}=\overline{OA}=5(cm)$이므로

$x=3$, $y=5$

답 $x=3$, $y=5$

0007

$\triangle AOP$와 $\triangle BOP$에서

$\angle OAP=\angle OBP=90°$, $\overline{PA}=\overline{PB}$, $\overline{OP}$는 공통이므로

$\triangle AOP\equiv\triangle BOP$ (RHS 합동)

∴ $\angle BOP=\angle AOP=24°$

따라서 $\triangle POB$에서 $\angle x=180°-(24°+90°)=66°$

답 66°

0008 42°	**0009** 49°	**0010** ①, ④	**0011** ③
0012 45°	**0013** 48°	**0014** 34°	**0015** ①
0016 ④	**0017** 60 cm²		
0018 (가) ∠CAD (나) $\overline{AD}$ (다) SAS (라) ∠ADC (마) 90			
0019 ②, ⑤	**0020** 14 cm	**0021** ⑤	**0022** ④
0023 ②	**0024** 110°	**0025** 36°	**0026** ④
0027 ⑤	**0028** ②	**0029** 29°	**0030** 43°
0031 (가) △ACD (나) ∠CAD (다) ∠ADB (라) ASA (마) $\overline{AC}$			
0032 ②	**0033** 6 cm	**0034** 15 cm	**0035** 8 cm
0036 6 cm	**0037** 64 cm²	**0038** 5 cm	**0039** 20 cm
0040 ②	**0041** 22 cm	**0042** ④	**0043** 58°
0044 50	**0045** ㄱ과 ㅂ, ㄷ과 ㅁ		
0046 (가) $\overline{DE}$ (나) ∠B (다) ∠D (라) ASA			**0047** ⑤
0048 ④	**0049** ⑤	**0050** 72 cm²	
0051 (가) 90 (나) $\overline{CM}$ (다) ∠B (라) RHA			**0052** 9 cm
0053 4 cm	**0054** 68 cm²	**0055** ②	**0056** 40 cm²
0057 56°	**0058** ④	**0059** 63°	**0060** 24 cm
0061 ②	**0062** ⑤	**0063** 25°	**0064** 3 cm
0065 30°	**0066** 5 cm	**0067** 50 cm²	

0008

$\triangle$ABC에서 $\angle$ABC$=\angle$C$=\dfrac{1}{2}\times(180°-32°)=74°$

$\triangle$BCD에서 $\angle$BDC$=\angle$C$=74°$이므로

$\angle$DBC$=180°-(74°+74°)=32°$

$\therefore$ $\angle x=74°-32°=42°$ 　　　답 $42°$

0009

$\angle$ABC$=180°-98°=82°$

$\triangle$ABC에서 $\angle$C$=\dfrac{1}{2}\times(180°-82°)=49°$ 　　　답 $49°$

0010

① $\overline{\text{AC}}$　④ SAS 　　　답 ①, ④

0011

$\triangle$ABC에서 $\angle$C$=\dfrac{1}{2}\times(180°-48°)=66°$

이때 $\overline{\text{AD}}/\!/\overline{\text{BC}}$이므로 $\angle$DAC$=\angle$C$=66°$ (엇각) 　　　답 ③

0012

$\triangle$ABC에서 $\angle$ABC$=\angle$C$=\dfrac{1}{2}\times(180°-30°)=75°$

$\triangle$ABD에서 $\angle$ABD$=\angle$A$=30°$

$\therefore$ $\angle$DBC$=75°-30°=45°$ 　　　답 $45°$

0013

$\triangle$ABC에서 $\overline{\text{AB}}=\overline{\text{AC}}$이므로

$\angle$ACB$=\dfrac{1}{2}\times(180°-54°)=63°$ 　　　……40%

$\triangle$DCE에서 $\overline{\text{DC}}=\overline{\text{DE}}$이므로

$\angle$DCE$=\dfrac{1}{2}\times(180°-42°)=69°$ 　　　……40%

$\therefore$ $\angle$ACD$=180°-(63°+69°)=48°$ 　　　……20%

　　　답 $48°$

0014

$\triangle$ABC에서 $\overline{\text{AB}}=\overline{\text{AC}}$이므로

$\angle$B$=\angle$C$=\dfrac{1}{2}\times(180°-112°)=34°$

$\triangle$BED에서 $\overline{\text{BD}}=\overline{\text{BE}}$이므로

$\angle$BED$=\dfrac{1}{2}\times(180°-34°)=73°$

또, $\triangle$CFE에서 $\overline{\text{CE}}=\overline{\text{CF}}$이므로

$\angle$CEF$=\dfrac{1}{2}\times(180°-34°)=73°$

$\therefore$ $\angle x=180°-(73°+73°)=34°$ 　　　답 $34°$

0015

$\angle$BAD$=\angle$CAD$=\dfrac{1}{2}\times72°=36°$

$\triangle$ABD에서 $\angle$ADB$=90°$이므로

$\angle$B$=180°-(36°+90°)=54°$ 　　　$\therefore$ $x=54$

$\overline{\text{CD}}=\overline{\text{BD}}=4(\text{cm})$이므로 $y=4$

$\therefore$ $x+y=54+4=58$ 　　　답 ①

0016

① $\angle$B$=\angle$C$=52°$

② $\triangle$ABD에서 $\angle$BAD$=180°-(52°+90°)=38°$

③ $\overline{\text{AD}}$가 $\angle$A의 이등분선이므로 $\overline{\text{AD}}\perp\overline{\text{BC}}$ 　　　$\therefore$ $\angle$ADB$=90°$

④ $\overline{\text{AD}}=\overline{\text{BD}}$인지는 알 수 없다.

⑤ $\overline{\text{BD}}=\overline{\text{CD}}=\dfrac{1}{2}\overline{\text{BC}}$

따라서 옳지 않은 것은 ④이다. 　　　답 ④

0017

$\overline{\text{AD}}$가 $\angle$A의 이등분선이므로 $\overline{\text{AD}}\perp\overline{\text{BC}}$이다.

따라서 $\overline{\text{AD}}$는 $\triangle$ABC의 높이이므로

$\triangle$ABC$=\dfrac{1}{2}\times15\times8=60(\text{cm}^2)$ 　　　답 60 cm^2

0018

답 (개) $\angle$CAD　(내) $\overline{\text{AD}}$　(대) SAS　(래) $\angle$ADC　(매) 90

0019

①, ② $\angle$B$=\angle$C$=\dfrac{1}{2}\times(180°-84°)=48°$

③ $\overline{\text{AD}}$는 $\angle$A의 이등분선이므로 $\overline{\text{AD}}\perp\overline{\text{BC}}$ 　　　$\therefore$ $\angle$ADC$=90°$

④ $\overline{\text{BD}}=\dfrac{1}{2}\overline{\text{BC}}=\dfrac{1}{2}\times16=8(\text{cm})$

⑤ $\overline{\text{AD}}$의 길이는 알 수 없다. 　　　답 ②, ⑤

0020

$\triangle$ABC에서 $\overline{\text{AD}}$가 $\angle$A의 이등분선이므로

$\overline{\text{AD}}\perp\overline{\text{BC}}$, $\overline{\text{BD}}=\overline{\text{CD}}$

$\triangle$ABP와 $\triangle$ACP에서

$\overline{\text{AB}}=\overline{\text{AC}}$, $\angle$BAP$=\angle$CAP, $\overline{\text{AP}}$는 공통이므로

$\triangle$ABP$\equiv\triangle$ACP (SAS 합동) 　　　$\therefore$ $\overline{\text{PB}}=\overline{\text{PC}}$

이때 $\triangle$PBC는 직각이등변삼각형이므로 $\angle$PBC$=\angle$PCB$=45°$

$\triangle$PBD에서 $\angle$BPD$=180°-(45°+90°)=45°$

$\triangle$PDC에서 $\angle$DPC$=180°-(45°+90°)=45°$

따라서 $\triangle$PBD와 $\triangle$PDC는 직각이등변삼각형이므로

$\overline{\text{BD}}=\overline{\text{DC}}=\overline{\text{PD}}=7(\text{cm})$

$\therefore$ $\overline{\text{BC}}=\overline{\text{BD}}+\overline{\text{DC}}=7+7=14(\text{cm})$ 　　　답 14 cm

0021

$\triangle ABC$에서 $\angle B = \dfrac{1}{2} \times (180° - 100°) = 40°$

$\triangle ACD$에서 $\angle D = \angle CAD = 180° - 100° = 80°$

따라서 $\triangle BCD$에서 $\angle DCE = \angle B + \angle D = 40° + 80° = 120°$

답 ⑤

0022

$\triangle ADC$에서 $\angle DAC = \angle C = 52°$

$\therefore \angle BDA = 52° + 52° = 104°$

따라서 $\triangle ABD$에서 $\angle x = \dfrac{1}{2} \times (180° - 104°) = 38°$

답 ④

0023

$\triangle ABC$에서 $\angle ACB = \angle B = 32°$

$\therefore \angle CAD = 32° + 32° = 64°$

$\triangle ACD$에서 $\angle CDA = \angle CAD = 64°$

따라서 $\triangle BCD$에서 $\angle DCE = 32° + 64° = 96°$

답 ②

0024

$\angle B = \angle x$라고 하면

$\triangle ABC$에서 $\angle ACB = \angle B = \angle x$

$\therefore \angle CAD = \angle x + \angle x = 2\angle x$ ⋯⋯ 30%

$\triangle ACD$에서 $\angle D = \angle CAD = 2\angle x$ ⋯⋯ 20%

$\triangle BCD$에서 $\angle x + 2\angle x = 105°$이므로

$3\angle x = 105°$ $\therefore \angle x = 35°$ ⋯⋯ 30%

따라서 $\triangle ABC$에서 $\angle BAC = 180° - 2 \times 35° = 110°$ ⋯⋯ 20%

답 110°

0025

$\angle A = \angle x$라고 하면

$\triangle ABD$에서 $\angle ABD = \angle A = \angle x$

$\therefore \angle BDC = \angle x + \angle x = 2\angle x$

$\triangle BCD$에서 $\angle C = \angle BDC = 2\angle x$

이때 $\triangle ABC$는 이등변삼각형이므로 $\angle ABC = \angle C = 2\angle x$

따라서 $\angle x + 2\angle x + 2\angle x = 180°$이므로

$5\angle x = 180°$ $\therefore \angle x = 36°$

답 36°

0026

$\triangle ACB$에서 $\angle BCA = \angle A = 20°$

$\therefore \angle CBD = 20° + 20° = 40°$

$\triangle BCD$에서 $\angle CDB = \angle CBD = 40°$

$\triangle ACD$에서 $\angle DCE = 20° + 40° = 60°$

$\triangle DCE$에서 $\angle DEC = \angle DCE = 60°$

따라서 $\triangle AED$에서 $\angle FDE = 20° + 60° = 80°$

답 ④

0027

$\angle A = \angle x$라고 하면

$\triangle AED$에서 $\angle DEA = \angle A = \angle x$

$\therefore \angle EDC = \angle x + \angle x = 2\angle x$

$\triangle DEC$에서 $\angle ECD = \angle EDC = 2\angle x$

$\triangle AEC$에서 $\angle CEB = \angle x + 2\angle x = 3\angle x$

$\triangle CEB$에서 $\angle B = \angle CEB = 3\angle x$

따라서 $30° + 3\angle x + 3\angle x = 180°$이므로

$6\angle x = 150°$ $\therefore \angle x = 25°$

답 ⑤

0028

$\triangle ABC$에서 $\angle ABC = \angle ACB = \dfrac{1}{2} \times (180° - 40°) = 70°$

$\therefore \angle DBC = \dfrac{1}{2}\angle ABC = \dfrac{1}{2} \times 70° = 35°$

$\angle ACE = 180° - 70° = 110°$이므로

$\angle DCE = \dfrac{1}{2}\angle ACE = \dfrac{1}{2} \times 110° = 55°$

따라서 $\triangle BCD$에서 $35° + \angle x = 55°$ $\therefore \angle x = 20°$

답 ②

0029

$\triangle ABC$에서

$\angle ABC = \angle ACB = \dfrac{1}{2} \times (180° - 52°) = 64°$ ⋯⋯ 20%

$\therefore \angle DCE = \dfrac{1}{2}\angle ACE = \dfrac{1}{2} \times (180° - 64°) = 58°$ ⋯⋯ 30%

$\triangle BCD$에서 $\overline{CB} = \overline{CD}$이므로

$\angle CBD = \angle CDB = \angle x$ ⋯⋯ 20%

따라서 $\angle x + \angle x = 58°$이므로 $\angle x = 29°$ ⋯⋯ 30%

답 29°

0030

$\triangle ABC$에서 $\angle ABC = \angle ACB = \dfrac{1}{2} \times (180° - 48°) = 66°$

$\therefore \angle DBC = \dfrac{1}{2}\angle ABC = \dfrac{1}{2} \times 66° = 33°$

$\angle ACE = 180° - 66° = 114°$이고 $\angle ACD = \dfrac{1}{2}\angle DCE$이므로

$\angle ACD = \dfrac{1}{3}\angle ACE = \dfrac{1}{3} \times 114° = 38°$

따라서 $\triangle BCD$에서 $\angle x = 180° - (33° + 66° + 38°) = 43°$

답 43°

0031

답 (가) $\triangle ACD$ (나) $\angle CAD$ (다) $\angle ADB$ (라) ASA (마) $\overline{AC}$

0032

② $\angle ABC$

답 ②

0033

$\triangle ABC$에서 $\angle B = \angle ACB = \dfrac{1}{2} \times (180° - 36°) = 72°$

$\therefore \angle ACD = \angle DCB = \dfrac{1}{2} \angle ACB = \dfrac{1}{2} \times 72° = 36°$

즉 $\triangle ADC$는 $\overline{DA} = \overline{DC}$인 이등변삼각형이다.

또, $\triangle BCD$에서 $\angle BDC = 180° - (72° + 36°) = 72°$이므로

$\triangle BCD$는 $\overline{CB} = \overline{CD}$인 이등변삼각형이다.

$\therefore \overline{AD} = \overline{CD} = \overline{BC} = 6\,(cm)$ 🖺 6 cm

0034

$\triangle ABC$에서

$\angle C = 180° - (63° + 54°) = 63°$이므로 $\angle A = \angle C$

따라서 $\triangle ABC$는 이등변삼각형이므로 $\overline{BC} = \overline{AB} = 15\,(cm)$

🖺 15 cm

0035

$\angle B = \angle C$이므로 $\triangle ABC$는 $\overline{AB} = \overline{AC}$인 이등변삼각형이다.

$(\triangle ABC$의 둘레의 길이$) = \overline{AB} + 7 + \overline{AC} = 2\overline{AB} + 7$이므로

$2\overline{AB} + 7 = 23$, $2\overline{AB} = 16$ $\therefore \overline{AB} = 8\,(cm)$ 🖺 8 cm

0036

$\triangle ABC$에서 $\angle ABC = \angle ACB$이고

$\angle DBC = \dfrac{1}{2} \angle ABC$, $\angle DCB = \dfrac{1}{2} \angle ACB$이므로

$\angle DBC = \angle DCB$

따라서 $\triangle DBC$는 이등변삼각형이므로 $\overline{BD} = \overline{CD} = 6\,(cm)$

🖺 6 cm

0037

$\triangle ABC$는 직각이등변삼각형이므로 $\angle B = \angle C = 45°$

오른쪽 그림과 같이 꼭짓점 A에서 $\overline{BC}$에

내린 수선의 발을 D라고 하면

$\overline{BD} = \overline{CD} = \dfrac{1}{2} \overline{BC} = \dfrac{1}{2} \times 16 = 8\,(cm)$

$\triangle ABD$에서 $\angle BAD = 180° - (45° + 90°) = 45°$이므로

$\angle B = \angle BAD$

따라서 $\triangle ABD$는 이등변삼각형이므로 $\overline{AD} = \overline{BD} = 8\,(cm)$

$\therefore \triangle ABC = \dfrac{1}{2} \times 16 \times 8 = 64\,(cm^2)$ 🖺 64 cm²

0038

$\triangle BCD$에서 $\angle DCB = 76° - 38° = 38°$

즉 $\triangle BCD$는 이등변삼각형이므로 $\overline{DC} = \overline{DB} = 5\,(cm)$

또, $\triangle ABC$에서 $\angle A = 180° - (38° + 66°) = 76°$이므로

$\triangle ADC$는 이등변삼각형이다.

$\therefore \overline{AC} = \overline{DC} = 5\,(cm)$ 🖺 5 cm

0039

$\triangle ABC$에서 $\angle C = 180° - (30° + 90°) = 60°$

$\triangle BCD$에서 $\overline{DB} = \overline{DC}$이므로 $\angle DBC = \angle C = 60°$

따라서 $\angle BDC = 180° - (60° + 60°) = 60°$이므로

$\triangle BCD$는 정삼각형이다.

$\therefore \overline{DC} = \overline{BD} = \overline{BC} = 10\,(cm)$ ……50%

한편, $\angle ABD = 90° - 60° = 30°$이므로 $\angle A = \angle ABD$

따라서 $\triangle ABD$는 이등변삼각형이므로

$\overline{AD} = \overline{BD} = 10\,(cm)$ ……30%

$\therefore \overline{AC} = \overline{AD} + \overline{DC} = 10 + 10 = 20\,(cm)$ ……20%

🖺 20 cm

0040

$\triangle ABC$에서 $\angle B = \angle C$이므로 $\overline{AC} = \overline{AB} = 12\,(cm)$

오른쪽 그림과 같이 $\overline{AP}$를 그으면

$\triangle ABC = \triangle ABP + \triangle ACP$이므로

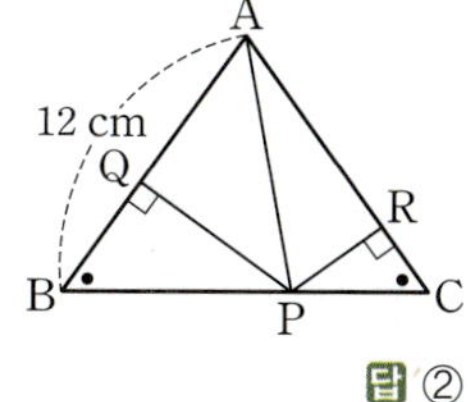

$60 = \dfrac{1}{2} \times 12 \times \overline{PQ} + \dfrac{1}{2} \times 12 \times \overline{PR}$

$60 = 6(\overline{PQ} + \overline{PR})$

$\therefore \overline{PQ} + \overline{PR} = 10\,(cm)$ 🖺 ②

0041

$\angle GFC = \angle EFG$ (접은 각),

$\angle GFC = \angle EGF$ (엇각)이므로

$\angle EFG = \angle EGF$

즉, $\triangle EFG$는 이등변삼각형이므로

$\overline{EG} = \overline{EF} = 8\,(cm)$

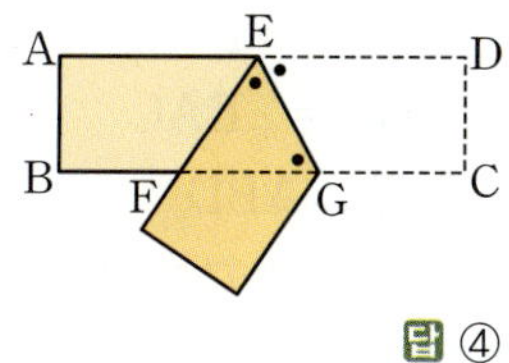

$\therefore (\triangle EFG$의 둘레의 길이$) = \overline{EF} + \overline{FG} + \overline{GE}$

$= 8 + 6 + 8 = 22\,(cm)$ 🖺 22 cm

0042

$\angle DEG = \angle FEG$ (접은 각) ②,

$\angle DEG = \angle FGE$ (엇각) ①이므로

$\angle FEG = \angle FGE$ ③

따라서 $\triangle EFG$는 $\overline{FE} = \overline{FG}$ ⑤인

이등변삼각형이다.

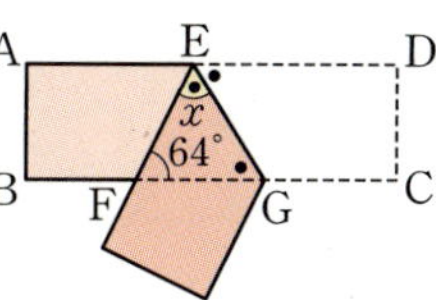

🖺 ④

0043

$\angle DEG = \angle FEG$ (접은 각),

$\angle DEG = \angle FGE$ (엇각)이므로

$\angle FEG = \angle FGE$

따라서 $\triangle EFG$는 $\overline{FE} = \overline{FG}$인 이등변삼

각형이므로

$\angle x = \dfrac{1}{2} \times (180° - 64°) = 58°$ 🖺 58°

0044

$\angle ABC=\angle CBD=70°$ (접은 각),

$\angle ACB=\angle CBD=70°$ (엇각)이므로

$\angle ABC=\angle ACB=70°$

따라서 $\triangle ABC$는 $\overline{AB}=\overline{AC}$인 이등변삼

각형이다. 40%

$\angle BAC=180°-2\times70°=40°$이므로 $x=40$ 25%

$\overline{AB}=\overline{AC}=10(cm)$이므로 $y=10$ 25%

$\therefore x+y=40+10=50$ 10%

답 50

0045

ㄱ과 ㅂ : RHA 합동, ㄷ과 ㅁ : RHS 합동 답 ㄱ과 ㅂ, ㄷ과 ㅁ

0046

답 (개) $\overline{DE}$ (내) $\angle B$ (대) $\angle D$ (래) ASA

0047

① SAS 합동 ② RHS 합동 ③ ASA 합동 ④ RHA 합동

답 ⑤

0048

④ $\angle EDF$ 답 ④

0049

ㄱ. RHS 합동 ㄷ. SAS 합동 ㄹ. ASA 합동

ㅂ. $\angle B=\angle E$이면 $\angle A=90°-\angle B=90°-\angle E=\angle D$

∴ ASA 합동 답 ⑤

0050

$\triangle ABD$와 $\triangle CAE$에서

$\overline{AB}=\overline{CA}$, $\angle BDA=\angle AEC=90°$,

$\angle DBA+\angle DAB=90°$, $\angle DAB+\angle EAC=90°$이므로

$\angle DBA=\angle EAC$

따라서 $\triangle ABD\equiv\triangle CAE$ (RHA 합동)이므로

$\overline{AD}=\overline{CE}=7(cm)$, $\overline{AE}=\overline{BD}=5(cm)$

$\therefore$ (사다리꼴 DBCE의 넓이)$=\dfrac{1}{2}\times(5+7)\times(7+5)$

$=72(cm^2)$ 답 $72\,cm^2$

0051

답 (개) 90 (내) $\overline{CM}$ (대) $\angle B$ (래) RHA

0052

$\triangle ABD$와 $\triangle CAE$에서

$\angle BDA=\angle AEC=90°$, $\overline{AB}=\overline{CA}$

$\angle DBA+\angle DAB=90°$, $\angle DAB+\angle EAC=90°$이므로

$\angle DBA=\angle EAC$

$\therefore \triangle ABD\equiv\triangle CAE$ (RHA 합동) 60%

따라서 $\overline{AD}=\overline{CE}=3(cm)$, $\overline{AE}=\overline{BD}=6(cm)$이므로

$\overline{DE}=\overline{AD}+\overline{AE}=3+6=9(cm)$ 40%

답 9 cm

0053

$\triangle ABD$와 $\triangle CAE$에서

$\overline{AB}=\overline{CA}$, $\angle BDA=\angle AEC=90°$

$\angle ABD=90°-\angle BAD=\angle CAE$

따라서 $\triangle ABD\equiv\triangle CAE$ (RHA 합동)이므로

$\overline{AD}=\overline{CE}=7(cm)$, $\overline{AE}=\overline{BD}=3(cm)$

$\therefore \overline{DE}=7-3=4(cm)$ 답 4 cm

0054

$\triangle ADB$와 $\triangle BEC$에서

$\overline{AB}=\overline{BC}$, $\angle ADB=\angle BEC=90°$

$\angle DAB=90°-\angle ABD=\angle EBC$

따라서 $\triangle ADB\equiv\triangle BEC$ (RHA 합동)이므로

$\overline{BE}=\overline{AD}=6(cm)$, $\overline{CE}=\overline{BD}=16-6=10(cm)$

$\therefore \triangle ABC=$(사다리꼴 ADEC의 넓이)$-2\triangle ADB$

$=\dfrac{1}{2}\times(6+10)\times16-2\times\left(\dfrac{1}{2}\times6\times10\right)$

$=68(cm^2)$ 답 $68\,cm^2$

0055

$\triangle ABD$와 $\triangle CAE$에서

$\overline{AB}=\overline{CA}$, $\angle ADB=\angle CEA=90°$

$\angle DBA=90°-\angle DAB=\angle EAC$

$\therefore \triangle ABD\equiv\triangle CAE$ (RHA 합동) (③)

따라서 $\angle DAB=\angle ECA$ (①)이고

$\overline{DA}=\overline{EC}=3$, $\overline{AE}=\overline{BD}=5$

$\therefore \overline{DE}=3+5=8$ (④)

$\therefore$ (사다리꼴 DBCE의 넓이)$=\dfrac{1}{2}\times(3+5)\times8=32$ (⑤)

② $\angle DBA+\angle EAC=90°$인지는 알 수 없다. 답 ②

0056

$\triangle BDM$과 $\triangle CEM$에서

$\overline{BM}=\overline{CM}$, $\angle BDM=\angle CEM=90°$

$\angle BMD=\angle CME$ (맞꼭지각)

따라서 $\triangle BDM\equiv\triangle CEM$ (RHA 합동)이므로

$\overline{BD}=\overline{CE}=5(cm)$

$\therefore \triangle ABC=\triangle ABM+\triangle AMC$

$=\dfrac{1}{2}\times8\times5+\dfrac{1}{2}\times8\times5=40(cm^2)$ 답 $40\,cm^2$

0057

△ABD와 △AED에서

∠B=∠AED=90°, $\overline{AD}$는 공통, $\overline{AB}=\overline{AE}$

따라서 △ABD≡△AED (RHS 합동)이므로

∠ADE=∠ADB=90°−28°=62°

∴ $\angle x=180°-2\times62°=56°$　　　　답 56°

0058

△BCE와 △BDE에서

∠BCE=∠BDE=90°, $\overline{BE}$는 공통, $\overline{BC}=\overline{BD}$

따라서 △BCE≡△BDE (RHS 합동) (③)

∠CBE=∠DBE (①), ∠CEB=∠DEB (②)

$\overline{DE}=\overline{CE}$ (⑤)

④ $\overline{AD}=\overline{DE}$인지는 알 수 없다.　　　　답 ④

0059

△BMD와 △CME에서

$\overline{BM}=\overline{CM}$, ∠BDM=∠CEM=90°, $\overline{MD}=\overline{ME}$

따라서 △BMD≡△CME (RHS 합동)이므로 ∠B=∠C

∴ $\angle B=\dfrac{1}{2}\times(180°-54°)=63°$　　　　답 63°

0060

△AED와 △ACD에서

∠AED=∠ACD=90°, $\overline{AD}$는 공통, $\overline{AE}=\overline{AC}$이므로

△AED≡△ACD (RHS 합동)　　　…… 30%

따라서 $\overline{ED}=\overline{CD}$,

$\overline{BE}=\overline{AB}-\overline{AE}=\overline{AB}-\overline{AC}=20-12=8(cm)$　…… 30%

(△BDE의 둘레의 길이)$=\overline{BD}+\overline{DE}+\overline{BE}$

$\qquad\qquad\qquad\qquad=(\overline{BD}+\overline{DC})+\overline{BE}$

$\qquad\qquad\qquad\qquad=\overline{BC}+\overline{BE}$

$\qquad\qquad\qquad\qquad=16+8=24(cm)$　…… 40%

답 24 cm

0061

오른쪽 그림과 같이 점 D에서 $\overline{AC}$에 내린
수선의 발을 E라고 하면

△ABD와 △AED에서

∠ABD=∠AED=90°, $\overline{AD}$는 공통,

∠BAD=∠EAD

따라서 △ABD≡△AED (RHA 합동)
이므로

$\overline{DE}=\overline{DB}=3(cm)$

∴ $\triangle ADC=\dfrac{1}{2}\times10\times3=15(cm^2)$　　　답 ②

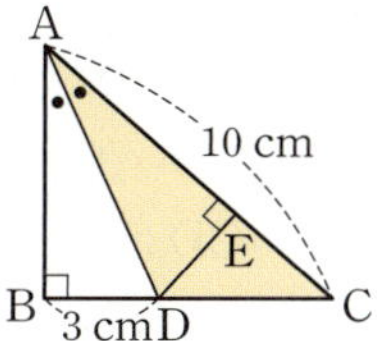

0062

⑤ RHS　　　　답 ⑤

0063

△AOP와 △BOP에서

$\overline{AP}=\overline{BP}$, ∠OAP=∠OBP=90°, $\overline{OP}$는 공통

따라서 △AOP≡△BOP (RHS 합동)이므로

∠OPB=∠OPA=$\dfrac{1}{2}\times130°=65°$

따라서 △POB에서 ∠POB=180°−(90°+65°)=25°　답 25°

0064

△ABD와 △AED에서

∠ABD=∠AED=90°, $\overline{AD}$는 공통,

∠BAD=∠EAD

따라서 △ABD≡△AED (RHA 합동)이므로

$\overline{AE}=\overline{AB}=4(cm)$

∴ $\overline{EC}=7-4=3(cm)$　　　　답 3 cm

0065

△ADE와 △ACE에서

$\overline{DE}=\overline{CE}$, ∠ADE=∠ACE=90°, $\overline{AE}$는 공통이므로

△ADE≡△ACE (RHS 합동)　　　∴ ∠DAE=∠CAE

△ADE와 △BDE에서

$\overline{AD}=\overline{BD}$, ∠ADE=∠BDE=90°, $\overline{DE}$는 공통이므로

△ADE≡△BDE (SAS 합동)　　　∴ ∠DAE=∠DBE

따라서 ∠B=∠DAE=∠CAE이므로

$\angle B=\dfrac{1}{3}\times90°=30°$　　　　답 30°

0066

오른쪽 그림과 같이 점 D에서 $\overline{AB}$에 내린 수선
의 발을 E라고 하면

△AED와 △ACD에서

∠AED=∠ACD=90°, $\overline{AD}$는 공통,

∠EAD=∠CAD이므로

△AED≡△ACD (RHA 합동)　　　…… 50%

$\triangle ABD=\dfrac{1}{2}\times18\times\overline{DE}=45$이므로 $\overline{DE}=5(cm)$　…… 30%

∴ $\overline{CD}=\overline{ED}=5(cm)$　　　…… 20%

답 5 cm

0067

△ABD와 △AED에서

∠ABD=∠AED=90°, $\overline{AD}$는 공통,

∠BAD=∠EAD

따라서 △ABD≡△AED (RHA 합동)이므로

$\overline{ED}=\overline{BD}=10(cm)$

△EDC에서 ∠C=45°이므로 ∠EDC=180°−(90°+45°)=45°

즉, △EDC는 직각이등변삼각형이므로 $\overline{EC}=\overline{ED}=10(cm)$

∴ $\triangle EDC=\dfrac{1}{2}\times10\times10=50(cm^2)$　　　답 50 cm²

0068 54°	**0069** ③	**0070** ③	**0071** 102°
0072 ③	**0073** 30 cm	**0074** 25°	**0075** 75°
0076 71°	**0077** ③	**0078** 6 cm	**0079** 5 cm
0080 9 cm²	**0081** 44°	**0082** ⑤	**0083** 2 cm
0084 53 cm²	**0085** 6 cm²	**0086** ④	**0087** 8 cm²
0088 ①	**0089** 12 cm	**0090** 149	

0068

$\triangle$ABC에서 $\angle$C$=\angle$B$=\angle x+36°$

$2\angle x+(\angle x+36°)+(\angle x+36°)=180°$이므로

$4\angle x=108°$　　$\therefore \angle x=27°$

$\therefore \angle$A$=2\angle x=2\times27°=54°$　　　　　답 54°

0069

$\overline{AE}\,/\!/\,\overline{BC}$이므로 $\angle$B$=\angle$DAE$=55°$ (동위각)

따라서 $\triangle$ABC에서 $\angle$C$=\angle$B$=55°$이므로

$\angle x=180°-2\times55°=70°$　　　　　답 ③

0070

$\angle$BDE$=\angle$CDE$=\angle x$라고 하면

$\triangle$BED에서 $\angle$DBE$=\angle$BDE$=\angle x$

$\triangle$BCD에서 $\angle x+2\angle x+90°=180°$, $3\angle x=90°$　　$\therefore \angle x=30°$

따라서 $\triangle$DEC에서 $\angle$DEC$=180°-(30°+90°)=60°$　　답 ③

0071

$\angle$BAD$=\angle x$라고 하면

$\angle$BAC$=3\angle$BAD$=3\angle x$, $\angle$DAC$=2\angle$BAD$=2\angle x$

$\triangle$AEC에서 $\angle$ACE$=180°-(2\angle x+90°)=90°-2\angle x$

$\therefore \angle$ACD$=(90°-2\angle x)+17°=107°-2\angle x$

$\triangle$ABC에서 $\angle$B$=\angle$ACD$=107°-2\angle x$

$3\angle x+(107°-2\angle x)+(107°-2\angle x)=180°$이므로

$214°-\angle x=180°$　　$\therefore \angle x=34°$

$\therefore \angle$BAC$=3\angle x=3\times34°=102°$　　　　　답 102°

0072

$\overline{AD}$가 $\angle$A의 이등분선이므로 $\overline{AD}\perp\overline{BC}$이다.

$\overline{BD}=\dfrac{1}{2}\overline{BC}=\dfrac{1}{2}\times10=5\,(cm)$

$\triangle$ABD$=\dfrac{1}{2}\times5\times\overline{AD}=20$이므로 $\overline{AD}=8\,(cm)$　　답 ③

0073

$\overline{AD}$가 $\angle$A의 이등분선이므로 $\overline{AD}\perp\overline{BC}$이고 $\overline{BD}=\overline{CD}$이다.

$\triangle$ADC$=\dfrac{1}{2}\times\overline{AC}\times\overline{DE}=\dfrac{1}{2}\times\overline{DC}\times\overline{AD}$이므로

$\dfrac{1}{2}\times25\times12=\dfrac{1}{2}\times\overline{DC}\times20$　　$\therefore \overline{DC}=15\,(cm)$

$\therefore \overline{BC}=2\overline{DC}=2\times15=30\,(cm)$　　　　　답 30 cm

0074

$\angle$A$=\angle x$라고 하면

$\triangle$ACB에서 $\angle$BCA$=\angle$A$=\angle x$

$\therefore \angle$CBD$=\angle x+\angle x=2\angle x$

$\triangle$BCD에서 $\angle$CDB$=\angle$CBD$=2\angle x$

$\triangle$DAC에서 $\angle$DCE$=\angle x+2\angle x=3\angle x$

$\triangle$DCE에서 $\angle$DEC$=\angle$DCE$=3\angle x$

따라서 $\triangle$DAE에서 $\angle x+3\angle x=100°$이므로

$4\angle x=100°$　　$\therefore \angle x=25°$　　　　　답 25°

0075

$\triangle$ABC에서 $\angle$ABC$=\angle$C$=\dfrac{1}{2}\times(180°-40°)=70°$

$\therefore \angle$DBC$=\dfrac{1}{2}\angle$ABC$=\dfrac{1}{2}\times70°=35°$

따라서 $\triangle$BCD에서 $\angle x=180°-(35°+70°)=75°$　　답 75°

0076

$\angle$ACD$=\angle x$라고 하면 $\angle$BCD$=\angle$ACD$=\angle x$

$\triangle$DBC에서 $\angle$ADC$=\angle x+33°$

$\triangle$ADC에서 $\angle$A$=\angle$ADC$=\angle x+33°$

따라서 $(\angle x+33°)+(\angle x+33°)+\angle x=180°$이므로

$3\angle x=114°$　　$\therefore \angle x=38°$

$\therefore \angle$A$=\angle x+33°=38°+33°=71°$　　　　　답 71°

0077

$\overline{AB}=\overline{AC}$이므로 $\overline{AD}=\overline{DB}=\overline{AE}=\overline{EC}$ (①)

$\triangle$BCD$\equiv\triangle$CBE (SAS 합동)이므로

$\overline{BE}=\overline{CD}$ (②), $\angle$DCB$=\angle$EBC (④)

따라서 $\triangle$OBC는 이등변삼각형이다. (⑤)　　　　　답 ③

0078

$\triangle$ABD는 이등변삼각형이므로 $\overline{DB}=\overline{DA}=6\,(cm)$

$\angle$DBC$=90°-28°=62°$

$\triangle$ABC에서 $\angle$ACB$=180°-(28°+90°)=62°$

따라서 $\triangle$DBC는 이등변삼각형이므로

$\overline{DC}=\overline{DB}=6\,(cm)$　　　　　답 6 cm

0079

$\triangle ABC$에서 $\angle B=\angle C$이므로 두 직각삼각형 DBE와 FEC에서

$\angle D=90°-\angle B=90°-\angle C=\angle CFE$

이때 $\angle AFD=\angle CFE$ (맞꼭지각)이므로 $\angle D=\angle AFD$

따라서 $\triangle AFD$는 이등변삼각형이므로

$\overline{AD}=\overline{AF}=\dfrac{1}{2}\overline{AC}=\dfrac{1}{2}\times10=5(cm)$ **답** 5 cm

0080

$\angle DEG=\angle FEG$ (접은 각),

$\angle DEG=\angle FGE$ (엇각)이므로

$\angle FEG=\angle FGE$

따라서 $\triangle EFG$는 $\overline{FE}=\overline{FG}$인

이등변삼각형이므로

$\overline{FG}=\overline{FE}=6(cm)$

$\therefore \triangle EFG=\dfrac{1}{2}\times\overline{FG}\times\overline{AB}=\dfrac{1}{2}\times6\times3=9(cm^2)$ **답** 9 cm²

0081

$\angle A=\angle x$라고 하면 $\angle DCE=\angle A=\angle x$ (접은 각)

$\triangle ABC$에서 $\angle B=\angle ACB=\angle x+24°$

따라서 $\angle x+(\angle x+24°)+(\angle x+24°)=180°$이므로

$3\angle x=132°$ $\therefore \angle x=44°$ **답** 44°

0082

① RHS 합동 ② SAS 합동 ③ RHA 합동 ④ ASA 합동

답 ⑤

0083

$\triangle BMD$와 $\triangle CME$에서

$\overline{BM}=\overline{CM}$, $\angle BDM=\angle CEM=90°$, $\angle B=\angle C$

따라서 $\triangle BMD\equiv\triangle CME$ (RHA 합동)이므로

$\overline{EM}=\overline{DM}=2(cm)$ **답** 2 cm

0084

$\triangle ADB$와 $\triangle CEA$에서

$\overline{AB}=\overline{CA}$, $\angle ADB=\angle CEA=90°$,

$\angle DBA=90°-\angle DAB=\angle EAC$

따라서 $\triangle ADB\equiv\triangle CEA$ (RHA 합동)이므로

$\overline{AE}=\overline{BD}=5(cm)$, $\overline{AD}=\overline{CE}=9(cm)$

$\therefore \triangle ABC=$(사다리꼴 DBCE의 넓이)$-2\triangle ADB$

$=\dfrac{1}{2}\times(5+9)\times(9+5)-2\times\left(\dfrac{1}{2}\times5\times9\right)=53(cm^2)$

답 53 cm²

0085

$\triangle ABF$와 $\triangle BCG$에서

$\overline{AB}=\overline{BC}$, $\angle AFB=\angle BGC=90°$,

$\angle ABF=90°-\angle GBC=\angle BCG$

따라서 $\triangle ABF\equiv\triangle BCG$ (RHA 합동)이므로

$\overline{BF}=\overline{CG}=4(cm)$, $\overline{BG}=\overline{AF}=6(cm)$

즉, $\overline{FG}=\overline{BG}-\overline{BF}=6-4=2(cm)$이므로

$\triangle AFG=\dfrac{1}{2}\times2\times6=6(cm^2)$ **답** 6 cm²

0086

$\triangle AED$와 $\triangle ACD$에서

$\overline{AE}=\overline{AC}$, $\angle AED=\angle ACD=90°$, $\overline{AD}$는 공통

따라서 $\triangle AED\equiv\triangle ACD$ (RHS 합동)이므로

$\angle DAE=\angle DAC=26°$

따라서 $\triangle ABC$에서 $\angle B=180°-(90°+26°+26°)=38°$ **답** ④

0087

$\triangle ADE$와 $\triangle ACE$에서

$\overline{AD}=\overline{AC}$, $\angle ADE=\angle ACE=90°$, $\overline{AE}$는 공통

따라서 $\triangle ADE\equiv\triangle ACE$ (RHS 합동)이므로

$\overline{DE}=\overline{CE}=4(cm)$

$\triangle BED$에서 $\angle B=45°$이므로

$\angle BED=180°-(90°+45°)=45°$

즉, $\triangle BED$는 직각이등변삼각형이므로 $\overline{BD}=\overline{ED}=4(cm)$

$\therefore \triangle BED=\dfrac{1}{2}\times4\times4=8(cm^2)$ **답** 8 cm²

0088

$\triangle POA$와 $\triangle POB$에서

$\angle PAO=\angle PBO=90°$ (⑤), $\overline{OP}$는 공통 (②),

$\overline{PA}=\overline{PB}$ (④)이므로

$\triangle POA\equiv\triangle POB$ (RHS 합동) (③)

$\therefore \angle POA=\angle POB$ **답** ①

0089

$\triangle AED$와 $\triangle ACD$에서

$\angle AED=\angle ACD=90°$, $\overline{AD}$는 공통

$\angle EAD=\angle CAD$

따라서 $\triangle AED\equiv\triangle ACD$ (RHA 합동)이므로

$\overline{AE}=\overline{AC}=6(cm)$

$\therefore \overline{BE}=10-6=4(cm)$

이때 $\overline{DE}=\overline{DC}$이므로

$(\triangle BDE$의 둘레의 길이$)=\overline{BD}+\overline{DE}+\overline{BE}$

$=(\overline{BD}+\overline{DC})+\overline{BE}$

$=\overline{BC}+\overline{BE}$

$=8+4=12(cm)$ **답** 12 cm

0090

$\triangle$ADE에서 $\angle$ADE$=\angle$AED$=\dfrac{1}{2}\times(180°-36°)=72°$

$\therefore x=72$

$\triangle$GEC에서 $\angle$GEC$=\angle$GCE$=\dfrac{1}{2}\times(180°-108°)=36°$

$\therefore \angle$AEG$=180°-(72°+36°)=72°$ $\qquad \therefore y=72$

이때 $\angle$AGE$=180°-108°=72°$이므로 $\angle$AEG$=\angle$AGE

따라서 $\triangle$AEG는 $\overline{AE}=\overline{AG}$인 이등변삼각형이므로

$\overline{AG}=\overline{AE}=5$(m) $\qquad \therefore z=5$

$\therefore x+y+z=72+72+5=149$

답 149

서술형 콕콕 본문 | 20~21쪽

0091 24°	**0092** 15°	**0093** 70°	**0094** 62°
0095 18°	**0096** 15°	**0097** 18 cm	**0098** 23 cm
0099 6 cm	**0100** 8 cm	**0101** 24 cm²	**0102** 45 cm²

0091

단계 1 $\triangle$ABC에서 $\overline{AB}=\overline{AC}$이므로 $\angle$ABC$=\angle$C$=68°$

단계 2 $\triangle$BCD에서 $\overline{BC}=\overline{BD}$이므로 $\angle$BDC$=\angle$C$=68°$

$\therefore \angle$DBC$=180°-2\times68°=44°$

단계 3 $\angle x=68°-44°=24°$

답 24°

0092

$\triangle$ABC에서 $\overline{AB}=\overline{AC}$이므로 $\angle$ACB$=\angle$B$=65°$ $\quad$ ······ 30%

$\triangle$BCD에서 $\overline{BC}=\overline{DC}$이므로 $\angle$CDB$=\angle$B$=65°$

$\therefore \angle$DCB$=180°-2\times65°=50°$ $\quad$ ······ 50%

$\therefore \angle x=65°-50°=15°$ $\quad$ ······ 20%

답 15°

0093

단계 1 $\triangle$ABC에서 $\overline{AB}=\overline{AC}$이므로

$\angle$B$=\angle$C$=\dfrac{1}{2}\times(180°-40°)=70°$

단계 2 $\triangle$BED와 $\triangle$CFE에서

$\overline{BD}=\overline{CE}$, $\angle$B$=\angle$C, $\overline{BE}=\overline{CF}$이므로

$\triangle$BED$\equiv$$\triangle$CFE (SAS 합동)

단계 3 $\angle x=180°-(\angle$BED$+\angle$CEF$)$

$=180°-(\angle$BED$+\angle$BDE$)$

$=\angle$B$=70°$

답 70°

0094

$\triangle$ABC에서 $\overline{AB}=\overline{AC}$이므로

$\angle$B$=\angle$C$=\dfrac{1}{2}\times(180°-56°)=62°$ $\quad$ ······ 20%

$\triangle$BED와 $\triangle$CFE에서

$\overline{BD}=\overline{CE}$, $\angle$B$=\angle$C, $\overline{BE}=\overline{CF}$이므로

$\triangle$BED$\equiv$$\triangle$CFE (SAS 합동) $\quad$ ······ 40%

$\therefore \angle x=180°-(\angle$BED$+\angle$CEF$)$

$=180°-(\angle$BED$+\angle$BDE$)$

$=\angle$B$=62°$ $\quad$ ······ 40%

답 62°

0095

단계 1 $\triangle$ACB에서 $\overline{BA}=\overline{BC}$이므로 $\angle$BCA$=\angle$A$=\angle x$

$\therefore \angle$CBD$=\angle x+\angle x=2\angle x$

단계 2 $\triangle$BCD에서 $\overline{CB}=\overline{CD}$이므로 $\angle$CDB$=\angle$CBD$=2\angle x$

$\triangle$ACD에서 $\angle$DCE$=\angle x+2\angle x=3\angle x$

단계 3 $\triangle$DCE에서 $\overline{DC}=\overline{DE}$이므로 $\angle$DEC$=\angle$DCE$=3\angle x$

따라서 $3\angle x=54°$이므로 $\angle x=18°$

$\therefore \angle$A$=18°$

답 18°

0096

$\angle$A$=\angle x$라고 하면

$\triangle$ACB에서 $\overline{BA}=\overline{BC}$이므로 $\angle$BCA$=\angle$A$=\angle x$

$\therefore \angle$CBD$=\angle x+\angle x=2\angle x$ $\quad$ ······ 30%

$\triangle$BCD에서 $\overline{CB}=\overline{CD}$이므로 $\angle$CDB$=\angle$CBD$=2\angle x$

$\triangle$ACD에서 $\angle$DCE$=\angle x+2\angle x=3\angle x$ $\quad$ ······ 30%

$\triangle$DCE에서 $\overline{DC}=\overline{DE}$이므로 $\angle$DEC$=\angle$DCE$=3\angle x$

따라서 $3\angle x=45°$이므로 $\angle x=15°$

$\therefore \angle$A$=15°$ $\quad$ ······ 40%

답 15°

0097

단계 1 ∠DEG = ∠FEG (접은 각),
∠DEG = ∠FGE (엇각)이므로
∠FEG = ∠FGE
따라서 △EFG는 이등변삼각형이
므로
$\overline{FG} = \overline{EF} = 5(cm)$

단계 2 (△EFG의 둘레의 길이) $= \overline{EF} + \overline{FG} + \overline{GE}$
$= 5 + 5 + 8 = 18(cm)$

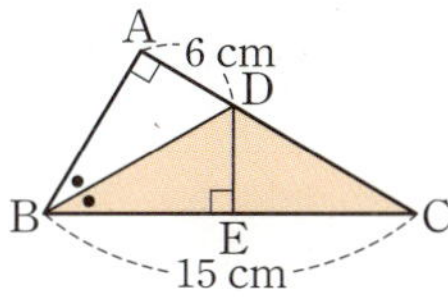

답 18 cm

0098

∠FGB = ∠FGE (접은 각),
∠FGB = ∠EFG (엇각)이므로
∠FGE = ∠EFG
따라서 △EFG는 이등변삼각형이므로
$\overline{EF} = \overline{EG} = 7(cm)$ ······ 80%
∴ (△EFG의 둘레의 길이) $= \overline{EF} + \overline{FG} + \overline{GE}$
$= 7 + 9 + 7 = 23(cm)$ ······ 20%

답 23 cm

0099

단계 1 △ABD와 △CAE에서
∠BDA = ∠AEC = 90°, $\overline{AB} = \overline{CA}$,
∠BAD = 90° − ∠CAE = ∠ACE
∴ △ABD ≡ △CAE (RHA 합동)

단계 2 $\overline{AD} = \overline{CE} = 4(cm)$, $\overline{AE} = \overline{BD} = 10(cm)$

단계 3 $\overline{DE} = 10 - 4 = 6(cm)$

답 6 cm

0100

△ABD와 △BCE에서
∠BDA = ∠CEB = 90°, $\overline{AB} = \overline{BC}$,
∠ABD = 90° − ∠EBC = ∠BCE
∴ △ABD ≡ △BCE (RHA 합동) ······ 40%
따라서 $\overline{BD} = \overline{CE} = 5(cm)$,
$\overline{BE} = \overline{AD} = 13(cm)$이므로 ······ 40%
$\overline{DE} = 13 - 5 = 8(cm)$ ······ 20%

답 8 cm

0101

단계 1 △AED와 △ACD에서
∠AED = ∠ACD = 90°, $\overline{AD}$는 공통,
∠EAD = ∠CAD
∴ △AED ≡ △ACD (RHA 합동)

단계 2 $\overline{DE} = \overline{DC} = 4(cm)$이므로

$△ABD = \dfrac{1}{2} \times 12 \times 4 = 24(cm^2)$

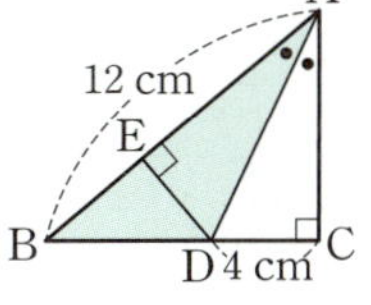

답 24 cm²

0102

오른쪽 그림과 같이 점 D에서 $\overline{BC}$에 내린
수선의 발을 E라고 하면
△BAD와 △BED에서
∠BAD = ∠BED = 90°, $\overline{BD}$는 공통,
∠ABD = ∠EBD
∴ △BAD ≡ △BED (RHA 합동) ······ 60%
따라서 $\overline{DE} = \overline{DA} = 6(cm)$이므로
$△BCD = \dfrac{1}{2} \times 15 \times 6 = 45(cm^2)$ ······ 40%

답 45 cm²

2 삼각형의 외심과 내심

개념 콕콕 본문 | 23쪽

0103

(1) 삼각형의 외심에서 세 꼭짓점에 이르는 거리는 같으므로
$$\overline{OA}=\overline{OB}=\overline{OC}$$

(2) 삼각형의 외심은 세 변의 수직이등분선의 교점이므로
$$\overline{BD}=\overline{AD},\ \overline{BE}=\overline{CE}$$

(3) $\angle OCE=\angle OBE,\ \angle OCF=\angle OAF$

(4) △OBE와 △OCE에서
$\overline{OE}$는 공통, $\angle OEB=\angle OEC=90°,\ \overline{BE}=\overline{CE}$이므로
△OBE≡△OCE (SAS 합동)

답 (1) ○ (2) × (3) × (4) ○

0104

(1) $\overline{BD}=\overline{CD}=4(cm)$이므로 $x=4$

(2) $\angle OAB=\dfrac{1}{2}\times(180°-110°)=35°$이므로 $x=35$

답 (1) 4 (2) 35

0105

(1) $15°+25°+\angle x=90°$이므로 $\angle x=50°$

(2) $20°+\angle x+34°=90°$이므로 $\angle x=36°$

(3) $\angle x=2\times50°=100°$

(4) $\angle x=\dfrac{1}{2}\times110°=55°$

답 (1) 50° (2) 36° (3) 100° (4) 55°

0106

(2) 삼각형의 내심에서 세 변에 이르는 거리는 같으므로
$$\overline{ID}=\overline{IE}=\overline{IF}$$

(3) $\angle IBE=\angle IBD,\ \angle ICE=\angle ICF$

(4) △IAD와 △IAF에서
$\overline{IA}$는 공통, $\angle IDA=\angle IFA=90°,\ \angle IAD=\angle IAF$이므로
△IAD≡△IAF (RHA 합동)

답 (1) × (2) ○ (3) × (4) ○

0107

(1) $\overline{IF}=\overline{IE}=3(cm)$이므로 $x=3$

(2) $\angle IAC=\angle IAB=22°$이므로 $x=22$

답 (1) 3 (2) 22

0108

(1) $\angle x+24°+30°=90°$이므로 $\angle x=36°$

(2) $\angle x=90°+\dfrac{1}{2}\times50°=115°$

답 (1) 36° (2) 115°

0109

(1) $\overline{AF}=\overline{AD}=9-5=4(cm)$이므로 $x=4$

(2) $\overline{AF}=\overline{AD}=7(cm)$이므로 $\overline{CF}=15-7=8(cm)$
따라서 $\overline{CE}=\overline{CF}=8(cm)$이므로 $x=8$

답 (1) 4 (2) 8

유형 콕콕 본문 | 24~30쪽

0110 ③
0011 (가) $\overline{OB}$ (나) $\overline{OC}$ (다) $\angle OFC$ (라) RHS (마) $\overline{CF}$
0112 42 cm **0113** ③ **0114** $36\pi\ cm^2$ **0115** ③
0116 $10\pi\ cm$ **0117** ③ **0118** 15 cm^2 **0119** 12 cm
0120 130° **0121** 31° **0122** ③ **0123** 64°
0124 132° **0125** 57° **0126** 192° **0127** 60°
0128 ② **0129** ③ **0130** ① **0131** ④
0132 25° **0133** 64° **0134** 24° **0135** 58°
0136 7° **0137** 12° **0138** 195° **0139** 38°
0140 130° **0141** ③ **0142** 2 cm **0143** 36 cm
0144 1 cm **0145** 24 cm^2 **0146** 5 cm **0147** 36 cm
0148 8 cm **0149** 11 cm **0150** 23 cm **0151** 5 cm
0152 12 cm **0153** 25 cm **0154** 27° **0155** 115°
0156 36° **0157** 15° **0158** $28\pi\ cm$ **0159** ④
0160 24 cm^2

0110

오른쪽 그림과 같이 $\overline{OB}$를 그으면
$\angle OBA=\angle OAB=45°$이므로
$\angle OCB=\angle OBC=70°-45°=25°$

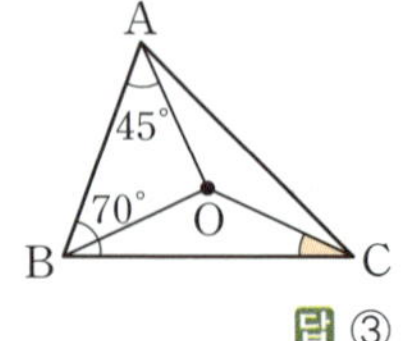

답 ③

0111

답 (가) $\overline{OB}$ (나) $\overline{OC}$ (다) $\angle OFC$ (라) RHS (마) $\overline{CF}$

0112

(△ABC의 둘레의 길이)$=2\times(7+8+6)=42(cm)$ **답** 42 cm

0113

③ $\overline{OE}=\overline{OF}$인지는 알 수 없다.   답 ③

0114

점 O가 △ABC의 외심이므로 $\overline{OB}=\overline{OC}$ ……20%

△OBC의 둘레의 길이가 20 cm이므로

$\overline{OB}+\overline{BC}+\overline{OC}=20$, $2\overline{OB}+8=20$

$\therefore \overline{OB}=6(cm)$ ……50%

따라서 △ABC의 외접원의 반지름의 길이는 6 cm이므로

(외접원의 넓이)$=\pi\times6^2=36\pi(cm^2)$ ……30%

답 $36\pi\ cm^2$

0115

$\angle OBC=\angle x$라고 하면 $\angle OCB=\angle OBC=\angle x$

$\angle OAB=\angle OBA=\angle x+45°$

$\angle OAC=\angle OCA=\angle x+15°$

따라서 △ABC에서 $(\angle x+45°)+(\angle x+15°)+45°+15°=180°$

$2\angle x=60°$ $\therefore \angle x=30°$ 답 ③

0116

직각삼각형의 외심은 빗변의 중점이므로

(△ABC의 외접원의 반지름의 길이)$=\dfrac{1}{2}\overline{AB}=\dfrac{1}{2}\times10=5(cm)$

$\therefore$ (△ABC의 외접원의 둘레의 길이)$=2\pi\times5=10\pi(cm)$

답 $10\pi\ cm$

0117

점 O가 직각삼각형 ABC의 외심이므로

$\overline{OA}=\dfrac{1}{2}\overline{BC}=\dfrac{1}{2}\times8=4(cm)$ 답 ③

0118

점 O가 직각삼각형 ABC의 외심이므로 $\overline{OA}=\overline{OB}$ ……40%

$\therefore \triangle OBC=\dfrac{1}{2}\triangle ABC$

$=\dfrac{1}{2}\times\left(\dfrac{1}{2}\times12\times5\right)=15(cm^2)$ ……60%

답 $15\ cm^2$

0119

오른쪽 그림과 같이 $\overline{OB}$를 긋고 직각삼각형 ABC의 외심을 O라고 하면

$\overline{OA}=\overline{OB}=\overline{OC}$

△OAB에서

$\angle OBA=\angle A=180°-(90°+30°)=60°$

$\therefore \angle AOB=180°-2\times60°=60°$

따라서 △OAB는 정삼각형이므로 $\overline{OA}=\overline{OB}=\overline{AB}=6(cm)$

이때 $\overline{OC}=\overline{OA}=6(cm)$이므로

$\overline{AC}=\overline{OA}+\overline{OC}=6+6=12(cm)$ 답 12 cm

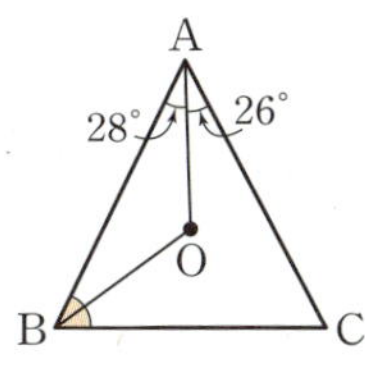

0120

$30°+\angle OBC+35°=90°$이므로 $\angle OBC=25°$

△OBC에서 $\overline{OB}=\overline{OC}$이므로

$\angle BOC=180°-2\times25°=130°$ 답 130°

0121

$32°+\angle x+27°=90°$이므로 $\angle x=31°$ 답 31°

0122

$33°+\angle OCD+25°=90°$이므로 $\angle OCD=32°$

따라서 △ODC에서 $\angle x=180°-(90°+32°)=58°$ 답 ③

0123

오른쪽 그림과 같이 $\overline{OB}$를 그으면

$28°+\angle OBC+26°=90°$이므로

$\angle OBC=36°$

△OAB에서 $\angle OBA=\angle OAB=28°$이므로

$\angle B=28°+36°=64°$

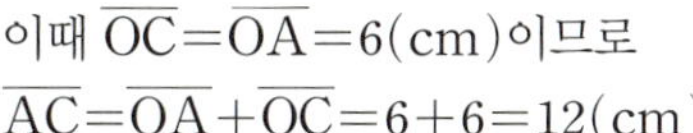

답 64°

0124

$\angle OAC=\angle OCA=36°$이므로 $\angle BAC=30°+36°=66°$

$\therefore \angle x=2\angle BAC=2\times66°=132°$ 답 132°

0125

△OBC에서 $\overline{OB}=\overline{OC}$이므로 $\angle OCB=\angle OBC=33°$

$\angle BOC=180°-2\times33°=114°$

$\therefore \angle A=\dfrac{1}{2}\angle BOC=\dfrac{1}{2}\times114°=57°$ 답 57°

0126

오른쪽 그림과 같이 $\overline{OB}$를 그으면

$\angle OBA=\angle OAB=24°$,

$\angle OBC=\angle OCB=40°$이므로

$\angle x=24°+40°=64°$

$\angle y=2\angle x=2\times64°=128°$

$\therefore \angle x+\angle y=64°+128°=192°$

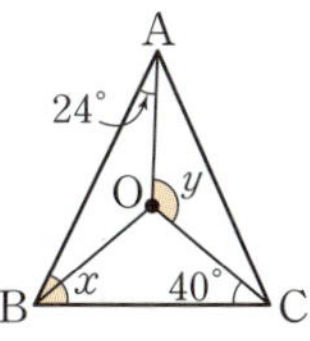

답 192°

0127

$\angle BOC=360°\times\dfrac{4}{5+4+3}=120°$ ……50%

$\therefore \angle BAC=\dfrac{1}{2}\angle BOC=\dfrac{1}{2}\times120°=60°$ ……50%

답 60°

0128

② $\overline{BE}=\overline{CE}$인지는 알 수 없다. 답 ②

0129

삼각형의 내심은 세 내각의 이등분선의 교점이다. 답 ③

0130

$\overline{IF}=\overline{ID}=3(cm)$이므로 $x=3$

$\angle ICE=\angle ICF=28°$이므로 $y=28$

$\therefore x+y=3+28=31$ 답 ①

0131

④ RHS 답 ④

0132

$\angle IAB=\angle IAC=\angle x$, $\angle IBA=\angle IBC=30°$

따라서 $\triangle IAB$에서 $\angle x=180°-(125°+30°)=25°$ 답 $25°$

0133

$\angle ABC=2\angle IBC=2\times28°=56°$

$\angle ACB=2\angle ICA=2\times30°=60°$

따라서 $\triangle ABC$에서 $\angle A=180°-(56°+60°)=64°$ 답 $64°$

0134

오른쪽 그림과 같이 $\overline{IA}$를 그으면

$\angle IAB=\dfrac{1}{2}\angle A=\dfrac{1}{2}\times68°=34°$

따라서 $34°+\angle x+32°=90°$이므로

$\angle x=24°$

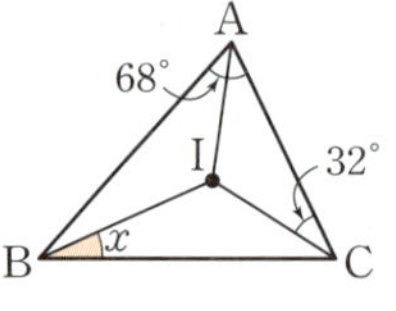

답 $24°$

0135

$\angle IBA+33°+28°=90°$이므로 $\angle IBA=29°$

$\therefore \angle ABC=2\angle IBA=2\times29°=58°$ 답 $58°$

0136

$\angle x=\angle IAC=26°$ ······ 40%

$26°+\angle y+31°=90°$이므로 $\angle y=33°$ ······ 40%

$\therefore \angle y-\angle x=33°-26°=7°$ ······ 20%

답 $7°$

0137

$\angle IAC+20°+32°=90°$이므로 $\angle IAC=38°$

$\angle ICB=\angle ICA=32°$이므로

$\triangle ADC$에서 $\angle DAC=180°-(32°+32°+90°)=26°$

$\therefore \angle IAD=38°-26°=12°$ 답 $12°$

0138

$\angle IBC=\angle IBA=32°$, $\angle ICB=\angle ICA=23°$

$\triangle IBC$에서 $\angle y=180°-(32°+23°)=125°$

$125°=90°+\dfrac{1}{2}\angle x$이므로 $\angle x=70°$

$\therefore \angle x+\angle y=70°+125°=195°$ 답 $195°$

0139

$128°=90°+\dfrac{1}{2}\angle ABC$이므로 $\angle ABC=76°$

$\therefore \angle x=\dfrac{1}{2}\angle ABC=\dfrac{1}{2}\times76°=38°$ 답 $38°$

0140

$\angle C=180°\times\dfrac{4}{3+2+4}=80°$이므로

$\angle AIB=90°+\dfrac{1}{2}\angle C=90°+\dfrac{1}{2}\times80°=130°$ 답 $130°$

0141

$\triangle ABC$에서 $\angle BIC=90°+\dfrac{1}{2}\angle A=90°+\dfrac{1}{2}\times40°=110°$

$\triangle IBC$에서 $\angle BI'C=90°+\dfrac{1}{2}\angle BIC=90°+\dfrac{1}{2}\times110°=145°$

답 ③

0142

$\triangle ABC$의 내접원의 반지름의 길이를 r cm라고 하면

$\dfrac{1}{2}\times r\times(12+13+5)=30$ $\therefore r=2$

따라서 $\triangle ABC$의 내접원의 반지름의 길이는 2 cm이다. 답 2 cm

0143

$\dfrac{1}{2}\times3\times(\overline{AB}+\overline{BC}+\overline{CA})=54$이므로

$\overline{AB}+\overline{BC}+\overline{CA}=36(cm)$

따라서 $\triangle ABC$의 둘레의 길이는 36 cm이다. 답 36 cm

0144

$\triangle ABC$의 내접원의 반지름의 길이를 r cm라고 하면

$\dfrac{1}{2}\times r\times(5+4+3)=\dfrac{1}{2}\times4\times3$ $\therefore r=1$

따라서 $\triangle ABC$의 내접원의 반지름의 길이는 1 cm이다.

답 1 cm

0145

$\triangle ABC$의 내접원의 반지름의 길이를 r cm라고 하면

$\triangle ABC=\dfrac{1}{2}\times r\times(12+16+20)=24r(cm^2)$ ······ 40%

이때 $\triangle ABC=\dfrac{1}{2}\times16\times12=96(cm^2)$이므로 $24r=96$

$$\therefore r=4 \qquad \cdots\cdots 40\%$$

$$\therefore \triangle IAB=\frac{1}{2}\times 12\times 4=24(cm^2) \qquad \cdots\cdots 20\%$$

답 24 cm²

0146

$\overline{BD}=x$ cm라고 하면 $\overline{BE}=\overline{BD}=x(cm)$

$\overline{AF}=\overline{AD}=9-x(cm)$, $\overline{CF}=\overline{CE}=11-x(cm)$

따라서 $10=(9-x)+(11-x)$이므로 $2x=10 \quad \therefore x=5$

$\therefore \overline{BD}=5(cm)$

답 5 cm

0147

$\overline{CF}=\overline{CE}=9(cm)$이므로 $\overline{AD}=\overline{AF}=12-9=3(cm)$

$\overline{BD}=\overline{BE}=6(cm)$이므로 $\overline{AB}=3+6=9(cm)$

$\therefore$ ($\triangle ABC$의 둘레의 길이)$=\overline{AB}+\overline{BC}+\overline{CA}$

$$=9+15+12=36(cm)$$

답 36 cm

0148

오른쪽 그림과 같이 직각삼각형 ABC의 내접원과 세 변 AB, BC, CA의 접점을 각각 D, E, F라고 하면 사각형 IECF는 정사각형이므로

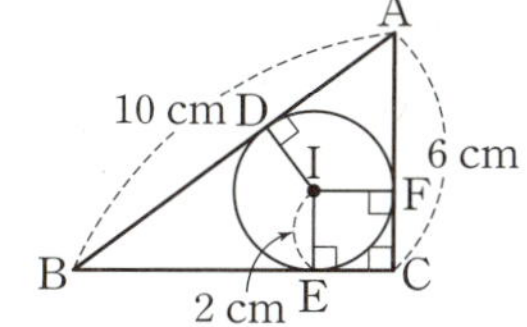

$\overline{CE}=\overline{CF}=\overline{IE}=2(cm)$ $\qquad \cdots\cdots 40\%$

$\overline{AD}=\overline{AF}=6-2=4(cm)$이므로

$\overline{BE}=\overline{BD}=10-4=6(cm)$ $\qquad \cdots\cdots 40\%$

$\therefore \overline{BC}=6+2=8(cm)$ $\qquad \cdots\cdots 20\%$

답 8 cm

0149

($\triangle ABC$의 둘레의 길이)$=2(\overline{AD}+\overline{BD}+\overline{CF})$

$$=2(\overline{AB}+9)=40$$

따라서 $\overline{AB}+9=20$이므로 $\overline{AB}=11(cm)$

답 11 cm

0150

점 I가 $\triangle ABC$의 내심이므로 $\angle DBI=\angle IBC$

$\overline{DE}\,/\!/\,\overline{BC}$이므로 $\angle DIB=\angle IBC$ (엇각)

따라서 $\angle DBI=\angle DIB$이므로 $\triangle DBI$는 $\overline{DB}=\overline{DI}$인 이등변삼각형이다.

마찬가지 방법으로 $\triangle EIC$는 $\overline{EC}=\overline{EI}$인 이등변삼각형이다.

$\therefore$ ($\triangle ADE$의 둘레의 길이)$=\overline{AD}+\overline{DE}+\overline{EA}$

$$=\overline{AD}+(\overline{DI}+\overline{IE})+\overline{EA}$$
$$=\overline{AD}+(\overline{DB}+\overline{EC})+\overline{EA}$$
$$=(\overline{AD}+\overline{DB})+(\overline{EC}+\overline{EA})$$
$$=\overline{AB}+\overline{AC}$$
$$=13+10=23(cm)$$

답 23 cm

0151

점 I가 $\triangle ABC$의 내심이므로 $\angle DBI=\angle IBC$

$\overline{DE}\,/\!/\,\overline{BC}$이므로 $\angle DIB=\angle IBC$ (엇각)

따라서 $\angle DBI=\angle DIB$이므로 $\triangle DBI$는 $\overline{DB}=\overline{DI}$인 이등변삼각형이다.

마찬가지 방법으로 $\triangle EIC$는 $\overline{EC}=\overline{EI}$인 이등변삼각형이다.

따라서 $\overline{DI}=\overline{DB}=8-6=2(cm)$, $\overline{EI}=\overline{EC}=3(cm)$이므로

$\overline{DE}=2+3=5(cm)$

답 5 cm

0152

오른쪽 그림과 같이 $\overline{BI}$, $\overline{CI}$를 그으면 점 I가 $\triangle ABC$의 내심이므로 $\angle DBI=\angle IBC$

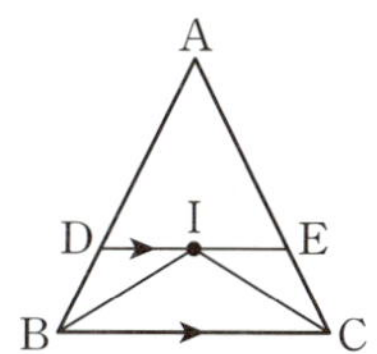

$\overline{DE}\,/\!/\,\overline{BC}$이므로 $\angle DIB=\angle IBC$ (엇각)

따라서 $\angle DBI=\angle DIB$이므로 $\triangle DBI$는 $\overline{DB}=\overline{DI}$인 이등변삼각형이다.

마찬가지 방법으로 $\triangle EIC$는 $\overline{EC}=\overline{EI}$인 이등변삼각형이다.

$\therefore$ ($\triangle ADE$의 둘레의 길이)$=\overline{AD}+\overline{DE}+\overline{EA}$

$$=\overline{AD}+(\overline{DI}+\overline{IE})+\overline{EA}$$
$$=\overline{AD}+(\overline{DB}+\overline{EC})+\overline{EA}$$
$$=(\overline{AD}+\overline{DB})+(\overline{EC}+\overline{EA})$$
$$=\overline{AB}+\overline{AC}=2\overline{AC}$$

따라서 $2\overline{AC}=24$이므로 $\overline{AC}=12(cm)$

답 12 cm

0153

오른쪽 그림과 같이 $\overline{BI}$, $\overline{CI}$를 그으면 점 I가 $\triangle ABC$의 내심이므로 $\angle DBI=\angle IBC$

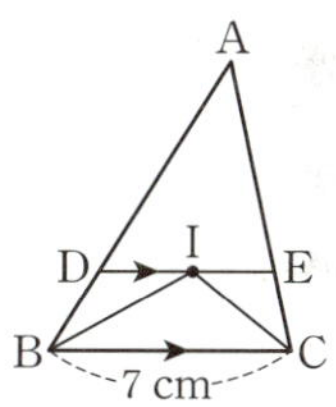

$\overline{DE}\,/\!/\,\overline{BC}$이므로 $\angle DIB=\angle IBC$ (엇각)

따라서 $\angle DBI=\angle DIB$이므로 $\triangle DBI$는 $\overline{DB}=\overline{DI}$인 이등변삼각형이다.

마찬가지 방법으로 $\triangle EIC$는 $\overline{EC}=\overline{EI}$인 이등변삼각형이다.

$\therefore$ ($\triangle ABC$의 둘레의 길이)$=\overline{AB}+\overline{BC}+\overline{CA}$

$$=(\overline{AD}+\overline{DB})+\overline{BC}+(\overline{AE}+\overline{EC})$$
$$=\overline{AD}+\overline{DI}+\overline{BC}+\overline{AE}+\overline{EI}$$
$$=\overline{AD}+(\overline{DI}+\overline{EI})+\overline{BC}+\overline{AE}$$
$$=(\overline{AD}+\overline{DE}+\overline{AE})+\overline{BC}$$
$$=18+7=25(cm)$$

답 25 cm

0154

$\angle BOC=2\angle A=2\times 42°=84°$

$\angle BIC=90°+\frac{1}{2}\angle A=90°+\frac{1}{2}\times 42°=111°$

$\therefore \angle BIC-\angle BOC=111°-84°=27°$

답 27°

0155

$\angle BOC=2\angle A$이므로 $100°=2\angle A \quad \therefore \angle A=50°$

$\therefore \angle BIC=90°+\frac{1}{2}\angle A=90°+\frac{1}{2}\times 50°=115°$

답 115°

0156

$117°=90°+\dfrac{1}{2}∠A$이므로 $∠A=54°$ 30%

$∠BOC=2∠A=2×54°=108°$ 30%

이때 점 O는 △ABC의 외심이므로 $\overline{OB}=\overline{OC}$

따라서 △OBC에서

$∠OBC=\dfrac{1}{2}×(180°-108°)=36°$ 40%

답 36°

0157

$∠BOC=2∠A=2×40°=80°$

△OBC에서 $∠OBC=\dfrac{1}{2}×(180°-80°)=50°$

△ABC에서 $∠ABC=\dfrac{1}{2}×(180°-40°)=70°$이므로

$∠IBC=\dfrac{1}{2}∠ABC=\dfrac{1}{2}×70°=35°$

$∴ ∠x=50°-35°=15°$

답 15°

0158

△ABC의 외접원의 반지름의 길이를 R cm라고 하면

$R=\dfrac{1}{2}\overline{AC}=\dfrac{1}{2}×20=10$

즉, △ABC의 외접원의 둘레의 길이는 $2π×10=20π$(cm)

△ABC의 내접원의 반지름의 길이를 r cm라고 하면

$\dfrac{1}{2}×r×(12+16+20)=\dfrac{1}{2}×16×12$ $∴ r=4$

즉, △ABC의 내접원의 둘레의 길이는 $2π×4=8π$(cm)

따라서 구하는 합은 $20π+8π=28π$(cm)

답 $28π$ cm

0159

△ABC의 외접원 O의 반지름의 길이를 R cm라고 하면

$R=\dfrac{1}{2}\overline{BC}=\dfrac{1}{2}×10=5$

즉, △ABC의 외접원 O의 넓이는 $π×5^2=25π$(cm²)

△ABC의 내접원 I의 반지름의 길이를 r cm라고 하면

$\dfrac{1}{2}×r×(8+10+6)=\dfrac{1}{2}×6×8$ $∴ r=2$

즉, △ABC의 내접원 I의 넓이는 $π×2^2=4π$(cm²)

$∴$ (색칠한 부분의 넓이)$=25π-4π=21π$(cm²)

답 ④

0160

오른쪽 그림과 같이 △ABC의 세 변 AB, BC, CA와 내접원 I의 접점을 각각 D, E, F라 하고 $\overline{BC}=x$ cm, $\overline{AC}=y$ cm라고 하면

사각형 IECF는 정사각형이므로

$\overline{CE}=\overline{CF}=\overline{IE}=2$(cm)

$∴ \overline{BD}=\overline{BE}=x-2$(cm), $\overline{AD}=\overline{AF}=y-2$(cm)

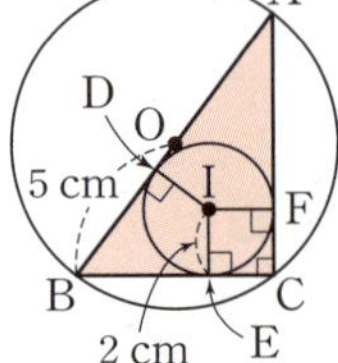

이때 $\overline{AB}=2\overline{OB}=2×5=10$(cm)이므로

$(x-2)+(y-2)=10$ $∴ x+y=14$

$∴ △ABC=\dfrac{1}{2}×2×(10+x+y)$

$=\dfrac{1}{2}×2×24=24$(cm²)

답 24 cm²

0161

ㄱ. $\overline{OD}=\overline{OE}=\overline{OF}$인지는 알 수 없다.

ㄹ. $∠OCE=∠OBE$, $∠OCF=∠OAF$이지만 $∠OCE=∠OCF$인지는 알 수 없다.

답 ㄱ, ㄹ

0162

△ABC의 외접원의 반지름의 길이를 r cm라고 하면

$2πr=10π$ $∴ r=5$

$∴ \overline{OA}=\overline{OB}=\overline{OC}=5$(cm)

△OBC의 둘레의 길이가 18 cm이므로 $\overline{OB}+\overline{BC}+\overline{OC}=18$

$5+\overline{BC}+5=18$ $∴ \overline{BC}=8$(cm)

답 8 cm

0163

$∠OAB=∠OBA=35°+10°=45°$

$∠BAC=∠x$라고 하면

$∠OCA=∠OAC=∠x-45°$

△ABC에서 $∠x+35°+(∠x-45°-10°)=180°$

$2∠x=200°$ $∴ ∠x=100°$

답 100°

0164

점 M은 직각삼각형 ABC의 외심이므로

$\overline{AM}=\overline{BM}=\overline{CM}$

$∠B=\dfrac{1}{2}×(180°-116°)=32°$

따라서 △ABC에서 $∠A=180°-(90°+32°)=58°$

답 58°

0165

점 M은 직각삼각형 ABC의 외심이므로

$\overline{MA}=\overline{MB}=\overline{MC}$

$\therefore \angle MAC=\angle C=36°$

$\triangle AMC$에서 $\angle AMH=36°+36°=72°$

따라서 $\triangle AHM$에서 $\angle x=180°-(90°+72°)=18°$ 　　🖺 18°

0166

$\triangle OBC$에서 $\angle OCB=\dfrac{1}{2}\times(180°-106°)=37°$

따라서 $33°+37°+\angle x=90°$이므로 $\angle x=20°$ 　　🖺 20°

0167

$\angle OAB+\angle OBC+\angle OCA=90°$이므로

$\angle OAB=90°\times\dfrac{4}{4+3+2}=40°$, $\angle OBC=90°\times\dfrac{3}{4+3+2}=30°$

$\triangle OAB$에서 $\angle OBA=\angle OAB=40°$

$\therefore \angle ABC=40°+30°=70°$ 　　🖺 70°

0168

$\angle BOC=2\angle A=2\times60°=120°$

$\therefore$ (부채꼴 BOC의 넓이)$=\pi\times9^2\times\dfrac{120}{360}$

$=27\pi(\text{cm}^2)$ 　　🖺 27π cm²

0169

$\angle OBA=\angle OAB=12°$이므로 $\angle ABC=12°+40°=52°$

$\therefore \angle x=2\angle ABC=2\times52°=104°$ 　　🖺 ③

0170

$\triangle ABC$의 외심 O가 $\overline{BC}$의 중점이므로 $\angle BAC=90°$

$\triangle ABO$에서 $\angle OAB=\angle B=40°$이므로

$\angle OAC=90°-40°=50°$

$\therefore \angle x=2\angle OAC=2\times50°=100°$ 　　🖺 100°

0171

② 직각삼각형의 외심은 빗변의 중점이고, 둔각삼각형의 외심은 삼각형의 외부에 있다. 　　🖺 ②

0172

$\angle IBC=\angle IBA=38°$, $\angle ICB=\angle ICA=20°$

따라서 $\triangle IBC$에서

$\angle BIC=180°-(38°+20°)=122°$ 　　🖺 122°

0173

$\triangle BCE$에서 $\angle x=\dfrac{1}{2}\angle ABC+68°$

$\triangle ADC$에서 $\angle y=\dfrac{1}{2}\angle BAC+68°$

$\triangle ABC$에서 $\angle BAC+\angle ABC=180°-68°=112°$이므로

$\angle x+\angle y=\left(\dfrac{1}{2}\angle ABC+68°\right)+\left(\dfrac{1}{2}\angle BAC+68°\right)$

$=\dfrac{1}{2}(\angle BAC+\angle ABC)+136°$

$=\dfrac{1}{2}\times112°+136°=192°$ 　　🖺 192°

0174

점 I는 $\triangle ABC$의 내심이므로 $\angle IBA=\angle IBC=20°$

$\therefore \angle x=90°+\dfrac{1}{2}\times40°=110°$ 　　🖺 ③

0175

$\angle BIC=360°\times\dfrac{11}{9+11+10}=132°$이므로

$132°=90°+\dfrac{1}{2}\angle BAC$　　$\therefore \angle BAC=84°$ 　　🖺 84°

0176

$\angle BI'C=90°+\dfrac{1}{2}\angle BIC$이므로 $148°=90°+\dfrac{1}{2}\angle BIC$

$\therefore \angle BIC=116°$

$\angle BIC=90°+\dfrac{1}{2}\angle A$이므로 $116°=90°+\dfrac{1}{2}\angle x$

$\therefore \angle x=52°$ 　　🖺 ④

0177

$\triangle ABC$의 내접원의 반지름의 길이를 r cm라고 하면

$\dfrac{1}{2}\times r\times40=60$　　$\therefore r=3$

$\therefore$ (내접원의 넓이)$=\pi\times3^2=9\pi(\text{cm}^2)$ 　　🖺 9π cm²

0178

$\triangle ABC$의 내접원의 반지름의 길이를 r cm라고 하면

$\triangle ABC=\dfrac{1}{2}\times r\times(10+6+8)=12r(\text{cm}^2)$

이때 $\triangle ABC=\dfrac{1}{2}\times6\times8=24(\text{cm}^2)$이므로 $12r=24$　　$\therefore r=2$

$\therefore$ (색칠한 부분의 넓이)$=2\times2-\pi\times2^2\times\dfrac{90}{360}=4-\pi(\text{cm}^2)$

🖺 $(4-\pi)$ cm²

0179

$\overline{AF}=x$ cm라고 하면 $\overline{AD}=\overline{AF}=x(\text{cm})$

$\overline{BE}=\overline{BD}=9-x(\text{cm})$, $\overline{CE}=\overline{CF}=8-x(\text{cm})$

따라서 $11=(9-x)+(8-x)$이므로

$2x=6$　　$\therefore x=3$

$\therefore \overline{AF}=3(\text{cm})$ 　　🖺 3 cm

0180

점 I가 △ABC의 내심이므로 ∠DBI=∠IBC

$\overline{DE}$∥$\overline{BC}$이므로 ∠DIB=∠IBC (엇각)

∴ ∠DBI=∠DIB

따라서 △DBI는 $\overline{DB}$=$\overline{DI}$ (①)인 이등변삼각형이다.

또, ∠ECI=∠ICB (④), ∠EIC=∠ICB (엇각)이므로

∠ECI=∠EIC (⑤)

따라서 △EIC는 $\overline{EI}$=$\overline{EC}$ (②)인 이등변삼각형이다.

③ ∠IBC=∠ICB인지는 알 수 없다. **답 ③**

0181

△ABC가 $\overline{AB}$=$\overline{AC}$인 이등변삼각형이므로

∠B=∠C이고, 점 I가 △ABC의 내심이므로

∠DBI=∠IBC=∠ECI=∠ICB

즉, ∠IBC=∠ICB이므로 △IBC는 $\overline{IB}$=$\overline{IC}$인

이등변삼각형이다.

$\overline{DE}$∥$\overline{BC}$이므로

∠DIB=∠IBC (엇각), ∠EIC=∠ICB (엇각)

따라서 △DBI≡△ECI (ASA 합동)이므로

$\overline{EC}$=$\overline{DB}$=8−6=2(cm)

∴ $\overline{DE}$=$\overline{DI}$+$\overline{EI}$=$\overline{DB}$+$\overline{EC}$=2+2=4(cm) **답 4 cm**

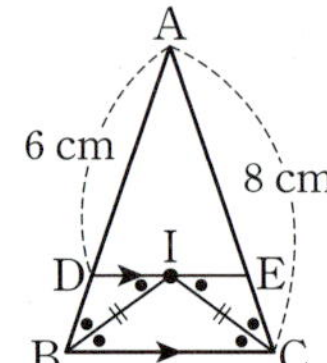

0182

△OBC에서 ∠BOC=180°−2×38°=104°

$∠A=\dfrac{1}{2}∠BOC=\dfrac{1}{2}×104°=52°$

$∴ ∠BIC=90°+\dfrac{1}{2}∠A=90°+\dfrac{1}{2}×52°=116°$ **답 116°**

0183

△ABC의 외접원의 반지름의 길이를 R cm라고 하면

$R=\dfrac{1}{2}\overline{AB}=\dfrac{1}{2}×20=10$

즉, △ABC의 외접원의 넓이는 $π×10^2=100π(cm^2)$

△ABC의 내접원의 반지름의 길이를 r cm라고 하면

$\dfrac{1}{2}×r×(20+12+16)=\dfrac{1}{2}×12×16$ $∴ r=4$

즉, △ABC의 내접원의 넓이는

$π×4^2=16π(cm^2)$

따라서 구하는 합은

$100π+16π=116π(cm^2)$ **답 $116π$ cm²**

0184

원의 중심은 원 위의 세 점을 꼭짓점으로 하는 삼각형의 외심이다.

답 ②

0185 80°	**0186** 72°	**0187** 58°	**0188** 50°
0189 210°	**0190** 216°	**0191** 8 cm	**0192** 10 cm
0193 12 cm	**0194** 8 cm	**0195** 150°	**0196** 120°

0185

단계1 $∠BAM=90°×\dfrac{5}{5+4}=50°$

단계2 점 M은 △ABC의 외심이므로 $\overline{MA}$=$\overline{MB}$=$\overline{MC}$

즉, △ABM은 $\overline{MA}$=$\overline{MB}$인 이등변삼각형이므로

∠ABM=∠BAM=50°

단계3 △ABM에서 ∠AMB=180°−2×50°=80°

답 80°

0186

$∠MCA=90°×\dfrac{3}{3+2}=54°$ ……30%

점 M은 △ABC의 외심이므로 $\overline{MA}$=$\overline{MB}$=$\overline{MC}$

즉, △AMC는 $\overline{MA}$=$\overline{MC}$인 이등변삼각형이므로

∠MAC=∠MCA=54° ……40%

따라서 △AMC에서 ∠AMC=180°−2×54°=72° ……30%

답 72°

0187

단계1 ∠OAB+32°+16°=90°이므로 ∠OAB=42°

단계2 △OCA에서 ∠OAC=∠OCA=16°

단계3 ∠BAC=42°+16°=58°

답 58°

0188

40°+∠OCB+22°=90°이므로 ∠OCB=28° ……40%

△OCA에서 ∠OCA=∠OAC=22° ……30%

∴ ∠ACB=28°+22°=50° ……30%

답 50°

0189

단계1 ∠IBC=∠IBA=24°이므로

△IBC에서 $∠y=180°−(24°+26°)=130°$

단계2 $130°=90°+\dfrac{1}{2}∠x$이므로 ∠x=80°

단계3 ∠x+∠y=80°+130°=210°

답 210°

0190

∠IBA=∠IBC=28°이므로

△IAB에서 $∠y=180°−(20°+28°)=132°$ ……40%

$132°=90°+\dfrac{1}{2}∠x$이므로 ∠x=84° ……40%

∴ ∠x+∠y=84°+132°=216° ……20%

답 216°

0191

단계 1 $\overline{AF}=\overline{AD}=\overline{AB}-\overline{BD}=13-7=6(\text{cm})$

단계 2 $\overline{BE}=\overline{BD}=7(\text{cm})$이므로
$\overline{CF}=\overline{CE}=\overline{BC}-\overline{BE}=9-7=2(\text{cm})$

단계 3 $\overline{AC}=\overline{AF}+\overline{CF}=6+2=8(\text{cm})$

답 8 cm

0192

$\overline{CE}=\overline{CF}=\overline{AC}-\overline{AF}=10-4=6(\text{cm})$ ······ 40%

$\overline{AD}=\overline{AF}=4(\text{cm})$이므로
$\overline{BE}=\overline{BD}=\overline{AB}-\overline{AD}=8-4=4(\text{cm})$ ······ 40%

$\therefore \overline{BC}=\overline{BE}+\overline{CE}=4+6=10(\text{cm})$ ······ 20%

답 10 cm

0193

단계 1 오른쪽 그림과 같이 $\overline{IF}$를 그으면 사각형 IECF는 정사각형이므로
$\overline{CE}=\overline{CF}=\overline{IE}=2(\text{cm})$

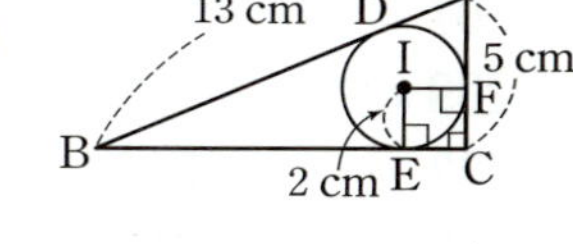

단계 2 $\overline{AD}=\overline{AF}=\overline{AC}-\overline{CF}$
$=5-2=3(\text{cm})$이므로
$\overline{BE}=\overline{BD}=\overline{AB}-\overline{AD}=13-3=10(\text{cm})$

단계 3 $\overline{BC}=\overline{BE}+\overline{CE}=10+2=12(\text{cm})$

답 12 cm

0194

오른쪽 그림과 같이 $\overline{IF}$를 그으면 사각형 ADIF는 정사각형이므로
$\overline{AD}=\overline{AF}=\overline{ID}=3(\text{cm})$ ······ 40%

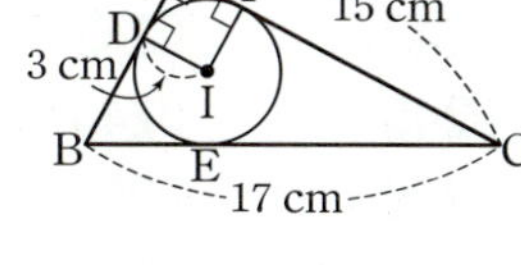

$\overline{CE}=\overline{CF}=\overline{AC}-\overline{AF}$
$=15-3=12(\text{cm})$이므로
$\overline{BD}=\overline{BE}=\overline{BC}-\overline{CE}=17-12=5(\text{cm})$ ······ 40%

$\therefore \overline{AB}=\overline{AD}+\overline{BD}=3+5=8(\text{cm})$ ······ 20%

답 8 cm

0195

단계 1 $\triangle ABC$에서 $\angle ACB=180°-(70°+90°)=20°$
점 I가 $\triangle ABC$의 내심이므로
$\angle ICB=\dfrac{1}{2}\angle ACB=\dfrac{1}{2}\times20°=10°$

단계 2 점 O가 $\triangle ABC$의 외심이므로 $\overline{OA}=\overline{OB}=\overline{OC}$
즉, $\triangle OBC$는 $\overline{OB}=\overline{OC}$인 이등변삼각형이므로
$\angle OBC=\angle OCB=20°$

단계 3 $\triangle PBC$에서 $\angle BPC=180°-(20°+10°)=150°$

답 150°

0196

$\triangle ABC$에서 $\angle ABC=180°-(50°+90°)=40°$
점 I가 $\triangle ABC$의 내심이므로
$\angle IBC=\dfrac{1}{2}\angle ABC=\dfrac{1}{2}\times40°=20°$ ······ 40%

점 O가 $\triangle ABC$의 외심이므로 $\overline{OA}=\overline{OB}=\overline{OC}$
즉, $\triangle OBC$는 $\overline{OB}=\overline{OC}$인 이등변삼각형이므로
$\angle OCB=\angle OBC=40°$ ······ 40%

따라서 $\triangle PBC$에서
$\angle BPC=180°-(20°+40°)=120°$ ······ 20%

답 120°

Ⅱ. 사각형의 성질

1 사각형의 성질

개념 콕콕

본문 | 39쪽

0197
(1) $\overline{AD} /\!/ \overline{BC}$이므로

$\angle x = \angle ADB = 30°$ (엇각), $\angle y = \angle DAC = 50°$ (엇각)

(2) $\angle x = \angle D = 75°$, $\angle y = 180° - 75° = 105°$

(3) $\angle x = 180° - 110° = 70°$, $\angle y = \angle A = 110°$

(4) $\overline{AD} /\!/ \overline{BC}$이므로 $\angle x = \angle ADB = 26°$ (엇각)

$\triangle ABD$에서 $\angle A = \angle C = 120°$이므로

$\angle y = 180° - (120° + 26°) = 34°$

閏 (1) $\angle x = 30°$, $\angle y = 50°$ (2) $\angle x = 75°$, $\angle y = 105°$
(3) $\angle x = 70°$, $\angle y = 110°$ (4) $\angle x = 26°$, $\angle y = 34°$

0198
(1) $\overline{AD} = \overline{BC} = 7(cm)$, $\overline{CD} = \overline{AB} = 5(cm)$

$\therefore x = 7$, $y = 5$

(2) $\overline{OA} = \dfrac{1}{2}\overline{AC} = \dfrac{1}{2} \times 6 = 3(cm)$, $\overline{OD} = \overline{OB} = 4(cm)$

$\therefore x = 3$, $y = 4$

閏 (1) $x = 7$, $y = 5$ (2) $x = 3$, $y = 4$

0199
(3) $\angle ABD$와 $\angle ADB$의 크기가 같은지는 알 수 없다.

(5) $\triangle OAB$와 $\triangle OCD$에서

$\overline{OA} = \overline{OC}$, $\overline{OB} = \overline{OD}$, $\angle AOB = \angle COD$ (맞꼭지각)

$\therefore \triangle OAB \equiv \triangle OCD$ (SAS 합동)

閏 (1) × (2) ○ (3) × (4) ○ (5) ○

0200
閏 (1) $\overline{DC}$, $\overline{BC}$ (2) $\overline{DC}$, $\overline{BC}$ (3) $\angle BAD$, $\angle ABC$
(4) $\overline{OC}$, $\overline{OD}$ (5) $\overline{AB}$, $\overline{AB}$ (6) $\overline{AD}$, $\overline{AD}$

0201
(1) $\triangle BCD = \dfrac{1}{2}\square ABCD = 4(cm^2)$

(2) $\triangle ABO = \dfrac{1}{4}\square ABCD = 2(cm^2)$

(3) $\triangle PDA + \triangle PBC = \dfrac{1}{2}\square ABCD = 4(cm^2)$

(4) $\triangle PAB + \triangle PCD = \dfrac{1}{2}\square ABCD = 4(cm^2)$

閏 (1) 4 cm² (2) 2 cm² (3) 4 cm² (4) 4 cm²

0202
(1) $\triangle ABO = \triangle AOD = 3(cm^2)$

(2) $\triangle BCD = 2\triangle AOD = 2 \times 3 = 6(cm^2)$

(3) $\square ABCD = 4\triangle AOD = 4 \times 3 = 12(cm^2)$

閏 (1) 3 cm² (2) 6 cm² (3) 12 cm²

유형 콕콕

본문 | 40~48쪽

0203 ④	**0204** ③	**0205** ④	**0206** ②
0207 (가) $\angle D$ (나) $\angle B$ (다) $\angle C$		**0208** ④, ⑤	
0209 $x=10$, $y=100$		**0210** 85°	**0211** ③
0212 14	**0213** ②	**0214** ⑤	**0215** 8
0216 2 cm	**0217** ⑤	**0218** 20 cm	**0219** ④
0220 90°	**0221** 130°	**0222** 125°	**0223** ③
0224 45°	**0225** ②	**0226** 120°	**0227** ④
0228 ②	**0229** ⑤		
0230 (가) $\overline{CD}$ (나) $\overline{AC}$ (다) SSS (라) $\angle DCA$ (마) $\overline{DC}$			
0231 (가) 360 (나) 180 (다) $\angle B$ (라) $\overline{AD}$			
0232 ③	**0233** ③	**0234** ⑤	**0235** ⑤
0236 10	**0237** $\angle x = 45°$, $\angle y = 70°$		**0238** 6
0239 ②	**0240** ⑤	**0241** (가) $\overline{DF}$ (나) $\overline{AB}$ (다) $\overline{DC}$	
0242 ③	**0243** ④	**0244** (1) ㄹ (2) ㅁ (3) ㅁ	
0245 ②	**0246** ④	**0247** 28 cm	**0248** ②
0249 21 cm	**0250** 9 cm²	**0251** 20 cm²	**0252** 52 cm²
0253 12 cm²	**0254** 44 cm²	**0255** 7 cm²	**0256** 8 cm²
0257 8 cm²			

0203
$\overline{AB} /\!/ \overline{DC}$이므로 $\angle ABD = \angle BDC = 28°$ (엇각)

$\triangle ABO$에서 $\angle x = 28° + 65° = 93°$ 閏 ④

0204
$55° + \angle A = 180°$이므로 $\angle A = 125°$

$\triangle AED$에서 $\angle x = 180° - (125° + 25°) = 30°$ 閏 ③

0205
$\overline{AB} /\!/ \overline{DC}$이므로 $\angle ABD = \angle BDC = 46°$ (엇각)

$\triangle ABC$에서 $\angle x + (46° + 28°) + \angle y = 180°$

$\therefore \angle x + \angle y = 106°$ 閏 ④

0206

② ∠DAC 　답 ②

0207

답 (개) ∠D (내) ∠B (대) ∠C

0208

① $\overline{AB}=\overline{DC}=7$(cm)

② $\overline{OB}=\dfrac{1}{2}\overline{BD}=\dfrac{1}{2}\times12=6$(cm)

③ ∠BAD=∠BCD=120°

④ ∠ABC+∠BCD=180°이므로 ∠ABC=180°-120°=60°

⑤ △ABO와 △BCO는 합동이 아니다.

　△ABO와 △CDO에서 $\overline{OA}=\overline{OC}$, $\overline{OB}=\overline{OD}$,

　∠AOB=∠COD (맞꼭지각)이므로

　△ABO≡△CDO (SAS 합동)

　마찬가지 방법으로

　△BCO≡△DAO (SAS 합동)　답 ④, ⑤

0209

$\overline{BC}=\overline{AD}=10$(cm)　∴ $x=10$

∠C=∠A=100°　∴ $y=100$　답 $x=10$, $y=100$

0210

△ACD에서 ∠D=180°-(35°+60°)=85°

∴ ∠B=∠D=85°　답 85°

0211

$\overline{AD}=\overline{BC}$이므로 $x+2=4x-4$, $-3x=-6$　∴ $x=2$

∴ $\overline{AB}=\overline{DC}=3x-1=3\times2-1=5$　답 ③

0212

$\overline{AB}=\overline{DC}$이므로 $3x-8=x+4$, $2x=12$　∴ $x=6$　……40%

$\overline{OC}=2x-5=2\times6-5=7$　……20%

∴ $\overline{AC}=2\overline{OC}=2\times7=14$　……40%

답 14

0213

$\overline{AB}=\overline{DC}$, $\overline{AD}=\overline{BC}$이므로

(□ABCD의 둘레의 길이)$=2(\overline{AB}+\overline{AD})=2(5+\overline{AD})$

$=10+2\overline{AD}=24$

$2\overline{AD}=14$　∴ $\overline{AD}=7$(cm)　답 ②

0214

⑤ ∠BAD=∠BCD, ∠ABC=∠ADC　답 ⑤

0215

$\overline{OA}=\overline{OC}$이므로 $2x+1=9$

$2x=8$　∴ $x=4$

$\overline{OD}=\dfrac{1}{2}\overline{BD}=\dfrac{1}{2}\times24=12$이므로

$3y=12$　∴ $y=4$

∴ $x+y=4+4=8$　답 8

0216

$\overline{AB}/\!/\overline{EC}$이므로 ∠CEB=∠ABE (엇각)

∴ ∠CEB=∠CBE

△CEB는 이등변삼각형이므로 $\overline{CE}=\overline{CB}=6$(cm)

$\overline{DC}=\overline{AB}=4$(cm)이므로 $\overline{DE}=\overline{CE}-\overline{DC}=6-4=2$(cm)

답 2 cm

0217

△ABE와 △FCE에서

$\overline{AB}/\!/\overline{DF}$이므로 ∠ABE=∠FCE (엇각)

∠AEB=∠FEC (맞꼭지각), $\overline{BE}=\overline{CE}$

∴ △ABE≡△FCE (ASA 합동)

∴ $\overline{FC}=\overline{AB}=6$(cm)

또, $\overline{DC}=\overline{AB}=6$(cm)이므로

$\overline{DF}=\overline{DC}+\overline{CF}=6+6=12$(cm)　답 ⑤

0218

$\overline{AB}/\!/\overline{EF}$이므로 ∠DEA=∠BAE (엇각)

∴ ∠DAE=∠DEA

△DAE는 이등변삼각형이므로 $\overline{DE}=\overline{DA}=14$(cm)

$\overline{AB}/\!/\overline{EF}$이므로 ∠CFB=∠ABF (엇각)

∴ ∠CFB=∠CBF

△CFB는 이등변삼각형이므로 $\overline{CF}=\overline{CB}=14$(cm)

따라서 $\overline{DC}=\overline{AB}=8$(cm)이므로

$\overline{EF}=\overline{DE}+\overline{CF}-\overline{DC}=14+14-8=20$(cm)　답 20 cm

0219

∠A+∠B=180°이고 ∠A : ∠B=7 : 5이므로

∠B=$180°\times\dfrac{5}{12}=75°$

∴ ∠D=∠B=75°　답 ④

0220

∠A+∠B=180°이므로 ∠x=180°-65°=115°

∠C=∠x=115°이므로

△DEC에서 ∠y=180°-(40°+115°)=25°

∴ ∠x-∠y=115°-25°=90°　답 90°

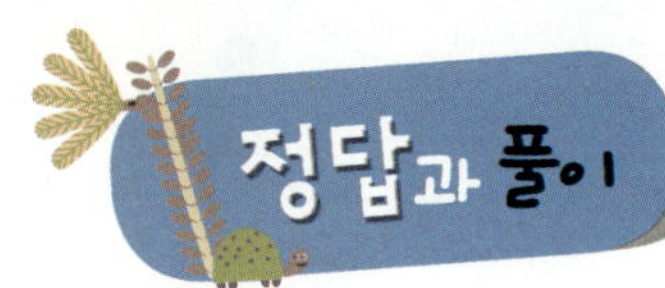

0221

$\angle DAB + \angle B = 180°$이고 $\angle DAB : \angle B = 5 : 4$이므로

$\angle B = 180° \times \dfrac{4}{9} = 80°$ ······ 40%

$\triangle ABE$에서 $\angle AEB = \dfrac{1}{2} \times (180° - 80°) = 50°$ ······ 30%

$\therefore \angle AEC = 180° - 50° = 130°$ ······ 30%

답 130°

0222

$\angle DAB = \angle C = 110°$이므로

$\angle DAE = \dfrac{1}{2}\angle DAB = \dfrac{1}{2} \times 110° = 55°$

$\overline{AD} /\!/ \overline{BC}$이므로 $\angle AEB = \angle DAE = 55°$ (엇각)

$\therefore \angle AEC = 180° - 55° = 125°$

답 125°

0223

$\angle ADC = \angle B = 54°$이고 $\angle ADE : \angle EDC = 2 : 1$이므로

$\angle ADE = 54° \times \dfrac{2}{3} = 36°$

$\overline{AD} /\!/ \overline{BC}$이므로 $\angle DEC = \angle ADE = 36°$ (엇각)

$\therefore \angle AEB = 180° - (70° + 36°) = 74°$

답 ③

0224

$\overline{AD} /\!/ \overline{BE}$이므로 $\angle DAE = \angle E = 30°$ (엇각) ······ 20%

$\therefore \angle DAC = 2\angle DAE = 2 \times 30° = 60°$ ······ 30%

이때 $\angle D = \angle B = 75°$이므로 ······ 20%

$\triangle ACD$에서 $\angle ACD = 180° - (60° + 75°) = 45°$ ······ 30%

답 45°

0225

$\angle A + \angle ABC = 180°$이므로 $\angle ABC = 180° - 118° = 62°$

$\therefore \angle FBC = \dfrac{1}{2}\angle ABC = \dfrac{1}{2} \times 62° = 31°$

$\triangle FBC$에서 $\angle FCB = 180° - (90° + 31°) = 59°$

이때 $\angle BCD = \angle A = 118°$이므로

$\angle FCE = 118° - 59° = 59°$

답 ②

0226

$\overline{AD} /\!/ \overline{BC}$이므로 $\angle FBE = \angle AFB = 180° - 150° = 30°$ (엇각)

$\therefore \angle ABC = 2\angle FBE = 2 \times 30° = 60°$

$\angle DAB + \angle ABC = 180°$이므로 $\angle DAB = 180° - 60° = 120°$

$\therefore \angle BAE = \dfrac{1}{2}\angle DAB = \dfrac{1}{2} \times 120° = 60°$

따라서 $\triangle ABE$에서 $\angle AEC = 60° + 60° = 120°$

답 120°

0227

$\overline{OB} = \dfrac{1}{2}\overline{BD} = \dfrac{1}{2} \times 20 = 10\,(\text{cm})$

$\overline{OC} = \dfrac{1}{2}\overline{AC} = \dfrac{1}{2} \times 22 = 11\,(\text{cm})$

$\therefore (\triangle OBC$의 둘레의 길이$) = \overline{OB} + \overline{BC} + \overline{CO}$
$= 10 + 18 + 11 = 39\,(\text{cm})$

답 ④

0228

$\triangle AOP$와 $\triangle COQ$에서

$\overline{OA} = \overline{OC}$ (①), $\angle PAO = \angle QCO$ (엇각),

$\angle AOP = \angle COQ$ (맞꼭지각)이므로

$\triangle AOP \equiv \triangle COQ$ (ASA 합동) (④)

$\therefore \overline{OP} = \overline{OQ}$ (③), $\overline{AP} = \overline{CQ}$ (⑤)

답 ②

0229

$\triangle EOD$와 $\triangle FOB$에서

$\overline{AD} /\!/ \overline{BC}$이므로 $\angle EDO = \angle FBO$ (엇각)

$\angle EOD = \angle FOB$ (맞꼭지각), $\overline{OD} = \overline{OB} = 9\,(\text{cm})$

$\therefore \triangle EOD \equiv \triangle FOB$ (ASA 합동)

$\overline{OE} = \overline{OF} = \dfrac{1}{2}\overline{EF} = \dfrac{1}{2} \times 12 = 6\,(\text{cm})$, $\overline{ED} = \overline{FB} = 7\,(\text{cm})$

$\therefore (\triangle ODE$의 둘레의 길이$) = \overline{OD} + \overline{DE} + \overline{EO}$
$= 9 + 7 + 6 = 22\,(\text{cm})$

답 ⑤

0230

답 (가) $\overline{CD}$ (나) $\overline{AC}$ (다) SSS (라) $\angle DCA$ (마) $\overline{DC}$

0231

답 (가) 360 (나) 180 (다) $\angle B$ (라) $\overline{AD}$

0232

③ $\angle OCD$

답 ③

0233

답 ③

0234

① $\angle BAD = \angle BCD$, $\angle ABC = \angle ADC$이므로 평행사변형이다.

② $\overline{OA} = \overline{OC}$, $\overline{OB} = \overline{OD}$이므로 평행사변형이다.

③ $\angle BAD + \angle ABC = 180°$이므로
$\overline{AD} /\!/ \overline{BC}$이고 $\overline{AB} /\!/ \overline{DC}$이므로 평행사변형이다.

④ $\overline{AB} /\!/ \overline{DC}$, $\overline{AB} = \overline{DC}$이므로 평행사변형이다.

답 ⑤

0235

① $\overline{AB} = \overline{DC}$, $\overline{AD} = \overline{BC}$이므로 평행사변형이다.

② $\angle A = \angle C$, $\angle B = \angle D$이므로 평행사변형이다.

③ $\overline{OA} = \overline{OC}$, $\overline{OB} = \overline{OD}$이므로 평행사변형이다.

④ $\angle C + \angle D = 180°$이므로 $\overline{AD} /\!/ \overline{BC}$이고
$\overline{AD} = \overline{BC}$이므로 평행사변형이다.

답 ⑤

0236

$\overline{AD}=\overline{BC}$이어야 하므로

$3x+1=13$, $3x=12$ $\therefore x=4$

$\overline{AB}=\overline{DC}$이어야 하므로

$y=x+2$ $\therefore y=4+2=6$

$\therefore x+y=4+6=10$ **답** 10

0237

$\overline{AD}\,/\!/\,\overline{BC}$이어야 하므로 $\angle x=\angle ACB=45°$ (엇각)

$\overline{AB}\,/\!/\,\overline{DC}$이어야 하므로 $\angle B+\angle BCD=180°$

$65°+(45°+\angle y)=180°$ $\therefore \angle y=70°$

답 $\angle x=45°$, $\angle y=70°$

0238

$\overline{OA}=\overline{OC}$이어야 하므로

$2x-4=x+1$ $\therefore x=5$ ······ 40%

$\overline{OB}=\overline{OD}$이어야 하므로

$x-1=y$ $\therefore y=5-1=4$ ······ 40%

$\therefore 2x-y=2\times5-4=6$ ······ 20%

답 6

0239

② $\overline{AD}=\overline{BC}=12\,(\text{cm})$

$\angle DAC=\angle ACB=40°$ (엇각)이므로 $\overline{AD}\,/\!/\,\overline{BC}$

따라서 □ABCD는 한 쌍의 대변이 평행하고 그 길이가 같으므로 평행사변형이다. **답** ②

0240

⑤ $\angle OBA=\angle ODC$, $\angle OAD=\angle OCB$이면 엇각의 크기가 같으므로 $\overline{AB}\,/\!/\,\overline{DC}$, $\overline{AD}\,/\!/\,\overline{BC}$

따라서 □ABCD는 두 쌍의 대변이 각각 평행하므로 평행사변형이다. **답** ⑤

0241

답 (가) $\overline{DF}$ (나) $\overline{AB}$ (다) $\overline{DC}$

0242

□ABCD가 평행사변형이므로 $\overline{OA}=\overline{OC}$, $\overline{OB}=\overline{OD}$ ······ ㉠

이때 $\overline{BE}=\overline{DF}$이므로

$\overline{OE}=\overline{OB}-\overline{BE}=\overline{OD}-\overline{DF}=\overline{OF}$ ······ ㉡

따라서 ㉠, ㉡에 의하여 □AECF는 두 대각선이 서로 다른 것을 이등분하므로 평행사변형이다. **답** ③

0243

④ $\overline{BF}$ **답** ④

0244

(1) □BFED에서 $\overline{CB}=\overline{CE}$, $\overline{CD}=\overline{CF}$ $\therefore$ ㄹ

(2) □ACED에서 $\overline{AD}\,/\!/\,\overline{CE}$, $\overline{AD}=\overline{BC}=\overline{CE}$ $\therefore$ ㅁ

(3) □ABFC에서 $\overline{AB}\,/\!/\,\overline{CF}$, $\overline{AB}=\overline{DC}=\overline{CF}$ $\therefore$ ㅁ

답 (1) ㄹ (2) ㅁ (3) ㅁ

0245

$\angle B=\angle D$이므로

$\angle EBF=\dfrac{1}{2}\angle B=\dfrac{1}{2}\angle D=\angle EDF$ (④) ······ ㉠

$\overline{AD}\,/\!/\,\overline{BC}$이므로

$\angle AEB=\angle EBF$ (엇각), $\angle EDF=\angle DFC$ (엇각)

$\therefore \angle AEB=\angle DFC$ (⑤)

$\angle DEB=180°-\angle AEB=180°-\angle DFC=\angle BFD$ ······ ㉡

㉠, ㉡에 의하여 □EBFD는 두 쌍의 대각의 크기가 각각 같으므로 평행사변형이다.

$\therefore \overline{BF}=\overline{ED}$ (③)

한편, $\angle ABE=\angle AEB$이므로 △ABE는 $\overline{AB}=\overline{AE}$ (①)인 이등변삼각형이다. **답** ②

0246

$\overline{OB}=\overline{OD}$ ······ ㉠

$\overline{OA}=\overline{OC}$이므로 $\overline{OE}=\dfrac{1}{2}\overline{OA}=\dfrac{1}{2}\overline{OC}=\overline{OF}$ (ㄱ) ······ ㉡

㉠, ㉡에 의하여 □EBFD는 두 대각선이 서로 다른 것을 이등분하므로 평행사변형이다.

$\therefore \angle OBE=\angle ODF$ (엇각) (ㄷ), $\angle ODE=\angle OBF$ (엇각) (ㄹ)

따라서 옳은 것은 ㄱ, ㄷ, ㄹ이다. **답** ④

0247

$\angle DAB+\angle B=180°$이므로 $\angle DAB=180°-60°=120°$

$\therefore \angle BAE=\angle FAE=\dfrac{1}{2}\times120°=60°$

$\overline{AD}\,/\!/\,\overline{BC}$이므로 $\angle BEA=\angle FAE=60°$ (엇각)

따라서 △ABE는 정삼각형이므로 $\overline{AE}=\overline{BE}=\overline{AB}=11\,(\text{cm})$

$\therefore \overline{EC}=\overline{BC}-\overline{BE}=14-11=3\,(\text{cm})$ ······ 40%

같은 방법으로 △CDF는 정삼각형이므로

$\angle FAE=\angle ECF=60°$, $\angle AEC=\angle AFC=120°$

따라서 □AECF는 두 쌍의 대각의 크기가 각각 같으므로 평행사변형이다. 즉, $\overline{AE}=\overline{FC}$, $\overline{AF}=\overline{EC}$ ······ 40%

$\therefore$ (□AECF의 둘레의 길이)$=2(\overline{AE}+\overline{EC})$

$=2\times(11+3)$

$=28\,(\text{cm})$ ······ 20%

답 28 cm

0248

$\triangle$ABE와 $\triangle$CDF에서

$\angle$AEB$=\angle$CFD$=90°$, $\overline{AB}=\overline{CD}$,

$\overline{AB}/\!\!/\overline{DC}$이므로 $\angle$ABE$=\angle$CDF (엇각)

$\therefore$ $\triangle$ABE$\equiv$$\triangle$CDF (RHA 합동) ⑤

$\therefore$ $\overline{AE}=\overline{CF}$ ① ...... ㉠

또, $\square$AECF에서 $\angle$AEF$=\angle$CFE$=90°$ (엇각)이므로

$\overline{AE}/\!\!/\overline{CF}$ ...... ㉡

㉠, ㉡에 의하여 $\square$AECF는 한 쌍의 대변이 평행하고 그 길이가 같으므로 평행사변형이다.

$\therefore$ $\angle$EAF$=\angle$FCE ④

한편, $\triangle$ABE$\equiv$$\triangle$CDF이므로 $\overline{BE}=\overline{DF}$ ③ **답** ②

0249

$\overline{OA}=\dfrac{1}{2}\overline{AC}=\dfrac{1}{2}\times16=8(cm)$

$\square$AODE는 $\overline{AO}/\!\!/\overline{ED}$이고 $\overline{AO}=\overline{OC}=\overline{ED}$이므로 평행사변형이다.

$\overline{AF}=\dfrac{1}{2}\overline{AD}=\dfrac{1}{2}\times14=7(cm)$

$\overline{OF}=\dfrac{1}{2}\overline{OE}=\dfrac{1}{2}\overline{DC}=\dfrac{1}{2}\times12=6(cm)$

$\therefore$ ($\triangle$AOF의 둘레의 길이)$=\overline{AO}+\overline{OF}+\overline{FA}$
$\qquad=8+6+7$
$\qquad=21(cm)$ **답** 21 cm

0250

$\triangle$ABO$=\dfrac{1}{4}\square$ABCD$=\dfrac{1}{4}\times36=9(cm^2)$ **답** 9 cm²

0251

$\square$ABCD$=4\triangle$DOC$=4\times5=20(cm^2)$ **답** 20 cm²

0252

$\triangle$POD와 $\triangle$QOB에서

$\overline{AD}/\!\!/\overline{BC}$이므로 $\angle$PDO$=\angle$QBO (엇각),

$\angle$POD$=\angle$QOB (맞꼭지각), $\overline{OD}=\overline{OB}$

$\therefore$ $\triangle$POD$\equiv$$\triangle$QOB (ASA 합동) 50%

$\triangle$OBC$=\triangle$QOB$+\triangle$OQC
$\qquad=\triangle$POD$+\triangle$OQC$=13(cm^2)$ 30%

$\therefore$ $\square$ABCD$=4\triangle$OBC$=4\times13=52(cm^2)$ 20%

답 52 cm²

0253

오른쪽 그림과 같이 $\overline{MN}$을 그으면 $\square$ABNM, $\square$MNCD는 각각 한 쌍의 대변이 평행하고 그 길이가 같으므로 평행사변형이다.

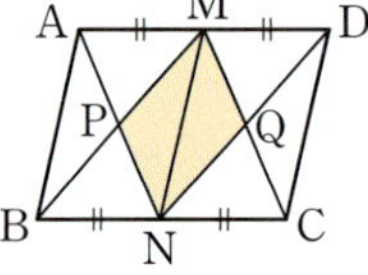

$\triangle$MPN$=\dfrac{1}{4}\square$ABNM, $\triangle$MNQ$=\dfrac{1}{4}\square$MNCD

$\therefore$ $\square$MPNQ$=\triangle$MPN$+\triangle$MNQ
$\qquad=\dfrac{1}{4}\square$ABNM$+\dfrac{1}{4}\square$MNCD
$\qquad=\dfrac{1}{4}\square$ABCD$=\dfrac{1}{4}\times48=12(cm^2)$ **답** 12 cm²

0254

$\triangle$PAB$+\triangle$PCD$=\dfrac{1}{2}\square$ABCD이므로

$14+8=\dfrac{1}{2}\square$ABCD

$\therefore$ $\square$ABCD$=44(cm^2)$ **답** 44 cm²

0255

$\triangle$PAB$+\triangle$PCD$=\triangle$PDA$+\triangle$PBC이므로

$\triangle$PAB$+6=4+9$ $\therefore$ $\triangle$PAB$=7(cm^2)$ **답** 7 cm²

0256

$\triangle$PAB$+\triangle$PCD$=\dfrac{1}{2}\square$ABCD이므로

$12+\triangle$PCD$=\dfrac{1}{2}\times8\times5$

$\therefore$ $\triangle$PCD$=8(cm^2)$ **답** 8 cm²

0257

$\triangle$PDA$+\triangle$PBC$=\dfrac{1}{2}\square$ABCD$=\dfrac{1}{2}\times56=28(cm^2)$이므로

$\triangle$PBC$=28\times\dfrac{2}{7}=8(cm^2)$ **답** 8 cm²

실력 콕콕 본문 | 49~51쪽

0258 60°	**0259** 96°	**0260** ②	**0261** 284°
0262 18	**0263** ③	**0264** ②	**0265** 56°
0266 55°	**0267** 50°	**0268** ①	**0269** 6 cm²
0270 ③	**0271** ⑤	**0272** ④	**0273** ④
0274 35°	**0275** 5초 후	**0276** ②	**0277** 40 cm²
0278 18 cm²	**0279** $(-1, 6)$, $(3, -2)$, $(7, 4)$		

0258

$\overline{AD}/\!\!/\overline{BC}$이므로 $\angle$ADB$=\angle$DBC$=27°$ (엇각)

$\triangle$AOD에서 $\angle x=33°+27°=60°$ **답** 60°

0259

$\overline{AB}\,/\!/\,\overline{DC}$이므로 ∠ABD=∠BDC=42° (엇각)

∠EDB=∠BDC=42° (접은 각)

따라서 △FBD에서 ∠AFE=180°−(42°+42°)=96°　　답 96°

0260

② ∠CDO　　답 ②

0261

∠A+∠B=180°이므로

∠x=180°−104°=76°

∠y=∠A=104°

$\overline{AD}\,/\!/\,\overline{BC}$이므로 ∠$z$=∠$y$=104° (동위각)

∴ ∠x+∠y+∠z=76°+104°+104°=284°　　답 284°

0262

$\overline{AD}\,/\!/\,\overline{BC}$이므로 ∠DAE=∠AEB (엇각)

∴ ∠AEB=∠BAE

△ABE는 이등변삼각형이므로 $\overline{BE}=\overline{AB}=12$

∴ $\overline{AD}=\overline{BC}=\overline{BE}+\overline{EC}=12+6=18$　　답 18

0263

△ABE와 △DFE에서

$\overline{AB}\,/\!/\,\overline{FC}$이므로 ∠BAE=∠FDE (엇각)

∠AEB=∠DEF (맞꼭지각), $\overline{AE}=\overline{DE}$

∴ △ABE≡△DFE (ASA 합동)

∴ $\overline{DF}=\overline{AB}=8$(cm)

또, $\overline{DC}=\overline{AB}=8$(cm)이므로

$\overline{CF}=\overline{CD}+\overline{DF}=8+8=16$(cm)　　답 ③

0264

△ABC는 이등변삼각형이므로 ∠B=∠C

$\overline{AC}\,/\!/\,\overline{QP}$이므로 ∠QPB=∠C (동위각)

즉, ∠B=∠QPB이므로 △QBP는 이등변삼각형이다.

∴ $\overline{QB}=\overline{QP}$

이때 □AQPR는 평행사변형이므로 $\overline{AQ}=\overline{RP}$, $\overline{AR}=\overline{QP}$

따라서 □AQPR의 둘레의 길이는

$2(\overline{AQ}+\overline{QP})=2(\overline{AQ}+\overline{QB})$

$\qquad\qquad\quad=2\overline{AB}$

$\qquad\qquad\quad=2\times10=20$(cm)　　답 ②

0265

∠B=∠D=68°

△ABE는 이등변삼각형이므로

∠AEB=$\frac{1}{2}\times(180°-68°)=56°$

이때 $\overline{AD}\,/\!/\,\overline{BC}$이므로 ∠DAE=∠AEB=56° (엇각)　　답 56°

0266

∠A+∠ABC=180°이므로 ∠ABC=180°−130°=50°

∴ ∠EBC=$\frac{1}{2}$∠ABC=$\frac{1}{2}\times50°=25°$

∠BCD=∠A=130°이므로 ∠ECB=130°−30°=100°

따라서 △EBC에서 ∠x=180°−(25°+100°)=55°　　답 55°

0267

△BED에서 $\overline{BE}=\overline{ED}$이므로 ∠EBD=∠EDB

$\overline{AD}\,/\!/\,\overline{BC}$이므로 ∠ADB=∠EBD (엇각)

∴ ∠ADB=∠BDE=∠EDC

이때 ∠A+∠ADC=180°이므로 ∠ADC=180°−105°=75°

∴ ∠ADB=∠BDE=∠EDC=$\frac{1}{3}\times75°=25°$

따라서 △ABD에서 ∠x=180°−(105°+25°)=50°　　답 50°

0268

(△OAB의 둘레의 길이)=$\overline{OA}+\overline{AB}+\overline{BO}$

$\qquad\qquad\qquad=\frac{1}{2}\overline{AC}+\overline{AB}+\frac{1}{2}\overline{BD}$

$\qquad\qquad\qquad=\overline{AB}+\frac{1}{2}(\overline{AC}+\overline{BD})$

$\qquad\qquad\qquad=9+\frac{1}{2}\times32=25$(cm)　　답 ①

0269

△AOP와 △COQ에서

$\overline{AD}\,/\!/\,\overline{BC}$이므로 ∠APO=∠CQO=90° (엇각)

∠AOP=∠COQ (맞꼭지각), $\overline{OA}=\overline{OC}$

∴ △AOP≡△COQ (RHA 합동)

따라서 $\overline{OQ}=\overline{OP}=3$(cm), $\overline{QC}=\overline{PA}=9-5=4$(cm)이므로

△OQC=$\frac{1}{2}\times4\times3=6$(cm²)　　답 6 cm²

0270

$\overline{AE}\,/\!/\,\overline{BC}$이므로 ∠DEB=∠EBC (엇각)

∴ ∠DBE=∠DEB

따라서 △DBE는 이등변삼각형이므로

$\overline{DE}=\overline{DB}=2\overline{OB}=2\times5=10$　　답 ③

0271

① ∠A=∠C, ∠B=∠D이므로 평행사변형이다.

② $\overline{AB}=\overline{DC}$, $\overline{AD}=\overline{BC}$이므로 평행사변형이다.

③ 두 대각선이 서로 다른 것을 이등분하므로 평행사변형이다.

④ ∠A+∠B=180°이므로 $\overline{AD}\,/\!/\,\overline{BC}$이고 $\overline{AB}\,/\!/\,\overline{DC}$이므로 평행사변형이다.　　답 ⑤

0272

ㄱ. 두 쌍의 대변의 길이가 각각 같으므로 평행사변형이다.

ㄴ. $\angle BAD \neq \angle BCD$이므로 평행사변형이 아니다.

ㄷ. 한 쌍의 대변이 평행하고 그 길이가 같으므로 평행사변형이다.

ㄹ. 두 쌍의 대변이 각각 평행하므로 평행사변형이다.

ㅁ. $\overline{OA} \neq \overline{OC}$, $\overline{OB} \neq \overline{OD}$이므로 평행사변형이 아니다.

따라서 □ABCD가 평행사변형이 아닌 것은 ㄴ, ㅁ이다. **답** ④

0273

④ $\overline{CF}$ **답** ④

0274

△ABE와 △CDF에서

$\angle BEA = \angle DFC = 90°$, $\overline{AB} = \overline{CD}$,

$\overline{AB} /\!/ \overline{DC}$이므로 $\angle BAE = \angle DCF$ (엇각)

∴ △ABE ≡ △CDF (RHA 합동)

∴ $\overline{BE} = \overline{DF}$ ...... ㉠

$\angle BEF = \angle DFE = 90°$ (엇각)이므로 $\overline{BE} /\!/ \overline{DF}$ ...... ㉡

㉠, ㉡에 의하여 □BFDE는 한 쌍의 대변이 평행하고 그 길이가 같으므로 평행사변형이다.

따라서 $\overline{ED} /\!/ \overline{BF}$이므로 $\angle BFE = \angle DEF = 55°$ (엇각)

△EBF에서 $\angle EBF = 180° - (90° + 55°) = 35°$ **답** 35°

0275

□APCQ는 $\overline{AP} /\!/ \overline{QC}$이므로 $\overline{AP} = \overline{QC}$이면 평행사변형이 된다.

x초 후에 평행사변형이 된다고 하면

$6x = 80 - 10x$, $16x = 80$ ∴ $x = 5$

□APCQ가 평행사변형이 되는 것은 두 점 P, Q가 출발한 지 5초 후이다. **답** 5초 후

0276

△DBE와 △ABC에서

$\overline{DB} = \overline{AB}$, $\overline{BE} = \overline{BC}$, $\angle DBE = 60° - \angle EBA = \angle ABC$

∴ △DBE ≡ △ABC (SAS 합동) ...... ㉠

같은 방법으로 △FEC ≡ △ABC (SAS 합동) ...... ㉡

㉠, ㉡에 의하여 △DBE ≡ △ABC ≡ △FEC (④)이므로

$\overline{AB} = \overline{FE}$ (①)

또, $\overline{DE} = \overline{AC} = \overline{AF}$, $\overline{EF} = \overline{BA} = \overline{DA}$이므로 □DAFE는 두 쌍의 대변의 길이가 각각 같다.

즉, □DAFE는 평행사변형 (⑤)이므로

$\angle EDA = \angle EFA$ (③) **답** ②

0277

$\overline{CB} = \overline{CE}$, $\overline{CD} = \overline{CF}$이므로 □BFED는 평행사변형이다.

∴ □BFED $= 4\triangle BCD$

$= 4 \times 2\triangle AOD$

$= 8\triangle AOD$

$= 8 \times 5 = 40(\mathrm{cm}^2)$ **답** 40 cm²

0278

$\triangle PDA + \triangle PBC = \dfrac{1}{2}$□ABCD

$= \dfrac{1}{2} \times 90$

$= 45(\mathrm{cm}^2)$

∴ $\triangle PBC = 45 \times \dfrac{2}{5} = 18(\mathrm{cm}^2)$ **답** 18 cm²

0279

두 쌍의 대변의 길이가 각각 같도록 한 점을 추가하여 평행사변형을 그리면 오른쪽 그림과 같다.

따라서 나머지 한 점의 좌표는 $(-1, 6)$, $(3, -2)$, $(7, 4)$이다.

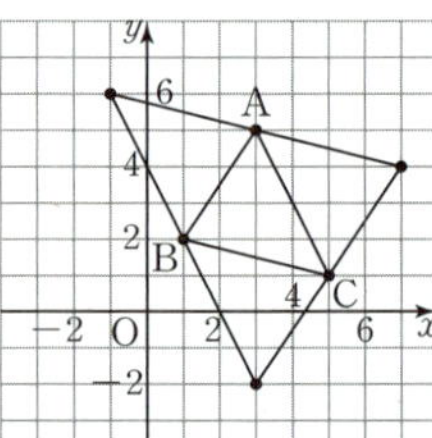

답 $(-1, 6)$, $(3, -2)$, $(7, 4)$

0280

단계 1 $\overline{AD} /\!/ \overline{BC}$이므로 $\angle DAE = \angle AEB$ (엇각)

∴ $\angle AEB = \angle EAB$

△ABE는 이등변삼각형이므로 $\overline{BE} = \overline{BA} = 9(\mathrm{cm})$

단계 2 $\overline{AD} /\!/ \overline{BC}$이므로 $\angle ADF = \angle DFC$ (엇각)

∴ $\angle DFC = \angle FDC$

△DFC는 이등변삼각형이므로 $\overline{CF} = \overline{CD} = 9(\mathrm{cm})$

단계 3 $\overline{BC} = \overline{BE} + \overline{CF} - \overline{EF}$이므로

$14 = 9 + 9 - \overline{EF}$ ∴ $\overline{EF} = 4(\mathrm{cm})$ **답** 4 cm

0281

$\overline{AD}\,/\!/\,\overline{BC}$이므로 $\angle DAE=\angle AEB$ (엇각)

$\therefore \angle AEB=\angle EAB$

$\triangle ABE$는 이등변삼각형이므로 $\overline{BE}=\overline{BA}=12\,(\text{cm})$ ······ 40%

$\overline{AD}\,/\!/\,\overline{BC}$이므로 $\angle ADF=\angle DFC$ (엇각)

$\therefore \angle DFC=\angle FDC$

$\triangle DFC$는 이등변삼각형이므로 $\overline{CF}=\overline{CD}=12\,(\text{cm})$ ······ 40%

따라서 $\overline{BC}=\overline{BE}+\overline{CF}-\overline{EF}$이므로

$15=12+12-\overline{EF}$　　$\therefore \overline{EF}=9\,(\text{cm})$ ······ 20%

답 9 cm

0282

단계 1 $\angle A+\angle B=180°$이므로

$\angle A=180°\times\dfrac{3}{5}=108°$, $\angle B=180°\times\dfrac{2}{5}=72°$

단계 2 $\angle C=\angle A=108°$, $\angle D=\angle B=72°$

단계 3 $\angle C-\angle D=108°-72°=36°$

답 36°

0283

$\angle B+\angle C=180°$이므로

$\angle B=180°\times\dfrac{1}{4}=45°$, $\angle C=180°\times\dfrac{3}{4}=135°$ ······ 50%

$\angle A=\angle C=135°$, $\angle D=\angle B=45°$ ······ 30%

$\therefore \angle A-\angle D=135°-45°=90°$ ······ 20%

답 90°

0284

단계 1 $\angle ABC=\angle D=70°$이므로

$\angle CBE=\dfrac{1}{2}\angle ABC=\dfrac{1}{2}\times70°=35°$

단계 2 $\triangle BCF$에서 $\angle BCF=180°-(90°+35°)=55°$

단계 3 $\angle BCD+\angle D=180°$이므로

$(55°+\angle DCF)+70°=180°$　　$\therefore \angle DCF=55°$

답 55°

0285

$\angle ADC=\angle B=80°$이므로

$\angle ADE=\dfrac{1}{2}\angle ADC=\dfrac{1}{2}\times80°=40°$ ······ 30%

$\triangle AFD$에서 $\angle DAF=180°-(90°+40°)=50°$ ······ 30%

$\angle DAB+\angle B=180°$이므로

$(50°+\angle BAF)+80°=180°$　　$\therefore \angle BAF=50°$ ······ 40%

답 50°

0286

단계 1 $\overline{AB}=\overline{DC}$이어야 하므로

$2x-3=x+7$　　$\therefore x=10$

단계 2 $\overline{AD}=\overline{BC}$이어야 하므로

$3y-4=y+12$, $2y=16$　　$\therefore y=8$

단계 3 $x+y=10+8=18$

답 18

0287

$\overline{AD}=\overline{BC}$이어야 하므로

$11=3x+2$, $-3x=-9$　　$\therefore x=3$ ······ 40%

$\overline{AB}=\overline{DC}$이어야 하므로

$x+4=y$　　$\therefore y=7$ ······ 40%

$\therefore x+y=3+7=10$ ······ 20%

답 10

0288

단계 1 $\triangle AOE$와 $\triangle COF$에서

$\overline{AD}\,/\!/\,\overline{BC}$이므로 $\angle OAE=\angle OCF$ (엇각)

$\angle AOE=\angle COF$ (맞꼭지각), $\overline{OA}=\overline{OC}$

$\therefore \triangle AOE\equiv\triangle COF$ (ASA 합동)

단계 2 $\triangle AOE+\triangle BFO=\triangle COF+\triangle BFO$

$=\triangle OBC$

$=\dfrac{1}{4}\square ABCD$

$=\dfrac{1}{4}\times64=16\,(\text{cm}^2)$

답 16 cm²

0289

$\triangle AEO$와 $\triangle CFO$에서

$\overline{AB}\,/\!/\,\overline{DC}$이므로 $\angle OAE=\angle OCF$ (엇각)

$\angle AOE=\angle COF$ (맞꼭지각), $\overline{OA}=\overline{OC}$

$\therefore \triangle AEO\equiv\triangle CFO$ (ASA 합동) ······ 50%

$\therefore \triangle EBO+\triangle CFO=\triangle EBO+\triangle AEO$

$=\triangle OAB$

$=\dfrac{1}{4}\square ABCD$

$=\dfrac{1}{4}\times80=20\,(\text{cm}^2)$ ······ 50%

답 20 cm²

0290

단계 1 $\triangle PAB+\triangle PCD=\dfrac{1}{2}\square ABCD=\dfrac{1}{2}\times34=17\,(\text{cm}^2)$

단계 2 $8+\triangle PCD=17$이므로 $\triangle PCD=9\,(\text{cm}^2)$

답 9 cm²

0291

$\triangle PDA+\triangle PBC=\dfrac{1}{2}\square ABCD$

$=\dfrac{1}{2}\times46=23\,(\text{cm}^2)$ ······ 50%

$10+\triangle PBC=23$이므로 $\triangle PBC=13\,(\text{cm}^2)$ ······ 50%

답 13 cm²

2 여러 가지 사각형

개념 콕콕   본문 | 55, 57쪽

0292

(1) $\overline{OD}=\overline{OB}=6(\mathrm{cm})$ $\therefore x=6$

    $\overline{BC}=\overline{AD}=8(\mathrm{cm})$ $\therefore y=8$

(2) $\overline{OA}=\overline{OC}=5(\mathrm{cm})$ $\therefore x=5$

    $\overline{BD}=\overline{AC}=10(\mathrm{cm})$ $\therefore y=10$

     답 (1) $x=6$, $y=8$ (2) $x=5$, $y=10$

0293

(1) $\triangle ABC$에서 $\angle x=180°-(90°+30°)=60°$

(2) $\triangle AOD$에서 $\overline{OA}=\overline{OD}$이므로 $\angle x=\angle OAD=35°$

    $\triangle ACD$에서 $\angle y=180°-(35°+90°)=55°$

     답 (1) $\angle x=60°$, $\angle y=90°$ (2) $\angle x=35°$, $\angle y=55°$

0294

(1) $\overline{DC}=\overline{AD}=7(\mathrm{cm})$ $\therefore x=7$

    $\overline{OA}=\overline{OC}=6(\mathrm{cm})$ $\therefore y=6$

(2) $\overline{BD}=2\overline{OD}=2\times 4=8(\mathrm{cm})$ $\therefore x=8$

    $\overline{BC}=\overline{AB}=5(\mathrm{cm})$ $\therefore y=5$

     답 (1) $x=7$, $y=6$ (2) $x=8$, $y=5$

0295

(1) $\angle ACB=\angle DAC=55°$ (엇각)

    $\triangle BCA$에서 $\overline{BA}=\overline{BC}$이므로 $\angle x=\angle BCA=55°$

    $\overline{AC}\perp\overline{BD}$이므로 $\angle y=90°$

(2) $\overline{AB}=\overline{AD}$이므로 $\angle x=\angle ADB=40°$

    $\triangle ABO$에서 $\angle y=180°-(40°+90°)=50°$

     답 (1) $\angle x=55°$, $\angle y=90°$ (2) $\angle x=40°$, $\angle y=50°$

0296

(1) $\overline{BC}=\overline{CD}=7(\mathrm{cm})$ $\therefore x=7$

(2) $\overline{OB}=\overline{OC}=\dfrac{1}{2}\overline{AC}=\dfrac{1}{2}\times 18=9(\mathrm{cm})$ $\therefore x=9$

     답 (1) 7 (2) 9

0297

(1) $\overline{AC}\perp\overline{BD}$이므로 $\angle x=90°$

(2) $\triangle DAC$는 $\angle ADC=90°$, $\overline{DA}=\overline{DC}$인 직각이등변삼각형이므로 $\angle y=45°$

     답 (1) 90° (2) 45°

0298

(1) $\overline{DC}=\overline{AB}=8(\mathrm{cm})$ $\therefore x=8$

(2) $\overline{AC}=\overline{BD}=4+3=7(\mathrm{cm})$ $\therefore x=7$

     답 (1) 8 (2) 7

0299

(1) $\angle A=\angle D=100°$이므로

    $\angle x+100°=180°$ $\therefore \angle x=80°$

(2) $\overline{AD}\,/\!/\,\overline{BC}$이므로 $\angle DBC=\angle ADB=35°$ (엇각)

    $\therefore \angle x=\angle ABC=40°+35°=75°$

     답 (1) 80° (2) 75°

0300

(2) 등변사다리꼴은 직사각형이 아니다.

     답 (1) ○ (2) × (3) ○ (4) ○

0301

(1) 평행사변형에서 한 내각의 크기가 90°이므로 직사각형이 된다.

(2) 평행사변형에서 이웃하는 두 변의 길이가 같으므로 마름모가 된다.

(3) $\overline{OB}=\overline{OC}$이므로 $\overline{BD}=\overline{AC}$

    따라서 평행사변형에서 두 대각선의 길이가 같으므로 직사각형이 된다.

(4) $\angle DOC=90°$이므로 $\overline{AC}\perp\overline{BD}$

    따라서 평행사변형에서 두 대각선이 서로 수직이므로 마름모가 된다.

(5) 평행사변형에서 이웃하는 두 변의 길이가 같고 한 내각의 크기가 90°이므로 정사각형이 된다.

     답 (1) 직사각형 (2) 마름모 (3) 직사각형 (4) 마름모 (5) 정사각형

0302

답

대각선의 성질 / 사각형	두 대각선이 서로 다른 것을 이등분한다.	두 대각선의 길이가 같다.	두 대각선이 서로 수직이다.
평행사변형	○	×	×
직사각형	○	○	×
마름모	○	×	○
정사각형	○	○	○
등변사다리꼴	×	○	×

0303

     답 (1) ㉠ (2) ㉢ (3) ㉡ (4) ㉣ (5) ㉠ (6) ㉢

0304

(1) $\overline{AD} /\!/ \overline{BC}$이므로 $\triangle ABC = \triangle DBC$

(2) $\overline{AD} /\!/ \overline{BC}$이므로 $\triangle ABD = \triangle ACD$

(3) $\triangle ABO = \triangle ABC - \triangle OBC = \triangle DBC - \triangle OBC = \triangle CDO$

답 (1) $\triangle DBC$ (2) $\triangle ACD$ (3) $\triangle CDO$

0305

(1) $\triangle ABP : \triangle APC = \overline{BP} : \overline{PC} = 1 : 2$

(2) $\triangle ABP = \dfrac{1}{3} \triangle ABC = \dfrac{1}{3} \times 15 = 5(\text{cm}^2)$

(3) $\triangle APC = \dfrac{2}{3} \triangle ABC = \dfrac{2}{3} \times 15 = 10(\text{cm}^2)$

답 (1) $1 : 2$ (2) $5\ \text{cm}^2$ (3) $10\ \text{cm}^2$

유형 콕콕

본문 | 58~68쪽

0306 90	**0307** 5	**0308** 14°	**0309** 57°
0310 ②, ⑤	**0311** ②, ④		
0312 (가) SSS (나) ∠DCB (다) ∠DAB		**0313** 44	
0314 ①, ②	**0315** ④	**0316** ⑤	**0317** ③
0318 58°	**0319** 32 cm	**0320** ②, ④	**0321** 10
0322 16 cm	**0323** 61	**0324** ④	**0325** ⑤
0326 ①	**0327** ③	**0328** ③	**0329** 90°
0330 ③	**0331** ⑤	**0332** ㄱ, ㄷ	**0333** ②, ③
0334 40°	**0335** 28°	**0336** 36°	**0337** ④
0338 ④	**0339** ③	**0340** ②	**0341** 12 cm
0342 14 cm	**0343** 32	**0344** 54 cm	**0345** ②, ④
0346 마름모	**0347** ②	**0348** ④	**0349** ②
0350 ②, ④	**0351** ⑤	**0352** 직사각형	**0353** ③
0354 ③, ⑤	**0355** ⑤	**0356** ①, ④	**0357** ⑤
0358 ②, ③	**0359** 직사각형	**0360** 24 cm	**0361** ⑤
0362 ②	**0363** 30 cm²	**0364** 15 cm²	**0365** 80 cm²
0366 ④	**0367** 9 cm²	**0368** 16 cm²	**0369** 12 cm²
0370 10 cm²	**0371** 24 cm²	**0372** 12 cm²	**0373** ②
0374 ④	**0375** 14 cm²	**0376** 10 cm²	**0377** ②
0378 6배	**0379** 30 cm²	**0380** ⑤	**0381** ④

0306

$\overline{BD} = \overline{AC} = 2\overline{OA} = 2 \times 5 = 10(\text{cm})$ $\therefore x = 10$

$\triangle ABO$에서 $\overline{OA} = \overline{OB}$이므로

$\angle AOB = 180° - (50° + 50°) = 80°$ $\therefore y = 80$

$\therefore x + y = 10 + 80 = 90$

답 90

0307

$\overline{OA} = \overline{OB}$이므로 $12 - x = x + 2$

$-2x = -10$ $\therefore x = 5$

답 5

0308

$\triangle OCD$에서 $\overline{OC} = \overline{OD}$이므로 $\angle ODC = \angle OCD = 52°$

$\therefore \angle x = 52°$

$\triangle DBC$에서 $\angle y = 180° - (52° + 90°) = 38°$

$\therefore \angle x - \angle y = 52° - 38° = 14°$

답 14°

0309

$\angle FAB = 90°$이므로 $\angle FAE = 90° - 24° = 66°$ ······ 30%

$\angle AEF = \angle FEC$ (접은 각), $\angle AFE = \angle FEC$ (엇각)이므로

$\angle AEF = \angle AFE$ ······ 50%

따라서 $\triangle AEF$에서

$\angle AFE = \dfrac{1}{2} \times (180° - 66°) = 57°$ ······ 20%

답 57°

0310

① 한 내각의 크기가 90°이므로 직사각형이 된다.

③ 두 대각선의 길이가 같으므로 직사각형이 된다.

④ $\overline{OB} = \overline{OC}$이면 $\overline{BD} = \overline{AC}$

　따라서 두 대각선의 길이가 같으므로 직사각형이 된다.

답 ②, ⑤

0311

② 두 대각선의 길이가 같으므로 직사각형이 된다.

④ 한 내각의 크기가 90°이므로 직사각형이 된다.

답 ②, ④

0312

답 (가) SSS (나) ∠DCB (다) ∠DAB

0313

$\overline{AD} = \overline{CD}$이므로 $13 - 2x = 5$

$-2x = -8$ $\therefore x = 4$

$\triangle ABD$는 $\overline{AB} = \overline{AD}$인 이등변삼각형이므로

$\angle ADB = \dfrac{1}{2} \times (180° - 100°) = 40°$ $\therefore y = 40$

$\therefore x + y = 4 + 40 = 44$

답 44

0314

①, ② 직사각형의 성질

답 ①, ②

0315

$\overline{OB} = \overline{OD}$이므로 $2x + 5 = 4x - 1$

$-2x = -6$ $\therefore x = 3$

$\angle BAC = \angle ACD = 52°$ (엇각)

∠BOA=90°이므로 △ABO에서
∠ABO=180°−(52°+90°)=38° ∴ $y=38$
∴ $y-x=38-3=35$ 답 ④

0316

∠AOD=90°이므로 △AOD=$\frac{1}{2}×4×6=12(cm^2)$
∴ □ABCD=4△AOD=4×12=48(cm^2) 답 ⑤

0317

△ABM≡△ACM이므로 $\overline{AB}=\overline{AC}$
□ABCD가 마름모이므로 $\overline{AB}=\overline{AD}=\overline{DC}$
따라서 $\overline{AC}=\overline{CD}=\overline{AD}$이므로 △ACD는 정삼각형이다.
∴ ∠D=60° 답 ③

0318

△BCD는 $\overline{CB}=\overline{CD}$인 이등변삼각형이므로
∠CBD=$\frac{1}{2}×(180°-116°)=32°$ ······ 40%
△PBH에서 ∠BPH=180°−(32°+90°)=58° ······ 40%
∴ ∠APD=∠BPH=58° (맞꼭지각) ······ 20%
답 58°

0319

∠BOC=90°이므로 △BCO에서
∠BCO=180°−(30°+90°)=60°
△ABC는 $\overline{BA}=\overline{BC}$인 이등변삼각형이므로
∠BAC=∠BCA=60°
즉, △ABC는 정삼각형이므로
$\overline{AB}=\overline{AC}=2\overline{OA}=2×4=8(cm)$
따라서 □ABCD의 둘레의 길이는 4×8=32(cm) 답 32 cm

0320

① 이웃하는 두 변의 길이가 같으므로 마름모가 된다.
③ 두 대각선이 서로 수직이므로 마름모가 된다.
⑤ △ABC에서 ∠BAC=∠BCA이면 $\overline{BA}=\overline{BC}$
   따라서 이웃하는 두 변의 길이가 같으므로 마름모가 된다.
답 ②, ④

0321

평행사변형 ABCD가 마름모가 되려면
$\overline{AB}=\overline{AD}=\overline{DC}$이어야 한다.
$\overline{AB}=\overline{DC}$에서 $x+6=4y+2$ ······ ㉠
$\overline{AB}=\overline{AD}$에서 $x+6=3x-y$ ······ ㉡
㉠, ㉡을 연립하여 풀면 $x=4$, $y=2$
∴ $2x+y=2×4+2=10$ 답 10

0322

$\overline{AD}\parallel\overline{BC}$이므로 ∠ADB=∠DBC (엇각)
∴ ∠ABD=∠ADB
즉, △ABD는 이등변삼각형이므로 $\overline{AB}=\overline{AD}$
따라서 □ABCD는 이웃하는 두 변의 길이가 같은 평행사변형이므로 마름모이다.
∴ (□ABCD의 둘레의 길이)=4×4=16(cm) 답 16 cm

0323

$\overline{AD}\parallel\overline{BC}$이므로 ∠ADB=∠DBC=36° (엇각)
△AOD에서 ∠AOD=180°−(36°+54°)=90° ······ 20%
즉, □ABCD는 두 대각선이 서로 수직인 평행사변형이므로 마름모이다. ······ 20%
따라서 △ACD는 $\overline{DA}=\overline{DC}$인 이등변삼각형이므로
∠DCA=∠DAC=54° ∴ $x=54$ ······ 20%
$\overline{CD}=\overline{BC}=7(cm)$이므로 $y=7$ ······ 20%
∴ $x+y=54+7=61$ ······ 20%
답 61

0324

△ABP와 △ADP에서
$\overline{AB}=\overline{AD}$, ∠BAP=∠DAP=45°, $\overline{AP}$는 공통
따라서 △ABP≡△ADP (SAS 합동)이므로
∠APD=∠APB=98°
△APD에서 ∠ADP=180°−(98°+45°)=37°
∴ ∠PDC=90°−37°=53° 답 ④

0325

$\overline{BD}=\overline{AC}=2\overline{OA}=2×6=12(cm)$ ∴ $x=12$
∠AOB=90° ∴ $y=90$
∴ $y-x=90-12=78$ 답 ⑤

0326

$\overline{BO}=\frac{1}{2}\overline{BD}=\frac{1}{2}\overline{AC}=\frac{1}{2}×10=5(cm)$이고
∠AOB=90°이므로
□ABCD=2△ABC=2×$\left(\frac{1}{2}×10×5\right)=50(cm^2)$ 답 ①

0327

③ $\overline{OA}=\overline{OB}=\overline{OC}=\overline{OD}$, $\overline{AB}=\overline{BC}=\overline{CD}=\overline{DA}$ 답 ③

0328

△ADE에서 ∠EAD=180°−2×70°=40°
∠DAB=90°이므로 ∠EAB=40°+90°=130°
$\overline{AB}=\overline{AD}=\overline{AE}$이므로
△ABE에서 ∠ABE=$\frac{1}{2}×(180°-130°)=25°$ 답 ③

0329

$\triangle ABE$와 $\triangle BCF$에서

$\overline{AB}=\overline{BC}$, $\overline{BE}=\overline{CF}$, $\angle ABE=\angle BCF=90°$

따라서 $\triangle ABE\equiv\triangle BCF$ (SAS 합동)이므로

$\angle BAE=\angle CBF$ 40%

$\triangle ABE$에서 $\angle BAE+\angle BEA=90°$이므로

$\angle CBF+\angle BEA=90°$ 25%

$\triangle BEP$에서

$\angle BPE=180°-(\angle CBF+\angle BEA)$

$\quad\quad\quad=180°-90°=90°$ 25%

$\therefore \angle APF=\angle BPE=90°$ (맞꼭지각) 10%

답 90°

0330

$\triangle APD$는 정삼각형이므로 $\angle PAD=60°$

$\therefore \angle PAB=90°-60°=30°$

$\triangle PAB$에서 $\overline{AP}=\overline{AB}$이므로

$\angle APB=\dfrac{1}{2}\times(180°-30°)=75°$

같은 방법으로 $\angle DPC=75°$

$\therefore \angle BPC=360°-(75°+75°+60°)=150°$

답 ③

0331

①, ③ 평행사변형이 마름모가 되는 조건

②, ④ 평행사변형이 직사각형이 되는 조건

답 ⑤

0332

ㄴ. 직사각형의 성질　　ㄹ. 맞꼭지각

답 ㄱ, ㄷ

0333

①, ⑤ 마름모의 성질　　④ 엇각

답 ②, ③

0334

$\overline{AD}\,/\!/\,\overline{BC}$이므로 $\angle ACB=\angle DAC$ (엇각)

이때 $\overline{AD}=\overline{DC}$이므로 $\angle DAC=\angle ACD$

$\therefore \angle ACB=\angle ACD$

$\angle DCB=\angle B=80°$이므로

$2\angle ACD=80°$　　$\therefore \angle ACD=40°$

답 40°

0335

$\angle ABC=\angle C=65°$이므로 $37°+\angle DBC=65°$

$\therefore \angle DBC=28°$

답 28°

0336

$\triangle ABC\equiv\triangle DCB$ (SAS 합동)이므로

$\angle ACB=\angle DBC=36°$

이때 □ACED가 평행사변형이므로

$\angle x=\angle ACB=36°$ (동위각)

답 36°

0337

② $\triangle ABC\equiv\triangle DCB$ (SAS 합동)이므로 $\angle ACB=\angle DBC$

　즉, $\triangle OBC$는 $\overline{OB}=\overline{OC}$인 이등변삼각형이고 $\overline{AC}=\overline{BD}$이므로

　$\overline{OA}=\overline{AC}-\overline{OC}=\overline{BD}-\overline{OB}=\overline{OD}$

④ $\angle ABC=\angle DCB$, $\angle OBC=\angle OCB$이므로

　$\angle ABO=\angle ABC-\angle OBC$

$\quad\quad\quad=\angle DCB-\angle OCB$

$\quad\quad\quad=\angle DCO$

⑤ $\triangle ABD\equiv\triangle DCA$ (SSS 합동)이므로

　$\angle BAD=\angle CDA$

답 ④

0338

$\overline{AC}=\overline{BD}$이므로 $4x-7=2x+3$

$2x=10$　　$\therefore x=5$

$\therefore \overline{BC}=3x+4=3\times5+4=19$

답 ④

0339

③ $\overline{BC}$

답 ③

0340

$\overline{AD}\,/\!/\,\overline{BC}$이므로 $\angle DAB+\angle B=180°$

$(\angle x+34°)+68°=180°$　　$\therefore \angle x=78°$

$\angle ACB=\angle DAC=34°$ (엇각)

$\angle B=\angle DCB$이므로 $68°=\angle y+34°$　　$\therefore \angle y=34°$

$\therefore \angle x+\angle y=78°+34°=112°$

답 ②

0341

오른쪽 그림과 같이 $\overline{AB}\,/\!/\,\overline{DE}$가 되도록 $\overline{BC}$ 위에 점 E를 잡으면 □ABED는 평행사변형이므로

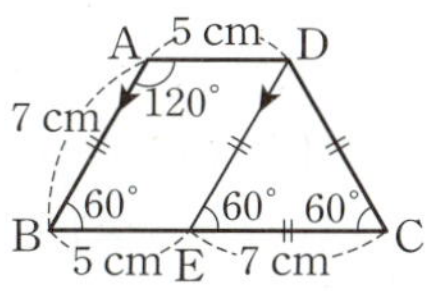

$\overline{BE}=\overline{AD}=5\,(cm)$

$\angle C=\angle B=60°$이고 $\overline{AB}\,/\!/\,\overline{DE}$이므로

$\angle DEC=\angle B=60°$ (동위각)

즉, $\triangle DEC$는 정삼각형이므로

$\overline{EC}=\overline{DC}=\overline{AB}=7\,(cm)$

$\therefore \overline{BC}=\overline{BE}+\overline{EC}=5+7=12\,(cm)$

답 12 cm

0342

오른쪽 그림과 같이 꼭짓점 D에서 $\overline{BC}$에 내린 수선의 발을 I라고 하면

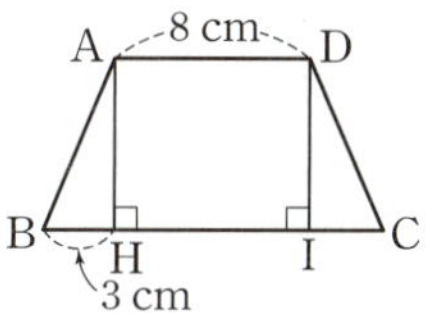

$\triangle ABH\equiv\triangle DCI$ (RHA 합동)이므로

$\overline{CI}=\overline{BH}=3\,(cm)$

$\overline{HI}=\overline{AD}=8\,(cm)$이므로

$\overline{BC}=\overline{BH}+\overline{HI}+\overline{IC}$

$\quad\quad=3+8+3$

$\quad\quad=14\,(cm)$

답 14 cm

0343

오른쪽 그림과 같이 꼭짓점 D에서 $\overline{BC}$ 에 내린 수선의 발을 F라고 하면
$\overline{EF}=\overline{AD}=7(cm)$
$\triangle ABE \equiv \triangle DCF$ (RHA 합동)이므로

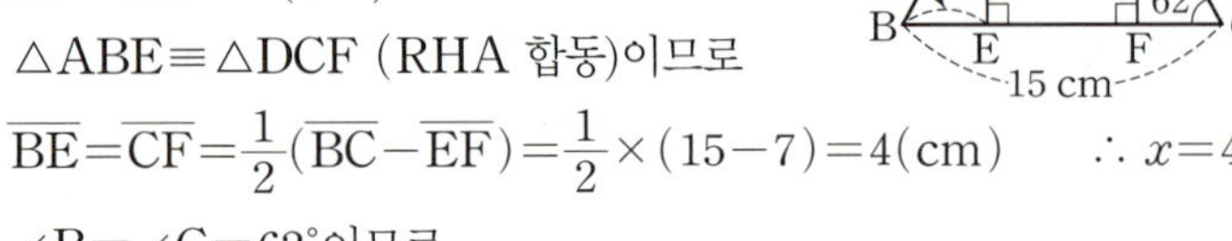

$\overline{BE}=\overline{CF}=\dfrac{1}{2}(\overline{BC}-\overline{EF})=\dfrac{1}{2}\times(15-7)=4(cm)$ ∴ $x=4$

$\angle B=\angle C=62°$이므로

$\triangle ABE$에서 $\angle BAE=180°-(62°+90°)=28°$ ∴ $y=28$

∴ $x+y=4+28=32$ 　　　　답 32

0344

오른쪽 그림과 같이 $\overline{AE}/\!/\overline{DC}$가 되도록 $\overline{BC}$ 위에 점 E를 잡으면 □AECD는 평행사변형이므로
$\overline{EC}=\overline{AD}=9(cm)$ ……30%

$\angle C=\angle B=60°$이고
$\overline{AE}/\!/\overline{DC}$이므로 $\angle AEB=\angle C=60°$ (동위각)
즉, $\triangle ABE$는 정삼각형이므로 $\overline{BE}=\overline{AB}=12(cm)$ ……40%
이때 $\overline{DC}=\overline{AB}=12(cm)$이므로
(□ABCD의 둘레의 길이)$=\overline{AB}+\overline{BC}+\overline{CD}+\overline{DA}$
$=12+(12+9)+12+9$
$=54(cm)$ ……30%

답 54 cm

0345

$\angle DAB+\angle ABC=180°$이므로
$\angle EAB+\angle EBA=90°$
$\triangle ABE$에서
$\angle AEB=180°-(\angle EAB+\angle EBA)=180°-90°=90°$
∴ $\angle HEF=\angle AEB=90°$ (맞꼭지각)
같은 방법으로 $\angle EFG=\angle FGH=\angle GHE=90°$
따라서 □EFGH는 직사각형이다. 　　답 ②, ④

0346

$\triangle ABP$와 $\triangle ADQ$에서
$\overline{AP}=\overline{AQ}$, $\angle APB=\angle AQD=90°$,
$\angle BAP=90°-\angle ABP=90°-\angle ADQ=\angle DAQ$이므로
$\triangle ABP \equiv \triangle ADQ$ (ASA 합동)
∴ $\overline{AB}=\overline{AD}$
따라서 □ABCD는 이웃하는 두 변의 길이가 같은 평행사변형이므로 마름모이다. 　　답 마름모

0347

$\triangle EOD$와 $\triangle FOB$에서
$\angle EOD=\angle FOB=90°$, $\overline{OD}=\overline{OB}$,

$\overline{AD}/\!/\overline{BC}$이므로 $\angle ODE=\angle OBF$ (엇각)
따라서 $\triangle EOD \equiv \triangle FOB$ (ASA 합동)이므로
$\overline{OE}=\overline{OF}$, $\overline{ED}=\overline{FB}$
즉, □EBFD는 $\overline{ED}/\!/\overline{BF}$, $\overline{ED}=\overline{BF}$이므로 평행사변형이고, 이때 두 대각선이 서로 수직이므로 마름모이다.
따라서 □EBFD의 둘레의 길이는 $4\times4=16(cm)$ 　　답 ②

0348

④ 이웃하는 두 내각의 크기가 같은 평행사변형은 직사각형이다.
답 ④

0349

① 다른 한 쌍의 대변이 평행하다.
②, ⑤ 한 내각의 크기가 90°이거나 두 대각선의 길이가 같다.
③, ④ 이웃하는 두 변의 길이가 같거나 두 대각선이 서로 수직이다.
따라서 바르게 짝 지어진 것은 ②이다. 　　답 ②

0350

② 평행사변형 중에는 마름모가 아닌 것도 있다.
④ 직사각형 중에는 정사각형이 아닌 것도 있다. 　　답 ②, ④

0351

ㄱ. $\overline{AB}=\overline{AD}$이면 □ABCD는 마름모이다.
ㄴ. $\overline{AC}=\overline{BD}$이면 □ABCD는 직사각형이다. 　　답 ⑤

0352

$\overline{AB}/\!/\overline{DC}$, $\overline{AB}=\overline{DC}$에서 □ABCD는 한 쌍의 대변이 평행하고 그 길이가 같으므로 평행사변형이다.
또, $\overline{AC}=\overline{BD}$에서 □ABCD는 두 대각선의 길이가 같은 평행사변형이므로 직사각형이다. 　　답 직사각형

0353

두 대각선이 서로 다른 것을 이등분하는 것은 ㄷ, ㄹ, ㅁ, ㅂ의 4개이다. 　　답 ③

0354

답 ③, ⑤

0355

답 ⑤

0356

마름모의 각 변의 중점을 연결하여 만든 사각형은 직사각형이다.
답 ①, ④

0357

⑤ 정사각형의 각 변의 중점을 연결하여 만든 사각형은 정사각형이다.

답 ⑤

0358

직사각형의 각 변의 중점을 연결하여 만든 사각형은 마름모이다.

답 ②, ③

0359

두 대각선이 서로 수직인 평행사변형은 마름모이고 마름모의 각 변의 중점을 연결하여 만든 사각형은 직사각형이다.　답 직사각형

0360

등변사다리꼴 ABCD의 각 변의 중점을 연결하여 만든 □EFGH는 마름모이다.　……60%

따라서 □EFGH의 둘레의 길이는 $4 \times 6 = 24$(cm)　……40%

답 24 cm

0361

정사각형 ABCD의 각 변의 중점을 연결하여 만든 □EFGH는 정사각형이다.

$$\therefore \square ABCD = 2 \square EFGH$$
$$= 2 \times (8 \times 8)$$
$$= 128 (\text{cm}^2)$$

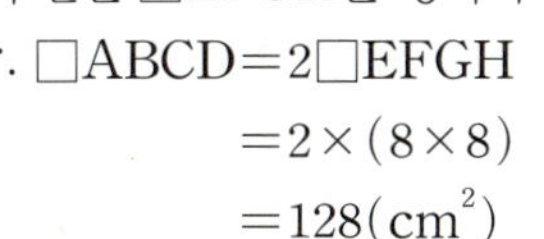

답 ⑤

0362

□EFGH는 평행사변형이므로

$\angle HEF = 180° - 105° = 75°$　　$\therefore x = 75$

$\overline{HG} = \overline{EF} = 5$(cm)　　$\therefore y = 5$

$\therefore x + y = 75 + 5 = 80$

답 ②

0363

$$\square ABCD = \triangle ABC + \triangle ACD$$
$$= \triangle ABC + \triangle ACE$$
$$= \triangle ABE$$
$$= \frac{1}{2} \times (8 + 4) \times 5 = 30 (\text{cm}^2)$$

답 30 cm²

0364

$\triangle ACE = \triangle ABE - \triangle ABC = 40 - 25 = 15 (\text{cm}^2)$

이때 $\overline{AC} /\!/ \overline{DE}$이므로 $\triangle ACD = \triangle ACE = 15 (\text{cm}^2)$

답 15 cm²

0365

$$\square ABCD = \triangle ABD + \triangle DBC$$
$$= \triangle DEB + \triangle DBC$$
$$= \triangle DEC$$
$$= \frac{1}{2} \times (10 + 10) \times 8 = 80 (\text{cm}^2)$$

답 80 cm²

0366

①, ② $\overline{AC} /\!/ \overline{DE}$이므로 $\triangle ACD = \triangle ACE$, $\triangle DAE = \triangle DCE$

③ $\triangle ODA = \triangle ACD - \triangle OAC = \triangle ACE - \triangle OAC = \triangle OCE$

⑤
$$\square ABCD = \triangle ABC + \triangle ACD$$
$$= \triangle ABC + \triangle ACE$$
$$= \triangle ABE$$

답 ④

0367

$\overline{BM} = \overline{CM}$이므로

$$\triangle AMC = \frac{1}{2} \triangle ABC = \frac{1}{2} \times 54 = 27 (\text{cm}^2)$$

$\overline{AP} : \overline{PM} = 1 : 2$이므로 $\triangle APC : \triangle PMC = 1 : 2$

$$\therefore \triangle APC = \frac{1}{3} \triangle AMC = \frac{1}{3} \times 27 = 9 (\text{cm}^2)$$

답 9 cm²

0368

$\overline{AM} = \overline{CM}$이므로

$$\triangle APC = 2 \triangle APM = 2 \times 6 = 12 (\text{cm}^2)$$

$\overline{BP} : \overline{PC} = 1 : 3$이므로 $\triangle ABP : \triangle APC = 1 : 3$

$$\therefore \triangle ABC = \frac{4}{3} \triangle APC = \frac{4}{3} \times 12 = 16 (\text{cm}^2)$$

답 16 cm²

0369

$\overline{BP} : \overline{PC} = 2 : 3$이므로 $\triangle ABP : \triangle APC = 2 : 3$

$$\therefore \triangle APC = \frac{3}{5} \triangle ABC = \frac{3}{5} \times 30 = 18 (\text{cm}^2)$$　……50%

$\overline{AQ} : \overline{QC} = 2 : 1$이므로 $\triangle APQ : \triangle QPC = 2 : 1$

$$\therefore \triangle APQ = \frac{2}{3} \triangle APC = \frac{2}{3} \times 18 = 12 (\text{cm}^2)$$　……50%

답 12 cm²

0370

$\overline{BP} : \overline{PE} = 2 : 5$이므로 $\triangle ABP : \triangle APE = 2 : 5$

$4 : \triangle APE = 2 : 5$　　$\therefore \triangle APE = 10 (\text{cm}^2)$

또, $\overline{AC} /\!/ \overline{DE}$이므로 $\triangle ACD = \triangle ACE$

$$\therefore \square APCD = \triangle APC + \triangle ACD$$
$$= \triangle APC + \triangle ACE$$
$$= \triangle APE = 10 (\text{cm}^2)$$

답 10 cm²

0371

오른쪽 그림과 같이 $\overline{BD}$를 그으면

$$\triangle ABD = \frac{1}{2} \square ABCD = \frac{1}{2} \times 64 = 32 (\text{cm}^2)$$

$\overline{AP} : \overline{PD} = 3 : 1$이므로

$$\triangle ABP = \frac{3}{4} \triangle ABD$$
$$= \frac{3}{4} \times 32 = 24 (\text{cm}^2)$$

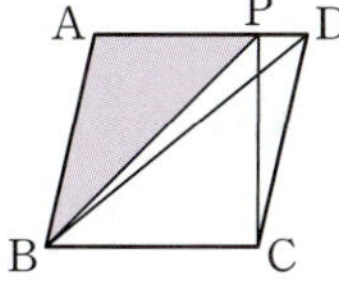

답 24 cm²

0372

$\triangle ACD = \dfrac{1}{2}\square ABCD = \dfrac{1}{2} \times 60 = 30 (cm^2)$

$\overline{AP} : \overline{PC} = 3 : 2$이므로

$\triangle PCD = \dfrac{2}{5}\triangle ACD = \dfrac{2}{5} \times 30 = 12 (cm^2)$

답 $12\ cm^2$

0373

오른쪽 그림과 같이 $\overline{BD}$를 그으면

$\overline{AP} : \overline{PD} = 3 : 4$이므로

$\triangle ABP : \triangle PCD = 3 : 4$

$9 : \triangle PCD = 3 : 4$

$\therefore \triangle PCD = 12 (cm^2)$

$\triangle ABD = \triangle ABP + \triangle PBD$

$\qquad = \triangle ABP + \triangle PCD$

$\qquad = 9 + 12 = 21 (cm^2)$

$\therefore \square ABCD = 2\triangle ABD = 2 \times 21 = 42 (cm^2)$

답 ②

0374

$\overline{AD} /\!/ \overline{BC}$이므로 $\triangle ABE = \triangle ACE$

$\overline{AC} /\!/ \overline{EF}$이므로 $\triangle ACE = \triangle ACF$

$\overline{AB} /\!/ \overline{DC}$이므로 $\triangle ACF = \triangle BCF$

$\therefore \triangle ABE = \triangle ACE = \triangle ACF = \triangle BCF$

답 ④

0375

$\triangle AMN = \dfrac{1}{3}\triangle ABD = \dfrac{1}{3} \times \dfrac{1}{2}\square ABCD$

$\qquad = \dfrac{1}{6}\square ABCD = \dfrac{1}{6} \times 42 = 7 (cm^2)$ ······ 40%

같은 방법으로 $\triangle MCN = 7 (cm^2)$ ······ 40%

$\therefore \square AMCN = \triangle AMN + \triangle MCN$

$\qquad\qquad = 7 + 7 = 14 (cm^2)$ ······ 20%

답 $14\ cm^2$

0376

$\overline{BE} : \overline{EC} = 2 : 1$이므로

$\triangle BED = \dfrac{2}{3}\triangle BCD = \dfrac{2}{3} \times \dfrac{1}{2}\square ABCD$

$\qquad = \dfrac{1}{3}\square ABCD = \dfrac{1}{3} \times 30 = 10 (cm^2)$

$\overline{BD} /\!/ \overline{EF}$이므로 $\triangle BFD = \triangle BED = 10 (cm^2)$

답 $10\ cm^2$

0377

$\overline{AN} : \overline{NM} = 2 : 1$이므로

$\triangle AND = \dfrac{2}{3}\triangle AMD = \dfrac{2}{3} \times \dfrac{1}{2}\triangle ACD = \dfrac{1}{3}\triangle ACD$

$\qquad = \dfrac{1}{3} \times \dfrac{1}{2}\square ABCD = \dfrac{1}{6}\square ABCD = \dfrac{1}{6} \times 36 = 6 (cm^2)$

$\triangle AOD = \dfrac{1}{4}\square ABCD = \dfrac{1}{4} \times 36 = 9 (cm^2)$

$\therefore \triangle AON = \triangle AOD - \triangle AND = 9 - 6 = 3 (cm^2)$

답 ②

0378

오른쪽 그림과 같이 $\overline{BD}$를 긋고

$\triangle ABE = 2k$, $\triangle AED = 3k$라고 하면

$\triangle DBE = \triangle ABE = 2k$이므로

$\triangle DEC = \triangle DBC - \triangle DBE$

$\qquad = \triangle AED - \triangle DBE$

$\qquad = 3k - 2k = k\ (\because \triangle DBC = \triangle DBA = \triangle AED)$

따라서 $\square ABCD = \triangle ABE + \triangle AED + \triangle DEC$

$\qquad\qquad = 2k + 3k + k = 6k$이므로

$\square ABCD$의 넓이는 $\triangle DEC$의 넓이의 6배이다.

답 6배

0379

$\overline{AD} /\!/ \overline{BC}$이므로 $\triangle ABC = \triangle DBC$

$\triangle OAB = \triangle ABC - \triangle OBC$

$\qquad = \triangle DBC - \triangle OBC$

$\qquad = \triangle OCD = 15 (cm^2)$

$\overline{OA} : \overline{OC} = 1 : 2$이므로 $\triangle OAB : \triangle OBC = 1 : 2$

$15 : \triangle OBC = 1 : 2$

$\therefore \triangle OBC = 30 (cm^2)$

답 $30\ cm^2$

0380

$\overline{AD} /\!/ \overline{BC}$이므로 $\triangle ABD = \triangle ACD$

$\therefore \triangle DOC = \triangle ACD - \triangle AOD$

$\qquad = \triangle ABD - \triangle AOD$

$\qquad = 40 - 16 = 24 (cm^2)$

답 ⑤

0381

$\overline{OB} : \overline{OD} = 3 : 2$이므로 $\triangle OBC : \triangle OCD = 3 : 2$

$45 : \triangle OCD = 3 : 2 \qquad \therefore \triangle OCD = 30 (cm^2)$

$\overline{AD} /\!/ \overline{BC}$이므로

$\triangle ABC = \triangle DBC = \triangle OBC + \triangle OCD$

$\qquad = 45 + 30 = 75 (cm^2)$

답 ④

실력 콕콕 　　　　본문 | 69~71쪽

0382 22	**0383** 120°	**0384** ②	**0385** ①, ③
0386 ②	**0387** 57°	**0388** ②	**0389** 90°
0390 ④	**0391** 30°	**0392** 45°	**0393** ③
0394 66°	**0395** ③	**0396** 마름모	**0397** ①, ④
0398 ④	**0399** ①	**0400** 12 cm²	**0401** 30 cm²
0402 ②, ④	**0403** 16 cm²	**0404** 풀이 참조	

0382

$\overline{OA}=\overline{OC}$이므로 $4x-5=2x+3$

$2x=8$ $\therefore x=4$

$\therefore \overline{BD}=\overline{AC}=\overline{OA}+\overline{OC}=(4x-5)+(2x+3)$

$\qquad =6x-2=6\times4-2=22$　　　**目** 22

0383

$\triangle AEC$에서 $\overline{EA}=\overline{EC}$이므로 $\angle EAC=\angle ECA$

$\overline{AD}\,/\!/\,\overline{BC}$이므로 $\angle DAC=\angle ECA$ (엇각)

$\therefore \angle ECA=\angle EAC=\dfrac{1}{3}\angle DAB=\dfrac{1}{3}\times90°=30°$

따라서 $\triangle AEC$에서 $\angle AEC=180°-2\times30°=120°$　　**目** 120°

0384

$\angle GDE=90°$이므로 $\angle FDE=90°-32°=58°$

$\angle FEB=\angle FED$ (접은 각), $\angle DFE=\angle FEB$ (엇각)이므로

$\angle FED=\angle DFE$

따라서 $\triangle DFE$는 $\overline{DF}=\overline{DE}$인 이등변삼각형이므로

$\angle FED=\dfrac{1}{2}\times(180°-58°)=61°$　　**目** ②

0385

②, ④ 평행사변형이 마름모가 되는 조건

⑤ 평행사변형의 성질　　**目** ①, ③

0386

② 직사각형의 성질　　**目** ②

0387

$\triangle ABP$와 $\triangle ADQ$에서

$\angle APB=\angle AQD=90°$, $\overline{AB}=\overline{AD}$, $\angle B=\angle D$

따라서 $\triangle ABP\equiv\triangle ADQ$ (RHA 합동)이므로 $\overline{AP}=\overline{AQ}$

$\triangle AQD$에서 $\angle QAD=180°-(66°+90°)=24°$

$\therefore \angle PAB=\angle QAD=24°$

$\angle BAD=180°-66°=114°$이므로

$\angle PAQ=114°-(24°+24°)=66°$

따라서 $\triangle APQ$에서 $\angle APQ=\dfrac{1}{2}\times(180°-66°)=57°$　　**目** 57°

0388

$\overline{AB}\,/\!/\,\overline{DC}$이므로 $\angle ABD=\angle BDC=28°$ (엇각)

$\triangle ABO$에서 $\angle BOA=180°-(28°+62°)=90°$

즉, $\square ABCD$는 두 대각선이 서로 수직인 평행사변형이므로 마름모이다.

따라서 $\triangle ABC$는 $\overline{BA}=\overline{BC}$인 이등변삼각형이므로

$\angle ACB=\angle BAC=62°$　　**目** ②

0389

$\triangle ABP$와 $\triangle DFP$에서

$\overline{AB}=\overline{DF}$, $\angle BAP=\angle FDP$ (엇각), $\angle ABP=\angle DFP$ (엇각)

따라서 $\triangle ABP\equiv\triangle DFP$ (ASA 합동)이므로 $\overline{AP}=\overline{DP}$

$\triangle ABQ$와 $\triangle ECQ$에서

$\overline{AB}=\overline{EC}$, $\angle ABQ=\angle ECQ$ (엇각), $\angle BAQ=\angle CEQ$ (엇각)

따라서 $\triangle ABQ\equiv\triangle ECQ$ (ASA 합동)이므로 $\overline{BQ}=\overline{CQ}$

즉, $\overline{AP}=\dfrac{1}{2}\overline{AD}=\dfrac{1}{2}\overline{BC}=\overline{BQ}$, $\overline{AP}\,/\!/\,\overline{BQ}$이므로

$\square ABQP$는 평행사변형이다.

이때 $\overline{AB}=\dfrac{1}{2}\overline{AD}=\overline{AP}$이므로 $\square ABQP$는 마름모이다.

$\therefore \angle POQ=90°$　　**目** 90°

0390

$\overline{OD}=\overline{OC}=\dfrac{1}{2}\overline{AC}=\dfrac{1}{2}\times16=8\,(\mathrm{cm})$

따라서 $\angle DOC=90°$이므로

$\triangle OCD=\dfrac{1}{2}\times8\times8=32\,(\mathrm{cm}^2)$　　**目** ④

0391

$\triangle AED$와 $\triangle CED$에서

$\overline{AD}=\overline{CD}$, $\angle ADE=\angle CDE=45°$, $\overline{DE}$는 공통

따라서 $\triangle AED\equiv\triangle CED$ (SAS 합동)이므로

$\angle DAE=\angle DCE=90°-60°=30°$

따라서 $\overline{AD}\,/\!/\,\overline{BF}$이므로

$\angle F=\angle DAF=30°$ (엇각)　　**目** 30°

0392

$\overline{AD}=\overline{DC}=\overline{DE}$이므로

$\triangle AED$는 $\overline{DA}=\overline{DE}$인 이등변삼각형이다.

$\angle DAE=\angle DEA=\angle a$라고 하면

$\triangle DAE$에서 $\angle ADE=180°-2\angle a$이므로

$\angle CDE=\angle ADE-90°=(180°-2\angle a)-90°=90°-2\angle a$

이때 $\angle DCE=\angle DEC=\angle a+\angle x$이므로

$\triangle DCE$에서

$(90°-2\angle a)+(\angle a+\angle x)+(\angle a+\angle x)=180°$

$2\angle x=90°$ $\therefore \angle x=45°$　　**目** 45°

0393

①, ②, ④, ⑤ 직사각형이 되는 조건　　**目** ③

0394

$\triangle ABD$에서 $\overline{AB}=\overline{AD}$이므로 $\angle ADB=\angle ABD=38°$

$\angle A=180°-2\times38°=104°$

$\angle ADC=\angle A$이므로 $38°+\angle BDC=104°$

$\therefore \angle BDC=66°$　　**目** 66°

0395

오른쪽 그림과 같이 $\overline{AE} /\!/ \overline{DC}$가 되도록
$\overline{BC}$ 위에 점 E를 잡으면 □AECD는 평
행사변형이므로 $\overline{EC} = \overline{AD} = 7(cm)$

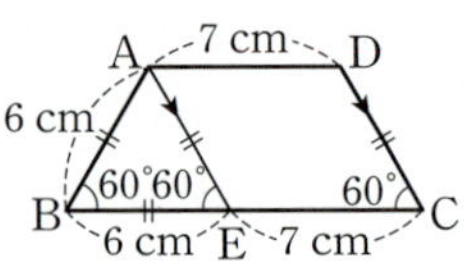

$\angle C = \angle B = 60°$이고 $\overline{AE} /\!/ \overline{DC}$이므로
$\angle AEB = \angle C = 60°$ (동위각)
즉, △ABE는 정삼각형이므로 $\overline{BE} = \overline{AB} = 6(cm)$
$\therefore \overline{BC} = \overline{BE} + \overline{EC} = 6 + 7 = 13(cm)$　　📗 ③

0396

$\angle AFB = \angle FBE$ (엇각), $\angle ABF = \angle FBE$이므로
$\angle ABF = \angle AFB$
$\therefore \overline{AB} = \overline{AF}$
또, $\angle FAE = \angle AEB$ (엇각), $\angle FAE = \angle EAB$이므로
$\angle EAB = \angle AEB$
$\therefore \overline{AB} = \overline{BE}$
따라서 $\overline{AF} = \overline{BE}$, $\overline{AF} /\!/ \overline{BE}$이므로 □ABEF는 평행사변형이다.
이때 $\overline{AB} = \overline{AF}$에서 □ABEF는 이웃하는 두 변의 길이가 같으므
로 마름모이다.　　📗 마름모

0397

② $\angle BCD = 90°$인 평행사변형 ABCD는 직사각형이다.
③ $\overline{AC} \perp \overline{BD}$인 평행사변형 ABCD는 마름모이다.
⑤ $\angle BAD + \angle ABC = 180°$는 평행사변형 ABCD의 성질이다.
　　📗 ①, ④

0398

㉠ 평행사변형이 직사각형이 되는 조건 또는 마름모가 정사각형이
　되는 조건
　➡ $\angle A = 90°$, $\overline{AC} = \overline{BD}$
㉡ 평행사변형이 마름모가 되는 조건 또는 직사각형이 정사각형이
　되는 조건
　➡ $\overline{AB} = \overline{BC}$, $\overline{AC} \perp \overline{BD}$　　📗 ④

0399

두 대각선이 서로 다른 것을 수직이등분하는 것은 ㅁ, ㅂ의 2개이다.
　　📗 ①

0400

$\overline{AC} /\!/ \overline{DE}$이므로 △ACD = △ACE
□ABCD = △ABC + △ACD
　　　　 = △ABC + △ACE = △ABE
$\therefore \triangle AFD = □ABCD - □ABCF = △ABE - □ABCF$
　　　　 = 52 - 40 = 12(cm²)　　📗 12 cm²

0401

$\overline{BE} : \overline{EA} = 3 : 2$이므로 △BDE : △EDA = 3 : 2
6 : △EDA = 3 : 2　　$\therefore$ △EDA = 4(cm²)

$\therefore$ △ABD = △BDE + △EDA = 6 + 4 = 10(cm²)
$\overline{BD} : \overline{DC} = 1 : 2$이므로 △ABD : △ADC = 1 : 2
10 : △ADC = 1 : 2　　$\therefore$ △ADC = 20(cm²)
$\therefore$ △ABC = △ABD + △ADC
　　　　 = 10 + 20 = 30(cm²)　　📗 30 cm²

0402

$\overline{AD} /\!/ \overline{BC}$이므로 △ABF = △DBF
또, $\overline{AE} /\!/ \overline{DC}$이므로 △DBE = △CBE
$\therefore$ △DBF = △DBE - △BEF
　　　　 = △CBE - △BEF = △FEC　　📗 ②, ④

0403

△OAB = △ABC - △OBC = 60 - 36 = 24(cm²)
$\overline{AD} /\!/ \overline{BC}$이므로 △ABC = △DBC
△OCD = △DBC - △OBC = △ABC - △OBC
　　　　 = △OAB = 24(cm²)
$\therefore$ △AOD = □ABCD - (△ABC + △OCD)
　　　　 = 100 - (60 + 24) = 16(cm²)　　📗 16 cm²

0404

오른쪽 그림과 같이 점 B에서 $\overline{AC}$와 평행한
직선을 그어 직선 CD와 만나는 점을 F, 점
E에서 $\overline{AD}$와 평행한 직선을 그어 직선 CD
와 만나는 점을 G라고 하면

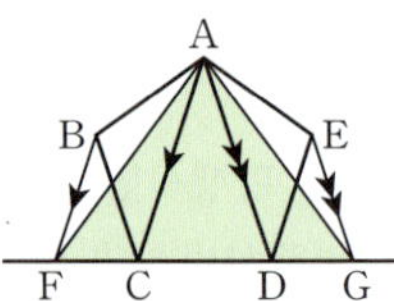

△ABC = △AFC, △ADE = △ADG
$\therefore$ (오각형 ABCDE의 넓이) = △ABC + △ACD + △ADE
　　　　　　　　　　　　　 = △AFC + △ACD + △ADG
　　　　　　　　　　　　　 = △AFG
따라서 오각형 ABCDE와 넓이가 같은 삼각형을 그리면 위의 그림
에서 △AFG이다.　　📗 풀이 참조

<table>
<tr><td colspan="5">서술형 콕콕　　　　　　　　　　　　　　본문 | 72~73쪽</td></tr>
<tr><td>0405 27°</td><td>0406 31°</td><td>0407 20°</td><td>0408 25°</td></tr>
<tr><td>0409 16 cm²</td><td>0410 9 cm²</td><td>0411 7 cm</td><td>0412 9 cm</td></tr>
<tr><td>0413 40 cm²</td><td>0414 60 cm²</td><td>0415 30 cm²</td><td>0416 12 cm²</td></tr>
</table>

0405

단계 1　△ABE와 △ADF에서
　$\overline{AB} = \overline{AD}$, $\angle AEB = \angle AFD = 90°$, $\angle B = \angle D$이므로
　△ABE ≡ △ADF (RHA 합동)
단계 2　$\overline{AE} = \overline{AF}$이므로 △AEF는 이등변삼각형이다.
　$\therefore \angle AEF = \dfrac{1}{2} \times (180° - 54°) = 63°$
단계 3　$\angle x = 90° - 63° = 27°$
　　📗 27°

0406

$\triangle$ABE와 $\triangle$ADF에서
$\overline{AB}=\overline{AD}$, $\angle$AEB$=$$\angle$AFD$=90°$, $\angle$B$=$$\angle$D이므로
$\triangle$ABE$\equiv$$\triangle$ADF (RHA 합동) $\cdots\cdots$ 40%
따라서 $\overline{AE}=\overline{AF}$이므로 $\triangle$AEF는 이등변삼각형이다.

$\therefore$ $\angle$AEF$=\dfrac{1}{2}\times(180°-62°)=59°$ $\cdots\cdots$ 30%

$\therefore$ $\angle x=90°-59°=31°$ $\cdots\cdots$ 30%

답 $31°$

0407

단계1 $\triangle$ABE와 $\triangle$BCF에서
$\overline{AB}=\overline{BC}$, $\overline{BE}=\overline{CF}$, $\angle$ABE$=$$\angle$BCF$=90°$이므로
$\triangle$ABE$\equiv$$\triangle$BCF (SAS 합동)

단계2 $\angle$BFC$=$$\angle$AEB$=180°-110°=70°$

단계3 $\triangle$FBC에서 $\angle$FBC$=180°-(90°+70°)=20°$

답 $20°$

0408

$\triangle$ABE와 $\triangle$BCF에서
$\overline{AB}=\overline{BC}$, $\overline{BE}=\overline{CF}$, $\angle$ABE$=$$\angle$BCF$=90°$이므로
$\triangle$ABE$\equiv$$\triangle$BCF (SAS 합동) $\cdots\cdots$ 40%
$\therefore$ $\angle$BFC$=$$\angle$AEB$=180°-115°=65°$ $\cdots\cdots$ 30%
$\triangle$FBC에서 $\angle$FBC$=180°-(90°+65°)=25°$ $\cdots\cdots$ 30%

답 $25°$

0409

단계1 $\triangle$OBP와 $\triangle$OCQ에서
$\overline{OB}=\overline{OC}$, $\angle$OBP$=$$\angle$OCQ$=45°$,
$\angle$BOP$=90°-$$\angle$POC$=$$\angle$COQ이므로
$\triangle$OBP$\equiv$$\triangle$OCQ (ASA 합동)

단계2 $\square$OPCQ$=$$\triangle$OPC$+$$\triangle$OCQ
$\qquad=$$\triangle$OPC$+$$\triangle$OBP
$\qquad=$$\triangle$OBC$=\dfrac{1}{4}$$\square$ABCD
$\qquad=\dfrac{1}{4}\times(8\times8)=16(cm^2)$

답 $16\ cm^2$

0410

$\triangle$OBP와 $\triangle$OCQ에서
$\overline{OB}=\overline{OC}$, $\angle$OBP$=$$\angle$OCQ$=45°$,
$\angle$BOP$=90°-$$\angle$POC$=$$\angle$COQ이므로
$\triangle$OBP$\equiv$$\triangle$OCQ (ASA 합동) $\cdots\cdots$ 40%
$\therefore$ $\square$OPCQ$=$$\triangle$OPC$+$$\triangle$OCQ
$\qquad=$$\triangle$OPC$+$$\triangle$OBP
$\qquad=$$\triangle$OBC$=\dfrac{1}{4}$$\square$ABCD
$\qquad=\dfrac{1}{4}\times(6\times6)=9(cm^2)$ $\cdots\cdots$ 60%

답 $9\ cm^2$

0411

단계1 $\overline{HI}=\overline{AD}=4(cm)$

단계2 $\triangle$ABH와 $\triangle$DCI에서
$\angle$AHB$=$$\angle$DIC$=90°$, $\overline{AB}=\overline{DC}$,
$\angle$B$=$$\angle$C이므로
$\triangle$ABH$\equiv$$\triangle$DCI (RHA 합동)
$\therefore$ $\overline{CI}=\overline{BH}=\dfrac{1}{2}\times(10-4)=3(cm)$

단계3 $\overline{HC}=\overline{HI}+\overline{IC}=4+3=7(cm)$

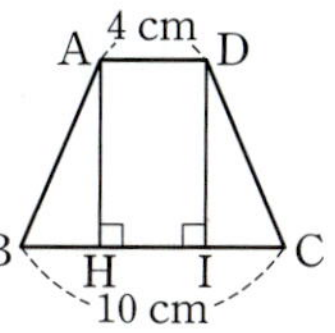

답 $7\ cm$

0412

오른쪽 그림과 같이 꼭짓점 D에서 $\overline{BC}$에 내린 수선의 발을 I라고 하면
$\overline{HI}=\overline{AD}=5(cm)$ $\cdots\cdots$ 40%
$\triangle$ABH와 $\triangle$DCI에서
$\angle$AHB$=$$\angle$DIC$=90°$, $\overline{AB}=\overline{DC}$, $\angle$B$=$$\angle$C이므로
$\triangle$ABH$\equiv$$\triangle$DCI (RHA 합동)
$\therefore$ $\overline{CI}=\overline{BH}=\dfrac{1}{2}\times(13-5)=4(cm)$ $\cdots\cdots$ 40%
$\therefore$ $\overline{HC}=\overline{HI}+\overline{IC}=5+4=9(cm)$ $\cdots\cdots$ 20%

답 $9\ cm$

0413

단계1 $\overline{AP}:\overline{PM}=1:3$이므로 $\triangle$ABP$:$$\triangle$PBM$=1:3$
$\qquad$$\triangle$ABP$:15=1:3$ $\therefore$ $\triangle$ABP$=5(cm^2)$

단계2 $\triangle$ABM$=$$\triangle$ABP$+$$\triangle$PBM$=5+15=20(cm^2)$

단계3 $\overline{BM}=\overline{MC}$이므로 $\triangle$ABM$=$$\triangle$AMC
$\qquad$$\therefore$ $\triangle$ABC$=2$$\triangle$ABM$=2\times20=40(cm^2)$

답 $40\ cm^2$

0414

$\overline{AP}:\overline{PM}=2:3$이므로 $\triangle$APC$:$$\triangle$PMC$=2:3$
$\triangle$APC$:18=2:3$ $\therefore$ $\triangle$APC$=12(cm^2)$ $\cdots\cdots$ 40%
$\therefore$ $\triangle$AMC$=$$\triangle$APC$+$$\triangle$PMC
$\qquad=12+18=30(cm^2)$ $\cdots\cdots$ 20%
$\overline{BM}=\overline{MC}$이므로 $\triangle$ABM$=$$\triangle$AMC
$\therefore$ $\triangle$ABC$=2$$\triangle$AMC$=2\times30=60(cm^2)$ $\cdots\cdots$ 40%

답 $60\ cm^2$

0415

단계1 $\triangle$DBC$=$$\triangle$ABC$=80(cm^2)$

단계2 $\overline{OB}:\overline{OD}=5:3$이므로 $\triangle$OBC$:$$\triangle$OCD$=5:3$
$\qquad$$\therefore$ $\triangle$OCD$=\dfrac{3}{8}$$\triangle$DBC$=\dfrac{3}{8}\times80=30(cm^2)$

답 $30\ cm^2$

0416

$\triangle$ABC$=$$\triangle$DBC$=30(cm^2)$ $\cdots\cdots$ 40%
이때 $\overline{OA}:\overline{OC}=2:3$이므로 $\triangle$OAB$:$$\triangle$OBC$=2:3$
$\therefore$ $\triangle$OAB$=\dfrac{2}{5}$$\triangle$ABC$=\dfrac{2}{5}\times30=12(cm^2)$ $\cdots\cdots$ 60%

답 $12\ cm^2$

1 도형의 닮음

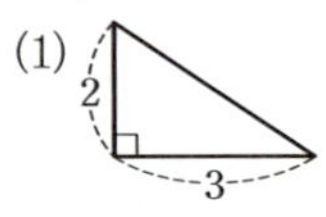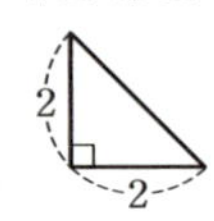

0417

답 (1) 점 E (2) $\overline{FG}$ (3) ∠H

0418

다음과 같은 경우에는 닮은 도형이 아니다.

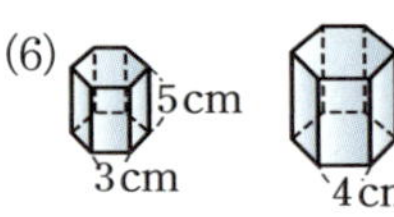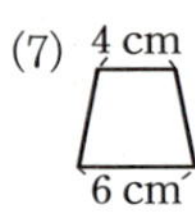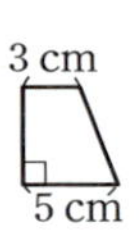

답 (1) × (2) ○ (3) ○ (4) × (5) ○ (6) × (7) × (8) ○

0419

(1) $\overline{AB} : \overline{DE} = 6 : 9 = 2 : 3$

(2) ∠A = ∠D = 65°

(3) $\overline{BC} : \overline{EF} = 2 : 3$이므로 $8 : \overline{EF} = 2 : 3$ ∴ $\overline{EF} = 12$(cm)

(4) ∠F = ∠C = 180° − (65° + 75°) = 40°

답 (1) 2 : 3 (2) 65° (3) 12 cm (4) 40°

0420

(1) $\overline{BC} : \overline{FG} = 12 : 9 = 4 : 3$

(2) $\overline{AB} : \overline{EF} = 4 : 3$이므로 $8 : \overline{EF} = 4 : 3$ ∴ $\overline{EF} = 6$(cm)

(3) ∠A = ∠E = 75°

(4) ∠H = ∠D = 360° − (75° + 80° + 85°) = 120°

답 (1) 4 : 3 (2) 6 cm (3) 75° (4) 120°

0421

(1) $\overline{AC} : \overline{A'C'} = 8 : 4 = 2 : 1$

(3) $\overline{AD} : \overline{A'D'} = 2 : 1$이므로 $\overline{AD} : 3 = 2 : 1$ ∴ $\overline{AD} = 6$

답 (1) 2 : 1 (2) □A′D′F′C′ (3) 6

0422

(1) 3 : 6 = 1 : 2

(2) 5 : x = 1 : 2이므로 $x = 10$

답 (1) 1 : 2 (2) 10

0423

(1) $\overline{AB} : \overline{DE} = \overline{BC} : \overline{EF} = 2 : 3$, ∠B = ∠E이므로
△ABC∽△DEF (SAS 닮음)

(2) ∠A = ∠D, ∠C = 180° − (70° + 50°) = 60°이므로 ∠C = ∠F
∴ △ABC∽△DEF (AA 닮음)

(3) $\overline{AB} : \overline{DE} = \overline{BC} : \overline{EF} = \overline{CA} : \overline{FD} = 1 : 2$이므로
△ABC∽△DEF (SSS 닮음)

답 (1) ㉡ (2) ㉢ (3) ㉠

0424

(1) △ABC와 △CBD에서
$\overline{AB} : \overline{CB} = 9 : 12 = 3 : 4$,
$\overline{AC} : \overline{CD} = 6 : 8 = 3 : 4$,
$\overline{BC} : \overline{BD} = 12 : 16 = 3 : 4$이므로
△ABC∽△CBD (SSS 닮음)

(2) △ABC와 △EDC에서
$\overline{AC} : \overline{EC} = 6 : 3 = 2 : 1$,
$\overline{BC} : \overline{DC} = 10 : 5 = 2 : 1$,
∠ACB = ∠ECD (맞꼭지각)이므로
△ABC∽△EDC (SAS 닮음)

(3) △ABC와 △AED에서
∠A는 공통,
∠ABC = ∠AED이므로
△ABC∽△AED (AA 닮음)

답 (1) △CBD, SSS (2) △EDC, SAS (3) △AED, AA

0425

답 △EBD, $\overline{AB}$, 4, 2, 1, $\overline{BC}$, 3, 2, 1, ∠B,
△EBD, SAS, $\overline{CA}$, 5, $\dfrac{5}{2}$

0426

(1) △ABD에서 ∠B + ∠BAD = 90°
∠BAD + ∠CAD = 90° ∴ ∠B = ∠CAD

(2) △ADC에서 ∠CAD + ∠C = 90°
∠BAD + ∠CAD = 90° ∴ ∠C = ∠BAD

(3) △ABC와 △DBA에서
∠C = ∠BAD, ∠B는 공통이므로
△ABC∽△DBA (AA 닮음)
△ABC와 △DAC에서
∠B = ∠CAD, ∠C는 공통이므로
△ABC∽△DAC (AA 닮음)

답 (1) ∠CAD (2) ∠BAD (3) △DBA, △DAC

0427

(1) $x^2 = 4 \times (4+5) = 36$

$\therefore x = 6$

(2) $x^2 = 2 \times (2+6) = 16$

$\therefore x = 4$

(3) $6^2 = 4 \times x \qquad \therefore x = 9$

(4) $4 \times 3 = 5 \times x \qquad \therefore x = \dfrac{12}{5}$

답 (1) 6 (2) 4 (3) 9 (4) $\dfrac{12}{5}$

0428 ③	**0429** ㄷ, ㄹ	**0430** $\overline{\text{OP}}$, 면 BFGC
0431 ③	**0432** ②	**0433** ②, ⑤
0434 ①, ②, ③, ⑤, ⑦	**0435** ②, ⑤	**0436** ②, ⑤
0437 12 cm	**0438** 직사각형 (2), 2 : 1	**0439** 18 cm
0440 16 cm	**0441** C(5, 6)	**0442** ④	**0443** 25 cm
0444 36π cm²	**0445** 54 cm	**0446** 18	**0447** ③
0448 ⑤	**0449** ⑤	**0450** ①	**0451** 112
0452 7 cm	**0453** 2 : 3	**0454** 18π cm³	
0455 36π cm²		**0456** ②, ④	**0457** ①, ④
0458 △ABC∽△MON (SAS 닮음), △DEF∽△LKJ (AA 닮음)		
0459 ⑤	**0460** ④	**0461** ②	**0462** $\dfrac{20}{3}$ cm
0463 6 cm	**0464** $\dfrac{16}{3}$	**0465** ④	**0466** 10 cm
0467 8 cm	**0468** ③	**0469** 6 cm	**0470** 8 cm
0471 5	**0472** 30 cm	**0473** 5 cm	**0474** 6
0475 3 cm	**0476** $\dfrac{7}{4}$ cm	**0477** $\dfrac{15}{2}$ cm²	**0478** 5 cm
0479 6 cm	**0480** 16 cm	**0481** 12	**0482** $\dfrac{36}{5}$ cm
0483 20 cm²	**0484** 3 cm	**0485** 6 cm	**0486** $\dfrac{3}{2}$ cm
0487 15 cm	**0488** 36 cm²	**0489** $\dfrac{8}{3}$ cm	**0490** $\dfrac{35}{4}$ cm
0491 $\dfrac{15}{4}$ cm			

0428

닮은 도형을 기호를 사용하여 나타낼 때에는 두 도형의 대응하는 꼭짓점의 순서를 맞추어 쓴다.

따라서 $\overline{\text{AB}}$에 대응하는 변은 $\overline{\text{EF}}$, ∠C에 대응하는 각은 ∠G이다.

답 ③

0429

ㄱ. 점 B에 대응하는 점은 점 D이다.

ㄴ. $\overline{\text{AC}}$에 대응하는 변은 $\overline{\text{EF}}$이다.

답 ㄷ, ㄹ

0430

답 $\overline{\text{OP}}$, 면 BFGC

0431

③ 다음 그림과 같은 경우에는 닮은 도형이 아니다.

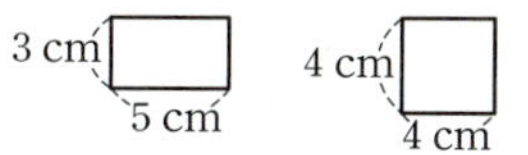

답 ③

0432

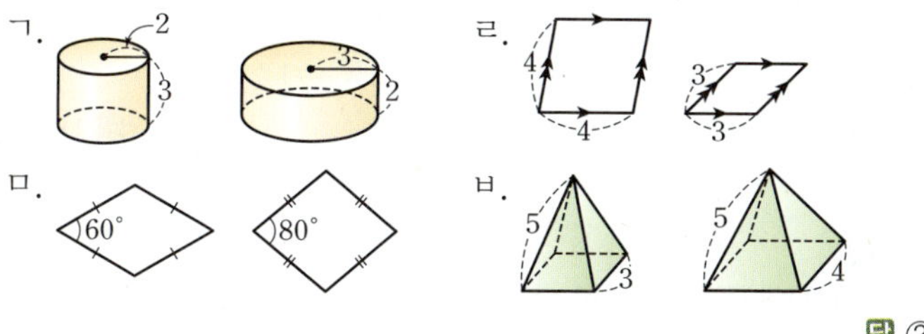

답 ②

0433

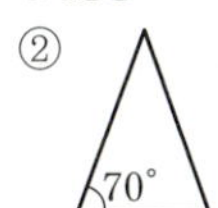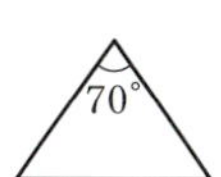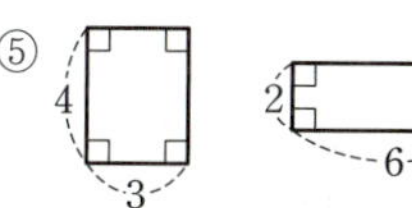

답 ②, ⑤

0434

두 직각이등변삼각형은 항상 닮은 도형이므로 닮은 도형은 ①, ②, ③, ⑤, ⑦이다.

답 ①, ②, ③, ⑤, ⑦

0435

① $\overline{\text{BC}} : \overline{\text{EF}} = 16 : 24 = 2 : 3$

② $\overline{\text{AC}} : \overline{\text{DF}} = 2 : 3$이므로 $\overline{\text{AC}} : 21 = 2 : 3 \qquad \therefore \overline{\text{AC}} = 14\,(\text{cm})$

③ ∠A = ∠D = 66°

④ △DEF에서 ∠F = 180° − (66° + 54°) = 60°이므로 ∠C = ∠F = 60°

⑤ $\overline{\text{AB}}$의 길이는 알 수 없다.

따라서 옳지 않은 것은 ②, ⑤이다.

답 ②, ⑤

0436

① $\overline{\text{AB}} : \overline{\text{HG}} = \overline{\text{BC}} : \overline{\text{GF}} = 15 : 10 = 3 : 2$

② $\overline{\text{AD}} : \overline{\text{HE}} = 3 : 2$이므로 $\overline{\text{AD}} : 6 = 3 : 2 \qquad \therefore \overline{\text{AD}} = 9\,(\text{cm})$

③ $\overline{\text{DC}} : \overline{\text{EF}} = 3 : 2$이므로 $18 : \overline{\text{EF}} = 3 : 2 \qquad \therefore \overline{\text{EF}} = 12\,(\text{cm})$

④ ∠E = ∠D = 83°

⑤ □HGFE에서 ∠G = 360° − (83° + 67° + 120°) = 90° 이므로 ∠B = ∠G = 90°

따라서 옳지 않은 것은 ②, ⑤이다.

답 ②, ⑤

0437

△AEB와 △CED의 닮음비가

$\overline{\text{AE}} : \overline{\text{CE}} = 10 : 6 = 5 : 3$이므로

$\overline{\text{AB}} : \overline{\text{CD}} = 5 : 3$

즉, $20 : \overline{\text{CD}} = 5 : 3$이므로 $\overline{\text{CD}} = 12\,(\text{cm})$

답 12 cm

0438

처음의 직사각형과 직사각형 (1)에서는 $16:24\neq12:16$이고, 처음의 직사각형과 직사각형 (2)에서는 $16:24=8:12=2:3$이다.

따라서 처음의 직사각형과 직사각형 (2)는 대응하는 변의 길이의 비가 일정하므로 서로 닮은 도형이고 닮음비는 $16:8=2:1$이다.

답 직사각형 (2), $2:1$

0439

$\triangle ADE$와 $\triangle ACB$의 닮음비는

$\overline{AD}:\overline{AC}=5:15=1:3$이므로 $\overline{ED}:\overline{BC}=1:3$

$6:\overline{BC}=1:3$ $\therefore \overline{BC}=18(cm)$

답 $18\ cm$

0440

$\square ABCD$와 $\square DAEF$의 닮음비는

$\overline{AB}:\overline{DA}=25:20=5:4$이므로 $\overline{AD}:\overline{DF}=5:4$

$20:\overline{DF}=5:4$ $\therefore \overline{DF}=16(cm)$

답 $16\ cm$

0441

$\triangle AOB$와 $\triangle CDE$의 닮음비는

$\overline{OB}:\overline{DE}=1:3$이므로 $\overline{AB}:\overline{CE}=1:3$

$2:\overline{CE}=1:3$ $\therefore \overline{CE}=6$

$\therefore C(5, 6)$

답 $C(5, 6)$

0442

$\overline{AB}:\overline{DE}=3:4$이므로 $\overline{AB}:16=3:4$ $\therefore \overline{AB}=12(cm)$

$\overline{AC}:\overline{DF}=3:4$이므로 $\overline{AC}:20=3:4$ $\therefore \overline{AC}=15(cm)$

$\therefore (\triangle ABC$의 둘레의 길이$)=\overline{AB}+\overline{BC}+\overline{CA}$
$=12+18+15$
$=45(cm)$

답 ④

다른 풀이

$\overline{BC}:\overline{EF}=3:4$이므로 $18:\overline{EF}=3:4$ $\therefore \overline{EF}=24(cm)$

즉 $\triangle DEF$의 둘레의 길이는 $16+24+20=60(cm)$

$\triangle ABC$와 $\triangle DEF$의 둘레의 길이의 비는 닮음비와 같으므로

$\triangle ABC$의 둘레의 길이를 $l\ cm$라고 하면

$l:60=3:4$ $\therefore l=45$

따라서 $\triangle ABC$의 둘레의 길이는 $45\ cm$이다.

0443

닮음비가 $2:3$이므로 $\overline{AB}:\overline{EF}=2:3$, $\overline{AB}:7=2:3$

$\therefore \overline{AB}=\dfrac{14}{3}(cm)$

즉 $\square ABCD$의 둘레의 길이는 $\dfrac{14}{3}+5+4+3=\dfrac{50}{3}(cm)$

$\square ABCD$와 $\square EFGH$의 둘레의 길이의 비는 닮음비와 같으므로
$\square EFGH$의 둘레의 길이를 $l\ cm$라고 하면

$\dfrac{50}{3}:l=2:3$ $\therefore l=25$

따라서 $\square EFGH$의 둘레의 길이는 $25\ cm$이다.

답 $25\ cm$

0444

두 원의 둘레의 길이의 비는 닮음비와 같으므로 원 O'의 반지름의 길이를 $r\ cm$라고 하면

$16:2r=4:3$ $\therefore r=6$

따라서 원 O'의 넓이는 $\pi\times6^2=36\pi(cm^2)$

답 $36\pi\ cm^2$

보충 설명

원에서는 반지름의 길이의 비가
닮음비이므로 두 원 O, O'에서

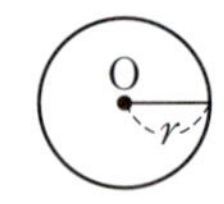

(1) 닮음비는 $r:r'$

(2) 지름의 길이의 비는 $2r:2r'=r:r'$

(3) 둘레의 길이의 비는 $2\pi r:2\pi r'=r:r'$

0445

$\square ABCD$와 $\square EBFG$의 닮음비는

$\overline{BC}:\overline{BF}=(8+4):8=12:8=3:2$ ······ 40%

$\square ABCD$와 $\square EBFG$의 둘레의 길이의 비는 닮음비와 같으므로
······ 20%

$\square ABCD$의 둘레의 길이를 $x\ cm$라고 하면

$x:36=3:2$, $2x=108$ $\therefore x=54$

따라서 $\square ABCD$의 둘레의 길이는 $54\ cm$이다. ······ 40%

답 $54\ cm$

0446

두 직육면체의 닮음비는 $\overline{AD}:\overline{A'D'}=6:4=3:2$

$\overline{AB}:\overline{A'B'}=3:2$이므로 $x:2=3:2$ $\therefore x=3$

$\overline{BF}:\overline{B'F'}=3:2$이므로 $9:y=3:2$ $\therefore y=6$

$\therefore xy=3\times6=18$

답 18

0447

정육면체 B의 한 모서리의 길이를 $x\ cm$라고 하면

$12:x=3:4$ $\therefore x=16$

따라서 정육면체의 모든 모서리의 길이의 합은

$16\times12=192(cm)$

답 ③

0448

①, ② 닮음비는 $\overline{AD}:\overline{A'D'}=10:8=5:4$이므로

$\overline{EF}:\overline{E'F'}=5:4$이다.

③ $\overline{GH}:\overline{G'H'}=5:4$이므로 $\overline{GH}:6=5:4$

$\therefore \overline{GH}=\dfrac{15}{2}(cm)$

④ $\overline{FG}:\overline{F'G'}=5:4$이므로 $15:\overline{F'G'}=5:4$

$\therefore \overline{F'G'}=12(cm)$

⑤ $\square BFGC\sim\square B'F'G'C'$, $\square CGHD\sim\square C'G'H'D'$

따라서 옳지 않은 것은 ⑤이다.

답 ⑤

0449

오른쪽 그림과 같은 경우에는 닮은 도형이
아니다.

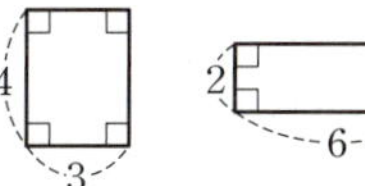
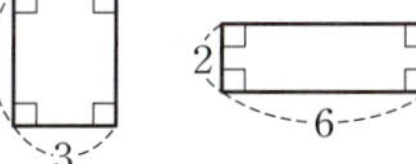

답 ⑤

0450

① 두 삼각기둥의 닮음비는 $\overline{AC} : \overline{GI} = 6 : 10 = 3 : 5$이므로

$x : 8 = 3 : 5 \quad \therefore x = \dfrac{24}{5}$

$9 : y = 3 : 5 \quad \therefore y = 15$

답 ①

0451

두 사각뿔의 닮음비는 $\overline{DE} : \overline{IJ} = 3 : 6 = 1 : 2$
사각뿔 (나)의 높이를 h라고 하면 $3.5 : h = 1 : 2 \quad \therefore h = 7$
따라서 사각뿔 (나)의 부피는 $\dfrac{1}{3} \times 8 \times 6 \times 7 = 112$이다.

답 112

0452

처음 원뿔과 잘라서 생기는 작은 원뿔의 닮음비는
$(6+8) : 6 = 14 : 6 = 7 : 3$ ······ 60%
처음 원뿔의 밑면의 반지름의 길이를 r cm라고 하면
$r : 3 = 7 : 3 \quad \therefore r = 7$
따라서 구하는 반지름의 길이는 7 cm이다. ······ 40%

답 7 cm

0453

두 원기둥 A, B의 닮음비는 밑면의 반지름의 길이의 비와 같으므로
$18 : 27 = 2 : 3$
이때 두 원기둥 A, B의 밑면의 둘레의 길이의 비는 닮음비와 같으
므로 $2 : 3$

답 $2 : 3$

0454

두 원뿔의 닮음비는 $10 : 6 = 5 : 3$
원뿔 B의 밑면의 반지름의 길이를 r cm라고 하면
$5 : r = 5 : 3 \quad \therefore r = 3$
따라서 원뿔 B의 부피는 $\dfrac{1}{3} \times \pi \times 3^2 \times 6 = 18\pi \, (\text{cm}^3)$ 답 $18\pi \, \text{cm}^3$

0455

그릇 높이의 $\dfrac{2}{5}$만큼 물을 채웠으므로 그릇과 물이 채워진 부분의 닮음비는 $5 : 2$

이때 수면의 반지름의 길이를 r cm라고 하면
$15 : r = 5 : 2 \quad \therefore r = 6$
따라서 수면의 넓이는 $\pi \times 6^2 = 36\pi \, (\text{cm}^2)$ 답 $36\pi \, \text{cm}^2$

0456

①, ⑤ AA 닮음 ③ SAS 닮음

답 ②, ④

0457

① AA 닮음 ④ SSS 닮음

답 ①, ④

0458

$\triangle ABC$와 $\triangle MON$에서 $\overline{AC} : \overline{MN} = 12 : 8 = 3 : 2$,
$\overline{BC} : \overline{ON} = 9 : 6 = 3 : 2$
$\angle C = \angle N = 25°$이므로 $\triangle ABC \backsim \triangle MON$ (SAS 닮음)
$\triangle DEF$와 $\triangle LKJ$에서
$\angle D = 180° - (45° + 80°) = 55° = \angle L$, $\angle F = \angle J = 45°$이므로
$\triangle DEF \backsim \triangle LKJ$ (AA 닮음)

답 $\triangle ABC \backsim \triangle MON$ (SAS 닮음), $\triangle DEF \backsim \triangle LKJ$ (AA 닮음)

0459

$\triangle DEF$에서 $\angle F = 180° - (70° + 50°) = 60°$이므로
$\angle A = \angle E = 70°$, $\angle B = \angle F = 60°$
따라서 $\triangle ABC \backsim \triangle EFD$ (AA 닮음)이므로
닮음비는 $a : e = b : f = c : d$이다.

답 ⑤

0460

④ $\angle A = 75°$, $\angle D = 45°$이면
$\triangle ABC$에서 $\angle C = 180° - (75° + 45°) = 60°$
$\triangle ABC$와 $\triangle FDE$에서
$\angle B = \angle D = 45°$, $\angle C = \angle E = 60°$이므로
$\triangle ABC \backsim \triangle FDE$ (AA 닮음)

답 ④

0461

$\triangle ABC$와 $\triangle EBD$에서 $\overline{AB} : \overline{EB} = 8 : 4 = 2 : 1$
$\overline{BC} : \overline{BD} = 10 : 5 = 2 : 1$, $\angle B$는 공통이므로
$\triangle ABC \backsim \triangle EBD$ (SAS 닮음)
이때 $\overline{CA} : \overline{DE} = 2 : 1$이므로 $12 : \overline{DE} = 2 : 1$
$\therefore \overline{DE} = 6 \, (\text{cm})$

답 ②

0462

$\triangle ABE$와 $\triangle CDE$에서 $\overline{AE} : \overline{CE} = 4 : 6 = 2 : 3$
$\overline{BE} : \overline{DE} = 6 : 9 = 2 : 3$, $\angle AEB = \angle CED$ (맞꼭지각)이므로
$\triangle ABE \backsim \triangle CDE$ (SAS 닮음)
이때 $\overline{AB} : \overline{CD} = 2 : 3$이므로 $\overline{AB} : 10 = 2 : 3$
$\therefore \overline{AB} = \dfrac{20}{3} \, (\text{cm})$

답 $\dfrac{20}{3}$ cm

0463

$\triangle ABC$와 $\triangle CBD$에서 $\overline{AB} : \overline{CB} = 8 : 4 = 2 : 1$
$\overline{BC} : \overline{BD} = 4 : 2 = 2 : 1$, $\angle B$는 공통이므로
$\triangle ABC \backsim \triangle CBD$ (SAS 닮음) ······ 60%
이때 $\overline{AC} : \overline{CD} = 2 : 1$이므로 $\overline{AC} : 3 = 2 : 1$
$\therefore \overline{AC} = 6 \, (\text{cm})$ ······ 40%

답 6 cm

0464

$\triangle ABC$와 $\triangle DBA$에서 $\overline{AB} : \overline{DB} = 6 : 9 = 2 : 3$

$\overline{BC} : \overline{BA} = 4 : 6 = 2 : 3$, $\angle B$는 공통이므로

$\triangle ABC \backsim \triangle DBA$ (SAS 닮음)

이때 $\overline{AC} : \overline{DA} = 2 : 3$이므로 $\overline{AC} : 8 = 2 : 3$

$\therefore \overline{AC} = \dfrac{16}{3}$　　　　　🔖 $\dfrac{16}{3}$

0465

$\triangle ABC$와 $\triangle AED$에서 $\angle ABC = \angle AED$, $\angle A$는 공통이므로

$\triangle ABC \backsim \triangle AED$ (AA 닮음)

이때 $\overline{AB} : \overline{AE} = \overline{AC} : \overline{AD}$이므로

$15 : 5 = \overline{AC} : 4$　　$\therefore \overline{AC} = 12(cm)$

$\therefore \overline{CE} = \overline{AC} - \overline{AE} = 12 - 5 = 7(cm)$　　🔖 ④

0466

$\triangle ABC$와 $\triangle CBD$에서 $\angle BAC = \angle BCD$, $\angle B$는 공통이므로

$\triangle ABC \backsim \triangle CBD$ (AA 닮음)

이때 $\overline{AB} : \overline{CB} = \overline{AC} : \overline{CD}$이므로

$14 : 7 = \overline{AC} : 5$　　$\therefore \overline{AC} = 10(cm)$　　🔖 10 cm

0467

$\triangle ABC$와 $\triangle DAC$에서 $\angle CBA = \angle CAD$, $\angle C$는 공통이므로

$\triangle ABC \backsim \triangle DAC$ (AA 닮음)

이때 $\overline{BC} : \overline{AC} = \overline{CA} : \overline{CD}$이므로

$18 : 12 = 12 : \overline{CD}$　　$\therefore \overline{CD} = 8(cm)$　　🔖 8 cm

0468

$\triangle ABC$와 $\triangle EDC$에서 $\angle BAC = \angle DEC$, $\angle C$는 공통이므로

$\triangle ABC \backsim \triangle EDC$ (AA 닮음)

이때 $\overline{BC} : \overline{DC} = \overline{AC} : \overline{EC}$이므로

$\overline{BC} : 4 = (2+4) : 3$　　$\therefore \overline{BC} = 8(cm)$

$\therefore \overline{BE} = \overline{BC} - \overline{EC} = 8 - 3 = 5(cm)$　　🔖 ③

0469

$\triangle ABC$와 $\triangle EDA$에서 $\angle BAC = \angle DEA$ (엇각),

$\angle ACB = \angle EAD$ (엇각)이므로

$\triangle ABC \backsim \triangle EDA$ (AA 닮음)

이때 $\overline{AC} : \overline{EA} = \overline{BC} : \overline{DA}$이므로

$6 : (6-2) = \overline{BC} : 4$　　$\therefore \overline{BC} = 6(cm)$　　🔖 6 cm

0470

$\triangle AFD$와 $\triangle EFB$에서 $\angle DAF = \angle BEF$ (엇각),

$\angle ADF = \angle EBF$ (엇각)이므로

$\triangle AFD \backsim \triangle EFB$ (AA 닮음)

이때 $\overline{AF} : \overline{EF} = \overline{DF} : \overline{BF}$이므로

$\overline{AF} : 6 = 12 : 9$　　$\therefore \overline{AF} = 8(cm)$　　🔖 8 cm

0471

$\triangle ABE$와 $\triangle FCE$에서 $\angle ABE = \angle FCE$ (엇각),

$\angle AEB = \angle FEC$ (맞꼭지각)이므로

이때 $\triangle ABE \backsim \triangle FCE$ (AA 닮음)

$\overline{BA} : \overline{CF} = \overline{BE} : \overline{CE} = 2 : 1$이므로

$10 : \overline{CF} = 2 : 1$　　$\therefore \overline{CF} = 5$　　🔖 5

0472

$\triangle ABC$와 $\triangle ADF$에서 $\angle A$는 공통,

$\angle B = \angle ADF$ (동위각)이므로

$\triangle ABC \backsim \triangle ADF$ (AA 닮음)

$\overline{BD} = \overline{DF} = x$ cm라고 하면

$\overline{AB} : \overline{AD} = \overline{BC} : \overline{DF}$이므로

$20 : (20-x) = 12 : x$, $20x = 240 - 12x$

$32x = 240$　　$\therefore x = \dfrac{15}{2}$

따라서 마름모의 한 변의 길이는 $\dfrac{15}{2}$ cm이므로

둘레의 길이는 $\dfrac{15}{2} \times 4 = 30(cm)$이다.　　🔖 30 cm

0473

$\triangle ABC$와 $\triangle DEC$에서 $\angle A = \angle EDC = 90°$, $\angle C$는 공통이므로

$\triangle ABC \backsim \triangle DEC$ (AA 닮음)

이때 $\overline{BC} : \overline{EC} = \overline{AC} : \overline{DC}$이므로

$(8+6) : 7 = \overline{AC} : 6$　　$\therefore \overline{AC} = 12(cm)$

$\therefore \overline{AE} = \overline{AC} - \overline{EC} = 12 - 7 = 5(cm)$　　🔖 5 cm

0474

$\triangle ABC$와 $\triangle AED$에서

$\angle ABC = \angle AED = 90°$, $\angle A$는 공통이므로

$\triangle ABC \backsim \triangle AED$ (AA 닮음)

이때 $\overline{AB} : \overline{AE} = \overline{AC} : \overline{AD}$이므로

$(5+3) : 4 = (4+x) : 5$　　$\therefore x = 6$　　🔖 6

0475

$\overline{BD} : \overline{DC} = 3 : 2$이므로 $\overline{DC} = 10 \times \dfrac{2}{5} = 4(cm)$

$\triangle ADC$와 $\triangle BEC$에서

$\angle ADC = \angle BEC = 90°$, $\angle C$는 공통이므로

$\triangle ADC \backsim \triangle BEC$ (AA 닮음)

이때 $\overline{AC} : \overline{BC} = \overline{DC} : \overline{EC}$이므로

$8 : 10 = 4 : \overline{EC}$　　$\therefore \overline{EC} = 5(cm)$

$\therefore \overline{AE} = \overline{AC} - \overline{EC} = 8 - 5 = 3(cm)$　　🔖 3 cm

0476

$\triangle ABC$와 $\triangle GBE$에서 $\angle BAC = \angle BGE = 90°$,

$\angle ABC = \angle GBE$이므로

$\triangle ABC \backsim \triangle GBE$ (AA 닮음)

이때 $\overline{BC}:\overline{BE}=\overline{AB}:\overline{GB}$이므로

$10:\overline{BE}=8:5$ ∴ $\overline{BE}=\dfrac{25}{4}$(cm)

∴ $\overline{AE}=\overline{AB}-\overline{BE}=8-\dfrac{25}{4}=\dfrac{7}{4}$(cm) 답 $\dfrac{7}{4}$ cm

0477

$\triangle ABC$에서 $\angle BAC+\angle ACB=90°$이고

$\angle ACB+\angle DCE=90°$이므로

$\angle BAC=\angle DCE$

또 $\angle B=\angle CDE=90°$이므로

$\triangle ABC\backsim\triangle CDE$ (AA 닮음)

이때 $\overline{AB}:\overline{CD}=\overline{BC}:\overline{DE}$이므로

$3:6=\overline{BC}:10$ ∴ $\overline{BC}=5$(cm)

∴ $\triangle ABC=\dfrac{1}{2}\times5\times3=\dfrac{15}{2}$(cm²) 답 $\dfrac{15}{2}$ cm²

0478

$\triangle ACD$에서 $\angle A+\angle D=90°$이고

$\triangle BED$에서 $\angle B+\angle D=90°$이므로

$\angle A=\angle B$

또 $\angle ACD=\angle BCP=90°$이므로

$\triangle ACD\backsim\triangle BCP$(AA 닮음)

이때 $\overline{AC}:\overline{BC}=\overline{CD}:\overline{CP}$이므로 $\overline{AC}:6=6:4$

∴ $\overline{AC}=9$(cm)

∴ $\overline{AP}=\overline{AC}-\overline{CP}=9-4=5$(cm) 답 5 cm

0479

$\triangle CDE$와 $\triangle DEF$에서 $\overline{CD}\,/\!/\,\overline{EF}$이므로

$\angle CDE=\angle DEF$ (엇각), $\angle DEC=\angle EFD=90°$이므로

$\triangle CDE\backsim\triangle DEF$ (AA 닮음)

이때 $\overline{CD}:\overline{DE}=\overline{DE}:\overline{EF}$이므로 $9:\overline{DE}=\overline{DE}:4$

$\overline{DE}^2=36$ ∴ $\overline{DE}=6$(cm) 답 6 cm

0480

$\overline{AD}$는 $\overline{BC}$의 수직이등분선이므로 $\overline{BD}=\overline{CD}=6$(cm)

$\triangle ABD$와 $\triangle DCE$에서

$\angle B=\angle C$, $\angle ADB=\angle DEC=90°$이므로

$\triangle ABD\backsim\triangle DCE$ (AA 닮음)

이때 $\overline{AB}:\overline{DC}=\overline{BD}:\overline{CE}$이므로

$18:6=6:\overline{CE}$ ∴ $\overline{CE}=2$(cm)

∴ $\overline{AE}=\overline{AC}-\overline{CE}=18-2=16$(cm) 답 16 cm

0481

$\overline{AB}^2=\overline{BD}\times\overline{BC}$이므로 $5^2=3(3+x)$ ∴ $x=\dfrac{16}{3}$

$\overline{AC}^2=\overline{CD}\times\overline{CB}$이므로 $y^2=\dfrac{16}{3}\times\dfrac{25}{3}=\dfrac{400}{9}$ ∴ $y=\dfrac{20}{3}$

∴ $x+y=\dfrac{16}{3}+\dfrac{20}{3}=12$ 답 12

0482

$\overline{AB}\times\overline{AC}=\overline{BC}\times\overline{AD}$이므로

$12\times9=15\times\overline{AD}$ ∴ $\overline{AD}=\dfrac{36}{5}$(cm) 답 $\dfrac{36}{5}$ cm

0483

$\overline{AD}^2=\overline{BD}\times\overline{CD}$이므로

$4^2=\overline{BD}\times2$ ∴ $\overline{BD}=8$(cm)

∴ $\triangle ABC=\dfrac{1}{2}\times(8+2)\times4=20$(cm²) 답 20 cm²

0484

$\overline{AD}=\overline{BC}=5$(cm)이고 $\overline{AD}^2=\overline{DH}\times\overline{DB}$이므로

$5^2=4\times\overline{BD}$ ∴ $\overline{BD}=\dfrac{25}{4}$(cm) ······ 40%

∴ $\overline{BH}=\overline{BD}-\overline{DH}=\dfrac{25}{4}-4=\dfrac{9}{4}$(cm) ······ 20%

$\overline{AH}^2=\overline{BH}\times\overline{DH}=\dfrac{9}{4}\times4=9$ ∴ $\overline{AH}=3$(cm) ······ 40%

답 3 cm

0485

$\triangle DBC$와 $\triangle PDO$에서

$\angle DBC=\angle PDO$ (엇각), $\angle DCB=\angle POD=90°$이므로

$\triangle DBC\backsim\triangle PDO$ (AA 닮음)

이때 $\overline{DC}:\overline{PO}=\overline{BC}:\overline{DO}$이므로

$9:4.5=12:\overline{DO}$ ∴ $\overline{DO}=6$(cm) 답 6 cm

보충 설명

직사각형 ABCD에서 크기가 같은 각을 표시한 후 닮음인 두 삼각형을 찾는다.

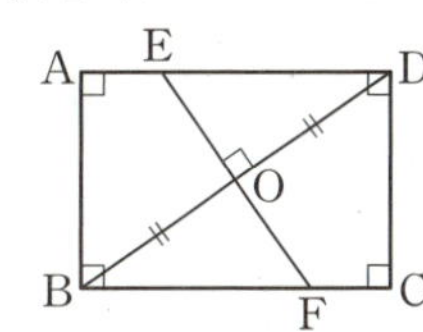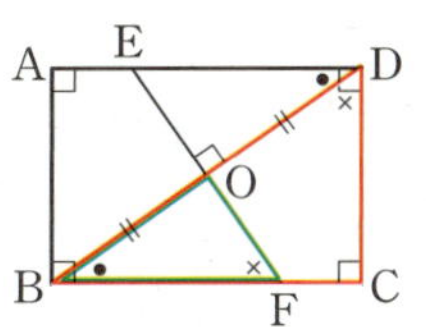

(1) $\triangle DBC$와 $\triangle FBO$에서 $\angle B$는 공통,

$\angle BCD=\angle BOF=90°$이므로

$\triangle DBC\backsim\triangle FBO$ (AA 닮음)

(2) $\triangle FBO\equiv\triangle EDO$ (ASA 합동)이므로 $\overline{FO}=\overline{EO}$

0486

$\triangle ABE$와 $\triangle ADF$에서 $\angle ABE=\angle ADF$

$\angle AEB=\angle AFD=90°$이므로

$\triangle ABE\backsim\triangle ADF$ (AA 닮음)

이때 $\overline{AE}:\overline{AF}=\overline{BE}:\overline{DF}$이므로

$6:8=\overline{BE}:2$ ∴ $\overline{BE}=\dfrac{3}{2}$(cm) 답 $\dfrac{3}{2}$ cm

0487

$\triangle BCE$와 $\triangle FDE$에서 $\angle BCE=\angle FDE=90°$,

$\angle BEC=\angle FED$ (맞꼭지각)이므로

$\triangle BCE\backsim\triangle FDE$ (AA 닮음)

$\overline{DF}=\overline{AF}-\overline{AD}=16-12=4(cm)$이고

$\overline{BC}:\overline{FD}=\overline{BE}:\overline{FE}$이므로

$12:4=\overline{BE}:5$ $\therefore \overline{BE}=15(cm)$ 답 15 cm

0488

$\triangle ABC$와 $\triangle FEC$에서 $\angle B=\angle FEC=90°$, $\angle C$는 공통이므로

$\triangle ABC\backsim\triangle FEC$ (AA 닮음)

$\square DBEF$의 한 변의 길이를 x cm라고 하면

$\overline{AB}:\overline{FE}=\overline{BC}:\overline{EC}$이므로 $10:x=15:(15-x)$

$15x=150-10x$, $25x=150$ $\therefore x=6$

$\therefore \square DBEF=6\times 6=36(cm^2)$ 답 $36\ cm^2$

0489

$\triangle ABC'$과 $\triangle DC'E$에서 $\angle A=\angle D=90°$,

$\angle ABC'=90°-\angle AC'B=\angle DC'E$이므로

$\triangle ABC'\backsim\triangle DC'E$ (AA 닮음)

이때 $\overline{AB}:\overline{DC'}=\overline{AC'}:\overline{DE}$이므로

$6:(10-8)=8:\overline{DE}$ $\therefore \overline{DE}=\dfrac{8}{3}(cm)$ 답 $\dfrac{8}{3}$ cm

0490

$\triangle BED$와 $\triangle CFE$에서

$\angle B=\angle C=60°$, $\angle BDE=120°-\angle BED=\angle CEF$이므로

$\triangle BED\backsim\triangle CFE$ (AA 닮음)

이때 $\overline{BD}:\overline{CE}=\overline{DE}:\overline{EF}$이므로

$(15-7):10=7:\overline{EF}$ $\therefore \overline{EF}=\dfrac{35}{4}(cm)$

$\therefore \overline{AF}=\overline{EF}=\dfrac{35}{4}(cm)$ 답 $\dfrac{35}{4}$ cm

보충 설명

정삼각형 ABC에서 크기가 같은 각을 표시한 후 닮음인 두 삼각형을 찾는다.

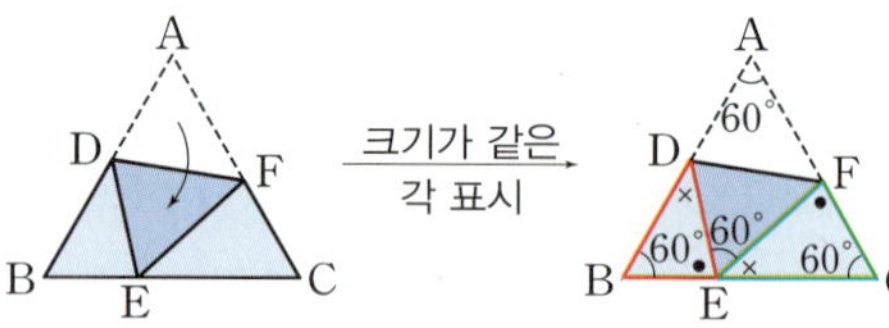

위의 그림의 $\triangle DBE$와 $\triangle ECF$에서

$\triangle ABC$는 정삼각형이므로 $\angle B=\angle C=60°$ ...... ㉠

$\triangle DBE$에서 $\angle BDE+\angle DEB=180°-60°=120°$

$\angle BEC=180°$ (평각)이므로

$\angle DEB+\angle CEF=180°-60°=120°$

$\therefore \angle BDE=\angle CEF$ ...... ㉡

㉠, ㉡에서 $\triangle DBE\backsim\triangle ECF$ (AA 닮음)

0491

$\angle PBD=\angle DBC$ (접은 각), $\angle DBC=\angle PDB$ (엇각)이므로

$\angle PBD=\angle PDB$

즉 $\triangle PBD$는 $\overline{PB}=\overline{PD}$인 이등변삼각형이다.

$\therefore \overline{BQ}=\overline{DQ}=\dfrac{1}{2}\times 10=5(cm)$

$\triangle PBQ$와 $\triangle DBC$에서

$\angle PBQ=\angle DBC$, $\angle PQB=\angle DCB=90°$이므로

$\triangle PBQ\backsim\triangle DBC$ (AA 닮음)

이때 $\overline{BQ}:\overline{BC}=\overline{PQ}:\overline{DC}$이므로 $5:8=\overline{PQ}:6$

$\therefore \overline{PQ}=\dfrac{15}{4}(cm)$ 답 $\dfrac{15}{4}$ cm

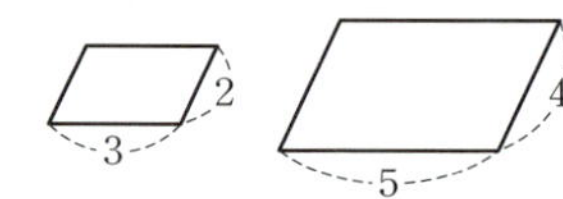
실력 콕콕 본문 | 89~91쪽

0492 ⑤	**0493** 4개	**0494** 21 cm	**0495** $\dfrac{40}{3}$ cm
0496 ③	**0497** ⑤	**0498** $648\pi\ cm^3$	
0499 ④	**0500** 12 cm	**0501** $\dfrac{45}{4}$	**0502** 9 cm
0503 $\dfrac{1}{2}$ cm	**0504** 16 cm	**0505** ③	**0506** $36\ cm^2$
0507 3 cm	**0508** ③	**0509** ③	**0510** $\dfrac{40}{3}$ cm
0511 ③	**0512** $\dfrac{8}{5}$ cm	**0513** 4 : 1	

0492

⑤ 다음 그림과 같은 두 평행사변형은 항상 닮음인 평면도형이 아니다.

답 ⑤

0493

항상 닮은 도형인 것은 ㄱ, ㄷ, ㅁ, ㅂ의 4개이다. 답 4개

0494

$\overline{AB}:\overline{DE}=2:3$이므로 $5:\overline{DE}=2:3$

$\therefore \overline{DE}=\dfrac{15}{2}(cm)$

$\overline{AC}:\overline{DF}=2:3$이므로 $3:\overline{DF}=2:3$

$\therefore \overline{DF}=\dfrac{9}{2}(cm)$

$\therefore (\triangle DEF의 둘레의 길이)=\overline{DE}+\overline{EF}+\overline{FD}$

$=\dfrac{15}{2}+9+\dfrac{9}{2}=21(cm)$ 답 21 cm

0495

$\overline{AB} : \overline{DE} = \overline{AD} : \overline{DC} = 36 : 24 = 3 : 2$이므로

$24 : \overline{DE} = 3 : 2$, $\overline{DE} = 16(\text{cm})$

$\overline{AE} = \overline{AD} - \overline{DE} = 36 - 16 = 20(\text{cm})$

또, $\overline{AB} : \overline{AG} = \overline{AD} : \overline{AE} = 36 : 20 = 9 : 5$이므로

$24 : \overline{AG} = 9 : 5$ $\quad \therefore \overline{AG} = \dfrac{40}{3}(\text{cm})$ 탑 $\dfrac{40}{3}$ cm

0496

① $\overline{F'G'} = \overline{A'D'} = 20$ cm이므로 $\overline{FG} : \overline{F'G'} = 15 : 20 = 3 : 4$

② $\overline{DH} : \overline{D'H'} = 3 : 4$이므로

$\overline{DH} : 16 = 3 : 4$ $\quad \therefore \overline{DH} = 12(\text{cm})$

③ $\overline{AB} = \overline{GH} = 9$ cm이고 $\overline{AB} : \overline{A'B'} = 3 : 4$이므로

$9 : \overline{A'B'} = 3 : 4$ $\quad \therefore \overline{A'B'} = 12(\text{cm})$

따라서 옳지 않은 것은 ③이다. 탑 ③

0497

두 원기둥의 닮음비는 밑면의 반지름의 길이의 비와 같으므로

$8 : 10 = 4 : 5$

원기둥 B의 높이를 h cm라고 하면 $12 : h = 4 : 5$

$\therefore h = 15$

따라서 원기둥 B의 부피는 $\pi \times 10^2 \times 15 = 1500\pi(\text{cm}^3)$ 탑 ⑤

0498

물이 채워진 부분과 그릇은 서로 닮은 도형이고

닮음비는 $3 : 4$이다.

수면의 반지름의 길이를 r cm라고 하면

$r : 12 = 3 : 4$ $\quad \therefore r = 9$

물의 높이를 h cm라고 하면 $h : 32 = 3 : 4$ $\quad \therefore h = 24$

따라서 물의 부피는 $\dfrac{1}{3} \times \pi \times 9^2 \times 24 = 648\pi(\text{cm}^3)$ 탑 648π cm³

0499

④ $\angle A = 70°$, $\angle D = 50°$이면

$\triangle ABC$에서 $\angle B = 180° - (70° + 50°) = 60°$

$\triangle ABC$와 $\triangle FED$에서

$\angle B = \angle E = 60°$, $\angle C = \angle D = 50°$이므로

$\triangle ABC \backsim \triangle FED$ (AA 닮음) 탑 ④

0500

$\triangle ABC$와 $\triangle BCD$에서

$\overline{AB} : \overline{BC} = 4 : 6 = 2 : 3$

$\overline{BC} : \overline{CD} = 6 : 9 = 2 : 3$, $\angle ABC = \angle BCD$이므로

$\triangle ABC \backsim \triangle BCD$ (SAS 닮음)

이때 $\overline{AC} : \overline{BD} = 2 : 3$이므로 $8 : \overline{BD} = 2 : 3$

$\therefore \overline{BD} = 12(\text{cm})$ 탑 12 cm

0501

$\triangle ABC$와 $\triangle ADB$에서

$\overline{AB} : \overline{AD} = 12 : 9 = 4 : 3$,

$\overline{AC} : \overline{AB} = 16 : 12 = 4 : 3$, $\angle A$는 공통이므로

$\triangle ABC \backsim \triangle ADB$ (SAS 닮음)

이때 $\overline{BC} : \overline{DB} = 4 : 3$이므로 $15 : \overline{BD} = 4 : 3$

$\therefore \overline{BD} = \dfrac{45}{4}$ 탑 $\dfrac{45}{4}$

0502

$\triangle ABC$와 $\triangle DBE$에서 $\overline{AB} : \overline{DB} = 12 : 8 = 3 : 2$

$\overline{BC} : \overline{BE} = (8+1) : 6 = 3 : 2$, $\angle B$는 공통이므로

$\triangle ABC \backsim \triangle DBE$ (SAS 닮음)

이때 $\overline{AC} : \overline{DE} = 3 : 2$이므로 $\overline{AC} : 6 = 3 : 2$

$\therefore \overline{AC} = 9(\text{cm})$ 탑 9 cm

0503

$\triangle ABC$와 $\triangle EBD$에서

$\angle A = \angle BED$, $\angle B$는 공통이므로

$\triangle ABC \backsim \triangle EBD$ (AA 닮음)

이때 $\overline{AB} : \overline{EB} = \overline{BC} : \overline{BD}$이므로

$\overline{AB} : 3 = 6 : 4$ $\quad \therefore \overline{AB} = \dfrac{9}{2}(\text{cm})$

$\therefore \overline{AD} = \overline{AB} - \overline{DB} = \dfrac{9}{2} - 4 = \dfrac{1}{2}(\text{cm})$ 탑 $\dfrac{1}{2}$ cm

0504

$\overline{BD} = \overline{CD} = \dfrac{1}{2}\overline{BC} = \dfrac{1}{2} \times 48 = 24(\text{cm})$이므로

$\overline{BF} = \overline{DF} = \dfrac{1}{2}\overline{BD} = \dfrac{1}{2} \times 24 = 12(\text{cm})$

$\triangle ABC$와 $\triangle FBE$에서

$\angle A = \angle BEF = 90°$, $\angle B$는 공통이므로

$\triangle ABC \backsim \triangle FBE$ (AA 닮음)

이때 $\overline{BA} : \overline{BF} = \overline{BC} : \overline{BE}$이므로

$36 : 12 = 48 : \overline{BE}$ $\quad \therefore \overline{BE} = 16(\text{cm})$ 탑 16 cm

0505

$\triangle ABE$와 $\triangle CBD$에서 $\angle ABE = \angle CBD$,

$\angle A = \angle C$이므로

$\triangle ABE \backsim \triangle CBD$ (AA 닮음)

이때 $\overline{AB} : \overline{CB} = \overline{AE} : \overline{CD}$이므로

$6 : 9 = \overline{AE} : 6$ $\quad \therefore \overline{AE} = 4(\text{cm})$

$\therefore \overline{DE} = \overline{AD} - \overline{AE} = 9 - 4 = 5(\text{cm})$ 탑 ③

0506

△AMD와 △EMC에서 ∠AMD=∠EMC (맞꼭지각),
$\overline{DM}=\overline{CM}$, ∠ADM=∠ECM=90°이므로
△AMD≡△EMC (ASA합동)
이때 $\overline{EC}=\overline{AD}=6(cm)$이므로 $\overline{BE}=6+6=12(cm)$
△APD와 △EPB에서
∠APD=∠EPB (맞꼭지각), ∠DAP=∠BEP (엇각)이므로
△APD∽△EPB(AA 닮음)이고,
닮음비는 $\overline{AD}:\overline{EB}=6:12=1:2$
따라서 △PBE의 높이는 $9\times\dfrac{2}{3}=6(cm)$
∴ $\triangle PBE=\dfrac{1}{2}\times12\times6=36(cm^2)$ 　　　　답 36 cm²

0507

△ADC와 △BEC에서
∠ADC=∠BEC=90°, ∠C는 공통이므로
△ADC∽△BEC (AA 닮음)
이때 $\overline{DC}=\dfrac{1}{3}\overline{BC}=\dfrac{1}{3}\times18=6(cm)$이고
$\overline{AC}:\overline{BC}=\overline{DC}:\overline{EC}$이므로
$12:18=6:\overline{EC}$　　∴ $\overline{EC}=9(cm)$
∴ $\overline{AE}=\overline{AC}-\overline{EC}=12-9=3(cm)$ 　　　　답 3 cm

0508

△ABC와 △DEF에서
∠EDF=∠BAD+∠ABD=∠BAF+∠CAF=∠BAC
∠DEF=∠EBC+∠BCE=∠EBC+∠ABD=∠ABC
이므로 △ABC∽△DEF(AA 닮음)
이때 $\overline{AB}:\overline{DE}=\overline{AC}:\overline{DF}$이므로
$7:\overline{DE}=10:5$　　∴ $\overline{DE}=\dfrac{7}{2}(cm)$
$\overline{BC}:\overline{EF}=\overline{AC}:\overline{DF}$이므로
$13:\overline{EF}=10:5$　　∴ $\overline{EF}=\dfrac{13}{2}(cm)$
∴ (△DEF의 둘레의 길이)$=\overline{DE}+\overline{EF}+\overline{FD}$
$\qquad\qquad\qquad\qquad=\dfrac{7}{2}+\dfrac{13}{2}+5=15(cm)$ 　　답 ③

0509

$\overline{AD}=\overline{BC}=10\ cm$, $\overline{AC'}:\overline{C'D}=3:2$이므로
$\overline{AC'}=10\times\dfrac{3}{5}=6(cm)$, $\overline{C'D}=10-6=4(cm)$
△ABC'∽△DC'P(AA 닮음)이므로
$\overline{AB}:\overline{DC'}=\overline{AC'}:\overline{DP}$, $8:4=6:\overline{DP}$
∴ $\overline{DP}=3(cm)$

$\overline{AB}:\overline{DC'}=\overline{BC'}:\overline{C'P}$, $8:4=10:\overline{C'P}$
∴ $\overline{C'P}=5(cm)$
직각삼각형 DC'P에서 $\overline{DP}^2=\overline{PH}\times\overline{PC'}$이므로
$3^2=\overline{PH}\times5$　　∴ $\overline{PH}=\dfrac{9}{5}(cm)$ 　　답 ③

0510

□ABCD는 한 변의 길이가 $10+6=16(cm)$인 정사각형이므로
$\overline{BC}=\overline{DC}=16(cm)$, $\overline{BP}=\overline{BC}-\overline{PC}=16-8=8(cm)$,
$\overline{PF}=\overline{DF}=10(cm)$
△QBP와 △PCF에서 ∠B=∠C=90°,
∠BQP=90°−∠BPQ=∠CPF이므로
△QBP∽△PCF (AA 닮음)
이때 $\overline{PQ}:\overline{FP}=\overline{BP}:\overline{CF}$이므로 $\overline{PQ}:10=8:6$
∴ $\overline{PQ}=\dfrac{40}{3}(cm)$ 　　답 $\dfrac{40}{3}$ cm

0511

△ABE와 △ECD에서 ∠B=∠C 　　　　……㉠
△ABE는 $\overline{AB}=\overline{AE}$인 이등변삼각형이므로 ∠AEB=∠B
△ECD는 $\overline{EC}=\overline{ED}$인 이등변삼각형이므로 ∠EDC=∠C
∴ ∠AEB=∠EDC 　　　　……㉡
㉠, ㉡에서 △ABE∽△ECD (AA 닮음)
이때 $\overline{AB}:\overline{EC}=\overline{BE}:\overline{CD}$이므로 $9:6=6:\overline{CD}$
∴ $\overline{CD}=4(cm)$ 　　답 ③

0512

∠B=∠C=60° 　　　　……㉠
∠BED=120°−∠BDE=∠CDA 　　　　……㉡
㉠, ㉡에서 △EBD∽△DCA (AA 닮음)
이때 $\overline{AC}=\overline{BC}=10(cm)$이고 $\overline{BE}:\overline{CD}=\overline{BD}:\overline{CA}$이므로
$\overline{BE}:2=8:10$　　∴ $\overline{BE}=\dfrac{8}{5}(cm)$ 　　답 $\dfrac{8}{5}$ cm

0513

A4 용지의 짧은 변의 길이를 a라고 하면
A6 용지의 짧은 변의 길이는 $\dfrac{1}{2}a$
A8 용지의 짧은 변의 길이는 $\dfrac{1}{2}\times\dfrac{1}{2}a=\dfrac{1}{4}a$
따라서 A4 용지와 A8 용지의 닮음비는 $a:\dfrac{1}{4}a=4:1$ 　　답 4 : 1

서술형 콕콕

0514 16π cm	**0515** 16π cm	**0516** $\dfrac{15}{2}$ cm	**0517** 7 cm
0518 6	**0519** 31	**0520** $\dfrac{21}{2}$ cm	**0521** $\dfrac{35}{2}$ cm
0522 $\dfrac{15}{2}$ cm	**0523** 15 cm	**0524** $\dfrac{24}{5}$ cm	**0525** $\dfrac{18}{5}$ cm

0514

단계 1 두 원기둥 A, B의 높이의 비가 $7:14=1:2$이므로
닮음비는 $1:2$이다.

단계 2 원기둥 B의 밑면의 반지름의 길이를 r cm라고 하면
$4:r=1:2$이므로 $r=8$
따라서 원기둥 B의 밑면의 반지름의 길이는 8 cm이다.

단계 3 원기둥 B의 밑면의 둘레의 길이는 $2\pi\times8=16\pi$(cm)이다.

답 16π cm

0515

두 원뿔 A, B의 모선의 길이의 비가 $10:15=2:3$이므로
닮음비는 $2:3$이다. $\cdots\cdots$ 40%
원뿔 A의 밑면의 반지름의 길이를 r cm라고 하면
$r:12=2:3$ $\quad\therefore r=8$ $\cdots\cdots$ 40%
따라서 원뿔 A의 밑면의 둘레의 길이는
$2\pi\times8=16\pi$(cm)이다. $\cdots\cdots$ 20%

답 16π cm

0516

단계 1 $\triangle ABC$와 $\triangle ADB$에서
$\angle ACB=\angle ABD$, $\angle A$는 공통이므로
$\triangle ABC\backsim\triangle ADB$ (AA 닮음)

단계 2 닮음비는 $\overline{AB}:\overline{AD}=9:6=3:2$

단계 3 $\overline{AC}:\overline{AB}=3:2$이므로
$\overline{AC}:9=3:2$ $\quad\therefore \overline{AC}=\dfrac{27}{2}$(cm)
$\therefore \overline{CD}=\overline{AC}-\overline{AD}=\dfrac{27}{2}-6=\dfrac{15}{2}$(cm)

답 $\dfrac{15}{2}$ cm

0517

$\triangle ABC$와 $\triangle ACD$에서
$\angle ABC=\angle ACD$, $\angle A$는 공통이므로
$\triangle ABC\backsim\triangle ACD$ (AA 닮음) $\cdots\cdots$ 40%
$\triangle ABC$와 $\triangle ACD$의 닮음비는
$\overline{AC}:\overline{AD}=12:9=4:3$ $\cdots\cdots$ 20%
$\overline{AB}:\overline{AC}=4:3$이므로 $\overline{AB}:12=4:3$
$\therefore \overline{AB}=16$(cm)
$\therefore \overline{BD}=\overline{AB}-\overline{AD}=16-9=7$(cm) $\cdots\cdots$ 40%

답 7 cm

0518

단계 1 $\overline{AH}^2=\overline{BH}\times\overline{CH}$이므로
$3^2=4\times\overline{CH}$ $\quad\therefore \overline{CH}=\dfrac{9}{4}$(cm) $\quad\therefore x=\dfrac{9}{4}$

단계 2 $\overline{AC}^2=\overline{CH}\times\overline{CB}=\dfrac{9}{4}\times\dfrac{25}{4}=\dfrac{225}{16}$
$\therefore \overline{AC}=\dfrac{15}{4}$(cm) $\quad\therefore y=\dfrac{15}{4}$

단계 3 $x+y=\dfrac{9}{4}+\dfrac{15}{4}=6$

답 6

0519

$\overline{BD}^2=\overline{AD}\times\overline{CD}$이므로
$12^2=9\times\overline{CD}$ $\quad\therefore \overline{CD}=16$(cm) $\quad\therefore x=16$ $\cdots\cdots$ 40%
$\overline{AB}^2=\overline{AD}\times\overline{AC}=9\times25=225$
$\therefore \overline{AB}=15$(cm) $\quad\therefore y=15$ $\cdots\cdots$ 40%
$\therefore x+y=16+15=31$ $\cdots\cdots$ 20%

답 31

0520

단계 1 $\overline{AD}=\overline{ED}=7$(cm)이므로 $\overline{BC}=\overline{AB}=7+8=15$(cm)
$\therefore \overline{EC}=\overline{BC}-\overline{BE}=15-3=12$(cm)

단계 2 $\triangle DBE$와 $\triangle ECF$에서 $\angle B=\angle C=60°$,
$\angle BDE=120°-\angle BED=\angle CEF$이므로
$\triangle DBE\backsim\triangle ECF$(AA 닮음)

단계 3 $\overline{DB}:\overline{EC}=\overline{DE}:\overline{EF}$이므로
$8:12=7:\overline{EF}$ $\quad\therefore \overline{EF}=\dfrac{21}{2}$(cm)
$\therefore \overline{AF}=\overline{EF}=\dfrac{21}{2}$(cm)

답 $\dfrac{21}{2}$ cm

0521

$\overline{AD}=\overline{ED}=14$(cm)이므로 $\overline{BC}=\overline{AB}=16+14=30$(cm)
$\overline{EC}=\overline{BC}-\overline{BE}=30-10=20$(cm) $\cdots\cdots$ 30%
$\triangle DBE$와 $\triangle ECF$에서 $\angle B=\angle C=60°$,
$\angle BDE=120°-\angle BED=\angle CEF$이므로
$\triangle DBE\backsim\triangle ECF$(AA 닮음) $\cdots\cdots$ 40%
이때 $\overline{DB}:\overline{EC}=\overline{DE}:\overline{EF}$이므로
$16:20=14:\overline{EF}$ $\quad\therefore \overline{EF}=\dfrac{35}{2}$(cm)
$\therefore \overline{AF}=\overline{EF}=\dfrac{35}{2}$(cm) $\cdots\cdots$ 30%

답 $\dfrac{35}{2}$ cm

0522

단계 1 △DBC와 △FBO에서

∠BCD=∠BOF=90°, ∠B는 공통이므로

△DBC∽△FBO(AA 닮음)

이때 $\overline{BC}:\overline{BO}=\overline{DC}:\overline{FO}$이므로

$8:5=6:\overline{FO}$ $\quad$ ∴ $\overline{FO}=\dfrac{15}{4}$(cm)

단계 2 △FBO와 △EDO에서

$\overline{BO}=\overline{DO}$, ∠BOF=∠DOE=90°,

∠OBF=∠ODE (엇각)이므로

△FBO≡△EDO (ASA 합동)

이때 $\overline{EO}=\overline{FO}=\dfrac{15}{4}$(cm)이므로

$\overline{EF}=\overline{EO}+\overline{FO}=\dfrac{15}{4}+\dfrac{15}{4}=\dfrac{15}{2}$(cm)

답 $\dfrac{15}{2}$ cm

0523

△ABC와 △FOA에서

∠ABC=∠FOA=90°, ∠BCA=∠OAF (엇각)이므로

△ABC∽△FOA(AA 닮음)

이때 $\overline{AB}:\overline{FO}=\overline{BC}:\overline{OA}$이므로 $12:\overline{FO}=16:10$

∴ $\overline{FO}=\dfrac{15}{2}$(cm) $\quad$ ⋯⋯ 50%

한편 △AOF와 △COE에서 ∠AOF=∠COE=90°

$\overline{OA}=\overline{OC}$, ∠FAO=∠ECO (엇각)이므로

△AOF≡△COE(ASA 합동)

이때 $\overline{EO}=\overline{FO}=\dfrac{15}{2}$(cm)이므로

$\overline{EF}=\overline{EO}+\overline{FO}=\dfrac{15}{2}+\dfrac{15}{2}=15$(cm) $\quad$ ⋯⋯ 50%

답 15 cm

0524

단계 1 점 M은 $\overline{BC}$의 중점이므로 △ABC의 외심이다. 즉

$\overline{AM}=\overline{BM}=\overline{CM}=\dfrac{1}{2}\overline{BC}=\dfrac{1}{2}\times20=10$(cm)

단계 2 $\overline{AD}^2=\overline{DB}\times\overline{DC}=4\times16=64$ $\quad$ ∴ $\overline{AD}=8$(cm)

단계 3 $\overline{DM}=\overline{BM}-\overline{BD}=10-4=6$(cm)이고

△DAM에서 $\overline{AD}\times\overline{DM}=\overline{AM}\times\overline{DH}$이므로

$8\times6=10\times\overline{DH}$

∴ $\overline{DH}=\dfrac{24}{5}$(cm)

답 $\dfrac{24}{5}$ cm

0525

점 M은 $\overline{BC}$의 중점이므로 △ABC의 외심이다. 즉

$\overline{AM}=\overline{BM}=\overline{CM}=\dfrac{1}{2}\overline{BC}=\dfrac{1}{2}\times15=\dfrac{15}{2}$(cm) $\quad$ ⋯⋯ 30%

$\overline{AD}^2=\overline{DB}\times\overline{DC}=12\times3=36$

∴ $\overline{AD}=6$(cm) $\quad$ ⋯⋯ 30%

$\overline{MD}=\overline{MC}-\overline{DC}=\dfrac{15}{2}-3=\dfrac{9}{2}$(cm)이고

△DAM에서 $\overline{AD}\times\overline{MD}=\overline{AM}\times\overline{DH}$이므로

$6\times\dfrac{9}{2}=\dfrac{15}{2}\times\overline{DH}$

∴ $\overline{DH}=\dfrac{18}{5}$(cm) $\quad$ ⋯⋯ 40%

답 $\dfrac{18}{5}$ cm

2 평행선 사이의 선분의 길이의 비

개념 콕콕   본문 | 95, 97쪽

0526

$\boxdot$ (1) $\overline{AE}$, $\overline{DE}$ (2) $\overline{EC}$ (3) $\overline{AC}$

0527

(1) $12 : x = 15 : 10$

    $\therefore x = 8$

(2) $4 : (4+2) = 8 : x$

    $\therefore x = 12$

(3) $3 : 2 = x : 6$

    $\therefore x = 9$

(4) $10 : (15-10) = 6 : x$

    $\therefore x = 3$

$\boxdot$ (1) 8 (2) 12 (3) 9 (4) 3

0528

(1) $6 : 4 = 4 : x$ $\therefore x = \dfrac{8}{3}$

(2) $x : 4 = 9 : 6$ $\therefore x = 6$

(3) $x : 15 = 7 : 21$ $\therefore x = 5$

(4) $2 : x = 4 : (4+8)$ $\therefore x = 6$

$\boxdot$ (1) $\dfrac{8}{3}$ (2) 6 (3) 5 (4) 6

0529

(1) $\overline{AD} : \overline{DB} = \overline{AE} : \overline{EC}$이므로 $\overline{BC} /\!/ \overline{DE}$이다.

(2) $\overline{AB} : \overline{AD} \neq \overline{AC} : \overline{AE}$이므로 $\overline{BC}$와 $\overline{DE}$는 평행하지 않다.

(3) $\overline{AB} : \overline{AD} = \overline{AC} : \overline{AE}$이므로 $\overline{BC} /\!/ \overline{DE}$이다.

(4) $\overline{AB} : \overline{AD} \neq \overline{AC} : \overline{AE}$이므로 $\overline{BC}$와 $\overline{DE}$는 평행하지 않다.

$\boxdot$ (1) ○ (2) × (3) ○ (4) ×

0530

(1) $8 : 5 = 4 : x$ $\therefore x = \dfrac{5}{2}$

(2) $4 : x = 2 : (5-2)$ $\therefore x = 6$

$\boxdot$ (1) $\dfrac{5}{2}$ (2) 6

0531

(1) $4 : 3 = 8 : x$ $\therefore x = 6$

(2) $x : 6 = (4+8) : 8$ $\therefore x = 9$

$\boxdot$ (1) 6 (2) 9

0532

(1) $6 : x = 5 : 10$ $\therefore x = 12$

(2) $(21-7) : 7 = x : 8$ $\therefore x = 16$

(3) $9 : 6 = x : 4$ $\therefore x = 6$

(4) $20 : x = 25 : 20$ $\therefore x = 16$

$\boxdot$ (1) 12 (2) 16 (3) 6 (4) 16

0533

(1) □AGFD는 평행사변형이므로 $\overline{GF} = \overline{AD} = 5$

(2) □AHCD는 평행사변형이므로 $\overline{HC} = \overline{AD} = 5$

    $\therefore \overline{BH} = \overline{BC} - \overline{HC} = 8 - 5 = 3$

(3) △ABH에서 $\overline{EG} /\!/ \overline{BH}$이므로 $\overline{EG} : \overline{BH} = \overline{AE} : \overline{AB}$

    $\overline{EG} : 3 = 4 : (4+2)$ $\therefore \overline{EG} = 2$

(4) $\overline{EF} = \overline{EG} + \overline{GF} = 2 + 5 = 7$

$\boxdot$ (1) 5 (2) 3 (3) 2 (4) 7

0534

(1) △ABC에서 $\overline{EG} /\!/ \overline{BC}$이므로

    $\overline{EG} : \overline{BC} = \overline{AE} : \overline{AB}$

    $\overline{EG} : 20 = 6 : (6+9)$ $\therefore \overline{EG} = 8$

(2) $\overline{AD} /\!/ \overline{EF} /\!/ \overline{BC}$이므로

    $\overline{CF} : \overline{CD} = \overline{BE} : \overline{BA} = 9 : (9+6) = 3 : 5$

    △CDA에서 $\overline{AD} /\!/ \overline{GF}$이므로 $\overline{GF} : \overline{AD} = \overline{CF} : \overline{CD}$

    $\overline{GF} : 15 = 3 : 5$ $\therefore \overline{GF} = 9$

(3) $\overline{EF} = \overline{EG} + \overline{GF} = 8 + 9 = 17$

$\boxdot$ (1) 8 (2) 9 (3) 17

0535

$\boxdot$ (1) △CDE, $\overline{DE}$, $\overline{CD}$, 12, 2, 3

(2) $\overline{CA}$, 5, $\dfrac{24}{5}$

(3) $\overline{BD}$, 2, $\dfrac{24}{5}$

0536 24	**0537** 12	**0538** $\frac{10}{3}$ cm	**0539** $\frac{24}{5}$
0540 21	**0541** 40 cm	**0542** ⑤	**0543** 4
0544 3	**0545** 4 cm	**0546** 3 cm	**0547** ①
0548 $\frac{15}{2}$ cm	**0549** 9 cm	**0550** ⑤	**0551** ①, ⑤
0552 ③	**0553** ㈎ ∠A ㈏ SAS ㈐ ∠ADE		
0554 ⑤	**0555** ②	**0556** ③	**0557** ③
0558 ①	**0559** $\frac{12}{5}$ cm	**0560** 7 cm	**0561** $\frac{8}{3}$ cm
0562 ③	**0563** ④	**0564** 12 cm	**0565** ③
0566 ⑤	**0567** ③	**0568** 15 cm	**0569** 20 cm²
0570 ⑤	**0571** ⑤	**0572** 8	**0573** ①
0574 $\frac{15}{2}$	**0575** ④	**0576** 64	**0577** ②
0578 60	**0579** 10 cm	**0580** ②	**0581** 6 cm
0582 17 cm	**0583** 24	**0584** 195	**0585** 6 cm
0586 ③	**0587** $\frac{36}{5}$ cm	**0588** 12 cm	**0589** ④
0590 6 cm	**0591** $\frac{28}{5}$	**0592** ③	**0593** 45 cm²

0536

$\overline{AD} : \overline{DB} = \overline{AE} : \overline{EC}$ 이므로 $6 : 9 = x : 6$ $\quad \therefore x = 4$

$\overline{AB} : \overline{AD} = \overline{BC} : \overline{DE}$ 이므로 $(6+9) : 6 = y : 8$ $\quad \therefore y = 20$

$\therefore x + y = 4 + 20 = 24$ 　　　　　　**目** 24

0537

$\overline{AB} : \overline{AD} = \overline{BC} : \overline{DE}$ 이므로 $(16+4) : 16 = 15 : \overline{DE}$

$\therefore \overline{DE} = 12$ 　　　　　　**目** 12

0538

△AFD에서 $\overline{AD} /\!/ \overline{EC}$ 이므로 $\overline{FC} : \overline{FD} = \overline{EC} : \overline{AD}$

$3 : (3+6) = \overline{EC} : 5$ $\quad \therefore \overline{EC} = \frac{5}{3}$ (cm)

$\therefore \overline{BE} = \overline{BC} - \overline{EC} = 5 - \frac{5}{3} = \frac{10}{3}$ (cm) 　　**目** $\frac{10}{3}$ cm

0539

$\overline{BE} = \overline{EF} = x$ 라고 하면 $\overline{CE} = 12 - x$

$\overline{AB} /\!/ \overline{FE}$ 이므로 $\overline{CE} : \overline{CB} = \overline{FE} : \overline{AB}$

$(12 - x) : 12 = x : 8$ $\quad \therefore x = \frac{24}{5}$

$\therefore \overline{EF} = \frac{24}{5}$ 　　　　　　**目** $\frac{24}{5}$

0540

$\overline{AB} : \overline{AD} = \overline{AC} : \overline{AE}$ 이므로 $18 : x = 12 : 4$ $\quad \therefore x = 6$

$\overline{AC} : \overline{AE} = \overline{BC} : \overline{DE}$ 이므로 $12 : 4 = y : 5$ $\quad \therefore y = 15$

$\therefore x + y = 6 + 15 = 21$ 　　　　　　**目** 21

0541

$\overline{AB} : \overline{AD} = \overline{AC} : \overline{AE}$ 이므로

$\overline{AB} : 6 = 10 : 5$ $\quad \therefore \overline{AB} = 12$ (cm)

$\overline{AC} : \overline{AE} = \overline{BC} : \overline{DE}$ 이므로 $10 : 5 = \overline{BC} : 9$

$\therefore \overline{BC} = 18$ (cm)

$\therefore$ (△ABC의 둘레의 길이) $= \overline{AB} + \overline{BC} + \overline{CA}$

$= 12 + 18 + 10$

$= 40$ (cm) 　　　**目** 40 cm

0542

$\overline{AB} : \overline{BD} = \overline{AC} : \overline{CE}$ 이므로 $6 : 2 = 9 : x$ $\quad \therefore x = 3$

$\overline{AB} : \overline{AF} = \overline{AC} : \overline{AG}$ 이므로 $6 : y = 9 : 3$ $\quad \therefore y = 2$

$\therefore xy = 3 \times 2 = 6$ 　　　　　　**目** ⑤

0543

$\overline{GB} : \overline{GC} = \overline{AB} : \overline{CD}$ 이므로

$8 : x = 10 : (5+15)$ $\quad \therefore x = 16$ 　　……40%

△GCD에서 $\overline{DF} : \overline{DC} = \overline{EF} : \overline{GC}$ 이므로

$15 : (15+5) = y : 16$ $\quad \therefore y = 12$ 　　……40%

$\therefore x - y = 16 - 12 = 4$ 　　　　　……20%

目 4

0544

$\overline{DG} : \overline{BF} = \overline{GE} : \overline{FC}$ 이므로 $x : 5 = 6 : 9$ $\quad \therefore x = \frac{10}{3}$

$\overline{AE} : \overline{AC} = \overline{GE} : \overline{FC}$ 이므로 $y : 15 = 6 : 9$ $\quad \therefore y = 10$

$\therefore \frac{y}{x} = 10 \div \frac{10}{3} = 10 \times \frac{3}{10} = 3$ 　　　**目** 3

0545

$\overline{DG} : \overline{BF} = \overline{GE} : \overline{FC}$ 이므로

$3 : 6 = \overline{GE} : 8$ $\quad \therefore \overline{GE} = 4$ (cm) 　　**目** 4 cm

0546

$\overline{AC} : \overline{AE} = \overline{AP} : \overline{AQ} = \overline{BP} : \overline{DQ}$ 이므로

$9 : \overline{AE} = 6 : 8$ $\quad \therefore \overline{AE} = 12$ (cm)

$\therefore \overline{CE} = \overline{AE} - \overline{AC} = 12 - 9 = 3$ (cm) 　　**目** 3 cm

0547

① $3\overline{AF} = 5\overline{FH}$ 이므로 $\overline{AF} : \overline{FH} = 5 : 3$

$\overline{DF} : \overline{BH} = \overline{AF} : \overline{AH}$ 이므로 $\overline{DF} : \overline{BH} = 5 : 8$ 　　**目** ①

0548

△AFC에서 $\overline{DE} /\!/ \overline{FC}$ 이므로 $\overline{AE} : \overline{EC} = \overline{AD} : \overline{DF} = 2 : 3$

△ABC에서 $\overline{FE} /\!/ \overline{BC}$ 이므로 $\overline{AF} : \overline{FB} = \overline{AE} : \overline{EC} = 2 : 3$

$(2+3) : \overline{BF} = 2 : 3$ $\quad \therefore \overline{BF} = \frac{15}{2}$ (cm) 　　**目** $\frac{15}{2}$ cm

0549

△ADC에서 $\overline{FE}\,/\!/\,\overline{DC}$이므로

$\overline{AE}:\overline{EC}=\overline{AF}:\overline{FD}=5:3$ ····· 40%

△ABC에서 $\overline{DE}\,/\!/\,\overline{BC}$이므로

$\overline{AD}:\overline{DB}=\overline{AE}:\overline{EC}=5:3$ ····· 40%

$15:\overline{BD}=5:3$ $\therefore \overline{BD}=9(cm)$ ····· 20%

답 9 cm

0550

△ABC에서 $\overline{BC}\,/\!/\,\overline{DE}$이므로 $\overline{AE}:\overline{EC}=\overline{AD}:\overline{DB}=12:6=2:1$

△ADC에서 $\overline{DC}\,/\!/\,\overline{FE}$이므로 $\overline{AF}:\overline{FD}=\overline{AE}:\overline{EC}=2:1$

$(12-\overline{DF}):\overline{DF}=2:1$ $\therefore \overline{DF}=4(cm)$

답 ⑤

0551

① $\overline{AD}:\overline{DB}=\overline{AE}:\overline{EC}$이므로 $\overline{BC}\,/\!/\,\overline{DE}$이다.

② $\overline{AB}:\overline{AD}\neq\overline{AC}:\overline{AE}$이므로 $\overline{BC}$와 $\overline{DE}$는 평행하지 않다.

③ $\overline{AD}:\overline{DB}\neq\overline{AE}:\overline{EC}$이므로 $\overline{BC}$와 $\overline{DE}$는 평행하지 않다.

④ $\overline{AB}:\overline{AD}\neq\overline{AC}:\overline{AE}$이므로 $\overline{BC}$와 $\overline{DE}$는 평행하지 않다.

⑤ $\overline{AD}:\overline{DB}=\overline{AE}:\overline{EC}$이므로 $\overline{BC}\,/\!/\,\overline{DE}$이다.

따라서 $\overline{BC}\,/\!/\,\overline{DE}$인 것은 ①, ⑤이다.

답 ①, ⑤

0552

$\overline{BC}\,/\!/\,\overline{DE}$이려면 $\overline{AB}:\overline{AD}=\overline{AC}:\overline{AE}$이어야 하므로

$15:\overline{AD}=10:(10-4)$ $\therefore \overline{AD}=9$

답 ③

0553

답 (개) ∠A (나) SAS (다) ∠ADE

0554

① $\overline{AD}:\overline{DB}=\overline{AE}:\overline{EC}$이므로 $\overline{BC}\,/\!/\,\overline{DE}$이다.

② $\overline{AB}:\overline{AD}=\overline{AC}:\overline{AE}$이므로 $\overline{BC}\,/\!/\,\overline{DE}$이다.

③ $\overline{AB}:\overline{AD}=\overline{AC}:\overline{AE}$이므로 $\overline{BC}\,/\!/\,\overline{DE}$이다.

④ $\overline{AB}:\overline{AD}=\overline{AC}:\overline{AE}$이므로 $\overline{BC}\,/\!/\,\overline{DE}$이다.

⑤ $\overline{AD}:\overline{DB}\neq\overline{AE}:\overline{EC}$이므로 $\overline{BC}$와 $\overline{DE}$는 평행하지 않다.

따라서 $\overline{BC}\,/\!/\,\overline{DE}$가 아닌 것은 ⑤이다.

답 ⑤

0555

① $\overline{BD}:\overline{DA}=6:9=2:3$, $\overline{BE}:\overline{EC}=8:12=2:3$이므로

$\overline{BD}:\overline{DA}=\overline{BE}:\overline{EC}$ $\therefore \overline{DE}\,/\!/\,\overline{AC}$

② $\overline{AD}:\overline{DB}=9:6=3:2$, $\overline{AF}:\overline{FC}=6:9=2:3$이므로

$\overline{AD}:\overline{DB}\neq\overline{AF}:\overline{FC}$

따라서 $\overline{DF}$와 $\overline{BC}$는 평행하지 않다.

③ △CAB와 △CFE에서

$\overline{CA}:\overline{CF}=\overline{CB}:\overline{CE}=5:3$, ∠C는 공통이므로

△CAB∽△CFE (SAS 닮음)

④ $\overline{DE}\,/\!/\,\overline{AC}$이므로 ∠BDE=∠BAC (동위각)

⑤ △DBE와 △FCE에서

$\overline{BD}:\overline{CF}=6:9=2:3$, $\overline{BE}:\overline{CE}=8:12=2:3$

△ABC는 $\overline{AB}=\overline{AC}$인 이등변삼각형이므로 ∠B=∠C

$\therefore$ △DBE∽△FCE (SAS 닮음)

따라서 옳지 않은 것은 ②이다.

답 ②

0556

$\overline{AB}:\overline{AC}=\overline{BD}:\overline{CD}$이므로

$8:6=(7-\overline{CD}):\overline{CD}$ $\therefore \overline{CD}=3(cm)$

답 ③

다른 풀이

$\overline{AB}:\overline{AC}=\overline{BD}:\overline{CD}$이고

$\overline{BD}:\overline{CD}=8:6=4:3$이므로

$\overline{CD}=\dfrac{3}{7}\overline{BC}=\dfrac{3}{7}\times7=3(cm)$

0557

③ 이등변삼각형

답 ③

0558

$\overline{AB}:\overline{AC}=\overline{BD}:\overline{CD}$이므로

$\overline{AB}:8=(9-4):4$ $\therefore \overline{AB}=10(cm)$

답 ①

0559

$\overline{BD}:\overline{CD}=\overline{AB}:\overline{AC}=6:4=3:2$

$\overline{CD}:\overline{CB}=\overline{DE}:\overline{BA}$이므로

$2:5=\overline{DE}:6$ $\therefore \overline{DE}=\dfrac{12}{5}(cm)$

답 $\dfrac{12}{5}$ cm

0560

$\overline{AB}:\overline{AC}=\overline{BD}:\overline{CD}$이므로

$14:18=\overline{BD}:(16-\overline{BD})$ $\therefore \overline{BD}=7(cm)$ ····· 40%

△ABD와 △AED에서

$\overline{AB}=\overline{AE}$, ∠BAD=∠EAD, $\overline{AD}$는 공통이므로

△ABD≡△AED (SAS 합동) ····· 40%

$\therefore \overline{DE}=\overline{DB}=7(cm)$ ····· 20%

답 7 cm

0561

$\overline{BD}:\overline{CD}=\overline{AB}:\overline{AC}=16:24=2:3$

△BDE와 △CDF에서 $\overline{BE}\,/\!/\,\overline{CF}$이므로

∠BED=∠CFD=90°

∠BDE=∠CDF (맞꼭지각)이므로

△BDE∽△CDF (AA 닮음)

$\overline{DE}:\overline{DF}=\overline{BD}:\overline{CD}$이므로 $\overline{DE}:4=2:3$

$\therefore \overline{DE}=\dfrac{8}{3}(cm)$

답 $\dfrac{8}{3}$ cm

0562

△ABD : △ACD=$\overline{BD}:\overline{CD}=\overline{AB}:\overline{AC}=6:4=3:2$이므로

△ABD=$\dfrac{3}{5}$△ABC=$\dfrac{3}{5}\times15=9(cm^2)$

답 ③

0563

$\overline{BD}:\overline{CD}=\overline{AB}:\overline{AC}=5:4$

$\triangle ABD:\triangle ABC=\overline{BD}:\overline{BC}$이므로

$20:\triangle ABC=5:(5+4)$ $\quad\therefore \triangle ABC=36(cm^2)$ **답 ④**

0564

$\overline{AB}:\overline{AC}=\overline{BD}:\overline{CD}=\triangle ABD:\triangle ACD$

$\qquad\qquad =24:(60-24)=2:3$ 50%

$8:\overline{AC}=2:3$ $\quad\therefore \overline{AC}=12(cm)$ 50%

답 12 cm

0565

$\overline{AB}:\overline{AC}=\overline{BD}:\overline{CD}$이므로

$\overline{AB}:3=(2+6):6$ $\quad\therefore \overline{AB}=4(cm)$ **답 ③**

0566

⑤ $\overline{CD}$ **답 ⑤**

0567

$\overline{AB}:\overline{AC}=\overline{BD}:\overline{CD}$이므로

$3:2=9:(9-\overline{BC})$ $\quad\therefore \overline{BC}=3(cm)$ **답 ③**

0568

$\overline{AC}:\overline{AB}=\overline{CD}:\overline{BD}$이므로

$9:6=(5+\overline{BD}):\overline{BD}$ $\quad\therefore \overline{BD}=10(cm)$

$\therefore \overline{CD}=\overline{CB}+\overline{BD}=5+10=15(cm)$ **답 15 cm**

0569

$\overline{BD}:\overline{CD}=\overline{AB}:\overline{AC}=10:6=5:3$이므로

$\overline{BC}:\overline{BD}=(5-3):5=2:5$ 40%

$\triangle ABC:\triangle ABD=\overline{BC}:\overline{BD}=2:5$이므로 30%

$8:\triangle ABD=2:5$ $\quad\therefore \triangle ABD=20(cm^2)$ 30%

답 20 cm²

0570

$\overline{AB}:\overline{AC}=\overline{BP}:\overline{CP}$이므로

$12:8=6:\overline{CP}$ $\quad\therefore \overline{CP}=4(cm)$

$\overline{AB}:\overline{AC}=\overline{BQ}:\overline{CQ}$이므로

$12:8=(6+4+\overline{CQ}):\overline{CQ}$

$\therefore \overline{CQ}=20(cm)$ **답 ⑤**

0571

$6:x=8:12$이므로 $x=9$

$8:12=10:(y-10)$ $\quad\therefore y=25$

$\therefore x+y=9+25=34$ **답 ⑤**

0572

$3:(9-3)=4:x$ $\quad\therefore x=8$ **답 8**

0573

$4:12=x:(20-x)$ $\quad\therefore x=5$ **답 ①**

0574

$6:(6+8)=x:7$ $\quad\therefore x=3$

$6:y=8:6$ $\quad\therefore y=\dfrac{9}{2}$

$\therefore x+y=3+\dfrac{9}{2}=\dfrac{15}{2}$ **답 $\dfrac{15}{2}$**

0575

$3:2=9:x$ $\quad\therefore x=6$

$3:2=(y-4):4$ $\quad\therefore y=10$

$\therefore x+y=6+10=16$ **답 ④**

0576

$4:8=6:x$ $\quad\therefore x=12$

$y:4=8:6$ $\quad\therefore y=\dfrac{16}{3}$

$\therefore xy=12\times\dfrac{16}{3}=64$ **답 64**

0577

$x:8=(21-12):12$ $\quad\therefore x=6$

$8:12=12:y$ $\quad\therefore y=18$

$\therefore y-x=18-6=12$ **답 ②**

0578

오른쪽 그림과 같이 $l/\!/m/\!/n/\!/p$가 되도록
직선 p를 그으면 ......10% 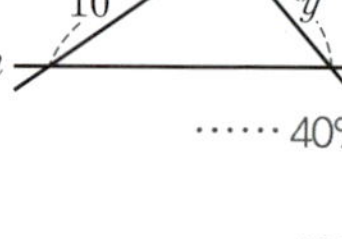

$6:3=x:4$ $\quad\therefore x=8$ 40%

$4:10=3:y$ $\quad\therefore y=\dfrac{15}{2}$ 40%

$\therefore xy=8\times\dfrac{15}{2}=60$ 10%

답 60

다른 풀이

$6:3=x:4$이므로 $x=8$

$(6+3):y=(8+4):10$이므로 $y=\dfrac{15}{2}$

$\therefore xy=8\times\dfrac{15}{2}=60$

0579

오른쪽 그림과 같이 점 A를 지나고 $\overline{CD}$에
평행한 직선을 그어 $\overline{EF}$, $\overline{BC}$와 만나는 점을
각각 G, H라고 하면

$\overline{GF}=\overline{HC}=\overline{AD}=8(cm)$이므로

$\overline{BH}=14-8=6(cm)$

$\triangle ABH$에서 $\overline{EG}:\overline{BH}=\overline{AE}:\overline{AB}$이므로

$\overline{EG}:6=4:(4+8)$ $\quad\therefore \overline{EG}=2(cm)$

$\therefore \overline{EF}=\overline{EG}+\overline{GF}=2+8=10(cm)$ **답 10 cm**

0580

오른쪽 그림과 같이 점 A를 지나고 $\overline{CD}$에 평
행한 직선을 그어 $\overline{EF}$, $\overline{BC}$와 만나는 점을 각
각 G, H라고 하면

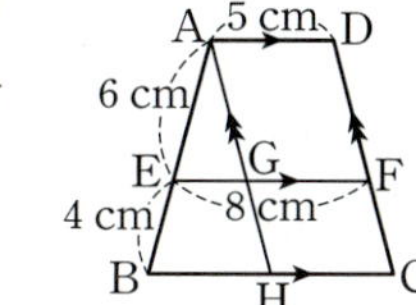

$\overline{GF}=\overline{HC}=\overline{AD}=5(cm)$이므로

$\overline{EG}=8-5=3(cm)$

$\triangle ABH$에서 $\overline{EG}:\overline{BH}=\overline{AE}:\overline{AB}$이므로

$3:\overline{BH}=6:(6+4)$ $\therefore \overline{BH}=5(cm)$

$\therefore \overline{BC}=\overline{BH}+\overline{HC}=5+5=10(cm)$

답 ②

0581

오른쪽 그림과 같이 점 A를 지나고 $\overline{CD}$에 평행한
직선을 그어 $\overline{EF}$, $\overline{BC}$와 만나는 점을 각각 G, H
라고 하면

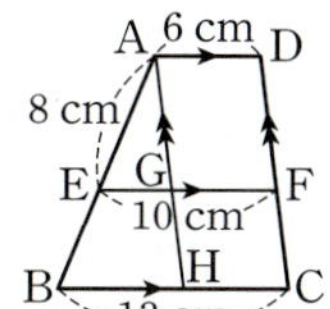

$\overline{GF}=\overline{HC}=\overline{AD}=6(cm)$이므로

$\overline{EG}=10-6=4(cm)$

$\overline{BH}=13-6=7(cm)$

$\triangle ABH$에서

$\overline{EG}:\overline{BH}=\overline{AE}:\overline{AB}$이므로

$4:7=8:\overline{AB}$ $\therefore \overline{AB}=14(cm)$

$\therefore \overline{BE}=\overline{AB}-\overline{AE}=14-8=6(cm)$

답 6 cm

0582

$\triangle ABC$에서 $\overline{EG}:\overline{BC}=\overline{AE}:\overline{AB}$이므로

$\overline{EG}:20=8:(8+12)$ $\therefore \overline{EG}=8(cm)$

$\triangle ACD$에서 $\overline{GF}:\overline{AD}=\overline{CF}:\overline{CD}=\overline{BE}:\overline{BA}$이므로

$\overline{GF}:15=12:(12+8)$ $\therefore \overline{GF}=9(cm)$

$\therefore \overline{EF}=\overline{EG}+\overline{GF}=8+9=17(cm)$

답 17 cm

0583

$\triangle ABD$에서 $\overline{EG}:\overline{AD}=\overline{BE}:\overline{BA}$이므로

$x:9=6:(6+3)$ $\therefore x=6$ ······ 40%

$\triangle DBC$에서 $\overline{GF}:\overline{BC}=\overline{DF}:\overline{DC}=\overline{AE}:\overline{AB}$이므로

$6:y=3:(3+6)$ $\therefore y=18$ ······ 40%

$\therefore x+y=6+18=24$ ······ 20%

답 24

0584

$\overline{DF}:\overline{CF}=5:3$이므로 $10:x=5:3$ $\therefore x=6$

$\triangle ABC$에서 $\overline{AE}:\overline{AB}=\overline{EP}:\overline{BC}$이므로

$10:(10+6)=y:26$ $\therefore y=\dfrac{65}{4}$

$\therefore 2xy=2\times 6\times \dfrac{65}{4}=195$

답 195

0585

$\overline{AE}=2\overline{EB}$이므로 $\overline{AE}:\overline{EB}=2:1$

$\triangle ABC$에서 $\overline{EN}:\overline{BC}=\overline{AE}:\overline{AB}$이므로

$\overline{EN}:15=2:(2+1)$ $\therefore \overline{EN}=10(cm)$

$\triangle ABD$에서 $\overline{EM}:\overline{AD}=\overline{BE}:\overline{BA}$이므로

$\overline{EM}:12=1:(1+2)$ $\therefore \overline{EM}=4(cm)$

$\therefore \overline{MN}=\overline{EN}-\overline{EM}=10-4=6(cm)$

답 6 cm

0586

$\triangle ABD$에서 $\overline{EG}:\overline{AD}=\overline{BE}:\overline{BA}$이므로

$2:6=\overline{BE}:(\overline{BE}+4)$ $\therefore \overline{BE}=2(cm)$

$\triangle ABC$에서 $\overline{EH}:\overline{BC}=\overline{AE}:\overline{AB}$이므로

$\overline{EH}:9=4:(4+2)$ $\therefore \overline{EH}=6(cm)$

$\therefore \overline{GH}=\overline{EH}-\overline{EG}=6-2=4(cm)$

답 ③

0587

$\triangle ABC$에서 $\overline{EQ}:\overline{BC}=\overline{AE}:\overline{AB}$이므로

$\overline{EQ}:20=3:(3+2)$ $\therefore \overline{EQ}=12(cm)$

$\triangle ABD$에서 $\overline{EP}:\overline{AD}=\overline{BE}:\overline{BA}$이므로

$\overline{EP}:12=2:(2+3)$ $\therefore \overline{EP}=\dfrac{24}{5}(cm)$

$\therefore \overline{PQ}=\overline{EQ}-\overline{EP}=12-\dfrac{24}{5}=\dfrac{36}{5}(cm)$

답 $\dfrac{36}{5}$ cm

0588

$\triangle AOD \backsim \triangle COB$ (AA 닮음)이므로

$\overline{OA}:\overline{OC}=\overline{AD}:\overline{CB}=10:15=2:3$

$\triangle ABC$에서 $\overline{EO}:\overline{BC}=\overline{AO}:\overline{AC}$이므로

$\overline{EO}:15=2:(2+3)$ $\therefore \overline{EO}=6(cm)$

$\triangle ACD$에서 $\overline{OF}:\overline{AD}=\overline{CO}:\overline{CA}$이므로

$\overline{OF}:10=3:(3+2)$ $\therefore \overline{OF}=6(cm)$

$\therefore \overline{EF}=\overline{EO}+\overline{OF}=6+6=12(cm)$

답 12 cm

0589

$\triangle AOD \backsim \triangle COB$ (AA 닮음)이므로

$\overline{OA}:\overline{OC}=\overline{AD}:\overline{CB}=6:10=3:5$

$\triangle ABC$에서 $\overline{EO}:\overline{BC}=\overline{AO}:\overline{AC}$이므로

$\overline{EO}:10=3:(3+5)$

$\therefore \overline{EO}=\dfrac{15}{4}(cm)$

답 ④

0590

$\triangle ABC$에서 $\overline{EO} \parallel \overline{BC}$이므로 $\overline{AO} : \overline{AC} = \overline{EO} : \overline{BC}$

즉 $\overline{AO} : \overline{AC} = 4 : 12 = 1 : 3$

이때 $\triangle AOD \backsim \triangle COB$ (AA 닮음)이므로

$\overline{AD} : \overline{CB} = \overline{AO} : \overline{CO}$

$\overline{AD} : 12 = 1 : (3-1)$　　$\therefore \overline{AD} = 6(cm)$　　답 6 cm

0591

$\triangle ABP \backsim \triangle CDP$ (AA 닮음)이므로

$\overline{AP} : \overline{CP} = \overline{AB} : \overline{CD} = 6 : 4 = 3 : 2$

$\triangle ABC$에서 $\overline{CQ} : \overline{CB} = \overline{CP} : \overline{CA}$이므로

$x : 8 = 2 : (2+3)$　　$\therefore x = \dfrac{16}{5}$

$\overline{PQ} : \overline{AB} = \overline{CP} : \overline{CA}$이므로 $y : 6 = 2 : (2+3)$

$\therefore y = \dfrac{12}{5}$

$\therefore x + y = \dfrac{16}{5} + \dfrac{12}{5} = \dfrac{28}{5}$　　답 $\dfrac{28}{5}$

0592

$\triangle BCD$에서 $\overline{BF} : \overline{BC} = \overline{EF} : \overline{DC} = 3 : 12 = 1 : 4$

$\triangle ABC$에서 $\overline{EF} : \overline{AB} = \overline{CF} : \overline{CB}$이므로

$3 : \overline{AB} = (4-1) : 4$　　$\therefore \overline{AB} = 4$　　답 ③

0593

$\triangle ABP \backsim \triangle CDP$ (AA 닮음)이므로

$\overline{BP} : \overline{DP} = \overline{AB} : \overline{CD} = 9 : 15 = 3 : 5$　　……20%

$\triangle BCD$에서 $\overline{PH} : \overline{DC} = \overline{BP} : \overline{BD}$이므로

$\overline{PH} : 15 = 3 : (3+5)$　　$\therefore \overline{PH} = \dfrac{45}{8}(cm)$　　……50%

$\therefore \triangle PBC = \dfrac{1}{2} \times 16 \times \dfrac{45}{8} = 45(cm^2)$　　……30%

답 45 cm²

<table>
<tr><td colspan="4">실력 쏙쏙 　　本문 | 107~109쪽</td></tr>
<tr><td>0594 96</td><td>0595 46</td><td>0596 $\dfrac{9}{2}$ cm</td><td>0597 ①</td></tr>
<tr><td>0598 64</td><td>0599 11</td><td>0600 12 cm²</td><td>0601 40 cm²</td></tr>
<tr><td>0602 ④</td><td>0603 $\dfrac{33}{5}$ cm</td><td>0604 18 cm</td><td>0605 6</td></tr>
<tr><td>0606 ④</td><td>0607 24 cm²</td><td>0608 ③</td><td></td></tr>
<tr><td></td><td>0609 $x = \dfrac{20}{3}$, $y = \dfrac{24}{5}$</td><td>0610 ⑤</td><td>0611 ③</td></tr>
<tr><td>0612 8 cm</td><td>0613 16 cm</td><td>0614 ④</td><td>0615 ②</td></tr>
<tr><td>0616 $\dfrac{9}{2}$ cm</td><td>0617 100 m</td><td></td><td></td></tr>
</table>

0594

$\overline{AC} : \overline{EC} = \overline{BC} : \overline{DC}$이므로 $12 : 8 = 16 : x$　　$\therefore x = \dfrac{32}{3}$

$\triangle ABC$에서 $\overline{BG} : \overline{BC} = \overline{FG} : \overline{AC}$이므로

$12 : 16 = y : 12$　　$\therefore y = 9$

$\therefore xy = \dfrac{32}{3} \times 9 = 96$　　답 96

0595

$\triangle ABC \backsim \triangle EFC$이므로

$\angle ABC = \angle EFC$ (대응하는 각)　　$\therefore \overline{AB} \parallel \overline{EF}$

즉 □DBFE는 평행사변형이다.

$\overline{AB} : \overline{BD} = \overline{AC} : \overline{CE}$이므로

$20 : \overline{BD} = (3+2) : 2$　　$\therefore \overline{BD} = 8$

$\overline{DE} : \overline{BC} = \overline{AE} : \overline{AC}$이므로

$\overline{DE} : 25 = 3 : (3+2)$　　$\therefore \overline{DE} = 15$

$\therefore$ (□DBFE의 둘레의 길이)

$= 2(\overline{BD} + \overline{DE}) = 2 \times (8+15) = 46$　　답 46

0596

$\overline{BC} \parallel \overline{DE}$이므로

$\overline{AE} : \overline{EC} = \overline{AD} : \overline{DB} = 18 : 6 = 3 : 1$

$\overline{DC} \parallel \overline{FE}$이므로 $\overline{AF} : \overline{FD} = \overline{AE} : \overline{EC} = 3 : 1$

$(18 - \overline{DF}) : \overline{DF} = 3 : 1$　　$\therefore \overline{DF} = \dfrac{9}{2}(cm)$　　답 $\dfrac{9}{2}$ cm

0597

$\overline{AG} : \overline{DG} = \overline{AB} : \overline{CD} = 6 : 12 = 1 : 2$

$\overline{AG} = a$, $\overline{DG} = 2a$ $(a > 0)$라고 하면 $\overline{AD} = 3a$

$\overline{AF} = \overline{FD} = \dfrac{1}{2}\overline{AD} = \dfrac{1}{2} \times 3a = \dfrac{3}{2}a$

$\overline{GF} = \overline{AF} - \overline{AG} = \dfrac{3}{2}a - a = \dfrac{1}{2}a$

$\therefore \overline{AG} : \overline{GF} = a : \dfrac{1}{2}a = 2 : 1$

$\overline{AB} : \overline{FE} = \overline{AG} : \overline{GF}$이므로

$6 : \overline{EF} = 2 : 1$　　$\therefore \overline{EF} = 3(cm)$　　답 ①

0598

$\overline{DE} \parallel \overline{BC}$이므로 $\overline{AD} : \overline{AB} = \overline{AE} : \overline{AC}$

$x : 16 = 8 : 12$　　$\therefore x = \dfrac{32}{3}$

$\triangle ABC$와 $\triangle AEF$에서 $\angle B = \angle AEF$, $\angle A$는 공통이므로

$\triangle ABC \backsim \triangle AEF$(AA 닮음)

이때 $\overline{AB}:\overline{AE}=\overline{AC}:\overline{AF}$이므로

$16:8=12:y$　∴ $y=6$

∴ $xy=\dfrac{32}{3}\times 6=64$　　　　답 64

보충 설명

$\triangle ABC$에서 $\overline{DE}\,/\!/\,\overline{BC}$이고 $\angle B=\angle AEF$일 때,

(1) $\overline{DE}\,/\!/\,\overline{BC}$이므로

$\overline{AD}:\overline{AB}=\overline{AE}:\overline{AC}$

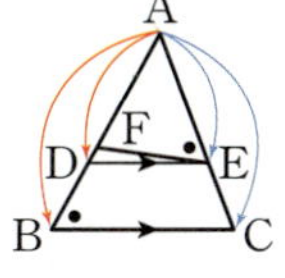

(2) $\triangle ABC\backsim\triangle AEF$ (AA 닮음)

$\overline{AB}:\overline{AE}=\overline{AC}:\overline{AF}$

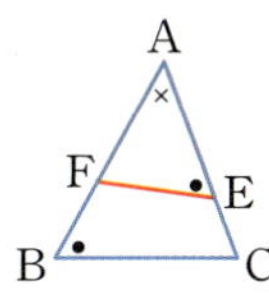

0599

$\overline{AF}:\overline{AH}=\overline{AG}:\overline{AI}=\overline{AD}:\overline{AB}=12:16=3:4$

$\triangle AHI$에서 $\overline{AF}:\overline{AH}=\overline{FG}:\overline{HI}$이므로

$3:4=6:x$　∴ $x=8$

$\triangle AIC$에서 $\overline{AG}:\overline{AI}=\overline{GE}:\overline{IC}$이므로

$3:4=y:4$　∴ $y=3$

∴ $x+y=8+3=11$　　　　답 11

0600

$\overline{PQ}=x\,\mathrm{cm}$라고 하면 $\overline{QR}=3x\,\mathrm{cm}$

$\triangle ABC\backsim\triangle APS$ (AA 닮음)이므로 $\overline{AE}:\overline{AD}=\overline{BC}:\overline{PS}$

$6:(6-x)=9:3x$　∴ $x=2$

따라서 $\overline{PQ}=2\,\mathrm{cm}$, $\overline{QR}=6\,\mathrm{cm}$이므로

$\square PQRS=2\times 6=12(\mathrm{cm}^2)$　　　　답 $12\,\mathrm{cm}^2$

0601

$\triangle ABC$에서 $\angle A=90°$이므로

$\triangle ABC=\dfrac{1}{2}\times 15\times 12=90(\mathrm{cm}^2)$

이때 $\overline{AB}:\overline{AC}=\overline{BD}:\overline{CD}$이므로 $\overline{BD}:\overline{CD}=15:12=5:4$

즉, $\triangle ABD:\triangle ADC=\overline{BD}:\overline{CD}=5:4$이므로

$\triangle ADC=\dfrac{4}{9}\triangle ABC=\dfrac{4}{9}\times 90=40(\mathrm{cm}^2)$　　　　답 $40\,\mathrm{cm}^2$

0602

$\overline{AD}\,/\!/\,\overline{EC}$이므로

$\angle AEC=\angle BAD$ (동위각), $\angle ACE=\angle DAC$ (엇각)

이때 $\angle BAD=\angle DAC$이므로 $\angle ACE=\angle AEC$

∴ $\overline{AC}=\overline{AE}=9(\mathrm{cm})$　∴ $x=9$

$\overline{AB}:\overline{AC}=\overline{BD}:\overline{CD}$이므로

$6:9=y:(10-y)$　∴ $y=4$

∴ $x+y=9+4=13$　　　　답 ④

0603

$\overline{OB}=\overline{OD}$이므로 $\angle OBD=\angle ODB$

이때 $\angle ABD=\angle OBD$이므로 $\angle ABD=\angle ODB$

∴ $\overline{AB}\,/\!/\,\overline{DO}$

$\triangle ABC$에서 $\overline{CO}:\overline{CB}=\overline{FO}:\overline{AB}$이므로 $1:2=\overline{FO}:7$

∴ $\overline{FO}=\dfrac{7}{2}(\mathrm{cm})$

$\overline{DF}=9-\dfrac{7}{2}=\dfrac{11}{2}(\mathrm{cm})$이고 $\overline{BE}:\overline{DE}=\overline{AB}:\overline{DF}$이므로

$\overline{BE}:\overline{DE}=7:\dfrac{11}{2}=14:11$, $(15-\overline{DE}):\overline{DE}=14:11$

∴ $\overline{DE}=\dfrac{33}{5}(\mathrm{cm})$　　　　답 $\dfrac{33}{5}\,\mathrm{cm}$

0604

오른쪽 그림과 같이 $\overline{AI}$, $\overline{BI}$를 그으면

$\angle BAI=\angle DAI$,

$\angle BAI=\angle DIA$ (엇각)이므로

$\angle DAI=\angle DIA$

$\overline{DI}=\overline{DA}=21-14=7(\mathrm{cm})$

또, $\angle ABI=\angle EBI$,

$\angle ABI=\angle EIB$ (엇각)이므로

$\angle EBI=\angle EIB$

∴ $\overline{EI}=\overline{EB}=5(\mathrm{cm})$

∴ $\overline{DE}=7+5=12(\mathrm{cm})$

이때 $\overline{AB}:\overline{DE}=\overline{AC}:\overline{DC}$이므로

$\overline{AB}:12=21:14$　∴ $\overline{AB}=18(\mathrm{cm})$　　　　답 $18\,\mathrm{cm}$

0605

$\triangle DBC$에서 $\overline{CA}$는 $\angle C$의 이등분선이므로

$\overline{CB}:\overline{CD}=\overline{BA}:\overline{DA}=20:8=5:2$

또, $\triangle ABC$는 이등변삼각형이므로 $\overline{BE}=\overline{CE}=10$

$\triangle DBF$에서 $\overline{AE}\,/\!/\,\overline{DF}$이므로

$\overline{BE}:\overline{EF}=\overline{BA}:\overline{AD}=5:2$

$10:\overline{EF}=5:2$　∴ $\overline{EF}=4$

∴ $\overline{FC}=\overline{EC}-\overline{EF}=10-4=6$　　　　답 6

0606

$\overline{AB}$의 연장선 위에 점 E를 잡으면

$\angle EAC=180°-(40°+70°)=70°$이므로

$\triangle ABD$에서 $\overline{AC}$는 $\angle A$의 외각의 이등분선이다.

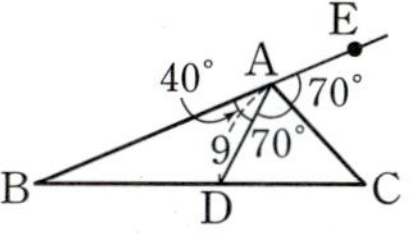

즉, $\overline{AB}:\overline{AD}=\overline{BC}:\overline{DC}$이므로

$\overline{AB}:9=(4+3):3$ $\therefore \overline{AB}=21$(cm)   답 ④

0607

$\triangle ABC$에서 $\overline{AD}$는 $\angle A$의 이등분선이므로

$\overline{AB}:\overline{AC}=\overline{BD}:\overline{CD}$

즉, $6:4=3:\overline{CD}$이므로 $\overline{CD}=2$(cm)

$\therefore \overline{BC}=3+2=5$(cm)

$\triangle ABC$에서 $\overline{AE}$는 $\angle A$의 외각의 이등분선이므로

$\overline{AB}:\overline{AC}=\overline{BE}:\overline{CE}$

즉, $6:4=(5+\overline{CE}):\overline{CE}$이므로

$\overline{CE}=10$(cm) $\therefore \overline{DE}=2+10=12$(cm)

$\triangle ABD:\triangle ADE=\overline{BD}:\overline{DE}=3:12=1:4$이므로

$\triangle ADE=4\triangle ABD=4\times6=24(\text{cm}^2)$ 답 $24\ \text{cm}^2$

0608

$x:(16-x)=6:10$ $\therefore x=6$

$6:10=9:y$ $\therefore y=15$

$\therefore y-x=15-6=9$ 답 ③

0609

$l\,/\!/\,m\,/\!/\,n\,/\!/\,p$가 되도록
직선 p를 그으면

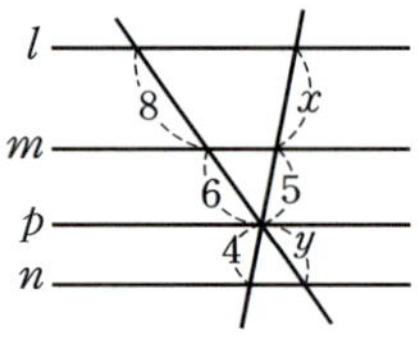

$8:6=x:5$ $\therefore x=\dfrac{20}{3}$

$6:y=5:4$ $\therefore y=\dfrac{24}{5}$

답 $x=\dfrac{20}{3},\ y=\dfrac{24}{5}$

0610

$\triangle ACD$에서 $\overline{GF}:\overline{AD}=\overline{CF}:\overline{CD}$이므로

$5:x=5:(5+4)$ $\therefore x=9$

$\triangle ABC$에서 $\overline{EG}:\overline{BC}=\overline{AE}:\overline{AB}$이므로

$y:18=4:(4+5)$ $\therefore y=8$

$\therefore x+y=9+8=17$ 답 ⑤

0611

오른쪽 그림과 같이 점 A를 지나고 $\overline{CD}$에
평행한 직선을 그어 $\overline{EF}$, $\overline{BC}$와 만나는 점
을 각각 G, H라고 하면

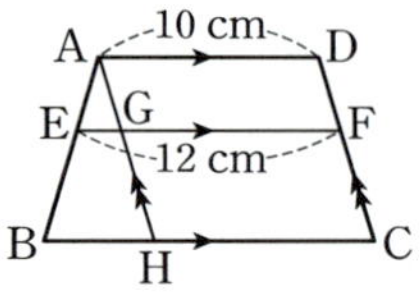

$\overline{GF}=\overline{HC}=\overline{AD}=10$(cm)이므로

$\overline{EG}=12-10=2$(cm)

$\triangle ABH$에서 $\overline{EG}:\overline{BH}=\overline{AE}:\overline{AB}$이므로

$2:\overline{BH}=2:(2+3)$ $\therefore \overline{BH}=5$(cm)

$\therefore \overline{BC}=\overline{BH}+\overline{HC}=5+10=15$(cm)   답 ③

0612

$\overline{AD}$를 그어 $\overline{BE}$와 만나는 점을 G라고 하면

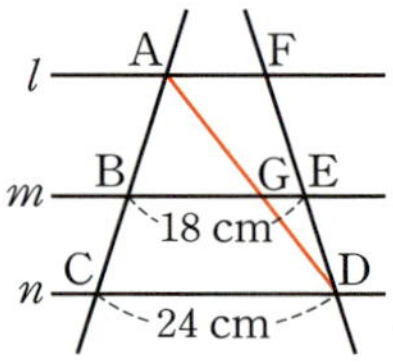

$\triangle ACD$에서 $\overline{BG}:\overline{CD}=\overline{AB}:\overline{AC}$이므로

$\overline{BG}:24=5:(5+3)$

$\therefore \overline{BG}=15$(cm)

$\therefore \overline{GE}=18-15=3$(cm)

$\triangle ADF$에서 $\overline{GE}:\overline{AF}=\overline{DE}:\overline{DF}$이므로

$3:\overline{AF}=3:(3+5)$ $\therefore \overline{AF}=8$(cm)   답 8 cm

0613

$\triangle ABC$에서 $\overline{EO}:\overline{BC}=\overline{AE}:\overline{AB}$이므로

$\overline{EO}:20=2:(2+3)$ $\therefore \overline{EO}=8$(cm)

$\triangle DBC$에서 $\overline{OF}:\overline{BC}=\overline{DF}:\overline{DC}$이므로

$\overline{OF}:20=2:(2+3)$ $\therefore \overline{OF}=8$(cm)

$\therefore \overline{EF}=\overline{EO}+\overline{OF}=8+8=16$(cm)   답 16 cm

0614

$\triangle ABC$에서 $\overline{EN}:\overline{BC}=\overline{AE}:\overline{AB}$이므로

$\overline{EN}:18=6:(6+4)$ $\therefore \overline{EN}=\dfrac{54}{5}$(cm)

$\triangle ABD$에서 $\overline{EM}:\overline{AD}=\overline{BE}:\overline{BA}$이므로

$\overline{EM}:12=4:(4+6)$ $\therefore \overline{EM}=\dfrac{24}{5}$(cm)

$\therefore \overline{MN}=\overline{EN}-\overline{EM}=\dfrac{54}{5}-\dfrac{24}{5}=6$(cm)   답 ④

0615

①, ③ $\triangle ABE\backsim\triangle CDE$ (AA 닮음)이므로

$\overline{AE}:\overline{CE}=\overline{BE}:\overline{DE}=a:b$

②, ⑤ $\triangle EBF\backsim\triangle DBC$ (AA 닮음)이므로

$\overline{BE}:\overline{BD}=\overline{EF}:\overline{DC}=a:(a+b)$

④ $\triangle ABC\backsim\triangle EFC$ (AA 닮음)이므로

$\overline{AB}:\overline{EF}=\overline{AC}:\overline{EC}=(a+b):b$

따라서 옳지 않은 것은 ②이다.   답 ②

0616

$\triangle ABD$에서

$\overline{AB}:\overline{GH}=\overline{DB}:\overline{DH}$이므로

$9:\overline{GH}=(3+12):12$

$\therefore \overline{GH}=\dfrac{36}{5}$(cm)

$\triangle GHE\backsim\triangle DCE$ (AA 닮음)이므로

$\overline{EH}:\overline{EC}=\overline{GH}:\overline{DC}=\dfrac{36}{5}:12=3:5$

따라서 $\overline{HE}:\overline{HC}=3:(3+5)$이므로

$\triangle HDC$에서 $\overline{EF}:\overline{CD}=\overline{HE}:\overline{HC}$

$\overline{EF}:12=3:8$ $\therefore \overline{EF}=\dfrac{9}{2}$(cm)   답 $\dfrac{9}{2}$ cm

0617

서점에서 병원까지의 거리를 x m라고 하면

$150 : 300 = x : 200$ $\therefore x = 100$

따라서 서점에서 병원까지의 거리는 100 m이다.

답 100 m

서술형 콕콕　　　　　　　　본문 | 110~111쪽

0618 8	**0619** $\dfrac{9}{2}$	**0620** 24 cm	**0621** 36 cm
0622 6 cm	**0623** 6 cm	**0624** 3 cm	**0625** 2 cm
0626 $\dfrac{12}{7}$ cm²	**0627** $\dfrac{6}{5}$ cm²	**0628** 8 cm	**0629** 18 cm

0618

단계 1 $\overline{AB} : \overline{AF} = \overline{AC} : \overline{AG}$이므로

$6 : 3 = 8 : x$ $\therefore x = 4$

단계 2 $\overline{AB} : \overline{AD} = \overline{BC} : \overline{DE}$이므로

$6 : (6+y) = 9 : 15$ $\therefore y = 4$

단계 3 $x + y = 4 + 4 = 8$

답 8

0619

$\overline{AE} : \overline{AG} = \overline{DE} : \overline{FG}$이므로

$6 : 2 = x : 3$ $\therefore x = 9$ 40%

$\overline{AE} : \overline{AC} = \overline{DE} : \overline{BC}$이므로

$6 : (6+3) = 9 : y$ $\therefore y = \dfrac{27}{2}$ 40%

$\therefore y - x = \dfrac{27}{2} - 9 = \dfrac{9}{2}$ 20%

답 $\dfrac{9}{2}$

0620

단계 1 $\overline{AB} : \overline{AC} = \overline{BD} : \overline{CD}$이므로

$8 : 6 = (7 - \overline{CD}) : \overline{CD}$ $\therefore \overline{CD} = 3(\text{cm})$

단계 2 $\overline{AB} : \overline{AC} = \overline{BE} : \overline{CE}$이므로

$8 : 6 = (7 + \overline{CE}) : \overline{CE}$ $\therefore \overline{CE} = 21(\text{cm})$

단계 3 $\overline{DE} = \overline{CD} + \overline{CE} = 3 + 21 = 24(\text{cm})$

답 24 cm

0621

$\overline{AB} : \overline{AC} = \overline{BD} : \overline{CD}$이므로

$18 : 12 = (15 - \overline{CD}) : \overline{CD}$ $\therefore \overline{CD} = 6(\text{cm})$ 40%

$\overline{AB} : \overline{AC} = \overline{BE} : \overline{CE}$이므로

$18 : 12 = (15 + \overline{CE}) : \overline{CE}$ $\therefore \overline{CE} = 30(\text{cm})$ 40%

$\therefore \overline{DE} = \overline{CD} + \overline{CE} = 6 + 30 = 36(\text{cm})$ 20%

답 36 cm

0622

단계 1 $\triangle ABE$와 $\triangle CDE$에서 $\angle AEB = \angle CED$ (맞꼭지각),

$\overline{AB} /\!/ \overline{CD}$이므로 $\angle EBA = \angle EDC$ (엇각)

$\therefore \triangle ABE \sim \triangle CDE$ (AA 닮음)

단계 2 $\overline{BE} : \overline{DE} = \overline{AB} : \overline{CD} = 9 : 18 = 1 : 2$

단계 3 $\triangle BCD$에서 $\overline{EF} : \overline{DC} = \overline{BE} : \overline{BD}$이므로

$\overline{EF} : 18 = 1 : (1+2)$ $\therefore \overline{EF} = 6(\text{cm})$

답 6 cm

0623

$\triangle ABE$와 $\triangle CDE$에서 $\angle AEB = \angle CED$ (맞꼭지각),

$\overline{AB} /\!/ \overline{CD}$이므로 $\angle EBA = \angle EDC$ (엇각)

$\therefore \triangle ABE \sim \triangle CDE$ (AA 닮음) 40%

$\overline{BE} : \overline{DE} = \overline{AB} : \overline{CD} = 8 : 24 = 1 : 3$ 20%

$\triangle BCD$에서 $\overline{EF} : \overline{DC} = \overline{BE} : \overline{BD}$이므로

$\overline{EF} : 24 = 1 : (1+3)$ $\therefore \overline{EF} = 6(\text{cm})$ 40%

답 6 cm

0624

단계 1 $\triangle ABC$와 $\triangle DBA$에서 $\angle BCA = \angle BAD$, $\angle B$는 공통이므로

$\triangle ABC \sim \triangle DBA$(AA 닮음)

이때 $\overline{AB} : \overline{DB} = \overline{BC} : \overline{BA}$이므로

$6 : \overline{DB} = 12 : 6$ $\therefore \overline{DB} = 3(\text{cm})$

$\therefore \overline{DC} = 12 - 3 = 9(\text{cm})$

단계 2 $\overline{BC} : \overline{BA} = \overline{CA} : \overline{AD}$이므로

$12 : 6 = 10 : \overline{AD}$ $\therefore \overline{AD} = 5(\text{cm})$

단계 3 $\triangle ADC$에서 $\overline{AD} : \overline{AC} = \overline{DE} : \overline{CE}$

$\overline{DE} : \overline{CE} = 5 : 10 = 1 : 2$이므로

$\overline{DE} : (9 - \overline{DE}) = 1 : 2$

$\therefore \overline{DE} = 3(\text{cm})$

답 3 cm

0625

△ABC와 △DBA에서 ∠BCA=∠BAD, ∠B는 공통이므로

△ABC∽△DBA(AA 닮음)

이때 $\overline{AB}:\overline{DB}=\overline{BC}:\overline{BA}$이므로

$4:\overline{DB}=8:4$　∴ $\overline{DB}=2(cm)$

∴ $\overline{DC}=8-2=6(cm)$ 40%

$\overline{BC}:\overline{BA}=\overline{CA}:\overline{AD}$이므로

$8:4=6:\overline{AD}$　∴ $\overline{AD}=3(cm)$ 20%

△ADC에서 $\overline{AD}:\overline{AC}=\overline{DE}:\overline{CE}$

$\overline{DE}:\overline{CE}=3:6=1:2$이므로 $\overline{DE}:(6-\overline{DE})=1:2$

∴ $\overline{DE}=2(cm)$ 40%

답 2 cm

0626

단계 1 $\overline{AB}:\overline{AC}=\overline{BD}:\overline{CD}=6:8=3:4$이므로

$\overline{BD}:\overline{BC}=3:7$

단계 2 $\overline{BD}=\dfrac{3}{7}\overline{BC}$, $\overline{BM}=\dfrac{1}{2}\overline{BC}$

∴ $\overline{DM}=\overline{BM}-\overline{BD}=\dfrac{1}{2}\overline{BC}-\dfrac{3}{7}\overline{BC}=\dfrac{1}{14}\overline{BC}$

∴ $\overline{DM}:\overline{BC}=1:14$

단계 3 △ABC : △ADM$=\overline{BC}:\overline{DM}=14:1$이므로

△ADM$=\dfrac{1}{14}$△ABC$=\dfrac{1}{14}\times\left(\dfrac{1}{2}\times6\times8\right)=\dfrac{12}{7}(cm^2)$

답 $\dfrac{12}{7}$ cm²

0627

$\overline{CA}:\overline{CB}=\overline{AE}:\overline{BE}=4:6=2:3$이므로

$\overline{AE}:\overline{AB}=2:5$　∴ $\overline{AE}=\dfrac{2}{5}\overline{AB}$ 30%

점 D는 $\overline{AB}$의 중점이므로 $\overline{AD}=\dfrac{1}{2}\overline{AB}$

∴ $\overline{DE}=\overline{AD}-\overline{AE}=\dfrac{1}{2}\overline{AB}-\dfrac{2}{5}\overline{AB}=\dfrac{1}{10}\overline{AB}$

∴ $\overline{DE}:\overline{AB}=1:10$ 30%

△ABC : △DCE$=\overline{AB}:\overline{DE}=10:1$이므로

△DCE$=\dfrac{1}{10}$△ABC$=\dfrac{1}{10}\times\left(\dfrac{1}{2}\times6\times4\right)$

$=\dfrac{6}{5}(cm^2)$ 40%

답 $\dfrac{6}{5}$ cm²

0628

단계 1 △ABC에서 $\overline{EN}\,/\!/\,\overline{BC}$이므로 $\overline{AE}:\overline{AB}=\overline{EN}:\overline{BC}$

즉 $3:5=\overline{EN}:20$이므로 $\overline{EN}=12(cm)$

단계 2 △ABD에서 $\overline{EM}\,/\!/\,\overline{AD}$이므로 $\overline{BE}:\overline{BA}=\overline{EM}:\overline{AD}$

즉 $2:5=\overline{EM}:10$이므로 $\overline{EM}=4(cm)$

단계 3 $\overline{MN}=\overline{EN}-\overline{EM}=12-4=8(cm)$

답 8 cm

0629

△ABC에서 $\overline{EN}\,/\!/\,\overline{BC}$이므로 $\overline{AE}:\overline{AB}=\overline{EN}:\overline{BC}$

즉 $3:4=\overline{EN}:32$이므로 $\overline{EN}=24(cm)$ 40%

△ABD에서 $\overline{EM}\,/\!/\,\overline{AD}$이므로 $\overline{BE}:\overline{BA}=\overline{EM}:\overline{AD}$

즉 $1:4=\overline{EM}:24$이므로 $\overline{EM}=6(cm)$ 40%

∴ $\overline{MN}=\overline{EN}-\overline{EM}=24-6=18(cm)$ 20%

답 18 cm

3 닮음의 활용

개념 콕콕

본문 | 113, 115쪽

0630

(1) $x=\dfrac{1}{2}\overline{\text{BC}}=\dfrac{1}{2}\times14=7$

(2) $x=2\overline{\text{MN}}=2\times6=12$

답 (1) 7　(2) 12

0631

(1) $x=\overline{\text{AN}}=5$

(2) $x=2\overline{\text{CN}}=2\times8=16$

답 (1) 5　(2) 16

0632

(1) $\overline{\text{MP}}=\dfrac{1}{2}\overline{\text{BC}}=\dfrac{1}{2}\times12=6(\text{cm})$

(2) $\overline{\text{PN}}=\dfrac{1}{2}\overline{\text{AD}}=\dfrac{1}{2}\times8=4(\text{cm})$

(3) $\overline{\text{MN}}=\overline{\text{MP}}+\overline{\text{PN}}=6+4=10(\text{cm})$

답 (1) 6 cm　(2) 4 cm　(3) 10 cm

0633

(1) $\overline{\text{MQ}}=\dfrac{1}{2}\overline{\text{BC}}=\dfrac{1}{2}\times22=11$

(2) $\overline{\text{QN}}=\dfrac{1}{2}\overline{\text{AD}}=\dfrac{1}{2}\times16=8$

(3) $\overline{\text{MN}}=\overline{\text{MQ}}+\overline{\text{QN}}=11+8=19$

(4) $\overline{\text{MP}}=\dfrac{1}{2}\overline{\text{AD}}=\dfrac{1}{2}\times16=8$

(5) $\overline{\text{PQ}}=\overline{\text{MQ}}-\overline{\text{MP}}=11-8=3$

답 (1) 11　(2) 8　(3) 19　(4) 8　(5) 3

0634

$\triangle\text{ADC}=\dfrac{1}{2}\triangle\text{ABC}=\dfrac{1}{2}\times40=20(\text{cm}^2)$

답 20 cm²

0635

(1) $10:x=2:1$　∴ $x=5$

$y:4=2:1$　∴ $y=8$

(2) $x:6=2:1$　∴ $x=12$

$y=\overline{\text{AE}}=8$

(3) $x:3=3:1$　∴ $x=9$

$y=2\overline{\text{BD}}=2\times5=10$

(4) $6:x=3:1$　∴ $x=2$

$y=\dfrac{1}{2}\overline{\text{AB}}=\dfrac{1}{2}\times14=7$

답 (1) $x=5$, $y=8$　(2) $x=12$, $y=8$
　　(3) $x=9$, $y=10$　(4) $x=2$, $y=7$

0636

(1) $\triangle\text{ADC}=\dfrac{1}{2}\triangle\text{ABC}=\dfrac{1}{2}\times24$

$\qquad=12(\text{cm}^2)$

(2) $\triangle\text{ABG}=\dfrac{1}{3}\triangle\text{ABC}=\dfrac{1}{3}\times24$

$\qquad=8(\text{cm}^2)$

(3) $\triangle\text{GCE}=\dfrac{1}{6}\triangle\text{ABC}=\dfrac{1}{6}\times24$

$\qquad=4(\text{cm}^2)$

(4) $\square\text{AFGE}=\dfrac{1}{3}\triangle\text{ABC}=\dfrac{1}{3}\times24$

$\qquad=8(\text{cm}^2)$

답 (1) 12 cm²　(2) 8 cm²　(3) 4 cm²　(4) 8 cm²

0637

(1) $\overline{\text{AB}}:\overline{\text{EF}}=3:4$

(2) 둘레의 길이의 비는 닮음비와 같으므로 3 : 4이다.

(3) $3^2:4^2=9:16$

답 (1) 3 : 4　(2) 3 : 4　(3) 9 : 16

0638

(1) $\overline{\text{BC}}:\overline{\text{EF}}=9:6=3:2$

(2) $3^2:2^2=9:4$

(3) $\triangle\text{ABC}:\triangle\text{DEF}=9:4$이므로

$45:\triangle\text{DEF}=9:4$　∴ $\triangle\text{DEF}=20(\text{cm}^2)$

답 (1) 3 : 2　(2) 9 : 4　(3) 20 cm²

0639

(1) $8:4=2:1$

(2) 닮음비가 2 : 1이므로 밑면의 둘레의 길이의 비는 2 : 1

(3) $2^2:1^2=4:1$

(4) $2^2:1^2=4:1$

(5) $2^2:1^2=4:1$

(6) $2^3:1^3=8:1$

답 (1) 2 : 1　(2) 2 : 1　(3) 4 : 1　(4) 4 : 1　(5) 4 : 1　(6) 8 : 1

0640

(2) $2^2 : 3^2 = 4 : 9$

(3) $2^3 : 3^3 = 8 : 27$

(4) (A의 겉넓이) : (B의 겉넓이)$=4:9$이므로

$36 : $ (B의 겉넓이)$=4:9$ $\therefore$ (B의 겉넓이)$=81(cm^2)$

(5) (A의 부피) : (B의 부피)$=8:27$이므로

(A의 부피)$:108=8:27$ $\therefore$ (A의 부피)$=32(cm^3)$

달 (1) 2 : 3 (2) 4 : 9 (3) 8 : 27 (4) 81 cm² (5) 32 cm³

0641

(1) $5 \times 40000 = 200000(cm) = 2(km)$

(2) $1000000 \times \dfrac{1}{40000} = 25(cm)$

달 (1) 2 km (2) 25 cm

유형 콕콕

본문 | 116∼128쪽

0642 8 cm	**0643** 23	**0644** 5 cm	**0645** 7 cm
0646 ⑤	**0647** ③	**0648** ①	**0649** 2 cm
0650 ④	**0651** ③	**0652** ②	**0653** ③
0654 16 cm	**0655** ③	**0656** 8 cm	**0657** 15 cm
0658 42 cm	**0659** ③	**0660** 32 cm	**0661** 2 cm
0662 8 cm	**0663** 15 cm	**0664** 12 cm	**0665** 6 cm²
0666 10 cm²	**0667** 4 cm²	**0668** 7 cm	**0669** ⑤
0670 13	**0671** ④	**0672** ③	**0673** 3 cm
0674 9 cm	**0675** $\dfrac{13}{3}$ cm	**0676** 4 cm	**0677** 18 cm
0678 48 cm	**0679** ①	**0680** 8 cm	**0681** 12 cm
0682 $x=2,\ y=4$		**0683** ②	**0684** 5 cm
0685 8 cm	**0686** 21 cm	**0687** ②	**0688** ②
0689 ④	**0690** 48 cm²	**0691** 4 cm²	**0692** 5 cm²
0693 18 cm²	**0694** 81 cm²	**0695** 60 cm²	**0696** 8 cm²
0697 ④	**0698** 18 cm²	**0699** ⑤	**0700** 8
0701 6 cm	**0702** 15 cm²	**0703** 6 cm²	**0704** ②
0705 27 cm²	**0706** 21 cm²	**0707** 20 cm²	**0708** 3 : 5
0709 ①	**0710** ④	**0711** 1035 mL	**0712** 32 cm²
0713 297π cm³		**0714** ⑤	**0715** 75 cm²
0716 ②	**0717** 9 : 4	**0718** 64개	
0719 큰 수박 1통		**0720** $\dfrac{98}{27}$ 배	**0721** 7배
0722 135 cm³	**0723** ②	**0724** 16 m	**0725** ③
0726 20 m	**0727** 5 km	**0728** 3.2 km	**0729** ⑤
0730 9600 m²			

0642

$\triangle ABC$에서 $\overline{BC} = 2\overline{MN} = 2 \times 8 = 16(cm)$

$\triangle DBC$에서 $\overline{PQ} = \dfrac{1}{2}\overline{BC} = \dfrac{1}{2} \times 16 = 8(cm)$

달 8 cm

0643

$\overline{CN} = \overline{NA}$, $\overline{CM} = \overline{MB}$이므로 $\overline{AB} = 2\overline{MN}$

$\therefore x = 2 \times 11 = 22$

$\overline{AB} \parallel \overline{NM}$이므로 $\angle MNC = \angle A = 80°$ (동위각)

$\therefore y = 180 - (80 + 55) = 45$

$\therefore y - x = 45 - 22 = 23$

달 23

0644

$\overline{MN} = \dfrac{1}{2}\overline{BC} = \dfrac{1}{2} \times 20 = 10(cm)$

$\overline{PQ} = \dfrac{1}{2}\overline{MN} = \dfrac{1}{2} \times 10 = 5(cm)$

달 5 cm

0645

$\overline{MO} = \dfrac{1}{2}\overline{AB} = \dfrac{1}{2} \times 7 = \dfrac{7}{2}(cm)$

$\overline{ON} = \dfrac{1}{2}\overline{DC} = \dfrac{1}{2}\overline{AB} = \dfrac{1}{2} \times 7 = \dfrac{7}{2}(cm)$

$\therefore \overline{MO} + \overline{ON} = \dfrac{7}{2} + \dfrac{7}{2} = 7(cm)$

달 7 cm

0646

$\overline{AM} = \overline{MB}$, $\overline{MN} \parallel \overline{BC}$이므로 $\overline{AN} = \overline{NC}$

$\overline{CN} = \dfrac{1}{2}\overline{AC} = \dfrac{1}{2} \times 20 = 10(cm)$ $\therefore x = 10$

$\overline{MN} = \dfrac{1}{2}\overline{BC} = \dfrac{1}{2} \times 18 = 9(cm)$ $\therefore y = 9$

$\therefore x + y = 10 + 9 = 19$

달 ⑤

0647

$\triangle ABC$에서 $\overline{AE} = \overline{EC}$, $\overline{DE} \parallel \overline{BC}$이므로

$\overline{AD} = \overline{DB} = \dfrac{1}{2}\overline{AB} = \dfrac{1}{2} \times 14 = 7(cm)$

$\triangle ABC$에서 $\overline{AE} = \overline{EC}$, $\overline{EF} \parallel \overline{AB}$이므로

$\overline{FC} = \overline{BF} = \overline{DE} = 5(cm)$

$\therefore \overline{AD} + \overline{FC} = 7 + 5 = 12(cm)$

달 ③

0648

$\triangle ABC$에서 $\overline{AN} = \overline{NC}$, $\overline{EN} \parallel \overline{BC}$이므로

$\overline{EN} = \dfrac{1}{2}\overline{BC} = \dfrac{1}{2} \times 20 = 10(cm)$

$\triangle ABD$에서 $\overline{BM} = \overline{MD}$, $\overline{AD} \parallel \overline{EM}$이므로

$\overline{EM} = \dfrac{1}{2}\overline{AD} = \dfrac{1}{2} \times 8 = 4(cm)$

$\therefore \overline{MN} = \overline{EN} - \overline{EM} = 10 - 4 = 6(cm)$

달 ①

0649

$\triangle$AEC에서 $\overline{AD}=\overline{DE}$, $\overline{AF}=\overline{FC}$이므로

$\overline{DF}$∥$\overline{EC}$, $\overline{DF}=\dfrac{1}{2}\overline{EC}=\dfrac{1}{2}\times 8=4(cm)$

$\triangle$BFD에서 $\overline{BE}=\overline{ED}$, $\overline{EG}$∥$\overline{DF}$이므로

$\overline{EG}=\dfrac{1}{2}\overline{DF}=\dfrac{1}{2}\times 4=2(cm)$ 답 2 cm

0650

$\triangle$ABF에서 $\overline{AD}=\overline{DB}$, $\overline{AE}=\overline{EF}$이므로

$\overline{DE}$∥$\overline{BF}$, $\overline{BF}=2\overline{DE}=2\times 10=20(cm)$

$\triangle$CED에서 $\overline{CF}=\overline{FE}$, $\overline{FG}$∥$\overline{ED}$이므로

$\overline{GF}=\dfrac{1}{2}\overline{DE}=\dfrac{1}{2}\times 10=5(cm)$

$\therefore \overline{BG}=\overline{BF}-\overline{GF}=20-5=15(cm)$ 답 ④

0651

$\overline{GF}=x$ cm라고 하면

$\triangle$CED에서 $\overline{CF}=\overline{FE}$, $\overline{FG}$∥$\overline{ED}$이므로 $\overline{DE}=2\overline{GF}=2x(cm)$

$\triangle$ABF에서 $\overline{AD}=\overline{DB}$, $\overline{AE}=\overline{EF}$이므로

$\overline{DE}$∥$\overline{BF}$, $\overline{BF}=2\overline{DE}=4x(cm)$

$4x=x+12 \quad \therefore x=4$

$\therefore \overline{DE}=2\overline{GF}=2\times 4=8(cm)$ 답 ③

0652

오른쪽 그림과 같이 $\overline{AG}$∥$\overline{BE}$가 되도록 $\overline{DE}$ 위에 점 G를 잡으면

$\triangle$DBE에서 $\overline{DA}=\overline{AB}$, $\overline{AG}$∥$\overline{BE}$이므로

$\overline{AG}=\dfrac{1}{2}\overline{BE}=\dfrac{1}{2}\times 10=5(cm)$

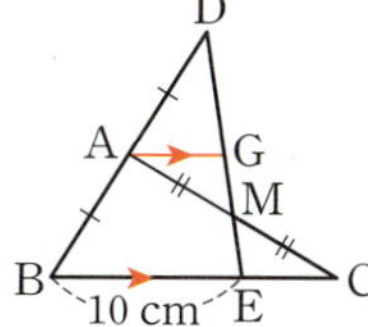

$\triangle$AMG≡$\triangle$CME (ASA 합동)이므로

$\overline{CE}=\overline{AG}=5(cm)$ 답 ②

0653

오른쪽 그림과 같이 $\overline{AF}$∥$\overline{BC}$가 되도록 $\overline{DE}$ 위에 점 F를 잡으면

$\triangle$AMF≡$\triangle$CME (ASA 합동) 이므로 $\overline{FM}=\overline{EM}=3(cm)$

$\triangle$DBE에서

$\overline{DA}=\overline{AB}$, $\overline{AF}$∥$\overline{BE}$이므로

$\overline{DF}=\overline{FE}=\overline{FM}+\overline{EM}=3+3=6(cm)$

$\therefore \overline{DE}=2\overline{DF}=2\times 6=12(cm)$ 답 ③

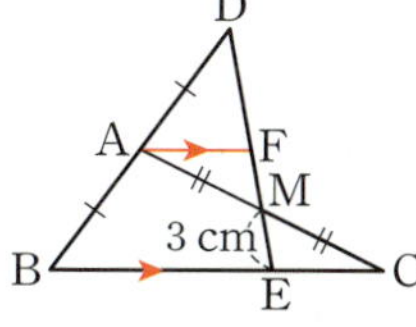

0654

오른쪽 그림과 같이 $\overline{AG}$∥$\overline{BE}$가 되도록 $\overline{DE}$ 위에 점 G를 잡으면

$\triangle$DBE에서 $\overline{DA}=\overline{AB}$, $\overline{AG}$∥$\overline{BE}$이므로

$\overline{BE}=2\overline{AG}$ …… 30%

$\triangle$AMG≡$\triangle$CME (ASA 합동) 이므로 $\overline{CE}=\overline{AG}$ …… 30%

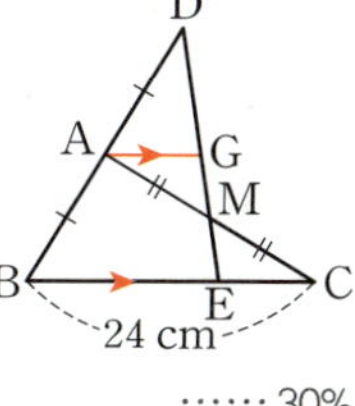

$\overline{BC}=\overline{BE}+\overline{CE}=2\overline{AG}+\overline{AG}=3\overline{AG}=24(cm)$

이므로 $\overline{AG}=8(cm)$ …… 20%

$\therefore \overline{BE}=2\overline{AG}=2\times 8=16(cm)$ …… 20%

답 16 cm

0655

($\triangle$DEF의 둘레의 길이)$=\dfrac{1}{2}\times$($\triangle$ABC의 둘레의 길이)

$=\dfrac{1}{2}\times(6+10+8)$

$=12(cm)$ 답 ③

0656

($\triangle$DEF의 둘레의 길이)$=\dfrac{1}{2}\times$($\triangle$ABC의 둘레의 길이)이므로

$15=\dfrac{1}{2}\times(10+12+\overline{AC})$

$\therefore \overline{AC}=8(cm)$ 답 8 cm

0657

($\triangle$DEF의 둘레의 길이)$=\dfrac{1}{2}\times$($\triangle$ABC의 둘레의 길이)

$=\dfrac{1}{2}\times 60=30(cm)$

$\therefore$ ($\triangle$GHI의 둘레의 길이)$=\dfrac{1}{2}\times$($\triangle$DEF의 둘레의 길이)

$=\dfrac{1}{2}\times 30=15(cm)$ 답 15 cm

0658

$\triangle$ABC와 $\triangle$ACD에서

$\overline{PQ}=\overline{SR}=\dfrac{1}{2}\overline{AC}=\dfrac{1}{2}\times 24=12(cm)$

$\triangle$ABD와 $\triangle$BCD에서

$\overline{PS}=\overline{QR}=\dfrac{1}{2}\overline{BD}=\dfrac{1}{2}\times 18=9(cm)$

$\therefore$ ($\square$PQRS의 둘레의 길이)$=12+9+12+9$

$=42(cm)$ 답 42 cm

0659

$\overline{PQ}=\overline{SR}=\dfrac{1}{2}\overline{AC}=\dfrac{9}{2}(cm)$이고

$\overline{PS}=\overline{QR}=\dfrac{1}{2}\overline{BD}$이므로

($\square$PQRS의 둘레의 길이)$=\dfrac{9}{2}+\overline{PS}+\dfrac{9}{2}+\overline{PS}=9+2\overline{PS}$

즉 $9+2\overline{PS}=21$이므로 $\overline{PS}=6(cm)$ 답 ③

0660

$\overline{EF}=\overline{HG}=\dfrac{1}{2}\overline{AC}=\dfrac{1}{2}\times 16=8(cm)$ …… 40%

$\overline{EH}=\overline{FG}=\dfrac{1}{2}\overline{BD}=\dfrac{1}{2}\overline{AC}=\dfrac{1}{2}\times 16=8(cm)$ …… 40%

$\therefore$ ($\square$EFGH의 둘레의 길이)$=8+8+8+8$

$\qquad\qquad\qquad\qquad =32\,(\mathrm{cm})$ $\cdots\cdots$ 20%

답 32 cm

0661

$\triangle$ABC에서 $\overline{MQ}=\dfrac{1}{2}\overline{BC}=\dfrac{1}{2}\times12=6\,(\mathrm{cm})$

$\triangle$ABD에서 $\overline{MP}=\dfrac{1}{2}\overline{AD}=\dfrac{1}{2}\times8=4\,(\mathrm{cm})$

$\therefore$ $\overline{PQ}=\overline{MQ}-\overline{MP}=6-4=2\,(\mathrm{cm})$ 답 2 cm

0662

오른쪽 그림과 같이 $\overline{AC}$를 긋고
$\overline{AC}$와 $\overline{MN}$의 교점을 P라고 하면
$\triangle$ABC에서

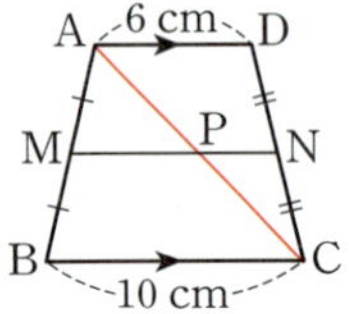

$\overline{MP}=\dfrac{1}{2}\overline{BC}=\dfrac{1}{2}\times10=5\,(\mathrm{cm})$

$\triangle$ACD에서

$\overline{PN}=\dfrac{1}{2}\overline{AD}=\dfrac{1}{2}\times6=3\,(\mathrm{cm})$

$\therefore$ $\overline{MN}=\overline{MP}+\overline{PN}=5+3=8\,(\mathrm{cm})$ 답 8 cm

0663

오른쪽 그림과 같이 $\overline{BD}$를 긋고 $\overline{BD}$와
$\overline{MN}$의 교점을 P라 하면
$\triangle$ABD에서

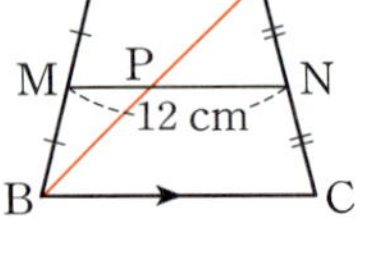

$\overline{MP}=\dfrac{1}{2}\overline{AD}=\dfrac{1}{2}\times9=\dfrac{9}{2}\,(\mathrm{cm})$

$\cdots\cdots$ 40%

$\overline{PN}=\overline{MN}-\overline{MP}=12-\dfrac{9}{2}=\dfrac{15}{2}\,(\mathrm{cm})$ $\cdots\cdots$ 20%

$\triangle$DBC에서 $\overline{BC}=2\overline{PN}=2\times\dfrac{15}{2}=15\,(\mathrm{cm})$ $\cdots\cdots$ 40%

답 15 cm

0664

$\triangle$ABC에서 $\overline{MQ}=\dfrac{1}{2}\overline{BC}=\dfrac{1}{2}\times18=9\,(\mathrm{cm})$이므로

$\overline{MP}=\overline{MQ}-\overline{PQ}=9-3=6\,(\mathrm{cm})$

$\triangle$ABD에서 $\overline{AD}=2\overline{MP}=2\times6=12\,(\mathrm{cm})$ 답 12 cm

0665

$\triangle$ABD$=\dfrac{1}{2}\triangle$ABC$=\dfrac{1}{2}\times24=12\,(\mathrm{cm}^2)$

$\therefore$ $\triangle$ABE$=\dfrac{1}{2}\triangle$ABD$=\dfrac{1}{2}\times12=6\,(\mathrm{cm}^2)$ 답 6 cm²

0666

$\triangle$ADC$=\dfrac{1}{2}\triangle$ABC$=\dfrac{1}{2}\times60=30\,(\mathrm{cm}^2)$

$\overline{AP}=\overline{PQ}=\overline{QD}$이므로

$\triangle$PQC$=\dfrac{1}{3}\triangle$ADC$=\dfrac{1}{3}\times30=10\,(\mathrm{cm}^2)$ 답 10 cm²

0667

$\triangle$ADC$=\dfrac{1}{2}\triangle$ABC$=\dfrac{1}{2}\times20=10\,(\mathrm{cm}^2)$

$\therefore$ $\triangle$AEC$=\dfrac{2}{5}\triangle$ADC$=\dfrac{2}{5}\times10=4\,(\mathrm{cm}^2)$ 답 4 cm²

0668

$\triangle$ABD$=\dfrac{1}{2}\triangle$ABC$=\dfrac{1}{2}\times56=28\,(\mathrm{cm}^2)$

$\triangle$ABD$=\dfrac{1}{2}\times\overline{BD}\times\overline{AH}$이므로

$28=\dfrac{1}{2}\times\overline{BD}\times8$ $\therefore$ $\overline{BD}=7\,(\mathrm{cm})$ 답 7 cm

0669

점 G가 $\triangle$ABC의 무게중심이므로

$\overline{GE}=\dfrac{1}{2}\overline{BG}=\dfrac{1}{2}\times12=6\,(\mathrm{cm})$ $\therefore$ $x=6$

$\overline{AG}=2\overline{GD}=2\times6=12\,(\mathrm{cm})$ $\therefore$ $y=12$

$\therefore$ $x+y=6+12=18$ 답 ⑤

0670

점 G가 $\triangle$ABC의 무게중심이므로

$\overline{AD}=\dfrac{3}{2}\overline{AG}=\dfrac{3}{2}\times14=21\,(\mathrm{cm})$ $\therefore$ $x=21$

$\overline{BD}=\overline{DC}=8\,(\mathrm{cm})$ $\therefore$ $y=8$

$\therefore$ $x-y=21-8=13$ 답 13

0671

점 G가 $\triangle$ABC의 무게중심이므로 $\overline{BG}:\overline{GF}=2:1$

$\triangle$GBD$\sim\triangle$GFH (AA 닮음)이므로 $\overline{GD}:\overline{GH}=\overline{BG}:\overline{FG}$

$\overline{GD}:4=2:1$ $\therefore$ $\overline{GD}=8\,(\mathrm{cm})$

$\overline{AG}=2\overline{GD}=2\times8=16\,(\mathrm{cm})$이므로

$\overline{AH}=\overline{AG}-\overline{HG}=16-4=12\,(\mathrm{cm})$ 답 ④

0672

점 G가 $\triangle$ABC의 무게중심이므로

$\overline{GD}=\dfrac{1}{3}\overline{AD}=\dfrac{1}{3}\times18=6\,(\mathrm{cm})$

점 G'이 $\triangle$GBC의 무게중심이므로

$\overline{GG'}=\dfrac{2}{3}\overline{GD}=\dfrac{2}{3}\times6=4\,(\mathrm{cm})$ 답 ③

0673

점 G가 $\triangle$ABC의 무게중심이므로

$\overline{GD}=\dfrac{1}{2}\overline{AG}=\dfrac{1}{2}\times9=\dfrac{9}{2}\,(\mathrm{cm})$

점 G'이 $\triangle$GBC의 무게중심이므로

$\overline{GG'}=\dfrac{2}{3}\,\overline{GD}=\dfrac{2}{3}\times\dfrac{9}{2}=3\,(cm)$ 🔲 3 cm

0674

점 G′이 △GBC의 무게중심이므로

$\overline{GD}=\dfrac{3}{2}\,\overline{GG'}=\dfrac{3}{2}\times2=3\,(cm)$ …… 50%

점 G가 △ABC의 무게중심이므로

$\overline{AD}=3\overline{GD}=3\times3=9\,(cm)$ …… 50%

🔲 9 cm

0675

점 D는 △ABC의 외심이므로

$\overline{BD}=\overline{AD}=\overline{CD}=\dfrac{1}{2}\,\overline{AC}=\dfrac{1}{2}\times26=13\,(cm)$

점 G가 △ABC의 무게중심이므로

$\overline{GD}=\dfrac{1}{3}\,\overline{BD}=\dfrac{1}{3}\times13=\dfrac{13}{3}\,(cm)$ 🔲 $\dfrac{13}{3}$ cm

0676

점 D는 직각삼각형 ABC의 외심이므로

$\overline{CD}=\overline{AD}=\overline{BD}=\dfrac{1}{2}\,\overline{AB}=\dfrac{1}{2}\times12=6\,(cm)$

$\therefore\ \overline{CG}=\dfrac{2}{3}\,\overline{CD}=\dfrac{2}{3}\times6=4\,(cm)$ 🔲 4 cm

0677

점 G가 △ABC의 무게중심이므로

$\overline{AD}=\dfrac{3}{2}\,\overline{AG}=\dfrac{3}{2}\times6=9\,(cm)$

점 D는 △ABC의 외심이므로 $\overline{BD}=\overline{CD}=\overline{AD}=9\,(cm)$

$\therefore\ \overline{BC}=2\overline{BD}=2\times9=18\,(cm)$ 🔲 18 cm

0678

△GBC에서 ∠BGC=90°이고 점 G′은 무게중심이므로
점 D는 △GBC의 외심이다.

$\overline{GD}=\overline{BD}=\overline{CD}=\dfrac{1}{2}\,\overline{BC}=\dfrac{1}{2}\times36=18\,(cm)$

$\overline{GG'}=\dfrac{2}{3}\,\overline{GD}=\dfrac{2}{3}\times18=12\,(cm)$

한편 점 G는 △ABC의 무게중심이므로

$\overline{AG}=2\overline{GD}=2\times18=36\,(cm)$

$\therefore\ \overline{AG'}=\overline{AG}+\overline{GG'}=36+12=48\,(cm)$ 🔲 48 cm

0679

점 G가 △ABC의 무게중심이므로

$\overline{BG}=2\overline{GM}=2\times4=8\,(cm)$ $\therefore\ x=8$

△MBC에서 $\overline{BD}=\overline{DC},\ \overline{MN}=\overline{NC}$이므로

$\overline{DN}=\dfrac{1}{2}\,\overline{BM}=\dfrac{1}{2}\times(8+4)=6\,(cm)$ $\therefore\ y=6$

$\therefore\ x+y=8+6=14$ 🔲 ①

0680

△ABD에서 $\overline{BE}=\overline{EA},\ \overline{BF}=\overline{FD}$이므로

$\overline{AD}=2\overline{EF}=2\times6=12\,(cm)$ …… 50%

점 G가 △ABC의 무게중심이므로

$\overline{AG}=\dfrac{2}{3}\,\overline{AD}=\dfrac{2}{3}\times12=8\,(cm)$ …… 50%

🔲 8 cm

0681

점 G는 △ABC의 무게중심이므로

$\overline{AD}=3\overline{GD}=3\times8=24\,(cm)$

△ADC에서 $\overline{AE}=\overline{EC},\ \overline{AD}\,/\!/\,\overline{EF}$이므로

$\overline{EF}=\dfrac{1}{2}\,\overline{AD}=\dfrac{1}{2}\times24=12\,(cm)$ 🔲 12 cm

0682

점 G가 △ABC의 무게중심이므로 $y=2\overline{GQ}=2\times2=4$

$\overline{AQ}$는 △ABC의 중선이므로 $\overline{CQ}=\overline{BQ}=3$

△AQC에서 $\overline{GR}\,/\!/\,\overline{QC}$이므로

$\overline{GR}:\overline{QC}=\overline{AG}:\overline{AQ},\ x:3=2:3$

$\therefore\ x=2$ 🔲 $x=2,\ y=4$

0683

$\overline{AC}=2\overline{AD}=2\times6=12\,(cm)$

△ABC에서 $\overline{EF}\,/\!/\,\overline{AC}$이므로

$\overline{EF}:\overline{AC}=\overline{BF}:\overline{BC}=\overline{BG}:\overline{BD}$

이때 점 G가 △ABC의 무게중심이므로 $\overline{EF}:12=2:3$

$\therefore\ \overline{EF}=8\,(cm)$ 🔲 ②

0684

점 G는 △ABC의 무게중심이므로

$\overline{GC}:\overline{GE}=2:1$

△GDC∽△GFE(AA 닮음)이므로 $\overline{GD}:\overline{GF}=\overline{GC}:\overline{GE}=2:1$

따라서 $10:\overline{GF}=2:1$이므로 $\overline{GF}=5\,(cm)$ 🔲 5 cm

0685

두 점 E, F는 각각 $\overline{BD},\ \overline{CD}$의 중점이므로

$\overline{EF}=\overline{ED}+\overline{DF}=\dfrac{1}{2}\,\overline{BD}+\dfrac{1}{2}\,\overline{DC}=\dfrac{1}{2}(\overline{BD}+\overline{DC})$

$\qquad=\dfrac{1}{2}\,\overline{BC}=\dfrac{1}{2}\times24=12\,(cm)$

△AGG′과 △AEF에서 $\overline{AG}:\overline{AE}=\overline{AG'}:\overline{AF}=2:3$,

∠GAG′은 공통이므로 △AGG′∽△AEF (SAS 닮음)

$\overline{AG}:\overline{AE}=\overline{GG'}:\overline{EF}$이므로

$2:3=\overline{GG'}:12$ $\therefore\ \overline{GG'}=8\,(cm)$ 🔲 8 cm

0686

△EGG′과 △EBC에서

$\overline{EG} : \overline{EB} = \overline{EG'} : \overline{EC} = 1 : 3$,
$\angle GEG'$은 공통이므로 $\triangle EGG' \circ \triangle EBC$ (SAS 닮음)
$\overline{EG} : \overline{EB} = \overline{GG'} : \overline{BC}$이므로
$1 : 3 = 7 : \overline{BC}$ $\therefore \overline{BC} = 21(cm)$ 답 21 cm

0687

오른쪽 그림과 같이 $\overline{AG}$, $\overline{AG'}$의 연장선과
$\overline{BC}$의 교점을 각각 D, E라고 하면
$\triangle AGG'$과 $\triangle ADE$에서
$\overline{AG} : \overline{AD} = \overline{AG'} : \overline{AE} = 2 : 3$,
$\angle GAG'$은 공통이므로
$\triangle AGG' \circ \triangle ADE$ (SAS 닮음)
$\overline{AG} : \overline{AD} = \overline{GG'} : \overline{DE}$이므로
$2 : 3 = 6 : \overline{DE}$ $\therefore \overline{DE} = 9(cm)$
이때 $\overline{BD} = \overline{DM}$, $\overline{ME} = \overline{EC}$이므로
$\overline{BC} = 2\overline{DE} = 2 \times 9 = 18(cm)$ 답 ②

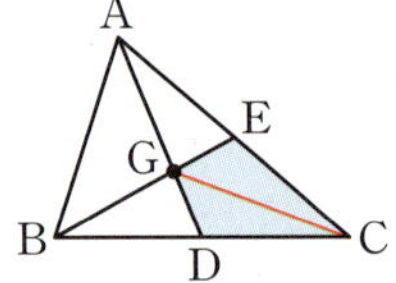

0688

오른쪽 그림과 같이 $\overline{GC}$를 그으면
$\square GDCE = \triangle GDC + \triangle GCE$
$= \dfrac{1}{6}\triangle ABC + \dfrac{1}{6}\triangle ABC$
$= \dfrac{1}{3}\triangle ABC = \dfrac{1}{3} \times 24$
$= 8(cm^2)$ 답 ②

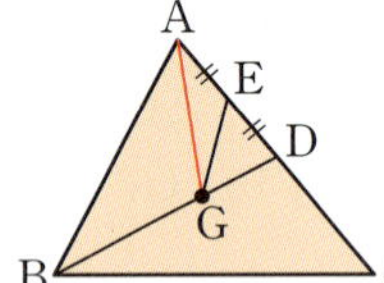

0689

①, ②, ③, ⑤ $\dfrac{1}{3}\triangle ABC$ ④ $\dfrac{1}{2}\triangle ABC$ 답 ④

0690

오른쪽 그림과 같이 $\overline{AG}$를 그으면
$\overline{AE} = \overline{DE}$이므로
$\triangle GEA = \triangle GDE = 4(cm^2)$
$\therefore \triangle GDA = 4 + 4 = 8(cm^2)$
$\therefore \triangle ABC = 6\triangle GDA$
$= 6 \times 8 = 48(cm^2)$ 답 48 cm²

0691

$\triangle GDC = \dfrac{1}{6}\triangle ABC$
$= \dfrac{1}{6} \times \left(\dfrac{1}{2} \times 6 \times 8\right) = 4(cm^2)$ 답 4 cm²

0692

$\triangle ADE = \dfrac{1}{3}\triangle ABG = \dfrac{1}{3} \times \dfrac{1}{3}\triangle ABC$
$= \dfrac{1}{9}\triangle ABC = \dfrac{1}{9} \times 45 = 5(cm^2)$ 답 5 cm²

0693

점 N은 $\triangle ABE$의 무게중심이므로
$\triangle ABE = 6\triangle NDE = 6 \times 2 = 12(cm^2)$
이때 $\triangle ABC$에서 $\overline{BE} : \overline{EC} = 2 : 1$이므로 $12 : \triangle AEC = 2 : 1$
$\therefore \triangle AEC = 6(cm^2)$
$\therefore \triangle ABC = 12 + 6 = 18(cm^2)$ 답 18 cm²

0694

점 G'이 $\triangle GBC$의 무게중심이므로
$\triangle GBC = 3\triangle GG'C = 3 \times 9 = 27(cm^2)$ ……50%
점 G가 $\triangle ABC$의 무게중심이므로
$\triangle ABC = 3\triangle GBC = 3 \times 27 = 81(cm^2)$ ……50%
답 81 cm²

0695

$\triangle DBE$에서 $\overline{BG} : \overline{GE} = 2 : 1$이므로
$\triangle DBG : \triangle DGE = 2 : 1$
$\triangle DBG : 5 = 2 : 1$에서 $\triangle DBG = 10(cm^2)$
$\therefore \triangle ABC = 6\triangle DBG = 6 \times 10 = 60(cm^2)$ 답 60 cm²

0696

$\triangle DBG = \dfrac{1}{6}\triangle ABC = \dfrac{1}{6} \times 96 = 16(cm^2)$
$\triangle DBE$에서 $\overline{BG} : \overline{GE} = 2 : 1$이므로
$\triangle DBG : \triangle DGE = 2 : 1$
$16 : \triangle DGE = 2 : 1$ $\therefore \triangle DGE = 8(cm^2)$ 답 8 cm²

0697

$\triangle DBE$에서 $\overline{BG} : \overline{GE} = 2 : 1$이므로
$\triangle DBG : \triangle DGE = 2 : 1$
$\therefore \triangle DGE = \dfrac{1}{2}\triangle DBG = \dfrac{1}{2} \times \dfrac{1}{6}\triangle ABC$
$= \dfrac{1}{12}\triangle ABC$
이때 $\triangle GBC = \dfrac{1}{3}\triangle ABC$이므로
$\triangle DGE : \triangle GBC = \dfrac{1}{12}\triangle ABC : \dfrac{1}{3}\triangle ABC = 1 : 4$ 답 ④

0698

$\triangle DBC$에서 $\overline{DG} : \overline{GC} = 1 : 2$이므로
$\triangle DBG : \triangle GBC = 1 : 2$
$\triangle DBG : 24 = 1 : 2$ $\therefore \triangle DBG = 12(cm^2)$
$\triangle DBE$에서 $\overline{BG} : \overline{GE} = 2 : 1$이므로
$\triangle DBG : \triangle DGE = 2 : 1$
$12 : \triangle DGE = 2 : 1$ $\therefore \triangle DGE = 6(cm^2)$
$\therefore \triangle DBE = \triangle DBG + \triangle DGE = 6 + 12 = 18(cm^2)$
이때 $\triangle ABE$에서 $\overline{AD} = \overline{DB}$이므로
$\triangle ADE = \triangle DBE = 18(cm^2)$ 답 18 cm²

0699

오른쪽 그림과 같이 $\overline{AC}$를 긋고 $\overline{BD}$와 만나는 점을 O라고 하면 두 점 P, Q는 각각 $\triangle ABC$, $\triangle ACD$의 무게중심이므로

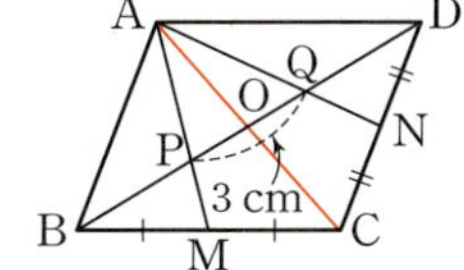

$\overline{BP}=2\overline{PO}$, $\overline{QD}=2\overline{OQ}$

$$\therefore \overline{BD}=\overline{BP}+\overline{PQ}+\overline{QD}$$
$$=2\overline{PO}+(\overline{PO}+\overline{OQ})+2\overline{OQ}$$
$$=3(\overline{PO}+\overline{OQ})=3\overline{PQ}$$
$$=3\times 3=9(cm)$$

답 ⑤

0700

오른쪽 그림과 같이 $\overline{AC}$를 긋고 $\overline{BD}$와 만나는 점을 O라고 하면 $\overline{AO}=\overline{OC}$, $\overline{AM}=\overline{MD}$, $\overline{BN}=\overline{NC}$이므로 두 점 P, Q는 각각 $\triangle ABC$, $\triangle ACD$의 무게중심이다.

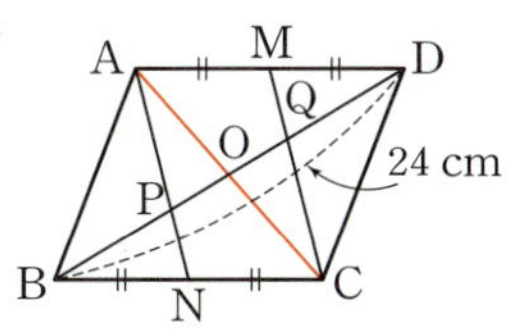

$$\therefore \overline{BP}=\frac{2}{3}\overline{BO}=\frac{2}{3}\times\frac{1}{2}\overline{BD}$$
$$=\frac{1}{3}\overline{BD}=\frac{1}{3}\times 24$$
$$=8(cm)$$

답 8 cm

0701

오른쪽 그림과 같이 $\overline{AC}$를 긋고 $\overline{BD}$와 만나는 점을 O라고 하면 두 점 P, Q는 각각 $\triangle ABC$, $\triangle ACD$의 무게중심이다.

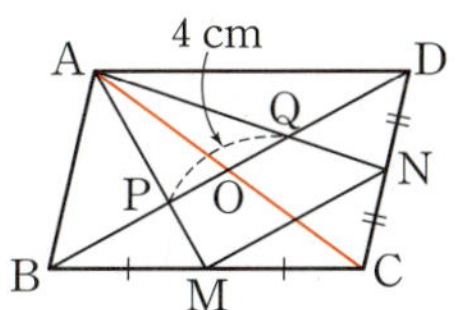

$$\overline{BD}=\overline{BP}+\overline{PQ}+\overline{QD}$$
$$=2\overline{PO}+(\overline{PO}+\overline{OQ})+2\overline{OQ}$$
$$=3(\overline{PO}+\overline{OQ})=3\overline{PQ}$$
$$=3\times 4=12(cm)$$

······ 50%

$\triangle BCD$에서 $\overline{BM}=\overline{MC}$, $\overline{DN}=\overline{NC}$이므로

$$\overline{MN}=\frac{1}{2}\overline{BD}=\frac{1}{2}\times 12=6(cm)$$

······ 50%

답 6 cm

0702

오른쪽 그림과 같이 $\overline{AC}$를 그으면 두 점 P, Q는 각각 $\triangle ABC$, $\triangle ACD$의 무게중심이므로 $\overline{BP}=\overline{PQ}=\overline{QD}$

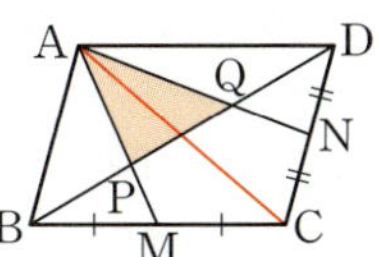

$$\therefore \triangle APQ=\frac{1}{3}\triangle ABD$$
$$=\frac{1}{3}\times\frac{1}{2}\square ABCD$$
$$=\frac{1}{6}\square ABCD$$
$$=\frac{1}{6}\times 90=15(cm^2)$$

답 15 cm²

0703

오른쪽 그림과 같이 $\overline{BD}$를 그으면 점 G는 $\triangle BCD$의 무게중심이므로

$$\triangle GBE=\frac{1}{6}\triangle BCD$$

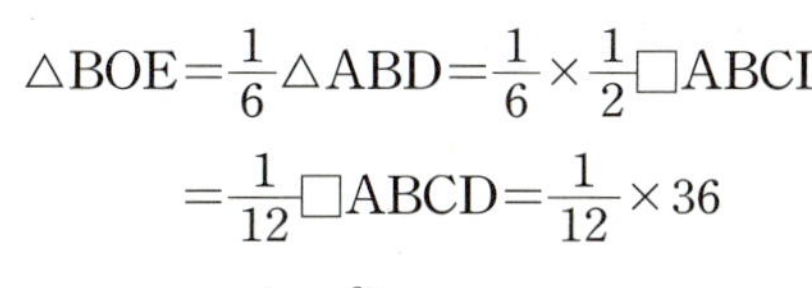

이때

$$\triangle BCD=\frac{1}{2}\square ABCD=\frac{1}{2}\times 72=36(cm^2)$$

$$\therefore \triangle GBE=\frac{1}{6}\triangle BCD=\frac{1}{6}\times 36=6(cm^2)$$

답 6 cm²

0704

두 점 E, F는 각각 $\triangle ABD$, $\triangle BCD$의 무게중심이므로

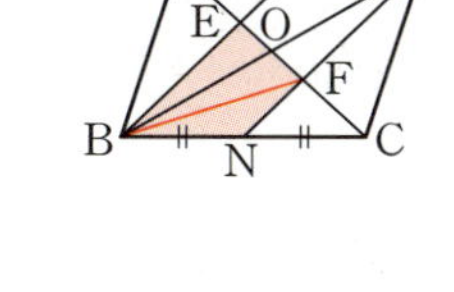

$$\triangle BOE=\frac{1}{6}\triangle ABD=\frac{1}{6}\times\frac{1}{2}\square ABCD$$
$$=\frac{1}{12}\square ABCD=\frac{1}{12}\times 36$$
$$=3(cm^2)$$

$\square BNFO$에서 $\overline{BF}$를 그으면

$$\square BNFO=\triangle OBF+\triangle FBN$$
$$=\frac{1}{6}\triangle BCD+\frac{1}{6}\triangle BCD=\frac{1}{3}\triangle BCD$$
$$=\frac{1}{3}\times\frac{1}{2}\square ABCD=\frac{1}{6}\square ABCD$$
$$=\frac{1}{6}\times 36=6(cm^2)$$

$$\therefore \square BNFE=\triangle BOE+\square BNFO$$
$$=3+6=9(cm^2)$$

답 ②

0705

$\triangle ADE\backsim\triangle ABC$ (AA 닮음)이고

$\triangle ADE$와 $\triangle ABC$의 닮음비는 $\overline{AD}:\overline{AB}=4:6=2:3$이므로

$\triangle ADE:\triangle ABC=2^2:3^2=4:9$

$12:\triangle ABC=4:9$

$\therefore \triangle ABC=27(cm^2)$

답 27 cm²

0706

$\triangle DBE\backsim\triangle ABC$ (AA 닮음)이고

$\triangle DBE$와 $\triangle ABC$의 닮음비는 $\overline{BE}:\overline{BC}=9:12=3:4$이므로

$\triangle DBE:\triangle ABC=3^2:4^2=9:16$

$\triangle DBE:\square ADEC=9:(16-9)=9:7$이므로

$27:\square ADEC=9:7$

$\therefore \square ADEC=21(cm^2)$

답 21 cm²

0707

$\triangle AED$와 $\triangle ACB$에서 $\angle ADE=\angle B$,

$\angle A$는 공통이므로 $\triangle AED\backsim\triangle ACB$ (AA 닮음)

······ 30%

△AED와 △ACB의 닮음비는
$\overline{AD} : \overline{AB} = 6 : 9 = 2 : 3$이므로

$\triangle AED : \triangle ACB = 2^2 : 3^2 = 4 : 9$ ······ 40%

$\triangle AED : 45 = 4 : 9$

$\therefore \triangle AED = 20(cm^2)$ ······ 30%

답 20 cm²

0708

$\triangle ADE \backsim \triangle AFG \backsim \triangle ABC$ (SAS 닮음)이고

△ADE, △AFG, △ABC의 닮음비는

$\overline{AD} : \overline{AF} : \overline{AB} = 1 : 2 : 3$이므로

$\triangle ADE : \triangle AFG : \triangle ABC = 1^2 : 2^2 : 3^2 = 1 : 4 : 9$

$\therefore \square DFGE : \square FBCG = (4-1) : (9-4)$

$= 3 : 5$

답 3 : 5

0709

$\triangle ODA \backsim \triangle OBC$ (AA 닮음)이고

△ODA와 △OBC의 닮음비는

$\overline{AD} : \overline{CB} = 9 : 12 = 3 : 4$이므로

$\triangle ODA : \triangle OBC = 3^2 : 4^2 = 9 : 16$

$\triangle ODA : 24 = 9 : 16$

$\therefore \triangle ODA = \dfrac{27}{2}(cm^2)$

답 ①

0710

세 원의 닮음비가 $1 : 2 : 3$이므로 넓이의 비는 $1^2 : 2^2 : 3^2 = 1 : 4 : 9$

가장 큰 원과 색칠한 부분의 넓이의 비는 $9 : (4-1) = 9 : 3 = 3 : 1$

이때 색칠한 부분의 넓이를 $x\ cm^2$라고 하면

$3 : 1 = 63\pi : x$ $\therefore x = 21\pi$

따라서 색칠한 부분의 넓이는 $21\pi\ cm^2$이다.

답 ④

0711

두 직사각형 모양의 벽면의 가로의 길이의 비는

$3 : 4.5 = 2 : 3$ ······ 30%

세로의 길이의 비도 $2 : 3$, 즉 두 직사각형 모양의 벽면은 닮은 도형이고 닮음비가 $2 : 3$이므로 넓이의 비는 $2^2 : 3^2 = 4 : 9$ ······ 40%

구하는 페인트의 양을 $x\ mL$라고 하면

$460 : x = 4 : 9$ $\therefore x = 1035$ ······ 20%

따라서 1035 mL의 페인트가 필요하다. ······ 10%

답 1035 mL

0712

$\triangle CFE \backsim \triangle CDB$(SAS 닮음)이고

△CFE와 △CDB의 닮음비는 $1 : 2$이므로

$\triangle CFE : \triangle CDB = 1^2 : 2^2 = 1 : 4$

$24 : \triangle CDB = 1 : 4$ $\therefore \triangle CDB = 96(cm^2)$

$\therefore \triangle ABD = \triangle CDB = 96(cm^2)$

△ABD에서 $\overline{BP} = \overline{PQ} = \overline{QD}$이므로

$\triangle ABP = \triangle APQ = \triangle AQD$

$\therefore \triangle APQ = \dfrac{1}{3} \triangle ABD$

$= \dfrac{1}{3} \times 96 = 32(cm^2)$

답 32 cm²

0713

두 원뿔 A와 B의 닮음비는 $12 : 18 = 2 : 3$이므로

부피의 비는 $2^3 : 3^3 = 8 : 27$,

(A의 부피) : (B의 부피) = $8 : 27$이므로

$88\pi : (B의 부피) = 8 : 27$

$\therefore$ (B의 부피) = $297\pi(cm^3)$

답 $297\pi\ cm^3$

0714

두 구 A와 B의 닮음비는 $6 : 24 = 1 : 4$이므로 겉넓이의 비는

$1^2 : 4^2 = 1 : 16$

답 ⑤

0715

닮음비가 $100 : 120 = 5 : 6$인 두 정사면체의 겉넓이의 비는

$5^2 : 6^2 = 25 : 36$

작은 정사각형의 겉넓이를 $x\ cm^2$라고 하면

$25 : 36 = x : 108$ $\therefore x = 75$

따라서 작은 정사면체의 겉넓이는 75 cm²이다.

답 75 cm²

0716

겉넓이의 비가 $16 : 25 = 4^2 : 5^2$인 두 입체도형 P와 Q의 닮음비는

$4 : 5$이므로 부피의 비는 $4^3 : 5^3 = 64 : 125$

(P의 부피) : (Q의 부피) = $64 : 125$이므로

(P의 부피) : $125 = 64 : 125$

$\therefore$ (P의 부피) = $64(cm^3)$

답 ②

0717

㈎에 들어 있는 구슬 하나의 지름의 길이는 $\dfrac{a}{2}$

㈏에 들어 있는 구슬 하나의 지름의 길이는 $\dfrac{a}{3}$

따라서 두 구슬의 닮음비는 $\dfrac{a}{2} : \dfrac{a}{3} = 3 : 2$이므로

겉넓이의 비는 $3^2 : 2^2 = 9 : 4$

답 9 : 4

0718

큰 쇠구슬과 작은 쇠구슬은 서로 닮은 도형이고 닮음비는

$8 : 2 = 4 : 1$이므로 부피의 비는 $4^3 : 1^3 = 64 : 1$

따라서 지름의 길이가 2 cm인 쇠구슬을 64개 만들 수 있다.

답 64개

0719

수박의 닮음비가 $21 : 28 = 3 : 4$이므로

부피의 비는 $3^3 : 4^3 = 27 : 64$

작은 수박 2통과 큰 수박 1통의 부피의 비는

$(27 \times 2) : 64 = 54 : 64$이므로
큰 수박 1통의 부피가 더 크다.
따라서 큰 수박 1통을 사는 것이 더 이익이다.   **답** 큰 수박 1통

0720

작은 원뿔과 큰 원뿔의 닮음비는 $3 : (3+2) = 3 : 5$이므로
부피의 비는 $3^3 : 5^3 = 27 : 125$ ……50%
작은 원뿔과 원뿔대의 부피의 비는
$27 : (125-27) = 27 : 98$ ……40%
따라서 원뿔대의 부피는 작은 원뿔의 부피의 $\dfrac{98}{27}$배이다.   ……10%

답 $\dfrac{98}{27}$배

0721

물이 들어 있는 부분과 그릇의 높이의 비가 $1 : 2$이므로
부피의 비는 $1^3 : 2^3 = 1 : 8$
즉 물이 들어 있는 부분과 비어 있는 부분의 부피의 비는
$1 : (8-1) = 1 : 7$이므로 그릇을 가득 채우려면 지금 들어 있는 물의 양의 7배를 더 부어야 한다.   **답** 7배

0722

물이 들어 있는 부분과 그릇의 닮음비는 $\dfrac{2}{3} : 1 = 2 : 3$이므로
부피의 비는 $2^3 : 3^3 = 8 : 27$
(물의 부피) : (그릇의 부피) $= 8 : 27$이므로
$40 : ($그릇의 부피$) = 8 : 27$
∴ (그릇의 부피) $= 135 (\text{cm}^3)$ **답** 135 cm^3

0723

물의 높이와 그릇의 높이의 비가 $3 : 9 = 1 : 3$이므로 부피의 비는
$1^3 : 3^3 = 1 : 27$
비어 있는 부분에 물을 가득 채우는 데 걸리는 시간을 x분이라고 하면
$5 : x = 1 : (27-1)$ ∴ $x = 130$
따라서 물을 가득 채울 때까지 더 걸리는 시간은 130분, 즉 2시간 10분이다.   **답** ②

0724

$\triangle BAC$와 $\triangle DAE$에서 $\angle A$는 공통,
$\angle ACB = \angle AED = 90°$이므로
$\triangle BAC \backsim \triangle DAE$ (AA 닮음)
$\overline{AC} : \overline{AE} = \overline{BC} : \overline{DE}$이므로 $3 : (3+21) = 2 : \overline{DE}$
∴ $\overline{DE} = 16 (\text{m})$
따라서 전신주의 높이는 16 m이다.   **답** 16 m

0725

$\triangle ABC \backsim \triangle DEF$ (AA 닮음)이므로
$\overline{AB} : \overline{DE} = \overline{BC} : \overline{EF}$, $\overline{AB} : 1 = 8 : 2$
∴ $\overline{AB} = 4 (\text{m})$
따라서 나무의 높이는 4 m이다.   **답** ③

0726

$\triangle ABC$와 $\triangle EDC$에서
$\angle B = \angle D = 90°$, $\angle ACB = \angle ECD$이므로
$\triangle ABC \backsim \triangle EDC$ (AA 닮음)   ……40%
$\overline{AB} : \overline{ED} = \overline{BC} : \overline{DC}$이므로 $\overline{AB} : 1.6 = 15 : 1.2$
∴ $\overline{AB} = 20 (\text{m})$
따라서 건물의 높이는 20 m이다.   ……60%

답 20 m

0727

$\triangle ABC$와 $\triangle ADE$에서 $\angle A$는 공통,
$\angle ABC = \angle ADE = 90°$ (동위각)이므로
$\triangle ABC \backsim \triangle ADE$ (AA 닮음)
$\overline{AB} : \overline{AD} = \overline{BC} : \overline{DE}$이므로
$\overline{AB} : (\overline{AB}+2) = 6 : 10$ ∴ $\overline{AB} = 3 (\text{cm})$
따라서 축도에서의 강의 폭은 $3+2 = 5 (\text{cm})$이므로 실제 강의 폭은
$5 \times 100000 = 500000 (\text{cm}) = 5 (\text{km})$ **답** 5 km

0728

$2 (\text{km}) = 200000 (\text{cm})$이므로 (축척) $= \dfrac{5}{200000} = \dfrac{1}{40000}$
따라서 구하는 실제 거리는
$8 \times 40000 = 320000 (\text{cm}) = 3.2 (\text{km})$ **답** 3.2 km

0729

$10 (\text{m}) = 1000 (\text{cm})$이므로 (축척) $= \dfrac{5}{1000} = \dfrac{1}{200}$
∴ $\overline{AC} = 3 \times 200 = 600 (\text{cm}) = 6 (\text{m})$
따라서 나무의 높이는 $1.7 + 6 = 7.7 (\text{m})$ **답** ⑤

0730

축도에서 땅의 넓이는 $4 \times 6 = 24 (\text{cm}^2)$
축도에서의 길이와 실제 땅에서의 길이의 비가 $1 : 2000$이므로
넓이의 비는 $1^2 : 2000^2 = 1 : 4000000$
∴ (실제 땅의 넓이) $= 24 \times 4000000$
$= 96000000 (\text{cm}^2)$
$= 9600 (\text{m}^2)$ **답** 9600 m^2

실력 콕콕   본문 | 129~131쪽

0731 6 cm	**0732** 2 cm	**0733** ③	**0734** 4 cm
0735 ③	**0736** 28 cm²	**0737** 28 cm	**0738** 15°
0739 18 cm	**0740** ③	**0741** 3 cm	**0742** 6 cm²
0743 36 cm²	**0744** ③	**0745** 4 cm	**0746** 16 cm²
0747 50 cm²	**0748** 3 cm²	**0749** 126 cm²	**0750** 21분
0751 ②	**0752** ④	**0753** 865 m	**0754** 50 cm

0731

$\triangle$BCF에서 $\overline{BD}=\overline{DC}$, $\overline{BF}\,/\!/\,\overline{DG}$이므로

$\overline{BF}=2\overline{DG}=2\times4=8(cm)$

$\triangle$ADG에서 $\overline{AE}=\overline{ED}$, $\overline{EF}\,/\!/\,\overline{DG}$이므로

$\overline{EF}=\dfrac{1}{2}\overline{DG}=\dfrac{1}{2}\times4=2(cm)$

$\therefore \overline{BE}=\overline{BF}-\overline{EF}=8-2=6(cm)$ **답** 6 cm

0732

$\triangle$ABC에서 $\overline{AM}=\overline{MB}$, $\overline{MN}\,/\!/\,\overline{BC}$이므로

$\overline{BC}=2\overline{MN}=2\times8=16(cm)$

$\triangle$DBC에서 $\overline{DQ}=\overline{QC}$, $\overline{PQ}\,/\!/\,\overline{BC}$이므로

$\overline{PQ}=\dfrac{1}{2}\overline{BC}=\dfrac{1}{2}\times16=8(cm)$

$\therefore \overline{PR}=\overline{PQ}-\overline{RQ}=8-6=2(cm)$ **답** 2 cm

0733

$\triangle$BCM에서 $\overline{MD}=\overline{DC}$, $\overline{BM}\,/\!/\,\overline{ED}$이므로

$\overline{BM}=2\overline{ED}=2\times3=6(cm)$

이때 점 M은 직각삼각형 ABC의 외심이므로

$\overline{AC}=2\overline{BM}=2\times6=12(cm)$ **답** ③

0734

$\triangle$ABD에서 $\overline{AE}=\overline{EB}$, $\overline{EF}\,/\!/\,\overline{BC}$이므로

$\overline{AF}=\overline{FD}=\dfrac{1}{2}\overline{AD}=\dfrac{1}{2}\times10=5(cm)$,

$\overline{EF}=\dfrac{1}{2}\overline{BD}=\dfrac{1}{2}\times4=2(cm)$

이때 $\overline{EF}\,/\!/\,\overline{BC}$이므로 $\triangle$PEF와 $\triangle$PCD에서

$\angle FEP=\angle DCP$ (엇각),

$\angle EPF=\angle CPD$ (맞꼭지각)이므로

$\triangle$PEF$\sim$$\triangle$PCD(AA 닮음)

즉 $\overline{PF}:\overline{PD}=\overline{EF}:\overline{CD}=2:8=1:4$이므로

$\overline{PD}=\dfrac{4}{5}\overline{FD}=\dfrac{4}{5}\times5=4(cm)$ **답** 4 cm

0735

오른쪽 그림과 같이 $\overline{AG}\,/\!/\,\overline{BC}$가 되도록

$\overline{DE}$ 위에 점 G를 잡으면

$\triangle$DBE에서 $\overline{DA}=\overline{AB}$, $\overline{AG}\,/\!/\,\overline{BE}$이므로

$\overline{AG}=\dfrac{1}{2}\overline{BE}=\dfrac{1}{2}\times16=8(cm)$

$\triangle$AMG와 $\triangle$CME에서

$\angle GAM=\angle ECM$ (엇각),

$\overline{AM}=\overline{CM}$, $\angle AMG=\angle CME$ (맞꼭지각)이므로

$\triangle$AMG$\equiv$$\triangle$CME (ASA 합동)

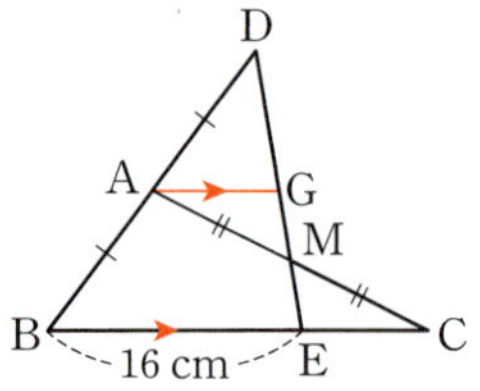

$\therefore \overline{CE}=\overline{AG}=8(cm)$ **답** ③

0736

마름모 ABCD의 각 변의 중점을 연결하여 만든

$\square$EFGH는 직사각형이다.

$\overline{EF}=\overline{HG}=\dfrac{1}{2}\overline{AC}=\dfrac{1}{2}\times14=7(cm)$

$\overline{EH}=\overline{FG}=\dfrac{1}{2}\overline{BD}=\dfrac{1}{2}\times8=4(cm)$

$\therefore \square$EFGH$=7\times4=28(cm^2)$ **답** 28 cm²

0737

$\overline{AD}\,/\!/\,\overline{BC}$, $\overline{AM}=\overline{MB}$, $\overline{DN}=\overline{NC}$이므로 $\overline{AD}\,/\!/\,\overline{MN}\,/\!/\,\overline{BC}$

$\triangle$ABD에서 $\overline{AM}=\overline{MB}$, $\overline{MP}\,/\!/\,\overline{AD}$이므로

$\overline{MP}=\dfrac{1}{2}\overline{AD}=\dfrac{1}{2}\times16=8(cm)$

$\therefore \overline{MQ}=\overline{MP}+\overline{PQ}=8+6=14(cm)$

$\triangle$ABC에서 $\overline{AM}=\overline{MB}$, $\overline{MQ}\,/\!/\,\overline{BC}$이므로

$\overline{BC}=2\overline{MQ}=2\times14=28(cm)$ **답** 28 cm

0738

$\overline{EF}=\overline{FG}$이므로 $\triangle$EFG는 이등변삼각형이다.

$\overline{AB}\,/\!/\,\overline{EF}$이므로 $\angle EFD=\angle ABD=35°$ (동위각)

$\overline{FG}\,/\!/\,\overline{DC}$이므로 $\angle BFG=\angle BDC=65°$ (동위각)

$\therefore \angle DFG=180°-65°=115°$

즉 $\angle EFG=35°+115°=150°$이므로

$\angle FGE=\dfrac{1}{2}\times(180°-150°)=15°$ **답** 15°

0739

두 점 G, G′은 각각 $\triangle$ABC와 $\triangle$DBC의 무게중심이므로

$\overline{AG}:\overline{GM}=\overline{DG'}:\overline{G'M}=2:1$

$\triangle$MDA에서 $\overline{AD}\,/\!/\,\overline{GG'}$이므로

$\overline{AM}:\overline{GM}=\overline{AD}:\overline{GG'}$, $3:1=\overline{AD}:6$

$\therefore \overline{AD}=18(cm)$ **답** 18 cm

0740

$\triangle$BCE에서 $\overline{CD}=\overline{DB}$, $\overline{DF}\,/\!/\,\overline{BE}$이므로

$\overline{BE}=2\overline{DF}=2\times12=24$

점 G가 $\triangle$ABC의 무게중심이므로

$\overline{GE}=\dfrac{1}{3}\overline{BE}=\dfrac{1}{3}\times24=8$ **답** ③

0741

점 G가 $\triangle$ABC의 무게중심이므로

$\overline{GD}=\dfrac{1}{3}\overline{AD}=\dfrac{1}{3}\times18=6(cm)$

$\triangle$BDG와 $\triangle$EFG에서 $\angle DBG=\angle FEG$ (엇각),

$\angle BGD=\angle EGF$ (맞꼭지각)이므로

$\triangle$BDG$\sim$$\triangle$EFG (AA 닮음)

$\overline{DG}:\overline{FG}=\overline{BG}:\overline{EG}=2:1$

$6:\overline{FG}=2:1$ $\therefore \overline{FG}=3(cm)$ **답** 3 cm

0742

점 G가 △ABC의 무게중심이므로

$\overline{AG} : \overline{GD} = 2 : 1$

∴ $\triangle AGF : \triangle GDF = \overline{AG} : \overline{GD} = 2 : 1$

$8 : \triangle GDF = 2 : 1$에서 $\triangle GDF = 4(cm^2)$

∴ $\triangle ADF = 8 + 4 = 12(cm^2)$

이때 △ADC에서 $\overline{GF} /\!/ \overline{DC}$이므로

$\overline{AF} : \overline{FC} = \overline{AG} : \overline{GD} = 2 : 1$

$\triangle ADF : \triangle FDC = \overline{AF} : \overline{FC} = 2 : 1$, $12 : \triangle FDC = 2 : 1$

∴ $\triangle FDC = 6(cm^2)$　　　　　답 $6\,cm^2$

0743

점 G′이 △GBC의 무게중심이므로

$\triangle GBC = 3\triangle GBG' = 3 \times 4 = 12(cm^2)$

점 G가 △ABC의 무게중심이므로

$\triangle ABC = 3\triangle GBC = 3 \times 12 = 36(cm^2)$　　　답 $36\,cm^2$

0744

점 G가 △ABC의 무게중심이므로

$\overline{BG} : \overline{GN} = \overline{CG} : \overline{GM} = 2 : 1$

$\triangle MBG : \triangle MGN = \overline{BG} : \overline{GN} = 2 : 1$이므로

$\triangle MBG : 3 = 2 : 1$　　∴ $\triangle MBG = 6(cm^2)$

$\triangle GBC : \triangle MBG = \overline{CG} : \overline{GM} = 2 : 1$이므로

$\triangle GBC : 6 = 2 : 1$　　∴ $\triangle GBC = 12(cm^2)$　　　답 ③

0745

$\overline{BD} = 2\overline{BO} = 2 \times 6 = 12(cm)$

두 점 P, Q는 각각 △ABC, △ACD의 무게중심이므로

$\overline{PO} = \dfrac{1}{3}\overline{BO}$, $\overline{OQ} = \dfrac{1}{3}\overline{OD}$이므로

∴ $\overline{PQ} = \overline{PO} + \overline{OQ} = \dfrac{1}{3}\overline{BO} + \dfrac{1}{3}\overline{OD}$

$= \dfrac{1}{3}(\overline{BO} + \overline{OD}) = \dfrac{1}{3}\overline{BD}$

$= \dfrac{1}{3} \times 12 = 4(cm)$　　　답 $4\,cm$

0746

오른쪽 그림과 같이 $\overline{AC}$와 $\overline{BD}$의 교점을 O라
고 하면 두 점 P, Q는 각각 △ABC,
△ACD의 무게중심이므로

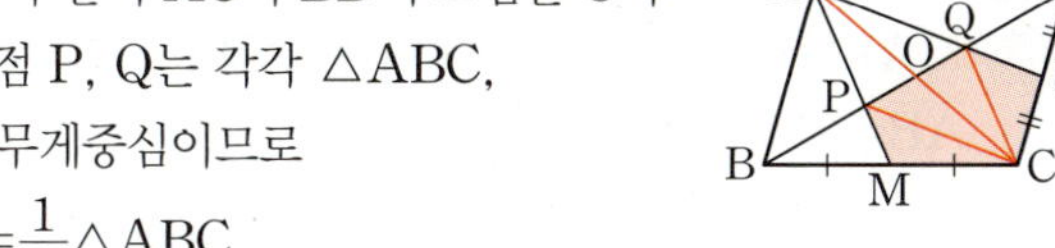

$\square PMCO = \dfrac{1}{3}\triangle ABC$

$= \dfrac{1}{3} \times \dfrac{1}{2}\square ABCD$

$= \dfrac{1}{6}\square ABCD$

$= \dfrac{1}{6} \times 48 = 8(cm^2)$

$\square OCNQ = \dfrac{1}{3}\triangle ACD = \dfrac{1}{3} \times \dfrac{1}{2}\square ABCD$

$= \dfrac{1}{6}\square ABCD$

$= \dfrac{1}{6} \times 48 = 8(cm^2)$

∴ (색칠한 부분의 넓이) $= \square PMCO + \square OCNQ$

$= 8 + 8 = 16(cm^2)$

답 $16\,cm^2$

0747

$\triangle ABC \backsim \triangle ADE$ (AA 닮음)이고

△ABC와 △ADE의 닮음비는

$\overline{AB} : \overline{AD} = 10 : 15 = 2 : 3$이므로

$\triangle ABC : \triangle ADE = 2^2 : 3^2 = 4 : 9$

$\triangle ABC : \square BDEC = 4 : (9-4) = 4 : 5$이므로

$40 : \square BDEC = 4 : 5$

∴ $\square BDEC = 50(cm^2)$　　　답 $50\,cm^2$

0748

직사각형의 두 대각선은 서로 다른 것을 이등분하므로

두 점 Q, R는 각각 △ABC, △DBC의 무게중심이다.

△PBC와 △PQR에서 $\overline{PB} : \overline{PQ} = \overline{PC} : \overline{PR} = 3 : 1$이고

∠QPR는 공통이므로

$\triangle PBC \backsim \triangle PQR$(SAS 닮음)

△PBC와 △PQR의 닮음비는 $\overline{BP} : \overline{QP} = 3 : 1$이므로

$\triangle PBC : \triangle PQR = 3^2 : 1^2 = 9 : 1$

이때 $\triangle PBC = \dfrac{1}{4}\square ABCD = \dfrac{1}{4} \times 108 = 27(cm^2)$이므로

$27 : \triangle PQR = 9 : 1$　　∴ $\triangle PQR = 3(cm^2)$　　답 $3\,cm^2$

0749

두 원기둥의 닮음비는 2 : 3이므로 넓이의 비는

$2^2 : 3^2 = 4 : 9$

(A의 옆넓이) : (B의 옆넓이) $= 4 : 9$이므로

$56 :$ (B의 옆넓이) $= 4 : 9$

∴ (B의 옆넓이) $= 126(cm^2)$　　　답 $126\,cm^2$

0750

물이 들어 있는 부분과 그릇의 닮음비는 $\dfrac{1}{2} : 1 = 1 : 2$이므로

부피의 비는 $1^3 : 2^3 = 1 : 8$

물을 그릇에 가득 채울 때까지 더 걸리는 시간을 x분이라고 하면

$3 : x = 1 : (8-1)$　　∴ $x = 21$

따라서 물을 가득 채울 때까지 21분이 더 걸린다.　　답 21분

0751

가장 작은 원뿔(P)과 중간 크기의 원뿔(P+Q), 가장 큰 원뿔(P+Q+R)은 닮은 도형이고 닮음비는 1 : 2 : 3이므로 부피의 비는 $1^3 : 2^3 : 3^3 = 1 : 8 : 27$

따라서 세 입체도형 P, Q, R의 부피의 비는

$1 : (8-1) : (27-8) = 1 : 7 : 19$ 답 ②

0752

걸리버와 소인국의 사람의 키의 비가 12 : 1이므로 부피의 비는 $12^3 : 1^3 = 1728 : 1$이다. 마시는 물의 양이 몸의 부피에 정비례하고 $1728 \div 365 = 4 \cdots 268$이므로 4년 268일 동안 물을 마실 수 있다.

답 ④

0753

$500(\text{m}) = 50000(\text{cm})$이므로 축척은 $\frac{10}{50000} = \frac{1}{5000}$

따라서 기름띠의 실제 길이는

$17.3 \times 5000 = 86500(\text{cm}) = 865(\text{m})$ 답 865 m

0754

오른쪽 그림과 같이 $\overline{AF}$를 그어 $\overline{CD}$와 만나는 점을 P라고 하면

△AEF에서 $\overline{AC} = \overline{CE}$, $\overline{CP} /\!/ \overline{EF}$이므로

$\overline{CP} = \frac{1}{2}\overline{EF} = \frac{1}{2} \times 80 = 40(\text{cm})$

$\therefore \overline{PD} = \overline{CD} - \overline{CP} = 65 - 40 = 25(\text{cm})$

△AFB에서 $\overline{FD} = \overline{DB}$, $\overline{PD} /\!/ \overline{AB}$이므로

$\overline{AB} = 2\overline{PD} = 2 \times 25 = 50(\text{cm})$ 답 50 cm

서술형 콕콕 본문 | 132~133쪽

0755 $\frac{9}{2}$ cm **0756** 3 cm **0757** 8 cm² **0758** 10 cm²
0759 9 cm **0760** 12 cm **0761** 40 cm² **0762** 10 cm²
0763 74 cm³ **0764** 122 cm³

0755

단계 1 점 G는 △ABC의 무게중심이므로

$\overline{AD} = \frac{3}{2}\overline{AG} = \frac{3}{2} \times 6 = 9(\text{cm})$

단계 2 △ADC에서 $\overline{AE} = \overline{EC}$, $\overline{DF} = \overline{FC}$이므로

$\overline{EF} = \frac{1}{2}\overline{AD} = \frac{1}{2} \times 9 = \frac{9}{2}(\text{cm})$

답 $\frac{9}{2}$ cm

0756

점 G는 △ABC의 무게중심이므로

$\overline{AD} = \frac{3}{2}\overline{AG} = \frac{3}{2} \times 4 = 6(\text{cm})$ …… 50%

△ABD에서 $\overline{BE} = \overline{EA}$, $\overline{BF} = \overline{FD}$이므로

$\overline{EF} = \frac{1}{2}\overline{AD} = \frac{1}{2} \times 6 = 3(\text{cm})$ …… 50%

답 3 cm

0757

단계 1 $\triangle ADG = \frac{1}{2}\triangle ABG = \frac{1}{2} \times \frac{1}{3}\triangle ABC$

$= \frac{1}{6}\triangle ABC = \frac{1}{6} \times 24 = 4(\text{cm}^2)$

단계 2 $\triangle AGE = \frac{1}{2}\triangle AGC = \frac{1}{2} \times \frac{1}{3}\triangle ABC$

$= \frac{1}{6}\triangle ABC = \frac{1}{6} \times 24 = 4(\text{cm}^2)$

단계 3 (색칠한 부분의 넓이) $= \triangle ADG + \triangle AGE$

$= 4 + 4 = 8(\text{cm}^2)$

답 8 cm²

0758

$\triangle BGD = \frac{1}{2}\triangle ABG = \frac{1}{2} \times \frac{1}{3}\triangle ABC$

$= \frac{1}{6}\triangle ABC = \frac{1}{6} \times 30 = 5(\text{cm}^2)$ …… 40%

$\triangle BEG = \frac{1}{2}\triangle BCG = \frac{1}{2} \times \frac{1}{3}\triangle ABC$

$= \frac{1}{6}\triangle ABC = \frac{1}{6} \times 30 = 5(\text{cm}^2)$ …… 40%

∴ (색칠한 부분의 넓이) $= \triangle BGD + \triangle BEG$

$= 5 + 5 = 10(\text{cm}^2)$ …… 20%

답 10 cm²

0759

단계 1 △ABD에서 $\overline{DM} = \overline{MA}$, $\overline{MP} /\!/ \overline{AB}$이므로

$\overline{AB} = 2\overline{MP} = 2 \times 3 = 6(\text{cm})$

$\therefore \overline{DC} = \overline{AB} = 6(\text{cm})$

단계 2 △BCD에서 $\overline{BN} = \overline{NC}$, $\overline{PN} /\!/ \overline{DC}$이므로

$\overline{PN} = \frac{1}{2}\overline{DC} = \frac{1}{2} \times 6 = 3(\text{cm})$

$\therefore \overline{PN} + \overline{DC} = 3 + 6 = 9(\text{cm})$

답 9 cm

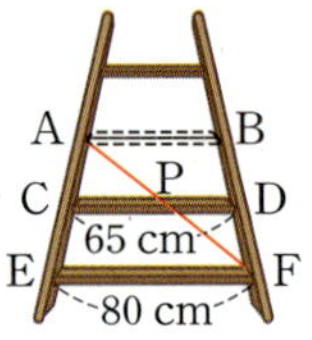

0760

△ABD에서 $\overline{DM}=\overline{MA}$, $\overline{MP}/\!/\overline{AB}$이므로

$\overline{AB}=2\overline{MP}=2\times4=8(cm)$

$\therefore \overline{DC}=\overline{AB}=8(cm)$ ······50%

△BCD에서 $\overline{BN}=\overline{NC}$, $\overline{PN}/\!/\overline{DC}$이므로

$\overline{PN}=\dfrac{1}{2}\overline{DC}=\dfrac{1}{2}\times8=4(cm)$

$\therefore \overline{PN}+\overline{DC}=4+8=12(cm)$ ······50%

답 12 cm

0761

단계1 오른쪽 그림과 같이 $\overline{FD}$를 그으면

△AFC에서

$\overline{AD}=\overline{DC}$, $\overline{ED}/\!/\overline{FC}$이므로

$\overline{AE}=\overline{EF}$

$\therefore \triangle EFD=\triangle AED$

$=24(cm^2)$

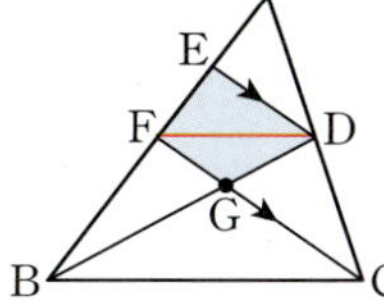

단계2 $\overline{AD}=\overline{DC}$이므로

$\triangle DFC=\triangle AFD=\triangle AED+\triangle EFD$

$=24+24=48(cm^2)$

단계3 $\overline{FG}:\overline{GC}=1:2$이므로

$\triangle FGD=\dfrac{1}{3}\triangle DFC$

$=\dfrac{1}{3}\times48=16(cm^2)$

단계4 $\square EFGD=\triangle EFD+\triangle FGD=24+16=40(cm^2)$

답 40 cm²

0762

오른쪽 그림과 같이 $\overline{DF}$를 그으면

△AFC에서 $\overline{AD}=\overline{DC}$,

$\overline{ED}/\!/\overline{FC}$이므로 $\overline{AE}=\overline{EF}$

$\therefore \triangle EFD=\triangle AED$

$=6(cm^2)$ ······30%

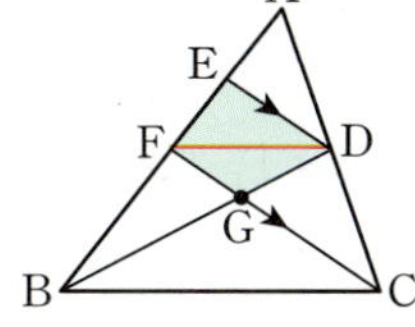

$\overline{AD}=\overline{DC}$이므로

$\triangle DFC=\triangle AFD=\triangle AED+\triangle EFD$

$=6+6=12(cm^2)$ ······30%

$\overline{FG}:\overline{GC}=1:2$이므로

$\triangle FGD=\dfrac{1}{3}\triangle DFC=\dfrac{1}{3}\times12=4(cm^2)$ ······30%

$\therefore \square EFGD=\triangle EFD+\triangle FGD$

$=6+4=10(cm^2)$ ······10%

답 10 cm²

0763

단계1

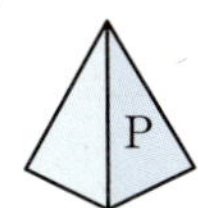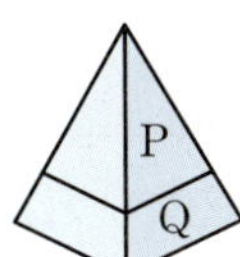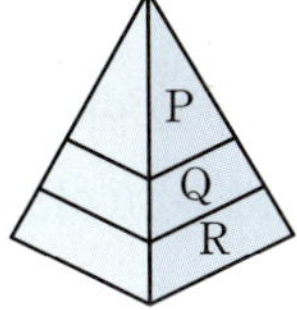

세 입체도형 P, Q, R의 옆넓이의 비가 9 : 7 : 9이므로

세 사각뿔 P, P+Q, P+Q+R의 옆넓이의 비는

$9:(9+7):(9+7+9)=9:16:25$

단계2 세 사각뿔의 옆넓이의 비가 $9:16:25=3^2:4^2:5^2$이므로

닮음비는 3 : 4 : 5

따라서 부피의 비는 $3^3:4^3:5^3=27:64:125$이다.

단계3 입체도형 Q와 처음 사각뿔의 부피의 비는

$(64-27):125=37:125$

입체도형 Q의 부피를 $x\ cm^3$라고 하면

$37:125=x:250$ $\therefore x=74$

따라서 입체도형 Q의 부피는 74 cm³이다.

답 74 cm³

0764

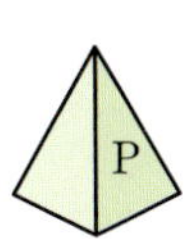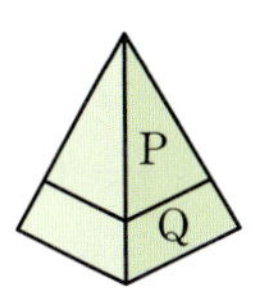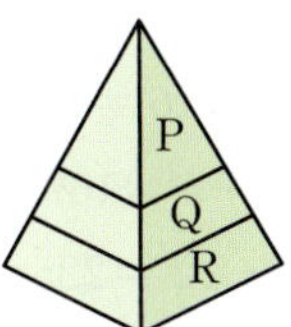

세 입체도형 P, Q, R의 옆넓이의 비가 16 : 9 : 11이므로 세 사각뿔

P, P+Q, P+Q+R의 옆넓이의 비는

$16:(16+9):(16+9+11)$ ······30%

세 사각뿔의 옆넓이의 비가 $16:25:36=4^2:5^2:6^2$이므로

닮음비는 4 : 5 : 6

따라서 부피의 비는 $4^3:5^3:6^3=64:125:216$이다. ······30%

즉, 입체도형 Q와 처음 사각뿔의 부피의 비는

$(125-64):216=61:216$

입체도형 Q의 부피를 $x\ cm^3$라고 하면

$61:216=x:432$ $\therefore x=122$

따라서 입체도형 Q의 부피는 122 cm³이다. ······40%

답 122 cm³

Ⅲ. 도형의 닮음

4 피타고라스 정리

개념 콕콕　　　　　본문 | 135, 137쪽

0765

(1) $x^2=3^2+4^2=25=5^2$ 　∴ $x=5$

(2) $x^2=15^2+8^2=289=17^2$ 　∴ $x=17$

(3) $x^2=13^2-12^2=25=5^2$ 　∴ $x=5$

(4) $x^2=25^2-24^2=49=7^2$ 　∴ $x=7$

　답 (1) 5 (2) 17 (3) 5 (4) 7

0766

(1) $x^2=20^2-16^2=144=12^2$ 　∴ $x=12$

　　$y^2=12^2+5^2=169=13^2$ 　∴ $y=13$

(2) $x^2=9^2+12^2=225=15^2$ 　∴ $x=15$

　　$y^2=15^2+8^2=289=17^2$ 　∴ $y=17$

　답 (1) $x=12$, $y=13$ (2) $x=15$, $y=17$

0767

(1) (색칠한 부분의 넓이)$=9+16=25(\text{cm}^2)$

(2) (색칠한 부분의 넓이)$=25-15=10(\text{cm}^2)$

　답 (1) 25 cm^2 (2) 10 cm^2

0768

(1) $\square\text{BFML}=\square\text{ADEB}=8^2=64(\text{cm}^2)$

(2) $\square\text{ADML}=\square\text{ACHI}=7^2=49(\text{cm}^2)$

　답 (1) 64 cm^2 (2) 49 cm^2

0769

(1) $\overline{\text{AB}}=\overline{\text{AE}}+\overline{\text{BE}}=3+4=7(\text{cm})$

(2) $\square\text{ABCD}=7^2=49(\text{cm}^2)$

(3) $\overline{\text{EH}}^2=3^2+4^2=25=5^2$ 　∴ $\overline{\text{EH}}=5(\text{cm})$

(4) $\square\text{EFGH}$는 정사각형이므로 $\square\text{EFGH}=5^2=25(\text{cm}^2)$

　답 (1) 7 cm (2) 49 cm^2 (3) 5 cm (4) 25 cm^2

0770

(1) $6^2+6^2\neq10^2$이므로 직각삼각형이 아니다.

(2) $8^2+15^2=17^2$이므로 직각삼각형이다.

(3) $4^2+5^2\neq7^2$이므로 직각삼각형이 아니다.

(4) $9^2+40^2=41^2$이므로 직각삼각형이다.

　답 (1) × (2) ○ (3) × (4) ○

0771

삼각형이 되기 위한 조건에 의하여 $1<x<\boxed{7}$

이때 $x>4$이므로 $\boxed{4}<x<\boxed{7}$ 　　　…… ㉠

$\angle\text{A}<90°$이므로 $x^2<\boxed{3}^2+4^2$

∴ $0<x<\boxed{5}$ 　　　…… ㉡

㉠, ㉡에서 $\boxed{4}<x<\boxed{5}$

　답 7, 4, 7, 3, 5, 4, 5

0772

삼각형이 되기 위한 조건에 의하여 $\boxed{8}<x<18$

이때 $x<13$이므로 $\boxed{8}<x<\boxed{13}$ 　　　…… ㉠

둔각삼각형이 되려면 $13^2>\boxed{5}^2+x^2$

∴ $0<x<\boxed{12}$ 　　　…… ㉡

㉠, ㉡에서 $\boxed{8}<x<\boxed{12}$이므로 구하는 자연수 x는

$\boxed{9}$, $\boxed{10}$, $\boxed{11}$이다.

　답 8, 8, 13, 5, 12, 8, 12, 9, 10, 11

0773

(1) $8^2<5^2+7^2$이므로 예각삼각형이다.

(2) $10^2=8^2+6^2$이므로 직각삼각형이다.

　답 (1) 예각삼각형 (2) 직각삼각형

0774

(1) $x^2=5^2-4^2=9=3^2$이므로 $x=3$

　　$x^2=z\times5$이므로 $3^2=z\times5$ 　∴ $z=\dfrac{9}{5}$

　　$4\times x=5\times y$이므로 $4\times3=5\times y$ 　∴ $y=\dfrac{12}{5}$

(2) $x^2=12^2+16^2=400=20^2$이므로 $x=20$

　　$x^2=16\times y$이므로 $20^2=16\times y$ 　∴ $y=25$

　　$z^2=12^2+9^2=225=15^2$이므로 $z=15$

　답 (1) $x=3$, $y=\dfrac{12}{5}$, $z=\dfrac{9}{5}$ (2) $x=20$, $y=25$, $z=15$

0775

(1) $2^2+9^2=6^2+x^2$이므로 $x^2=49$ 　∴ $x=7$

(2) $x^2+11^2=7^2+9^2$이므로 $x^2=9$ 　∴ $x=3$

　답 (1) 7 (2) 3

0776

(1) $3^2+x^2=11^2+12^2$이므로 $x^2=256$ 　∴ $x=16$

(2) $x^2+14^2=11^2+10^2$이므로 $x^2=25$ 　∴ $x=5$

　답 (1) 16 (2) 5

0777

(1) $5^2+15^2=x^2+13^2$이므로 $x^2=81$ $\quad\therefore x=9$

(2) $x^2+16^2=19^2+8^2$이므로 $x^2=169$ $\quad\therefore x=13$

답 (1) 9 (2) 13

0778

(1) (색칠한 부분의 넓이)$=289-64=225(\text{cm}^2)$

(2) (색칠한 부분의 넓이)$=\triangle\text{ABC}=\dfrac{1}{2}\times7\times4=14(\text{cm}^2)$

답 (1) $225\ \text{cm}^2$ (2) $14\ \text{cm}^2$

0779

부러진 부분의 길이를 x m라고 하면

$x^2=15^2+20^2=625=25^2$ $\quad\therefore x=25$

따라서 나무의 높이는 $15+25=40(\text{m})$이다.

답 40 m

0780

$\overline{\text{AC}}=\overline{\text{BC}}=x\ \text{cm}$이므로

$8^2=x^2+x^2,\ 2x^2=64$ $\quad\therefore x^2=32$

답 32

0781

$\overline{\text{AB}}^2=13^2-12^2=25=5^2$ $\quad\therefore \overline{\text{AB}}=5(\text{cm})$

$\therefore \triangle\text{ABC}=\dfrac{1}{2}\times5\times12=30(\text{cm}^2)$

답 $30\ \text{cm}^2$

0782

$\overline{\text{AB}}^2=3^2+4^2=25=5^2$ $\quad\therefore \overline{\text{AB}}=5(\text{cm})$

점 M은 직각삼각형 ABC의 빗변의 중점이므로 외심이다.

즉, $\overline{\text{AM}}=\overline{\text{BM}}=\overline{\text{CM}}$

$\therefore \overline{\text{CM}}=\overline{\text{AM}}=\dfrac{1}{2}\overline{\text{AB}}=\dfrac{5}{2}(\text{cm})$

답 $\dfrac{5}{2}$ cm

0783

$\overline{\text{AO}}=\dfrac{1}{2}\overline{\text{AC}}=\dfrac{1}{2}\times16=8(\text{cm})$

$\overline{\text{BO}}=\dfrac{1}{2}\overline{\text{BD}}=\dfrac{1}{2}\times30=15(\text{cm})$

$\triangle\text{ABO}$는 $\angle\text{BOA}=90°$인 직각삼각형이므로

$\overline{\text{AB}}^2=15^2+8^2=289=17^2$

$\therefore \overline{\text{AB}}=17(\text{cm})$

따라서 마름모의 한 변의 길이는 17 cm이므로 둘레의 길이는

$17\times4=68(\text{cm})$이다.

답 ④

0784

$\overline{\text{AB}}^2=\overline{\text{BC}}^2=225=15^2$이므로 $\overline{\text{AB}}=\overline{\text{BC}}=15(\text{cm})$

$\overline{\text{CF}}^2=25=5^2$이므로 $\overline{\text{CF}}=5(\text{cm})$

따라서 $\triangle\text{ABF}$에서 $\overline{\text{AF}}^2=15^2+(15+5)^2=625=25^2$

$\therefore \overline{\text{AF}}=25(\text{cm})$

답 25 cm

0785

$\overline{\text{BC}}^2=12^2+9^2=225=15^2$ $\quad\therefore \overline{\text{BC}}=15(\text{cm})$

점 D는 직각삼각형 ABC의 빗변의 중점이므로 외심이다.

즉, $\overline{\text{BD}}=\overline{\text{CD}}=\overline{\text{AD}}$

$\overline{\text{AD}}=\overline{\text{BD}}=\dfrac{1}{2}\overline{\text{BC}}=\dfrac{1}{2}\times15=\dfrac{15}{2}(\text{cm})$

$\therefore \overline{\text{AG}}=\dfrac{2}{3}\overline{\text{AD}}=\dfrac{2}{3}\times\dfrac{15}{2}=5(\text{cm})$

답 ⑤

0786

$\triangle\text{CMB}=9\times\dfrac{4}{3}=12$

유형 콕콕   본문 | 138~148쪽

0779 40 m	**0780** 32	**0781** 30 cm²	**0782** $\dfrac{5}{2}$ cm
0783 ④	**0784** 25 cm	**0785** ⑤	**0786** 5
0787 9	**0788** 15	**0789** 42	**0790** 60 cm²
0791 4	**0792** 25	**0793** 5	**0794** 16
0795 $\dfrac{27}{5}$	**0796** 45	**0797** $\dfrac{32}{3}$	**0798** 13
0799 20 cm	**0800** 49	**0801** 20	**0802** 28
0803 ②	**0804** 85 cm	**0805** 120	**0806** $\dfrac{21}{5}$ cm
0807 12 cm²	**0808** 50 cm	**0809** $\dfrac{40}{13}$	**0810** 72 cm²
0811 5 cm	**0812** ②	**0813** 8 cm²	**0814** 24 cm²
0815 72	**0816** $\dfrac{72}{11}$ cm	**0817** ③	**0818** 45 cm²
0819 15	**0820** 52 cm	**0821** 196 cm²	**0822** 4 cm²
0823 16	**0824** 4 cm	**0825** 40 cm²	**0826** ③
0827 $\dfrac{45}{2}$ cm²	**0828** ③	**0829** $\dfrac{5}{3}$ cm	**0830** 30 cm²
0831 8 cm	**0832** $\dfrac{65}{24}$ cm	**0833** ④	**0834** ②
0835 180 cm²	**0836** 200	**0837** $8<x<10$	
0838 19	**0839** ⑤	**0840** 3개	**0841** ㄴ, ㄷ
0842 ③, ⑤	**0843** ④	**0844** ①	**0845** ②
0846 180	**0847** 36	**0848** 45	**0849** 53
0850 45	**0851** 16	**0852** 6	**0853** 49π cm²
0854 200π cm²		**0855** 20 cm	**0856** 16π
0857 54 cm²	**0858** 17 cm	**0859** 25 cm²	**0860** 60 cm²
0861 15	**0862** 13 cm	**0863** 20π cm	

$\triangle ABC = 2\triangle CMB = 2 \times 12 = 24$ ·······50%

$\triangle ABC = \dfrac{1}{2} \times 6 \times \overline{BC} = 24$ $\quad \therefore \overline{BC} = 8$ ·······10%

$\triangle ABC$에서 $\overline{AB}^2 = 8^2 + 6^2 = 100 = 10^2$이므로 $\overline{AB} = 10$ ·······30%

$\therefore \overline{AM} = \dfrac{1}{2}\overline{AB} = \dfrac{1}{2} \times 10 = 5$ ·······10%

답 5

0787

$\triangle ABD$에서 $\overline{AB}^2 = 10^2 - 6^2 = 64 = 8^2$이므로 $\overline{AB} = 8$

$\triangle ABC$에서 $\overline{BC}^2 = 17^2 - 8^2 = 225 = 15^2$이므로 $\overline{BC} = 15$

따라서 $\overline{DC} = \overline{BC} - \overline{BD} = 15 - 6 = 9$이므로 $x = 9$

답 9

0788

$\triangle ABD$에서 $\overline{BD}^2 = 13^2 - 12^2 = 25 = 5^2$이므로 $\overline{BD} = 5$

$\therefore \overline{CD} = \overline{BC} - \overline{BD} = 14 - 5 = 9$

$\triangle ADC$에서 $x^2 = 9^2 + 12^2 = 225 = 15^2$ $\quad \therefore x = 15$

답 15

0789

$\triangle ABC$에서 $\overline{AC}^2 = 20^2 - (7+9)^2 = 144 = 12^2$

이므로 $\overline{AC} = 12$

$\triangle ADC$에서 $\overline{AD}^2 = 9^2 + 12^2 = 225 = 15^2$이므로

$\overline{AD} = 15$

$\therefore (\triangle ABD$의 둘레의 길이$) = \overline{AB} + \overline{BD} + \overline{AD}$
$$= 20 + 7 + 15 = 42$$

답 42

0790

$\triangle BCD$에서 $\overline{CD}^2 = 25^2 - 20^2 = 225 = 15^2$ $\quad \therefore \overline{CD} = 15(\text{cm})$

$\triangle ADC$에서 $\overline{AD}^2 = 17^2 - 15^2 = 64 = 8^2$ $\quad \therefore \overline{AD} = 8(\text{cm})$

$\therefore \triangle ADC = \dfrac{1}{2} \times \overline{AD} \times \overline{CD} = \dfrac{1}{2} \times 8 \times 15 = 60(\text{cm}^2)$

답 60 cm^2

0791

$\overline{AC}^2 = 2^2 + 2^2 = 8$, $\overline{AD}^2 = 8 + 2^2 = 12$

$\overline{AE}^2 = 12 + 2^2 = 16 = 4^2$이므로 $\overline{AE} = 4$

답 4

0792

$\overline{AC}^2 = 5^2 + 5^2 = 50$

$\overline{AD}^2 = 50 + 5^2 = 75$

$\overline{AE}^2 = 75 + 5^2 = 100 = 10^2$이므로 $\overline{AE} = 10$

$\therefore \triangle AFE = \dfrac{1}{2} \times 10 \times 5 = 25$

답 25

0793

$\overline{AC}^2 = 3^2 + 2^2 = 13$, $\overline{AD}^2 = 13 + 2^2 = 17$

$\overline{AE}^2 = 17 + 2^2 = 21$, $\overline{AF}^2 = 21 + 2^2 = 25 = 5^2$이므로

$\overline{AF} = 5$

답 5

0794

$\overline{OE}^2 = \overline{OB}^2 = 4^2 + 4^2 = 32$ ·······20%

$\overline{OG}^2 = \overline{OD}^2 = 32 + 4^2 = 48$ ·······20%

$\overline{OI}^2 = \overline{OF}^2 = 48 + 4^2 = 64 = 8^2$이므로 $\overline{OI} = 8$ ·······40%

$\therefore \triangle OIH = \dfrac{1}{2} \times 8 \times 4 = 16$ ·······20%

답 16

0795

$\triangle ABC$에서 $\overline{BC}^2 = 12^2 + 9^2 = 225 = 15^2$이므로 $\overline{BC} = 15$

$\overline{AC}^2 = \overline{CH} \times \overline{CB}$이므로 $9^2 = 15 \times \overline{CH}$

$\therefore \overline{CH} = \dfrac{27}{5}$

답 $\dfrac{27}{5}$

0796

$\triangle ABC$에서 $\overline{BC}^2 = \overline{CD} \times \overline{CA}$이므로

$6^2 = 4 \times \overline{CA}$ $\quad \therefore \overline{CA} = 9$

$\therefore \overline{AD} = \overline{AC} - \overline{DC} = 9 - 4 = 5$

$\therefore \overline{AB}^2 = \overline{AD} \times \overline{AC} = 5 \times 9 = 45$

답 45

0797

$\triangle ADC$에서 $\overline{AD}^2 = 5^2 - 3^2 = 16 = 4^2$이므로 $\overline{AD} = 4$

$\triangle ABC$에서 $\overline{AD}^2 = \overline{BD} \times \overline{CD}$이므로

$4^2 = \overline{BD} \times 3$ $\quad \therefore \overline{BD} = \dfrac{16}{3}$

$\therefore \triangle ABD = \dfrac{1}{2} \times \dfrac{16}{3} \times 4 = \dfrac{32}{3}$

답 $\dfrac{32}{3}$

0798

$\overline{AC} = 5k$, $\overline{BC} = 12k(k > 0)$라고 하면

$\overline{AB}^2 = (5k)^2 + (12k)^2 = 169k^2 = (13k)^2$이므로

$\overline{AB} = 13k$

$\overline{AC} \times \overline{BC} = \overline{AB} \times \overline{CD}$이므로 $5k \times 12k = 13k \times 5$

$\therefore k = \dfrac{13}{12}$

$\therefore \overline{BC} = 12k = 12 \times \dfrac{13}{12} = 13$

답 13

0799

오른쪽 그림과 같이 $\overline{BD}$를 그으면

$\triangle ABD$에서

$\overline{BD}^2 = 7^2 + 24^2 = 625 = 25^2$이므로

$\overline{BD} = 25(\text{cm})$

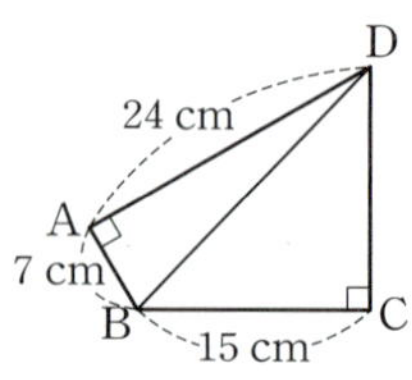

$\triangle BCD$에서

$\overline{CD}^2 = 25^2 - 15^2 = 400 = 20^2$이므로

$\overline{CD} = 20(\text{cm})$

답 20 cm

0800

$\overline{BD}$을 그으면

$\triangle ABD$에서
$\overline{BD}^2=50+50=100=10^2$이므로
$\overline{BD}=10$

$\triangle BCD$에서
$\overline{CD}^2=10^2-6^2=64=8^2$이므로 $\overline{CD}=8$

$\therefore \square ABCD=\triangle ABD+\triangle BCD$
$$=\frac{1}{2}\times 50+\frac{1}{2}\times 8\times 6=49$$

답 **49**

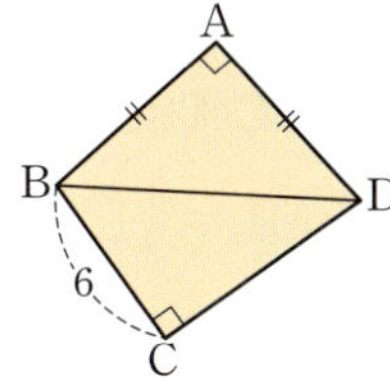

0801

오른쪽 그림과 같이 점 D에서 $\overline{BC}$에
내린 수선의 발을 H라고 하면
$\overline{BH}=\overline{AD}=15$, $\overline{DH}=\overline{AB}=12$
$\triangle DHC$에서
$\overline{HC}^2=13^2-12^2=25=5^2$이므로
$\overline{HC}=5$
$\therefore \overline{BC}=\overline{BH}+\overline{HC}=15+5=20$

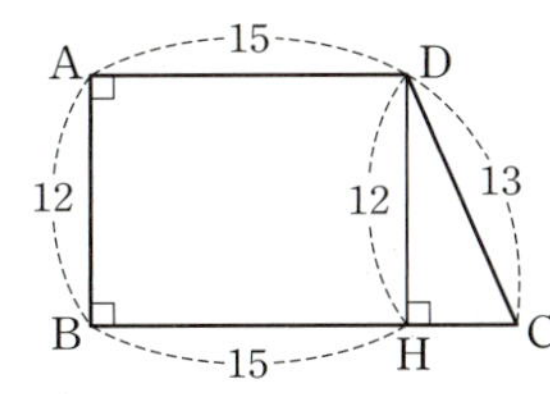

답 **20**

0802

오른쪽 그림과 같이 두 꼭짓점 A, D에
서 $\overline{BC}$에 내린 수선의 발을 각각 H, H′
이라고 하면
$\overline{BH}=\overline{CH'}=\frac{1}{2}\times(10-4)=3$

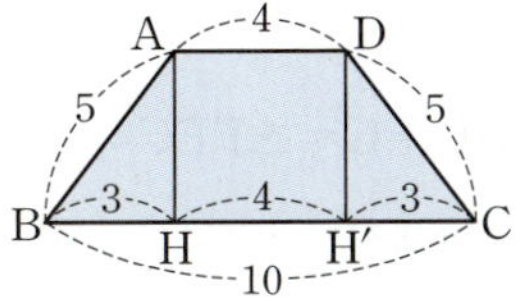

$\cdots\cdots$ 40%

$\triangle ABH$에서 $\overline{AH}^2=5^2-3^2=16=4^2$이므로
$\overline{AH}=4$

$\cdots\cdots$ 30%

$\therefore \square ABCD=\frac{1}{2}\times(4+10)\times 4=28$

$\cdots\cdots$ 30%

답 **28**

0803

가로의 길이를 $4k$, 세로의 길이를 $3k\ (k>0)$라고 하면
직사각형의 넓이가 48이므로 $4k\times 3k=48$, $k^2=4$ $\quad\therefore k=2$
즉 직사각형의 가로의 길이는 8, 세로의 길이는 6이다.
따라서 $8^2+6^2=100=10^2$이므로 직사각형의 대각선의 길이는 10이
다.

답 **②**

0804

모니터의 가로의 길이를 $12k$ cm, 세로의 길이를 $5k$ cm $(k>0)$라
고 하면
$(12k)^2+(5k)^2=65^2$, $169k^2=65^2$, $k^2=25$ $\quad\therefore k=5$
따라서 모니터의 가로의 길이는 60 cm, 세로의 길이는 25 cm이므
로 그 합은 85 cm이다.

답 **85 cm**

0805

정사각형 BEFD의 넓이가 289이므로 $\overline{BD}=17$
$\square ABCD$에서 $\overline{AB}^2=17^2-15^2=64=8^2$이므로 $\overline{AB}=8$
$\therefore \square ABCD=8\times 15=120$

답 **120**

0806

$\triangle BCD$에서 $\overline{BD}^2=12^2+9^2=225=15^2$이므로
$\overline{BD}=15$(cm)

$\cdots\cdots$ 30%

$\overline{CD}^2=\overline{DF}\times\overline{DB}$이므로 $9^2=\overline{DF}\times 15$
$\therefore \overline{DF}=\frac{27}{5}$(cm)

$\cdots\cdots$ 30%

$\triangle ABE$와 $\triangle CDF$에서
$\angle AEB=\angle CFD=90°$, $\overline{AB}=\overline{CD}$, $\angle ABE=\angle CDF$ (엇각)
이므로 $\triangle ABE\equiv\triangle CDF$(RHA 합동)
$\overline{BE}=\overline{DF}=\frac{27}{5}$(cm)

$\cdots\cdots$ 20%

$\therefore \overline{EF}=15-\left(\frac{27}{5}+\frac{27}{5}\right)=\frac{21}{5}$(cm)

$\cdots\cdots$ 20%

답 $\dfrac{21}{5}$ cm

0807

오른쪽 그림과 같이 꼭짓점 A에서 $\overline{BC}$에
내린 수선의 발을 H라고 하면
$\triangle ABH$에서 $\overline{AH}^2=5^2-3^2=16=4^2$
이므로 $\overline{AH}=4$(cm)
$\therefore \triangle ABC=\frac{1}{2}\times 6\times 4=12$(cm^2)

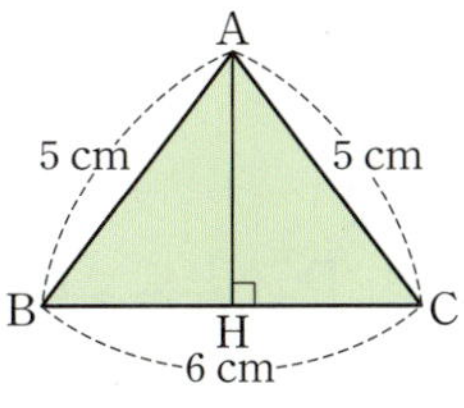

답 **12 cm²**

0808

오른쪽 그림과 같이 꼭짓점 A에서 $\overline{BC}$에 내린
수선의 발을 H라고 하면
$\triangle ABC$의 넓이가 120 cm²이므로
$\frac{1}{2}\times 16\times\overline{AH}=120$ $\quad\therefore \overline{AH}=15$(cm)
이때 $\overline{BH}=8$ cm이므로 $\triangle ABH$에서
$\overline{AB}^2=8^2+15^2=289=17^2$ $\quad\therefore \overline{AB}=17$
$\therefore$ ($\triangle ABC$의 둘레의 길이)$=17+16+17$
$$=50\text{(cm)}$$

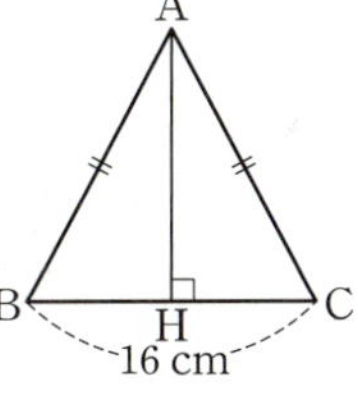

답 **50 cm**

0809

이등변삼각형의 무게중심은 꼭지각의 이등분선 위에 있으므로
$\overline{AD}\perp\overline{BC}$, $\overline{BD}=\overline{CD}$
$\overline{BD}=5$이므로 $\overline{AD}^2=13^2-5^2=144=12^2$ $\quad\therefore \overline{AD}=12$
$\overline{AG}:\overline{GD}=2:1$이므로 $\overline{AG}=\frac{2}{3}\overline{AD}=\frac{2}{3}\times 12=8$

$\triangle AGH$와 $\triangle ABD$에서
$\angle AHG=\angle ADB=90°$, $\angle BAD$는 공통이므로
$\triangle AGH\backsim\triangle ABD$(AA 닮음)
이때 $\overline{AG}:\overline{AB}=\overline{GH}:\overline{BD}$이므로
$8:13=\overline{GH}:5$, $13\overline{GH}=40$
$\therefore \overline{GH}=\frac{40}{13}$

답 $\dfrac{40}{13}$

0810

$\overline{BE}=\overline{EC}=\overline{CF}$

$\qquad =\dfrac{1}{3}\overline{BF}=\dfrac{1}{3}\times 18=6(\text{cm})$

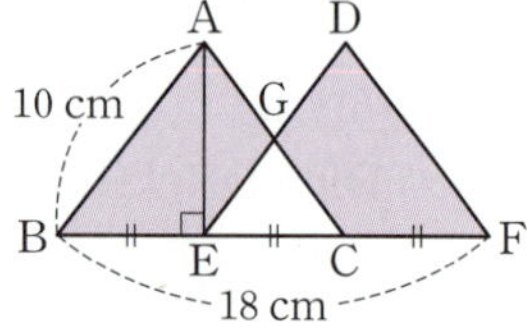

$\triangle ABC$는 이등변삼각형이므로

$\overline{AE}\perp\overline{BC}$

$\triangle ABE$에서 $\overline{AE}^2=10^2-6^2=64=8^2$이므로 $\overline{AE}=8(\text{cm})$

$\triangle GEC=\dfrac{1}{4}\triangle ABC$이므로

(색칠한 부분의 넓이)$=2\times(\triangle ABC-\triangle GEC)$

$\qquad\qquad =2\times\left(\dfrac{1}{2}\times 12\times 8-\dfrac{1}{2}\times 6\times 4\right)$

$\qquad\qquad =2\times(48-12)=72(\text{cm}^2)$ 답 $72\ \text{cm}^2$

0811

$\square ACHI=\square BFGC-\square ADEB=35-10=25(\text{cm}^2)$

따라서 $\overline{AC}^2=25=5^2$이므로 $\overline{AC}=5(\text{cm})$ 답 $5\ \text{cm}$

0812

$\overline{EB}\parallel\overline{DC}$이므로 $\triangle EBA=\triangle EBC$

$\triangle EBC$와 $\triangle ABF$에서 $\overline{EB}=\overline{AB}$, $\overline{BC}=\overline{BF}$,

$\angle EBC=90°+\angle ABC=\angle ABF$이므로

$\triangle EBC\equiv\triangle ABF$ (SAS 합동)

$\therefore \triangle EBC=\triangle ABF$

$\overline{BF}\parallel\overline{AM}$이므로 $\triangle ABF=\triangle BFL$

따라서 넓이가 나머지 넷과 다른 하나는 ② $\triangle BCH$이다.   답 ②

0813

$\triangle ABC$에서

$\overline{AC}^2=5^2-3^2=16=4^2$ $\cdots\cdots$ 20%

$\triangle AGC$와 $\triangle HBC$에서 $\overline{GC}=\overline{BC}$, $\overline{CA}=\overline{CH}$,

$\angle ACG=90°+\angle ACB=\angle HCB$이므로

$\triangle AGC\equiv\triangle HBC$ (SAS 합동)

$\therefore \triangle AGC=\triangle HBC$ $\cdots\cdots$ 25%

$\overline{BI}\parallel\overline{CH}$이므로 $\triangle HBC=\triangle HAC$ $\cdots\cdots$ 25%

$\therefore \triangle AGC=\triangle HBC=\triangle HAC$

$\qquad =\dfrac{1}{2}\square ACHI=\dfrac{1}{2}\times 4^2=8(\text{cm}^2)$ $\cdots\cdots$ 30%

답 $8\ \text{cm}^2$

0814

$\square ADEB=100\ \text{cm}^2$이므로 $\overline{AB}^2=100=10^2$

$\therefore \overline{AB}=10(\text{cm})$

$\square ACHI=64\ \text{cm}^2$이므로 $\overline{AC}^2=64=8^2$ $\therefore \overline{AC}=8(\text{cm})$

$\overline{BC}^2=10^2-8^2=36=6^2$이므로 $\overline{BC}=6(\text{cm})$

$\therefore \triangle ABC=\dfrac{1}{2}\times 6\times 8=24(\text{cm}^2)$ 답 $24\ \text{cm}^2$

0815

$\triangle ABC$에서 $\overline{AB}^2=13^2-5^2=144=12^2$이므로 $\overline{AB}=12$

$\triangle FML=\dfrac{1}{2}\square BFML=\dfrac{1}{2}\square ADEB=\dfrac{1}{2}\times 12^2=72$ 답 72

0816

$\square ADEB=\square BFML=\square BFGC-\square ACHI$

$\qquad =121-49=72(\text{cm}^2)$

$\square BFML=\overline{BL}\times\overline{BF}$이므로 $72=\overline{BL}\times 11$

$\therefore \overline{BL}=\dfrac{72}{11}(\text{cm})$

답 $\dfrac{72}{11}\ \text{cm}$

0817

$\square BDGF$의 넓이는 $\overline{AB}$의 길이를 한 변으로 하는 정사각형의 넓이와 같으므로

$\triangle ABD=\triangle FBD=\dfrac{1}{2}\square BDGF=\dfrac{1}{2}\times 6^2=18(\text{cm}^2)$

$\square FGEC$의 넓이는 $\overline{AC}$를 한 변으로 하는 정사각형의 넓이와 같으므로

$\triangle AEC=\triangle FEC=\dfrac{1}{2}\square FGEC=\dfrac{1}{2}\times 4^2=8(\text{cm}^2)$

$\therefore$ (색칠한 부분의 넓이)$=\triangle ABD+\triangle AEC$

$\qquad\qquad =18+8=26(\text{cm}^2)$ 답 ③

0818

$\triangle ABC$에서 $\overline{AB}^2=6^2+3^2=45$

따라서 $\square AEGB$는 정사각형이므로

$\square AEGB=\overline{AB}^2=45(\text{cm}^2)$이다.   답 $45\ \text{cm}^2$

0819

$\square EFGH$는 정사각형이고 넓이가 $289\ \text{cm}^2$이므로

$\overline{EH}^2=289=17^2$ $\therefore \overline{EH}=17(\text{cm})$

따라서 $\triangle AEH$에서 $\overline{AH}^2=17^2-8^2=225=15^2$이므로

$\overline{AH}=15(\text{cm})$

$\therefore x=15$ 답 15

0820

$\overline{AH}=\overline{AD}-\overline{DH}=17-12=5(\text{cm})$ $\cdots\cdots$ 20%

$\triangle AEH$에서 $\overline{EH}^2=12^2+5^2=169=13^2$이므로

$\overline{EH}=13(\text{cm})$ $\cdots\cdots$ 40%

따라서 $\square EFGH$는 정사각형이므로 둘레의 길이는

$4\times 13=52(\text{cm})$이다. $\cdots\cdots$ 40%

답 $52\ \text{cm}$

0821

$\square EFGH$는 정사각형이고 넓이가 $100\ \text{cm}^2$이므로

$\overline{EH}^2=100=10^2$ $\therefore \overline{EH}=10(\text{cm})$

△AEH에서 $\overline{AE}^2=10^2-6^2=64=8^2$이므로 $\overline{AE}=8\,(cm)$
따라서 $\overline{AB}=\overline{AE}+\overline{EB}=8+6=14\,(cm)$이므로
$\square ABCD=14^2=196\,(cm^2)$이다.　　　　　　　　답 $196\,cm^2$

0822
$\overline{AH}=\overline{DG}=6\,(cm)$이므로 △AHD에서
$\overline{DH}^2=10^2-6^2=64=8^2$　　$\therefore \overline{DH}=8\,(cm)$
$\therefore \overline{HG}=\overline{DH}-\overline{DG}=8-6=2\,(cm)$
따라서 $\square EFGH$는 정사각형이므로
$\square EFGH=2^2=4\,(cm^2)$이다.　　　　　　　　답 $4\,cm^2$

0823
$\overline{AH}=x\,cm$라고 하면
△AHD에서 $x^2+(2x)^2=80$이므로
$5x^2=80,\ x^2=16$　　$\therefore x=4$
따라서 $\square EFGH$는 정사각형이고 $\overline{HG}=4$이므로
$\square EFGH=4^2=16$이다.　　　　　　　　답 16

0824
$\square ABCD$는 정사각형이고 넓이가 $25\,cm^2$이므로
$\overline{AB}^2=25$　　$\therefore \overline{AB}=5\,(cm)$
△ABE에서 $\overline{BE}^2=5^2-3^2=16=4^2$이므로 $\overline{BE}=4\,(cm)$
$\overline{BF}=\overline{AE}=3\,(cm)$이므로 $\overline{EF}=\overline{BE}-\overline{BF}=4-3=1\,(cm)$
따라서 $\square EFGH$는 정사각형이므로 둘레의 길이는
$4\times1=4\,(cm)$이다.　　　　　　　　답 $4\,cm$

0825
$\square PQRS$는 정사각형이고 넓이가 $16\,cm^2$이므로
$\overline{PQ}^2=16=4^2$　　$\therefore \overline{PQ}=4\,(cm)$
$\overline{AP}=\overline{BQ}=2\,(cm)$이므로
$\overline{AQ}=\overline{AP}+\overline{PQ}=2+4=6\,(cm)$
△ABQ에서 $\overline{AB}^2=2^2+6^2=40$
따라서 $\square ABCD$는 정사각형이므로
$\square ABCD=\overline{AB}^2=40\,(cm^2)$
　　　　　　　　답 $40\,cm^2$

0826
△ABC≡△CDE이므로
△ACE는 $\overline{AC}=\overline{CE}$, $\angle ACE=90°$인 직각이등변삼각형이다.
△ACE$=50\,cm^2$이므로
$\dfrac{1}{2}\overline{CE}^2=50,\ \overline{CE}^2=100$　　$\therefore \overline{CE}=10\,(cm)$
△CDE에서 $\overline{DE}^2=10^2-8^2=36=6^2$　　$\therefore \overline{DE}=6\,(cm)$
$\therefore$ △CDE$=\dfrac{1}{2}\times8\times6=24\,(cm^2)$　　　답 ③

0827
△ABC≡△DEB이므로 △BEC는 $\overline{BC}=\overline{BE}$, $\angle CBE=90°$인
직각이등변삼각형이다.

$\overline{AB}=\overline{DE}=6\,(cm)$이므로 △ABC에서
$\overline{BC}^2=6^2+3^2=45$
$\therefore$ △BEC$=\dfrac{1}{2}\times\overline{BC}^2=\dfrac{1}{2}\times45=\dfrac{45}{2}\,(cm^2)$　　답 $\dfrac{45}{2}\,cm^2$

다른 풀이
△BEC$=\square ADEC-2$△ABC
$=\dfrac{1}{2}\times(3+6)\times(3+6)-2\times\left(\dfrac{1}{2}\times3\times6\right)$
$=\dfrac{45}{2}\,(cm^2)$

0828
△ABE≡△ECD이므로
△AED는 $\overline{AE}=\overline{ED}$, $\angle AED=90°$인 직각이등변삼각형이다.
　　　　　　　　…… 20%
△AED$=40\,cm^2$이므로
$\dfrac{1}{2}\times\overline{AE}^2=40$　　$\therefore \overline{AE}^2=80$　　…… 30%
△ABE에서 $\overline{AB}^2=80-8^2=16=4^2$이므로
$\overline{AB}=4\,(cm)$　　…… 30%
$\therefore \square ABCD=\dfrac{1}{2}\times(4+8)\times(8+4)=72\,(cm^2)$　　…… 20%
　　　　　　　　답 ③

0829
$\overline{AE}=\overline{AD}=5\,(cm)$이므로
△ABE에서 $\overline{BE}^2=5^2-3^2=16=4^2$
$\therefore \overline{BE}=4\,(cm)$, $\overline{CE}=5-4=1\,(cm)$
△ABE∽△ECF (AA 닮음)이므로
$\overline{AB}:\overline{EC}=\overline{AE}:\overline{EF}$
$3:1=5:\overline{EF},\ 3\overline{EF}=5$
$\therefore \overline{EF}=\dfrac{5}{3}\,(cm)$　　　답 $\dfrac{5}{3}\,cm$

0830
$\overline{BF}=\overline{DF}=13\,(cm)$이므로
$\overline{CF}=18-13=5\,(cm)$
△DFC에서 $\overline{DC}^2=13^2-5^2=144=12^2$이므로 $\overline{DC}=12\,(cm)$
$\therefore$ △DFC$=\dfrac{1}{2}\times5\times12=30\,(cm^2)$　　답 $30\,cm^2$

0831
$\overline{AC}=\overline{AB}=16\,(cm)$이므로 $\overline{EC}=16-6=10\,(cm)$
$\overline{DE}=\overline{EC}=10\,(cm)$
△ADE에서 $\overline{AD}^2=10^2-6^2=64=8^2$이므로
$\overline{AD}=8\,(cm)$
$\therefore \overline{BD}=16-8=8\,(cm)$　　　답 $8\,cm$

0832
△ABP≡△C′DP (ASA 합동)이므로
△PBD는 $\overline{PB}=\overline{PD}$인 이등변삼각형이다.

$\triangle BCD$에서 $\overline{BD}^2=5^2+12^2=169=13^2$이므로

$\overline{BD}=13(cm)$, $\overline{BQ}=\overline{DQ}=\dfrac{1}{2}\,\overline{BD}=\dfrac{13}{2}\,(cm)$

$\triangle PBQ \backsim \triangle DBC$ (AA 닮음)이므로 $\overline{BQ}:\overline{BC}=\overline{PQ}:\overline{DC}$

$\dfrac{13}{2}:12=\overline{PQ}:5$, $12\overline{PQ}=\dfrac{65}{2}$

$\therefore \overline{PQ}=\dfrac{65}{24}\,(cm)$ 답 $\dfrac{65}{24}$ cm

0833

ㄱ. $2^2+5^2\neq6^2$ ㄴ. $6^2+8^2=10^2$ ㄷ. $4^2+6^2\neq9^2$

ㄹ. $5^2+12^2=13^2$ ㅁ. $8^2+15^2=17^2$

따라서 직각삼각형인 것은 ㄴ, ㄹ, ㅁ이다.   답 ④

0834

① $3^2+4^2=5^2$ ② $6^2+9^2\neq12^2$ ③ $9^2+12^2=15^2$

④ $12^2+16^2=20^2$ ⑤ $7^2+24^2=25^2$

따라서 직각삼각형이 아닌 것은 ②이다.   답 ②

0835

피타고라스 정리에 의하여 $9^2+40^2=41^2$이므로 빗변의 길이가

41 cm인 직각삼각형이다.

따라서 구하는 삼각형의 넓이는

$\dfrac{1}{2}\times9\times40=180(cm^2)$이다.   답 180 cm²

0836

(i) 가장 긴 변의 길이가 10 cm일 때

    $10^2=8^2+x^2$ $\therefore x^2=36$ ……40%

(ii) 가장 긴 변의 길이가 x cm일 때

    $x^2=8^2+10^2=164$ ……40%

따라서 가능한 x^2의 값의 합은 $36+164=200$ ……20%

답 200

0837

x가 가장 긴 변의 길이이므로 삼각형이 되기 위한 조건에 의하여

$8<x<8+6$ $\therefore 8<x<14$ ……㉠

$\triangle ACB$는 예각삼각형이므로 $x^2<6^2+8^2$, $x^2<100$

$\therefore 0<x<10$ ……㉡

㉠, ㉡에서 $8<x<10$ 답 $8<x<10$

0838

a가 가장 긴 변의 길이이므로 삼각형이 되기 위한 조건에 의하여

$7<a<4+7$ $\therefore 7<a<11$ ……㉠

둔각삼각형이 되려면 $a^2>4^2+7^2$, $a^2>65$

$\therefore a>8.\times\times\times$ ……㉡

㉠, ㉡에서 $8.\times\times\times<a<11$이므로 구하는 자연수 a는 9, 10이고

그 합은 $9+10=19$이다.   답 19

0839

삼각형이 되기 위한 조건에 의하여

$5<x<5+10$ $\therefore 5<x<15$

이때 $x<10$이므로 $5<x<10$ ……㉠

가장 긴 변의 길이가 10인 예각삼각형이므로

$10^2<5^2+x^2$, $x^2>75$ $\therefore x>8.\times\times\times$ ……㉡

㉠, ㉡에서 $8.\times\times\times<x<10$이므로 x의 값이 될 수 있는 것은 ⑤이다.   답 ⑤

0840

$90°<\angle A<180°$이므로 가장 긴 변의 길이는 x이다.

삼각형이 되기 위한 조건에 의하여

$12<x<17$ ……㉠

$90°<\angle A<180°$이므로 $x^2>5^2+12^2$

$\therefore x>13$ ……㉡

㉠, ㉡에서 $13<x<17$

따라서 구하는 자연수 x는 14, 15, 16의 3개이다.

답 3개

0841

ㄱ. $7^2<4^2+6^2$ (예각삼각형)

ㄴ. $9^2>5^2+7^2$ (둔각삼각형)

ㄷ. $14^2>9^2+10^2$ (둔각삼각형)

ㄹ. $10^2<7^2+8^2$ (예각삼각형)

ㅁ. $25^2=7^2+24^2$ (직각삼각형)

따라서 둔각삼각형인 것은 ㄴ, ㄷ이다.   답 ㄴ, ㄷ

0842

① $8^2>4^2+6^2$ (둔각삼각형)   ② $13^2=5^2+12^2$ (직각삼각형)

③ $7^2<5^2+6^2$ (예각삼각형)   ④ $10^2=6^2+8^2$ (직각삼각형)

⑤ $12^2<8^2+9^2$ (예각삼각형)

따라서 예각삼각형인 것은 ③, ⑤이다.   답 ③, ⑤

0843

① $5^2>2^2+4^2$ (둔각삼각형)   ② $5^2=3^2+4^2$ (직각삼각형)

③ $5^2<4^2+4^2$ (예각삼각형)   ④ $6^2<4^2+5^2$ (예각삼각형)

⑤ $7^2>4^2+5^2$ (둔각삼각형)

따라서 바르게 짝 지어진 것은 ④이다.   답 ④

0844

① $b^2<a^2+c^2$이면 $\angle B$는 예각이다.

    그러나 $\angle B$가 예각이라고 해서 $\triangle ABC$가 예각삼각형인지는 알 수 없다.   답 ①

0845

$\overline{AB}^2=8^2+32=96$

$\therefore \overline{AD}^2+\overline{BE}^2=\overline{AB}^2+\overline{DE}^2=96+4^2=112$ 답 ②

0846

두 점 D, E가 각각 $\overline{AB}$, $\overline{AC}$의 중점이므로

$\overline{DE}=\dfrac{1}{2}\overline{BC}=\dfrac{1}{2}\times12=6$ ……50%

$\therefore \overline{BE}^2+\overline{CD}^2=\overline{DE}^2+\overline{BC}^2=6^2+12^2=180$ ……50%

답 180

0847

$\triangle ABC$에서 $\overline{AB}^2=6^2+8^2=100=10^2$이므로

$\overline{AB}=10$

$\overline{DE}^2+\overline{AB}^2=\overline{AD}^2+\overline{BE}^2$이므로

$\overline{DE}^2+10^2=\overline{AD}^2+8^2$

$\therefore \overline{AD}^2-\overline{DE}^2=100-64=36$

답 36

0848

$\overline{DE}=x$라고 하면 $\overline{AC}=2x$

점 G는 $\triangle ABC$의 무게중심이므로

$\overline{AE}=3\overline{EG}=9$, $\overline{CD}=3\overline{DG}=12$

$\overline{DE}^2+\overline{AC}^2=\overline{AE}^2+\overline{CD}^2$이므로

$x^2+(2x)^2=9^2+12^2$

$5x^2=225$ $\therefore x^2=45$

답 45

0849

$\triangle ABO$에서 $\overline{AB}^2=4^2+3^2=25=5^2$이므로 $\overline{AB}=5$

$\overline{AB}^2+\overline{CD}^2=\overline{AD}^2+\overline{BC}^2$이므로

$5^2+8^2=\overline{AD}^2+6^2$ $\therefore \overline{AD}^2=53$

답 53

0850

$\overline{AP}^2+\overline{CP}^2=\overline{BP}^2+\overline{DP}^2$이므로

$4^2+\overline{CP}^2=5^2+6^2$ $\therefore \overline{CP}^2=45$

답 45

0851

$\overline{AP}^2+\overline{CP}^2=\overline{BP}^2+\overline{DP}^2$이므로

$3^2+y^2=x^2+5^2$ $\therefore y^2-x^2=16$

답 16

0852

$\overline{AB}^2+\overline{CD}^2=\overline{AD}^2+\overline{BC}^2$이므로

$9^2+13^2=\overline{AD}^2+15^2$

$\overline{AD}^2=25=5^2$ $\therefore \overline{AD}=5$

$\triangle AOD$에서 $\overline{AO}^2=5^2-4^2=9=3^2$이므로 $\overline{AO}=3$

$\therefore \triangle AOD=\dfrac{1}{2}\times3\times4=6$

답 6

0853

$S_3=\dfrac{1}{2}\times\pi\times7^2=\dfrac{49}{2}\pi(\text{cm}^2)$

이때 $S_1+S_2=S_3$이므로

$S_1+S_2+S_3=2S_3=2\times\dfrac{49}{2}\pi=49\pi(\text{cm}^2)$

답 49π cm²

0854

(반원 P의 넓이)$=\dfrac{1}{2}\times\pi\times12^2=72\pi(\text{cm}^2)$

(반원 Q의 넓이)$=\dfrac{1}{2}\times\pi\times16^2=128\pi(\text{cm}^2)$

$\therefore$ (반원 R의 넓이)$=72\pi+128\pi=200\pi(\text{cm}^2)$

답 200π cm²

0855

$\overline{BC}$를 지름으로 하는 반원의 넓이는 $18\pi+32\pi=50\pi(\text{cm}^2)$

$\dfrac{1}{2}\times\pi\times\left(\dfrac{\overline{BC}}{2}\right)^2=50\pi$이므로

$\overline{BC}^2=400=20^2$

$\therefore \overline{BC}=20(\text{cm})$

답 20 cm

0856

$\overline{AC}=16$이므로 $\overline{AC}$를 지름으로 하는 반원의 넓이는

$\dfrac{1}{2}\times\pi\times8^2=32\pi$ ……50%

따라서 $\overline{AB}$를 지름으로 하는 반원의 넓이는

$48\pi-32\pi=16\pi$ ……50%

답 16π

0857

$\triangle ABC$에서 $\overline{AC}^2=15^2-12^2=81=9^2$이므로 $\overline{AC}=9(\text{cm})$

$\therefore$ (색칠한 부분의 넓이)$=\triangle ABC$

$=\dfrac{1}{2}\times12\times9=54(\text{cm}^2)$

답 54 cm²

0858

색칠한 부분의 넓이가 60 cm²이므로

$\triangle ABC=\dfrac{1}{2}\times8\times\overline{AC}=60$

$\therefore \overline{AC}=15(\text{cm})$

따라서 $\triangle ABC$에서 $\overline{BC}^2=8^2+15^2=289=17^2$이므로

$\overline{BC}=17(\text{cm})$

답 17 cm

0859

$\triangle ABC$에서 $10^2=\overline{AB}^2+\overline{AC}^2$

이때 $\overline{AB}=\overline{AC}$이므로 $2\overline{AB}^2=100$ $\therefore \overline{AB}^2=50$

$\therefore$ (색칠한 부분의 넓이)$=\triangle ABC$

$=\dfrac{1}{2}\times\overline{AB}^2=\dfrac{1}{2}\times50$

$=25(\text{cm}^2)$

답 25 cm²

0860

$\dfrac{1}{2}\times\pi\times\left(\dfrac{\overline{AC}}{2}\right)^2=18\pi$이므로 $\overline{AC}^2=144$

$\therefore \overline{AC}=12(\text{cm})$ ……40%

$\triangle ABC$에서 $\overline{AB}^2=13^2-12^2=25=5^2$이므로

$\overline{AB}=5(\text{cm})$ ……20%

$\therefore$ (색칠한 부분의 넓이)$=2\triangle ABC$
$$=2\times\frac{1}{2}\times5\times12$$
$$=60(cm^2)$$
…… 40%

답 60 cm²

0861

오른쪽 그림과 같은 전개도에서 최단 거리는 $\overline{AG}$의 길이이다.
$\overline{AG}^2=9^2+12^2=225=15^2$이므로
$\overline{AG}=15$

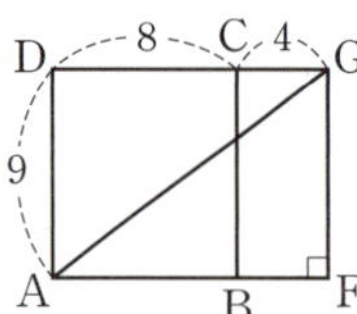

답 15

0862

오른쪽 그림과 같은 전개도에서 최단 거리는 $\overline{BF'}$의 길이이다.
$\overline{BF'}^2=12^2+5^2=169=13^2$이므로
$\overline{BF'}=13(cm)$

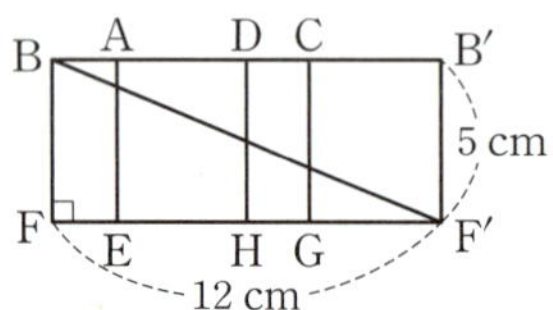

답 13 cm

0863

오른쪽 그림과 같은 옆면의 전개도에서 최단 거리는 $\overline{AB'}$의 길이이다.
밑면의 반지름의 길이가 8 cm이므로
$\overline{AA'}=2\pi\times8=16\pi(cm)$
$\overline{AB'}^2=(16\pi)^2+(12\pi)^2=400\pi^2=(20\pi)^2$
이므로 $\overline{AB'}=20\pi(cm)$

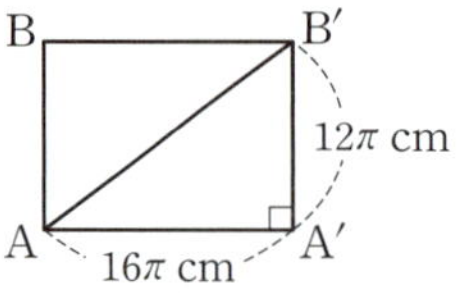

답 20π cm

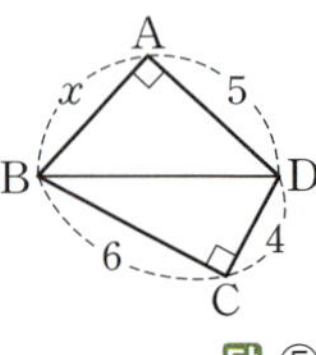

실력 콕콕　　　　　　　본문 | 149∼151쪽

0864 $\frac{25}{2}\pi-24$	0865 ③	0866 90	
0867 84 cm²	0868 20 cm²	0869 ③	0870 3π
0871 ⑤	0872 120	0873 ⑤	0874 6 cm
0875 121	0876 52 cm	0877 32	0878 ⑤
0879 ③	0880 ①	0881 ④	0882 68
0883 ①	0884 12	0885 15 cm²	0886 13π cm
0887 100			

0864

$\overline{BC}^2=8^2+6^2=100=10^2$이므로 $\overline{BC}=10$
$\therefore$ (색칠한 부분의 넓이)$=\frac{1}{2}\times\pi\times5^2-\frac{1}{2}\times8\times6$
$$=\frac{25}{2}\pi-24$$

답 $\frac{25}{2}\pi-24$

0865

점 O가 직각삼각형 ABC의 외심이므로
$\overline{BC}=2\overline{AO}=2\times10=20(cm)$
따라서 $\triangle ABC$에서 $\overline{AB}^2=20^2-12^2=256=16^2$이므로
$\overline{AB}=16(cm)$

답 ③

0866

$\triangle ABD$에서 $\overline{AD}^2=3^2+4^2=25=5^2$이므로 $\overline{AD}=5(cm)$
$\overline{CD}=\overline{AD}=5(cm)$이므로
$\triangle ABC$에서 $\overline{AC}^2=3^2+(4+5)^2=90$

답 90

0867

$\triangle ADC$에서 $\overline{AD}^2=17^2-15^2=64=8^2$이므로
$\overline{AD}=8(cm)$
$\triangle ABD$에서 $\overline{BD}^2=10^2-8^2=36=6^2$이므로 $\overline{BD}=6(cm)$
$\therefore \triangle ABC=\frac{1}{2}\times(6+15)\times8=84(cm^2)$

답 84 cm²

0868

오른쪽 그림과 같이 $\overline{OA}$를 그으면 반원 O의 반지름의 길이가
$\frac{1}{2}\times10=5(cm)$이므로
$\overline{OA}=5(cm)$
정사각형 ABCD의 한 변의 길이를 x cm라고 하면
$\overline{OB}=\frac{1}{2}\overline{BC}=\frac{x}{2}(cm)$
$\triangle ABO$에서 $5^2=x^2+\left(\frac{x}{2}\right)^2$, $\frac{5}{4}x^2=25$
$\therefore x^2=20$
따라서 정사각형 ABCD의 넓이는 x^2 cm²이므로 20 cm²이다.

답 20 cm²

0869

$\overline{AC}^2=2^2+4^2=20$, $\overline{AD}^2=20+2^2=24$,
$\overline{AE}^2=24+2^2=28$, $\overline{AF}^2=28+2^2=32$,
$\overline{AG}^2=32+2^2=36=6^2$이므로 $\overline{AG}=6(cm)$

답 ③

0870

$\overline{OE}^2=\overline{OB}^2=3^2+3^2=18$, $\overline{OG}^2=\overline{OD}^2=18+3^2=27$,
$\overline{OH}^2=\overline{OF}^2=27+3^2=36=6^2$이므로 $\overline{OH}=\overline{OF}=6$
$\therefore$ (색칠한 부분의 넓이)$=$(부채꼴 FOH의 넓이)
$$=\pi\times6^2\times\frac{30}{360}=3\pi$$

답 3π

0871

오른쪽 그림과 같이 $\overline{BD}$를 그으면
$\triangle BCD$에서
$\overline{BD}^2=6^2+4^2=52$
$\triangle ABD$에서 $x^2=52-5^2=27$

답 ⑤

0872
오른쪽 그림과 같이 꼭짓점 A에서 $\overline{BC}$에
내린 수선의 발을 H라고 하면
$\overline{HC}=\overline{AD}=6$
$\therefore \overline{BH}=\overline{BC}-\overline{HC}=10-6=4$
$\triangle ABH$에서 $\overline{AH}^2=6^2-4^2=20$
$\triangle BCD$에서 $\overline{DC}^2=\overline{AH}^2=20$이므로
$\overline{BD}^2=10^2+20=120$　　　　　　　　🖪 120

0873
① $\overline{EB}\,/\!/\,\overline{DC}$이므로 $\triangle EBA=\triangle EBC$
② $\triangle EBC\equiv\triangle ABF$(SAS 합동)이므로 $\triangle EBC=\triangle ABF$
③ $\overline{BF}\,/\!/\,\overline{AM}$이므로 $\triangle ABF=\triangle BFL$
④ $\triangle ADE=\dfrac{1}{2}\square ADEB=\dfrac{1}{2}\square BFML$
⑤ $\square ACHI=\square LMGC$
따라서 옳지 않은 것은 ⑤이다.　　　　　　　🖪 ⑤

0874
$\triangle AEC$의 넓이가 $32\ \mathrm{cm}^2$이므로
$\overline{AC}$를 한 변으로 하는 정사각형의 넓이는
$\overline{AC}^2=\square CFGE=2\triangle FEC=2\triangle AEC$
　　　$=2\times32=64(\mathrm{cm}^2)$
$\therefore \overline{AC}=8(\mathrm{cm})$
$\triangle ABC$에서 $\overline{AB}^2=10^2-8^2=36=6^2$이므로
$\overline{AB}=6(\mathrm{cm})$　　　　　　　　　🖪 6 cm

0875
$\triangle AEH$에서
$\overline{EH}^2=x^2+y^2=121=11^2$이므로 $\overline{EH}=11$
따라서 $\square EFGH$는 정사각형이므로
$\square EFGH=11^2=121$　　　　　　　　🖪 121

0876
$\square EFGH$는 정사각형이고
그 넓이가 $49\ \mathrm{cm}^2$이므로 $\overline{EF}=7(\mathrm{cm})$
$\therefore \overline{BE}=\overline{BF}+\overline{EF}=5+7=12(\mathrm{cm})$
$\overline{AE}=\overline{BF}=5(\mathrm{cm})$이므로 $\triangle ABE$에서
$\overline{AB}^2=12^2+5^2=169=13^2$　　$\therefore \overline{AB}=13(\mathrm{cm})$
$\therefore (\square ABCD$의 둘레의 길이$)=4\times13=52(\mathrm{cm})$　🖪 52 cm

0877
$\triangle ABP\equiv\triangle PCD$이므로 $\triangle APD$는 $\overline{AP}=\overline{PD}$,
$\angle APD=90°$인 직각이등변삼각형이다.
$\overline{AP}=\overline{PD}$이므로 $80=\overline{PD}^2+\overline{PD}^2$　$\therefore \overline{PD}^2=40$
$\triangle PCD$에서 $\overline{CD}^2=40-6^2=4=2^2$이므로 $\overline{CD}=2$
따라서 $\overline{AB}=\overline{PC}=6,\ \overline{BP}=\overline{CD}=2$이므로
$\square ABCD=\dfrac{1}{2}\times(6+2)\times(6+2)=32$　　🖪 32

0878
삼각형이 되기 위한 조건에 의하여 $6<x<22$
이때 $x<14$이므로 $6<x<14$　　　　　$\cdots\cdots$ ㉠
가장 긴 변의 길이가 14인 둔각삼각형이므로
$14^2>x^2+8^2,\ x^2<132$　　$\therefore 0<x<11.\times\times\times$　　$\cdots\cdots$ ㉡
㉠, ㉡에서 $6<x<11.\times\times\times$이므로 x의 값이 될 수 없는 것은 ⑤이다.　　　　　　　　　🖪 ⑤

0879
$\overline{AB}^2=6,\ \overline{AC}^2=9,\ \overline{BC}^2=16$에서
$16>6+9$이므로 $\angle A>90°$인 둔각삼각형이다.　　🖪 ③

0880
ㄱ. $3^2>2^2+2^2$ (둔각삼각형)　　ㄴ. $4^2>2^2+3^2$ (둔각삼각형)
ㄷ. $8^2>5^2+6^2$ (둔각삼각형)　　ㄹ. $15^2>7^2+10^2$ (둔각삼각형)
ㅁ. $13^2<8^2+12^2$ (예각삼각형)
따라서 예각삼각형인 것은 ㅁ의 1개이다.　　🖪 ①

0881
$\triangle ADE$에서 $\overline{DE}^2=5^2+5^2=50$
$\triangle ADC$에서 $\overline{CD}^2=5^2+8^2=89$
$\overline{DE}^2+\overline{BC}^2=\overline{BE}^2+\overline{CD}^2$이므로
$50+\overline{BC}^2=\overline{BE}^2+89$
$\therefore \overline{BC}^2-\overline{BE}^2=39$　　　　　🖪 ④

0882
$\overline{AB}^2+\overline{CD}^2=\overline{AD}^2+\overline{BC}^2$이므로
$22+8^2=6^2+\overline{BC}^2$　　$\therefore \overline{BC}^2=50$
$\triangle OBC$에서 $\overline{OB}^2=50-32=18$
$\therefore \overline{OB}^2+\overline{BC}^2=18+50=68$　　🖪 68

0883
$\overline{AP}^2+\overline{CP}^2=\overline{BP}^2+\overline{DP}^2$에서
$\overline{AP}^2+48=4^2+6^2$이므로 $\overline{AP}^2=4=2^2$
$\therefore \overline{AP}=2$
이때 $\overline{AB}^2=\overline{AP}^2+\overline{BP}^2$이므로
$\triangle ABP$는 $\angle APB=90°$인 직각삼각형이다.
$\therefore \triangle ABP=\dfrac{1}{2}\times4\times2=4$　　🖪 ①

0884
$\overline{AC}$를 지름으로 하는 반원의 넓이는
$28\pi-10\pi=18\pi$
따라서 $\dfrac{1}{2}\times\pi\times\left(\dfrac{\overline{AC}}{2}\right)^2=18\pi$이므로
$\overline{AC}^2=144=12^2$
$\therefore \overline{AC}=12$　　　　　　　　🖪 12

0885

(색칠한 부분의 넓이)$=\triangle ABC+\triangle ACD$
$\qquad\qquad\qquad\quad=\square ABCD$
$\qquad\qquad\qquad\quad=3\times5=15(cm^2)$

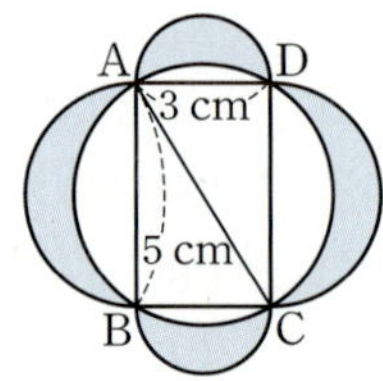

답 $15\ cm^2$

0886

오른쪽 그림과 같은 옆면의 전개도
에서 최단 거리는 $\overline{AB''}$의 길이이
다. 밑면의 반지름의 길이가 3 cm
이므로

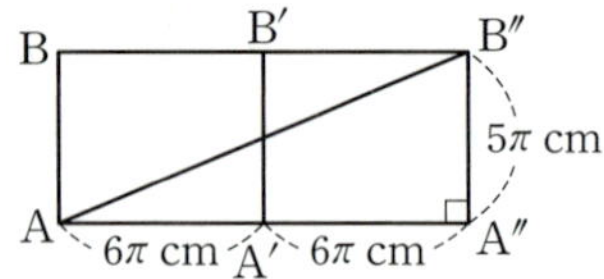

$\overline{AA'}=\overline{A'A''}=2\pi\times3=6\pi(cm)$
$\overline{AB''}^2=(12\pi)^2+(5\pi)^2=169\pi^2=(13\pi)^2$
$\therefore \overline{AB''}=13\pi(cm)$

답 $13\pi\ cm$

0887

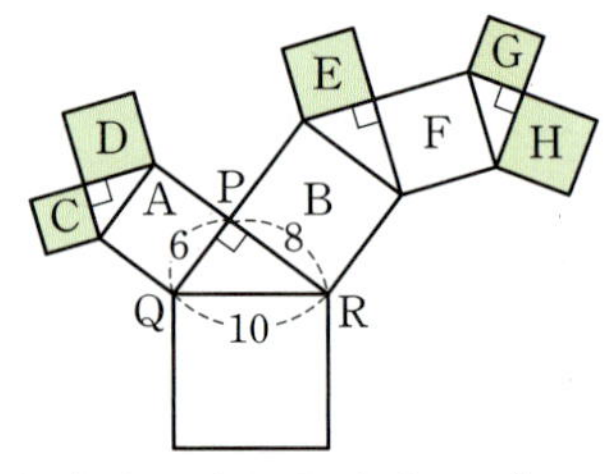

$(C의 넓이)+(D의 넓이)=(A의 넓이)=6^2=36$
$(G의 넓이)+(H의 넓이)=(F의 넓이)$이고
$(E의 넓이)+(F의 넓이)=(B의 넓이)=8^2=64$
따라서 색칠한 정사각형의 넓이의 합은
$36+64=100$

답 100

서술형 콕콕

본문 | 152~153쪽

0888 6	**0889** 15	**0890** $32\ cm^2$	**0891** $24\ cm^2$
0892 125	**0893** 17 cm	**0894** 120	**0895** 60
0896 $\dfrac{12}{5}$	**0897** $\dfrac{24}{5}$	**0898** 예각삼각형	
0899 둔각삼각형			

0888

단계1 $\overline{AD}$가 $\angle A$의 이등분선이므로
$\qquad \overline{AB}:\overline{AC}=\overline{BD}:\overline{CD}=5:3$

단계2 $\overline{AB}=5k$, $\overline{AC}=3k(k>0)$라고 하면 $\triangle ABC$에서
$\qquad (5k)^2=(5+3)^2+(3k)^2,\ k^2=4\quad \therefore k=2$
$\qquad\qquad \therefore \overline{AC}=3k=3\times2=6$

답 6

0889

$\overline{AD}$가 $\angle A$의 이등분선이므로
$\overline{AB}:\overline{AC}=\overline{BD}:\overline{CD}=26:10=13:5$ ······40%
$\overline{AB}=13k$, $\overline{AC}=5k(k>0)$라고 하면 $\triangle ABC$에서
$(13k)^2=(26+10)^2+(5k)^2,\ 144k^2=1296,\ k^2=9$
$\therefore k=3$
$\therefore \overline{AC}=5k=5\times3=15$ ······60%

답 15

0890

단계1 $\overline{AM}\parallel\overline{CG}$이므로
$\qquad \triangle LGC=\triangle AGC$
$\qquad \triangle AGC\equiv\triangle HBC\ (SAS\ 합동)$
$\qquad$이므로 $\triangle AGC=\triangle HBC$
$\qquad \overline{BI}\parallel\overline{CH}$이므로 $\triangle HBC=\triangle HAC$
$\qquad \therefore \square LMGC=2\triangle LGC$
$\qquad\qquad\qquad\quad=2\triangle HAC$
$\qquad\qquad\qquad\quad=\square ACHI$

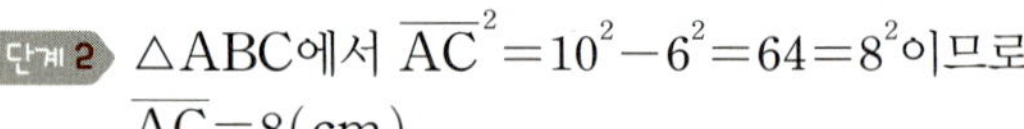

단계2 $\triangle ABC$에서 $\overline{AC}^2=10^2-6^2=64=8^2$이므로
$\qquad \overline{AC}=8(cm)$

단계3 $\triangle LMG=\dfrac{1}{2}\square LMGC=\dfrac{1}{2}\square ACHI$
$\qquad\qquad\quad=\dfrac{1}{2}\times8^2=32(cm^2)$

답 $32\ cm^2$

0891

$\overline{BF}\parallel\overline{AM}$이므로 $\triangle BFL=\triangle BFA$
$\triangle BFA\equiv\triangle BCE\ (SAS\ 합동)$이므로
$\triangle BFA=\triangle BCE$
$\overline{EB}\parallel\overline{DC}$이므로 $\triangle BCE=\triangle BAE$
$\therefore \square BFML=2\triangle BFL=2\triangle BAE$
$\qquad\qquad\quad=\square ADEB$ ······40%
$\triangle ABC$에서
$\overline{AB}^2=8^2-4^2=48$ ······30%
$\therefore \triangle LFM=\dfrac{1}{2}\square BFML=\dfrac{1}{2}\square ADEB$
$\qquad\qquad\quad=\dfrac{1}{2}\times48=24(cm^2)$ ······30%

답 $24\ cm^2$

0892

단계1 색칠한 부분의 넓이가 $25\ cm^2$이므로
$\qquad \triangle ABC=\dfrac{1}{2}\times10\times\overline{AC}=25\quad \therefore \overline{AC}=5(cm)$

단계2 $\triangle ABC$에서 $x^2=\overline{BC}^2=10^2+5^2=125$

답 125

0893

색칠한 부분의 넓이가 $60\ cm^2$이므로
$\triangle ABC=\dfrac{1}{2}\times8\times\overline{AB}=60$

$\therefore \overline{AB}=15\,(\text{cm})$ $\cdots\cdots 60\%$

따라서 $\triangle ABC$에서

$\overline{BC}^2=15^2+8^2=289=17^2$이므로

$\overline{BC}=17\,(\text{cm})$ $\cdots\cdots 40\%$

답 17 cm

0894

단계1 $15x+8y+120=0$에 $y=0$을 대입하면

$15x+120=0$ $\therefore x=-8$

$15x+8y+120=0$에 $x=0$을 대입하면

$8y+120=0$ $\therefore y=-15$

즉, x절편이 -8, y절편이 -15이므로 $\overline{OA}=8$, $\overline{OB}=15$

단계2 $\overline{AB}^2=8^2+15^2=289=17^2$이므로 $\overline{AB}=17$

단계3 $\triangle OAB$에서 $\overline{OA}\times\overline{OB}=\overline{AB}\times d$이므로

$8\times15=17\times d$ $\therefore d=\dfrac{120}{17}$

$\therefore 17d=120$

답 120

0895

$5x-12y+60=0$에 $y=0$을 대입하면

$5x+60=0$ $\therefore x=-12$

$5x-12y+60=0$에 $x=0$을 대입하면

$-12x+60=0$ $\therefore y=5$

즉, x절편이 -12, y절편이 5이므로

$\overline{OA}=12$, $\overline{OB}=5$ $\cdots\cdots 30\%$

$\overline{AB}^2=12^2+5^2=169=13^2$이므로 $\overline{AB}=13$ $\cdots\cdots 30\%$

$\triangle BAO$에서 $\overline{OA}\times\overline{OB}=\overline{AB}\times d$이므로

$12\times5=13\times d$ $\therefore d=\dfrac{60}{13}$

$\therefore 13d=60$ $\cdots\cdots 40\%$

답 60

0896

단계1 $\overline{AH}^2=\overline{BH}\times\overline{CH}$이므로

$\overline{AH}^2=8\times2=16=4^2$ $\therefore \overline{AH}=4$

단계2 점 M은 $\triangle ABC$의 외심이므로

$\overline{AM}=\overline{BM}=\overline{CM}=\dfrac{1}{2}\overline{BC}=\dfrac{1}{2}\times(8+2)=5$

$\therefore \overline{MH}=\overline{CM}-\overline{CH}=5-2=3$

단계3 $\triangle AMH$에서 $\overline{AH}\times\overline{MH}=\overline{AM}\times\overline{HI}$이므로

$4\times3=5\times\overline{HI}$ $\therefore \overline{HI}=\dfrac{12}{5}$

답 $\dfrac{12}{5}$

0897

$\overline{AH}^2=\overline{BH}\times\overline{CH}$이므로

$\overline{AH}^2=4\times16=64=8^2$

$\therefore \overline{AH}=8$ $\cdots\cdots 30\%$

점 M은 $\triangle ABC$의 외심이므로

$\overline{AM}=\overline{BM}=\overline{CM}=\dfrac{1}{2}\overline{BC}=\dfrac{1}{2}\times(4+16)=10$

$\therefore \overline{MH}=\overline{BM}-\overline{BH}=10-4=6$ $\cdots\cdots 30\%$

$\triangle AHM$에서 $\overline{AH}\times\overline{MH}=\overline{AM}\times\overline{HQ}$이므로

$8\times6=10\times\overline{HQ}$

$\therefore \overline{HQ}=\dfrac{24}{5}$ $\cdots\cdots 40\%$

답 $\dfrac{24}{5}$

0898

단계1 직각삼각형 ABH에서 $\overline{AH}^2=5^2-2^2=21$

단계2 직각삼각형 AHC에서 $\overline{AC}^2=8^2+21=85$

단계3 $\overline{AB}^2=5^2=25$, $\overline{BC}^2=10^2=100$, $\overline{AC}^2=85$

단계4 $\overline{BC}$가 가장 긴 변이고 $\overline{BC}^2<\overline{AB}^2+\overline{AC}^2$이므로 $\triangle ABC$는 예각삼각형이다.

답 예각삼각형

0899

직각삼각형 ABH에서 $\overline{AH}^2=4^2-3^2=7$ $\cdots\cdots 30\%$

직각삼각형 AHC에서 $\overline{AC}^2=4^2+7=23$ $\cdots\cdots 30\%$

$\triangle ABC$의 세 변의 길이의 제곱의 값은 각각

$\overline{AB}^2=4^2=16$, $\overline{BC}^2=7^2=49$, $\overline{AC}^2=23$ $\cdots\cdots 20\%$

$\overline{BC}$가 가장 긴 변이고 $\overline{BC}^2>\overline{AB}^2+\overline{AC}^2$이므로

$\triangle ABC$는 $\angle A>90°$인 둔각삼각형이다. $\cdots\cdots 20\%$

답 둔각삼각형

IV. 확률

1 경우의 수

개념 콕콕 　　　　　　　　　본문 | 157, 159쪽

0900
(1) 3, 4, 5, 6의 4가지
(2) 3, 6의 2가지
(3) 1, 5의 2가지
(4) 2, 3, 5의 3가지

답 (1) 4　(2) 2　(3) 2　(4) 3

0901
(1) (앞, 뒤), (뒤, 앞)의 2가지
(2) (앞, 앞), (뒤, 뒤)의 2가지

답 (1) 2　(2) 2

0902
(1) 3, 6, 9의 3가지
(2) 5, 10의 2가지
(3) 2, 4, 6, 8, 10의 5가지

답 (1) 3　(2) 2　(3) 5

0903
(1) 4, 8, 12의 3가지
(2) 7, 14의 2가지
(3) $3+2=5$

답 (1) 3　(2) 2　(3) 5

0904
(1) $3+4=7$
(2) $5+3=8$
(3) $2+5=7$

답 (1) 7　(2) 8　(3) 7

0905
(3) $3\times2=6$(개)

답 (1) 3　(2) 2　(3) 6개

0906
(1) $2\times2=4$
(2) $2\times3=6$

답 (1) 4　(2) 6

0907
(1) $2\times2\times2=8$
(2) $6\times6=36$
(3) $2\times2\times6=24$

답 (1) 8　(2) 36　(3) 24

0908
(1) $4\times3\times2\times1=24$
(2) $4\times3=12$
(3) $4\times3\times2=24$

답 (1) 24　(2) 12　(3) 24

0909

답 3, 3, 6, 2, 2, 6, 12

0910
(1) $5\times4=20$(개)
(2) $5\times4\times3=60$(개)

답 (1) 20개　(2) 60개

0911
(1) $4\times4=16$(개)
(2) $4\times4\times3=48$(개)

답 (1) 16개　(2) 48개

0912
(1) $4\times3=12$
(2) $4\times3\times2=24$
(3) $\dfrac{4\times3}{2}=6$

답 (1) 12　(2) 24　(3) 6

0913
(1) 4명 중 자격이 같은 대표 2명을 뽑는 경우의 수와 같으므로
$$\frac{4\times3}{2}=6\text{(개)}$$
(2) 4명 중 자격이 같은 대표 3명을 뽑는 경우의 수와 같으므로
$$\frac{4\times3\times2}{3\times2\times1}=4\text{(개)}$$

답 (1) 6개　(2) 4개

0914 ②	0915 4	0916 3	0917 ⑤
0918 ①	0919 ①	0920 ③	0921 3개
0922 ③	0923 5	0924 ③	0925 8가지
0926 5	0927 ②	0928 6	0929 ③
0930 ②	0931 14	0932 ⑤	0933 7
0934 ④	0935 ⑤	0936 12	0937 16
0938 7	0939 11	0940 30	0941 9
0942 ③	0943 ③	0944 15	0945 40
0946 6	0947 ④	0948 ⑤	0949 3
0950 60	0951 ⑤	0952 56	0953 120
0954 ②	0955 ④	0956 ⑤	0957 48
0958 ⑤	0959 ②	0960 24	0961 72
0962 ③	0963 120개	0964 ⑤	0965 ③
0966 48개	0967 ④	0968 9개	0969 36개
0970 120	0971 ⑤	0972 ④	0973 ④
0974 ①	0975 28회	0976 ⑤	0977 21
0978 ③	0979 ③	0980 30개	0981 ④
0982 120	0983 36		

0914

두 주사위에서 나오는 눈의 수를 순서쌍으로 나타내면 눈의 수의 합이 7인 경우는 $(1, 6), (2, 5), (3, 4), (4, 3), (5, 2), (6, 1)$의 6가지

답 ②

0915

10의 약수가 나오는 경우는 1, 2, 5, 10의 4가지

답 4

0916

동전 한 개를 던져서 나오는 면과 주사위 한 개를 던져서 나오는 눈의 수를 순서쌍으로 나타내면 동전은 앞면, 주사위는 홀수의 눈이 나오는 경우는 (앞면, 1), (앞면, 3), (앞면, 5)의 3가지

답 3

0917

두 주사위에서 나오는 눈의 수를 순서쌍으로 나타내면 눈의 수의 차가 4 이상인 경우는 $(1, 5), (2, 6), (5, 1), (6, 2), (1, 6),$ $(6, 1)$의 6가지

답 ⑤

보충 설명

서로 다른 두 개의 주사위를 동시에 던질 때, 나오는 눈의 수를 순서쌍 (a, b)로 나타내면 두 눈의 수의 차가 0∼5가 되는 경우와 경우의 수는 다음과 같다.

차	경우	경우의 수
0	$(1, 1), (2, 2), (3, 3), (4, 4), (5, 5), (6, 6)$	6
1	$(1, 2), (2, 1), (2, 3), (3, 2), (3, 4), (4, 3),$ $(4, 5), (5, 4), (5, 6), (6, 5)$	10
2	$(1, 3), (2, 4), (3, 1), (3, 5), (4, 2), (4, 6),$ $(5, 3), (6, 4)$	8
3	$(1, 4), (2, 5), (3, 6), (4, 1), (5, 2), (6, 3)$	6
4	$(1, 5), (2, 6), (5, 1), (6, 2)$	4
5	$(1, 6), (6, 1)$	2

0918

① 5의 배수가 나오는 경우는 5, 10, 15, 20, 25의 5가지
② 두 자리 자연수가 나오는 경우는 10, 11, 12, ⋯, 24, 25의 16가지
③ 소수가 나오는 경우는 2, 3, 5, 7, 11, 13, 17, 19, 23의 9가지
④ 18보다 큰 수가 나오는 경우는 19, 20, 21, 22, 23, 24, 25의 7가지
⑤ 24의 약수가 나오는 경우는 1, 2, 3, 4, 6, 8, 12, 24의 8가지
따라서 경우의 수가 가장 작은 사건은 ①이다.

답 ①

0919

두 수의 곱이 홀수인 경우는 (홀수)×(홀수)이므로 서로 다른 두 개의 주사위를 던질 때, 나오는 눈의 수를 순서쌍으로 나타내면 눈의 수의 곱이 홀수인 경우는 $(1, 1), (1, 3), (1, 5), (3, 1), (3, 3),$ $(3, 5), (5, 1), (5, 3), (5, 5)$의 9가지

답 ①

0920

$2x+y=11$을 만족시키는 x, y의 순서쌍 (x, y)는
$(3, 5), (4, 3), (5, 1)$의 3가지

답 ③

0921

삼각형이 만들어지는 경우의 세 변의 길이 a, b, c $(a<b<c)$를 순서쌍 (a, b, c)로 나타내면 만들 수 있는 삼각형은
$(4 \text{ cm}, 5 \text{ cm}, 7 \text{ cm}), (4 \text{ cm}, 7 \text{ cm}, 9 \text{ cm}),$
$(5 \text{ cm}, 7 \text{ cm}, 9 \text{ cm})$의 3개

답 3개

보충 설명

세 변의 길이가 주어졌을 때, 삼각형이 될 수 있는 조건
⇨ (가장 긴 변의 길이)<(나머지 두 변의 길이의 합)

0922

500원을 지불하는 방법은 다음과 같다.

100원(개)	5	4	4	3	3	2	2	1
50원(개)	0	2	1	4	3	6	5	7
10원(개)	0	0	5	0	5	0	5	5

따라서 구하는 경우의 수는 8이다.

답 ③

0923

750원을 지불하는 방법은 다음과 같다.

500원(개)	1	1	1	0	0
100원(개)	2	1	0	6	5
50원(개)	1	3	5	3	5

따라서 구하는 경우의 수는 5이다.   답 5

0924

600원을 지불하는 방법은 다음과 같다.

100원(개)	5	5	4	4	3
50원(개)	2	1	4	3	5
10원(개)	0	5	0	5	5

따라서 구하는 경우의 수는 5이다.   답 ③

0925

지불할 수 있는 금액은 다음과 같으므로 구하는 금액의 종류는 8가지이다.

500원(개)	2	2	2	2	1	1	1	1
100원(개)	4	3	2	1	4	3	2	1
금액(원)	1400	1300	1200	1100	900	800	700	600

답 8가지

0926

$2+3=5$ 답 5

0927

$6+3=9$ 답 ②

0928

$4+2=6$ 답 6

0929

$9+6=15$ 답 ③

0930

1부터 20까지의 자연수 중에서

소수가 나오는 경우는 2, 3, 5, 7, 11, 13, 17, 19의 8가지

6의 배수가 나오는 경우는 6, 12, 18의 3가지

따라서 구하는 경우의 수는 $8+3=11$ 답 ②

0931

1부터 30까지의 자연수 중에서

3의 배수가 나오는 경우는 3, 6, 9, 12, 15, 18, 21, 24, 27, 30의 10가지

14의 약수가 나오는 경우는 1, 2, 7, 14의 4가지

따라서 구하는 경우의 수는 $10+4=14$ 답 14

0932

1부터 35까지의 자연수 중에서

5의 배수가 나오는 경우는 5, 10, 15, 20, 25, 30, 35의 7가지

7의 배수가 나오는 경우는 7, 14, 21, 28, 35의 5가지

이때 35는 5와 7의 공배수이므로 구하는 경우의 수는

$7+5-1=11$ 답 ⑤

0933

1부터 20까지의 자연수 중에서

4의 배수가 나오는 경우는 4, 8, 12, 16, 20의 5가지

16의 약수가 나오는 경우는 1, 2, 4, 8, 16의 5가지

이때 4의 배수이고 16의 약수인 경우는 4, 8, 16의 3가지이다.

따라서 구하는 경우의 수는 $5+5-3=7$ 답 7

0934

눈의 수의 합이 5가 되는 경우는

$(1, 4), (2, 3), (3, 2), (4, 1)$의 4가지

눈의 수의 합이 6이 되는 경우는

$(1, 5), (2, 4), (3, 3), (4, 2), (5, 1)$의 5가지

따라서 구하는 경우의 수는 $4+5=9$ 답 ④

0935

눈의 수의 차가 1이 되는 경우는 $(1, 2), (2, 1), (2, 3), (3, 2),$ $(3, 4), (4, 3), (4, 5), (5, 4), (5, 6), (6, 5)$의 10가지

눈의 수의 차가 3이 되는 경우는 $(1, 4), (2, 5), (3, 6), (4, 1),$ $(5, 2), (6, 3)$의 6가지

따라서 구하는 경우의 수는 $10+6=16$ 답 ⑤

0936

2의 배수인 경우는 2, 4, 6, $\cdots$, 20의 10가지

5의 배수인 경우는 5, 10, 15, 20의 4가지

이때 10, 20은 2와 5의 공배수이므로 구하는 경우의 수는

$10+4-2=12$ 답 12

0937

수의 합이 4인 경우는 $(1, 3), (2, 2), (3, 1)$의 3가지   ⋯⋯ 20%

수의 합이 8인 경우는 $(1, 7), (2, 6), (3, 5), (4, 4), (5, 3),$ $(6, 2), (7, 1)$의 7가지   ⋯⋯ 20%

수의 합이 12인 경우는 $(4, 8), (5, 7), (6, 6), (7, 5), (8, 4)$의 5가지   ⋯⋯ 20%

수의 합이 16인 경우는 $(8, 8)$의 1가지   ⋯⋯ 20%

따라서 구하는 경우의 수는 $3+7+5+1=16$ ⋯⋯ 20%

답 16

0938

집 → 공원으로 가는 경우의 수는 1

집 → 마트 → 공원으로 가는 경우의 수는 $2\times3=6$

따라서 구하는 경우의 수는 $1+6=7$ 답 7

0939

A → C로 직접 가는 경우의 수는 2 ······ 40%

A → B → C로 가는 경우의 수는 $3 \times 3 = 9$ ······ 40%

따라서 구하는 경우의 수는 $2 + 9 = 11$ ······ 20%

답 11

0940

들어갈 때 출입구를 선택하는 경우의 수는 6이고, 그 각각에 대하여 나갈 때 출입구를 선택하는 경우의 수는 5이므로 구하는 경우의 수는 $6 \times 5 = 30$

답 30

0941

학교에서 도서관까지 가장 짧은 거리로 가는 경우의 수는 3이고, 도서관에서 집까지 가장 짧은 거리로 가는 경우의 수는 3이다.

따라서 구하는 경우의 수는 $3 \times 3 = 9$

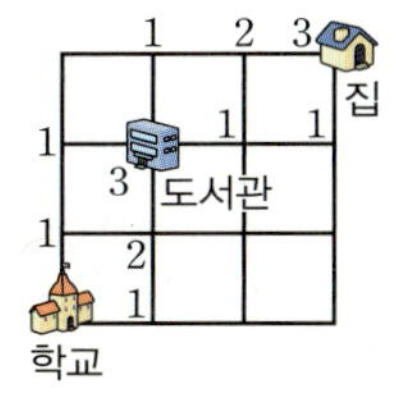

답 9

보충 설명

오른쪽 그림에서 학교 → 도서관을 가장 짧은 거리로 가는 경우를 나뭇가지 모양의 그림으로 나타내면

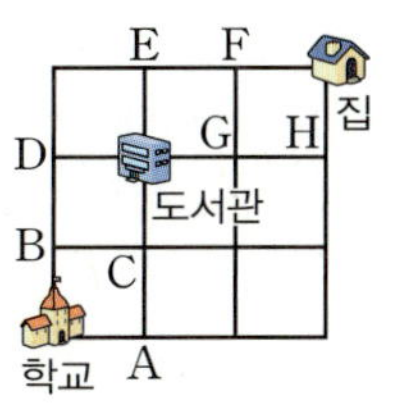

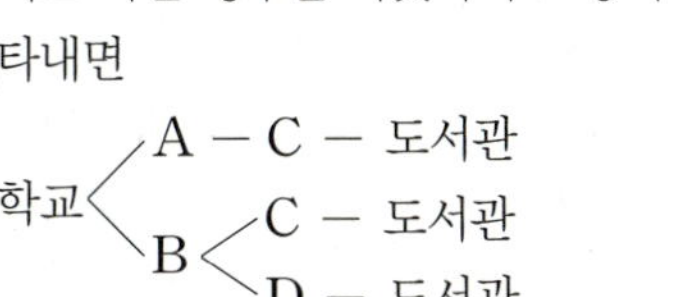

또, 도서관 → 집을 가장 짧은 거리로 가는 경우를 나뭇가지 모양의 그림으로 나타내면

따라서 학교 → 도서관 → 집을 가장 짧은 거리로 가는 경우의 수는 $3 \times 3 = 9$

0942

$3 \times 4 = 12$(개)

답 ③

0943

$4 \times 2 = 8$

답 ③

0944

$5 \times 3 = 15$

답 15

0945

$5 \times 4 \times 2 = 40$

답 40

0946

동전 2개에서 서로 다른 면이 나오는 경우는 (앞면, 뒷면),

(뒷면, 앞면)의 2가지이고 주사위에서 홀수의 눈이 나오는 경우는 1, 3, 5의 3가지이다.

따라서 구하는 경우의 수는 $2 \times 3 = 6$

답 6

0947

ㄱ. $2 \times 2 = 4$

ㄴ. (앞면, 앞면), (뒷면, 뒷면)의 2가지

ㄷ. (앞면, 뒷면), (뒷면, 앞면), (앞면, 앞면)의 3가지

답 ④

0948

각 동전을 던질 때 나오는 모든 경우는 앞면, 뒷면의 2가지이고, 주사위를 던질 때 나오는 모든 경우는 1, 2, 3, 4, 5, 6의 6가지이다.

따라서 구하는 경우의 수는 $2 \times 2 \times 2 \times 6 = 48$

답 ⑤

0949

동전 2개에서 모두 뒷면이 나오는 경우는 (뒷면, 뒷면)의 1가지 ······ 40%

주사위에서 소수의 눈이 나오는 경우는 2, 3, 5의 3가지 ······ 40%

따라서 구하는 경우의 수는 $1 \times 3 = 3$ ······ 20%

답 3

0950

$5 \times 4 \times 3 = 60$

답 60

0951

4명을 한 줄로 세우는 경우의 수와 같으므로 구하는 경우의 수는 $4 \times 3 \times 2 \times 1 = 24$

답 ⑤

0952

$8 \times 7 = 56$

답 56

0953

$6 \times 5 \times 4 = 120$

답 120

0954

선희를 제외한 나머지 3명을 한 줄로 세우는 경우의 수와 같으므로 구하는 경우의 수는 $3 \times 2 \times 1 = 6$

답 ②

0955

서연이를 제외한 나머지 4명을 한 줄로 세우는 경우의 수와 같으므로 구하는 경우의 수는 $4 \times 3 \times 2 \times 1 = 24$

답 ④

0956

(i) A□□□B인 경우 : $3 \times 2 \times 1 = 6$(가지)

└ 남은 C, D, E를 한 줄로 세우기

(ii) B□□□A인 경우 : $3 \times 2 \times 1 = 6$(가지)

└ 남은 C, D, E를 한 줄로 세우기

따라서 구하는 경우의 수는 $6 + 6 = 12$

답 ②

다른 풀이

A, B를 제외한 나머지 C, D, E를 한 줄로 세우는 경우의 수는
$3 \times 2 \times 1 = 6$
이때 A, B가 자리를 바꾸는 경우의 수는 $2 \times 1 = 2$
따라서 구하는 경우의 수는 $6 \times 2 = 12$

0957
(i) S□□□□인 경우 : $4 \times 3 \times 2 \times 1 = 24$(가지)
(ii) M□□□□인 경우 : $4 \times 3 \times 2 \times 1 = 24$(가지)
따라서 구하는 경우의 수는 $24 + 24 = 48$ **답** 48

0958
B와 D를 1명으로 생각하여 4명을 한 줄로 세우는 경우의 수는
$4 \times 3 \times 2 \times 1 = 24$
이때 B와 D가 자리를 바꾸는 경우의 수는 2이므로 구하는 경우의
수는 $24 \times 2 = 48$ **답** ⑤

0959
F를 제외한 5명 중 A와 B를 1명으로 생각하여 4명을 한 줄로 세우
는 경우의 수는 $4 \times 3 \times 2 \times 1 = 24$
이때 A와 B가 자리를 바꾸는 경우의 수는 2이므로 구하는 경우의
수는 $24 \times 2 = 48$ **답** ②

0960
남학생 3명과 여학생 2명을 각각 1명으로 생각하여 2명을 한 줄로
세우는 경우의 수는 $2 \times 1 = 2$ …… 25%
남학생끼리 자리를 바꾸는 경우의 수는 $3 \times 2 \times 1 = 6$ …… 25%
여학생끼리 자리를 바꾸는 경우의 수는 $2 \times 1 = 2$ …… 25%
따라서 구하는 경우의 수는 $2 \times 6 \times 2 = 24$ …… 25%
답 24

0961
5명을 한 줄로 세우는 경우의 수는 $5 \times 4 \times 3 \times 2 \times 1 = 120$
나와 동생이 이웃하여 서는 경우의 수는 $(4 \times 3 \times 2 \times 1) \times 2 = 48$
따라서 나와 동생이 이웃하지 않고 서는 경우의 수는
(5명을 한 줄로 세우는 경우의 수)
－(나와 동생이 이웃하여 서는 경우의 수)
$= 120 - 48 = 72$ **답** 72

0962
(i) 2□인 경우 : 25의 1개
(ii) 3□인 경우 : 31, 32, 34, 35의 4개
(iii) 4□인 경우 : 41, 42, 43, 45의 4개
(iv) 5□인 경우 : 51, 52, 53, 54의 4개
따라서 24보다 자연수의 개수는 $1 + 4 + 4 + 4 = 13$(개) **답** ③

0963
$6 \times 5 \times 4 = 120$(개) **답** 120개

0964
홀수이려면 일의 자리의 숫자가 1 또는 3 또는 5이어야 한다.
(i) □1인 경우 : 21, 31, 41, 51의 4개
(ii) □3인 경우 : 13, 23, 43, 53의 4개
(iii) □5인 경우 : 15, 25, 35, 45의 4개
따라서 만들 수 있는 홀수의 개수는 $4 + 4 + 4 = 12$(개) **답** ⑤

0965
(i) 1□□인 경우 : $4 \times 3 = 12$(개)
(ii) 2□□인 경우 : $4 \times 3 = 12$(개)
(iii) 31□인 경우 : 312, 314, 315의 3개
따라서 320보다 작은 자연수의 개수는 $12 + 12 + 3 = 27$(개)
답 ③

0966
백의 자리에 올 수 있는 숫자는 0을 제외한 4가지
십의 자리에 올 수 있는 숫자는 백의 자리에 온 숫자를 제외한 4가지
일의 자리에 올 수 있는 숫자는 백의 자리와 십의 자리에 온 숫자를
제외한 3가지
따라서 만들 수 있는 세 자리 자연수의 개수는 $4 \times 4 \times 3 = 48$(개)
답 48개

0967
십의 자리에 올 수 있는 숫자는 0을 제외한 4가지
일의 자리에 올 수 있는 숫자는 십의 자리에 온 숫자를 제외한 4가지
따라서 만들 수 있는 두 자리 자연수의 개수는 $4 \times 4 = 16$(개)
답 ④

0968
(i) 1□인 경우 : 10, 12, 13, 14의 4개
(ii) 2□인 경우 : 20, 21, 23, 24의 4개
(iii) 3□인 경우 : 30의 1개
따라서 31보다 작은 자연수의 개수는 $4 + 4 + 1 = 9$(개) **답** 9개

0969
5의 배수이려면 일의 자리의 숫자가 0 또는 5이어야 한다. …… 20%
(i) □□0인 경우 : $5 \times 4 = 20$(개) …… 30%
(ii) □□5인 경우 : $4 \times 4 = 16$(개) …… 40%
따라서 5의 배수의 개수는 $20 + 16 = 36$(개) …… 10%
답 36개

0970
$6 \times 5 \times 4 = 120$ **답** 120

0971

$10 \times 9 = 90$

답 ⑤

0972

A를 제외한 4명 중에서 회장 1명과 부회장 1명을 뽑아야 하므로
구하는 경우의 수는 $4 \times 3 = 12$

답 ④

0973

(i) 대표가 남학생인 경우 : $4 \times (3 \times 3) = 36$(가지)
(ii) 대표가 여학생인 경우 : $3 \times (4 \times 2) = 24$(가지)
(i), (ii)에서 구하는 경우의 수는 $36 + 24 = 60$

답 ④

다른 풀이

남자 부대표 1명과 여자 부대표 1명을 뽑는 경우의 수는 $4 \times 3 = 12$
부대표 2명을 제외한 5명 중에서 대표 1명을 뽑는 경우의 수는 5
따라서 구하는 경우의 수는 $12 \times 5 = 60$

0974

6명 중에서 반장 1명을 뽑는 경우의 수는 6

5명 중에서 부반장 2명을 뽑는 경우의 수는 $\dfrac{5 \times 4}{2} = 10$

따라서 구하는 경우의 수는 $6 \times 10 = 60$

답 ①

0975

8명 중에서 자격이 같은 대표 2명을 뽑는 경우의 수와 같으므로

$\dfrac{8 \times 7}{2} = 28$(회)

답 28회

0976

A를 제외한 5명 중에서 대의원 3명을 뽑아야 하므로 구하는 경우의
수는

$\dfrac{5 \times 4 \times 3}{3 \times 2 \times 1} = 10$

답 ③

0977

2명의 성별이 같은 경우는 남학생 중에서 2명을 뽑는 경우와 여학생
중에서 2명을 뽑는 경우이다.

(i) 남학생 6명 중에서 2명을 뽑는 경우의 수는 $\dfrac{6 \times 5}{2} = 15$ …… 40%

(ii) 여학생 4명 중에서 2명을 뽑는 경우의 수는 $\dfrac{4 \times 3}{2} = 6$ …… 40%

(i), (ii)에서 구하는 경우의 수는 $15 + 6 = 21$ …… 20%

답 21

0978

5개의 점 중에서 순서에 관계없이 2개의 점을 선택하는 경우의 수와
같으므로 구하는 선분의 개수는 $\dfrac{5 \times 4}{2} = 10$(개)

답 ③

0979

6개의 점 중에서 순서에 관계없이 3개의 점을 선택하는 경우의 수와 같
으므로 구하는 삼각형의 개수는 $\dfrac{6 \times 5 \times 4}{3 \times 2 \times 1} = 20$(개)

답 ③

0980

7개의 점 A, B, C, D, E, F, G 중에서 순서에 관계없이 3개의 점
을 선택하는 경우의 수는 $\dfrac{7 \times 6 \times 5}{3 \times 2 \times 1} = 35$

이때 직선 l 위에 있는 3개의 점 A, B, C 중에서 순서에 관계없이
3개의 점을 선택하는 경우의 수는 1

직선 m 위에 있는 4개의 점 D, E, F, G 중에서 순서에 관계없이 3
개의 점을 선택하는 경우의 수는 $\dfrac{4 \times 3 \times 2}{3 \times 2 \times 1} = 4$

따라서 구하는 삼각형의 개수는 $35 - (1 + 4) = 30$(개)

답 30개

0981

A에 칠할 수 있는 색은 4가지
B에 칠할 수 있는 색은 A에 칠한 색을 제외한 3가지
C에 칠할 수 있는 색은 A, B에 칠한 색을 제외한 2가지
D에 칠할 수 있는 색은 A, C에 칠한 색을 제외한 2가지
따라서 구하는 경우의 수는 $4 \times 3 \times 2 \times 2 = 48$

답 ④

0982

A에 칠할 수 있는 색은 5가지
B에 칠할 수 있는 색은 A에 칠한 색을 제외한 4가지
C에 칠할 수 있는 색은 A, B에 칠한 색을 제외한 3가지
D에 칠할 수 있는 색은 A, B, C에 칠한 색을 제외한 2가지
따라서 구하는 경우의 수는 $5 \times 4 \times 3 \times 2 = 120$

답 120

0983

A에 칠할 수 있는 색은 4가지 …… 20%
B에 칠할 수 있는 색은 A에 칠한 색을 제외한 3가지 …… 30%
C에 칠할 수 있는 색은 B에 칠한 색을 제외한 3가지 …… 30%
따라서 구하는 경우의 수는 $4 \times 3 \times 3 = 36$ …… 20%

답 36

실력 콕콕

본문 | 169~171쪽

0984 (1) 4 (2) 6 (3) 4 (4) 1 (5) 1			**0985** 2
0986 ④	**0987** ③	**0988** 10	**0989** 7
0990 20	**0991** ③	**0992** 8	**0993** ④
0994 210	**0995** ②	**0996** ③	**0997** ⑤
0998 ④	**0999** 321	**1000** ③	**1001** 48개
1002 ⑤	**1003** 11명	**1004** ②	**1005** ④
1006 420	**1007** ④		

0984

윷가락의 평평한 면을 ○, 볼록한 면을 ×라 하고 각 윷가락에서 나오는 면을 순서쌍으로 나타내면

(1) 도가 나오는 경우는 (○, ×, ×, ×), (×, ○, ×, ×),
(×, ×, ○, ×), (×, ×, ×, ○)의 4가지

(2) 개가 나오는 경우는 (○, ○, ×, ×), (○, ×, ○, ×),
(○, ×, ×, ○), (×, ○, ○, ×), (×, ○, ×, ○),
(×, ×, ○, ○)의 6가지

(3) 걸이 나오는 경우는 (○, ○, ○, ×), (○, ○, ×, ○),
(○, ×, ○, ○), (×, ○, ○, ○)의 4가지

(4) 윷이 나오는 경우는 (○, ○, ○, ○)의 1가지

(5) 모가 나오는 경우는 (×, ×, ×, ×)의 1가지

답 (1) 4 (2) 6 (3) 4 (4) 1 (5) 1

0985

점 (a, b)가 직선 $y=3x-2$ 위에 있으면 $b=3a-2$를 만족시킨다. 즉, $3a-b=2$를 만족시키는 순서쌍 (a, b)는 $(1, 1)$, $(2, 4)$의 2가지이다.

답 2

0986

지불할 수 있는 금액은 다음과 같으므로 구하는 금액의 종류는 6가지이다.

100원(개)	2	2	2	1	1	1
50원(개)	1	1	1	1	1	1
10원(개)	3	2	1	3	2	1
금액(원)	280	270	260	180	170	160

답 ④

0987

눈의 수의 차가 0인 경우는 (1, 1), (2, 2), (3, 3), (4, 4), (5, 5), (6, 6)의 6가지

눈의 수의 차가 1인 경우는 (1, 2), (2, 1), (2, 3), (3, 2),
(3, 4), (4, 3), (4, 5), (5, 4), (5, 6), (6, 5)의 10가지

눈의 수의 차가 2인 경우는 (1, 3), (2, 4), (3, 1), (3, 5),
(4, 2), (4, 6), (5, 3), (6, 4)의 8가지

따라서 구하는 경우의 수는 $6+10+8=24$

답 ③

0988

두 원판 A, B의 각 바늘이 가리키는 숫자를 순서쌍 (A, B)로 나타내면

숫자의 합이 5인 경우는 (1, 4), (2, 3), (3, 2), (4, 1)의 4가지

숫자의 합이 9인 경우는
(1, 8), (2, 7), (3, 6), (4, 5), (5, 4), (6, 3)의 6가지

따라서 구하는 경우의 수는 $4+6=10$

답 10

0989

한 걸음에 오르는 계단 수를 순서쌍으로 나타내면

(i) 한 계단씩 올라가는 경우 : (1, 1, 1, 1)의 1가지

(ii) 한 계단씩 2번, 두 계단씩 1번 올라가는 경우 :
(1, 1, 2), (1, 2, 1), (2, 1, 1)의 3가지

(iii) 한 계단씩 1번, 세 계단씩 1번 올라가는 경우 :
(1, 3), (3, 1)의 2가지

(iv) 두 계단씩 2번 올라가는 경우 : (2, 2)의 1가지

(i)~(iv)에 의하여 구하는 경우의 수는 $1+3+2+1=7$

답 7

0990

올라갈 때 등산로를 선택하는 경우의 수는 5이고, 그 각각에 대하여 내려오는 등산로를 선택하는 경우의 수는 4이므로 구하는 경우의 수는 $5×4=20$

답 20

0991

오지선다형 한 문제에서 답을 고르는 경우의 수는 5이므로 구하는 경우의 수는 $5×5=25$

답 ③

0992

$4×2=8$

답 8

0993

동전에서 서로 같은 면이 나오는 경우는 (앞면, 앞면), (뒷면, 뒷면)의 2가지

주사위에서 6의 약수의 눈이 나오는 경우는 1, 2, 3, 6의 4가지

따라서 구하는 경우의 수는 $2×4=8$

답 ④

0994

$7×6×5=210$

답 210

0995

A → B → C를 가장 짧은 거리로 가는 경우의 수는 $6×3=18$

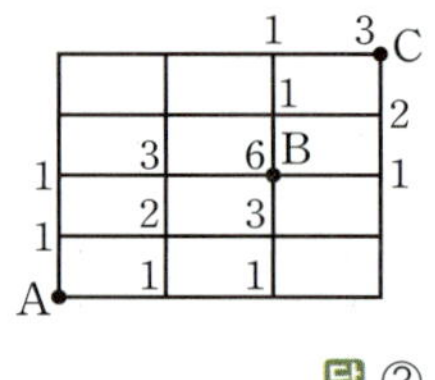

답 ②

0996

(i) 세 학생이 모두 같은 것을 내는 경우 : 3가지

(ii) 세 학생이 모두 다른 것을 내는 경우 : $3×2×1=6$(가지)

따라서 구하는 경우의 수는 $3+6=9$

답 ③

0997

어린이를 1명으로 생각하여 3명을 한 줄로 세우는 경우의 수는 $3×2×1=6$

어린이끼리 자리를 바꾸는 경우의 수는 $3×2×1=6$

따라서 구하는 경우의 수는 $6×6=36$

답 ⑤

0998

(i) A가 맨 앞에 서는 경우 ➡ A＿＿＿

　　A를 제외한 3명을 한 줄로 세우는 경우의 수는 $3 \times 2 \times 1 = 6$

(ii) A가 두 번째에 서는 경우 ➡ ＿A＿＿

　　맨 앞에 C, D 중 한 명을 세우고, 맨 앞에 선 사람과 A를 제외한 2명을 A 뒤에 한 줄로 세우는 경우의 수는 $2 \times (2 \times 1) = 4$

(iii) A가 세 번째에 서는 경우 ➡ ＿＿A＿

　　맨 뒤에 B가 서야 하므로 C, D를 A 앞에 한 줄로 세우는 경우의 수는 $2 \times 1 = 2$

따라서 구하는 경우의 수는 $6 + 4 + 2 = 12$　　　　답 ④

0999

(i) 4□□인 경우 : $3 \times 2 = 6$(개)

(ii) 34□인 경우 : 342, 341의 2개

따라서 9번째로 큰 수는 324, 10번째로 큰 수는 321이다.　　답 321

1000

짝수이려면 일의 자리의 숫자가 0 또는 2 또는 4이어야 한다.

(i) □□0인 경우 : $5 \times 4 = 20$(개)

(ii) □□2인 경우 : $4 \times 4 = 16$(개)

(iii) □□4인 경우 : $4 \times 4 = 16$(개)

따라서 구하는 짝수의 개수는 $20 + 16 + 16 = 52$(개)　　답 ③

1001

백의 자리에 올 수 있는 숫자는 0을 제외한 3가지

이때 4장의 카드를 중복하여 사용할 수 있으므로 십의 자리와 일의 자리에 올 수 있는 숫자는 각각 4가지

따라서 구하는 자연수의 개수는 $3 \times 4 \times 4 = 48$(개)　　답 48개

1002

$10 \times 9 \times 8 = 720$　　　　답 ⑤

1003

모임에 n명이 참석했다고 하면

$$\frac{n \times (n-1)}{2} = 55, \quad n(n-1) = 110$$

$11 \times 10 = 110$　　$\therefore n = 11$

따라서 모임에 참석한 사람은 모두 11명이다.　　답 11명

1004

여학생 중에서 대표 2명을 뽑는 경우의 수는 $\dfrac{4 \times 3}{2} = 6$

남학생 중에서 대표 1명을 뽑는 경우의 수는 3

따라서 구하는 경우의 수는 $6 \times 3 = 18$　　　　답 ②

1005

8개의 점 중에서 순서에 관계없이 3개의 점을 선택하는 경우의 수는

$$\frac{8 \times 7 \times 6}{3 \times 2 \times 1} = 56$$

이때 한 직선 위에 있는 세 점을 선택하는 경우에는 삼각형이 만들어지지 않는다.

따라서 지름 위에 있는 4개의 점 중에서 순서에 관계없이 3개의 점을 선택하는 경우의 수는 $\dfrac{4 \times 3 \times 2}{3 \times 2 \times 1} = 4$이므로 만들 수 있는 삼각형의 개수는 $56 - 4 = 52$(개)　　답 ④

1006

$A \to B \to C \to D \to E$의 순서로 색을 칠하면

B와 D에 다른 색을 칠하는 경우 : $5 \times 4 \times 3 \times 2 \times 2 = 240$(가지)

B와 D에 같은 색을 칠하는 경우 : $5 \times 4 \times 3 \times 1 \times 3 = 180$(가지)

따라서 구하는 경우의 수는 $240 + 180 = 420$　　답 420

1007

각 전구마다 켜지거나 꺼지는 2가지 경우가 있으므로 구하는 신호는 모두 $2 \times 2 \times 2 = 8$(가지)　　답 ④

서술형 콕콕

본문 | 172~173쪽

1008 13	**1009** 9	**1010** 72	**1011** 96
1012 9번째	**1013** 15번째	**1014** 16	**1015** 26
1016 180	**1017** 540		

1008

단계 1 소수가 나오는 경우는 2, 3, 5, 7, 11, 13, 17, 19의 8가지이므로 경우의 수는 8

단계 2 3의 배수가 나오는 경우는 3, 6, 9, 12, 15, 18의 6가지이므로 경우의 수는 6

단계 3 소수이면서 3의 배수가 나오는 경우는 3의 1가지이므로 경우의 수는 1

단계 4 $8 + 6 - 1 = 13$

답 13

1009

홀수가 나오는 경우는 1, 3, 5, 7, 9, 11, 13, 15의 8가지이므로 경우의 수는 8 ...... 30%

7의 배수가 나오는 경우는 7, 14의 2가지이므로 경우의 수는 2 ...... 30%

이때 홀수이면서 동시에 7의 배수인 수가 나오는 경우는 7의 1가지이므로 경우의 수는 1 ...... 30%

따라서 구하는 경우의 수는 $8+2-1=9$ 10%

답 9

1010

단계 1 $2 \times 1 = 2$

단계 2 $3 \times 2 \times 1 = 6$

단계 3 $3 \times 2 \times 1 = 6$

단계 4 $2 \times 6 \times 6 = 72$

답 72

1011

남학생 2명과 여학생 4명을 각각 1명으로 생각하여 2명을 한 줄로 세우는 경우의 수는 $2 \times 1 = 2$ 20%

남학생끼리 자리를 바꾸는 경우의 수는 $2 \times 1 = 2$ 30%

여학생끼리 자리를 바꾸는 경우의 수는 $4 \times 3 \times 2 \times 1 = 24$ 30%

따라서 구하는 경우의 수는 $2 \times 2 \times 24 = 96$ 20%

답 96

1012

단계 1 $3 \times 2 \times 1 = 6$

단계 2 $2 \times 1 = 2$

단계 3 $bcad$의 앞에 $6+2=8$(개)가 있으므로 $bcad$는 9번째에 나온다.

답 9번째

1013

(i) $a\square\square\square$인 경우 : $3 \times 2 \times 1 = 6$(가지) 30%

(ii) $b\square\square\square$인 경우 : $3 \times 2 \times 1 = 6$(가지) 30%

(iii) $ca\square\square$인 경우 : $2 \times 1 = 2$(가지) 30%

따라서 $cbad$의 앞에 $6+6+2=14$(개)가 있으므로 $cbad$는 15번째에 나온다. 10%

답 15번째

1014

단계 1 두 수의 합이 짝수이려면 (짝수)+(짝수) 또는 (홀수)+(홀수)인 경우이다.

단계 2 짝수가 적혀 있는 카드는 4장이고, 이 중에서 순서에 관계없이 2장을 뽑는 경우의 수와 같으므로 $\dfrac{4 \times 3}{2} = 6$

단계 3 홀수가 적혀 있는 카드는 5장이고, 이 중에서 순서에 관계없이 2장을 뽑는 경우의 수와 같으므로 $\dfrac{5 \times 4}{2} = 10$

단계 4 $6+10=16$

답 16

1015

두 수의 곱이 짝수이려면 (짝수)×(짝수) 또는 (홀수)×(짝수)인 경우이다. 10%

뽑은 두 카드에 적혀 있는 숫자가 모두 짝수인 경우의 수는 짝수가 적혀 있는 카드 4장 중에서 순서에 관계없이 2장을 뽑는 경우의 수와 같으므로 $\dfrac{4 \times 3}{2} = 6$ 40%

뽑은 두 카드에 적혀 있는 숫자가 각각 짝수, 홀수인 경우의 수는 짝수가 적혀 있는 카드 4장, 홀수가 적혀 있는 카드 5장 중에서 각각 1장씩 뽑는 경우의 수와 같으므로 $4 \times 5 = 20$ 40%

따라서 구하는 경우의 수는 $6+20=26$ 10%

답 26

1016

단계 1 A에 칠할 수 있는 색은 5가지
B에 칠할 수 있는 색은 A에 칠한 색을 제외한 4가지

단계 2 C에 칠할 수 있는 색은 A, B에 칠한 색을 제외한 3가지
D에 칠할 수 있는 색은 B, C에 칠한 색을 제외한 3가지

단계 3 $5 \times 4 \times 3 \times 3 = 180$

답 180

1017

$A \to B \to C \to D \to E$의 순서로 색을 칠하면
A에 칠할 수 있는 색은 5가지
B에 칠할 수 있는 색은 A에 칠한 색을 제외한 4가지 40%
C에 칠할 수 있는 색은 A, B에 칠한 색을 제외한 3가지
D에 칠할 수 있는 색은 A, C에 칠한 색을 제외한 3가지
E에 칠할 수 있는 색은 A, D에 칠한 색을 제외한 3가지 40%
따라서 칠할 수 있는 모든 경우의 수는
$5 \times 4 \times 3 \times 3 \times 3 = 540$ 20%

답 540

2 확률

개념 콕콕 본문 | 175, 177쪽

1018
(2) 4의 약수가 나오는 경우는 1, 2, 4의 3가지

답 (1) 10 (2) 3 (3) $\dfrac{3}{10}$

1019
(1) $2 \times 2 = 4$

(2) 서로 다른 면이 나오는 경우는 (앞, 뒤), (뒤, 앞)의 2가지

(3) $\dfrac{2}{4} = \dfrac{1}{2}$

답 (1) 4 (2) 2 (3) $\dfrac{1}{2}$

1020
모든 경우의 수는 $3 + 4 = 7$

여학생이 뽑히는 경우의 수는 4

따라서 구하는 확률은 $\dfrac{4}{7}$

답 $\dfrac{4}{7}$

1021

답 (1) $\dfrac{2}{5}$ (2) 1 (3) 0

1022

답 (1) 0 (2) 1

1023
(1) $1 - \dfrac{2}{5} = \dfrac{3}{5}$

(2) (B가 이길 확률)$=1-$(A가 이길 확률)

$$= 1 - \dfrac{3}{7} = \dfrac{4}{7}$$

답 (1) $\dfrac{3}{5}$ (2) $\dfrac{4}{7}$

1024
(1) 6의 배수인 경우는 6, 12의 2가지이므로 구하는 확률은 $\dfrac{2}{15}$

(2) (6의 배수가 아닐 확률)$=1-$(6의 배수일 확률)

$$= 1 - \dfrac{2}{15} = \dfrac{13}{15}$$

답 (1) $\dfrac{2}{15}$ (2) $\dfrac{13}{15}$

1025
(1) 모든 경우의 수는 $2 \times 2 = 4$

두 개 모두 뒷면이 나오는 경우는 (뒤, 뒤)의 1가지

따라서 구하는 확률은 $\dfrac{1}{4}$

(2) (적어도 한 개는 앞면이 나올 확률)$=1-$(모두 뒷면이 나올 확률)

$$= 1 - \dfrac{1}{4} = \dfrac{3}{4}$$

답 (1) $\dfrac{1}{4}$ (2) $\dfrac{3}{4}$

1026
(3) 두 사건이 동시에 일어나지 않으므로 구하는 확률은

$$\dfrac{5}{9} + \dfrac{1}{9} = \dfrac{6}{9} = \dfrac{2}{3}$$

답 (1) $\dfrac{5}{9}$ (2) $\dfrac{1}{9}$ (3) $\dfrac{2}{3}$

1027
모든 경우의 수는 20

카드에 적힌 수가 5의 배수인 경우는 5, 10, 15, 20의 4가지이므로

그 확률은 $\dfrac{4}{20}$

카드에 적힌 수가 6의 배수인 경우는 6, 12, 18의 3가지이므로

그 확률은 $\dfrac{3}{20}$

두 사건이 동시에 일어나지 않으므로 구하는 확률은

$$\dfrac{4}{20} + \dfrac{3}{20} = \dfrac{7}{20}$$

답 $\dfrac{7}{20}$

1028
(1) 3의 배수의 눈이 나오는 경우는 3, 6의 2가지이므로

구하는 확률은 $\dfrac{2}{6} = \dfrac{1}{3}$

(3) 두 사건은 서로 영향을 끼치지 않으므로

구하는 확률은 $\dfrac{1}{3} \times \dfrac{1}{2} = \dfrac{1}{6}$

답 (1) $\dfrac{1}{3}$ (2) $\dfrac{1}{2}$ (3) $\dfrac{1}{6}$

1029
$$\dfrac{3}{5} \times \dfrac{1}{3} = \dfrac{1}{5}$$

답 $\dfrac{1}{5}$

1030
(1) $\dfrac{6}{8} \times \dfrac{6}{8} = \dfrac{9}{16}$

(2) $\dfrac{6}{8} \times \dfrac{5}{7} = \dfrac{15}{28}$

답 (1) $\dfrac{9}{16}$ (2) $\dfrac{15}{28}$

1031

(1) $\dfrac{4}{9} \times \dfrac{5}{9} = \dfrac{20}{81}$

(2) $\dfrac{4}{9} \times \dfrac{5}{8} = \dfrac{5}{18}$

답 (1) $\dfrac{20}{81}$ (2) $\dfrac{5}{18}$

1032

(1) 6등분된 원판에서 2의 배수가 적힌 부분은 2, 4, 6의 3개이므로
구하는 확률은 $\dfrac{3}{6} = \dfrac{1}{2}$

(2) 6등분된 원판에서 소수가 적힌 부분은 2, 3, 5의 3개이므로
구하는 확률은 $\dfrac{3}{6} = \dfrac{1}{2}$

(3) 6등분된 원판에서 6의 약수가 적힌 부분은 1, 2, 3, 6의 4개이므로
구하는 확률은 $\dfrac{4}{6} = \dfrac{2}{3}$

답 (1) $\dfrac{1}{2}$ (2) $\dfrac{1}{2}$ (3) $\dfrac{2}{3}$

유형 콕콕

본문 | 178~184쪽

1033 ⑤	**1034** ②	**1035** $\dfrac{2}{5}$	**1036** ③
1037 $\dfrac{1}{25}$	**1038** ②	**1039** $\dfrac{5}{12}$	**1040** 5개
1041 ③	**1042** ⑤	**1043** ④	**1044** ②
1045 $\dfrac{3}{4}$	**1046** $\dfrac{2}{3}$	**1047** ④	**1048** ⑤
1049 ①	**1050** $\dfrac{3}{4}$	**1051** $\dfrac{7}{10}$	**1052** ②
1053 $\dfrac{3}{10}$	**1054** $\dfrac{7}{25}$	**1055** $\dfrac{9}{16}$	**1056** $\dfrac{5}{14}$
1057 $\dfrac{16}{25}$	**1058** $\dfrac{1}{4}$	**1059** $\dfrac{2}{5}$	**1060** $\dfrac{10}{21}$
1061 $\dfrac{11}{20}$	**1062** $\dfrac{5}{12}$	**1063** $\dfrac{9}{20}$	**1064** ①
1065 $\dfrac{2}{9}$	**1066** $\dfrac{1}{5}$	**1067** $\dfrac{5}{9}$	**1068** $\dfrac{7}{30}$
1069 ②	**1070** $\dfrac{13}{35}$	**1071** $\dfrac{7}{15}$	**1072** $\dfrac{3}{5}$
1073 ②	**1074** $\dfrac{23}{35}$	**1075** $\dfrac{15}{16}$	**1076** $\dfrac{3}{5}$
1077 $\dfrac{3}{4}$	**1078** $\dfrac{2}{3}$	**1079** $\dfrac{1}{3}$	**1080** ⑤
1081 $\dfrac{1}{10}$	**1082** ②	**1083** $\dfrac{5}{7}$	**1084** $\dfrac{1}{3}$
1085 ③	**1086** $\dfrac{1}{6}$		

1033

모든 경우의 수는 $6 \times 6 = 36$

눈의 수의 합이 7인 경우는

$(1, 6), (2, 5), (3, 4), (4, 3), (5, 2), (6, 1)$의 6가지

따라서 구하는 확률은 $\dfrac{6}{36} = \dfrac{1}{6}$

답 ⑤

1034

모든 경우의 수는 $2 \times 2 \times 2 = 8$

모두 같은 면이 나오는 경우는 (앞, 앞, 앞), (뒤, 뒤, 뒤)의 2가지

따라서 구하는 확률은 $\dfrac{2}{8} = \dfrac{1}{4}$

답 ②

1035

모든 경우의 수는 $5 \times 4 = 20$

41 이상인 경우는 41, 42, 43, 45, 51, 52, 53, 54의 8가지

따라서 구하는 확률은 $\dfrac{8}{20} = \dfrac{2}{5}$

답 $\dfrac{2}{5}$

1036

모든 경우의 수는 $5 \times 4 \times 3 \times 2 \times 1 = 120$

C와 D가 이웃하여 서는 경우의 수는 $(4 \times 3 \times 2 \times 1) \times 2 = 48$

따라서 구하는 확률은 $\dfrac{48}{120} = \dfrac{2}{5}$

답 ③

1037

전체 학생 수가 350명이고 통학 시간이 25분 이상인 학생 수는 14명이다.

따라서 임의로 한 명을 선택할 때, 그 학생의 통학 시간이 25분 이상일 확률은 $\dfrac{14}{350} = \dfrac{1}{25}$

답 $\dfrac{1}{25}$

1038

모든 경우의 수는 $\dfrac{7 \times 6}{2} = 21$

2명 모두 남학생이 뽑히는 경우의 수는 $\dfrac{3 \times 2}{2} = 3$

따라서 구하는 확률은 $\dfrac{3}{21} = \dfrac{1}{7}$

답 ②

1039

모든 경우의 수는 $6 \times 6 = 36$ 30%

$x + 2y < 10$을 만족시키는 x, y의 순서쌍 (x, y)는

$(1, 1), (1, 2), (1, 3), (1, 4), (2, 1), (2, 2), (2, 3), (3, 1),$
$(3, 2), (3, 3), (4, 1), (4, 2), (5, 1), (5, 2), (6, 1)$의 15가지

...... 50%

따라서 구하는 확률은 $\dfrac{15}{36} = \dfrac{5}{12}$ 20%

답 $\dfrac{5}{12}$

1040

전체 구슬의 개수는 $3+4+x=7+x$(개)

흰 구슬이 나올 확률이 $\dfrac{1}{4}$이므로 $\dfrac{3}{7+x}=\dfrac{1}{4}$ $\therefore x=5$

따라서 검은 구슬의 개수는 5개이다.　　　　　　　　答 5개

1041

③ 어떤 사건이 일어날 확률을 p라고 하면 그 사건이 일어나지 않을 확률은 $1-p$이다.　　　　　　　　　　　　答 ③

1042

① $\dfrac{1}{2}$　② 0　③ $\dfrac{3}{5}$

④ 모든 경우의 수는 $2\times2=4$

　뒷면이 한 개 나오는 경우는 (앞, 뒤), (뒤, 앞)의 2가지이므로

　그 확률은 $\dfrac{2}{4}=\dfrac{1}{2}$

⑤ 두 개의 주사위의 눈의 수의 곱은 1 이상 36 이하이므로 눈의 수의 곱이 36 이하일 확률은 1이다.

따라서 확률이 1인 것은 ⑤이다.　　　　　　　　答 ⑤

1043

③ $q=1-p$

④, ⑤ (사건 A가 일어날 확률)+(사건 A가 일어나지 않을 확률)=1 이므로 $p+q=1$　　　　　　　　答 ④

1044

모든 경우의 수는 $6\times6=36$

눈의 수가 서로 같은 경우는 $(1, 1)$, $(2, 2)$, $(3, 3)$, $(4, 4)$, $(5, 5)$, $(6, 6)$의 6가지이므로 그 확률은 $\dfrac{6}{36}=\dfrac{1}{6}$

$\therefore$ (눈의 수가 서로 다를 확률)=1-(눈의 수가 서로 같을 확률)

$$=1-\dfrac{1}{6}=\dfrac{5}{6}$$　　　答 ②

1045

모든 경우의 수는 20

4의 배수인 경우는 4, 8, 12, 16, 20의 5가지이므로 그 확률은 $\dfrac{5}{20}=\dfrac{1}{4}$

$\therefore$ (4의 배수가 아닐 확률)=1-(4의 배수일 확률)

$$=1-\dfrac{1}{4}=\dfrac{3}{4}$$　　　答 $\dfrac{3}{4}$

1046

모든 경우의 수는 $\dfrac{6\times5}{2}=15$　　　　　　……30%

A가 뽑히는 경우의 수는 A를 제외한 5명 중에서 1명을 뽑는 경우의 수와 같으므로 5　　　　　　　　　　……20%

따라서 A가 뽑힐 확률은 $\dfrac{5}{15}=\dfrac{1}{3}$이므로　　　……20%

(A가 뽑히지 않을 확률)=1-(A가 뽑힐 확률)

$$=1-\dfrac{1}{3}=\dfrac{2}{3}$$　　　……30%

答 $\dfrac{2}{3}$

1047

모든 경우의 수는 $5\times4\times3\times2\times1=120$

A가 맨 앞에 서는 경우의 수는 $4\times3\times2\times1=24$이므로 그 확률은 $\dfrac{24}{120}=\dfrac{1}{5}$

$\therefore$ (A가 맨 앞에 서지 않을 확률)=1-(A가 맨 앞에 설 확률)

$$=1-\dfrac{1}{5}=\dfrac{4}{5}$$　　　答 ④

1048

모든 경우의 수는 $\dfrac{7\times6}{2}=21$

남학생 4명 중에서 대표 2명을 뽑는 경우의 수는 $\dfrac{4\times3}{2}=6$이므로

그 확률은 $\dfrac{6}{21}=\dfrac{2}{7}$

$\therefore$ (적어도 한 명은 여학생이 뽑힐 확률)

　=1-(모두 남학생이 뽑힐 확률)

$$=1-\dfrac{2}{7}=\dfrac{5}{7}$$　　　答 ⑤

1049

모든 경우의 수는 $2\times2\times2=8$

모두 뒷면이 나오는 경우는 (뒤, 뒤, 뒤)의 1가지이므로

그 확률은 $\dfrac{1}{8}$

$\therefore$ (적어도 하나는 앞면이 나올 확률)=1-(모두 뒷면이 나올 확률)

$$=1-\dfrac{1}{8}=\dfrac{7}{8}$$　　　答 ①

1050

모든 경우의 수는 $6\times6=36$　　　　　　……20%

모두 짝수의 눈이 나오는 경우의 수는 $3\times3=9$이므로

그 확률은 $\dfrac{9}{36}=\dfrac{1}{4}$　　　　　　……50%

$\therefore$ (적어도 한 번은 홀수의 눈이 나올 확률)

　=1-(모두 짝수의 눈이 나올 확률)

$$=1-\dfrac{1}{4}=\dfrac{3}{4}$$　　　……30%

答 $\dfrac{3}{4}$

1051

모든 경우의 수는 $\dfrac{5\times4}{2}=10$

모두 빨간 구슬이 나오는 경우의 수는 $\dfrac{3\times2}{2}=3$이므로

그 확률은 $\dfrac{3}{10}$

$\therefore$ (적어도 한 개는 파란 구슬이 나올 확률)

$\quad$ =1-(모두 빨간 구슬이 나올 확률)

$\quad$ =$1-\dfrac{3}{10}=\dfrac{7}{10}$

답 $\dfrac{7}{10}$

1052

모든 경우의 수는 $6\times6=36$

눈의 수의 합이 3인 경우는 $(1,\ 2),\ (2,\ 1)$의 2가지이므로

그 확률은 $\dfrac{2}{36}$

눈의 수의 합이 8인 경우는 $(2,\ 6),\ (3,\ 5),\ (4,\ 4),\ (5,\ 3),\ (6,\ 2)$

의 5가지이므로 그 확률은 $\dfrac{5}{36}$

따라서 구하는 확률은 $\dfrac{2}{36}+\dfrac{5}{36}=\dfrac{7}{36}$

답 ②

1053

연주할 수 있는 악기가 바이올린일 확률은 $\dfrac{6}{30}$

연주할 수 있는 악기가 첼로일 확률은 $\dfrac{3}{30}$

따라서 구하는 확률은 $\dfrac{6}{30}+\dfrac{3}{30}=\dfrac{3}{10}$

답 $\dfrac{3}{10}$

1054

6의 배수인 경우는 6, 12, 18, 24의 4가지이므로 그 확률은 $\dfrac{4}{25}$

7의 배수인 경우는 7, 14, 21의 3가지이므로 그 확률은 $\dfrac{3}{25}$

따라서 구하는 확률은 $\dfrac{4}{25}+\dfrac{3}{25}=\dfrac{7}{25}$

답 $\dfrac{7}{25}$

1055

모든 경우의 수는 $4\times4=16$

20 이하인 경우는 10, 12, 13, 14, 20의 5가지이므로

그 확률은 $\dfrac{5}{16}$

40 이상인 경우는 40, 41, 42, 43의 4가지이므로

그 확률은 $\dfrac{4}{16}$

따라서 구하는 확률은 $\dfrac{5}{16}+\dfrac{4}{16}=\dfrac{9}{16}$

답 $\dfrac{9}{16}$

1056

A 주머니에서 흰 공을 꺼낼 확률은 $\dfrac{4}{7}$

B 주머니에서 검은 공을 꺼낼 확률은 $\dfrac{5}{8}$

따라서 구하는 확률은 $\dfrac{4}{7}\times\dfrac{5}{8}=\dfrac{5}{14}$

답 $\dfrac{5}{14}$

1057

$\dfrac{80}{100}=\dfrac{4}{5}$이므로 $\dfrac{4}{5}\times\dfrac{4}{5}=\dfrac{16}{25}$

답 $\dfrac{16}{25}$

1058

A 주사위에서 나오는 눈의 수가 홀수인 경우는 1, 3, 5의 3가지

이므로 그 확률은 $\dfrac{3}{6}=\dfrac{1}{2}$

B 주사위에서 나오는 눈의 수가 4의 약수인 경우는 1, 2, 4의 3가지

이므로 그 확률은 $\dfrac{3}{6}=\dfrac{1}{2}$

따라서 구하는 확률은 $\dfrac{1}{2}\times\dfrac{1}{2}=\dfrac{1}{4}$

답 $\dfrac{1}{4}$

1059

전구에 불이 들어오지 않으려면 두 스위치 A, B 모두 닫혀 있지

않아야 하므로 구하는 확률은

$\left(1-\dfrac{1}{2}\right)\times\left(1-\dfrac{1}{5}\right)=\dfrac{1}{2}\times\dfrac{4}{5}=\dfrac{2}{5}$

답 $\dfrac{2}{5}$

1060

두 주머니에서 모두 빨간 공을 꺼낼 확률은 $\dfrac{4}{6}\times\dfrac{3}{7}=\dfrac{2}{7}$

두 주머니에서 모두 파란 공을 꺼낼 확률은 $\dfrac{2}{6}\times\dfrac{4}{7}=\dfrac{4}{21}$

따라서 구하는 확률은 $\dfrac{2}{7}+\dfrac{4}{21}=\dfrac{10}{21}$

답 $\dfrac{10}{21}$

1061

A 주머니를 선택하고 흰 바둑돌을 꺼낼 확률은 $\dfrac{1}{2}\times\dfrac{3}{5}=\dfrac{3}{10}$

B 주머니를 선택하고 흰 바둑돌을 꺼낼 확률은 $\dfrac{1}{2}\times\dfrac{2}{4}=\dfrac{1}{4}$

따라서 구하는 확률은 $\dfrac{3}{10}+\dfrac{1}{4}=\dfrac{11}{20}$

답 $\dfrac{11}{20}$

1062

동전은 앞면이 나오고 주사위는 소수의 눈이 나올 확률은

$\dfrac{1}{2}\times\dfrac{3}{6}=\dfrac{1}{4}$ $\quad$ ……40%

동전은 뒷면이 나오고 주사위는 3의 배수의 눈이 나올 확률은

$\dfrac{1}{2}\times\dfrac{2}{6}=\dfrac{1}{6}$ $\quad$ ……40%

따라서 구하는 확률은 $\dfrac{1}{4}+\dfrac{1}{6}=\dfrac{5}{12}$ $\quad$ ……20%

답 $\dfrac{5}{12}$

1063

$a+b$가 짝수이려면 $a,\ b$가 모두 짝수이거나 모두 홀수이어야 한다.

$a,\ b$가 모두 짝수일 확률은 $\dfrac{3}{5}\times\dfrac{1}{4}=\dfrac{3}{20}$

$a,\ b$가 모두 홀수일 확률은 $\left(1-\dfrac{3}{5}\right)\times\left(1-\dfrac{1}{4}\right)=\dfrac{2}{5}\times\dfrac{3}{4}=\dfrac{3}{10}$

따라서 구하는 확률은 $\dfrac{3}{20}+\dfrac{3}{10}=\dfrac{9}{20}$

답 $\dfrac{9}{20}$

1064

첫 번째에 검은 바둑돌이 나올 확률은 $\dfrac{4}{10}=\dfrac{2}{5}$

두 번째에 검은 바둑돌이 나올 확률은 $\dfrac{4}{10}=\dfrac{2}{5}$

따라서 구하는 확률은 $\dfrac{2}{5}\times\dfrac{2}{5}=\dfrac{4}{25}$ 답 ①

1065

정우가 당첨되지 않을 확률은 $\dfrac{10}{15}=\dfrac{2}{3}$

수찬이가 당첨될 확률은 $\dfrac{5}{15}=\dfrac{1}{3}$

따라서 구하는 확률은 $\dfrac{2}{3}\times\dfrac{1}{3}=\dfrac{2}{9}$ 답 $\dfrac{2}{9}$

1066

6의 약수가 나오는 경우는 1, 2, 3, 6의 4가지이므로 그 확률은

$\dfrac{4}{10}=\dfrac{2}{5}$ …… 40%

홀수가 나오는 경우는 1, 3, 5, 7, 9의 5가지이므로 그 확률은

$\dfrac{5}{10}=\dfrac{1}{2}$ …… 40%

따라서 구하는 확률은 $\dfrac{2}{5}\times\dfrac{1}{2}=\dfrac{1}{5}$ …… 20%

답 $\dfrac{1}{5}$

1067

(적어도 한 개는 빨간 구슬일 확률)=1−(모두 파란 구슬일 확률)

$=1-\dfrac{6}{9}\times\dfrac{6}{9}=\dfrac{5}{9}$ 답 $\dfrac{5}{9}$

1068

유진이가 당첨 제비를 뽑을 확률은 $\dfrac{3}{10}$

수현이가 당첨 제비를 뽑지 못할 확률은 $\dfrac{7}{9}$

따라서 구하는 확률은 $\dfrac{3}{10}\times\dfrac{7}{9}=\dfrac{7}{30}$ 답 $\dfrac{7}{30}$

1069

첫 번째에 꺼낸 구슬이 빨간 구슬일 확률은 $\dfrac{2}{5}$

두 번째에 꺼낸 구슬이 노란 구슬일 확률은 $\dfrac{3}{4}$

따라서 구하는 확률은 $\dfrac{2}{5}\times\dfrac{3}{4}=\dfrac{3}{10}$ 답 ②

1070

(적어도 한 개는 불량품일 확률)=1−(모두 불량품이 아닐 확률)

$=1-\dfrac{12}{15}\times\dfrac{11}{14}=\dfrac{13}{35}$ 답 $\dfrac{13}{35}$

1071

두 개 모두 흰 공일 확률은 $\dfrac{6}{10}\times\dfrac{5}{9}=\dfrac{1}{3}$

두 개 모두 검은 공일 확률은 $\dfrac{4}{10}\times\dfrac{3}{9}=\dfrac{2}{15}$

따라서 구하는 확률은 $\dfrac{1}{3}+\dfrac{2}{15}=\dfrac{7}{15}$ 답 $\dfrac{7}{15}$

1072

A 문제만 맞힐 확률은 $\dfrac{4}{5}\times\left(1-\dfrac{1}{3}\right)=\dfrac{8}{15}$

B 문제만 맞힐 확률은 $\left(1-\dfrac{4}{5}\right)\times\dfrac{1}{3}=\dfrac{1}{15}$

따라서 구하는 확률은 $\dfrac{8}{15}+\dfrac{1}{15}=\dfrac{3}{5}$ 답 $\dfrac{3}{5}$

1073

$\dfrac{2}{5}\times\left(1-\dfrac{2}{3}\right)=\dfrac{2}{15}$ 답 ②

1074

(적어도 한 사람은 합격할 확률)

=1−(모두 불합격할 확률)   …… 40%

$=1-\left(1-\dfrac{2}{5}\right)\times\left(1-\dfrac{3}{7}\right)$ …… 40%

$=1-\dfrac{3}{5}\times\dfrac{4}{7}$

$=1-\dfrac{12}{35}=\dfrac{23}{35}$ …… 20%

답 $\dfrac{23}{35}$

1075

(적어도 한 문제는 맞힐 확률)=1−(모두 틀릴 확률)

$=1-\dfrac{1}{2}\times\dfrac{1}{2}\times\dfrac{1}{2}\times\dfrac{1}{2}$

$=1-\dfrac{1}{16}=\dfrac{15}{16}$ 답 $\dfrac{15}{16}$

다른 풀이

모든 경우의 수는 $2\times2\times2\times2=16$

4문제를 모두 틀리는 경우는 1가지이므로 그 확률은 $\dfrac{1}{16}$

따라서 구하는 확률은 $1-\dfrac{1}{16}=\dfrac{15}{16}$

1076

(두 사람이 만나지 못할 확률)=1−(두 사람이 만날 확률)

$=1-\dfrac{3}{5}\times\dfrac{2}{3}=1-\dfrac{2}{5}=\dfrac{3}{5}$ 답 $\dfrac{3}{5}$

1077

$\left(1-\dfrac{1}{8}\right)\times\left(1-\dfrac{1}{7}\right)=\dfrac{7}{8}\times\dfrac{6}{7}=\dfrac{3}{4}$ 답 $\dfrac{3}{4}$

1078

모든 경우의 수는 $3 \times 3 = 9$

비기는 경우는 3가지이므로 두 사람이 비길 확률은 $\dfrac{3}{9} = \dfrac{1}{3}$

$\therefore$ (승부가 결정될 확률)$=1-$(비길 확률)$=1-\dfrac{1}{3}=\dfrac{2}{3}$ 　답 $\dfrac{2}{3}$

1079

모든 경우의 수는 $3 \times 3 \times 3 = 27$

모두 같은 것을 내는 경우는 3가지이므로 그 확률은 $\dfrac{3}{27} = \dfrac{1}{9}$

모두 다른 것을 내는 경우는 $3 \times 2 \times 1 = 6$(가지)이므로

그 확률은 $\dfrac{6}{27} = \dfrac{2}{9}$

따라서 구하는 확률은 $\dfrac{1}{9} + \dfrac{2}{9} = \dfrac{1}{3}$ 　답 $\dfrac{1}{3}$

1080

(적어도 한 사람은 명중시킬 확률)

$=1-$(모두 명중시키지 못할 확률)

$=1-\left(1-\dfrac{2}{3}\right)\times\left(1-\dfrac{4}{5}\right)$

$=1-\dfrac{1}{3}\times\dfrac{1}{5}$

$=1-\dfrac{1}{15}=\dfrac{14}{15}$ 　답 ⑤

1081

$\left(1-\dfrac{3}{4}\right)\times\left(1-\dfrac{3}{5}\right)=\dfrac{1}{4}\times\dfrac{2}{5}=\dfrac{1}{10}$ 　답 $\dfrac{1}{10}$

1082

첫 번째에는 명중시키고, 두 번째에는 명중시키지 못할 확률은

$\dfrac{2}{5}\times\left(1-\dfrac{2}{5}\right)=\dfrac{6}{25}$

첫 번째에는 명중시키지 못하고, 두 번째에는 명중시킬 확률은

$\left(1-\dfrac{2}{5}\right)\times\dfrac{2}{5}=\dfrac{6}{25}$

따라서 구하는 확률은 $\dfrac{6}{25}+\dfrac{6}{25}=\dfrac{12}{25}$ 　답 ②

1083

(새가 총에 맞을 확률)

$=$(적어도 한 사람이 명중시킬 확률)

$=1-$(모두 명중시키지 못할 확률) ⋯⋯ 40%

$=1-\left(1-\dfrac{1}{3}\right)\times\left(1-\dfrac{1}{4}\right)\times\left(1-\dfrac{3}{7}\right)$ ⋯⋯ 40%

$=1-\dfrac{2}{3}\times\dfrac{3}{4}\times\dfrac{4}{7}=1-\dfrac{2}{7}=\dfrac{5}{7}$ ⋯⋯ 20%

　답 $\dfrac{5}{7}$

1084

도형의 전체 넓이는 $\pi \times 6^2 = 36\pi\,(\text{cm}^2)$

색칠한 부분의 넓이는 $\pi \times 4^2 - \pi \times 2^2 = 16\pi - 4\pi = 12\pi\,(\text{cm}^2)$

따라서 구하는 확률은 $\dfrac{12\pi}{36\pi} = \dfrac{1}{3}$ 　답 $\dfrac{1}{3}$

1085

16개의 정사각형 중에서 색칠한 부분은 6개이므로 화살을 한 번 쏠

때, 색칠한 부분을 맞힐 확률은 $\dfrac{6}{16} = \dfrac{3}{8}$

따라서 구하는 확률은 $\dfrac{3}{8} \times \dfrac{3}{8} = \dfrac{9}{64}$ 　답 ③

1086

원판 A에서 3의 배수가 적힌 부분은 3, 6의 2개이므로 바늘이 3의

배수가 적힌 부분을 가리킬 확률은 $\dfrac{2}{6} = \dfrac{1}{3}$

원판 B에서 8의 약수가 적힌 부분은 1, 2, 4, 8의 4개이므로 바늘이

8의 약수가 적힌 부분을 가리킬 확률은 $\dfrac{4}{8} = \dfrac{1}{2}$

따라서 구하는 확률은 $\dfrac{1}{3} \times \dfrac{1}{2} = \dfrac{1}{6}$ 　답 $\dfrac{1}{6}$

실력 콕콕 　본문 | 185 ~ 187쪽

1087 ③	**1088** $\dfrac{5}{8}$	**1089** $\dfrac{5}{36}$	**1090** ②
1091 ⑤	**1092** $\dfrac{5}{6}$	**1093** $\dfrac{1}{15}$	**1094** $\dfrac{5}{8}$
1095 $\dfrac{2}{5}$	**1096** $\dfrac{1}{9}$	**1097** ④	**1098** $\dfrac{1}{16}$
1199 $\dfrac{1}{25}$	**1100** $\dfrac{3}{52}$	**1101** 6개	**1102** $\dfrac{7}{10}$
1103 ⑤	**1104** $\dfrac{5}{16}$	**1105** $\dfrac{3}{5}$	**1106** $\dfrac{5}{9}$
1107 $\dfrac{1}{3}$	**1108** $\dfrac{14}{15}$	**1109** $\dfrac{5}{16}$	
1110 A : 48피스톨, B : 16피스톨			

1087

모든 경우의 수는 $6 \times 6 = 36$

눈의 수의 차가 2인 경우는 $(1, 3)$, $(2, 4)$, $(3, 1)$, $(3, 5)$,

$(4, 2)$, $(4, 6)$, $(5, 3)$, $(6, 4)$의 8가지

따라서 구하는 확률은 $\dfrac{8}{36} = \dfrac{2}{9}$ 　답 ③

1088

모든 경우의 수는 $4 \times 4 = 16$

짝수인 경우는 일의 자리의 숫자가 0 또는 2 또는 4인 경우이다.

(i) $\square$0인 경우 : 10, 20, 30, 40의 4가지

(ii) $\square$2인 경우 : 12, 32, 42의 3가지

(iii) $\square$4인 경우 : 14, 24, 34의 3가지

(i)~(iii)에 의하여 짝수인 경우는 $4+3+3=10$(가지)이므로

구하는 확률은 $\dfrac{10}{16}=\dfrac{5}{8}$　　　　　답 $\dfrac{5}{8}$

1089

모든 경우의 수는 $6 \times 6 = 36$

두 직선이 평행하려면 기울기가 같고, y절편이 달라야 한다.

즉, $a=2$이고 $b \neq 5$인 경우를 만족시키는 순서쌍 (a, b)는 $(2, 1)$, $(2, 2)$, $(2, 3)$, $(2, 4)$, $(2, 6)$의 5가지

따라서 구하는 확률은 $\dfrac{5}{36}$　　　　　답 $\dfrac{5}{36}$

1090

모든 경우의 수는 $2 \times 2 \times 2 = 8$

동전을 세 번 던질 때, 점 P의 위치가 1인 경우는 앞면이 2번, 뒷면이 1번 나오는 경우이므로 (앞, 앞, 뒤), (앞, 뒤, 앞), (뒤, 앞, 앞)의 3가지

따라서 구하는 확률은 $\dfrac{3}{8}$　　　　　답 ②

1091

ㄱ. 어떤 사건이 일어날 확률을 p라고 하면 $0 \leq p \leq 1$이다.　　　　　답 ⑤

1092

모든 경우의 수는 $6 \times 5 = 30$

두 카드의 숫자가 서로 같은 경우는 $(1, 1)$, $(2, 2)$, $(3, 3)$, $(4, 4)$, $(5, 5)$의 5가지이므로 그 확률은 $\dfrac{5}{30}=\dfrac{1}{6}$

$\therefore$ (숫자가 서로 다를 확률)$=1-$(숫자가 서로 같을 확률)

$$=1-\dfrac{1}{6}=\dfrac{5}{6}$$

답 $\dfrac{5}{6}$

1093

모든 경우의 수는 $6 \times 5 \times 4 \times 3 \times 2 \times 1 = 720$

A가 맨 뒤에 서고 B, C가 이웃하여 서는 경우의 수는

$(4 \times 3 \times 2 \times 1) \times 2 = 48$

따라서 구하는 확률은 $\dfrac{48}{720}=\dfrac{1}{15}$　　　　　답 $\dfrac{1}{15}$

1094

모든 경우의 수는 $4 \times 3 \times 2 \times 1 = 24$

모든 문자가 원래의 위치와 다른 위치에 있는 경우를 나뭇가지 모양의 그림으로 나타내면 다음과 같다.

$$A < \begin{matrix} T-H-M \\ H-M-T \\ M-H-T \end{matrix} \qquad T < \begin{matrix} M-H-A \\ H-M-A \\ H-A-M \end{matrix} \qquad H < \begin{matrix} M-A-T \\ T-M-A \\ T-A-M \end{matrix}$$

모든 문자가 원래와 다른 위치에 있는 경우는 9가지이므로

그 확률은 $\dfrac{9}{24}=\dfrac{3}{8}$

따라서 구하는 확률은

$1-$(모든 문자가 원래와 다른 위치에 있을 확률)

$$=1-\dfrac{3}{8}=\dfrac{5}{8}$$

답 $\dfrac{5}{8}$

1095

기약분수가 순환소수가 되려면 분모의 소인수 중에 2 또는 5 이외의 소인수가 있어야 한다.

따라서 x는 2, 4, 6, 8, 10, 12, 14, 16, 18, 20의 10가지이고, 순환소수가 되는 경우의 x는 6, 12, 14, 18의 4가지이므로

구하는 확률은 $\dfrac{4}{10}=\dfrac{2}{5}$　　　　　답 $\dfrac{2}{5}$

1096

모든 경우의 수는 $6 \times 6 = 36$

오른쪽 그림에서 색칠한 부분의 넓이는

$4a \times 2b = 8ab$이므로

$8ab = 48$　　$\therefore ab = 6$

$ab = 6$을 만족시키는 a, b의 순서쌍 (a, b)는 $(1, 6)$, $(2, 3)$, $(3, 2)$, $(6, 1)$의 4가지이므로

구하는 확률은 $\dfrac{4}{36}=\dfrac{1}{9}$　　　　　답 $\dfrac{1}{9}$

1097

비가 오는 경우를 ○, 비가 오지 않는 경우를 ×라고 하면 화요일에 비가 왔을 때, 같은 주 목요일에 비가 오는 경우는 다음과 같다.

화	수	목	확률
○	○	○	$\dfrac{1}{4} \times \dfrac{1}{4} = \dfrac{1}{16}$
○	×	○	$\left(1-\dfrac{1}{4}\right) \times \dfrac{1}{5} = \dfrac{3}{20}$

따라서 구하는 확률은 $\dfrac{1}{16}+\dfrac{3}{20}=\dfrac{17}{80}$　　　　　답 ④

1098

오른쪽 대진표에서 A와 B가 결승전에서 만나려면 A는 ①의 자리까지, B는 ②의 자리까지 동시에 승리해서 올라가야 한다.

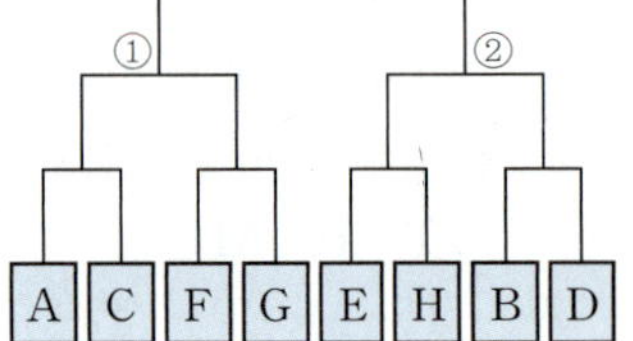

각 팀이 이길 확률은

모두 $\dfrac{1}{2}$이므로

A가 ①의 자리에 올라갈 확률은 $\dfrac{1}{2} \times \dfrac{1}{2} = \dfrac{1}{4}$

B가 ②의 자리에 올라갈 확률은 $\dfrac{1}{2} \times \dfrac{1}{2} = \dfrac{1}{4}$

따라서 구하는 확률은 $\dfrac{1}{4} \times \dfrac{1}{4} = \dfrac{1}{16}$ 　　답 $\dfrac{1}{16}$

1099

A가 당첨될 확률은 $\dfrac{2}{10} = \dfrac{1}{5}$

B가 당첨될 확률은 $\dfrac{2}{10} = \dfrac{1}{5}$

따라서 구하는 확률은 $\dfrac{1}{5} \times \dfrac{1}{5} = \dfrac{1}{25}$ 　　답 $\dfrac{1}{25}$

1100

첫 번째에 불량품을 꺼낼 확률은 $\dfrac{10}{40} = \dfrac{1}{4}$

두 번째에 불량품을 꺼낼 확률은 $\dfrac{9}{39} = \dfrac{3}{13}$

따라서 구하는 확률은 $\dfrac{1}{4} \times \dfrac{3}{13} = \dfrac{3}{52}$ 　　답 $\dfrac{3}{52}$

1101

노란 구슬의 개수를 x개라고 하면

(적어도 한 번은 초록 구슬이 나올 확률)

$=1-$(모두 노란 구슬이 나올 확률)이므로

$\dfrac{7}{16} = 1 - \dfrac{x}{8} \times \dfrac{x}{8}, \ \dfrac{x^2}{64} = \dfrac{9}{16}, \ x^2 = 36$ ∴ $x = 6$

따라서 노란 구슬의 개수는 6개이다. 　　답 6개

1102

ab가 짝수이려면 a, b 중 적어도 하나가 짝수이어야 한다.

a, b가 모두 홀수일 확률은

$\dfrac{3}{5} \times \dfrac{2}{4} = \dfrac{3}{10}$

따라서 구하는 확률은 $1 - \dfrac{3}{10} = \dfrac{7}{10}$ 　　답 $\dfrac{7}{10}$

보충 설명

두 자연수 a, b에 대하여

a	b	ab	a	b	ab
짝	짝	짝	홀	짝	짝
짝	홀	짝	홀	홀	홀

1103

첫 번째에 빨간 공, 두 번째에 노란 공을 꺼낼 확률은

$\dfrac{4}{6} \times \dfrac{2}{5} = \dfrac{4}{15}$

첫 번째에 노란 공, 두 번째에 빨간 공을 꺼낼 확률은

$\dfrac{2}{6} \times \dfrac{4}{5} = \dfrac{4}{15}$

따라서 구하는 확률은 $\dfrac{4}{15} + \dfrac{4}{15} = \dfrac{8}{15}$ 　　답 ⑤

1104

B팀이 우승하는 경우를 표로 나타내면 다음과 같다.

4회	5회	6회	7회	확률
B 승	B 승	B 승		$\dfrac{1}{2} \times \dfrac{1}{2} \times \dfrac{1}{2} = \dfrac{1}{8}$
B 승	B 승	A 승	B 승	$\dfrac{1}{2} \times \dfrac{1}{2} \times \dfrac{1}{2} \times \dfrac{1}{2} = \dfrac{1}{16}$
B 승	A 승	B 승	B 승	$\dfrac{1}{2} \times \dfrac{1}{2} \times \dfrac{1}{2} \times \dfrac{1}{2} = \dfrac{1}{16}$
A 승	B 승	B 승	B 승	$\dfrac{1}{2} \times \dfrac{1}{2} \times \dfrac{1}{2} \times \dfrac{1}{2} = \dfrac{1}{16}$

따라서 구하는 확률은 $\dfrac{1}{8} + \dfrac{1}{16} + \dfrac{1}{16} + \dfrac{1}{16} = \dfrac{5}{16}$ 　　답 $\dfrac{5}{16}$

1105

(두 사람이 만나지 못할 확률)$=1-$(두 사람이 만날 확률)

$$= 1 - \left(1 - \dfrac{2}{5}\right) \times \left(1 - \dfrac{1}{3}\right)$$

$$= 1 - \dfrac{3}{5} \times \dfrac{2}{3}$$

$$= 1 - \dfrac{2}{5} = \dfrac{3}{5}$$ 　　답 $\dfrac{3}{5}$

보충 설명

A, B 두 사람이 만나지 못하는 경우는 다음과 같이 3가지이다.

① A, B 모두 약속을 지키지 않는 경우

② A만 약속을 지키는 경우

③ B만 약속을 지키는 경우

이때 두 사람이 만나는 경우는 A, B 모두 약속을 지키는 경우이므로 두 사람이 만나지 못할 확률은 $1-$(두 사람이 만날 확률)로 계산하는 것이 더 편리하다.

1106

(i) A의 주사위에서 2, B의 주사위에서 1이 나올 확률 :

$\dfrac{3}{6} \times \dfrac{2}{6} = \dfrac{6}{36}$

(ii) A의 주사위에서 3, B의 주사위에서 1이 나올 확률 :

$\dfrac{1}{6} \times \dfrac{2}{6} = \dfrac{2}{36}$

(iii) A의 주사위에서 6이 나올 확률 : $\dfrac{2}{6}$

(i)~(iii)에 의하여 구하는 확률은

$\dfrac{6}{36} + \dfrac{2}{36} + \dfrac{2}{6} = \dfrac{5}{9}$ 　　답 $\dfrac{5}{9}$

1107

모든 경우의 수는 $3 \times 3 \times 3 = 27$

수지, 혜리, 민아가 내는 것을 순서쌍 (수지, 혜리, 민아)로 나타내면

(i) 수지만 이기는 경우는 (가위, 보, 보), (바위, 가위, 가위),

(보, 바위, 바위)의 3가지이므로 그 확률은 $\dfrac{3}{27} = \dfrac{1}{9}$

(ii) 수지와 혜리가 함께 이기는 경우는 (가위, 가위, 보),

(바위, 바위, 가위), (보, 보, 바위)의 3가지이므로 그 확률은

$\dfrac{3}{27} = \dfrac{1}{9}$

(iii) 수지와 민아가 함께 이기는 경우는 (가위, 보, 가위),

(바위, 가위, 바위), (보, 바위, 보)의 3가지이므로 그 확률은

$\dfrac{3}{27} = \dfrac{1}{9}$

(i)~(iii)에 의하여 구하는 확률은 $\dfrac{1}{9} + \dfrac{1}{9} + \dfrac{1}{9} = \dfrac{1}{3}$

답 $\dfrac{1}{3}$

1108

(물풍선이 터질 확률)=(적어도 한 사람이 명중시킬 확률)

$=1-$(모두 명중시키지 못할 확률)

$=1-\left(1-\dfrac{1}{5}\right) \times \left(1-\dfrac{2}{3}\right) \times \left(1-\dfrac{3}{4}\right)$

$=1-\dfrac{4}{5} \times \dfrac{1}{3} \times \dfrac{1}{4} = 1-\dfrac{1}{15} = \dfrac{14}{15}$

답 $\dfrac{14}{15}$

1109

모든 경우의 수는 $4 \times 4 = 16$

첫 번째와 두 번째에 바늘이 가리키는 부분에 적힌 수를 순서쌍으로 나타내면

수의 합이 3인 경우는 (1, 2), (2, 1)의 2가지이므로

그 확률은 $\dfrac{2}{16}$

수의 합이 6인 경우는 (2, 4), (3, 3), (4, 2)의 3가지이므로

그 확률은 $\dfrac{3}{16}$

따라서 구하는 확률은 $\dfrac{2}{16} + \dfrac{3}{16} = \dfrac{5}{16}$

답 $\dfrac{5}{16}$

1110

A가 승리하는 경우를 표로 나타내면 오른쪽과 같다.

	4회	5회
A 승		×
B 승	A 승	

A가 승리하는 경우는 4회에 A가 이기거나 4회에 B가 이기고 5회에 A가 이기는 경우이므로 그 확률은

$\dfrac{1}{2} + \dfrac{1}{2} \times \dfrac{1}{2} = \dfrac{3}{4}$

B가 승리할 확률은 $1-\dfrac{3}{4} = \dfrac{1}{4}$

따라서 A는 $64 \times \dfrac{3}{4} = 48$(피스톨), B는 $64 \times \dfrac{1}{4} = 16$(피스톨)을 가져야 한다.

답 A : 48피스톨, B : 16피스톨

본문 | 188~189쪽

서술형 콕콕

1111 $\dfrac{1}{10}$	**1112** $\dfrac{1}{15}$	**1113** $\dfrac{7}{36}$	**1114** $\dfrac{5}{18}$
1115 $\dfrac{18}{35}$	**1116** $\dfrac{7}{15}$	**1117** $\dfrac{13}{28}$	**1118** $\dfrac{39}{80}$
1119 $\dfrac{1}{2}$	**1120** $\dfrac{3}{10}$	**1121** $\dfrac{5}{12}$	**1122** $\dfrac{2}{5}$

1111

단계 1 $5 \times 4 \times 3 \times 2 \times 1 = 120$

단계 2 $(3 \times 2 \times 1) \times 2 = 12$

단계 3 $\dfrac{12}{120} = \dfrac{1}{10}$

답 $\dfrac{1}{10}$

1112

모든 경우의 수는 $6 \times 5 \times 4 \times 3 \times 2 \times 1 = 720$ ······30%

남학생 2명이 양 끝에 서는 경우의 수는

$(4 \times 3 \times 2 \times 1) \times 2 = 48$ ······50%

따라서 구하는 확률은 $\dfrac{48}{720} = \dfrac{1}{15}$ ······20%

답 $\dfrac{1}{15}$

1113

단계 1 $6 \times 6 = 36$

단계 2 점 P가 꼭짓점 D에 오는 경우는 눈의 수의 합이 3 또는 8인 경우이다.

단계 3 (i) 눈의 수의 합이 3인 경우는

(1, 2), (2, 1)의 2가지이므로

그 확률은 $\dfrac{2}{36} = \dfrac{1}{18}$

(ii) 눈의 수의 합이 8인 경우는 (2, 6), (3, 5), (4, 4),

(5, 3), (6, 2)의 5가지이므로

그 확률은 $\dfrac{5}{36}$

단계 4 (i), (ii)에 의하여 구하는 확률은

$\dfrac{1}{18} + \dfrac{5}{36} = \dfrac{7}{36}$

답 $\dfrac{7}{36}$

1114

모든 경우의 수는 $6 \times 6 = 36$ ······20%

점 P가 꼭짓점 D에 오는 경우는 눈의 수의 합이 3 또는 7 또는 11인 경우이다. ······20%

(i) 눈의 수의 합이 3인 경우는 (1, 2), (2, 1)의 2가지이므로

그 확률은 $\dfrac{2}{36}$

(ii) 눈의 수의 합이 7인 경우는 (1, 6), (2, 5), (3, 4), (4, 3),

(5, 2), (6, 1)의 6가지이므로

그 확률은 $\dfrac{6}{36}$

(iii) 눈의 수의 합이 11인 경우는 $(5, 6)$, $(6, 5)$의 2가지이므로

그 확률은 $\dfrac{2}{36}$ ······ 40%

(i)~(iii)에 의하여 구하는 확률은

$\dfrac{2}{36} + \dfrac{6}{36} + \dfrac{2}{36} = \dfrac{5}{18}$ ······ 20%

답 $\dfrac{5}{18}$

1115

단계 1 $\dfrac{6}{15} \times \dfrac{9}{14} = \dfrac{9}{35}$

단계 2 $\dfrac{9}{15} \times \dfrac{6}{14} = \dfrac{9}{35}$

단계 3 $\dfrac{9}{35} + \dfrac{9}{35} = \dfrac{18}{35}$

답 $\dfrac{18}{35}$

1116

수현이만 당첨될 확률은 $\dfrac{3}{10} \times \dfrac{7}{9} = \dfrac{7}{30}$ ······ 40%

민주만 당첨될 확률은 $\dfrac{7}{10} \times \dfrac{3}{9} = \dfrac{7}{30}$ ······ 40%

따라서 구하는 확률은 $\dfrac{7}{30} + \dfrac{7}{30} = \dfrac{7}{15}$ ······ 20%

답 $\dfrac{7}{15}$

1117

단계 1 $\dfrac{1}{2} \times \dfrac{3}{7} = \dfrac{3}{14}$

단계 2 $\dfrac{1}{2} \times \dfrac{4}{8} = \dfrac{1}{4}$

단계 3 $\dfrac{3}{14} + \dfrac{1}{4} = \dfrac{13}{28}$

답 $\dfrac{13}{28}$

1118

A 주머니를 선택하고, 흰 구슬을 꺼낼 확률은

$\dfrac{1}{2} \times \dfrac{6}{10} = \dfrac{3}{10}$ ······ 40%

B 주머니를 선택하고, 흰 구슬을 꺼낼 확률은

$\dfrac{1}{2} \times \dfrac{3}{8} = \dfrac{3}{16}$ ······ 40%

따라서 구하는 확률은

$\dfrac{3}{10} + \dfrac{3}{16} = \dfrac{39}{80}$ ······ 20%

답 $\dfrac{39}{80}$

1119

단계 1 $\dfrac{4 \times 3 \times 2}{3 \times 2 \times 1} = 4$

단계 2 삼각형이 만들어지는 경우는

$(3\,\text{cm}, 4\,\text{cm}, 6\,\text{cm})$, $(4\,\text{cm}, 6\,\text{cm}, 9\,\text{cm})$의 2가지

단계 3 $\dfrac{2}{4} = \dfrac{1}{2}$

답 $\dfrac{1}{2}$

1120

모든 경우의 수는

$\dfrac{5 \times 4 \times 3}{3 \times 2 \times 1} = 10$ ······ 40%

삼각형이 만들어지는 경우는

$(2\,\text{cm}, 3\,\text{cm}, 4\,\text{cm})$, $(2\,\text{cm}, 4\,\text{cm}, 5\,\text{cm})$,

$(3\,\text{cm}, 4\,\text{cm}, 5\,\text{cm})$의 3가지 ······ 40%

따라서 구하는 확률은 $\dfrac{3}{10}$ ······ 20%

답 $\dfrac{3}{10}$

1121

단계 1 $\dfrac{1}{2} \times \dfrac{1}{3} \times \left(1 - \dfrac{3}{4}\right) = \dfrac{1}{2} \times \dfrac{1}{3} \times \dfrac{1}{4} = \dfrac{1}{24}$

단계 2 $\left(1 - \dfrac{1}{2}\right) \times \dfrac{1}{3} \times \dfrac{3}{4} = \dfrac{1}{2} \times \dfrac{1}{3} \times \dfrac{3}{4} = \dfrac{1}{8}$

단계 3 $\dfrac{1}{2} \times \left(1 - \dfrac{1}{3}\right) \times \dfrac{3}{4} = \dfrac{1}{2} \times \dfrac{2}{3} \times \dfrac{3}{4} = \dfrac{1}{4}$

단계 4 $\dfrac{1}{24} + \dfrac{1}{8} + \dfrac{1}{4} = \dfrac{5}{12}$

답 $\dfrac{5}{12}$

1122

A, B만 오디션에 합격할 확률은

$\dfrac{2}{5} \times \dfrac{1}{2} \times \left(1 - \dfrac{2}{3}\right) = \dfrac{2}{5} \times \dfrac{1}{2} \times \dfrac{1}{3} = \dfrac{1}{15}$ ······ 25%

B, C만 오디션에 합격할 확률은

$\left(1 - \dfrac{2}{5}\right) \times \dfrac{1}{2} \times \dfrac{2}{3} = \dfrac{3}{5} \times \dfrac{1}{2} \times \dfrac{2}{3} = \dfrac{1}{5}$ ······ 25%

A, C만 오디션에 합격할 확률은

$\dfrac{2}{5} \times \left(1 - \dfrac{1}{2}\right) \times \dfrac{2}{3} = \dfrac{2}{5} \times \dfrac{1}{2} \times \dfrac{2}{3} = \dfrac{2}{15}$ ······ 25%

따라서 구하는 확률은

$\dfrac{1}{15} + \dfrac{1}{5} + \dfrac{2}{15} = \dfrac{2}{5}$ ······ 25%

답 $\dfrac{2}{5}$

빠른 정답

I. 삼각형의 성질

1. 삼각형의 성질

개념 콕콕
본문 | 7쪽

0001 (1) 65° (2) 70° (3) 30° (4) 124°
0002 (1) $x=12$, $y=90$ (2) $x=4$, $y=40$
0003 (1) 9 (2) 6
0004 (1) △ABC≡△EFD, RHA 합동
(2) 4 cm
0005 (1) △ABC≡△FDE, RHS 합동
(2) 12 cm
0006 $x=3$, $y=5$
0007 66°

유형 콕콕
본문 | 8~16쪽

0008 42° **0009** 49° **0010** ①, ④
0011 ③ **0012** 45° **0013** 48° **0014** 34°
0015 ① **0016** ④ **0017** 60 cm²
0018 (가) ∠CAD (나) $\overline{AD}$ (다) SAS
(라) ∠ADC (마) 90
0019 ②, ⑤ **0020** 14 cm
0021 ⑤ **0022** ④ **0023** ② **0024** 110°
0025 36° **0026** ④ **0027** ⑤ **0028** ②
0029 29° **0030** 43°
0031 (가) △ACD (나) ∠CAD (다) ∠ADB
(라) ASA (마) $\overline{AC}$
0032 ② **0033** 6 cm **0034** 15 cm
0035 8 cm **0036** 6 cm **0037** 64 cm²
0038 5 cm **0039** 20 cm **0040** ②
0041 22 cm **0042** ④ **0043** 58°
0044 50 **0045** ㄱ과 ㅂ, ㄷ과 ㅁ
0046 (가) $\overline{DE}$ (나) ∠B (다) ∠D (라) ASA
0047 ⑤ **0048** ④ **0049** ⑤
0050 72 cm²
0051 (가) 90 (나) $\overline{CM}$ (다) ∠B (라) RHA
0052 9 cm **0053** 4 cm **0054** 68 cm²
0055 ② **0056** 40 cm² **0057** 56°
0058 ④ **0059** 63° **0060** 24 cm
0061 ② **0062** ⑤ **0063** 25° **0064** 3 cm
0065 30° **0066** 5 cm **0067** 50 cm²

실력 콕콕
본문 | 17~19쪽

0068 54° **0069** ③ **0070** ③ **0071** 102°
0072 ③ **0073** 300 cm **0074** 25°
0075 75° **0076** 71° **0077** ③ **0078** 6 cm
0079 5 cm **0080** 9 cm² **0081** 44°
0082 ⑤ **0083** 2 cm **0084** 53 cm²
0085 6 cm² **0086** ④
0087 8 cm² **0088** ①
0089 12 cm **0090** 149

서술형 콕콕
본문 | 20~21쪽

0091 24° **0092** 15° **0093** 70° **0094** 62°
0095 18° **0096** 15° **0097** 18 cm
0098 23 cm **0099** 6 cm **0100** 8 cm
0101 24 cm² **0102** 45 cm²

2. 삼각형의 외심과 내심

개념 콕콕
본문 | 23쪽

0103 (1) ○ (2) × (3) × (4) ○
0104 (1) 4 (2) 35
0105 (1) 50° (2) 36° (3) 100° (4) 55°
0106 (1) × (2) ○ (3) × (4) ○
0107 (1) 3 (2) 22
0108 (1) 36° (2) 115°
0109 (1) 4 (2) 8

유형 콕콕
본문 | 24~30쪽

0110 ③
0111 (가) $\overline{OB}$ (나) $\overline{OC}$ (다) ∠OFC (라) RHS
(마) $\overline{CF}$

0112 42 cm **0113** ③
0114 36π cm² **0115** ③
0116 10π cm **0117** ③
0118 15 cm² **0119** 12 cm
0120 130° **0121** 31° **0122** ③ **0123** 64°
0124 132° **0125** 57° **0126** 192° **0127** 60°
0128 ② **0129** ③ **0130** ① **0131** ④
0132 25° **0133** 64° **0134** 24° **0135** 58°
0136 7° **0137** 12° **0138** 195° **0139** 38°
0140 130° **0141** ③ **0142** 2 cm
0143 36 cm **0144** 1 cm
0145 24 cm² **0146** 5 cm
0147 36 cm **0148** 8 cm
0149 11 cm **0150** 23 cm
0151 5 cm **0152** 12 cm
0153 25 cm **0154** 27°
0155 115° **0156** 36° **0157** 15°
0158 28π cm **0159** ④
0160 24 cm²

실력 콕콕
본문 | 31~33쪽

0161 ㄱ, ㄹ **0162** 8 cm
0163 100° **0164** 58° **0165** 18° **0166** 20°
0167 70° **0168** 27π cm² **0169** ③
0170 100° **0171** ② **0172** 122° **0173** 192°
0174 ③ **0175** 84° **0176** ④
0177 9π cm² **0178** $(4-\pi)$ cm²
0179 3 cm **0180** ③ **0181** 4 cm **0182** 116°
0183 116π cm² **0184** ②

서술형 콕콕
본문 | 34~35쪽

0185 80° **0186** 72° **0187** 58° **0188** 50°
0189 210° **0190** 216° **0191** 8 cm
0192 10 cm **0193** 12 cm
0194 8 cm **0195** 150° **0196** 120°

빠른 정답

1. 사각형의 성질

개념 콕콕
본문 | 39쪽

0197 (1) $\angle x=30^\circ$, $\angle y=50^\circ$
(2) $\angle x=75^\circ$, $\angle y=105^\circ$
(3) $\angle x=70^\circ$, $\angle y=110^\circ$
(4) $\angle x=26^\circ$, $\angle y=34^\circ$

0198 (1) $x=7$, $y=5$ (2) $x=3$, $y=4$

0199 (1) × (2) ○ (3) × (4) ○ (5) ○

0200 (1) $\overline{DC}$, $\overline{BC}$ (2) $\overline{DC}$, $\overline{BC}$
(3) $\angle BAD$, $\angle ABC$
(4) $\overline{OC}$, $\overline{OD}$ (5) $\overline{AB}$, $\overline{AB}$
(6) $\overline{AD}$, $\overline{AD}$

0201 (1) 4 cm^2 (2) 2 cm^2 (3) 4 cm^2
(4) 4 cm^2

0202 (1) 3 cm^2 (2) 6 cm^2 (3) 12 cm^2

유형 콕콕
본문 | 40～48쪽

0203 ④ **0204** ③ **0205** ④ **0206** ②

0207 (가) $\angle D$ (나) $\angle B$ (다) $\angle C$

0208 ④, ⑤ **0209** $x=10$, $y=100$

0210 85° **0211** ③ **0212** 14 **0213** ②

0214 ⑤ **0215** 8 **0216** 2 cm **0217** ⑤

0218 20 cm **0219** ④ **0220** 90°

0221 130° **0222** 125° **0223** ③ **0224** 45°

0225 ② **0226** 120° **0227** ④ **0228** ②

0229 ⑤

0230 (가) $\overline{CD}$ (나) $\overline{AC}$ (다) SSS (라) $\angle DCA$
(마) $\overline{DC}$

0231 (가) 360 (나) 180 (다) $\angle B$ (라) $\overline{AD}$

0232 ③ **0233** ③ **0234** ⑤ **0235** ⑤

0236 10 **0237** $\angle x=45^\circ$, $\angle y=70^\circ$

0238 6 **0239** ② **0240** ⑤

0241 (가) $\overline{DF}$ (나) $\overline{AB}$ (다) $\overline{DC}$ **0242** ③

0243 ④ **0244** (1) ㄹ (2) ㅁ (3) ㅁ

0245 ② **0246** ④ **0247** 28 cm

0248 ② **0249** 21 cm

0250 9 cm^2 **0251** 20 cm^2

0252 52 cm^2 **0253** 12 cm^2

0254 44 cm^2 **0255** 7 cm^2

0256 8 cm^2 **0257** 8 cm^2

실력 콕콕
본문 | 49～51쪽

0258 60° **0259** 96° **0260** ② **0261** 284°

0262 18 **0263** ③ **0264** ② **0265** 56°

0266 55° **0267** 50° **0268** ①

0269 6 cm^2 **0270** ③ **0271** ⑤

0272 ④ **0273** ④ **0274** 35°

0275 5초 후 **0276** ②

0277 40 cm^2 **0278** 18 cm^2

0279 $(-1, 6)$, $(3, -2)$, $(7, 4)$

서술형 콕콕
본문 | 52～53쪽

0280 4 cm **0281** 9 cm **0282** 36° **0283** 90°

0284 55° **0285** 50° **0286** 18 **0287** 10

0288 16 cm^2 **0289** 20 cm^2

0290 9 cm^2 **0291** 13 cm^2

2. 여러 가지 사각형

개념 콕콕
본문 | 55, 57쪽

0292 (1) $x=6$, $y=8$ (2) $x=5$, $y=10$

0293 (1) $\angle x=60^\circ$, $\angle y=90^\circ$
(2) $\angle x=35^\circ$, $\angle y=55^\circ$

0294 (1) $x=7$, $y=6$ (2) $x=8$, $y=5$

0295 (1) $\angle x=55^\circ$, $\angle y=90^\circ$
(2) $\angle x=40^\circ$, $\angle y=50^\circ$

0296 (1) 7 (2) 9

0297 (1) 90° (2) 45°

0298 (1) 8 (2) 7

0299 (1) 80° (2) 75°

0300 (1) ○ (2) × (3) ○ (4) ○

0301 (1) 직사각형 (2) 마름모
(3) 직사각형 (4) 마름모
(5) 정사각형

0302

대각선의 성질 / 사각형	두 대각선이 서로 다른 것을 이등분한다.	두 대각선의 길이가 같다.	두 대각선이 서로 수직이다.
평행사변형	○	×	×
직사각형	○	○	×
마름모	○	×	○
정사각형	○	○	○
등변사다리꼴	×	○	×

0303 (1) ㉠ (2) ㉢ (3) ㉡ (4) ㉣ (5) ㉠ (6) ㉢

0304 (1) $\triangle DBC$ (2) $\triangle ACD$ (3) $\triangle CDO$

0305 (1) $1:2$ (2) 5 cm^2 (3) 10 cm^2

유형 콕콕
본문 | 58～68쪽

0306 90 **0307** 5 **0308** 14° **0309** 57°

0310 ②, ⑤ **0311** ②, ④

0312 (가) SSS (나) $\angle DCB$ (다) $\angle DAB$

0313 44 **0314** ①, ② **0315** ④

0316 ⑤ **0317** ③ **0318** 58°

0319 32 cm **0320** ②, ④

0321 10 **0322** 16 cm **0323** 61

0324 ④ **0325** ⑤ **0326** ① **0327** ③

0328 ③ **0329** 90° **0330** ③ **0331** ⑤

0332 ㄱ, ㄷ **0333** ②, ③

0334 40° **0335** 28° **0336** 36° **0337** ④

0338 ④ **0339** ③ **0340** ②

0341 12 cm **0342** 14 cm

0343 32 **0344** 54 cm

0345 ②, ④ **0346** 마름모

0347 ② **0348** ④ **0349** ②

0350 ②, ④ **0351** ⑤

0352 직사각형 **0353** ③

0354 ③, ⑤ **0355** ⑤

0356 ①, ④ **0357** ⑤

0358 ②, ③ **0359** 직사각형

0360 24 cm **0361** ⑤ **0362** ②

0363 30 cm^2 **0364** 15 cm^2

0365 80 cm^2 **0366** ④

0367 9 cm^2 **0368** 16 cm^2

0369 12 cm^2 **0370** 10 cm^2

0371 24 cm^2 **0372** 12 cm^2

0373 ② **0374** ④ **0375** 14 cm^2

0376 10 cm^2 **0377** ② **0378** 6배

0379 30 cm^2 **0380** ⑤ **0381** ④

실력 콕콕	본문 | 69~71쪽

0382 22 **0383** 120° **0384** ②

0385 ①, ③ **0386** ② **0387** 57°

0388 ② **0389** 90° **0390** ④ **0391** 30°

0392 45° **0393** ③ **0394** 66° **0395** ③

0396 마름모 **0397** ①, ④

0398 ④ **0399** ① **0400** 12 cm²

0401 30 cm² **0402** ②, ④

0403 16 cm² **0404** 풀이 참조

서술형 콕콕	본문 | 72~73쪽

0405 27° **0406** 31° **0407** 20°

0408 25° **0409** 16 cm²

0410 9 cm² **0411** 7 cm **0412** 9 cm

0413 40 cm² **0414** 60 cm²

0415 30 cm² **0416** 12 cm²

Ⅲ. 도형의 닮음

1. 도형의 닮음

개념 콕콕	본문 | 77, 79쪽

0417 (1) 점 E (2) $\overline{FG}$ (3) ∠H

0418 (1) × (2) ○ (3) ○ (4) ×
  (5) ○ (6) × (7) × (8) ○

0419 (1) 2 : 3 (2) 65° (3) 12 cm (4) 40°

0420 (1) 4 : 3 (2) 6 cm (3) 75° (4) 120°

0421 (1) 2 : 1 (2) □A′D′F′C′ (3) 6

0422 (1) 1 : 2 (2) 10

0423 (1) ㉡ (2) ㉢ (3) ㉠

0424 (1) △CBD, SSS (2) △EDC, SAS
  (3) △AED, AA

0425 △EBD, $\overline{AB}$, 4, 2, 1, $\overline{BC}$, 3, 2, 1,
  ∠B, △EBD, SAS, $\overline{CA}$, 5, $\dfrac{5}{2}$

0426 (1) ∠CAD (2) ∠BAD
  (3) △DBA, △DAC

0427 (1) 6 (2) 4 (3) 9 (4) $\dfrac{12}{5}$

유형 콕콕	본문 | 80~88쪽

0428 ③ **0429** ㄷ, ㄹ

0430 $\overline{OP}$, 면 BFGC **0431** ③ **0432** ②

0433 ②, ⑤ **0434** ①, ②, ③, ⑤, ⑦

0435 ②, ⑤ **0436** ②, ⑤

0437 12 cm **0438** 직사각형 (2), 2 : 1

0439 18 cm **0440** 16 cm

0441 C(5, 6) **0442** ④

0443 25 cm **0444** 36π cm²

0445 54 cm **0446** 18 **0447** ③

0448 ⑤ **0449** ⑤ **0450** ① **0451** 112

0452 7 cm **0453** 2 : 3 **0454** 18π cm³

0455 36π cm² **0456** ②, ④

0457 ①, ④

0458 △ABC∽△MON (SAS 닮음),
  △DEF∽△LKJ (AA 닮음)

0459 ⑤ **0460** ④ **0461** ②

0462 $\dfrac{20}{3}$ cm **0463** 6 cm

0464 $\dfrac{16}{3}$ **0465** ④ **0466** 10 cm

0467 8 cm **0468** ③ **0469** 6 cm **0470** 8 cm

0471 5 **0472** 30 cm **0473** 5 cm

0474 6 **0475** 3 cm **0476** $\dfrac{7}{4}$ cm

0477 $\dfrac{15}{2}$ cm² **0478** 5 cm

0479 6 cm **0480** 16 cm **0481** 12

0482 $\dfrac{36}{5}$ cm **0483** 20 cm²

0484 3 cm **0485** 6 cm **0486** $\dfrac{3}{2}$ cm

0487 15 cm **0488** 36 cm²

0489 $\dfrac{8}{3}$ cm **0490** $\dfrac{35}{4}$ cm

0491 $\dfrac{15}{4}$ cm

실력 콕콕	본문 | 89~91쪽

0492 ⑤ **0493** 4개 **0494** 21 cm

0495 $\dfrac{40}{3}$ cm **0496** ③ **0497** ⑤

0498 648π cm³ **0499** ④

0500 12 cm **0501** $\dfrac{45}{4}$ **0502** 9 cm

0503 $\dfrac{1}{2}$ cm **0504** 16 cm

0505 ③ **0506** 36 cm² **0507** 3 cm

0508 ③ **0509** ③ **0510** $\dfrac{40}{3}$ cm

0511 ③ **0512** $\dfrac{8}{5}$ cm **0513** 4 : 1

서술형 콕콕	본문 | 92~93쪽

0514 16π cm **0515** 16π cm

0516 $\dfrac{15}{2}$ cm **0517** 7 cm **0518** 6

0519 31 **0520** $\dfrac{21}{2}$ cm **0521** $\dfrac{35}{2}$ cm

0522 $\dfrac{15}{2}$ cm **0523** 15 cm

0524 $\dfrac{24}{5}$ cm **0525** $\dfrac{18}{5}$ cm

2. 평행선 사이의 선분의 길이의 비

개념 콕콕	본문 | 95, 97쪽

0526 (1) $\overline{AE}$, $\overline{DE}$ (2) $\overline{EC}$ (3) $\overline{AC}$

0527 (1) 8 (2) 12 (3) 9 (4) 3

0528 (1) $\dfrac{8}{3}$ (2) 6 (3) 5 (4) 6

0529 (1) ○ (2) × (3) ○ (4) ×

0530 (1) $\dfrac{5}{2}$ (2) 6

0531 (1) 6 (2) 9

0532 (1) 12 (2) 16 (3) 6 (4) 16

0533 (1) 5 (2) 3 (3) 2 (4) 7

0534 (1) 8 (2) 9 (3) 17

0535 (1) △CDE, $\overline{DE}$, $\overline{CD}$, 12, 2, 3
　　　(2) $\overline{CA}$, 5, $\dfrac{24}{5}$
　　　(3) $\overline{BD}$, 2, $\dfrac{24}{5}$

유형 콕콕　　본문 | 98~106쪽

0536 24　**0537** 12　**0538** $\dfrac{10}{3}$ cm

0539 $\dfrac{24}{5}$　**0540** 21　**0541** 40 cm

0542 ⑤　**0543** 4　**0544** 3　**0545** 4 cm

0546 3 cm　**0547** ①　**0548** $\dfrac{15}{2}$ cm

0549 9 cm　**0550** ⑤　**0551** ①, ⑤

0552 ③

0553 (가) ∠A (나) SAS (다) ∠ADE

0554 ⑤　**0555** ②　**0556** ③　**0557** ③

0558 ①　**0559** $\dfrac{12}{5}$ cm　　**0560** 7 cm

0561 $\dfrac{8}{3}$ cm　　**0562** ③　**0563** ④

0564 12 cm　　**0565** ③　**0566** ⑤

0567 ③　**0568** 15 cm

0569 20 cm²　　**0570** ⑤　**0571** ⑤

0572 8　**0573** ①　**0574** $\dfrac{15}{2}$　**0575** ④

0576 64　**0577** ②　**0578** 60

0579 10 cm　　**0580** ②　**0581** 6 cm

0582 17 cm　　**0583** 24　**0584** 195

0585 6 cm　**0586** ③　**0587** $\dfrac{36}{5}$ cm

0588 12 cm　　**0589** ④　**0590** 6 cm

0591 $\dfrac{28}{5}$　**0592** ③　**0593** 45 cm²

실력 콕콕　　본문 | 107~109쪽

0594 96　**0595** 46　**0596** $\dfrac{9}{2}$ cm

0597 ①　**0598** 64　**0599** 11

0600 12 cm²　　**0601** 40 cm²

0602 ④　**0603** $\dfrac{33}{5}$ cm

0604 18 cm　　**0605** 6　**0606** ④

0607 24 cm²　　**0608** ③

0609 $x=\dfrac{20}{3}$, $y=\dfrac{24}{5}$　**0610** ⑤　**0611** ③

0612 8 cm　**0613** 16 cm　　**0614** ④

0615 ②　**0616** $\dfrac{9}{2}$ cm

0617 100 m

서술형 콕콕　　본문 | 110~111쪽

0618 8　**0619** $\dfrac{9}{2}$　**0620** 24 cm

0621 36 cm　　**0622** 6 cm　**0623** 6 cm

0624 3 cm　**0625** 2 cm　**0626** $\dfrac{12}{7}$ cm²

0627 $\dfrac{6}{5}$ cm²　　**0628** 8 cm

0629 18 cm

3. 닮음의 활용

개념 콕콕　　본문 | 113, 115쪽

0630 (1) 7 (2) 12

0631 (1) 5 (2) 16

0632 (1) 6 cm (2) 4 cm (3) 10 cm

0633 (1) 11 (2) 8 (3) 19 (4) 8 (5) 3

0634 20 cm²

0635 (1) $x=5$, $y=8$ (2) $x=12$, $y=8$
　　　(3) $x=9$, $y=10$ (4) $x=2$, $y=7$

0636 (1) 12 cm² (2) 8 cm² (3) 4 cm²
　　　(4) 8 cm²

0637 (1) 3 : 4 (2) 3 : 4 (3) 9 : 16

0638 (1) 3 : 2 (2) 9 : 4 (3) 20 cm²

0639 (1) 2 : 1 (2) 2 : 1 (3) 4 : 1
　　　(4) 4 : 1 (5) 4 : 1 (6) 8 : 1

0640 (1) 2 : 3 (2) 4 : 9 (3) 8 : 27
　　　(4) 81 cm² (5) 32 cm³

0641 (1) 2 km (2) 25 cm

유형 콕콕　　본문 | 116~128쪽

0642 8 cm　**0643** 23　**0644** 5 cm　**0645** 7 cm

0646 ⑤　**0647** ③　**0648** ①　**0649** 2 cm

0650 ④　**0651** ③　**0652** ②　**0653** ③

0654 16 cm　　**0655** ③　**0656** 8 cm

0657 15 cm　　**0658** 42 cm

0659 ③　**0660** 32 cm　　　**0661** 2 cm

0662 8 cm　　**0663** 15 cm

0664 12 cm　　**0665** 6 cm²

0666 10 cm²　　**0667** 4 cm²

0668 7 cm　**0669** ⑤　**0670** 13　**0671** ④

0672 ③　**0673** 3 cm　**0674** 9 cm

0675 $\dfrac{13}{3}$ cm　　**0676** 4 cm

0677 18 cm　　**0678** 48 cm

0679 ①　**0680** 8 cm　**0681** 12 cm

0682 $x=2$, $y=4$　　**0683** ②　**0684** 5 cm

0685 8 cm　**0686** 21 cm　　**0687** ②

0688 ②　**0689** ④　**0690** 48 cm²

0691 4 cm²　　**0692** 5 cm²

0693 18 cm²　　**0694** 81 cm²

0695 60 cm²　　**0696** 8 cm²

0697 ④　**0698** 18 cm²　　**0699** ⑤

0700 8 cm　**0701** 6 cm　**0702** 15 cm²

0703 6 cm²　　**0704** ②

0705 27 cm²　　**0706** 21 cm²

0707 20 cm²　　**0708** 3 : 5　**0709** ①

0710 ④　**0711** 1035 mL

0712 32 cm²　　**0713** 297π cm³

0714 ⑤　**0715** 75 cm²　　**0716** ②

0717 9 : 4　**0718** 64개　**0719** 큰 수박 1통

0720 $\dfrac{98}{27}$ 배　　**0721** 7배

0722 135 cm³　　**0723** ②

0724 16 m　**0725** ③　**0726** 20 m

0727 5 km　　**0728** 3.2 km

0729 ⑤　**0730** 9600 m²

실력 콕콕　　본문 | 129~131쪽

0731 6 cm　**0732** 2 cm　**0733** ③　**0734** 4 cm

0735 ③　**0736** 28 cm²

0737 28 cm   **0738** 15°

0739 18 cm   **0740** ③   **0741** 3 cm

0742 6 cm²   **0743** 36 cm²

0744 ③   **0745** 4 cm **0746** 16 cm²

0747 50 cm²   **0748** 3 cm²

0749 126 cm²   **0750** 21분 **0751** ②

0752 ④   **0753** 865 m

0754 50 cm

서술형 콕콕

0755 $\frac{9}{2}$ cm   **0756** 3 cm

0757 8 cm²   **0758** 10 cm²

0759 9 cm **0760** 12 cm

0761 40 cm²   **0762** 10 cm²

0763 74 cm³   **0764** 122 cm³

4. 피타고라스 정리

0765 (1) 5 (2) 17 (3) 5 (4) 7

0766 (1) $x=12$, $y=13$ (2) $x=15$, $y=17$

0767 (1) 25 cm² (2) 10 cm²

0768 (1) 64 cm² (2) 49 cm²

0769 (1) 7 cm (2) 49 cm² (3) 5 cm (4) 25 cm²

0770 (1) × (2) ○ (3) × (4) ○

0771 7, 4, 7, 3, 5, 4, 5

0772 8, 8, 13, 5, 12, 8, 12, 9, 10, 11

0773 (1) 예각삼각형 (2) 직각삼각형

0774 (1) $x=3$, $y=\frac{12}{5}$, $z=\frac{9}{5}$
(2) $x=20$, $y=25$, $z=15$

0775 (1) 7 (2) 3

0776 (1) 16 (2) 5

0777 (1) 9 (2) 13

0778 (1) 225 cm² (2) 14 cm²

0779 40 m **0780** 32   **0781** 30 cm²

0782 $\frac{5}{2}$ cm   **0783** ④

0784 25 cm   **0785** ⑤   **0786** 5

0787 9   **0788** 15   **0789** 42

0790 60 cm²   **0791** 4   **0792** 25

0793 5   **0794** 16   **0795** $\frac{27}{5}$ **0796** 45

0797 $\frac{32}{3}$ **0798** 13   **0799** 20 cm

0800 49   **0801** 20   **0802** 28   **0803** ②

0804 85 cm   **0805** 120

0806 $\frac{21}{5}$ cm   **0807** 12 cm²

0808 50 cm   **0809** $\frac{40}{13}$

0810 72 cm²   **0811** 5 cm **0812** ②

0813 8 cm²   **0814** 24 cm²

0815 72   **0816** $\frac{72}{11}$ cm   **0817** ③

0818 45 cm²   **0819** 15

0820 52 cm   **0821** 196 cm²

0822 4 cm²   **0823** 16   **0824** 4 cm

0825 40 cm²   **0826** ③

0827 $\frac{45}{2}$ cm²   **0828** ③

0829 $\frac{5}{3}$ cm   **0830** 30 cm²

0831 8 cm **0832** $\frac{65}{24}$ cm   **0833** ④

0834 ②   **0835** 180 cm²   **0836** 200

0837 $8<x<10$ **0838** 19   **0839** ⑤

0840 3개 **0841** ㄴ, ㄷ

0842 ③, ⑤   **0843** ④   **0844** ①

0845 ②   **0846** 180 **0847** 36   **0848** 45

0849 53   **0850** 45   **0851** 16   **0852** 6

0853 49π cm²   **0854** 200π cm²

0855 20 cm   **0856** 16π

0857 54 cm²   **0858** 17 cm

0859 25 cm²   **0860** 60 cm²

0861 15   **0862** 13 cm

0863 20π cm

0864 $\frac{25}{2}\pi-24$ **0865** ③   **0866** 90

0867 84 cm²   **0868** 20 cm²

0869 ③   **0870** 3π   **0871** ⑤   **0872** 120

0873 ⑤   **0874** 6 cm **0875** 121

0876 52 cm   **0877** 32   **0878** ⑤

0879 ③   **0880** ①   **0881** ④   **0882** 68

0883 ①   **0884** 12   **0885** 15 cm²

0886 13π cm   **0887** 100

0888 6   **0889** 15   **0890** 32 cm²

0891 24 cm²   **0892** 125

0893 17 cm   **0894** 120   **0895** 60

0896 $\frac{12}{5}$ **0897** $\frac{24}{5}$ **0898** 예각삼각형

0899 둔각삼각형

Ⅳ. 확률

1. 경우의 수

0900 (1) 4 (2) 2 (3) 2 (4) 3

0901 (1) 2 (2) 2

0902 (1) 3 (2) 2 (3) 5

0903 (1) 3 (2) 2 (3) 5

0904 (1) 7 (2) 8 (3) 7

0905 (1) 3 (2) 2 (3) 6개

0906 (1) 4 (2) 6

0907 (1) 8 (2) 36 (3) 24

0908 (1) 24 (2) 12 (3) 24

0909 3, 3, 6, 2, 2, 6, 12

0910 (1) 20개 (2) 60개

0911 (1) 16개 (2) 48개

0912 (1) 12 (2) 24 (3) 6

0913 (1) 6개 (2) 4개

| 서술형 콕콕 | 본문 | 172~173쪽 |

1008 13 **1009** 9 **1010** 72 **1011** 96

1012 9번째 **1013** 15번째 **1014** 16

1015 26 **1016** 180 **1017** 540

2. 확률

| 개념 콕콕 | 본문 | 175, 177쪽 |

1018 (1) 10 (2) 3 (3) $\frac{3}{10}$

1019 (1) 4 (2) 2 (3) $\frac{1}{2}$

1020 $\frac{4}{7}$

1021 (1) $\frac{2}{5}$ (2) 1 (3) 0

1022 (1) 0 (2) 1

1023 (1) $\frac{3}{5}$ (2) $\frac{4}{7}$

1024 (1) $\frac{2}{15}$ (2) $\frac{13}{15}$

1025 (1) $\frac{1}{4}$ (2) $\frac{3}{4}$

1026 (1) $\frac{5}{9}$ (2) $\frac{1}{9}$ (3) $\frac{2}{3}$

1027 $\frac{7}{20}$

1028 (1) $\frac{1}{3}$ (2) $\frac{1}{2}$ (3) $\frac{1}{6}$

1029 $\frac{1}{5}$

1030 (1) $\frac{9}{16}$ (2) $\frac{15}{28}$

1031 (1) $\frac{20}{81}$ (2) $\frac{5}{18}$

1032 (1) $\frac{1}{2}$ (2) $\frac{1}{2}$ (3) $\frac{2}{3}$

| 유형 콕콕 | 본문 | 160~168쪽 |

0914 ② **0915** 4 **0916** 3 **0917** ⑤

0918 ① **0919** ① **0920** ③ **0921** 3개

0922 ③ **0923** 5 **0924** ③

0925 8가지 **0926** 5 **0927** ②

0928 6 **0929** ③ **0930** ② **0931** 14

0932 ⑤ **0933** 7 **0934** ④ **0935** ⑤

0936 12 **0937** 16 **0938** 7 **0939** 11

0940 30 **0941** 9 **0942** ③ **0943** ③

0944 15 **0945** 40 **0946** 6 **0947** ④

0948 ⑤ **0949** 3 **0950** 60 **0951** ⑤

0952 56 **0953** 120 **0954** ② **0955** ④

0956 ② **0957** 48 **0958** ⑤ **0959** ②

0960 24 **0961** 72 **0962** ③

0963 120개 **0964** ⑤ **0965** ③

0966 48개 **0967** ④ **0968** 9개 **0969** 36개

0970 120 **0971** ⑤ **0972** ④ **0973** ④

0974 ① **0975** 28회 **0976** ③ **0977** 21

0978 ③ **0979** ③ **0980** 30개 **0981** ④

0982 120 **0983** 36

| 실력 콕콕 | 본문 | 169~171쪽 |

0984 (1) 4 (2) 6 (3) 4 (4) 1 (5) 1 **0985** 2

0986 ④ **0987** ③ **0988** 10 **0989** 7

0990 20 **0991** ③ **0992** 8 **0993** ④

0994 210 **0995** ② **0996** ③ **0997** ⑤

0998 ④ **0999** 321 **1000** ③ **1001** 48개

1002 ⑤ **1003** 11명 **1004** ② **1005** ④

1006 420 **1007** ④

| 유형 콕콕 | 본문 | 178~184쪽 |

1033 ⑤ **1034** ② **1035** $\frac{2}{5}$ **1036** ③

1037 $\frac{1}{25}$ **1038** ② **1039** $\frac{5}{12}$ **1040** 5개

1041 ③ **1042** ⑤ **1043** ④ **1044** ②

1045 $\frac{3}{4}$ **1046** $\frac{2}{3}$ **1047** ④ **1048** ⑤

1049 ① **1050** $\frac{3}{4}$ **1051** $\frac{7}{10}$ **1052** ②

1053 $\frac{3}{10}$ **1054** $\frac{7}{25}$ **1055** $\frac{9}{16}$ **1056** $\frac{5}{14}$

1057 $\frac{16}{25}$ **1058** $\frac{1}{4}$ **1059** $\frac{2}{5}$ **1060** $\frac{10}{21}$

1061 $\frac{11}{20}$ **1062** $\frac{5}{12}$ **1063** $\frac{9}{20}$ **1064** ①

1065 $\frac{2}{9}$ **1066** $\frac{1}{5}$ **1067** $\frac{5}{9}$ **1068** $\frac{7}{30}$

1069 ② **1070** $\frac{13}{35}$ **1071** $\frac{7}{15}$ **1072** $\frac{3}{5}$

1073 ③ **1074** $\frac{23}{35}$ **1075** $\frac{15}{16}$ **1076** $\frac{3}{5}$

1077 $\frac{3}{4}$ **1078** $\frac{2}{3}$ **1079** $\frac{1}{3}$ **1080** ⑤

1081 $\frac{1}{10}$ **1082** ② **1083** $\frac{5}{7}$ **1084** $\frac{1}{3}$

1085 ③ **1086** $\frac{1}{6}$

| 실력 콕콕 | 본문 | 185~187쪽 |

1087 ③ **1088** $\frac{5}{8}$ **1089** $\frac{5}{36}$ **1090** ②

1091 ⑤ **1092** $\frac{5}{6}$ **1093** $\frac{1}{15}$ **1094** $\frac{5}{8}$

1095 $\frac{2}{5}$ **1096** $\frac{1}{9}$ **1097** ④ **1098** $\frac{1}{16}$

1199 $\frac{1}{25}$ **1100** $\frac{3}{52}$ **1101** 6개 **1102** $\frac{7}{10}$

1103 ⑤ **1104** $\frac{5}{16}$ **1105** $\frac{3}{5}$ **1106** $\frac{5}{9}$

1107 $\frac{1}{3}$ **1108** $\frac{14}{15}$ **1109** $\frac{5}{16}$

1110 A : 48피스톨, B : 16피스톨

| 서술형 콕콕 | 본문 | 188~189쪽 |

1111 $\frac{1}{10}$ **1112** $\frac{1}{15}$ **1113** $\frac{7}{36}$ **1114** $\frac{5}{18}$

1115 $\frac{18}{35}$ **1116** $\frac{7}{15}$ **1117** $\frac{13}{28}$ **1118** $\frac{39}{80}$

1119 $\frac{1}{2}$ **1120** $\frac{3}{10}$ **1121** $\frac{5}{12}$ **1122** $\frac{2}{5}$

MeMo

MeMo

MeMo

MeMo